GRE
阅读36套解析
——文章结构分析

陈虎平 编著

北京语言大学出版社
BEIJING LANGUAGE AND CULTURE
UNIVERSITY PRESS

图书在版编目(CIP)数据

GRE阅读36套解析：文章结构分析 / 陈虎平编著
. —北京：北京语言大学出版社，2014.12
ISBN 978-7-5619-4028-0

Ⅰ.①G⋯ Ⅱ.①陈⋯ Ⅲ.①GRE—阅读教学—题解
Ⅳ.①H319.4-44

中国版本图书馆CIP数据核字（2014）第281773号

书　　　名：GRE阅读36套解析：文章结构分析
编　　　著：陈虎平
责任编辑：李　亮　张　茜
封面设计：大愚设计+李　倩

出版发行 **北京语言大学出版社**
社　　　址：北京市海淀区学院路15号　邮政编码：100083
网　　　站：www.blcup.com
电　　　话：发行部　（010）62605588 / 5019 / 5128
　　　　　　编辑部　（010）62418641
　　　　　　邮购电话　（010）62605127
　　　　　　读者服务信箱　bj62605588@163.com
印　　　刷：北京鑫海达印刷有限公司
经　　　销：全国新华书店

版　　　次：2014年12月第1版　2014年12月第1次印刷
开　　　本：880毫米×1230毫米　1/16　印张：25.5
字　　　数：605千
书　　　号：ISBN 978-7-5619-4028-0
定　　　价：58.00元

为自我成长、家族积累、中华复兴而读书！

序　言

　　本书旨在对"新GRE阅读36套"做出准确、完整、全面的解析。"新GRE阅读36套"通常被认为是新GRE阅读备考材料的"不二之选"，在新东方课堂上、网络上广为传播，倍受考生喜爱。伴随过去三年多的新GRE考试，这36套阅读题几经修订完善，为无数考生带来了痛苦、挫折、惊喜和欢乐。考生一直盼望有详细的解析，以便更好地学习参考；这本解析是我辛勤劳作一年的结果，在此奉献给大家。所用的阅读36套为2014.01版，读者可以在网络上搜索获得。

　　本书的导言部分深度分析了"学术文章的多层结构"，从单词、句子、句群、段落、文章、论文、专著等各个层面，讨论结构化阅读的思维，并总结了"五大口诀"阅读方法：抓主干、抓修饰实义词、抓对比、抓因果、找等价。GRE文章是学术文章的浓缩版，专业知识和生词让人望而生畏，但GRE考试不是靠这些来为难考生的，它真正困难的地方，是在逻辑结构，在这个我们通常看不见也想不到的层面。因此，我们必须掌握学术的基本逻辑，才能真正读懂GRE文章。这种逻辑，既体现在句子之内，也体现在句子之间、段落之间，乃至章节之间。该导言的内容与我的另一本方法论的作品《GRE阅读制胜法则：多层结构法》相呼应，对照阅读会有更深入的理解。有的同学认为，多层结构＋长句分析就能无往而不利。我基本同意这种看法。事实上，长句也是多层结构法的其中一个层次，独立出来强调一番也无妨。只要理解长句、把握句间和段间结构，阅读水平就会上一个巨大的台阶，不会轻易再降下来。导言的部分内容要求缜密的结构思维，如果初次阅读有困难，那也是很正常的；可在训练部分文章看过部分解析之后，回头再来阅读。

　　本书的主体为解析，从Exercise 1一直到Exercise 36的每篇文章都有解析，每个解析通常包括【文章分析】、【结构图】、【题目】三个部分。【文章分析】运用"五大口诀"解读每一句话的语义重点及其与前一句或首句的关系，得出主题与论点、论点与论点、论据与论据之间的关系。【结构图】列出重要的结构提示词(cue)、功能作用(function)、语义核心(core)，我们从提示词来判断句子的功能，然后选择语义核心。在现场阅读时，不是要动手写这些词，而是要在脑子里通过提示词判断句子的功能，并选出、记住核心词。平常，做完题目复习时，可以尝试自己动手写出结构图，与书中内容对照，以加深理解。【题目】说明题型、解法、每个选项正确或错误的理由。题型的判断是辅助性的，帮助考生熟悉解法；现场考试不必想题型，只要会做题就可以了。这好比在轮滑训练中放置标记，以帮助熟悉技能；在真正滑行时就不再需要这些路标了。此外，有时题目的后面还会做考位分析，总结考题的重点和规律。通常而言，一半题目考核心、态度、逻辑关系等，定位首末句、转折句、观点过渡句等位置；一半题目考细节，其中一些考那些有对比、让步的句子，还有一些考一个句子的细节。

从Exercise 17开始，总结了一些常见的结构，请考生一定把这些总结内容所对应的文章和段落仔细对照阅读，了解常见的结构模式及其阅读重点，这对于加快阅读速度和提高理解水平将有极大的帮助。尤其是"文科讲对比、理科讲因果"的结构模式，跟我学习的同学们普遍反映，这个总结极为精到且具有普适性。一般的，技能是众多小模式的组合。集中时间，例如3~5个小时，掌握一个小模式，再掌握另一个小模式，这就是深度练习的精髓：分解、集中训练。这是真正在学技能，而不是坐在自习室里重复做题，重复自己已有的水平。深度练习、逐步掌握多个小模式，不知不觉间、在一段相对合理的长时间后，技能就会有显著提升。像练习滑雪一样练习阅读；像学习轮滑一样学习阅读；像训练踢球一样训练阅读。正确地分解集中深度练习的方法，加上合理长度的时间积累，就能习得几乎任何重要的技能。

我已竭尽全力保证本书的内容准确、完整，但出于各种原因，本书也不免会有一些纰漏之处，欢迎各位考生批评指正；欢迎大家通过我的实名新浪微博weibo.com/chenhuping提出。如果你觉得这本解析用起来很好很受益，我也盼望你将自己的感受和想法与我分享，与你的同学和朋友分享，与更多的人分享。在题材广泛、内容精当的中文学术阅读材料相对缺乏的情况下，如果中国的很多青年人都能读一读"新GRE阅读36套"，同时又用这本36套解析解决疑难，加深理解，从而永久性地、不可逆转地提高自己的阅读水平和逻辑思维能力，那将是多么令人高兴的事啊！如果你读了、理解了、提高了阅读技能，不仅能获得GRE阅读高分，还升级了自己的逻辑结构思维系统，开发了人类大脑新皮层的伟大智力潜能；请为你自己欢呼，我也会为你欢呼。

陈虎平
于北京

目　录

学术文章的多层结构

导言：学术文章的多层结构

本书的导言部分分析以 GRE 文章为代表的学术文章的多层结构，并从这种分析中得到阅读方法。把结论提前来说，主要方法就是五大口诀：

抓主干、抓修饰实义词、抓对比、抓因果、找等价

在句子层面，抓语法主干；对主语和宾语是抽象词汇的情况，抓它们的从句、分词、同位语等修饰结构里的实义词。在句子和段落层面，遇到对比，就抓出对比的反义词，遇到因果，也抓出因果的双方。在句内、句间和段间这些层面，寻找并列的修饰、修饰与被修饰的名词、并列或顺承的论据、论据与论点、分论点与总论点之间的逻辑等价词汇。重点是弄清文章各个层次之内和之间的结构和内容。

这些说法是什么意思？我们将在导言中详细阐述。导言内容需要逻辑思考，有一点难度，有些地方可以反复多读 2~3 遍。在《GRE 阅读制胜法则：多层结构法》一书第二章，我已经从文章到段落到句子、自上而下说明了各个层次的结构模式；在这里，我将自下而上、从单词到句子、到句群、段落、文章、再延伸到论文和专著，说明各个层次的结构模式和理解方法。这些分析的目的不是要考生在考试现场阅读时都这样去做，而是奠定一个扎实的理论基础，然后在此基础之上，提取出简练的、有效的、通用的实战技巧，再通过文章和题目反复练习、验证、改进。

在学习 GRE 这种难度的阅读时，不能单纯凭借传统的补充背景、记忆单词、翻译理解的办法。GRE 文章是学术文章的浓缩版。关于自己专业的论文，还能凭借背景知识蒙一把；但 GRE 文章涵盖自然科学、生命科学、社会科学、人文学科四大学科，3/4 的文章都是外专业，靠蒙是不行的。但要为了 GRE 阅读去补其他专业知识的课，这又太花时间。其次，GRE 文章的单词，尤其是专业名词，对外行来说往往都很罕见，让人一看心生畏惧。硬读下去，把单词的字典意思组合起来，还是似懂非懂。而且，即使把多数单词都认识了，似乎文章也不一定能读懂。所以，GRE 阅读的确困难。对陌生单词和知识的好奇与恐惧，是人的自然习惯，无法消除。我自己读外专业的文章，也对生词和新知识有一种难以排遣的紧张情绪。最后，即便把文章都翻译成中文，也无法解决问题。想想中文的情况：能够进行日常对话的中文使用者，不一定能读懂中文学术论文，即便其中每个中文字都认识。

真正难的不是单词，不是背景，甚至不是语言界面的隔阂。GRE 文章不是靠单词和专业知识来为难考生的；它真正困难的地方，是在逻辑结构，在这个我们通常看不见、也想不到的层面。学术文章以说理为主，采用确定的结构模式，一层一层地构造成为完整的论证，学术的内容就体现在各个层次的重心中。所以，GRE 阅读应该是快速识别结构模式并提取中心词的过程，而不是认识生词、组合意思、了解背景的过程。我们学习 GRE 阅读，应按如下步骤进行：计时阅读若干篇文章、慢速分析结构模式、集中练习熟悉同类模式、快速识别模式、极为熟练乃至成为下意识。

第一节　单　词

一篇文章的95%的单词都要认识，5%的单词不必认识，平均1句话可有1个单词不认识。

文章字数	不必认识的单词数
120 words	120*5% = 6w
160w	160*5%= 8w
350w	350*5%=17.5w
450w	450*5%=22.5w

从词性来看，动词(*v.*)、形容词(*adj.*)、抽象名词(尤其由动词或形容词变来的名词，可记为*v-n, adj-n*)，要尽量多认识；专有名词或专业术语(terms)，则不必全认识。例如，需要认识motivate, movable, motivation，但不必认识kinetics。非专业名词比专业术语重要，记作：*v. adj. v-/adj-n > terms*。

对非专业名词，要多记，通过各种途径：A–Z的单词书(例如俞敏洪编著的《GRE词汇精选》)、词频书、词根书(例如蒋争编著的《英语词汇的奥秘》、刘毅编著的《英文字根字典》、(韩)金正基编著的《英语词根词典》和《英语词缀词典》、*Merriam-Webster's Vocabulary Builder*)、词群书(同义词反义词或意思接近的一群词，例如*Merriam-Webster Dictionary of Synonyms and Antonyms*)、在做填空时熟悉单词、浏览不同专业的大学教材来熟悉单词(单词涵盖较广的有Western Civilization, Sociology, Social Psychology, Ecology)、阅读知识范围涵盖广泛且又开卷有益的畅销书(例如*Why the West Rules—For Now, A Short History of Nearly Everything*)。

对专业名词，第一要消除恐惧心理，书看得多、习惯了：生词我见得多了，我是见过世面的，就不会那么恐惧，毕竟多数时候恐惧还是因为见得太少、读得太少。第二，好的方法可以更快克服恐惧，这就是：**专业名词取首字母**。例如，serotonin, 取s; epistemology, 取e。所有地名、物种名、机构名都可这样处理。例如，Oxyrhynchus, 取O; Lymnaea peregra, 取Lp; Bureau of Indian Affairs, 取BIA。对于人名、书名，还可以更简化。人名在后文重现时通常只有姓，故**人名取最后大写字母**；书名仅取第一个大写字母。例如，James Weldon Johnson's *the Autobiography of an Ex-Colored Man*，可取Johnson's Autobiography这个部分的J's A。

单词在句子的语境中获得意义。在句子中怎样处理生词呢？句子的核心往往体现于谓语动词，而学术文章的句子重点在于对比关系和因果关系，而且，**文科讲对比，理科讲因果**，因此，在阅读专业文章的句子时，我们可以**将句子的动词还原为对比和因果关系**。

▶ **例1** ◀

Kant replaces metaphysics with epistemology.（注：英文例句均来自各类考试文章，后同）

第一步，专业名词取首字母，K replaces m with e.

第二步，文科讲对比，将replace A with B还原为 A vs. B，于是得到：K: m vs. e，意思是，K用e取代m。

▶ **例2** ◀

Serotonin is a derivative of tryptophan.

第一步，专业名词取首字母，S is derivative of t. 其中，derivative来自derive，衍生物。

第二步，理科讲因果，将 A is a derivative of B还原为 A ← B，于是得到：s ← t，或者t → s，意思是，s来自t，或者，t导致s。将生词变为首字母、将动词还原为关系，都可以减轻恐惧情绪，降低记忆负担。一个经过咀嚼、经过有效加工和简化的信息，更容易记住。

第二节 句 子

　　许多人会希望把句子的每个成分进行详尽的语法分类，主谓宾、定状补、限制性与非限制性从句，等等，但这样做，可以成为语法专家，却无法保证我们把握句子的语义。对阅读理解来说，句子分析的重点是语义（semantics），而不是语法（grammar/syntax）。从语义出发，有两点需要注意：句子如何构造，重点内容在哪。谈句子构造，也会用一点语法分类，但不太重要。句子的构造本身也会提示重点。句子是由主干、修饰、主句、从句等来构造的。主干为主谓宾，subject verb object，简称svo，或者主系表 subject is adj.，后者简单，这里从略。修饰则是修饰主语、宾语、有时还有谓语的内容。从句子的复杂程度，又可分为简单句和复合句。简单句只有一个单独的主谓宾。复合句则有两个或更多，这些小句子称为子句（clause），大家熟悉的从句（subordinate clause）是子句的一种。为了简便起见，我们把主句（main clause）表示为svo，与主句平行的从句（如由While, Because等引导的从句），由于有相对独立的主谓宾，也称为svo；把修饰性的从句（subordinate clause），既然它在句子中充当一个短语（phrase），称为subordinate clause phrase，取最后两个首字母，称为cp（clause phrase）。复合句就是若干svo、cp组合的产物。多个子句之间，就会有逻辑关系。**这些逻辑关系，从空间排列上看，有A. 平行/并行（parallel），包括并列、对比等；从先后顺序上看，有B. 串行/序列（serial/ sequence），包括时间、推理和因果序列；从上下层次看，有C. 分层（hierarchy），主要是总分关系**，一般的，对多个元素（如n1, n2, n3），无论它是子句、句子/论据、还是段落/论点，都可以有这三种关系。我们先给三种关系画图，再看句子层面的情况。

　　平行：并列（元素前后顺序可颠倒）

　　平行：对比比较（对比相对比较更常见；有时后者反对前者，称为转折 = 对比 + 褒贬）

　　平行：让步转折（= 对比 + 主次；让步用虚线表示）

（此处图省略）

　　串行：时间连续、推理连续、因果连续（流程图都一样，箭头表示先后顺序）

（此处图省略）

　　分层（指内部分层，元素本身还有下一层，在下一层上也有相似的三种关系）

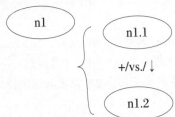

平行＋串行＋分层的组合：

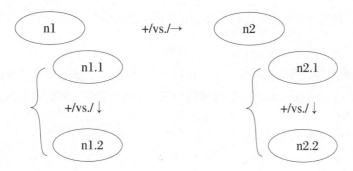

A.　平行/并行

各个子句之间是并列、比较、对比、转折等关系，每个子句都有自己的主谓宾，子句与子句之间相对独立，可以交换顺序，S1 + S2 = S2 + S1。例如，svo and svo(并列)，just as svo, so as svo(比较)，svo while svo(对比)，svo whereas svo(对比)，svo, but svo(对比或转折，转折意味着对前句在态度上的否定)。甚至对于让步转折，although svo, svo，其中虽有让步从句，但它相对独立于主句，这时，我们也不用从句符号(cp)来表示它，而是径直把它记为svo。由when/where引导的从句，有时是与主句平行的，有时又可以看做从属于主句的。在内容上，有并列或对比关系的每个子句都同等重要。

B.　串行/序列

各个子句之间有时间、推理或因果上的先后关系，各子句的顺序不可轻易调换，即S1 → S2不可颠倒为S2 → S1(箭头在此表示先后关系)。在《GRE阅读制胜法则：多层结构法》第二章第三节关于句子的讨论中，我把时间序列的句子也看做广义的平行关系，没有将这两者区别开来。但在本书中，我还是把它从并行结构中拿出来。时间序列是按**时间先后**来排列顺序，推理序列是按**前提–结论的逻辑关系**来决定顺序，仅仅涉及概念性，因果序列则是用**动作的施动和受动关系**来决定顺序，涉及实物。

B1 时间序列或时间连续(temporal sequence)

它用来说明一个事件的阶段、过程等。例如：svo after svo, svo before svo, svo as soon as svo, svo and then svo。这里有一个中文的时间序列例子(**除非特别说明，中文例句均为作者所写**)：

到公司之后，他就召集大家开会，然后布置任务，之后他就下班，陪他孩子去公园了。

B2 推理序列或逻辑连续(inferential sequence)

对单纯的推理序列(inferential sequence)，有的子句是前提(premise)、是手段(means)，有的子句则是结论(conclusion)、是目的(end)。例如，svo because/since/for/as svo(because之后是前提)，svo so that svo(so that之前是前提或手段)。推理序列，是从概念上说的，并不说明前者在实体上造成后者。人们有时把前提称为原因，把结论称为结果，但这种说法并不严密。不要混淆推理的因果与变量的因果。例如，"**社会微环境变化，导致个体的行为习惯改变**"，这是两个变量(社会微环境、行为习惯)之间的因果关系(导致改变)。与之不同，推理的因果则是这样的：

我们知道，社会微环境改变导致个体的行为习惯改变，(前提)

所以，你看的书、接触的人是一流的，你的行为也许会越来越优秀。（结论）

在本书里，我们谈到因果关系，如果没有特别说明，说的都是变量之间、也就是主语和宾语之间的关系。

B3 因果序列（causal sequence）

就像在句子之间一样，有的句子内部会有连续动作，一个推出下一个，依次下去，构成连续的因果或一个因果链条，我们称之为因果序列（causal sequence）。它有时也会像一个时间进程，但后者仅仅只有时间顺序，而因果序列还有因果动作在其中。

▶ 例 3 ◀

These winds tend to create a feedback mechanism by driving the warmer surface water into a "pile" that blocks the normal upwelling of deeper, cold water in the east and further warms the eastern water, thus strengthening the wind still more.

主语是 these winds，然后出现了连续动作，create, driving, blocks, warms, strengthening，它们都表示变量之间的因果关系，这么多因果关系连在一起，就成了连续动作或序列因果。由于这些动作按先后顺序排列，它也好像是一个时间序列，但其实不只是这样。这些动作连接的主语或宾语名词，都是动作环节。整个句子可以写成：winds → (create) feedback mechanism: winds → (driving) surface water into a pile → (blocks) deeper, cold water → (warms) eastern water → (strengthening) wind。

因果序列有两种，一种是正向推导，从原因说到结果，a → b → c → d；一种是追溯原因，从结果回溯原因，d ← c ← b ← a。前者动词是主动型的。后者动词是被动式的，例如：The air **is mixed by** means of turbulence that **depends on** the wind for its energy. 这一句用了两个被动语气的动词，is mixed by, depends on，其因果关系是：air ← turbulence ← wind。这种情况比较少见，如果遇到，抓住首尾因果即可。

C. 分层

这时，各个子句之间存在等级关系。从句修饰主句，依赖主句，相当于主句的一个短语（clause phrase, cp），如 svo (that svo)，也可以写成：svo-cp。有时，从句还可以再分层，从句里的名词被更下一层的从句所修饰，即 svo (that svo [which svo])，这种结构可以记作 svo (cp1 [cp2])，或者更简单点，svo-cp1-cp2，这里的两个从句不是平行的关系（cp1 + cp2 表示从句之间的平行关系）。

修饰，modifiers，是句子或子句的非主干成分的统称。一些修饰是短语，包括：

- 同位语（appositive，通常为名词短语 noun phrase，简称为 np）
- 形容词短语（adjectival phrase，简称为 ap，它相对少见，下文从略）
- 分词短语（participle phrase, pp，可改造为 that/which 从句 clause phrase = cp）
- 不定式短语（infinitive，也可改造为 that/which 从句，视同 cp）
- 方式状语（by doing...，可以看做与谓语动词平行，或主语的修饰从句，视同 cp）

一些修饰则是从句，我们用 cp 来表示这些修饰性的从句，包括：

- 定语从句（that, which, who, whom 等引导，修饰一个名词）
- 同位语从句（that 等引导，以一个完整的句子修饰一个名词）
- 主语从句（主语本身是一个句子，可由 that, what 等引导，但 the fact that 不是）

- 宾语从句（宾语本身是一个句子，可由that, whether, if, what等引导）
- 表语从句（表语本身是一个句子，如(is) that...）

* 状语从句（when/where/after /as soon as等从句有独立主谓宾，但也可视为修饰）

我们把含有动词或从句的修饰都称为或视同cp。这样，cp就包括：定语从句、同位语从句、主语从句、宾语从句、表语从句、分词短语、不定式短语，它们的共同特点是，在语义上都相当于一个长的名词短语。

各个修饰之间也可以是平行的、串行的或分层的。A. 平行的修饰，例如np1 and np2, pp1 and pp2 （如thwarted by and destroyed by...），np that...and that...。B. 串行的修饰，例如np cp after cp，串行不太常见、相对次要。C. 分层的修饰，例如np cp，甚至多层修饰，例如np cp1-cp2-cp3，表示一个名词短语被一个从句修饰，这个从句里的名词被下一个从句修饰，这下一个从句里的名词又被再下一层的从句所修饰；这种情况也可称为递归(recursion)。

总结一下。从构造的角度看，句子从简单变复杂，通常就有三种做法：**平行、串行、分层**。主系表的句子相对简单，从略；这里主要谈的是主谓宾的句子。句子给了主谓宾以后，在每个主语或宾语名词附近，都可以添加修饰(分层)，修饰可以是名词、形容词、分词，甚至是从句，修饰可以有好几个，并列在一起(平行)、形成对比(依然平行)，或按时间顺序排列(串行)，每个修饰里的名词也可以再被修饰(再分层)；有的句子不只有一个独立的主谓宾或子句，而是有两个或更多（平行、串行），这多个主谓宾之间用连词来连接，它们之间可以是并列、对比、时间连续和逻辑连续等关系，每个主谓宾的主语或宾语位置附近也可以添加修饰（分层），修饰可以是好几个名词、形容词、分词或从句并列出现(平行)或顺序出现(串行)，每个修饰里的名词还可以被再修饰(再分层)。这就是句子构造的最简描述。

在构造长句时，多层修饰其实可以一直进行下去。学术的句子修饰比较多，不是为了故意难倒读者，而是为了准确传达意义(precision)。但通常而言，为了照顾人类认知的有限的意向层次（每一层修饰相当于一个意向层次），主语的修饰层次为2-3层，宾语的修饰层次为2-4层。太多层次的修饰是人类认知无法在短时间追踪的（inaccessible）。句子的修饰性从句并不是写得越多越好、越深越好。好的句子是理解度(accessibility)与精确度(precision)之间的折中或平衡。

单主句结构

以上是句子构造的基本概念。下面我们从单独主句和多个主句或主谓宾两个方面，分别说明句子结构及其语义把握的重点。只有一个独立主谓宾的句子，笔者称为"单主句"。最简单的是毫无从句修饰的简单句(SVO)。从简单句出发来写长句，也是依靠平行、串行、分层这些逻辑构造方法。

(1) 平行，主要就是并列谓语，或者对比谓语，合起来写成SVO +/vs. VO；并列主语和并列宾语，过于简单，无须多说。**并列**：SVO and VO。这种句子不少见。由于前后半句为并列关系，并列谓语，只取其一即可。**对比**：SVO, but VO。主语是同一个，但谓语动作有差别，这时可以找出两个宾语的对比反义词。

(2) 串行，多个谓语之间出现时间、推理或因果关系，可以表示为SVO → VO → VO。首先，**时间连续**，例如，SVO, then VO, and finally VO。其次，**推理连续**，例如，SVO and then VO and thus VO。这种情况很少见，因为对后面的谓语来说，主语吊得太远。还是写成三个相对独立的子句(如多个主句)的推理过程比较正常。最后，**因果连续**，例如，S creates O1, produces O2, and then brings about O3。

（3）分层，就是给主语或宾语增加修饰。修饰可以单层、也可以多层（递归），每一层还可以有多个修饰并列。比起平行、串行，分层更难、也更重要。

下图分别是简单句、平行谓语、串行谓语、单层修饰、多层修饰的演变情况。在多层修饰的部分，左边的S都有2层修饰，右边的O分别有3层、2层、3层修饰。

单主句结构图

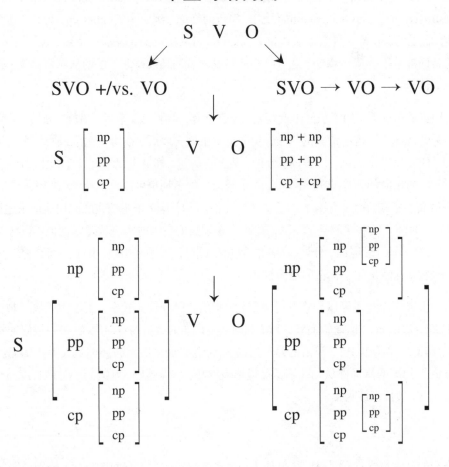

对只有一个完整主谓宾的句子，句子主干通常比修饰重要，于是有：svo > modifiers。修饰主要包括：np，特指名词同位语；pp，分词短语；cp，各类修饰性的从句，包括分词和不定式这样的广义从句。于是有：

$$svo > modifiers（np, pp, cp）$$

一个句子的主语和宾语，有时写成长名词短语，如np1 of np2 in np3。长名词的语义重心，通常在第一个或至多第二个名词。同时，句子的核心通常体现于其谓语动词。所以，一个SVO，如果写成np1 of np2 in np3 V np1 of np2 in np3，则其语义重点就是**np1 V np1**。这三个词，通常都比起修饰作用的同位语、分词、从句等要重要。于是，我们有：

$$svo: np1 v np1 > modifiers（np, pp, cp）$$

由于名词同位语修饰(np)较为简单，而同位语从句、分词结构(pp)都可看做广义从句(cp)，所以，**句子抓主干、修饰皆次要**，这个方法所对应的简化公式就是：

$$np1 \ v \ np1 > cp$$

也有一些句子，主语或宾语不被广义从句修饰，但自己就是一个名词性的从句结构，通常由what, whether, how, if等来引导，如What vo V that/whether/if svo，有时甚至就用that引导，如That svo VO。这时，**主语/宾语从句，单独分析**，找出其中的主谓宾，主要是其中的实义词，再结合谓语，就得到句子的语义重点。

▶ 例 4 ◀ 单层修饰

But the recent discovery of detailed similarities in the skeletal structure of the flippers in all three groups undermines the attempt to explain away superficial resemblance as due to convergent evolution—the independent development of similarities between unrelated groups in response to similar environmental pressures.

第一步：找出np1 v np1, discovery...undermines the attempt。通常到这里，句子的重点就找到了。但是，本句的主语和宾语都是抽象名词，内容不够清晰，这时，要尽量找出它附近的具体的、有实质内容的词汇。第二步：名词抽象、抓实义词。主语是一个长名词短语，第一个名词抽象，可以再抓第二个名词，得到：discovery of similarities。宾语是名词+不定式短语（可看做广义从句修饰），这时，**名词抽象、抓住修饰**，对to explain away superficial resemblance as due to convergent evolution这个修饰，其中有实质意义的名词是explain away...due to 之后的convergent evolution，这个短语是the attempt的语义重心。为什么？它是短语里唯一的新词；而resemblance = similarity。通常，**抓实义词 = 抓新名词**。此外，从内容上看，**理科讲因果**，due to表原因，explain away A as B也表示因果解释，A为结果，as之后的B为原因，依然是将convergent evolution作为重点。所以，句子重点就是：discovery of similarities undermines convergent evolution，相似性的发现，摧毁了趋同演化理论。

你有没有觉得这样基本抓住了本句的中心意思呢？你也许对专业名词convergent evolution还不太放心，从语义上看，它后面的同位语应该与之等价，更一般的，**名词与其修饰逻辑等价**，所以，找出同位语成分中的新词，convergent evolution = unrelated groups + similar pressures，说的是没有亲缘关系的(unrelated)生物群体在相似环境下产生相似的性状。这一步的理解，也不需要关于同功的演化生物学知识，只要抓住句子内部成分的逻辑对应关系就够了。

◉ 复习本句

将一个具体的句子抽象化，可以举一反三、找出规律，这是复习要做的事。此句主语是长名词短语，宾语先有不定式修饰，该不定式里的名词再由破折号之后的名词短语修饰。以np代表名词短语或单独名词，以cp表示不定式短语，我们可以将该句写成：np1 of np2 in np3 of np4 in np5 v np cp np1 of np2 between np3 to np4，或者：np1–5 v np（cp = np1–4）。

▶ 例 5 ◀ 多层修饰

None of these translations to screen and stage, however, dramatize the anarchy at the conclusion of *A Connecticut Yankee*, which ends with the violent overthrow of Morgan's three-year-old progressive order and his return to the nineteenth century, where he apparently commits suicide after being labeled as lunatic for his incoherent babblings about drawbridges and battlements.

　　找出 np1 v np1。主语第一个词none太抽象，继续抓实义词，即第二个名词translations；宾语是长名词短语，取第一个anarchy。全句主干：None translations dramatize the anarchy，没有哪个改编作品在戏剧上体现无政府的混乱状态。后面全是一层层的修饰，修饰皆次要。只要抓住SVO里的np1 v np1，就真的把握了这个句子的中心。为什么要写成这种公式？公式具有普遍性，同时可以引导我们阅读时的注意力，而不至于将注意力平均分散在每个单词上或者不成比例地分配在生词上。生词不是阅读理解的重点；生词只是认识生词的重点。阅读理解在更高的若干层次上发生，而不是在单独的层次上完结。

● **复习本句**

　　此句主语为长名词短语，宾语也是长名词短语，而且宾语之后连续出现修饰性从句和分词结构。如果我们把none当成一个否定性的名词，把where从句当成一个修饰性的从句（语法上是状语从句，但语义上也可以理解为对一个名词短语nineteenth century的修饰，我们这里依然称为修饰性从句），把分词being labeled也当做一个广义的修饰性从句（语法上，after...being labeled 在这里也是一个状语修饰，但有时我们为了简便，将状语从句看做修饰的从句，也用cp表示），则本句的一般形式是：np1 of np2 to np3 v np1 at np2 of np3, cp1, cp2 after cp3，或简化为np1–3 v np1–3 cp1–cp2–cp3，也可以写成np1–3 v np1–3 (cp1[cp2{cp3}])。在把握语义时，抓住np1 v np1，多层修饰次要。

多主句结构

　　上面说了只有一个独立主谓宾的句子，接下来说有多个相对独立、彼此平行的主谓宾的句子，都可看成主句，不一定是语法上的主句，而是结构功能上能够相对独立的广义主句，这些有多个独立子句或主谓宾的句子，可称为多主句。

A.　平行（parallel）

　　并列。并列子句之间基本是等价的，内容同等重要，而且相互呼应。把握方法是，**并列内容，只取其一**。有时，内容明显有主次之分的，可取主句。

　　对比。子句之间是对比关系的，可取两个对比子句的一对反义词，作为语义的重点。有态度褒贬的，后半句反对前半句的，可称为**转折或反驳**，相当于对比 + 褒贬。此外，**让步转折**也是对比的特例，让步子句次要，转折子句主要，让步转折相当于对比 + 主次。

B.　串行（sequence/serial）

　　分为时间、推理或因果三种。对因果序列，取首尾动作为重点，对其他序列，取语法主句或最后一步为重点。

C.　分层（hierarchy） 子句之间有总分关系，取总。

多主句结构图				
关系		多个主谓宾的连接词	关系符号	把握重点
A. 平行	平行	SVO *and* SVO	+	任意一个SVO
	广义并列	SVO *where/when* SVO	无	主句 SVO
	比较	*Just as* SVO, *so as* SVO	=	比较找同义
	对比 （含让步）	SVO *while/whereas* SVO	vs., ≠	对比找反义
		Although SVO, SVO	vs.	
		SVO *less/more than* SVO	< >	
		SVO, *but* SVO	vs.	
		SVO; *however*, SVO	vs.	

B. 串行/连续	时间	SVO *before/after/when* SVO	无	主句 的SVO
	推理	SVO *if/because/since/as/for* SVO	←	主句 的SVO
		Because/If/When SVO, SVO	→	
		SVO *so that* SVO	→	最后 的SVO
		SVO, *thus* SVO	→	
	因果	SVO, SVO, SVO	→	连续动作 抓住首尾
多句组合（并行＋串行）		SVO *if* SVO *when* SVO; *however*, SVO, *whereas* SVO *since* SVO.	无	第一个、第四个、第五个SVO里的两对对比反义词
C. 分层		SVO: SVO; SVO; SVO（总分＋并列；第一句与后三句有层次高低差别）	无	第一个SVO

▶ 例 6 ◀ 并列

Its consequences are also the least predictable because the value of Earth's biota (the fauna and flora collectively) remains largely unstudied and unappreciated; unlike material and cultural wealth, which we understand because they are the substance of our everyday lives, biological wealth is usually taken for granted.

第一步：找主句。由于because为从句，unlike等是进行对比的非句子成分，所以，主句就是由分号所连接、因而并列的两个句子：Its consequences are also the least predictable; biological wealth is usually taken for granted。

第二步：找主句的np1 v np1。两个并列主句都没有任何修饰，因此，它们就是np1 v np1，意思是，它的后果也最不可预测；生物财富通常被当做理所当然。至于its consequences里的its指的是什么，这从节选的这一句还看不出来，需要联系上文。

第三步：抓对比。由于句子内部有unlike的对比，在主句之外我们要增加一层理解：material, cultural vs. biological wealth，对比的中心内容是everyday lives–understand vs. taken for granted。作者也许认为，生物财富我们并不那么容易理解，这与上半句because从句里的unstudied, unappreciated形成呼应，即：not understand = unstudied and unappreciated。在这里，新增的理解是因为出现了unlike这样的对比词。通常，对比、让步（属于广义对比）等，无论在什么语法位置，都是重要的：**对比比较，处处重要**。

● 复习本句

单从结构上，它可以写成，SVO because SVO; SVO，内容的重点在第一个和第三个SVO。增加对比的理解，则还有biological wealth: not understand vs. material ＋ cultural wealth。

► 例 7 ◄ 对比

Modern philosophers now trace that notion back at least to Descartes and Spinoza, but it was not explicitly articulated until the late eighteenth century, by Kant, and did not become built into the structure of academic institutions and the standard self-descriptions of philosophy professors until the late nineteenth century.

第一步：找主句。本句由but连接两个相对独立的主句，并无从句存在。

第二步：找主句的np1 v np1。第一句，Modern philosophers now trace that notion back at least to Descartes and Spinoza，人名取首字母，则可简化为Modern philosophers now trace that notion back to D and S。第二句有由and连接的两个并列谓语，**并列成分，只取其一**，因为并列成分、内容等价；我们取前一个，则有it was not explicitly articulated by Kant，加上**人名取首字母**，则有，it was not explicitly articulated by K。

第三步：抓对比。在对比结构中，主语通常是要被对比的对象，宾语则是对所对比的内容、属性、特点的描述，构成真正对比的内容，所以，**对比找反义，反义在宾语**。

Modern philosophers now trace that notion back to D and S

vs. it [that notion] was not explicitly articulated by K

可以看到，主语，是现代哲学家和作者本人；动词，trace back to = was articulated by；宾语是两组不同的人，这就是我们要的对比反义词：D.S. vs. K。整句的意思是，现代哲学家认为那种观念是D.S. 提出的，但作者认为它是由K来首先阐述的。

● 复习本句

从结构上，它可以写成SVO vs. SVO and VO。从内容上，找宾语的对比反义词，得到D.S. vs. K。这么长的一个哲学文章的句子，通过结构的处理，居然可以这么清晰！这就是结构的力量。它好比一个注意力的锚点，让你在一堆看似随机的单词中选择落点。此外，**文科讲对比**，此句的but提示了语义重点在前后子句的对比。

► 例 8 ◄ 时间序列、因果序列

As rock interfaces are crossed, the elastic characteristics encountered generally change abruptly, which causes part of the energy to be reflected back to the surface, where it is recorded by seismic instruments.

第一步：找主句。本句是复合句。as引导时间从句，也可看做一个独立的、与后面的主句平行的广义主句。真正语法上的主句是the elastic characteristics (encountered) generally change abruptly，encountered为后置定语，修饰主语elastic characteristics。之后是由which, where引导的两个从句，从语法上看是从句，从内容上看其实是连续动作的环节，按时间顺序先后写出。在少数理科句子中，会用多层从句表示时间序列，其中which是修饰前面整个句子的，where则修饰the surface。第二步：找主句的np1 v np1。就是the elastic characteristics change，弹性特征改变。

● 复习本句

从内容上看，as, which causes, where都在提示连续动作的环节，所以，**连续动作、抓住末尾**，it [part of the energy] is recorded by seismic instruments。再加上语法上的主句，全句就有四个环节依次出现：rock interfaces (crossed) → elastic characteristics (change) → the energy (reflected back) → (recorded by) seismic instruments。对**连续动作或序列因果**，可以**抓住首尾、略读中间**，也就是**抓住因果双方**，这样有：rock interface → ... → seismic instruments，意思是，岩石界面带来的情况，最后被地震仪器记录下来。或者，直接抓语法上的主句也行：the elastic characteristics change abruptly，意思是，弹性特征会突然改变。本句好像找不到重点，这是因为，连续动作由于动作太多且层次相等，于是每个都不那么重要。按时间序列，本句可以写成：As SVO → SVO → which SVO → where SVO。

▶ 例 9 ◀　多句组合

The discovery that Haydn's and Mozart's symphonies were conducted during their lifetimes by a pianist who played the chords to keep the orchestra together has given rise to early music recordings in which a piano can be heard obtrusively in the foreground, despite evidence indicating that the orchestral piano was virtually inaudible to audiences at eighteenth-century concerts and was dropped as musically unnecessary when a better way to beat time was found.

第一步：找主句。本句是复合句（多个子句组合而成），主句的主谓宾是the discovery has given rise to early music recordings。后半句中有despite的让步内容，与主句本身形成广义对比，因为evidence与discovery在字义上呼应。我们通常把让步的内容看做一个单独的主谓宾；虽然这里的evidence indicating that并不是一个完整句子，但可以把它看做由完整句改编而来的。不过，由于这个句子在语法上的主句本身的意思还不清晰，我们等到第三步再来处理这个对比，找出主句与despite evidence之间的对比反义词。

第二步：找主句的np1 v np1。主语和宾语本身并不是长名词短语，只有一个核心名词，找出来容易。但是，主语discovery是由单词discover变来的抽象名词，本身没有说到底是什么事实，对这种情况，我们说，**名词抽象，抓住修饰**，就是修饰里的实义词或新词或褒贬程度词。看主语：The discovery that Haydn's and Mozart's symphonies were conducted during their lifetimes by a pianist who played the chords to keep the orchestra together，主语名词discovery有that...who...两层从句修饰，只要找第一层里的实义词就可以了，它要么是主语的symphonies，要么是宾语的pianist，从内容上看，pianist演奏symphonies，取pianist更能带起整个内容，它是动作的发出者。于是，主语就是discovery...by a pianist。看宾语：early music recordings in which a piano can be heard obtrusively in the foreground，名词recordings依然抽象，因为由动词record变来，因此要抓住in which从句里有强烈褒贬程度色彩的词，obtrusively。于是，主句的内容就是：discovery...by a pianist...given rise to early music recordings...obtrusively。

第三步：抓对比。**文科讲对比**，本句让步despite所提示的广义对比，才是本句的内容焦点。通常来说，**对比找反义、反义在宾语**。在discovery部分，宾语的中心内容是obtrusively，在despite evidence这一部分，宾语的中心内容，从对比关系可以推出，应该是not obtrusively，或说obtrusively的反义词。看宾语从句：that the orchestral piano was virtually inaudible to audiences at eighteenth-century concerts and was dropped as musically unnecessary when a better way to beat time was found。它有两个谓语was inaudible to、was dropped，**并列成分，只取其一**，要找的反义词可以是inaudible，或者unnecessary。于是，整个句子的重点是，obtrusively vs. inaudible/unnecessary，意思是，早期音乐记录里，钢琴音很突兀，但证据显示，当时钢琴音根本听不到或被当做不必要的。

● 复习本句

本句由despite带起两个广义的独立主谓宾，且第一个子句的主语之后有两层从句修饰，分别是that...who...，宾语之后也有一层从句in which；despite引导另一个广义子句，它的宾语是一个从句，从句里有并列谓语，且还有一个when从句，这个语法上的状语从句，可以看做与宾语从句的第二个谓语结构本身平行的独立主谓宾，也可以看做它的一个修饰性从句，但这个判定本身对于理解语义来说并不重要。从结构上，全句可以写成：S-cp1-cp2 V O-cp1 vs. S VO1+VO2 when-cp，或者，S(cp1[cp2]) V O(cp1) vs. S VO1+O2(cp)。

到此为止，我们说的是，在句子这个单独层面，通过结构来把握语义重点。主要方法是，**抓住主句的np1 v np1、对比反义、因果双方**。这个方法对处理阅读理解文章和段落中的句子都是有用的。对于GRE填空题也有价值，因为填空是在子句或句子之间寻找逻辑对应。但句子这个层次的分析，对于GRE阅读乃至三空题还是不够的。正如单词只有在句子的语境中才有完整的意义，同样，句子也只有在句群和段落的语境中才有完整的意义。看一个句子时，不仅要把握它的主干，或对比的重点，或因果关系的双方，还要在上下句的关系中去考察它，辨别它的功能或作用，以判断该句在整个句群或段落中，相对于其他句是更重要还是次要。对阅读句群、段落和文章而言，真正要记的，是其中的重点句子的主干或对比内容。这是我们下面要说的内容。

第三节　句　群

就像短语是若干单词组成的，句群(sentence group)是由2-3个句子组成的，它有相对独立的意思，有时也像段落一样，有完整的论点-论据的论证链条。GRE三空题的一部分题干就是句群；阅读文章中的段落有的只有一个句群(短的段落)，有的则有两个或更多个句群(长段落或者结构复杂的段落)。通常来说，句群这个层次介于句子和段落之间，它比单独的句子高一点，但比完整的段落低一点。当然，这种区分不需要很严格；重要的是弄清逻辑关系和把握重点。

句群怎么写出来的？最简单的方法，是把一个复杂的长句拆开为各个小句子。例如，可以把有让步转折或对比的长句，变成两个句子的句群：

Although A, B. → It is true A. But B.

A; however B. → A. However, B.

A whereas B. → A. By contrast, B.

一些表推理或时间先后顺序的从句，也可以从主句分离，成为单独的句子：

A because B. → B. Thus A. 或A. B. (B放在后面，也可以看做对A的说明)

A after B. → B. Then A.

又如，可以把有层次关系的长句拆开，变成几个小句子的组合：

S: S1; S2; S3. → S. S1. S2. S3. (S是总的论点，S1，S2，S3是对它的并列说明)

我们来把上面讲过的一个长句拆成句群形式：

The discovery that Haydn's and Mozart's symphonies were conducted during their lifetimes by a pianist who played the chords to keep the orchestra together has given rise to early music recordings in which a piano can be heard obtrusively in the foreground, *despite evidence indicating* that the orchestral piano was virtually inaudible to audiences at eighteenth-century concerts and was dropped as musically unnecessary when a better way to beat time was found.

→

The discovery that Haydn's and Mozart's symphonies were conducted during their lifetimes by a pianist who played the chords to keep the orchestra together has given rise to early music recordings in which a piano can be heard obtrusively in the foreground. ***However, the evidence indicates*** that the orchestral piano was virtually inaudible to audiences at eighteenth-century concerts and was dropped as musically unnecessary when a better way to beat time was found.

（这里不把despite放在第一句写成It is true that，其原因在于原句的despite重点在于用一个证据否定上半句的内容。让步转折与对比有时是可互换的。）

当然，更常见的情况是，写出几个句子，就是一个相对完整的意思，自然就构成一个句群。从阅读理解的角度出发，我们要把握的是其中的重点句，并不来自于你我他对某些单词的独特敏感，而应来自于句群内句子之间的结构关系这样一个公用的、普遍的标准。结构关系，其实也就三种：平行、串行、分层。前面提到的修饰之间、子句之间的关系是这样，这里要说的句子之间的关系也是这样。后面我们还会看到，论点之间、段落之间的关系也同理。

A. 平行

A1 并列

若干句子平行写出。有时可调换顺序，即S1. S2 <=> S2. S1。通过中文的例子，也许更容易看清逻辑关系。请看一个中文例子：

你自己决定一切事，这叫despotism，专制主宰，用个人意志控制生活和职业，很独很自我，没人跟你玩。你跟着亲戚混，这叫nepotism，裙带主义，用自己家族的人，放心。小公司可以，但做大没戏。你只相信熟人、同学、闺蜜，这叫cronyism，任用亲信，小圈子很安全，但彼此太了解，合在一起也就那样。

这个句群解释了三种强关系，自己与自己、自己与亲人、自己与熟人，它们之间就是并列关系。作者当然遵循着一定的内容秩序，由内及外，这时不宜调换顺序。

A2 对比

两句之间是纯粹对比，即S1 vs. S2。英文中的对比关系必用关联词，例如however, but, yet, by contrast, on the contrary, on the other hand等。中文对关联词的要求则不太严格，可以用"但是、与之不同"，也可以用"而、则"之类。当然，逻辑关系都是一样的。

我们来看欧阳修的名篇"生查子·元夕"：

去年元夜时，花市灯如昼。月上柳梢头，人约黄昏后。

今年元夜时，月与灯依旧。不见去年人，泪湿春衫袖。

这是一个典型的对比结构。去年、今年，提示时间；有相同，月与灯；有不同，去年人。

再看这个中文例子：

天赋不等于知识，才华不等于财富，不经培养、训练、提点，都会消散。而求学经历、工作环境对最终成就有决定性。天赋已在，不可积累。好的环境则可以积累；甚至主动设计。成绩是可积累环境的函数，要投身好的环境。但不要跟人比天赋，你的天赋很多人也有。天赋，简直不值一提。

这个句群有7句话，都在对比天赋和环境对成就的影响，对比关联词有"而(第二句)、则(第四句)、但(第六句)"。天赋对成就不太重要；可积累环境才对成就重要；这两句话都是作者的看法，相互之间不存在反驳关系。

反驳或转折是对比的一种特殊形式，通常是后面的句子反驳前面的句子。这时会有but, however, yet等关联词，在反驳句中常会有表示否定内容的词汇，例如object, doubt, question(*v.* 质疑), challenge等。再看一个中文例子：

经常有人说自己对专业没兴趣或者不喜欢，于是不知道干什么。可以问自己：是否因为还没有找到喜欢的事就可以什么也不做？你找到过自己喜欢的事吗？你为之做过什么准备、投入过多少时间？此外，喜欢不喜欢，真的那么重要吗？Life is tough. 学到本事才是真的。不要娇情。Life is Short.

在这个句群里，"经常有人说"提示了一种大众观点，从"可以问自己"开始的问句，就已经开始反驳了，这样的问句连续并列出现了3个，之后的"此外"又来了1个反问句。

在谈句子的时候说过，句内的**让步转折**是对比的一种特例。但这只是一种不严密的说法，在句间关系这个层次不一定适用。让步的内容，其实是冲着论点去的，对论点进行限制、挑战，转折则说这种挑战在更重要的方面不成立。例如：S1. It is true that S2. But S3. 这时，S2作为让步，在限制S1，S3重新支持S1。S2与S3当然是有对比内容的；但它们之间不是平行关系。

B. 串行

B1 时间序列

有些按时间排序的句子、没有前后因果关系的，属于叙事(narration)或讲故事(story-telling)，在学术文章中少见。一个英文中的例子：

For want of a nail the shoe was lost. For want of a shoe the horse was lost. For want of a horse the rider was lost. For want of a rider the message was lost. For want of a message the battle was lost. For want of a battle the kingdom was lost. And all for the want of a horseshoe nail. (For Want of a Nail, 英语谚语)

少了一个钉子，经过许多中间步骤，最后导致了失去一个国家。这个例子说的是小事情可以导致大后果，它是按时间序列来展开的。

请看一个网络流传的中文例子：

后杨一笑殁，葬云梦泽西鹿鸣山，其碑志曰：初从文，三年不中；后习武，校场发一矢，中鼓吏，逐之出；遂学医，有所成。自撰一良方，服之，卒。

在该句群中，初、三年、后、遂等词，都是表示时间先后顺序的连接词。

再看一个例子：

最好的教育路径是：青春期读工业时代的西方文学经典，大学先学批判思维、弄清概念判断推理，再学波普的科学哲学，学会检验命题，再学函数分析、概率统计、编程、工程机械，再学地理学、演化心理学、社会心理学、组织和制度分析、商业/金融/农业/工业/科技史、演化生物学、认知科学、决策科学。其他时间学自己专业。

这个句群有两句话，"其他时间"提示它们之间是并列关系；不过第一句里的内容是有时间先后顺序的，提示词有"青春期读、大学先学、再学、再学、再学"等。各个学习项目不一定是因果关系，学了这个，就能把那个学好。所以，它们之间只是时间序列。

B2 推理序列

在学术文章尤其法律、哲学文章中经常出现证据层层递进、下一个以上一个为条件的情况，但在GRE/GMAT中较为少见。推理序列也可以称为**条件序列**，它可以记为S1 → S2 → S3，S1是S2的条件，S2是S3的条件。语言上是这样：Because A, B. Then C. So D。推理的关联词不一定要出现，这些关联词可以是Because, Since, For, Then, Thus, Therefore之类，有时也可以是表时间顺序的词，因为推理步骤的先后有时也会表现为时间的先后。下文是笔者自己写的一段哲学式的连续推理，它包含了一个不可逆的、在时间上展开的逻辑进程：

精神的自我不在意你的出发点是什么。重要的问题是开始，向内掘进，挖掘精神的层次，丰富精神的结构，启动精神的历程，而不是只在一个平面上滑动。你可以**从任何一个地方开始**，探讨它可以给你的精神感受，**然后**它就会开始不满足、不够味，或者说，审美疲劳光临，边际收益递减，**于是**，不是抛弃它，而是否定它，得到一个新的成果，这个新的成果站在原来的精神环节的对立面，**但然后**你希望用一个更复杂的环节包含这两者，于是得到一个更新的环节。每个环节都在试图为自己找到一个稳定的可辩护的依据，在这种寻找中，不断否定自己的具体内容，不断纯粹化，**直到最后**，发现精神的自我不是X，也不是Y，还不是Z，而就是一个不断从X，发展出Y，然后又发展出Z的历程。

本例中，体现逻辑过程的词有：从任何一个地方开始、然后、于是、但然后、于是得到、直到最后。这些词虽然字面是时间词，但它主要还是体现一种步步向前的推理次序。

B3 因果序列

与连续推理只是着重于各步骤的逻辑顺序（前提–结论）不同，连续因果还强调在内容上的因果关系，其概念都是可在经验上观察到的、可量度的数理概念，即变量（variable），我们将这种因果称为因果序列。因果序列在理科文章中常见，也可称为机理、机制、流程或者连续动作。由于因果常有时间先后之分，所以常以时间序列出现，构成正向推导；回溯原因的情况也会有，但在理科中较为少见。前面我们说过，因果关系是狭义的，仅指变量之间的关系，即主语与宾语的概念之间的关系，而不是句子之间的关系。但在理科文章中，有时会有好几个变量，一个影响下一个，前后衔接，形成连续因果关系；每个因果用一个句子写成，连续因果就是一个句群。每个句子可以是简单句，原因是主语，结果是宾语：

S1: C1 → E1.

S2: E1/C2 → E2.

S3: E2/C3 → E3.

（S: sentence, C: cause, E: effect）

也可以是复合句，原因的变化在从句、结果的变化在主句：

S1: When C1, E1.

S2: As E1/C2, E2.

S3: Because E2/C3, E3.

它们说的意思都是：C1 → E1/C2 → E2/C3 → E3。或者，把每个因果句子作为一个证据，这样就有：a → b → c，或x → y → z。

▶ 例 10 ◀　连续动作

In field practice, a subsurface is mapped by arranging a series of wave-train sources, such as small dynamite explosions, in a grid pattern. **As** each source is activated, it generates a wave train that moves downward at a speed determined uniquely by the rock's elastic characteristics. **As** rock interfaces are crossed, the elastic characteristics encountered generally change abruptly, **which causes** part of the energy to be reflected back to the surface, where it is recorded by seismic instruments. The seismic records must be processed to correct for positional differences between the source and the receiver, for unrelated wave trains, and for multiple reflections from the rock interfaces. **Then** the data acquired at each of the specific source locations are combined to generate a physical profile of the subsurface, which can **eventually** be used to select targets for drilling.

本例是曾经考过的。一共5句，讲了地震反射测量地层的程序或过程。整个句群里表时间先后的关联词、表动作环节的名词、表因果关系的动词，可见下表：

句子序号	时间连续提示词	动作环节：名词s/o	因果关系词：动词v.
S1		wave-train sources	arranging
S2	As	each source	activated, generates
		wave train	moves downward
		speed	determined by
		elastic characteristics	
S3	As	rock interfaces	crossed
		elastic characteristics	change
	which causes	energy	reflected back to
		surface	
	where	seismic instruments	recorded by
S4		seismic records	processed, correct for
S5	Then	data	combined, generate
		physical profile	used to select
	which, eventually	targets for drilling	

我们在读的时候，当然不需要把这些内容都记住。我们说，**连续因果，抓住首尾，略读中间**，抓住的首尾就是第一个和最后一个动作环节，都是名词，分别是：wave trains, profile + targets for drilling。本句的语义重点就可以写成：wave trains→ ... → profile → targets for drilling，意思是，利用波列来测量，最终得到一个地层分布图，用来选择钻探目标。整个句群的结构可以写成：S1 → S2 → S3 → S4 → S5。这样，从句子之间的逻辑关系确定，首末句重要(S1, S5)；再从句子抓主干出发，抓住首末句的句子主干(S1: subsurface ← wave trains, mapped by 也可以暗示因果关系；S5: data → profile → targets)。还可以进一步确定，targets for drilling就是指首句subsurface里的targets，因为整个句群都在讲一个因果推理链条，在首句，推理的结果是subsurface，在末句则是targets，它们必定是同义的。从内容上想一想，钻探/drilling当然也是钻地层subsurface。

时间序列、推理序列、因果序列，在符号上都可以表示为a → b → c，它们分别属于人类思维的三个发展阶段。自然思维是时间序列，甚至把时间先后当成因果，在先的是原因、在后的是结果。古希腊人发明了逻辑思维，把一些句子当做前提、另外一些句子当做结论，构成推理过程，这对整理思维有巨大好处，但有时也会让人困于概念，以为只要说得通、概念连得上，就都是正确的，有些做辩论的、学哲学的、搞文化的，就陷入这种误区。自伽利略以后，科学家和一些思想家把概念数理化，变成可观察、可检验的变量，由这些变量构成的推理关系，就是因果序列，它对推理的逻辑思维再进行筛选、排查，得到与现实对应的认识(如物理学、生物学推理)或在现实中实现的认识(如数理逻辑、计算机科学推理)，开启了人类认识的自我检验、自我校正，甚至自我实现的进程。第二和第三阶段都是人类思维在第一阶段的自然思维基础之上的巨大飞跃。

C. 分层

句子之间有主次之分，句群的论点或结论重要；其他句子，即论据、前提则次要。以3句话（S1. S2. S3）组成的句群为例，如果论点在前、论据在后，可以写成：S1. (S2. S3.)，这里S1/第1句是论点；如果前提、理由在前，结论在后，则可以写成：S1. S2. → S3.，这时S3/末句是结论。

下面以一个中文句群为例，来说明如何分析。

自从把演化是微小优势的连续积累的观念应用于财富积累和行为习惯以后，我就痛感，家庭出身、教育环境、成长经历、工作和阅读经验等，对个人几乎有决定作用。个人可转圜的余地很小。其一，积累的过程不易被日常知觉所捕捉。其二，即使理论上懂，要在行为上调整，也不能跳过那些积累的时间进程。

第1句，自从……以后，提示它为从句，主句则有"决定作用"，表示因果关系，意思是，环境对个人影响巨大。第2句从否定的角度再说一遍。第3句、第4句，是并列出现的证据，并列关联词是：其一、其二；它们都在试图证明第1–2句的论点。因此，本句的逻辑关系可以写成：S1. = S2. (S3. + S4.)，等号表示S1与S2在内容上一致，它们一正一反。第3–4句，在为1-2句的论点提供理由、证据或支持。

并行串行分层的组合

2-3个或更多句子组成的句群，可以兼用以上所说的平行（并列、对比等）、串行（时间序列、推理序列等）、分层的构造方法。例如，S1. (S2. + S3. vs. S4. → S5.)，对这个句群，S1为总，后面为其分的内容；S2与S3并列，S4与S5形成时间或推理连续序列，而S2, S3与S4, S5之间再形成对比关系。

三空题的例子

句群的分析，适用于阅读文章，也适用于填空三空题的多数题干(通常由多个句子组成)。我们以后讨论文章内句子之间的关系，这里分析一些三空题题干；例子选自笔者编写的"GRE三空180题解析"(不久之后，也会出版)。

▶ 例 11 ◀

(2/180.) As Shipton makes clear, there has never been a single "authentic" style of jazz conclusively superior to all others. Louis Armstrong is the only figure whose stylistic innovations achieved anything like (i) _____ currency, and Armstrong himself, for all his extraordinary originality, was only one of a number of musicians who helped shape the language of early jazz. Accordingly, Shipton presents his history of jazz not as a(n) (ii)_____ succession of great men but as an overlapping series of stylistic movements, each of which he describes with a(n) (iii)_____ of taste.

这是180题的第二题(2/180)，省去了选项。初次练习，可分两步，先抓主干，再找关系。熟练之后，可同步进行。

第一步：抓主干

第一句：抓主句主干。As从句，人名取首字母，如S. 这人明确说的；不重要。主句是there has never been 存在结构，其中，**否定词不可遗漏**，但句子的重点仍在宾语，authentic style，后面的形容词**修饰与其名词等价**，superior to = single authentic，故第一句S1的中心是，never single authentic / never superior。

第二句：看起来是and连接的复合句。上半句，S2.1，句子抓主干，主语人名取最后大写，A is the only figure，**宾语名词抽象，抓住修饰**，whose从句中的内容有空格(i)，表示为X(以下用X表示第一空、Y第二空、

Z 第三空）。转到 and 之后的下半句，S2.2，句子抓主干，A was only one of the musicians, 同样宾语**名词抽象，抓住修饰**，who 从句找新词作为重点，得到 shape (Jazz)。全句内容：A 是唯一那种人物，而 A 只是塑造者之一。注意前后句的内容其实是有差异的，并非单纯的并列关系。

第三句：抓主句主干。not...but... 构成否定肯定结构，重点在 but，主句主干是：S presents overlapping series，后面的从句 each of which 是修饰，不重要。

第二步：找关系

S1　为论点句，never superior，没有哪个人特别卓越，后面的句子 S2.S3，通常应为其证据，讲这个人、那个人都不卓越。

S2　有两部分，由 and 连接，看起来是并列结构，其实不然！首先，前半句 the only figure，only 表示对比，只有 A (rmstrong) 可以，其他人物不行，A 恰好够卓越。S2 与 S1 都是作者观点，但内容相反。通常来说，**对比找反义，反义在宾语**，never single authentic / superior vs. X currency，可解出：X = single authentic, superior。其次，后半句 S2.2 有 only one of，只是其中一个而已，与前半句的 S2.1 的 the only figure，唯一一个人物，两者语气恰好相反！而且，后半句有 for all... 这个插入语，表让步！它是在承认前半句，extraordinary originality = the only figure like X，而后半句本身却是转折！我们要小心 and，它有时只是一个语法连接词，不一定是提示内容并列；对第二句来说，重要的是后面的 for all。既然 S2.1 是让步，S2.2 是转折，**让步转折内容对比**，我们有：the only X currency = extraordinary originality vs. one of shapers。

S3　由 Accordingly 引出，表示推理的下一步或者结论。推理的前后步骤，内容上连续，因而也会接近，从而基本同义，这种因为推理的逻辑关系而导出的词汇同义现象，可称为，**推理前后，逻辑等价**。再鉴于上一句的重点是后半句，本句的重点是 but 部分，故有 S2.2 = S3-but, one of shapers = overlapping series，只是早期爵士语言的塑造者之一，所以爵士音乐史是重叠的系列。本句之内的 not...but... 为对比，故有 Y succession vs. overlapping series，由于 succession（相继）= series（系列），可解出 Y = not overlapping。第三空 Z 在 each of which，这个定语从句从属于它所修饰的主句名词，因此从这种句内的逻辑关系出发，修饰与其所修饰的名词，应该是等价的：**修饰与其名词，逻辑等价**，所以，overlapping series = Z taste。

总结+做题

句子结构关系：S1. (S2.1 vs. S2.2 → S3.)。第一句为论点；第二句内部有让步转折，这里仍以 vs. 符号表示；第二句按逻辑序列推出第三句，第三句内部有小对比。请看下表，其中，让步和对比等相反内容以括号 ( ) 标出，从句等修饰内容以短线 – 标出：

关系	关系提示词	把握重点
S1	首句位置	never single authentic, superior
(S2.1 vs.) S2.2	the only one of, for all...	(X currency) (originality vs.) one of shapers
→ S3	Accordingly not, but	(Y vs.) overlapping–Z

空格对应关系：X = single authentic, superior, extraordinary originality, not one of; Y = not overlapping; Z = overlapping。

做题。请从空格中选词：

Blank (i)	Blank (ii)	Blank (iii)
depreciated	linear	circumscription
universal	divergent	exclusivity
parochial	interwoven	catholicity

X = universal，能够唯一真实的、比其他人都卓越的、成为唯一人物的，不是贬值的(depreciated)通货、局部的或狭隘的(parochial)通货，而是广义的、普遍的(universal)通货。Y = linear，线性的相继，是不重叠的。Z = catholicity，普遍性、广泛性，是重叠的系列，它不是谨慎(circumscription)或排斥(exclusivity)。

► 例 12 ◄

(25/180.) A notorious feature of Arendt's political theory is her assertion that strictly political debate, deliberation, and concerted action (i)_____ social and economic issues. Many of Arendt's critics have objected to this asocial understanding of the proper content of politics, Sheldon Wolin and Ralph Ellison among them. Both thinkers, however, despite their (ii)_____ of Arendt, (iii)_____ her in distinguishing between conceptions of politics based on rulership and those based on action in concert.

这是三空180题的第25题。我们将抓主干和找关系同步进行，然后总结和做题。

抓主干+理关系

第一句/S1。1. 先抓主干。只有一个同位语从句that，句子抓主干，np1 v np1，有feature is her assertion。主语是第一个名词抽象，再抓第二个，A's theory；宾语名词assertion抽象，抓住从句修饰的新词或实义词，X social and economic。于是，首句重点是：feature of A's theory is her assertion, X social and economic。2. 再找关系。第一句是A的一个主张，但它在整个句群中有什么作用，单从它本身看不出来。句子的作用是在句群或段落的语境中体现的。

第二句/S2。1. 抓主干。本句为简单句，找np1 v np1，有A's critics objected to this asocial understanding。2. 找关系。没有对比关联词，但人物critics、实义词object to，都说明第二句在反驳第一句，与之形成对比关系。语言对应关系也很清楚，this往上指，asocial understanding = her assertion = X social and economic issues，由于asocial = non-social，解出X = not，必须是否定性的动词，体现的是这种意思，例如，不要、否决、放弃、或压倒政治和经济问题。句子还有两个人名，**人名取最后大写字母**，W and E。

第三句/S3。1. 抓主干。主句S3.1的主干是，both thinkers Z her，第三空要填词；让步despite内容，S3.2，与主句相反，有Y of A (rendt) vs. Z her，由于Arendt = her，得出Y vs. Z，填相反动词。2. 找关系。第三句由however引导，与第二句对立，故有：A's critics objected to vs. Both thinkers Z her。由于A's critics = Both thinkers，可解出：Z = not objected to。结合第二空和第三空由despite确认的广义对比关系，就有 Y = objected to。

总结+做题

句子结构关系。S1. vs. S2. vs. S3.1 (vs. S3.2)：第一句为一个观点，第二句为批评者的看法，第三句再转折，批评者也许在某些方面也同意第一句的看法。第三句内部的despite，相当于一个广义从句，我们以S3.2表示；主句则为S3.1。

关系	关系提示词	把握重点
S1		X social and economic
vs. S2	critics, objected to this	vs. objected to asocial
vs. S3.1	however	vs. Z
(vs. S3.2)	despite	(vs. Y)

空格对应关系。X social = asocial; Z = not objected to; Y = objected to。

做题。请从空格中选词：

Blank (i)	Blank (ii)	Blank (iii)
necessitate	appraisal	concur with
exclude	veneration	disagree with
supersede	criticisms	demur to

很明显，X = exclude，排除经济和社会论题，就是非社会性理解；necessitate 使之必要，supersede 取代、超越，与之无关。Y = criticisms；appraisal 评价，veneration 尊敬，一个是中性词，一个正评价。Z = concur with，同意、赞同，就是不反对；disagree with 不赞成，demur to 反对、提出异议，刚好都说反了。

► 例 13 ◄

(29/180.) Whatever the pest in question, the evolution of pesticide resistance (i)_____ the Darwinian algorithm. Random genetic variations arise all the time in a population, especially among fast breeders. Most of those variations are either of little consequence or are decidedly inadvisable, and they are accordingly (ii)_____ selective pressures, or are quickly swept from the gene pool. Every so often, however, a mutation of enormous utility like toxin resistance springs up, and the novel trait soon becomes (iii)_____.

抓主干+理关系

S1　有 whatever 表强调，无论所说的是什么害虫；主句无修饰，其中心就是：evolution of pesticide resistance X Darwinian algorithm，（害虫）对杀虫药的抵制力的演化，对达尔文式算法 X。第一句也许是论点。第一空本身无法直接填。

S2　无修饰，主干是：Random genetic variations arise all the time in a population，随机基因变异在种群中总在发生。与第一句什么关系？不明朗。如有中学生物学常识，我们知道，达尔文的演化理论是基于随机变异一直存在的。从内容上看，第二句没有反对第一句。但还需从后面再确认。

S3　这是由 and 连接的复合句。前半句 S3.1 无修饰，主干是：Most variations are either of little consequence or are decidedly inadvisable，多数变异不造成多大影响或肯定不好。后半句 S3.2 无修饰，有并列谓语，**并列结构，只取其一**，可取 they are Y selective pressures，Y 应为动词，或者 they are quickly swept，在这里，or 前后是并列内容，前后谓语等价，可解 Y = quickly swept，填一否定含义动词。S3.2 有 accordingly，是前半句的推理结果。整个第三句是顺承第二句而来，因为两者主语相同，S3 的 those variations 指向 S2 的 variations。通常来说，如果句子的主语相同，之间又无对比或让步关联词的，都是顺承关系。顺承至少包含四种关系：总分、并列、时间序列、因果序列。单独两个句子不一定可以确认，可再看下一句。

S4　这也是由and连接的复合句。前半句S4.1无修饰，主干是a mutation of enormous utility like toxin resistance springs up，抵制毒素的能力这种突变会出现；后半句S4.2也无修饰，主干是the novel trait soon becomes Z，这种新奇的形状变成Z。这里，mutation = variation = trait = like resistance。前后句有and soon连接，故可看做时间序列，也可看做因果序列。第四句与第三句之间有however，表示对比。多数和有时的程度词也提示了这种对比：Most of vs. Every so often（偶尔、有时）。通常来说，对比找反义、反义在宾语，但S4.1是主谓结构，没有宾语，那就找整个句子或主语。S3: inadvisable variation vs. S4: utility, mutation。比的什么？S3: swept vs. S4: Z。可以解出：Z = not swept (from the gene pool)。

总结+做题

　　句子结构关系。既然S3 vs. S4，谈的是多数和有时的variations，而S2直接谈variations，就有：S2. (S3. vs. S4.)，表示第三句、第四句都从属于第二句，是对第二句的分类说明。第一句如何？它的主语pesticide resistance对应第四句的toxin resistance；对杀虫药或毒素的抵制力，是整个句群的总话题，这种resistance是一种variation、mutation，与S2. S3都同在一个话题之下，因此这四个并不是两个句群，而是一个。再看它的宾语Darwinian algorithm，这要借助中学基本常识，达尔文的演化论说的就是随机变异、适应则被选择、不适应则被排除淘汰，S2. S3. S4其实都在谈这个，谈达尔文算法。所以，第一句S1的主语对应S4，宾语对应S2. S3. S4，因此，它应该是句群的论点，其他句子都是跟随出现的证据，解释和说明这个论点的内容。所以，首句应该说，抵制力的演化，是支持、而不是反对达尔文式算法，解出X = 肯定性动词。

　　整个句群的结构是：S1. (S2. [S3. vs. S4.])。再考虑到第三句、第四句的内部由accordingly和and soon分别提示的推理关系，则有：S1. (S2. [{S3.1 → S3.2} vs. {S4.1 → S4.2}])。

关系	关系提示词	把握重点
S1		resistance X D. algorithm
S2		Random variations arise
S3.1	Most of those	Most variations: inadvisable,
→ S3.2	and...accordingly	→ Y
S4.1	Every so often, however	a mutation like resistance: utility
→ S4.2	and...soon	→ Z

　　以上是详细分析的结果。做题不必每次都将结构分析得如此清晰；但平时训练必须做到，这时不会在大的逻辑关系上犯错。适当的分析，对于这里的第一空，非常重要。也不用担心做题时分析这么多脑子会转不过来；分析是一个熟能生巧的工作，开始总是缓慢学步，练习的结构模式多了就逐渐熟悉，熟悉之后就能加快速度，最后达到无意识地自动地识别模式和把握重点的境界。

　　空格对应关系。X = 肯定性动词；Y = swept；Z = not swept。

　　做题。请看以下选项做题：

Blank (i)	**Blank (ii)**	**Blank (iii)**
invalidates	ignored by	extinct among the species
overrides	confronted by	incorporated in the pesticides
conforms to	buttressed by	the species norm

X = conforms to 符合；invalidate 否证、override 推翻、否决，都是否定性的。Y = swept，填否定性动词，Y = ignored by；confronted by 直面，在这里是中性含义，buttress 表支持。Z = not swept，那就是保留了下来，Z = the species norm，物种的常规，当然是被保留的有用变异；extinct among the species，灭绝不见了；incorporated in the pesticides，极容易引起误选，它的意思是被包含在杀虫药中，不是被包含在害虫中，如果是 in the pests，就可以选。

进阶阅读

Moore and Parker, *Critical Thinking*, 10e, McGraw-Hill, chapters 8–11.

这四章讨论 deductive argument, inductive reasoning, causal explanation，其中的一些练习也很有用。

Thomas S. Kane, The *Oxford Essential Guide to Writing*, Part III, Expository Paragraph.

第四节　段　落

句群(sentence group)是若干句子的组合，段落(paragraph)也属于句群。我们这里讨论的是学术文字，所以狭义地把段落界定为，具有完整论点–论据的推理或论证过程(reasoning or argument)的句群。句群和段落的阅读口诀都是：**抓住重点句的主干、抓对比、抓因果**。

论证的定义、兼论逻辑单题

这里必须引入论证的概念。单词短语组合成为句子、若干子句组合成为长句、若干句子组合成为句群，这三个过程主要从单纯的层层组合的关系出发，还不直接牵涉到内容，因此没有明显的论证。所谓论证或推理(argument, reasoning)，是指若干句子的一种组合，这些句子之间在**内容**上形成蕴含或非蕴含的关系(imply or not imply)；其中，每个句子都是一个命题(proposition)或判断(judgment)，其主语和宾语的名词则是概念(concept)；前面的命题，称为前提(premise)，最后一个命题，称为结论(conclusion)；前提蕴含结论的，称为演绎推理(deductive reasoning)，前提不蕴含结论的，称为归纳推理(inductive reasoning)。通常，一个论证是3–5个句子，但有的长句内部子句较多或形成内容蕴含关系的，例如 If SVO, then SVO，又如，SVO because SVO，也都可以称做论证。

概念、判断、推理表	
concept 概念	S/O 主语或宾语名词
judgment 判断 = proposition 命题	SVO 主谓宾或主系表的句子 也可写成：S is P (S: subject, P: predicate)
reasoning 推理 = argument 论证	某些主从复合句 e.g. If SVO, Then SVO. 多个句子的组合 e.g. SVO → SVO. SVO.
按构成　premise 前提	if, since, because；前面句子
按构成　conclusion 结论	then, thus, therefore, conclude 最后一句或其主句

按类型	deductive reasoning 演绎推理	前提蕴含结论 S1, S2 imply S3 e.g. Every human is mortal. Socrates is a human. Therefore, Socrates is mortal.
	inductive reasoning 归纳推理	前提不蕴含结论 S1, S2 not imply S3 e.g. Socrates is mortal. Socrates is a human. So Every human is mortal.

阅读理解中的逻辑单题，会考查一个论证（argument），问对它如何支持（support/strengthen）、如何削弱（weaken/cast doubt on/undermine）、问它的假设（assumption, assume）。做这些题目的通用方法就是，找出前提、结论，然后将它们之间的关系加以强化或削弱或连接有差异概念。也就是针对前提和结论句的主语和宾语的名词，先找相同词，再找差异词。连接两个有差异的词，就是加强；打断这个连接，就是削弱；连接这两个词，或再给它们提供中间环节，就是假设。从内容上看，逻辑支持，就是支持结论，或前提到结论的因果判断，因此，对结论或因果判断举例，甚至重复，都是可以的。此外，还可用间接方式，否定它因，就是支持现有原因。逻辑反对，则是打断从前提到结论的推理过程，如果前提不存在，而结论中所说的事实存在，这就使得从前提到结论的推理过程断线，简化的做法就是否定前提（其实是否定从前提到结论的推理）。此外，也可用间接方式，肯定它因，就能削弱现有原因。

我们来分析这个例子。原文：Every human is mortal. Therefore, Socrates is mortal. 问题：Which of the following supports/weakens the argument? 这时，先看前提，有两个概念：human, mortal/mortality。结论有两个概念：Socrates, mortal/mortality。两者的相同概念是mortal/mortality，不同概念是human, Socrates。加强，就连接这两个概念，说它们是有关系的，逻辑上有两种可能，Socrates is a human; or, human is a kind of Socrates。但对后一种情况，人是要死的、人是一种S，所以S是要死的，从内容上看，前两句不蕴含最后一句，只能说，有些S（比如人）是要死的，故它是归纳推理，不成立。于是，只有第一种情况是成立的：Socrates is a human。这既是一种支持，因为它提供中间环节，连接前提与结论的概念差异，也是给出假设，因为所谓假设就是连接前后有差异的概念。如果要削弱，就说human与Socrates没有关系，如Socrates is not a human，又如Socrates is a cat/chimpanzee/painting/movie/novel，也可以说它们之间不是需要的那种关系，如human is a kind of Socrates。

逻辑有时还会问，如何消除前后句的矛盾或解释两者差距（resolve the paradox, reconcile the discrepancy, explain the difference）。这时，前提和结论的内容**在字面上相反**，看起来有冲突，有时甚至直接用but, however, nevertheless，而不用通常的thus, therefore, as a consequence来连接前提和结论。做题方法与前面接近：找出有差异的概念，为它们提供中间环节，让它们能够连接起来，不再矛盾。

例如，原文说，Every human is mortal. But a human like Confucius is immortal. 题目问how to resolve the paradox? 前提和结论之间直接用but相连，要解决这个矛盾，先找相同，两者主语基本对应，Confucius孔夫子也是human，但表语mortal, immortal刚好相反。连接有差异的概念：mortal, immortal。这时，可以凭空想象，比如，for those great thinkers, they live forever in our culture. 通过从文化上解释immortal，就逃离了肉体mortal这个概念的范围：一些肉体上会死的人，在文化上却是不死的。这个中间环节并不完美，但我们主要是通过它来说明中间环节或消除矛盾题型的一般解法。

本书的解析部分还会分析一些逻辑单题。更多题目可以参考网络资料："GRE阅读逻辑10套"。下面，我们将重点讨论正常段落中的论证。

首句与中间句的总分：分层

对 GRE 阅读段落，通常是论点在先，是前提；论据在后，其中一些论据可能是前提，最后一个或多个句子则是推理意义上的结论，但不一定是总结性的结论。既然论点（或加上部分论据）在内容上往往蕴含最后一句，所以 GRE 段落多数都是演绎推理。在少数段落中，也有先讲事实、观察、数据（前提），再讲理论、解释、假说的（逻辑结论），这时，就构成一种归纳推理，因为在这种情况下的前提是特殊的、个别的，而结论却是一般的、普遍的，前者不能蕴含后者。在学术文章中也会出现这种情况。这种写作方式，主要是引起读者好奇心，然后一步步去推理。它并不意味着，归纳推理有效，而是考虑到，读者通常是从少数的、偶然的事实出发的，作者通过局部和片面的事实慢慢引导，帮助读者更顺畅地到达一般性的结论。有效的论证，通常还是用演绎的方式写出，这是 GRE 多数段落的情况。

		论点	论据	结论（有时）
按结构		总：general point, generalization, main idea, thesis	分：details, example, evidence, particular points, supporting ideas, specific, specify	总：as a result, consequently, hence, in general, in sum, then, therefore 专指内容上的结论，是推理上的结论的一种。
按内容	文科常用信号词	assertion, claim, contention, idea, notion, suggestion, view	reasons	
	理科常用信号词	explanation, hypothesis, interpretation, mechanism, model, proposal, theory	data, discovery, experiment, fact, finding, observation, phenomenon	
按位置		S1，有时 S2	S2–S4 通常 3 句左右	末句
按符号		KeyWords Sentence: kw	Ordinary Sentences: abc / xyz / uvw	Conclusion Sentence: cs

这是段落内部论点-论据关系表。论点与论据**分层**，前者为总，后者为分。为方便，我们以后用 kw 来表示首句的论点句，用 a/x/u 等字母表示中间的论据句。这样，一个论证就可以写成：kw. a. b. c。这个公式表示，首句是论点，中间 2.3.4 句是论据，整个段落是一个总分结构。最后一句 c 是推理意义上的结论，但不是内容意义上的总结性的结论。如果最后一句是内容上的总结，就是结论句 cs，整个段落就是一个总分总结构：kw. a. b. c. cs. 少数段落开始不直接讲论点，而是先说事实，再给假说来解释，然后再找证据来支持这个假说，这会构成一个分总分结构：a. b. kw. c. d. 无论怎样，在阅读时，论点、结论都要比证据重要：

kw / cs > a b c

结合前面讲过的句子抓主干（svo > cp），我们在理解一个段落时，就是要找出中心句的句子主干，通常就是首句论点的主干（kw: svo），它的修饰（主要是广义从句修饰，kw: cp），也比后面证据的主干（a/b/c: svo）重要，证据句的主干当然又比自己的修饰（a/b/c: cp）重要。总结如下：

kw/cs: svo > kw: cp > a/b/c: svo > a/b/c: cp

一些出色的写作和阅读书，强调了找出段落中心句的重要性。例如，*Reading Keys* (by Laraine Flemming, 3e, Cengage Learning) 的第3、4章，有很好的分析和练习。在该书中，作者用topic sentence来表示段落的中心句，与我这里所说的kw句是一个意思；但本书会将topic sentence (ts) 这个概念专门留给文章的中心句。又如，明托写的《金字塔原理》，也从总分结构的角度，对文案写作做了相当详尽的分析。如果我们知道学术和商业段落写作，通常都是先总后分，那阅读的时候辨别重点就相对容易了。

由于论点的内容在相当程度上决定了论据会采用哪种结构模式，我们将从论点的内容是单独概念还是多个概念这个角度出发，而不仅仅从论据之间的结构关系出发，来分析论据的可能结构关系。当然，即使看不出论点是单概念还是多概念的，只要能够把后面的论据的重点抓出来，也是可以的。

单概念论点（并列、时间序列）

（1.）如果论点只涉及一个事物，好比只讨论一个概念，我们可以称之为单概念论点。

（1.1）如果论点描述一个事物的特征、属性、行为、数量（description），或对它给出评价、态度（evaluation），则后面的论据的展开方式通常都是**并列**（juxtaposition）。所谓并列，就是一项、一项地说出来、在内容之外增加内容。（1.1.1）第一种并列方式是枚举(enumeration)。它又有三种：如果内容的元素很多，可以取其一，这是举例(exemplification)；多举一些例子或方面，这是多项枚举(listing)；把所有元素罗列完整，这是穷举（exhaustion），GRE文章因为篇幅有限，穷举少见。（1.1.2）第二种并列是分类（division or classification），就是从几个方面并列说明。与枚举的差别在于，它把论点的内容元素从同一个角度作出划分，然后一一说出，而不是直接说其中的各个元素。(1.1.3)第三种并列是定义性的描述(definition)，首句论点给出一个专业术语的定义，后面从若干角度说明之，这些角度只是罗列必要的信息，不必很完整。关于并列的具体区分，对把握语义重点其实意义不大，但了解一下，有助于从理论上、从概念上把结构模式想清楚，心里会比较踏实。

（1.2)如果论点是讲述一个事物的发展步骤、阶段等(steps, stages, phases)，后面的证据会按**时间序列**展开(time order or temporal sequence)，依次讲出每个阶段、步骤的情况。

单概念论点	论据展开方式			逻辑关联词或信号词
描述或评价 description, evaluation A is adj. / A is one of / A has or does something.	并列 juxtaposition A. (a1 + a2) or kw. (a + b)	枚举 enumeration	举例 exemplification	for example, for instance, in the case of
			多项枚举 listing	some, others some, however some
			穷举 exhaustion	first, second, third, finally
		分类 division, classification		also, another, furthermore, in addition, moreover, even （表递进=程度加强的并列）
		定义 definition		

阶段	时间序列	after, afterward, at this point, during this stage, finally, in a few days, in the first phase, next, now, once, then, throughout, within minutes
A has stages, phases, series.	temporal sequence A. (a1 → a2 → a3) or kw. (a → b → c)	

以上的结构分类，也不必死记硬背，看的时候大概知道就可以了。在阅读时，不是必须分清类别才能理解；不要陷入分类陷阱，不管是语法分类，还是结构分类。阅读注意力的焦点始终是抓住语义上的重点。对并列来说，由于各个论据之间基本平行、地位相同，所以，**并列结构、只取其一**。对阶段的描述，中间环节太多，不必在意，所以，**时间序列，抓住首尾**。

多概念论点（对比、因果、分层）

(2)如果论点讨论两个事物的关系(relation)，也就是两个概念的关系，它就属于多概念论点。从学术内容上看，概念之间的关系通常有两种：**文科讲对比，理科讲因果**。其他种类的关系较少，其中多数也可以还原为这两种关系。

(2.1)**对比和比较**(contrast and comparison)。对比展开的论据之间是平行关系。单纯对比的两个论据，内容相反。论据内容相同的则是比较关系。

(2.2)**因果**(causation)。(2.2.1)平行因果(parallel causation)，即若干因果句并列出现。有时，论点不一定说两个概念之间有因果关系，而是仅仅有相关性(correlation)。相关性的范围比因果关系大得多，但它展开的方式与平行因果相同。(2.2.2) 序列因果 (serial causation)，各个步骤连续出现，形成因果序列(causal sequence)，也可称为机制(mechanism)、过程(process)、程序(procedure)。由于因果步骤有先后顺序，看起来有时也像一个时间序列。

(2.3) 非因果非对比的其他关系，如推理序列或条件序列，在法律、哲学等学术文章中会有，但GRE/GMAT考试中少见，从略。

(3)如果论点讨论三个或更多事物的关系(relation)，那么通常这个大论点(kw)可以拆解成、还原为若干个两个事物关系的小论点（kw1, kw2)，这就回到第二种情况，只不过是几个小论点组合起来而已。这时，首句为总论点，中间句分论点，各分论点之后有论据，例如，KW. (kw1 [ab] kw2 [xy] kw3 [uv])。段落内部句子之间就有论点的分层关系了。

多概念论点	论点提示词与论据展开方式	逻辑关联词或信号词
	比较 comparison 首句提示词 same, share, similar kw: a = b. (a1 = b1. a2 = b2.) or kw: a = b. (a1. a2. = b1. b2.)	also, by the same token, in like manner, in much the same way or manner, in the same vein, just like, similarly, likewise

	对比 contrast 首句提示词 conflict, contrast, differ, different, distinguish, less than, more than 一组大对比 kw: a≠b. (a1. a2. vs. b1. b2.) 并列小对比 kw: a≠b. (a1≠b1. a2≠b2.)	actually, but, despite these differences, however, in contrast, in reality, instead of, just the opposite, nevertheless, nonetheless, on the contrary, on the one hand, on the other hand, rather, unlike, whereas, yet
两个事物的关系 relation between A and B	因果 causation / cause and effect 首句提示词 affect, bring about, cause, change, create, determine, generate, increase, lead to, make happen, produce, reduce, result in, set off, stimulate, trigger; block, inhibit, reduce, suppress 平行因果 kw: a → b. (a1 → b1. a2 → b2.)	as a result, because, consequently, due to, for this reason, hence, in response to, thanks to, therefore, thus
	【论点如有 correlate with, vary with, is proportional to, 表相关, 以数量因果展开。 正相关: a → b. (a↑: b↑ However, a↓: b↓) 负相关: a → b. (a↑: b↓ By contrast, a↓: b↑)】 序列因果 kw: a → b. (a → x → y → z → b) 【论点如有 mechanism, process, procedure, 多以序列因果展开】	相关性的提示词: When.... When, however, ...
	其他关系: 如条件序列, 从略	Given this. If...then...
三个事物的关系 relation (A, B, C)	kw: A≠B, C. (kw1: A≠B. a1 vs. b1. a2 vs. b2. kw2. A≠C. a1 a2 vs. c1 c2.) kw: A, B → C. (kw1: A → C. A → x → y → C. kw2: B → C. B1 → C1. B2 → C2.)	不明显

在把握语义重点时，如果证据是对比关系，则**对比找反义、反义在宾语**；如果证据是并列因果，**抓住因果**，也就是抓住主谓宾就行，如果证据是序列因果、**连续动作、过程、或机制**，就抓住首尾、略读中间。这些内容在我们讨论句群的时候已经提示过了。段落是有完整论点–论据的句群，所以，除了把握论据里的语义重点以外，任何时候，首句论点都很重要。

段落的例子

为了帮助理解，我们以中国为例制造一些论点，以及相应的论据。大家在看的时候，主要想想这个问题：特定的论点如何决定了论据展开模式。

论点内容（与论据关系）	论点例子	论据例子
一个事物的特征、属性描述，对它的评价、态度等 （并列，可调换顺序）	S1 中国是一个有前途的国家 kw	S2 中国经济发展势头中期内仍然看好。 S3 中国文化正在复兴和创造性发展。S4 传统文学在中小学教育中日趋重要。S5 新式文化，例如互联网文化，成为重要的国民认同来源。 S6 中国社会日趋成熟。（S2.3.6为并列证据；S4.5为S3的子证据）
一个事物的阶段 （时间序列/时间过程）	S1 中国经济经历多个阶段 kw	S2 1950年代建立初步工业体系 S3 1980年代农村改革、乡镇企业崛起，轻工业发展 S4 1990年代分税制基本理顺中央地方关系，城市化起步 S5 2000年代互联网、重化工业、地产兴起，制造业横扫全球 S6 2010年代移动互联网、高端制造、军工迅猛发展 （a. b. c. d. e.）
两个事物的对比 （一组对比；或若干对比并列）	S1 中国与美国工业化的社会条件不同 kw. or C vs. A	S2 在社会组织上，中国是在小农经济为主的农村加上集中管理资源的官僚系统这种基础上开始工业化的，而美国则是从分散的大农场和分权的社会开始的。 S3 在社会意识上，中国重乡土，自给自足、自由自在的小农意识浓厚，美国则以移民开国、在以贸易为导向进行的农业和初期工业生产中训练了高度协作的组织文化和自律的契约意识。（并列两组对比） (a≠. b≠) or (C1 vs. A1. C2 vs. A2.)

两个事物的因果 （因果序列；或若干因果 并列）	S1 中国经济发展受到制度改革的影响。	S2 农业承包责任制的市场化改革以后，农村经济迅猛发展。 S3 工业企业的改革，带来轻工和化工行业迅猛发展。（并列因果）
	kw or kw: I → E.	(a. b.) or (I1→ E1. I2 → E2.)
多个事物的关系 （多个小论点并列，各论点之后有论据）	S1 中国经济发展取决于市场与财政体制改革、社会保障和国防需求等诸多因素。	S2 市场化改革与财政体制改革会影响经济发展。S3 市场改革初期，农业、轻工业、机械制造等行业快速发展，但对中央财政贡献有限。S4 初期为保护发展势头中央向地方财政分权，导致财政紧张。S5 分税制后中央财政虽好转，但对经济不发达地区的转移支付甚多，导致对军工重工业、新兴战略产业的支持力度不足，不利经济长远发展。 S6 社会保障水平同样影响经济。S7 社会保障水平低，国民会将有限财富用于住房、教育、养老、医疗，消费能力受限，不利于经济持续发展。 S8 国防水平高低也会影响经济。S9 初期国防为经济发展让路，军工及其相关核心产业发展进展缓慢，导致高端制造业停滞不前，拖累经济从低端制造向高端制造和创造的转型升级。S10 近年来军工投入渐大，这种局面有所好转。（S2. 6. 8为并列小论点）
	kw or kw123	(kw1. [a. b. c.] kw2. [x] kw3. [u. vs. v.])

在读英文段落时，你会发现，虽然语言不同，逻辑却是一样的。此外，学术文章中的英文句子有时比较长，对非母语读者来说，有一个把握主句的主要语义的问题。同时，对于专业生词，要注意提取首字母，也要注意把文理科句子的谓语动词尽量还原为（文科）对比或（理科）因果的关系。这样，把这三个层次合在一起，分析一个段落的基本方法就是：**1. 生词取首字母；2. 句子抓主干，对比找反义**；3. 句子的功能作用：首句＞中间句，或者论点＞论据，这时，要把论点句/首句的主干信息抓住，对于中间句，在内容上的关注要诀是，**并列取其一、对比找反义、因果找双方、机制抓首尾**。按照出现的频率来决定重要性，则最重要的就是：**句子抓主干、对比找反义、因果找双方**。下面我们以六个例子来具体说明，请大家务必要仔细阅读。一时不能明白的，也没关系，多看几次或者再跟学友讨论几次，就明白了。

总分 + 并列

► 例 14 ◄

¹ What makes the recent studies particularly compelling, however, is not so much their organization of chronology as their unflinching willingness to confront the reasons for the collapse of the women's movement. ²For Landes and Badinter, the necessity of women's having to speak in the established vocabularies of certain intellectual and political tradition diminished the ability of the women's movement to resist suppression. ³ Many women, and many men, they argue, located their vision within the confining tradition of Jean-Jacques Rousseau, who linked male and female roles with public and private spheres respectively. ⁴But, when women went on to make political alliances with radical Jacobin men, Badinter asserts, they adopted a vocabulary and a violently extremist viewpoint that unfortunately was even more damaging to their political interests.

【分析】

S1

1. **主干**。主语是what引起的名词性从句，**主语从句、单独分析**，也就是再找其中的主谓宾，而且找实义词，得到compelling（令人信服的）；谓语动词is；宾语或表语是not so much A as B的比较结构，重点在B，于是抓住their unflinching willingness (to confront the reasons for the collapse of the women's movement)，宾语willingness依然抽象，**名词抽象、抓住修饰**，后面的不定式to confront，找实义词，可以是reasons (for the collapse)。首句得到：compelling is...reasons。

2. **功能**。段落首句常为主题句(kw)。首先，它有态度词compelling，态度本身即为论点，且后面通常并列展开，给出这一态度的证据。其次，它还有reasons这一复数名词，这通常也暗示后文至少讲2个理由。

S2

1. **主干**。首先引入两个人名，人名取首字母，L and B，主语是长名词短语，the necessity of women's having to speak in the established vocabularies of certain intellectual and political tradition，其中本身就有动词having to speak，它就相当于一个句子，也的确是通过一个句子改装而来：the necessity that women had to speak in the established vocabularies of certain intellectual and political tradition，句子修饰抓实义词，可以找established vocabularies，或者tradition。谓语动词diminished。宾语可直接找women's movement。

2. **功能**。第二句顺承第一句，应为首句论点的证据或重复陈述，由于主语出现了具体导致女性运动能力减少的理由(traditions)，不再只是重述，故本句为证据(a)。首句与第二句的关系既然是总分关系，就要在语言上落实，主要是通过词汇对应，即reasons for the collapse of women's movement = traditions diminish ...women's movement。很明显，traditions是理由之一，而collapse = diminish。这种词汇对应不一定是字典上的词汇同义词(lexical synonyms)，而是依据前后的逻辑关系(在这里是总分关系)。以后我们把因为逻辑关系而引起的词汇对应，称为**逻辑等价**(logical equivalence)。这对处理生词或抽象词汇有用，因为只要找到它的逻辑等价词，就能理解它。

S3

1. **主干**。主语是许多人many，谓语动词located，宾语vision within tradition of R，然后有who从句修饰。这句话是对上一句的具体化，因为重复出现tradition，而且是某个人的传统。人名取最后大写首字母，R。也许你想知道或者就知道Jean-Jacques Rousseau，但何必呢？知道了也不说，憋着。

2. **功能**。继续讲L and B的看法，顺承上一句。由于人名更为具体，可以看做一个小证据（minor point），把上一句的大证据（major point）说得更具体了。当然，如果没注意到这一点，认为S3与S2是并列关系，也影响不大。我们的目的毕竟是通过分析结构来抓住语义重点，而不是为了分析而分析。

S4

1. **主干**。文科句子的when从句通常不重要，主句they adopted a vocabulary and a violently extremist viewpoint，之后有that从句。主干内容不难，they adopted extremist，抓的是程度最强、色彩最浓的实义词extremist。

2. **功能**。本句有But，是对比甚至反驳吗？由于都是L.B.的话，所以应该不是一些人反对另一些人，**而是内容上对比**，对比找反义、反义在宾语，S2-3 vs. S4 = tradition vs. extremist 传统vs.极端。由于这两个内容都只是L.B.针对不同情况下的判断，所以，这两句在**结构上并列**。还有另一个角度，本句的that从句有even more damaging，even提示递进关系，对A, even B，A.B都是在同一个方向上，但程度可能不同，因此有时会用but来做关联词。递进属于广义的并列，所以，三句话的关系也可以写成，S2-3 + S4。表示符号只是帮助在分析时将脑子里想的放在眼前，并不一定要写出来，而且，如果能够把握语义重点（tradition vs. extremist），这几句之间是并列/递进、还是对比的关系，其实也不那么重要。最后，本句与首句之间是证据与论点的关系，因为这个逻辑关系会有逻辑等价词：damaging = collapse。

【总结】

　　S1为论点，S2.S3为第一组证据，其中S3从属于S2，S4为并列证据、内容对比；这四句话的关系，可以写成：S1. (S2. [S3.] vs. S4.)。考试现场看不了这么清晰也没关系，把握首句（reasons for the collapse）、but前后对比反义词（tradition vs. extremist）这两点就够了。

功能作用 function	结构提示词 cue	句子主干与逻辑等价 core
S1: kw	reasons	reasons for the **collapse**
S2: a	diminish	tradition **diminish**
S3: a1	, they argue,	R's tradition
S4: b	But, even	extremist, **damaging**

总分 + 时间过程

▶ 例 15 ◀

[1] William G. McLaughlin has recently argued that not only did Cherokee culture flourish during and after the 1820s, but the Cherokee themselves actively and continually reshaped their culture. [2] Missionaries did have a decisive impact during these years, he argues, but that impact was far from what it was intended to be. [3] The missionaries' tendency to cater to the interests of an acculturating part-Cherokee elite (who comprised the bulk of their converts) at the expense of the more traditionalist full-Cherokee majority created great intratribal tensions. [4] As the elite initiated reforms designed to legitimize their own and the Cherokee Nation's place in the new republic of the United States, antimission Cherokee reacted by fostering revivals of traditional religious beliefs and practices. [5] However, these revivals did not, according to McLaughlin, undermine the elitist reforms, but supplemented them with popular traditionalist counterparts.

【分析】

S1

1. **主干**。主谓宾为 M has argued that，**人名取最后大写字母**，但**宾语从句、单独分析**，取其中的主谓宾。宾语从句有 not only A but B 两个子句并列，在这种结构里，but B 的内容更重要，抓住 but 这一部分的主谓宾，为 C actively (and continually) reshaped their culture。所以，第一句的主要意思是，M 主张，C 主动重塑他们的文化。

2. **功能**。论点。首句有人名 + 近期主张，首句的主张为论点(kw)，后文详细论述(a.b.c)。内容是有 C 重塑文化，一些人做一些事，后面可能展开如何一步步去做，或者并列讲做了哪几项。

S2

1. **主干**。本句 did have A but B 是先用助动词 did 来强调，肯定某一事实，表示让步，然后 but 转折。转折的主句说的影响是属于 Missionaries，取前两个字母 Mi，避免与首句 M 混淆，这样，找重点词得到：Mi's impact was not (=far from) intended。也可以再找让步子句与转折子句的对立内容：decisive impact vs. far from intended。Missionary 是带着 mission/使命的人，传教士。让步内容与首句论点相反，转折主句与首句论点相同，故可得到：Mi: decisive vs. C: reshape, C: reshape = M: not intended。转折反对的是由让步推出的某种可能情况，而不是让步内容本身。

2. **功能**。让步(~kw)转折(kw)、论点的侧面重述。本句有 he argues，与 S1 的主语一致，故为顺承。讲到 Mi 这些人影响大但却不是本意所在，暗示其实是事与愿违，没有真正影响，真正影响还是首句说的 C，C 在重塑文化。

S3

1. **主干**。主语是一个名词短语，The missionaries' tendency，由于 tendency 本身抽象，**名词抽象、抓住修饰**，后面跟着不定式 to cater to 修饰，**抓实义词**，找 elite/精英就可以。谓语是 created great intratribal tensions。所以本句的重点就是 The missionaries' tendency to cater to elite created great intratribal tensions，传教士迎合精英的倾向，激起了部落之内关系的极度紧张。

2. **功能**。证据。上句提到 Mi's intention，本句就讲 tendency，顺承。本句讲一件事，也许属于首句所说的 C 重塑文化这件事的一个环节。

S4

1. **主干**。时间从句 As the elite initiated reforms，提示这是下一步，随着精英启动改革，而主句则继续这段时间进程，antimission Cherokee reacted，这还不够，后面有方式状语，by fostering revivals of traditional religious beliefs and practices，通常可以认为，**方式状语，与谓语平行**，故本句可以简化为 antimission C fostering revivals of traditional，反传教的 C 发起传统的复兴运动。

2. **功能**。证据、环节。由于 As 时间从句明确揭示了这是一个时间过程，所以本句顺接上一句，讲了时间序列的一个环节，它们都是要说明首句的 C reshape culture。

S5

1. **主干**。本句由 not A but B 的谓语对比，重点在 B，所以得到，these revivals supplemented them with popular traditionalist counterparts，意思是，这些复兴运动，用流行的传统主义的对应改革增补了它们。此外还可以记住 not A but B 的小对比内容：undermine vs. supplement。

2. **功能**。最后一步,证据。本句有according to McLaughlin,表明还是首句M这个人的看法,故依然从属于首句论点,因而是证据。关联词however并不表示反对前文看法,只表示语气、程度不同,revival不是undermine,而是supplement,对复兴进行进一步说明。

【总结】

S1为论点,S2为让步转折,讲第一句的侧面,S3. S4为第一步、第二步,最后一步是S5,当然也可认为S5在说明S4的情况。这个时间序列的段落可记为:S1. S2. (S3. → S4. → S5.)。

功能作用 function	结构提示词 cue	句子主干与逻辑等价 core
S1: kw		M argues, **C reshape** culture
S2: ~kw, kw	, he argues, did have, but	(**Mi:** decisive vs.) **not intended**
S3: a →		elite...created intratribal tensions
S4: b →	As..., ...reacted	elite design → traditionalist react / **revivals**
S5: c	, according to M, However, not, but	(undermine vs.) **supplement**

总分 + 对比

▶ **例 16** ◀

¹The language Pocock has most closely investigated is that of "civic humanism". ²For much of his career he has argued that eighteenth-century English political thought should be interpreted as a conflict between rival versions of the "virtue" central to civic humanism. ³On the one hand, he argues, this virtue is described by representatives of the Tory opposition using a vocabulary of public spirit and self-sufficiency. ⁴For these writers the societal ideal is the small, independent landowner in the countryside. ⁵On the other hand, Whig writers describe such virtue using a vocabulary of commerce and economic progress; for them the ideal is the merchant.

【分析】

S1

1. **主干**。主语language后有省略先行词的定语从句,主谓宾是the language is...civic humanism(c.h.)。P(ocock)最仔细调查的语言是公民人文主义。

2. **功能**。首句引出本段中心词c.h.,后文具体展开,也许会说明其性质,也许还有其他情况。

S2

1. **主干**。For much of his career是一个时间说明,主谓宾是he argued that,**宾语从句、单独分析**,抓住从句的主干,eighteenth-century English political thought should be interpreted as a conflict,18世纪的英国政治思想应该被解读为一种冲突,后面的介词短语说了是关于virtue的。

2. **功能**。此句he指上一句的P,顺承。继续提到c.h.,而且具体到它的核心概念virtue,讲有冲突,既然有冲突,就意味着有对方的双方,这一句可以看做真正的论点(kw),首句只是引出论点的句子(kw')。另外,**文科讲对比**,conflict正好体现对比。

S3

1. **主干**。主谓宾是 this virtue is described by T, 内容不具体, 抓住分词修饰里的实义词, public spirit 或 self-sufficiency。

2. **功能**。对比证据之一, 提示词为 on the one hand。

S4

1. **主干**。简单句, the societal ideal is the small, independent landowner, 社会理想是小型的、独立的地主。

2. **功能**。指代词 these (writers), 指向上一句, **顺承关系, 逻辑等价**, independent = self-sufficiency。

S5

1. **主干**。宾语的 virtue 内容还不够清晰, 可在 using 的分词修饰中找实义词, commerce 或 economic progress。因此中心词是: W. describe...commerce/economic progress。此句有 on the other hand, 表对比, 本句 W 与上两句 T 对比, **对比找反义, 反义在宾语**, 找 S3.S4 的宾语与 S5 的宾语反义词, 得到: T: self-sufficiency = independent vs. W: commerce。

2. **功能**。对比证据之一。前后找反义词。

【总结】

本段结构清晰, S1 为提示句, S2 为具体论点, 包含对比内容, S3.S4 为对比第一方面, S5 为对比第二方面。阅读重点是: 把握第 1–2 句中心词, 并抓住后面的对比反义词。(对总分 + 并列结构, 逻辑等价词更为重要; 对对比结构, 还是反义词重要。) 全段结构可以写为, S1. S2. (S3. + S4. vs. S5.)。

功能作用 function	结构提示词 cue	句子主干与对比反义词 core
S1: kw'		P, c.h.
S2: kw	conflict	virtue: conflict
S3: a1	On the one hand	T: **self-sufficiency**
S4: a2	For these writers	= **independent**
S5: vs. b	On the other hand	vs. W: **commerce = progress**

▶ 例 17 ◀

[1] The kind of civil disobedience King had in mind was, in fact, quite different from Thoreau's view of civil disobedience. [2] Thoreau, like most other transcendentalists, was primarily interested in reform of the individual, whereas King was primarily interested in reform of society. [3] As a protest against the Mexican War, Thoreau refused to pay taxes, but he did not hope by his action to force a change in national policy. [4] While he encouraged others to adopt similar protests, he did not attempt to mount any mass protest action against unjust laws. [5] In contrast to Thoreau, King began to advocate the use of mass civil disobedience to effect revolutionary changes within the social system.

【分析】

S1

1. **主干**。主语有省略先行词的定语从句, 取其中的人名首字母, K's civil disobedience, 宾语取 T's civil disobedience。重点就是: civil disobedience: K vs. T。

2. **功能**。首句论点。**文科讲对比**，后文对比展开，要么是一组大对比：T1 T2 vs. K1 K2，中间用on the other hand, on the contrary等做连接词，要么是两组并列小对比：T1 vs. K1. T2 vs. K2。无论怎样，都可以对比找反义。

S2

1. **主干**。本句由whereas连接，两个人前后对比，**人名取首字母，对比找反义、反义在宾语**，T: individual vs. K: society。句子里还有like，T = most t(ranscendentalists).

2. **功能**。这是第一组对比，证据，从细处说明首句的内容。

S3

1. **主干**。前半句讲T refused...taxes，后半句but引出，讲T not force a change...national。重点在but后半句，but在这里不是否定或反驳，而是与前半句的refused这个否定词，构成否定、肯定关系，not A, but B。

2. **功能**。证据。本句专门只讲T，属于首句T vs. K对比对象之一。与上一句的关系为并列，新开一个对比的方面。

S4

1. **主干**。有while让步或对比从句，主句he指向上一句的T，抓住主句，否定不可遗漏，not很重要，谓语有连续动词，v1 to v2，这是第二个动词更重要，因为紧跟宾语，说明其内容，amount mass protest。也可再找主从句一对反义词，这里不是在宾语，因为宾语为同义词，protest = protest，而是在动词。有时，**否定词暗示对比**，encourage vs. not amount。全句的意思是，虽然他鼓励其他人采取类似的抗议，但他并不试图发动对不正义法律的群众抗议。

2. **功能**。继续讲T，与上一句并列，对比论据的其中一方。

S5

1. **主干**。明确用in contrast to引出对比另一方，连续动作，began to advocate，抓住第二个动词，重点为：K advocate mass...。

2. **功能**。对比论据。这里的in contrast to可以用on the contrary, by contrast, 甚至however等来替换。

【总结】

S1为含有对比的论点。S2讲第一组对比。S3.S4并列，与S5形成第二组对比。全段结构可以写成：S1. (S2⁼. + [{S3. + S4.} vs. S5.])。由于本段首句很清晰，可以直接用其中内容来写结构：K≠T. (T1. vs. K1. T2.1. T2.2. vs. K2.)。抓住首句、抓住两对反义词即可。这两对反义词内容也一致：individual = not mass; society = mass。在看这一段时，通过结构把握出这些信息，可以又快又准。为什么结构的重点就是语义的重点呢？因为学术文章就是为了论证的，论证是有结构的，而不是随机摆放的。

功能作用 function	结构提示词 cue	句子主干与对比反义词 core	
S1: K≠T	different from	T	≠ K
S2: T1 vs. K1	whereas	**individual vs. society**	
S3: T2.1	refuse, but	not national	
S4: T2.2	While, did not	**not mass**	
S5: K2	In contrast to		vs. **mass**

总分 + 相关（数量因果）

▶ 例 18 ◀

[1] Why during sickness should body temperature of warm-blooded animal rise? [2] It has long been known that the level of serum iron in animals falls during infection. [3] Garibaldi first suggested a relationship between fever and iron. [4] He found that microbial synthesis of siderophores–substances that bind iron–in bacteria of the genus *Salmonella* declined at environmental temperatures above 37°C and stopped at 40.3°C. [5] Thus, fever would make it more difficult for an infecting bacterium to acquire iron and thus to multiply. [6] Cold-blooded animals were used to test this hypothesis. [7] Kluger reported that of iguanas infected with the potentially lethal bacterium *A. hydrophilia*, more survived at temperatures of 42°C than at 37°C, even though healthy animals prefer the lower temperature. [8] When animals at 42°C were injected with an iron solution, however, mortality rates increased significantly.

【分析】

S1

1. **主干**。问句，没有修饰，意思是，生病期间温血动物的体温为什么会上升？temperature rise 是讨论主题。

2. **功能**。首句提出事实，后文给出解释。本句不是论点，也不是论据，而是主题（subject matter 或 topic），我们称为 topic words 句，即 tw。后文会有各种论点、解释（kw = views, explanations）。

S2

1. **主干**。It 为形式主语，真正内容在 that 之后，serum iron，生词取首字母，s. iron，或者也可以直接用 iron，本句内容就是 iron falls during infection，在感染时铁会下降。

2. **功能**。It has long been known 给出过去已知。如果它是一个观点，则后文的近期观点可能对它进行反驳、或以之为前提。但它不是。它不是一个解释，而是解释的一个前提、一个已知条件。本句为事实，是证据或前提。

S3

1. **主干**。人名取首字母，G suggested a relationship，**理科讲因果**，relationship = relation，相关，是因果的一个条件，称为广义因果。**因果找双方**：fever: iron，高烧与铁之间有一种关系，这里的 fever = 首句 temperature rise = tw（主题）。

2. **功能**。这一句有 G. first suggested，提出的是观点，不是事实，故本句是第一个论点，kw1。

S4

1. **主干**。He found that 后面是**宾语从句，单独分析**，主语 microbial synthesis of siderophores，**专业名词取首字母**，得到 synthesis of s，后面是破折号引起的同位语及其定语从句，substances that bind iron，对 s 不理解，可找这个修饰的实义词，原来这种物质就是结合铁的。谓语讲的是具体数值，37 度下降、40.3 度停止。本句的重点是：s declined and stopped。

2. **功能**。证据。本句主语 he 指向上一句人名 G。通常来说，**主语相同，关系顺承**。温度升高，结合铁的 s 的综合会下降，这是负相关关系，它对上一句的 relationship 做了具体说明。

S5

1. **主干**。简单句，但有多个不定式，fever make difficult for bacterium to acquire iron and to multiply，高烧让细菌难以获得铁，因此也难以复制。

2. **功能**。Thus引导词，顺承上一句，证据。也可认为是推理的最后一步：fever / t(emperature) rise → i(ron) decline → b(acterium) difficult multiply，或者写成：t↑ → i↓ → b↓。这是包含三项的因果关系。

S6

1. **主干**。简单句，冷血动物被用来检验这个假说；this hypothesis确定上面一句的thus为一个假说。

2. **功能**。引出检验内容，它不是一个新的解释，而是要给出证实或证伪的证据。我们可以把检验过程本身当做一个相对独立的论证内容，它不再绝对从属于前面的论点，因为它也有可能反对之。本句还没有给出这个新部分的总观点，我们把这个过渡句称为kw2'。

S7

1. **主干**。K reported that后面是宾语从句，单独分析。先给了一个介词短语及其分词修饰，of iguanas infected with the potentially lethal bacterium *A. hydrophilia*，对一种动物ig(uanas)，它感染了可能致命的细菌*A. h(ydrophilia)*，然后是主句和even though从句，在高温时（t↑）更多ig动物生存（这时细菌致命度降低）、即便健康动物偏爱低温。**理科数量，提示相关**：t↑: [b↓]: ig↑。

2. **功能**。证据。K报告的是一个实验数据。

S8

1. **主干**。When从句在理科文章中，可能表示原因。一般的，A → B，可以写成A causes B，如果加入数量，则可以写成When/If A increases/decreases, B increases/decreases。这时，when等从句不再是次要的。所以，本句的重点就是从句与主句配合形成的数量相关。从句when说的是在高温时（t↑），注射铁溶液，把injected理解为增加，铁就多起来了（i↑），主句mortality rates指的是实验时的ig动物的死亡率，也就是ig动物存活变少（ig↓），所以，本句的相关是：t↑: i↑: ig↓。

2. **功能**。证据。由when...however引导，是数量因果相关性的标准信号词。深入地看，上一句和本句，构成**控制实验、对照实验**（controlled experiments），控制其他因素不变，只改变一个因素，看结果是否变化。在本例中，温度不变（控制住它因），只增加铁的量（改变一个可能原因），动物就死得更多（结果在变化）。上一句是在铁没增加的情况下，动物死得较少。这说明，铁对于杀死动物的细菌有强化作用，铁少、抑制细菌、增加动物存活率，铁多、增加细菌、减少动物存活率或增加动物死亡率。对照实验是科学研究的主要方法之一，在学术文章中会多次出现。

【总结】

S1为主题，引出讨论话题，温度上升。然后给出G的看法或建议，iron与fever之间有负相关关系，接着再有K来做实验检验这个假说，最后两句的实验结果是一组理科数量对比表示的相关性，t↑: [i↓]: [b↓]: ig↑ vs. t↑: i↑: [b↑]: ig↓。注意，这里的温度是控制变量，两个实验数据中温度都是高的。本段不是只有一个观点，而是由假说、检验两个部分构成。在实际阅读时，不必把结构分析得像上面这样细致，只要抓住这些相关性就足够了。我们以上的分析，也是为了强化大家对因果和相关的判断、识别、把握能力。

功能作用 Function	结构提示词 Cue	句子主干与数量相关 Core
S1: tw	Why?	temperature rise?
S2: j	long known	iron falls: i↓
S3: kw1	G suggested relationship	**iron: fever**
S4: a	He found that	**t↑: s/iron↓**
S5: b/cs	Thus	**t↑ → i↓ → b↓**
S6: kw2'	test this hypothesis	
S7: x	K reported more survived	**t↑: [i↓]: [b↓]: ig↑**
S8: y	When injected, mortality increased	**t↑: i↑: [b↑]: ig↓**

机制（序列因果）

▶ 例 19 ◀

¹ Serotonin is a derivative of tryptophan, an amino acid that is normally present at low levels in the bloodstream. ² The rate of conversion is affected by the proportion of carbohydrates in an individual's diet: carbohydrates stimulate the secretion of insulin, which facilitates the uptake of most amino acids into peripheral tissues, such as muscles. ³ Blood tryptophan levels, however, are unaffected by insulin, so the proportion of tryptophan in the blood relative to the other amino acids increases when carbohydrates are consumed. ⁴ Since tryptophan competes with other amino acids for transport across the blood-brain barrier into the brain, insulin secretion indirectly speeds tryptophan's entry into the central nervous system where, in a special cluster of neurons, it is converted into serotonin.

【分析】

S1

1. **主干**。专业名词取首字母，主干是 s is a derivative of t，之后是同位语及其定语从句，标准的术语解释，不重要。**理科讲因果**，将 derivative 还原为因果关系，则得到 s ← t，或者 t → s。

2. **功能**。也许是论点，也许是若干因果句子之一。看后面句子才能确定其作用。

S2

1. **主干**。冒号前为主句，是重点，主谓宾是 conversion (t → s) is affected by c (arbonhydrate)，动词 affected by 引入原因，本句也是因果关系，结合上一句，可以写成：c→(t → s)。冒号之后为具体解释，相对次要，这里给出若干动词，stimulate、facilitate，提示连续动作，内容为 c → i → a.a.(amino acids)。

2. **功能**。本句前半句为上一句的顺承句子，与上一句一起形成三个变量的因果关系，冒号之后的后半句开始讲具体动作环节，出现因果序列。

S3

1. **主干**。上半句说 t 的血液水平，不受 i(nsulin) 的影响。后半句 so 为推理结果，结果重要。它有 when 从句，**理科 when 从句可表原因**，when carbohydrates are consumed，表示身体消费了、也就是吸收了很多 c，这样是体内的 c 增加了，注意，不是减少、降解，而是先增加了。主句则说，t 相对于其他氨基酸（other amino acids）的比例增加。结合 when A, B increases，于是有：c↑: t/other↑。

2. **功能**。本句由however连接，但它不是跟在别人观点之后、不表反驳，而是跟在事实之后，只是表示对比，这一句也是证据，顺接上一句的冒号部分，构成连续动作的第二步。

S4

1. **主干**。Since从句讲理由，也可看做一个中间环节，t与other 氨基酸竞争，主句i (nsulin) speed t, where从句在语法上是从句，但在这个理科句子里，这种步步紧跟的从句其实往往是连续动作的下一步，所以抓住其中的，t is converted into s(erotonin)。这样，本句的连续动作环节就是：i → t → s。

2. **功能**。证据。因果序列的最后几步。

【总结】

本段属于连续动作。S1.S2属于论点部分，后面具体说明。对序列因果（或称连续动作、过程、机制），抓住首尾，首句是t → s，第二句是c → (t → s); c → i，最后一句是i → t → s。其实主要是说四个变量之间的关系：c → i → t → s，首尾就是c → s。不需要知道每个专业术语指什么事物，但却可以弄清楚段落里面的逻辑关系。为什么会这样？因为学术文字是靠论证的。把论证的重点把握住了（在这里是因果双方），也就把握了语义的中心。

功能作用 function	结构提示词 cue+动作提示词	句子主干与因果双方 core
S1: kw'	derivative	t → s
S2: kw: x	affected by,	c → (t → s)
	stimulate, facilitate	i → c → a.a.
S3: → y	increases	c↑: t/other↑
	when consumed	
S4: → z	speed, converted	i → t → s
		总结: c → s

段落内的让步转折

我们曾经谈到句内的让步转折，例如，It is true that A, but B. 当然也可以写成两个句子，即It is true that A. But, B. 这里我们要深入认识让步转折在段落语境中的作用。先看一个含有让步转折的中文例子：

S1 中国是一个有前途的国家。

S2 中国经济还可以中高速发展20年。

S3 中国文化在工业化、城市化、互联网化的环境下迅速发展。

S4 诚然，中国存在一些腐败。

S5 但是，这些腐败不会改变中国崛起的大趋势。

很明显，S1是段落主题句（kw），S2, S3是并列证据，S4是让步，S5是转折。问题是，第四句的让步与第一句的论点是什么关系？是支持吗？当然不是。是反对吗？作者有没有说腐败会导致中国不再有前途？没有。因为最后一句作者明确说不会。那这个让步句到底是什么作用？让步必须在它与首句论点的论证关系中，才能得到理解。S1论点出现以后，S2, S3并列构成直接支持（direct support）。如果每次作者都用直接支持的论据，读者也许会有疑问，我见过相反的事实或不同的观点，那你的观点还成不成立？为了打消读者这种可能存在的疑虑，作者就用让步语气，承认不利事实、承认相反观点的存在，主动限制自己观点的强度、程度或范围，然后再用转折来说，这个不利事实或相反观点，并不足以动摇自己本身的观点。这种以退为进的迂回论证，就是间接支持（indirect support），因为它否定了一种也许存在的推翻自己观点的情况。在这里，有人依据 S4 所说的腐败事实，可能推出，中国其实是没有前途的，而转折正好就在否认这种可能结果，但请注意：转折并没有否定让步里说的存在腐败这个事实，而只是回到论点本身，呼应论点内容，在这个例子里，中国崛起 = 中国有前途。所以，**让步**，既不支持、也不反对观点，而是**限制观点**（qualify）。让步之后的转折并不反对，而是承认让步所说的内容，转折只是否定有人也许依据让步推出的某种**可能结果**。

为了方便，我们把让步记为 ~kw，表示它是对论点(kw)的某种取非(~)，因为限制也是广义的取非，并且，把转折记为 kw 或 kw'，因为它呼应论点，与之等价。这样，上面这个例子的 1–5 句的结构关系就可以写成：kw. (a. b.) (~kw. kw)。此外，让步的内容在字面上的确与转折、与首句论点内容构成相反，可以注意这些对比反义词，在这个例子里就是：腐败 vs. 崛起 = 有前途。

还有一些让步，是针对某个论据或事实的(a)，这时的让步转折结构就可以写成：~a, a'，其中，~a 表示对 a 的让步，a' 则表示回到了 a 这个论据，与其等价。例如，改造上面的例子：

S1 中国是一个有前途的国家。
S2 首先，中国经济还可以中高速发展 20 年。
S3 必须承认，近几年结构转型期，经济发展速度会有一定下滑。
S4 但是，经过几年调整后，经济发展将会重上中高速增长轨道。
S5 其次，中国文化在工业化城市化互联网化的环境下迅速发展。
1–5 句的结构可以写成：kw. (a. [~a. a'.] b.)

最后，有些让步是针对评价或态度的，主句讲正/负评价，让步的小句子或插入语讲负/正评价。例如，they are fighting to, *albeit discreetly*, open the intellectual world to the new science，这里的 fight 与 discreetly 就构成支持程度上的差异。这时的让步与论点、事实都没关系，只是一种态度的自我限制。这时，抓住两个相反态度。

我们总结让步信号词如下：

admittedly, albeit, although, as *adj.* as, certainly, despite, did have, granted that, has, have, in spite of, it is true that, may seem, might seem, no doubt, of course, there is some evidence that, there might be, this is not to deny, though, to be sure, true, undoubtedly, while.

逻辑等价定理：词汇对应原则

前面说过，在把握段落内容时，我们通常是每个句子抓主干、注意它们的功能作用，是论点、论据、还是让步，等等，然后阅读的目标就是：**抓住论点句的主干、论据里的对比反义、因果双方**。这种方法已经比较有效。但还有一个单词对应的技巧，可以让我们处理起来更加熟练，尤其是对于总分 + 并列结构的段落、又有生词的。这就是我们要讲的逻辑等价定理。段落通常是总分结构，在语言上落实，就需要在论点与论据的句子之间出现一些同义词、近义词，否则无法完成对应；此外，论据之间如果是并列关系的，也会出现一些同义词、近义词，就像对比的论据的句子之间出现反义词，是一个道理。一般的，只要是顺承关系（总分、并列、推理），就有可能出现逻辑等价词。这种词汇对应，不一定是字典上的词汇同义词（lexical synonyms），而只是因为这个特别的语境、这个特定的逻辑关系，才在这个作者眼中变成同义的，所以，为了与字典同义词相区别，我们把因为总分、并列、推理等顺承关系而引起的词汇对应，称为逻辑等价（logical equivalence）。

例如，对于评价性的论点，kw = X: m（m 为一个正评价+，或负评价-），在展开时通常用并列证据，证据里如果出现态度，就必须与首句态度保持一致，因此出现等价词。

公式			逻辑等价
S1: kw	X: m	X: +/-	X is correct. / X is unconvincing.
S2: a	X1: m1	X1: +/-	X1 convincingly explains... / X1 fails to explain...
S3: b	X2: m2	X2: +/-	X2 is valuable / X2 is misleading

这里，论据中的态度词与首句论点的态度句都构成广义同义词或逻辑等价词，correct = convincingly = valuable; unconvincing = fail to, misleading。

更一般地，对于普通的主谓宾论点，如SVO，后面如果是分别论述，则在证据中说明原论点谈论对象的细分项，在表述的谓语结构中则给出与论点等价的词汇。但作为关系词的谓语动词，通常保持不变或使用同义词。

公式			逻辑等价【例14】
S1: kw	SVO	SVO	SVO	reasons for the **collapse**
S2: a	S1 V O1	S1 VO	SVO1	tradition **diminish**
S3: b	S2 V O2	S2 VO	SVO2	extremist, **damaging**

在最右边的例子里，diminish, damaging在字典上与collapse并不一定是同义词，但因为这里的上下句的总分和并列关系，导致它们在这个语境中成为作者眼中的广义同义词或等价词，所以：collapse = diminish, collapse = damaging。以上情况可以归纳为kw = a, kw = b。而且，可以发现，如果证据之间是并列关系，前后也是等价的。如上例：diminish = damaging。这对推理序列这样的顺承关系也是适用的。所以，对n1 and n2, n1 so that n2(n表示名词)，无论并列，还是推理，它们都在同一层次，这时等价关系很明显：n1 = n2。总结：我们可以把句子之间出现逻辑等价的情况写成公式：kw = a = b。

有时候，连总分关系中的名词，也可以看做等价的，即：S1, S2 = S; O1, O2 = O。从严格的语义上说，下一层的内容，是从属于上一层的，一个是上义词、一个是下义词，一个范围广、一个范围窄，一个抽象、一个具体，它们并不一样。但是，在特定的语境中，把它们看做广义同义词，并不妨碍，有时反而帮助快速理解，所以，有时为了方便，我们把上义词(S; O)、下义词(Si, Sj; Oi, Oj)都看做等价词。当然，多数时候，逻辑等价词不是针对被判断对象的具体名词(主语或宾语：S或O)，而是针对给出判断的谓语形容词、动词、抽象名词的。

此外，在句子内部，也有逻辑等价的现象。句子的名词(np)及其修饰，尤其广义从句修饰(cp = clause phrase)之间，也是某种广义上的总分关系，修饰从属于名词、名词约束着修饰，所以，可以写成 np = cp，这里np就是某个句子(kw/a/b)的主语或宾语名词。

综上所述，我们得到**逻辑等价定理**：

$$kw = a = b = cp$$

这个定理可以帮助我们快速理清多个总分句子或主句与从句之间的关系和重点。此外，它对于把握论据、修饰中的生词也特别有用：你只要认识这些内容中的一个词，其他词汇都可以通过等价关系推出来。例如，提前说下一小节要讲的例子。

However, any interpretation that seeks to unify all of the novel's diverse elements is bound to be somewhat unconvincing. This is not because such an interpretation necessarily stiffens into a thesis (although rigidity in any interpretation of this or of any novel is always a danger), but because *Wuthering Heights* [the novel] has recalcitrant elements of undeniable power that, ultimately, resist inclusion in an all-encompassing interpretation.

重点是什么？先抓主干，名词抽象的，抓修饰里的实义词。第一句，interpretation...unify...is unconvincing；第二句，not A but B，否定肯定结构，重点在肯定，其主干 + 从句的基本内容为*W.H.* has recalcitrant elements that resist inclusion。第一句的内容说到not unify，第二句是证据，给出recalcitrant，生词，但通过上下句的总分关系可以确定，recalcitrant = not unify。提示，第二句还有that从句来修饰recalcitrant elements，按照修饰与被修饰名词逻辑等价，也可以推出resist inclusion = recalcitrant。于是我们得到：not unify (=recalcitrant [=resist inclusion])。这个理解非常完整，不以认识生词为条件。

多论点段落

以上谈的，主要都是只有一个论点的段落。但有的段落也会有多个观点，包括2个甚至更多。这些多观点段落在分析时，除了要把握以上所说内容以外，还要注意论点之间的关系，这个还是比较容易的。论点之间的关系，也分为三种：**平行、串行、分层**。平行的论点之间，有这几种关系：并列（kw1 + kw2）、对比(kw1 vs. kw2)、(态度)反驳(kw1- vs. kw2+)。串行的论点之间，时间序列不太可能，推理序列、因果序列，会在例如法律和哲学的文章中出现(kw1 → kw2)，但在英文考试中少见，这里略过不谈。分层的论点，就是有一个总论点，再有一个分论点，总论点往往是整个段落的主题句（thesis sentence或topic sentence = ts），它的展开为若干分论点（kw1, kw2）。以上种种观点之间的关系，就如以前所说的句子之间、子句之间的关系一样，把握起来，并无不同，只是相同的逻辑关系在不同的语言层次上出现而已。此外，也要注意，一段之内有多个论点时，第一个论点是在首句，但第二个却是在段落中间，它的提示词或过渡句就很重要，要读如首句，像对待首句那样对待它。如果是并列论点，提示词有additionally, another theory, another view, even, not limited to, similarly；如果是对比和反驳的论点，提示词有alternatively, a new theory, but, by contrast, different view, however, nevertheless, nonetheless, yet。条件推理关系不常见，总分关系较为明显，均从略。

下面我们以对比的两个论点的段落为例，强化一下从结构出发的阅读技能。读者可自己先读一遍原文，测试自己的速度，想想自己理解的重点，并与我们提供的重点词汇对照。请高度重视自然习惯与我们这里提倡的结构阅读习惯的差异。然后，我们对每个句子给出详细的逻辑结构分析。文章不容易读，要耗费很多脑细胞的。脑细胞是用来消耗的吗？是的。

【例20】原文试读 60''-80''

Many critics of Emily Bronte's novel *Wuthering Heights* see its second part as a counterpoint that comments on, if it does not reverse, the first part, where a "romantic" reading receives more confirmation. Seeing the two parts as a whole is encouraged by the novel's sophisticated structure, revealed in its complex use of narrators and time shifts. Granted that the presence of these elements need not argue an authorial awareness of novelistic construction comparable to that of Henry James, their presence does encourage attempts to unify the novel's heterogeneous parts. However, any interpretation that seeks to unify all of the novel's diverse elements is bound to be somewhat unconvincing. This is not because such an interpretation necessarily stiffens into a thesis (although rigidity in any interpretation of this or of any novel is always a danger), but because *Wuthering Heights* has recalcitrant elements of undeniable power that, ultimately, resist inclusion in an all-encompassing interpretation. In this respect, *Wuthering Heights* shares a feature of *Hamlet*.

按照自然习惯，许多人会关注和记住如下的黑体字：

Many critics of **Emily Bronte**'s novel *Wuthering Heights* see its second part as a **counterpoint** that comments on, if **it does not reverse**, the first part, where a "romantic" reading receives more confirmation. Seeing the two parts as a whole is encouraged by the novel's sophisticated structure, revealed in its complex use of **narrators and time shifts**. Granted that the presence of these elements need not argue an authorial awareness of novelistic construction comparable to that of **Henry James**, their presence does encourage attempts to unify the novel's heterogeneous parts. However, any interpretation that seeks to unify all of the novel's diverse elements is **bound to be** somewhat unconvincing. This is not because such an interpretation necessarily **stiffens** into a thesis (although rigidity in any interpretation of this or of any novel is always a danger), but because *Wuthering Heights* has **recalcitrant** elements of undeniable power that, ultimately, resist inclusion in an **all-encompassing** interpretation. In this respect, *Wuthering Heights* shares a feature of *Hamlet*.

这种自然阅读法其实是随机总结，关注生词、专业词汇，随机选择自己觉得敏感的词汇。这种方法，其实没有章法，每个人读可能感觉都不同，因为词汇量和专业知识程度有差别，一个人不同时候去读，也许也有不同感觉，所谓常读常新，好像很努力，好像有进步，但其实，如果每次读的感觉都不同，而一篇学术文章又只有唯一的一个逻辑路线，这就说明没有哪次读懂过，如果读懂在这里指的是把逻辑线索弄清楚的话。

我们这里通过这篇文章来示范的结构阅读，是按照逻辑而非敏感词汇来提取重点信息。在结构阅读的方法下，我们也许会得到以下黑体作为重点：

[1] Many **critics** of Emily Bronte's novel *Wuthering Heights* see its second part as a **counterpoint** that comments on, if it does not reverse, the first part, where a "romantic" reading receives more confirmation. [2] Seeing the two parts as a **whole** is encouraged by the novel's sophisticated structure, revealed in its complex use of narrators and time shifts. [3] Granted that the presence of these elements need not argue an authorial awareness of novelistic construction comparable to that of Henry James, their presence does encourage attempts to **unify** the novel's heterogeneous parts. [4] However, any interpretation that seeks to **unify** all of the novel's diverse elements is bound to be somewhat **unconvincing**. [5] This is not because such an interpretation necessarily stiffens into a thesis (although rigidity in any interpretation of this or of any novel is always a danger), but because *Wuthering Heights* has **recalcitrant** elements of undeniable power that, ultimately, **resist inclusion** in an all-encompassing interpretation. [6] In this respect, *Wuthering Heights* shares a feature of *Hamlet*.

这是如何做到的？我们下面依次分析每个句子来说明。每个句子都至少会分析【主干】、【功能】、【重点】等三个层面。其中，主干是指句子的主谓宾，多数情况下，句子的核心在其主干，抓住主谓宾是非常重要的。这么简单的思维，为什么会被人忘记呢？因为，修饰的内容往往太有吸引力，让人的注意力发散。功能是指句子在上下文中的作用，尤其它与前面句子的逻辑关系。通过句子的功能作用分析，了解句子在文章中的地位，以此来决定取舍。重点是指句子里哪些内容是重要的，在读的时候需要尽量掌握。通常，句子的重点都在主干，但也有一些其他的情况。除了结构与主干上的重点，有时句子还包含一些考点，需要看句子的时候注意。最后，有些句子较长或较难，还会附有【译文】，但翻译对于句子和文章的理解，既非必要，也非充分条件，其作用是有限的，如果以为翻译完了自己就理解了，那么，它甚至是有害的，因为它让我们偏离真正重要的目标。

S1

【主干】**句子抓主干，主干即主谓宾，**本句主干为critics see its second part as a counterpoint。修饰的that从句、以及该从句内嵌套的where从句，**修饰从句皆次要，**可略读，略读的意思是，看过，但不必记忆其中内容，有语法成分不清楚，不必深究；有单词不认识，不必想它曾在单词书的哪一页。

【功能】**看到首句，考虑TW是什么，kw是什么？**TW = Topic Words，在内容上，是一个被评价、被判断、被讨论的对象，一篇文章往往只有唯一的一个主题词，而kw = key words，被狭义的界定为一个观点或理论或假说的核心，一篇3-4段的文章往往有2-3个kw，而一个段落则通常有1-2个kw，我们将会看到，本段就有2个kw。在语言上，tw往往为一个名词短语，kw则是对该对象所作的判断。在首句和转折句中，多数时候，主语如为tw，则宾语为kw；主语如为kw，则宾语为tw，即SVO, $S = tw/kw, O = kw/tw$。在本句中，主语是many critics，是提出评价的人，不是被评价对象，也不是给出的评价，于是这两个内容都必须在谓语和宾语中寻找。被评价对象是W.H.的second part，给出的评价为see...as...之后给出的counterpoint，这就是kw。

【重点】**首句重点为主谓宾，**critics of B's W.H. see...as a counterpoint。同时，重点判断有两个角度：结构功能、考点预期。通常，一个句子的结构主干就是考点；但有时，让步转折、比较对比常考，无论它们出现在主干还是修饰中。本句的where从句有比较：more confirmation，比较的内容为，第一部分接受的浪漫主义解读比第二部分多，于是可得：1st > 2nd，这是一个需要注意的可能考点。

【译文】许多研究E.B.的小说W.H.的批评家把该小说的第二部分看做一个相反点，它即便没有递转第一部分，也在评论第一部分，而在第一部分，浪漫主义解读得到了更多的确证。[注：这段翻译对理解本句核心的作用，是否比把握主干的做法更大？其实译文的重要性不大。总有一天，要直接看英文，不借助中文翻译的拐杖。什么时候开始呢？现在就开始吧！强迫自己从结构和逻辑的角度，去寻找重点，而不是偷懒式地从英文译出中文而已。]

S2

【主干】句子抓主干，主语是现在分词结构，seeing X as Y，X是判断的对象，Y是判断的内容，重点在as之后的判断，whole，谓语动词为encouraged by，宾语为structure。逗号之后的分词结构，revealed in its complex use of narrators and time shifts，是纯修饰，无让步无对比，是次要内容。

【功能】首句论点之后的句子是：i) 证据，ii) 让步转折句，或iii) 转折否定句或新的观点句。本句有is encouraged by，相对于is supported by，而support为顺承证据。故本句内容不太重要。从意义上看，需注意宾语中的sophisticated structure，这是新的细节，但从逻辑上看，**论据重现论点核心，**这句无非是上句内容的再现而已。

【重点】**论据重点为论点核心对应词，**whole。而且，按照**论据与论点核心等价**的原则，我们推出，whole = counterpoint。这种等价关系令人惊讶！一个是整体whole，一个是相反点counterpoint，两个单词的意思似乎决然相反，但在第1句与第2句的逻辑关系的约束下，它们却必须是等价的！相信逻辑，还是相信自己对单词的理解？逻辑判断优先于单词理解。counterpoint到底是什么含义？查Merriam-Webster词典，我们发现，它虽然在字面上表示相反(counter-)点(point)，但其实际含义是，位置相反但结构或功能相似、互补、统一（similarity, complement, unity）。这里，whole = counterpoint，通过传统的自然阅读习惯无法发现，只能通过逻辑关系来断定。这是结构阅读法胜出自然阅读法的例证。

S3

【主干】本句有Granted..., ... 让步转折结构，Granted为肯定语气，肯定通常为让步，主句为转折，转折＞让步，在转折的小句子中找主干，their presence encourage...attempts to unify，宾语attempts太宽泛，因此找出不定式to unify结构中的中心动词作为主干的重点。

【功能】**让步转折，限制观点。**让步句承认一个并不支持但也不反对前文观点(kw)的事实或替代论点，转折句说这个不利事实或对立论点，并不推翻和动摇前文观点（kw）。其中转折内容，可看做支持前文观点的一部分。因此，相对于论点，**让步找相反，转折找相似，**也就是说，让步内容与前面的kw相反，转折内容则与前面的kw相同。于是，unify = counterpoint。另外，**顺承各句，同义重复或逻辑等价，**而第3句的让步转折与第2句是顺承关系。于是，本句的unify一词也可以被认为是与上一句的whole相等：unify = whole。

【重点】从功能结构上，本句有让步转折，抓住转折内容，their presence encourage...unify，其中unify最重要；同时，也可注意让步与转折的内容对立：not argue for...construction vs. unify。从考点预期上，Granted带起的让步句中有对比结构，not argue for...comparable to，对比内容常考，它说的是作者的结构意识，不能与H.J.的意识相比，这里的作者也就是首句的B，因此可得，B＜J。本句的重点于是有两个：从功能结构上，unify，从考点预期上，B＜J。

【译文】假定这些要素存在，不必让人认为，作者对小说构造的意识可以与H.J.的意识相媲美，但是，它们的存在，的确鼓励我们尝试把该小说的异质部分统一起来。[注：看完中文译文，并不一定知道内容的重点是什么。因此，译文对于掌握句子重点，并非必需。]

S4

【主干】本句主干为any interpretation...to unify is...unconvincing，可简化为unify...unconvincing。主语为any interpretation，过于宽泛，要找出它之后的that从句的主谓宾作为核心，that seeks to unify...diverse elements，**连续动词v1 to v2，最后动词为核心，**因为它紧跟宾语，决定动作的主要内容，故重点为unify，从句的宾语diverse elements不太重要。主句的谓语动词为is bound to be，注定、一定的意思，**无实际含义，不作为重点，**宾语(谓语动词右侧皆为广义宾语)为unconvincing，不具有说服力的，**态度重要，或负评价词重要。**

【功能】**段中转折句，读如首句。**本句引出对前文多数人观点的负评价。老观点说unify，本句反驳说unify的说法不令人信服。通常，**负评价句有4个要素：**i)转折关联词 ii)被否定观点的核心词或指示词 iii)负评价词 iv)被否定观点不能解释的关于主题的一部分。

如下表：

负评价四要素	i. 转折关联词	ii. 被否定观点	iii. 负评价词	iv. 未能解释部分
表示符号	However, but, yet	KW	AW	TW*
本句对应词汇	However	unify	unconvincing	the novel's elements

另外，该反驳句已经暗示新观点是not unify。新老观点，相互对立，KWo vs. KWn，在此例中即为，unify vs. not unify。此外，本句还有一些词与上一句对应，如unify = unify, diverse = heterogeneous。

【重点】主谓宾为重点，但主语interpretation太宽泛，故选择其that从句中的unify作为主语重点的替代，于是重点为unify is unconvincing。

S5

【主干】本句有not...but... 否定肯定，句内对比，重点在but because，这一从句的主干为*W.H. has recalcitrant elements*，recalcitrant这个词汇较难。

【功能】新观点的论据。本句否定一种原因，肯定另一种原因。按照**论据重现论点核心**原则，可以推出，该句作为新观点的证据，其主要内容recalcitrant elements，重现第4句新观点not unify的核心，即recalcitrant = not unify。这样，**借助总分的逻辑关系**，从已知推出未知单词的意思。另外，but because从句的主干也被that从句所修饰，修饰的从句（CP = clause phrase = that/which/where VO）可以看做小证据，而被修饰的名词结构（NP = noun phrase）则可看做小论点，将论据重现论点核心的原则延伸到句子之内，于是可得一个新的原则，**修饰重现名词核心**，以公式可记为：NP = CP（VO），再简化为NP = VO，在这里，NP为总，VO为分。在本句中，NP是recalcitrant elements，that从句中的VO结构为resist inclusion，于是，借助总分的逻辑关系，也可以推出，recalcitrant = resist inclusion。这样，**借助论点与论据、主干与修饰这两层总分关系**，我们都可以得出生词recalcitrant的意思。字典和翻译是绝对必需的吗？不一定。

【重点】否定肯定，**肯定 > 否定**。肯定句的重点是主干即主谓宾，*W.H. has recalcitrant elements*。如果一开始不认识recalcitrant，则可以将它后面的that从句的词汇作为重点，于是提取的焦点可调整为：*W.H. has elements...resist inclusion*。此外，本句的**否定肯定，暗示对比**，因此也可以找一对反义词，**对比找反义，反义在宾语**，在not because和but because的两个句子中找宾语，于是得到，stiffen vs. resist inclusion。再次，本句的括号之内有一个although让步，让步常考，可注意其位置，但在第一次计时阅读时不必记住它的所有内容。第二遍分析时，按照**让步转折，内容对立**的基本原则，可以看出，主句的not because...necessarily stiffen，与although让步从句中的rigidity is a danger构成程度对比，于是有：stiffen/rigidity: necessarily vs. a danger。

【译文】这不是因为，这样一种解读必然会僵化成为一个论点（虽然在解读这部或任何一部小说时，僵化始终是一种危险），而是因为，*W.H.*具有一些无可否认的顽固要素，这些要素最终抵制被包含在一个囊括一切的解读当中。[recalcitrant: 顽固的、不服从的，re-=again, calc=kick, recalcitrant = defiant, resistant, unruly]

S6

【主干】本句是极短的简单句，主干为*W.H. shares a feature of H*。其中share表相同的比较，于是本句可以记为WH = H。

【功能】证据。末句有四种可能：i) 顺承证据，ii) 结论，iii) 让步转折 iv) 延伸论述。本句为正常证据。按照**证据重现论点核心**原则，我们可以认为，*Hamlet* = not unify。这时，纯靠逻辑无法理解，需要加入一点点文学常识，关于《哈姆雷特》，有个说法：一千个读者，就有一千个哈姆雷特，伟大的著作，有很多的解读可能性，当然是不太容易给个解释一统天下，像中学语文文章的主题思想总结那样。

【重点】重点即为主谓宾，动词本身又是比较，故可记为*W.H. = H*。

我们将自然阅读法与结构阅读法的词汇选择列表如下：

结构阅读法

结构重点 / 考点预期	1 counterpoint, 1st > 2nd	4 not unify
论据1	2 whole	5 recalcitrant, resist inclusion
论据2	3 unify, B < J	6 *Hamlet, W.H. = H*

vs. **自然阅读法**

生词 专业内容	1 Emily Bronte, *Wuthering Heights* counterpoint, if not reverse	4 bound to be
	2 narrators, time shifts	5 stiffen, recalcitrant, all-encompassing
	3 Henry James	6 *Hamlet*

把整个段落用句子序号来表示,就是:

　　　　S1 (S2 + S3) vs. S4 (S5 + S6)

把所有句子用符号表示,则是:

　　　　KWo. a. ~b, b. aw-/KWn. x. y.

(其中,KWo = old view,KWn = new view,aw = attitude words,aw-表示负评价,a, b, x, y代表各个观点的证据,~b, b表示第3句中出现的让步转折结构。)

复习:总分、平行、串行、证据分层

关于段落部分,我们已经学了很多内容。首先,首句论点与中间论据之间的总分关系,是段落内部的一种分层。其次,各个论据之间的结构模式则有三种:平行(并列、对比)、串行(时间序列、推理序列、因果序列)、分层(大论据、小论据)。最后,让步转折是一种特别的辅助论证,让步限制论点范围,转折回到论点本身。下面,我们用图表复习这些内容。

总分 + 并列:

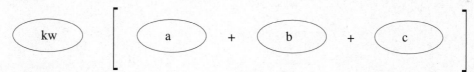

总分 + 对比:

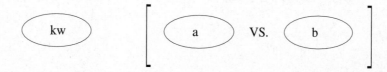

总分 + 让步转折(= 对比 + 主次;让步用虚线表示):

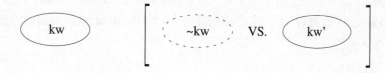

总分 + 串行：时间连续、推理连续、因果连续（箭头表示先后顺序）：

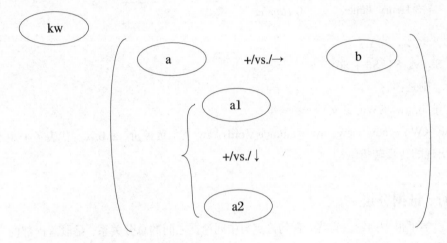

并行/串行 + 证据分层：

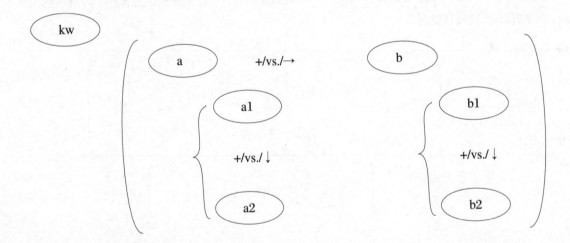

总分 + 平行/串行 + 证据分层：

最后两张图里，论据之间出现分层，有的句子是主要论据、大论据（major points，a或x），它后面还有小论据或子论据（minor points, a1 a2或x1 x2），更详细地说明它。除了一些in order to的作用题，GRE题目对这种考得较少。这里就不再举例了。

进阶阅读

Laraine Flemming, *Reading Keys*, 3e, Cengage Learning.

Chapter 7, Recognizing Patterns of Organization, and Chapter 8, Mixing and Matching Patterns，对段落内部的论证结构做了很好的总结，并有很多例子可供练习。

陈虎平：《GRE阅读制胜法则：多层结构法》(群言出版社，2012)。

第二章关于学术文章的多层结构分析，按从上到下的顺序写作，即从文章、到段落、到句子、再到单词。它与本书从下到上的写作顺序相反；这两者互为补充，合而读之，效果更佳。其中第二章第二节是关于段落的讨论，可以与此对照。

第五节　文　章

我们这里谈的文章，指的是GRE、GMAT、LSAT的阅读理解文章，它通常由一个主题(topic words: tw)、若干论点(kw1, kw2, ...)所构成。GRE阅读短文章占3/4强，字数110–170，有的只有1段话、1个论点，但很多还是1段话、2–3个论点，或者2段话、2个论点。1个论点的文章分析，与上一节关于段落的分析相同。本节的文章分析，主要是针对2–3个论点的文章，无论是写在1段，还是多段里面，它都要求论点之间的关系分析，其主要内容与上一节中关于"多论点段落"的分析相同。尤其对于长文章，这个分析更有用。GRE的长文章占1/4，通常350–450字，GMAT都是中长文章，200–350字，LSAT则全是450字左右的长文章。更广泛地看，我们这里的分析对于非文学类的所有阅读考试文章、任何2–4段话的非文学内容(nonfiction)，都是适用的。

首先，主题与各论点的关系。主题(tw)是一个名词短语、一个或一组讨论对象，是所有论点围绕的焦点；论点(kw)，常常是针对主题给出对比、因果等学术判断(还记得文科讲对比、理科讲因果？)，有时也只是给出态度或评价（评论一本书、一部作品）。由内容范围来看，主题是总、论点是分。这不是说主题名词就能导出论点内容，只是说论点都不离这个主题。这种关系可以记为：tw (kw1. kw2.)。

其次，各论点之间的关系。按照上文一贯主张，凡是大致同层的单位元素，都有平行（parallel）、串行（serial/sequence）、分层（hierarchy）三种关系。假定论点有2个，分列如下：

平行：并列：kw1 + kw2

对比：kw1 vs. kw2

反驳：kw1- vs. kw2+

串行：时间、推理、因果序列

kw1 → kw2 → kw3（多见于法律、哲学等理论性文章）

分层：总论点、分论点

kw. (kw1. +/vs./→ kw2.)

这时的总论点，其实相当于文章的主题句(thesis/topic sentence: ts)，所以，可以写成：

ts. (kw1. +/vs./→ kw2.)

从首句或首段的主题内容来看，文章一开头，要么是一个事实/问题，后文给出多个**不同人物观点**（现象解释、问题解决）；要么是一个观点或作品，这又可以分为三种，一是别人过去观点，后文反驳之，有多个**不同人物观点**（新老观点）；一是别人近期研究或作品，后文评述之，只有**作者一个人在评论**（评述或论点说明）；一是作者本人观点，后面**作者一个人分论点说明**(论点说明)。这样，结合主题词内容、论点与论点之间的关系，我们可以将多论点文章分成以下几类：

文章结构图				
	类型	主题提示词/首句或首段	结构	把握重点
不同人物观点	Phenomenon-Explanations 现象解释	behavior, discovery, fact, found that, finding, observation, phenomenon	作者1个观点： tw. kw. (kw1. kw2.) 不同人物观点： 2个假说/解释/理论 tw. kw1. vs. kw2. tw. kw1. aw-. kw2. （aw-为负评价态度）	主题、所有解释关键词、态度词 ＞证据、尤其前面的解释的证据
	(Problem-Solution 问题解决)	(difficulty, problem, puzzle)	3个 tw. kw1. aw-. kw2. aw-. kw3. 前错后对、前负后正	tw, kw, aw ＞ i j, ab, xy
	Old view vs. New view 新老对比： 过去vs.现在；	has been viewed, long known, once believed, traditionally, until recently	kw_o vs. kw_n (kw_o = old view; kw_n = new view) 观点对比	主题、所有观点、态度词 ＞证据
	多数vs.少数	common, dominant, frequently, many, most scientists, usually, widely accepted		tw, kw, aw ＞ i j, ab, xy
作者一个人观点	Thesis-Sub-theses 论点说明	is correct/unconvincing, prove to be, remain 系动词；can, may, must, ought to, should 情态词；态度词；其他判断句	ts. (kw1. +/→ kw2.) 论点之间并列或推理	总论点、分论点 ＞证据
	Topic-Evaluations 评论/评述	recent/new book/work/movement/novel/movie/photography...	tw. (kw1/aw1. + kw2/aw2.) 态度 ＝ 论点，并列出现	主题词、分论点 ＞证据

上述分类的目的是弄清楚文章的主旨、了解主要结构，只要这个目的能够达到，现场阅读时就不必准确归类。分类、划分模式，是为了更快地把握结构重点，因而也是内容的重点，不是为了分类而分类。下面摘选一些文章的首句、转折句、过渡句，以此分析结构。原则是：抓住这些重点句的主干，同时弄清主题、论点、态度，以及它们之间的关系。

1. 现象解释

P1. [1] Since the Hawaiian Islands have never been connected to other land masses, the great variety of plants in Hawaii must be a result of the long-distance dispersal of seeds.

P2: [1] There is some dispute about the method of transport involved. [2] Some biologists argue that ocean and air currents are responsible for the transport of plant seeds to Hawaii. [3] Yet the results of flotation experiments and the low temperatures of air currents cast doubt on these hypotheses. [4] More probable is bird transport. （P: paragraph, S: sentence）

【结构图】

	Cues 提示词	Function 功能	Core 把握重点
P1. S1		tw	**dispersal** of seeds
P2. S1	some dispute about	tw'	**transport**
S2	Some biologists argue are responsible for	kw1 → 理科讲因果	**currents** → transport
S3	Yet, cast doubt on these	aw-	**doubt**
S4	More probable	kw2$^+$	**bird** transport

2. 新老观点

P1. [1]Traditionally, pollination by wind has been viewed as a reproductive process marked by random events in which the vagaries of the wind are compensated for by the generation of vast quantities of pollen.

P2. [1]However, a number of features that are characteristic of wind-pollinated plants reduce pollen waste.

【结构图】

	Cues 提示词	Function 功能	Core 把握重点
P1. S1	Traditionally, has been viewed as	tw, kw_o 理科讲因果	wind pollination (w.p.): **vast pollen** → random = vagaries → **w.p.** 大造花粉、应对风播传粉
P2. S1	However,	vs. kw_n	**features reduce pollen waste**特征减少花粉浪费

3. 论点说明

P1. [1]The evolution of intelligence among early large mammals of the grasslands was due in great measure to the interaction between two ecologically synchronized groups of these animals, the hunting carnivores and the herbivores that they hunted.

P2. [1] The kind of intelligence favored by the interplay of increasingly smarter catchers and increasingly keener escapers is defined by attention—that aspect of mind carrying consciousness forward from one moment to the next.

P3. [1]The elements of intelligence and consciousness come together marvelously to produce different styles in predator and prey.

【结构图】

	Cues 提示词	Function 功能	Core 把握重点
P1. S1	due to	ts 理科讲因果	c. h. **interaction** → **intelligence** (c: carnivores, h: herbivores)
P2. S1		kw1	**attention** = consciousness
P3. S1	different	kw2	**styles:** predator=c vs. prey=h

综合前五节的内容，我们得到关于文章的多层分析的主要方法：

文　　章：首句、论点句、结论句、态度句、转折句，抓住句子主干、记住论点和态度

段落/句群：首句、对比找反义、因果找双方、机制抓首尾、并列取其一、让步找相反

句　　子：抓住句子主干、名词抽象抓修饰实义词、对比找反义、文科讲对比、理科讲因果

单　　词：人名或专业名词取首字母、动词还原为因果或对比关系

在每个层面的分析和阅读中，都要尽量分清平行、串行、分层的逻辑关系，并相应地把握语义重点。从**结构出发、找语义重点**，这就是结构化阅读最主要的原则。如果把以上方法再简化，我们就得到五大口诀：**抓主干、抓修饰实义词、抓对比、抓因果、找等价**。这些方法需要经过200–400个小时的训练，才能完全掌握。因为找单词想意思再随意组合的自然习惯很强大，所以，每做几个练习之后，就停下来、静下心，按照以上的方法来仔细分析，才能感受结构阅读法的作用，以后就能读得又准又快，因为模式引导注意力，注意力聚焦带来速度。根据一些同学训练的经验，3-5天、6-10个练习，反复分析，就能有显著的改善。

下面，我们还会继续简略分析论文和专著，将结构分析的方法推广到更大的篇幅上去，虽然它对考试本身没有直接帮助，但可训练我们的逻辑思维。

第六节　论　文

一篇学术论文，常有5000-8000字，或者更多，它由4–5节（section）所构成，每一节也许有几个小部分（subsection = part），每个小部分是若干个相对独立的类似考试的文章（passage），每个小文章则有3-4段话（paragraph），每段话有4-10个或更多句子（sentence）。除了少数如文学评论、哲学研究、法律分析的文章以外，通常学术文章的句子并不太长，一般就是30个单词左右(words)。很明显，学术文章是句子、段落、小文章、部分、节一层层组织起来的。基本上，开始一节是导言，最后一节是结论，其余各节之间、各个子节或部分之间，都是并列关系。

在内容上，多数论文，尤其理工科论文，有严格的写作程序，以确保读者能够快速有效地把握信息。第一节为导言(introduction)，介绍论文主要内容，概括主要方法和结论，第二节为文献综述(literature review)，评述以前各派假说，有时第二节与第一节放在一起，第三节是作者提出的假说，基本模型、假设、预测，第四节是实验数据、检验、分析，第五节是结论、展望等。各节之间通常构成一个完整的总–分–分–分–总的关系。

下面以简图表示，其中的(…)省略号表示以此类推、可以同样方式展开。

Paper 论文	Section I: introduction	Part i	Passage 1	Paragraph 1
				Paragraph 2
				Paragraph 3
			Passage 2	Paragraph 1
				Paragraph 2
				Paragraph 3
			Passage 3...	

Paper 论文		Part ii	Passage 1
			Passage 2
			Passage 3
	Section II: literature review	...	
	Section III: hypothesis	...	
	Section IV: data, analysis	...	
	Section V: conclusion	...	

　　对于还没有数学化的学科，例如文学评论、哲学，要写一篇论文，就要想清楚总论点是什么，然后将其分解为若干节的大论点，每一节要讲若干个小部分，每个小部分有几个小论点，每个论点之后都要有论据。可以把自己的论点与别人的论点反复对比，写起来会容易一点，轻松、讨巧、也不乏说服力。但如果是正面阐述自己的一个又一个小论点，在逻辑顺序上，最好是前者成为后者的前提(条件序列或推理序列)，而不是单纯的罗列。这需要对内容的逻辑蕴含关系进行深入持久的思考，写出来之后还要反复修改三四遍。不经训练、绝无可能。好的结构设计，一望而知。差的拼凑文字，刺目扎眼。笔者自己看一篇哲学类的学术论文，看3段话就能知道作者想得是否清楚，花了多少功夫。看起来精致深湛的文章，无不是持久训练的结果，就如人鱼线、八块腹肌，无不是在健身房反复训练、分项训练的结果一样。

　　高中我们写的中文议论文是800字，大一后要尽快提高到2000字，大二大三到5000字，然后到10000字。有了写作10000字文章的能力，逻辑结构能力就上去了。这个训练过程，不能省略。会写了，自然也会看，阅读文献，又快又准。会从结构上看文章了，自然也能够帮助自己去写，写得越来越有逻辑，文章里的信息量极大、内容极丰富。无论中文、英文，只要是分析性的、非文学的文章，逻辑思路都应该是一致的。有人说，中文好的人，英文也好。这是对的。但这里中文好，特指议论文写得好、有逻辑性。遗憾的是，好的中文论文典范不算多。古代的唐宋八大家，散文，形散而神不散，重于抒情，拙于论证。新式中文，有逻辑的、有结构、信息丰富、适应现代工商业社会的中文，还有待于成形！让我们先从GRE、GMAT的英文阅读学起，把这种逻辑结构掌握好，再用到自己的中文学术和商业写作中去！

进阶阅读

　　明托：《金字塔原理》(南海出版公司)

　　　　商业写作的伟大教程

　　罗森瓦塞尔、史蒂芬：《分析性写作》(北京大学出版社，影印版)

　　　　好书

　　陈虎平：《GRE阅读制胜法则：多层结构法》(群言出版社，2012)

　　　　主要是pp.64-66 "2.9段落-文章-论文-著作"，以及第七章"结构方法的延伸"(又名"人类语言的自然史")。

第七节　专　著

　　最简单地说，一本学术专著，好比10篇论文的并列组合。的确也有学者将过去几年发表的论文，合成一本，就成了专著。有逻辑关联的一个长篇论证的整体，是专著(monograph)。一本书有很多章(chapter)，每一章就相当于上一节所说的一篇论文（paper），后面的结构展开就是一样的了。第一章或者它之前往往有导言部分，概括介绍书的主题、主旨、研究方法、与其他学派的差异等等，通常是比较重要的，可以看做后面所有章的总括。这样，导言/第一章与后面各章之间构成总分关系。以后各章之间则基本上是并列关系了。

mono-graph = book	Introduction/ Chapter 1	Section I: introduction	Part i	Passage 1	Paragraph 1
					Paragraph 2
					Paragraph 3
				Passage 2	Paragraph 1
					Paragraph 2
					Paragraph 3
				Passage 3...	
			Part ii	Passage 1...	
				Passage 2...	
				Passage 3...	
		Section II: literature review	...		
		Section III: hypothesis	...		
		Section IV: data, analysis	...		
		Section V: conclusion	...		
	Chapter 2	...			
	Chapter 3	...			
	Chapter ...	...			
	Chapter ...	...			
	......	...			
	Chapter ...	...			

附录：阅读深度练习的三个常见问题

普通的技能不学即会，因为自然选择已经给你装配完毕；人类后天发明的技能和规则，如逻辑、数学、工业化、陌生人社会的组织体制等等，都需要反复的练习，才能理解、掌握，进而熟练，最后游刃有余。要在某个方面达到专家水平，需要10000个小时的有效的、深度的、刻意的，也就是分项的、专门的、在学习区的、有新收获的练习。本文所说的多层结构，就是这样的项目分解。只要大家按照这种方法，扎实训练300个小时，应对考试的阅读部分，通常问题就不大了。熟悉模式、做一些题、再回头复习模式。不能单纯看理论。也不能只是做题。要做一定量的题，然后分析，按照阅读技能的几个方面，拆开来集中训练。

1. 速度？

问：做题时间长，1个小时、1个练习，很少错；控制时间，正确率马上下降。为何？

答：阅读是在有限时间下加工信息的过程。时间压缩后，理解的准确程度降低，是因为大脑的处理速度不快。大脑反应速度不够，往往是因为对模式不够熟悉，识别起来较为费力。需要加大练习量，加深对特定的模式的比较、对照、集中训练，以增加认知深度，提高模式的熟悉程度，这样就会提高信息加工的速度。这就是阅读速度提高的过程。

2. 单词？

问：红宝背了很多遍，看到单词很快反应中文。阅读速度慢，看到阅读中的GRE单词就得停下来想中文，再带入句子理解，我是不是应该再对着红宝练习只看单词反应英文？

答：单词基本认识以后，就要超越之、进入新层次练习。阅读速度是多层模式识别熟练的结果。不是单纯地认单词，而是要练习各层模式、以加速识别过程。从集中分析句子开始、到几个句子的句群、再到完整的段落、再到多段长文章。分层训练的材料依次是："GRE、GMAT学术英文200句"、"GRE三空180题解析"、《GRE阅读36套解析：文章结构分析》（前两者在本书之后也即将出版）。完整的多层结构分析可见《GRE阅读制胜法则：多层结构法》第二章和本书的导言"学术文章的多层结构"。GRE考试结束后还要练习完整的论文，自己尝试写2000-5000字的文章，直到最后能够分析，进而写作专著。

3. 绝招？

问：有个大牛人语文考了接近满分，我觉得他的方法很好。要不要按照他的方法来？

答：篮球高手跟你讲怎么打篮球，每句话听起来都是真理，然后自己上场呢？高手总有自己的个人特质和改善的方法。教学讲的是让普通人从开始进步到中上的方法。哪个更适合？取决于学习者的基础水平和技能积累。笔者建议在反复练习基本方法以后、再想自己的特殊方法。独特风格是在扎实的技能模块化训练以后才有的，而且往往是不可学习的。

进阶阅读

关于深度练习的最好指引：

杰夫·科尔文：《哪来的天才》(*Talent Is Overrated*)

丹尼尔·科伊尔：《1万小时天才理论》(*The Talent Code*)

或者K. Anders Ericsson关于expert performance以及10000 hours的论文

在做出新的选择时，人往往因为害怕不熟悉的未来，而故意在大脑中制造想象的风险。人生总有风险，任何时候，而最大的风险是待在原地。

GRE 阅读 36 套

解　析

我们将对每篇文章、每道题目进行解析。每篇文章、每篇段落、每个句子、每个题目的编号示例如下：

符号	表示内容
4.2	Exercise 4, Passage 2 练习4、第2篇文章
P2	Paragraph 2
P2S1	Paragraph 2, Sentence 1
S2 His work	某段第2句/Sentence 2, 以His work开始的句子
Q5	Question 5　第5题

在分析句子和句子构成的段落时，主要技巧可总结为**五大口诀**：1. **抓主干**。如果句子比较复杂，会详细说明如何找到主干；如果句子较为简单，就直接写出主干，一步到位。2. 主干的主语宾语名词有时比较抽象，这时需要：**抓修饰的实义词**。这是从属于句子主干理解的。句子主干的分析方法，参考前文的"导言·句子"。3. 如有对比，**抓对比**。4. 如有因果，**抓因果**。文科讲对比、理科讲因果，是比较常见的情况，它们是句子的语义重点。5. 如果有论点–论据、主干–修饰的总分关系，或者各种并列关系或顺承推理，**找等价**。句子是在一个段落和文章的语境中出现的，因此会有逻辑关系。对首句，分析其主题、论点或态度；对中间句，分析它与上一句以及首句的关系，这种句子之间的关系，就是主题与论点、论点与论点、论据与论据之间的关系。从这些结构关系出发，寻找相应的逻辑等价词，即由于逻辑关系而在特定语境中同义的词汇。这种逻辑等价关系，也适用于一个句子之内多个子句之间。

句子分析之后，我们会画结构图。其中，Cue表示提示词，提示哪里是主题、论点、证据、让步、对比等，是暗示各种层次的逻辑关系、任何文章都可以通用的词汇。Function表示功能作用，句子在语境中的地位，所用符号的意思请参考"导言·段落"（kw论点，aw态度，a/b/x/y证据，cs结论等）。Core是各句主干、对比或因果等重点，其中应该记住的词会以**黑体**标出。现场阅读时或第1遍阅读时，不要边读边写，也不必找出所有提示词、判断所有句子功能，只需要通过五大口诀了解多数句子的功能、抓住语义重点。

分析题目分为两步：题干与定位、选项。题干与定位，主要是读题干、找定位词、回原文找对应。在实际解题时，**先读文章、后做题目**，因为出题顺序与原文行文顺序并不一致。在做题目时，通常先读题干、再定位原文、想答案、拿答案对照选项找对应词。没有对应词的选项，可以先排除；有对应词的选项，则候选，再进一步比较候选选项的差异、与原文比对，最终确定正确答案。如果文章内容把握得较好，看题干就能直接知道答案的，不必先定位原文，可直接看选项。但这仅限于熟练时。题目的题型和解法的详细分析，请参考笔者写的《GRE阅读制胜法则：多层结构法》（群言出版社，2012）第三章。有时我们也会做考位分析。通常而言，**一半题目考核心、态度、逻辑关系等**，定位首末句、转折句、观点过渡句等位置；**一半题目考细节，其中一些考那些有对比、让步、新大写的句子，还有一些考一个句子的细节**，这要求考生对长难句有高度准确的把握能力，还有一些考多个句子的细节，这是特别难的，需要对段落核心和句子内容都有理解。考位的规律告诉我们，考生必须左右开弓、全面掌握：既要掌握各个层次的逻辑结构关系，包括段落观点之间、段内句子之间、句内子句之间，也要掌握长难句分析的方法，能够弄清长难句的内部构造。两者不能偏废：只认单词，不懂结构，是不行的；只看结构，不会处理长难句，也是不够的。

在训练36套时，每次可做2-4个练习，计时做完第1遍，多篇文章的平均速度和正确率就是自己的真实水平。第2遍要自己分析结构，写出core, function，与本书的解析部分对照，第3遍分析题目的定位、答案与原文的对应、错误选项的设置。通常，第1遍做新题的时间如为1x，则第2遍分析结构的时间应为3x，第3遍分析题目和选项的时间为1.5x。每次可做2-3个练习，第一遍做新题时，按照训练阶段，每隔50小时1个练习减少3分钟、正确率提高1-2道题。如果不能做到，就要停下来找问题，不要继续做新题。通常来说，对已做的文章和题目，专项训练句子主干、段落结构、题型选项，可以解决问题。

逻辑题的小文章依然用序号标记，例如4.5，表示Exercise 4, Passage 5，即使它是逻辑题。逻辑题只有文章分析和题目解释，没有结构图。文章的分析以分清前提(premise)、结论(conclusion)为主。

Exercise 1

1.1　sex ratios

【文章分析】

S1　主干：形容词短语relevant to在主语位置，倒装。真正主语是sex ratios，本身内容不够清晰，抓住修饰，that定语从句的excess of females，简化为f↑。表语说的是与game theory直接相关。因此，整句的重点是：sex ratios: f↑, relevant，雌性过多的性别比例与博弈论直接相关。功能：现象是主题(tw)；理科生物学文章，先现象、后解释。

S2　In these species　　受精卵发育为雌性，未受精卵发育为雄性。事实。继续描述现象(tw'或i)。

S3　A female　　并列谓语动词stores and can determine，并列动词、可取其一，a female can determine the sex；然后by doing，方式状语与动词平行，平行意味着语义等价，讲了决定的方法。功能：继续讲事实（tw''或j）。

S4　By Fisher's　　主干：By F's genetic argument是介词短语，argument后有that同位语从句，其中再包含which从句，后者再包含一个省略先行词that的定语从句an individual will have，从句皆次要，抓住主句，it为形式主语，不定式to produce equal numbers是真正主语，故本句重点是：a female should produce equal numbers of sons and daughters（= males and females）。（pay to do sth.，表示做什么事有回报、有价值。）再看内容：按照F's argument这个前提，推出主句的结论，**前提与结论、逻辑等价**，前半句与后半句语义相当，找出前半句的重点，argument**名词抽象、抓住修饰的实义词**，得到maximize...descendants and gene copies，应该等于后半句的equal numbers of sons and daughters，意思是，F的遗传观点，最大化后代和基因副本，可推出，雌性母亲应该生产相等数目的雄雌后代。功能：观点 + 证据。人物常有观点，F's X argument已经提示观点就是X, genetic，这是第一个解释（kw1），只不过是在介词短语中，主句给的是这个解释的推导结果，是对该解释的具体说明(a)。

S5　Hamilton, noting　　主干是H offered a cogent analysis，H提出一个中肯分析，H是与前文F不同的人物，人物不同、观点不同；句子里的noting that X and that Y是分词修饰套并列宾语从句，说的是H注意的两个事实，属于证据，次要。本句是H观点的态度(cogent)和证据(that and that)。

S6　Since only　　本句有since、because两个原因从句，在理科句子里，原因从句可以表示普通推理的前提，如果其中有数量词，也可以是原因变量，这里Since only one female usually lays eggs给出了数量，只有一个雌性产卵，这样，主句说it would pay her to produce one male only，只产生一个雄性对她来说就有回报。全句可以记为：M, N → O。功能：H观点的内容，由于是从since, because推出，可以看做结论（cs2）。该结论与S4里F的说法相反：F: equal vs. H: only one male。由此也可以确认，S5出现新人名H，与S4的F这个人物的观点是对立的。通常来说，现象解释、前负后正，作者在S5也用cogent表达对H正评价。

S7　Like Fisher　　本句由like，还有but，既讲相同、又讲不同。相同点是，他们都在寻找演化稳定策略(evolutionarily stable strategy)，这个短语也与首句博弈论（game theory）有所呼应。不同的是，H更进一步(a step further，正评价)，因为他对此是有主动认识的(recognizing)。一个是无意(F)、一个是有意(H)。功能上，本句是在比较对比中，再次给予H以正评价(aw+)。

【结构图】

本文选自长文章的其中一段，是一个多论点段落，F和H的观点，后者更进一步、较为中肯。S1.S2.S3都是事实陈述，S4讲F的观点和证据，S5讲H的证据，S6推出H的结论或观点，最后一句给总结性的正评价。全段可以记为：S1.（S2. S3.）← S4. vs. S5.（S6.）S7.。[注：括号表从属；←表解释原因] 或者，用结构符号，可以记为：tw.（i. j.）← kw1: a. vs. kw2': x. y.（m n → o/cs2.）aw+. 全文结构图如下：

	Cue	Function	Core
S1		tw	**excess females**
S2	In these species	i	
S3		j	
S4	By F's argument	kw1: a	**F, genetic: equal**
S5	H, cogent analysis	vs. kw2': x. y.	**H, cogent**
S6	Since, ...because	m n → o/cs2	**one male only**
S7	Like,		F = H: stable strategy,
	but a step further	aw+	F vs. H: **a step further**

【题目】

Q1 比较/末句

【题干与定位】 问F与H在哪个方面相似，similar，比较常考，定位到原文末句like，得到stable strategy。

【选项】

A. 大致同时，the same time，无关。

B. 控制性别比例，manipulate与演化稳定策略无关。

C. **正确**。首先，有stable这个词，其次，sex ratios是全段主题词，没有错误。

D. 都在研究game theory，还都为后来发展提供重要基础工作，在末句的Like部分，找不到这些说法。

E. 同一个物种，the same species，无关。

Q2 多句细节/信息/多选

【题干与定位】 文章包含什么信息可以回答下面哪个问题，这种题干就无法直接定位到某一句，而是指向全文，因此是多句细节，有时又称为信息题。其选项往往与文章的主题、观点、态度等相关、相反或无关，所以，可以从选项入手，带核心排除，排除那些与核心无关或相反的选项，剩下的选项再用其中的名词或其他敏感词，回原文定位。本题干所说的wasps是首句现象，对具体定位没有帮助。考虑全文的观点，主要是说H的观点很好，F的观点则不太对。

【选项】

A. how many eggs? 原文从头到尾没有说到过到底产的卵是多少个，只是说雄雌的比例而已。

B. 某些wasp物种是否能够规定性别比例。注意到第三句提到can determine the sex。**正确**。

C. 近似性别比是多少。原文仅提到one male only，可以推出雄性：雌性是1：n-1。但没有具体说是1：99，还是1：199。

Q3 否定性细节

【题干与定位】问的是wasps，这是首句就有的文章主题词，不足以定位某句；但Not true暗示，答案必须是与原文内容相反的，很有可能是与核心，即与态度、观点等相反。原文的观点是H, one male only，作者对此给正评价。刻意找明显违背核心内容的选项；略过那些似乎对应原文的选项，不必定位确认。这样可以加快速度。

【选项】

A. 成年雌性黄蜂能够储存精子，似乎有；可见S3, stores sperm。

B. 雌性黄蜂把卵产在别的昆虫的幼虫（larva）里；见S5 Hamilton句里的破折号。

C. 成年雌性黄蜂可以被一个雄性授精，该雄性与之在同一个幼虫中孵化；见S6, this one male could fertilize all his sisters，前半句还有in a given larva。

D. 极少雄性黄蜂产生，灭绝几乎确定无疑。与核心直接相反。**正确答案**。原文最后一句说这样是stable strategy，没说one male only策略会带来extinction。

E. 雄性黄蜂在达到性成熟时才会从其宿主中飞出。见S5 Hamilton句，有that从句说，the newly emerged adult wasps mate immediately，新飞出的成年黄蜂会立即交配，这说明它出来时达到性成熟。

1.2 Pessen: study of the rich

【文章分析】

P1　S1 Tocqueville　　T显然是错的。功能上，也许是作者态度，也许是某个人的看法。

S2 Jacksonian America　　主干说，J时代的美国不是一个流动的、平等主义的（egalitarian）社会。后面的where从句修饰，**名词与其修饰逻辑等价**，可得fluid = ephemeral（短暂的、转瞬即逝的），这样就借助主干与修饰的逻辑等价关系，从已知推出未知，消除了生词带来的理解障碍。本句在解释上一句，给证据来说明T为什么是错的。

S3 At least　　倒装句，At least so argues P，其实是at least P argues so，是在一项关于美国富人的打破偶像的（iconoclastic）研究中这样主张的。功能：主题（tw）。这说明第一句、第二句都是P的看法，说T was wrong，这是iconoclatic，P vs. T，研究的话题是特定阶段的美国the very rich。这样，S1.S2都成为引出真正主题的句子（tw', tw''，或者i, j）。其实，这样排列会更清楚：S3. (S1. [S2.])，即P argues: T was wrong, Jacksonian America was not a fluid society。文章给出人物及其研究，后文将分点（kw1, kw2）评述之。评述型文章的一般结构是：tw. (kw1. kw2.)。

P2　S4 Pessen does present　　P提出大量例子，确定当时存在异常富有的阶层，这里inordinately wealthy = the very rich，与S3的话题呼应，不偏离主题范围。功能：此句有examples，后文并列展开（a, b, c）；另外，还有态度的暗示，refreshingly，正评价。在评述文章中，对话题的态度，就是作者的论点（aw = kw）。

S5 Though active　　让步though中说很活跃，主句有not A but B，否定肯定结构，self-made vs. inherit，重点在肯定的部分，它与让步也形成语义对比，active vs. inherit。功能：举例，或证据，讲富二代的情况存在。

S6 In no sense　　主语依然是那些富人，these great fortunes = S5 the wealthy = S4 inordinately wealthy = S3 the very rich，主题词（tw: topic words）是不会变的，只是用上同义词、近义词而已。句子主干的意思是，这些巨富在金融恐慌中生存。后面that从句次要，修饰与名词逻辑等价，destroyed = panics。句子开始的in no sense表否定，暗示对比，所以，mercurial vs. survive；其实，mercurial = ephemeral，短暂的。功能：证据。没有让步、对比或转折关联词时，**主语相同、关系顺承**。

S7 Indeed 在若干城市，最富有的1%，增加份额，拿到一半财富。功能：证据。Indeed通常并不表示让步，而只是引出肯定陈述的事实，相当于in fact。

S8 Although these 虽然以上观察正确，但P高估其重要性，让步转折，内容对比，true vs. overestimate，态度有负有正，by concluding from that A and that B方式状语，加上并列宾语从句，内容相当多，但它们并非主干，可略看，其内容说，无可置疑向着不平等迈进，又说工业化前美国已经是阶级支配的(class-ridden)、财阀统治的(plutocratic)社会，这两个生词对于把握句子重点无关，而且that and that前后并列，**逻辑等价**，所以，inequality = class-ridden = plutocratic。功能：本句让步转折引出相反态度，为评论的另一方面(kw2 = aw-)，that A and that B，实际上属于并列证据(x and y)；文章苦短，只有委屈它们容身于长句之内，若成大文，必能长句如妖。

【结构图】

本文S1.S2没有开门见山给出主题，而是等到S3，这种情况比较少见。后文S4. S8分别给出评论的态度，并分别给予证据，其中S8是内部并列从句(8.1, 8.2)。S8既有正评价，也有负评价，也可以看做全文的总结句(cs)。全文结构可以写成：(S1. S2.) S3. (S4. [S5. S6. S7.] S8. [8.1, 8.2])

		Cue	Function	Core
P1	S1	wrong	i	T: wrong
	S2		j	not fluid (= not ephemeral)
	S3	so argues, his study	tw	**P; the rich**
P2	S4	examples, refreshingly	kw1 aw+	**existence** of wealthy class **refreshingly**
	S5		a	(inherit)
	S6	these...	b	(survive) (= not mercurial)
	S7	Indeed	c	(increase)
	S8	Although these...true, overestimate (that and that)	(aw+) aw-/kw2: x, y	**overestimate** (inequality = class-ridden, plutocratic)

我们在阅读时，证据内容相对次要，主要把握主题、论点/态度（黑体字），也就4–5个词。如果要仔细考察kw1 (a b c)的总分逻辑等价关系，可以得到existence = inherit, survive, increase，无论继承财富、在危机中生存下来，还是增加资产份额，这些都是富人存在的证据。但其实这些理解对于把握重点来说没有多大必要。

【题目】

Q4 列举/信息

【题干与定位】P指出，除了哪个（EXCEPT），以下关于美国富人的说法成立。富人为全文研究对象，无法单独定位某个句子，属于信息题，但又问哪个除外，考虑到第二段的并列例证，也可认为是细节题。题型分类不绝对，重要的是做题方法。正确答案必须与原文不符，所以，带核心去找，能找到与态度、主题相违背的说法最好，找不到，就一个个对照原文。

【选项】

A. distinct upper class = S4, inordinately wealthy class，符合原文

B. increase their holdings = S7 Indeed句, increased its shares

C. professionals = S5, professions; business = S5, commerce

D. **正确答案**；accumulate own fortunes ≠ S5 inherit family fortunes

E. retain their wealth = S6, survive; financial upheavals（剧变）= S6, financial panics

Q5 主题

【题干与定位】Main point考主题，定位主题句S3或者结论句S8。其内容为the rich, true, overestimate。

【选项】

A. early nineteenth-century，时间错，原文S3是1825 and 1850，已近中叶。

B. T's analysis remains definitive(明确的、最后的、定论的)。原文说T被P所挑战。

C. throughout the nineteenth-century，整个19世纪，时间错，原文只研究25年左右。

D. documented = recorded，说当时的社会模式和政治权力被记录，的确有，但这只是P的研究，不是整篇文章的主旨，文章是在review P's study，不是亲自讲当时的历史。答非所问。

E. **正确**。前半句challenge = S3, iconoclastic, social and economic system = the very rich, the wealthy; 时间、地点都对；后半句对应S8，incorrect = overestimate。

1.3 anaerobic glycolysis

【文章分析】

S1 专业名词、取首字母a.g.，是一个过程process，这暗示后面有连续动作，in which从句，典型的术语解释，真的给出两个动作，produce, breakdown，整理动作先后，得到g（lycogen）→ lc（lactic acid）+ ATP = energy，这就是a.g.的过程。理科讲因果，本段也许会有连续动作或者数量相关的内容。功能：主题(tw)，同时也算一个因果论点：g → energy。

S2 The amount 主干很清楚：amount of energy is a function of amount of g(lycogen)，function函数，提示主语宾语的相关性：energy : g；宾语后面有破折号引出的同位语，出现percent of，继续讲关系，综合主干，得到energy : g : 0.5% weight。功能：第二句是相关性判断，可看做前文因果动作的展开。

S3 Thus 所以，a(naerobic)式能量储备，与动物的大小成比例，即：energy : size，比例关系，与函数、百分数关系一样，都暗示数量相关。S2.S3的推理中有两个概念不同，weight, size，它们之间应该也有相关性，这是该推理成立的假设。功能：继续推理，得出的结果。

S4 If, for example 先说If条件，如果捕食者攻击100吨的恐龙(dinosaur)，有插入语normally torpid，通常很迟钝的，主句则说该恐龙能够瞬间产生相当于3000人在最大有氧代谢(o.m, oxidative metabolic)时产生的能量。文章的主题词a.g.是指无氧糖酵解（anaerobic: an-: not, aero-: air, 没有空气→无氧; glycolysis: glyco-: 糖, -lysis: 分解），与o.m不同。功能：举例论证，for example引导。举例的小证据与上句的大证据逻辑等价，100-ton = size = weight。

【结构图】

S1给出讨论的主题a.g.，以及因果命题（g → energy），S2给出含有数量相关的一个推理，S3继续推出一个结果，S4举例说明。抓住首句、把握结果，且结果这里恰好有Thus引导，所以就是a.g., energy : size。全文结构写成：S1.（S2. → S3.［S4.］)。

	Cue	*Function*	*Core*
S1	process, produce, breakdown	tw kw	**a.g., g → energy**
S2	function, percent	x ← y ← z	energy : g : weight
S3	Thus, proportional to	→ u	**size : energy**
S4	for example	u'	（100-ton : 3000 energy）

【题目】

Q6 假设

【题干与定位】题干说的passage's suggestion, energy reserves与size成比例，是第三句的内容；问它基于下面哪个说明假设assumption。假设就是在前提和结论之间找出差异词，连接这个差异。原文S2. Thus S3, S2为前提，谈到energy : g : weight, S3为结论，谈到energy : size。差异概念为weight, size, 连接之，就是假设。

【选项】

A. 大脊椎动物(vertebrate)比小脊椎动物保存能量多。无关。

B. 使用氧气多少。无关。

C. 消耗食物的能力，无关概念。

D. 肌肉组织与个头大小直接相关。第三句说的weight就是muscles方面的。**正确。**

E. size与所能使用的energy的量成比例，只是重复原判断，没有交代假设。干扰选项。

1.4 creative activity

【文章分析】

P1 S1 主干说，异乎寻常的创造活动，已经被人刻画为革命性的，这是重点。has been characterized相当于has been viewed, 他人已有观点，我们定义为老观点。creative activity为讨论对象（tw），**as之后为观点核心**，revolutionary = kw_o，该词表程度剧烈、不表态度。修饰flying in the face = defying, 与producing并列；**并列修饰成分次要**。进一步理解，**修饰与被修饰词逻辑等价**，得到fly in the face...established = revolutionary, 挑战既有，就是革命。功能：本句为老观点(kw_o)，后文会有新观点(kw_n)，两者相反，可推出kw_n = not revolutionary。

S2 According to   功能：According to提示顺承关系，本句为首句观点的证据（i）。主干：creative activity transcends the limits, and之后并列谓语，**并列成分，彼此等价**，故transcend = new principle。论据与论点**逻辑等价**，得到transcend = new principle = revolutionary, 均表示程度剧烈。

S3 However, the idea   功能：反驳，给出负评价或新观点(kw_n)。主干：主句为主系表结构，the idea为主语，名词抽象，抓住that从句的实义词transcend, 故本句重点是transcend...is misleading, when从句说，在arts方面是这样；even though从句讲在sciences方面则依然有效。抓住让步与主句所暗示的对比：sciences: valid vs. arts: misleading。关于科学和艺术的态度，都是作者的看法。预测：由于态度有两个方面，后面可能展开科学与艺术的对比：s vs. a。

S4 Difference between   本句解释原因，difference = even though; arise from表原因。创造性的艺术和创造性的科学之间的差异，来自于目标差异。对比结构展开方法两种，一组大对比：science1 science2 vs. art1 art2, 或者两组小对比：science1 vs. art1. science2 vs. art2。功能：顺承新观点，可看做新观点的进一步阐述(kw_n')。

S5 For the sciences　　先讲科学，新理论是目标。在看对比证据时，注意力在找对比反义词，通常都在宾语，有时可考虑主语，但都应该是新词。这里的新词是 new theory。本句是科学的总说法(kw1)。

S6 Innovative science　　继续讲科学，说创造性科学产生新命题，in terms of which 从句次要（in terms of，从……角度）。与上一句**顺承关系，逻辑等价**，new propositions = new theory。本句为科学方面的证据(s1)。

S7 Such phenomena　　主干的意思是，这类现象被降级为数据的作用，后面 serving 的分词修饰次要。顺承上句，证据。其中出现 new theory，**证据重现论点关键词，在语言上实现逻辑等价**。我们在看一个句子时，不仅要单独地看这个句子的主干，而且还要把它与论点联系起来找等价词，这样能把 kw 在脑子里过上多次，整个论证看完，不用回头也能记住重点。本句是证据(s2)。

S8 The goal of　　用 different 引出 arts 方面。虽然这一句没有使用对比关联词 on the other hand, on the contrary，但引入对比的新方面(kw2)的意图依然很清楚。冒号之后给出内容，phenomenon 本身是直接产物或目标。观点对比、找反义词，kw1 vs. kw2: new theory vs. phenomenon。

S9 Shakespeare's _Hamlet_　　用分号引出两个并列内容，**人名、作品名均取首字母**，两个子句的主干是：S's _H_ is not tract; nor is P's _G_ propositional statement. 被否定的内容，与对方的另一方应该一致，故有 new theory = tract = proposition vs. phenomenon。本句是艺术方面的第一个证据(a1)。

S10 What highly　　主语从句 what，抓实义词，creative，谓语为 not A but B，**否定肯定，内容对比**，new generalization vs. particular，重点在后者。按**论据与论点逻辑等价**，也有 particular = phenomenon，现象都是特殊的、具体的，而不是像理论那样，是一般的、抽象的。本句也是证据(a2)。

S11 Aesthetic particulars　　主干说，美的特殊之物，延伸或利用既有形式的局限，而不是超越它。内部有 rather than，对比找反义，在这里是动词的程度不同，extend = exploit vs. transcend，前者量变、渐变，后者质变、剧变。这是关于艺术的最后一个证据(a3)。

1 段回顾：通常在读完一段之后，不要急着往下读，而要略微停留 5–15 秒，想想重点是什么。主题：creative activity；老观点：都是 revolutionary；新观点，科学是，艺术不是，arts: phenomenon = particular = extend = exploit vs. sciences: new theory = transcend = revolutionary。其实这 11 句的内容很简单。关键是阅读时的注意力不要平均分散在各个单词上或者随机分布，而是要想：**什么主题、几个观点、什么观点，文科讲对比、对比找反义！**

P2　S1 This is not　　功能：本句为让步，this is not to deny，这不是要否认，其实就是承认，这种肯定或强调的语气，通常都表示让步。它在新观点之后出现，就是对相反的、老观点让步（~kw_n = kw_o）。宾语从句、单独分析，抓住主干，高度创造性的艺术家有时也能建立新原则，我们知道，new principle = revolutionary，属于老观点。分号之后举例，人名取首字母，M comes to mind，就是我们想到了 M，他就是这样。

S2 More generally　　功能：转折句，回到新观点(kw_n')，同时也是本段论点。由 however 来连接，而且本句的 more generally 与上一句的 sometimes 构成频率对比，多数时候 vs. 少数时候。主语为 whether 从句，抓住实义词，a new principle in the history，谓语动词短语 has bearing on = has relation to，little 再来否定，否定历史新原则与审美价值有关。全句意思是：aesthetic worth ≠ history value (= not revolutionary)，审美价值或艺术价值，与历史价值无关，就是说它没有革命性，重申新观点的一部分。这个否定的判断，不是负相关，后者是指有历史价值的，就一定没有审美价值。这样来证明无相关性：有历史价值，但无审美价值；无历史价值，却有审美价值。

S3 Because they　　新人物大写出现，这是证据（x）。大写取首字母，FC，because 从句说他们有 new principle，主句则说很少有音乐家认为他们的音乐作品伟大，即无审美或艺术价值。全句，有历史，但无审美价值。

S4 On the other hand　　对比引出另一方面，无历史，却有审美价值。M的作品，是masterpiece（杰作），即使它的创新温和，只是extending既有方法；在第一段末句/S11, extend vs. transcend，是没有革命性的。本句是证据（y）。

S5 It has been　　It has been said = It has been viewed/argued 是别人观点。本句意思，据说B曾颠覆（topple）规则、解放音乐。从功能上看，这一句是让步。因为它的内容突然与本段相反，而作者不会自相矛盾，所以，这是以一个事实对老观点让步（~z）。

S6 But a close　　转折（z），有that宾语从句，抓其中实义词，得到overturned not rules，没有颠覆规则。依然只是extend, exploit。

S7 Rather, he was　　主干就是he was a strategist，名词抽象、抓住修饰，who从句实义词就是exploit，其他的内容次要，包括破折号里的一堆人名，有点印象，取首字母即可，H、M、H、B。本句的Rather（z'），与上一句的no，形成否定肯定结构，找前后对比词，overturn vs. exploit。

2段回顾： 开始有让步转折，提出历史价值与审美价值没有必然关系。然后以各种例子来论证，先说有历史、无审美价值的FC，再说无历史、有审美价值的人，提到F，再讲B，这时有一个让步，再来转折说，他的确是这样。

【结构图】

第一段前2句给出老观点及其证据，第3句开始到结束，给出新观点及其证据；第二段让步转折后给出不相关的新观点命题，然后以多个例子分别论证。文科文章，在多处体现对比，新老观点对比、科学艺术内容对比、句内对比，还有让步转折，但所有内容都只说了一件事：科学讲革命、新理论，艺术讲延伸、没有革命、没有历史意义。

	Cue	*Function*	*Core*
P1 S1	has been...as...	tw: kw_o	**creative activity:** **revolutionary**
S2	According to this	i	(new principle, transcend)
S3	However, misleading, even though valid	$aw = kw_n$ aw1 aw2	**arts-: not revolutionary** **sciences+: revolutionary**
S4	difference	kw_n: s vs a	**sciences vs. arts** / s vs. a
S5	For the...	s	**sciences: new theory**
S6		s1	(new propositions)
S7	Such...as	s2	(new theory)
S8	very different	a	**arts: phenomenon**
S9	S's; nor P's	a1	(S: not tract, P: not proposition)
S10	not, but	a2	(new vs. **particular**)
S11	rather than	a3	(extend vs. transcend)

	Cue	Function	Core
P2 S1	This is not to deny, sometimes	~kw_n	new principle: aesthetic value
S2	More generally, however, little bearing	kw_n'	**aesthetic worth $\neq$ history**
S3	FC, but	x	（FC: historical vs. few great）
S4	On the other hand, M, even though	y	（M: masterpiece vs. extend）
S5	It has been said, B	~z	（B: topple）
S6	But, no	z	（vs. B: no overturn）
S7	Rather	z'	（= exploit）

【题目】

Q7 信息/多选

【题干与定位】题干没有任何定位信息。信息题，从选项找线索，带核心去排除，有些选项会与主题、观点或态度直接相反或无关，可先行排除。余下的再去定位。文章核心是说艺术无革命性、科学有。

【选项】

A. 不同寻常的创造性活动是否被刻画为革命性的？老观点的人就这样做过。**正确。**

B. B的工作传统是否包含H.B？人名优先定位，就在文章末句，有这两个人。**正确。**

C. 除了M之外还有谁写过音乐，既有新原则，又有很高审美价值。人名定位，第二段首句，只提到M，我们读者无从判断还有没有别人。无法回答。不选。

Q8 态度

【题干与定位】问 the author regards the idea...with... 考态度，观点是 art transcend，定位第一段S3，misleading，找负评价即可。

【选项】

A. 深为怀疑，**正确。**

B. 愤慨，一般针对道德、政治等问题，过于负面。

C. 明显的漠不关心，indifference表示无感，无正无负。这个词从没对过，陪考词。

D. 温和的逗笑。出题人喜欢娱乐一下，他累了。

E. 尖刻的嘲笑，过于负面。道德、政治、人身攻击，在学术文章中都是严格避免的。

Q9

【题干与定位】问科学贡献。找到第一段新观点处，科学的重点是new theory。再看选项。

【选项】

A. 高频引用，无关。

B. 直接接受，无关。

C. 不会把特殊降级为数据。相反。

D. 发现新科学事实。原文是新理论。干扰选项。

E. 引入新的一般概括，generalization = theory。**正确。**

Q10 逻辑续写

【题干与定位】问logically concluded, 从逻辑上总结, 这种题少见。答案有两个要求: 1. 逻辑顺承、不能转折、对比; 2. 重现前文关键词, 不能跑题。对本题, 要结束最后一段, 其关键内容为: 无历史价值但有审美价值, 都是extend, exploit, 没有革命性、历史性。

【选项】

A. 出现对比, however, unlike, 排除。

B. in similar fashion以类似方式, 顺承, 可候选; 更进一步由下一代人利用, exploit也等于末句B的exploit, 关键词重现。**正确。**

C. thus, 顺承, 但提到M, 是第二段首句让步的人物, 与本段however之后的内容偏离。

D. 对比出现, by contrast, 排除。

E. actually表顺承, 可接受, 但内容上说B在当时无人欣赏, 与末句内容无关。排除。

考位分析: 第8.9.10三道题, 分别考了1段转折句/态度句、1段的一个新观点的核心 (sciences: new theory)、2段的转折句的核心, 这都是在读文章时需要掌握的, 要尽量做对这3题。第7题信息题考了多个地方的细节, 相对困难。

1.5 comic art

【文章分析】

S1 Great comic art   首句好多否定词, 文章主题词是伟大的喜剧艺术, 然后说它的几个否定属性: never otherworldly, not mystify, and并列一个小句子, 再说not deny ambiguity, 不否认, 也就是保持了模糊性。本句是判断句, 像是作者论点, 但也可能是证据。

S2 Great comic artists   以肯定性动词, assume, seek to, 从正面来说喜剧艺术, 也是由and thus引起的并列句子, 前半句bear all lights不容易懂, 抓住并列的后半句, accentuate contradictions in social action, 强调社会行为中的矛盾, 后面not gloss over再从否定一面说明, 不去掩饰、超越。因为由not又考虑到文科讲对比, 我们找到反义词: social vs. extrasocial, divine。

S3 The moment of   主干说, 伟大喜剧艺术的超越时刻, 是一个社会性时刻, social与上句呼应, 顺承关系; 后面分词修饰, 与其主干等价, 提到我们是人; even though再有让步, 暗示对比; 合起来: social = human vs. gods。这句话很好说明, **找重点词**, 其实就是**前后找等价词、找反义词**。

S4 The comic community   艺术家所诉诸的喜剧共同体, 是爱推理的、有热情的人的共同体。没有转折、没有对比关联词, 本句顺承上一句, 说明human: reasoning = rationally。

S5 Without invoking   不谈神或鬼, 喜剧艺术唤起理性, reason与上一句再呼应。

【结构图】

文章没有明显的主题句, 而是连续讲了一堆命题, 从否定陈述、到肯定陈述, 是比较少见的推理序列段落 (inferential sequence)。文科讲对比, 主要说了两个方面, 人与神的对比, 人有理性、社会性、矛盾、模糊; 而神则超出社会。

	Cue	Function	Core
S1	never, not, not deny	a	**ambiguity** （vs. otherworldly, mystify）
S2	assume, seek to, not	b	**contradiction, social** （vs. extrasocial, divine）
S3	even though	c	social, **human**（vs. gods）
S4		d	**reasoning**, rationally
S5	without	e	**reason**, human （vs. gods, demons）

【题目】

Q11 选择句子

【题干与定位】题干问对人类理性行动能力的乐观陈述，optimistic对应的是有态度的句子。先找到原文 rationally，只有最后2句，末句的courage, trust都有乐观因素。选末句。

Q12 细节

【题干与定位】问作者钦佩喜剧艺术家的哪一点，艺术家在第二句出现，其主要内容为seek to accentuate contradictions in social action, not gloss over or transcend them。

【选项】

A. 理解神与鬼的细微差异。

B. 调和人类行为中的矛盾。原文只说强调有矛盾。

C. 区分理性与非理性。干扰选项。区分能力不是重点。

D. 坚持直面人类状态的真相。**正确**。confront = not gloss over or transcend; the truth about the human conditions = truth...and...contradictions in social action

E. 坚持谴责人类缺陷和弱点。

Q13 结构

【题干与定位】题干有organization，就是问句子之间的关系。本文各句没有明显的高低层次，而是一句接着一句说下去的推理序列（inferential sequence）。

【选项】

A. 观察到预测，原文没看到。

B. 一个推理序列，基于开头的事实。但第一句就是判断、不是事实。

C. 一系列断言（assertions = claims），都在说一个话题。**正确**。series = sequence。

D. 先讲大观点，再讲具体例子。文章各句之间不是总分关系。

E. 一个观点系列，从具体到一般。不存在这个先分后总的归纳关系。原文各句地位相等。

Exercise 2

2.1 mental experience

【文章分析】

S1　By 1950　功能：总论点（thesis/topic sentence: ts）。首句说，大脑与心理的关系研究，看来令人沮丧（appeared discouraging），负评价态度是作者判断＝全文观点。**理科讲因果**，这里要研究relation，brain-mental之间的关系，这是文章的话题（topic words: tw）。

S2　Herring suggested　功能：本句有人物H提出看法，是一个解释（kw1），动词suggested后有that**宾语从句，单独分析**，其主干的实义词为sensations...correlated with...kinds of nervous energy；与首句比较，sensations ＝ mental experience, correlate ＝ relate，留下kinds of nervous energy，其中nervous energy是brain里的，剩下kinds是前面没有的新词，**新词往往是kw，故kw1 ＝ kinds。**

S3　However　功能：反驳（aw-）。however引出转折句，读如首句。这句话说，后来发展的方法，未能揭示这种质的多样性，这里，fail to是负评价（aw-），such向前指代，后面的名词qualitative diversity ＝ 前面的论点kinds。一般的，负评价句有三个要素：转折关联词、负评价词、被否定的观点的核心词或指代词，对本例，它们分别是，however, fail to, such diversity。

S4　Although qualitative　功能：让步转折，引出新观点（kw2）。虽然质的差异从来没被严格否证，但这一学说通常被人放弃，人们偏爱一种相反观点，opposing view提示对立观点（kw2'），后面是that同位语从句，抓实义词，homogeneous ＝ common currency，这两个词等价，是因为在并列谓语中。让步转折 ＝ 对比 ＋ 主次，抓前后对比，得到variance vs. homogeneous; never disproved vs. abandoned。这里的阅读都是**以抓住句内对比、观点、态度**为导向的。

S5　According to　功能：顺承上一句，讲第二个观点本身（kw2）。句子说，不是质在规定感觉，而是大脑区域在规定。句内有not A but B，否定肯定结构，内容对比，quality vs. area；determine表因果关系，理科讲因果，area → sensations ＝ mental experience。还有后半句and there is some evidence for this view，给出了正评价（aw+）。

S6　In one experiment　功能：证据（x），讲实验experiment，通常都是证据。**理科when从句表示原因**，给大脑皮层（cortex）一个感觉区域一种电刺激，主句说结果，产生感觉模态正好对应这个区位（locus），后面还继续说明，视觉皮层对应视觉，听觉皮层对应听觉。这个证据的内容其实是按照因果关系展开的：上一句的因果关系说area → sensations，按我们在导言中说的并列因果展开方法，证据要写成area1 → sensation1; area2 → sensation2，对应到这里，area ＝ field ＝ locus, determine ＝ produce, sensations ＝ visual, auditory。

S7　However, cortical　功能：负评价（aw-）。皮层区位自身并不具有多大解释价值。在S5说过，有一些证据，而这句又说，价值不大。这合起来是一个混合评价。在某种意义上，可以认为，S5后半句的内容是让步性的，而S7的则是转折性的主要态度。

全文回顾：首句讲brain-mental关系，然后给第一个解释，kinds ＝ quality，被反驳，再给第二个解释，area，实验论证，再被反驳。两个理论，都被否定，这也正好对应首句的的总负评价。全文结构可以写成：S1.

（S2. vs. S3. S4. S5.［S6.］vs. S7.）。文章是总分结构，首句为总论点，说研究令人沮丧；后面提到两个相反观点，都失败了（discouraging = failed, little value）。

【结构图】

	Cue	*Function*	*Core*	因果关系词
S1	relate, appear discouraging	tw, aw- = ts	brain-mental: **discouraging**	relate
S2	H. suggested, correlate with	kw1	**kinds** → sensations	correlate
S3	However, fail to, such	aw-	**diversity: failed**	
S4	Although never disproved, abandoned, opposing view	kw2'	**variance** vs. homogenous = currency	
S5	According to this theory, not determine, but there is some evidence	kw2 aw+	quality vs. **areas** → sensations +	determine
S6	In one experiment, when, it produced	x	**field/locus** → modality	produce, appropriate
S7	However, little value	aw-	**locus: little value**	

【题目】

Q1　作用题/in order to

【题干与定位】作用题的解法是找所问对象X的逻辑上一层，看它从属于什么，如果X是句子成分，上一层就是句子主干或大意，如果X是证据，上一层就是论点，它不一定在上一句。定位common currency，在S4，该词属于句子的宾语，故答案是本句大意，nerve impulses are homogeneous and transmitted。

【选项】

A. lack of differentiation = homogeneous，神经冲动，照抄原文，**正确**。

B. 神经冲动相似，不是感觉相似。

C. 神经冲动相似，不是科学家的观点相似。

D. 神经冲动连续通过，无关。

E. 反复（recurrent）被科学家质疑。无关。

Q2　论点–论据关系

【题干与定位】电刺激施加于不同感觉区域这个实验是在支持什么理论，定位论点，实验在S6，论点在S5，其内容为area → sensations / mental experience。

【选项】

A. 不同皮层区域不能解释，说反了，错。

B. 神经冲动的时空模式的差异，非区域差异。

C. 神经冲动基本同质，这不是第5句观点，而是第4句在反驳第3句观点时所说的看法。

D. 心理经验被激活的皮层区域所决定。**正确**。

E. 神经元类型的差异，这是第一个观点，题干问的是第二个观点，排除。

Q3 态度

【题干与定位】问作者对不同区域决定感觉(perceptions = sensations = mental experience = tw)这个看法的意见(opinion = attitude)。区域观点是第二个，作者对它的态度有两处：there is some evidence, but little explanatory value。

【选项】

A. plausible = some evidence，提示正面态度。但not completely proved，没有对应。干扰选项。请注意，plausible"看起来合理的"，单独使用时是正评价。

B. the best，最高级，无对应，错。

C. 被事实否定，不同区域生理上很相似，这个相似的说法最后几句没有。

D. some evidence = some evidence，照抄；fail to explain = little explanatory value。**正确**。

E. 有证据证明它对，但这说了一半，没说到作者的另一半态度。不完整。题干要summarize。

2.2 Marxist sociologist

【文章分析】

S1 M学派的社会学家主张，后面是that宾语从句、单独分析，抓其主干，racism stems from class struggle，它有that定语从句，资本主义系统独有；破折号后的that从句，与宾语从句平行，主干为racial prejudice is generated by capitalists，资本家创造种族偏见，资本家即为一个阶级。功能：人物及其主张，提出论点(kw)，后文可能提出反驳(新老观点)，或者评论(总分展开)，主题词是tw: racism = racial prejudice。

S2 His thesis 一方面works relatively well，在应用到对黑人/B的歧视时，很有用，but之后转折，主语是**长名词短语，抓住第一个实义新词**，既然racial prejudice = negative prejudgments，就只有在accepted分词修饰里找词，得到ethic competition，后面谓语can be interpreted as...toward such ethnic groups...C and J，也提到ethnic。全句主干的重点为：works well to B, but ethnic groups, C & J。功能：评价，有正有负(aw+, -)，适用于一些情况(x)，但不能适用于另外的情况(y)。

S3 However since 原因从句讲推理前提，主句为重点，意思是，他必须推断，这种敌意(antagonism = hostility = prejudice = negative prejudgments)，不以种族为基础，记住新词not race。功能：本句有however，引出他对不利事实所做的一个推断(y1')。

S4 He disposes 主干是he disposes...J and O = C...，他扔掉了对J和对O（即前文C）的歧视(intolerance = prejudice)。括号内有让步(albeit = though)，给负评价unconvincingly。并列的第二个宾语后面的which从句中还有插入语inconveniently，再给负评价，对O/C的歧视其实是工人而不是资本家挑起的。功能：thusly，引出他的结论(y2')；S3 → S4，一起构成推理序列(inferential sequence)。再有插入语给这个结论以负评价(aw-)。

【结构图】

评述型文章。S1给他人观点。S2给正负评价，指出其不适用的地方。一般的，理科观点不好通常是不足以解释一些事实，文科观点不好则是概念或判断只对一些情况适用，而对另一些则无效。S3给出他对这些不利事实的推理，S4是这个推理的结论，最后的一个从句里，作者暗示了对此结论的负评价。这样，S3.S4是面对S2负评价的一种答辩、辩解，或辩护（ defense ），我们将它看做是kw'，里面的证据则记为y1', y2'。在下表中，我们加了一列对应的主题词，文科文章往往用多个同义词来说同一件事，读的时候不要管认识词汇与否，把它们看做等价词或同一个词群的词就好了。

	Cue	Function	Core	主题词对应
S1	M. sociologists argues, stem from	tw, kw	**racism** ← **class struggle/capitalists**	racism, racial prejudice
S2	works well, but interpreted as	aw+: x aw-: y	+: **B** vs. -: **ethnic group, C, J**	discrimination hostility
S3	However, since, reason	y1'	vs. not race	antagonism
S4	thusly（albeit unconvincingly） inconveniently	→ y2' aw-	→ **dispose** vs. **inconveniently** workers vs. capitalists	intolerance

【题目】

Q4 信息/多选

【题干与定位】出现answer...questions，无其他定位内容，为信息题，选项分散对应原文任意句子，题干有EXCEPT，找不对的，可以从选项找线索，带核心去排除。文章核心是说这个M专家的观点有对、有错。

【选项】

A. 什么条件或状态导致对东方人的歧视。末句提到工人挑起，但没说什么what conditions。**正确答案。**

B. 专家提供什么证据来支持其观点。本文第一句给专家看法，第二句就开始评价。没有地方提到专家自己提出的证据。**正确答案。**

C. 专家提出什么解释，说明种族偏见为什么存在。解释就是理由，第一句有as a means of controlling workers。

Q5 细节/however句

【题干与定位】只问M专家的推理链条，这是在最后两句出现的，chain of reasoning = reason, thusly。同时，这个推理是关于对东方人歧视的，M专家认为这是not based on race。

【选项】

A. 主要针对中国人。这是事实，不是M的推理内容。

B. 在起源上与对J的相似，没有提到相同的比较。

C. 被东方人理解为族群竞争，东方人自己没有给出什么理解。这个理解是作者或专家的。

D. 由工人激起，provoke = instigate，挑拨、煽动。这是which从句作者所说的事实，不是M的推理内容。答非所问。干扰选项。

E. nonracial = not race。**正确。**

2.3　singularity

【文章分析】

S1　句子很简单，观察到奇点(singularity)、获得其直接证据，很妙。有would be，虚拟，非现实，表明其实不能做到。

S2　Unfortunately　转折。很不幸，看不到。分号以后继续解释为什么，它是一个so A that B的推理结构，其中that之后还有even if C, D的结构。前提说，外行的光线会被引力强力拉回，结果说，即使这些光线能走几公里，也会终止于奇点中。这个结果end up in就对应于分号之前的cannot see。

【结构图】

S1为让步，S2为转折。前后有对比：would wonderful vs. unfortunately; observe vs. cannot see。结构可以写成：(S1. vs.) S2.。只有两句、结构图从略。

【题目】

Q6 逻辑续写

【题干与定位】题干问follow the last sentence。这种题目答案有两个要求：1. 逻辑顺承，不能对比、转折 2. 重现关键词，在这里就是末句的cannot see。

【选项】

A.　Thus顺承，但hope to find，正面，与负面结果不符，排除。

B.　Accordingly顺承, unable to observe = cannot see，同义，**正确**。

C.　正是这种令人惊异的（startling）现象，让我们可以去整理目前得到的关于奇点的稀少信息, allow us to, 正面、肯定语气，与负面态度不符，排除。

D.　Moreover并列顺承，内容上说这种异常现象的存在在报告里暗示，没有对应负面说法cannot see。

E.　让步转折在逻辑上还是可以接受的，但consistent with，肯定、正面表达，排除。

2.4　evolution of intelligence

【文章分析】

长文章可以先读各段首句，把握tw, kw, aw，然后再看全文内容。

各段首句

P1　S1 主干是evolution of intelligence was due to interaction，智能演化来自互动，因果命题；其中宾语抽象，可再抓后面的实义词, c(arnivores) and h(erbivores), 食肉动物和食草动物之间的互动。**理科讲因果、首句因果判断常为作者观点，是总论点(ts)。**

P2　S1 主干是the kind of intelligence (favored by) is defined by attention (—mind carrying)，这种智能由注意力来界定；主语之后有分词favored by修饰，次要；宾语后有破折号的同位语及其分词修饰，修饰与其名词逻辑等价，故consciousness = attention。功能：2段首句，且无他人观点提示词，应为作者本人观点，比较该句与1段首句，相同词为主题词，intelligence(tw)，新词为本段论点核心词，新词是attention (kw1)。一般的，论点核心词（kw）为首句/转折句的、主谓宾的新词。1段首句是总论点，本句是分论点，按照**总分顺承、逻辑等价**，也可推出，本句interplay = 1段首句interaction, catcher = carnivore, escaper = herbivore。

P3　S1 主干是intelligence and consciousness produce different styles，智能和意识产生不同风格，找新词styles作为本段核心（kw2）。连续动词come to produce, v1 to v2，**第二个动词更重要**，因为它紧跟着宾语，决定动作主要内容。功能：第二个分论点（kw2）。按总分论点、逻辑等价，也可推出, predator = carnivore, prey = herbivore。

首句回顾：全文为作者自己观点、分论点展开，总分结构，论点说明型文章。各段首句就有ts, kw。

	主干	主题词对应
P1S1: ts	evolution of intelligence ← interaction	carnivores—herbivores
P2S1: kw1	intelligence: attention	catchers—escapers
P3S1: kw2	different styles	predator—prey

全文分析

P1 S1 如前所述。主干：evolution of intelligence was due to interaction。总论点(ts)。

S2 The interaction resulting　有however句内对比，前半句主干，interaction led to general improvement in brain function，后半句certain...improved more。对比找反义：general vs. certain。某些智能部分是重点。功能：顺承首句，缩小论述范围(ts')。

P2 S1 如前所述。主干：intelligence is defined by attention，kw1 = 新词attention。分论点。

S2 It ranges from　主语it指上一句的attention，因此主干就是attention ranges from passive to active，从消极到积极状态，range = vary，range/vary from A to B，提示时间过程，后文可能连续动作展开，将一步一步如何变化。功能：论点（kw1'）。首句只提到要讲attention，没说讲什么，本句暗示要讲一个过程，是真正论点句。连续动作是按顺序展开的：a → b → c，动词很多、名词环节很多，**抓住首尾因果，略读中间**。读的时候不要刻意记中间内容就了。读了就忘，反而最好，这样才能把有限的认知注意力留给最重要的词。

S3 The range through　主干range is mediated by arousal system，范围会受觉醒系统调节（mediated = regulated），mediate为因果动词，新词arousal system为动作环节，它之后有同位语及其分词修饰，network of tract converging...，皆次要。本句是连续动作的开始(u)。

S4 From the more　简单句，从比较放松到更有活力的状态，对新奇(novelty)的敏感性增强。**新名词、新环节**，sensitivity。连续动作的第二步(v)。

S5 The organism is　分号连接两个并列句，前半句说有机体更清醒、更警觉(vigilant)，后半句说这导致把握更细微的信号。新名词、新环节：signal。连续动作的下一步(w)。

S6 The processes of arousal　简单句，唤醒与集中的过程给注意力以方向，新名词concentration/direction为新环节(x)。本句process再次确认本段是一个过程、机制。

S7 Arousal is at first　时间序列，at first, then gradually，大意是，唤醒开始是宽泛的，然后逐渐地激活过程被疏导，activation = arousal。本句顺承上一句，对它进行说明（x1），小论据从属大论据，也有逻辑等价词，channeled = direction/concentration。

S8 Thus begins　顺承，得到concentration（x2），保持了影像。当然，考试现场没有分清S6.7.8都在讲concentration，毫无关系，只要知道这里都是连续动作即可。

S9 One meaning　主干是one meaning of intelligence is the way，宾语抽象、抓修饰的实义词，in which从句的新词是previous experience（y）。本句说，智能的一个意义在于，这些影像和其他警惕搜索到的信息，用在从前经验的语境下。

S10 Consciousness links　本句有并列谓语，意思是，意识将过去注意力联系到当前，并允许细节与所感知的目的、目标整合（integration）。这里，past attention = previous experience，前后顺承、逻辑等价；新名词end/purpose 是最后的环节。功能：过程最后一步（z），它应回到S1.S2的基本因果关系，于是有，end/purpose = S2. focused, active fixation。

2段回顾：第1.2句讲了论点，attention的变化过程。从第3句到末句，**连续动作，抓住首尾**，得到arousal → ... → end = active。对连续动作，不记住中间内容、不被太多信息压倒，这反而是真的阅读技能。阅读能力并不总是体现在什么都能记住，而是在于抓住重点。本段结构可以写成：S1. S2. (S3 → ... →S10)。

P3　S1 如前所述，重点为predator与prey有different styles（kw2）。这提示了后文如何展开：predator1 predator 2 vs. prey1 prey2，或者predator1 vs. prey1. predator2 vs. prey2。由于predator = carnivore, prey = herbivore，我们下面以c. h.分别指它们。

S2 Herbivores and carnivores　　食肉和食草动物发展出不同类型的注意力，后面的分词说，一个与逃跑有关，一个与追捕有关。功能：论点的再次陈述（kw2'）。后面展开讲证据。

S3 Although in both　　让步转折。让步讲相同both，对两类动物，arousal stimulates production of a（drenaline）and n（orepinephrine），宾语的**专业名词取首字母**，不要被吓倒！转折则说不同，whereas对**比，对比找反义、反义在宾语**, h（erbivore）: fear vs. c（arnivore）: aggression。功能：本句是第一组比较和对比，可记为：h1 = c1, h1 ≠ c1。

S4 For both　　又讲相同（c2 = h2），唤醒将动物调节到当前对象。本来这一段应该主要讲不同。

S5 Perhaps it does not　　前半句does not，后半句does，否定肯定，可找对比，forethought vs. like it. 不是人类的那种预见，但也与之类似了，这是程度对比。本句承续上一句。

S6 The predator is searchingly　　本句有谓语对比，主语是predator，不再讲两类动物，对比开始了。前半句有3个表语，**并列成分、可取其一**，取第一个searchingly aggressive，前半句意思是，捕食者是搜寻的进攻姿态。后半句则说它的意识（aware），更像人，而不是像蜥蜴，这里有closer to A than B的高低水平对比，按高低降序排列，human > predator > lizard。本句是第二组对比的第一点（c2）。

S7 Using past event　　主语依然是predator，与上一句相同，顺承（c2'）。主干是predator is working out a relationship between movement and food，捕食者找出运动和食物的关系，后面是形容词短语修饰，修饰次要。

S8 The herbivore prey　　主语prey，这是第二组对比的另一方（h2）；different mind提示不同。

S9 Its mood　　主干Its mood of wariness...are veils of tranquility，由于本句与前文predator对比，故**可对比找反义、反义在宾语**，得到S6 predator: searchingly vs. S9 prey: tranquility。或者，本句主语就有rather than提示对比，也可得到predator: searching vs. prey: wariness。

3段回顾：第1–2句是论点，要讲风格不同，第3句讲相同、再讲不同。第4-5句讲相同。第6-9句讲第二组不同。虽然是理科段落，但也出现了对比。**抓住首句、抓住两对反义词**，阅读任务就结束了。不要纠缠于中间的专业名词，也不要沉溺于对句子的每个语法成分的理解和分析。

【结构图】

	Cue	Function	Core
P1 S1	was due to	ts	**intelligence ← interaction, c.h**
S2	; however	ts'	general vs. certain

	Cue	Function	Core
P2 S1		kw1	**attention**
S2	range from...to	kw1'	attention: **passive → active**
S3	mediated by	u	**arousal**
S4	increased	→ v	→ sensitivity
S5	result in	→ w	→ signal
S6	processes	→ x	→ direction
S7	at first, then	→ x1	channeled
S8	Thus	→ x2	→ concentration
S9	are used	→ y	→ previous experience
S10	links, permits	→ z	**→ ends/purposes = active**

	Cue	Function	Core
P3 S1	different	kw2	**styles: c ≠ h**
S2	different	kw2'	**c vs. h**
S3	Although both, whereas	c1 = h1, c2 ≠ h2	both: a + n vs. **c: aggression vs. h: fear**
S4	For both	c2 = h2	
S5	Perhaps does not, but it does	c2 = h2'	forethought vs. like
S6	, but closer...than	c2	**c: searchingly,** human > predator > lizard
S7		c2'	
S8	different	vs. h2	**vs. h**
S9	rather than	h2'	**vs. h: tranquility/wariness**

【题目】

Q7 作用/in order to

【题干与定位】作用题，定位逻辑上一层，lizard在第3段出现，找到：aware in a sense closer to human consciousness than, say, a hungry lizard's instinctive snap at a passing beetle, 它由say引导，是举例，为句子成分，成分的上一层是句子大意，答案找aware closer to...than..., 是讲相同程度的不同，重点在than, 讲差异。

【选项】

A. 证明相似，排除。

B. 扩展他的论点的应用范围，无关。举例是支持论点或句子主干，不是扩展。

C. 区分高级和低级水平的意识。虽然原文无higher, lower, 但人的意识与蜥蜴的本能当然有高低之分，distinction = than。**正确。**

D. 提供另一个例证，已错！这里是一个例子而已，不是另一个(additional)例子；后面讲，说明的是捕食者的残忍brutality, 这也跑题！

E. 提供反对意见，此句无态度，排除。

Q8 观点取非

【题干与定位】问在一些比文章讨论的哺乳动物智能更低的动物中，情况如何。题干less intelligent引起高度注意，它故意把文章的主题词intelligence用less取非。我们就定位原文对intelligence的定义，再将其内容取非（加not），就是答案。第1段只说intelligence来自interaction，没有定义它；第2段首句即用attention来界定intelligence，第2句更说这是focused, active（attention），其意思可以对应到第2段末句的past attention, ends, purposes等词。既然intelligence: active attention；那么，less intelligent: less active attention，这里，有目标、利用过去注意力，都是active attention的一部分。第3段说智能的风格差异，没有定义。

【选项】

A. 过去的经验在保证生存方面帮助甚小。第2段末句说高智能动物利用past attention，那低智能动物应该不太会利用。**正确。**

B. 注意力更加高度聚焦，这是智能更高而不是更低的动物的特点。干扰选项。

C. 肌肉协调性（coordination），完全无关，很疯狂的词。

D. 不太需要竞争。没有对应注意力的概念。

E. 环境更加重要。无关。

Q9 信息/多选

【题干与定位】问answer...questions，无法直接从题干定位，从选项找线索、带核心去排除。文章核心是ts, kw1, kw2。

【选项】

A. 为什么食草动物会恐惧？why是原因，第3段首句提到，智能和意识的要素产生了不同的风格，包括后面所说的食草动物的恐惧风格。原因就在这里，why = produce。**正确答案。**

B. 大型哺乳动物注意力的一些程度是什么，第2段提到被动、主动，就是程度。**正确答案。**

C. 当导致唤醒的刺激被消除时，会发生什么。文章没有谈arousal removed的情况。

Q10 连续动作列举

【题干与定位】题干有process of arousal，提示是第2段的过程，再问哪些会发生EXCEPT哪个。把第2段的所有动作环节过一遍，是没必要的、也很费时，由于要找没发生的，答案应该与原文核心直接相反或无关，2段核心是active attention。那些有发生的，有点模糊印象即可，不必真的回文定位，以节约时间。

【选项】

A. 产生a。在第3段第3句。

B. 产生n。同A选项。这两个怪怪的专业名词，的确是有的。

C. 对刺激的敏感性增强，sensitivity在第2段出现过。

D. 在刺激方面的选择性增加，selectivity，就是精挑细选，集中于少数方面，= concentration.

E. 状态范围会扩大，原文是聚焦、缩小。expansion vs. focused, active fixation。**正确答案。**

考位分析：这四道题，考到2段首末句内容的取非、2段连续动作的列举（答案依然是找核心取非）、3段的一个举例的作用题，这些都是与首末句、句子内部逻辑关系有关的，只有第9题信息题，因为选项分散对应，较为困难。但做对Q7.8.10也很好。考试时长文章要尽量把能做对的题做对，这些题一般对应的位置就是首末句核心、态度、对比、因果、句子之间或句子之内的总分逻辑关系等等。有的题过于细节的，做不对也不用伤心。不需要把所有题目都同时做对。

2.5　Gutman

【文章分析】

S1　G对奴隶的延伸亲属系统的研究带来重要的发现，主题词extended kinship。人物及其研究，评论型文章，首句有findings，名词复数，后面并列展开。

S2　Gutman discovers　　G发现，后面宾语从句，其主干是cousins rarely married，表亲/堂亲很少结婚，然后给同位语，说这是一种exogamous tendency，就在之后的that从句里，重点来了，**文科讲对比、对比找反义！** contrast with提示对比，slaves: exogamous vs. planatation owners: endogamy。一个外婚制、一个内婚制。（exo-: out, -gam-: marriage; endo-: in。）功能：主语相同，顺承关系，本句为具体发现之一。

S3　This preference　　G suggests，与上句的discover不同，要给观点（kw）。G提出，这种外婚制倾向，源于西非的婚姻规则，rule一词抽象，抓修饰的实义词，后面which从句里主干的prohibition。其实这个从句中还有though从句，与主句转折有对比关系，**对比找反义**，得到differ vs. all，各个部落有不同，但又有相同。功能：解释外婚制的原因，**原因 = kw**，即prohibition rules。

S4　This taboo　　这种禁忌之所以重要，是因为它表明奴隶对延伸亲属网有很强的意识。这句话的indication可以还原为因果关系，taboo → awareness。**谓语动词，要么还原为因果，要么还原为对比**，这非常有用，可以精确理解抽象动词。

S5　The fact that　　主干是the fact also suggests this awareness。主语是the fact，很抽象，抓住that从句的实义词，related kin care for children，远亲会照顾从家庭中离开的孩子，这也表明这种意识，suggest在此也可以还原为因果关系，related kin → awareness。功能：also并列，与S4并列，一个说禁忌证明有延伸亲属意识，一个说远亲照料证明有这种意识。

S6　When blood　　When 从句给出条件，当血缘关系很少时，主句说，虚拟的亲属安排会出现，until再给终止条件，直到consanguinity发展起来。不认识这个词没关系，因为前后顺承，所以有等价词，consanguinity = kinship，血亲关系。本句为细节。

S7　Gutman presents　　G提出令人信服的证据，证明这种延伸亲属结构提供了奴隶的强烈共同体意识的基础。宾语evidence抽象，所以要抓住后面的that从句的主干。功能：本句有正评价convincing（aw+），也可看做全段的总结(cs)。

【结构图】

　　第1句给出全段主题词extended kinship，G对此有重要发现（findings），后面并列展开。第2句讲发现（discovers），第3句解释原因(derive from)，第4句小结论(argues, indications)，证明有extended kinship的意识。第5句讲另一个发现或事实(fact)，也证明(suggests)这种意识，第6句给证据。第7句总结全段并给正评价。全文结构可记为：S1.（[S2. ←S3.] S4. + S5.［S6.]）S7.，重点是首末句、第4.5句因果论点句。当然，现场要分析清楚有难度，但至少要抓首末句（extended kinship, convincing），以及also前后并列的内容（taboo, related kin）。除此以外，还要抓住由contrast, though所提示的两组对比细节。

	Cue	*Function*	*Core*
S1	important findings	tw	**G: extended kinship**
S2	discover, contrast	a	slave: exogamy（**vs.** endogamy）
S3	<u>suggest</u>, derive from though	← <u>kw1</u>	← rules: （differ vs.）all, **prohibition**
S4	<u>argue</u>, indications	<u>kw1</u> → tw	**taboo** → awareness
S5	fact also <u>suggests</u>	kw2 → tw	**related kin care** → awareness
S6	When	x	fictive kinship
S7	convincing	cs, aw+	G: **convincing**, extended kinship

【题目】

Q11 细节/多选

【题干与定位】问West African rules，只有S3提到，定位后发现有though让步和主句转折，考对比，differ vs. all。

【选项】

A. 这些规则禁止近亲通婚，forbade = prohibition。**正确答案**。

B. 这些规则在各个部落之间并不在所有方面都一致，not uniform = differ。**正确答案**。

C. 这些规则被认为是奴隶婚姻偏好的一个可能来源，source = derive from。**正确答案**。

Q12 对比细节

【题干与定位】问plantation owners，细节，定位原文S2，slaves是exogamy，而plantation owners是endogamy。

【选项】

A. 这些做法开始改变。无关。

B. 这些做法在一个地区与另一个之间有显著差别。没提。

C. 种植园主的婚姻选择通常基于经济考虑。没说。

D. 结婚更早。没讲时间问题！

E. 经常与他们的表亲/堂亲结婚，这是奴隶不做的事，内婚制的含义。**正确**。

Q13 选择句子

【题干与定位】在这个句子里，作者引入额外的支持，证明存在对亲属关系的意识。重点在于additional，它暗示并列，原文在The fact that句有also提示并列。故选择该句(S5)。注意introduce！是指第一次提到。

Exercise 3

3.1 dark regions

【文章分析】

S1　星空里的黑暗区域不是宇宙中没有星星的口袋。首句判断句 = 作者观点(kw)。本句还与过去的想法对比。

S2　Rather　相反，它们之所以黑，是因为星际尘埃。上句not，本句Rather，构成否定肯定结构。依然是作者观点。

S3　Although　虽然它的视觉效果明显（pronounced = marked = appreciable，明显的），但尘埃只是星际物质的一个小成分，密度极低。证据。

S4　The Average　太阳附近的星际物质平均密度比地球上最好的实验室的真空少很多很多倍。中间数量属于证据。本句对上一句再解释，是小证据(minor point)。

S5　It is　只是因为星际距离太大，单位体积内如此之小的物质，才变得如此重要。这句 It is because... that，强调了原因从句。证据。

S6　Optical astronomy　光学天文学受到最直接的影响，原因？尘埃不透明，虽然气体透明。末句有although让步，对比了 gas: transparent vs. dust: not。证据。

【结构图】

S1.S2否定肯定，给出文章核心。S3. S4，甚至S5都在具体说明。S6说了对光学天文学的影响，是继续说明。文章是一个总分结构，但分的证据之间不是很清楚的并列，而是更像一个推理序列，密度很低但距离很大，所以也有显著影响。这种散装证据并不常见。结构记为：S1. S2. (S3. [S4.] S5. S6.)。

	Cue	Function	Core
S1	not	kw'	not pockets / void → dark
S2	Rather, because	kw	**dust → dark**
S3	（Although）	a	（pronounced vs.）minor
S4	（less than）	a'	density（< lab）
S5	It is because of	b	**distances → dust: significant**
S6	（although）	c	（gas: transparent vs. dust: not）

【题目】

Q1 细节排除

【题干与定位】找一个不是(EXCEPT)直觉后果的。原文尘埃的后果主要是遮住星星。

【选项】

A.　一些星星被弄得让地球观察者看不见了，invisible = hide, dark，有对应。

B.　许多可见的星星，被弄得似乎比实际更亮。原文未提到亮度高低。**正确答案。**

C.　尘埃在亮的星星的背景下很醒目、能看到。没有讲背景问题。**正确答案。**

Q2 细节

【题干与定位】题干infer没有特别用处，问空间巨大，所以如何；vast space对应到倒数第2句（S5）的enormous distance，结果是单位体积的很少物质也能造成显著后果，即遮住星星。

【选项】

A. 很少的星际物质看起来很显著。干扰选项。原文是单位体积内物质少，不是泛泛地讲少。

B. 正常的体积单位似乎无用(futile)。无关。

C. 恒星离地球足够远，所以即使非常稀松分布的物质也能把它们遮挡（obscured）。**正确**。这里，sparsely distributed = little material per unit of volume; obscure = hide。

D. 星际气体可以被看做透明的，这符合末句的说法，但不是题干问的结果。答非所问。

E. 光学天文学也许没多大用。呃! 无关!

3.2 Hardy's novels

【文章分析】

S1 在H的小说中，各种冲动不可避免和经常地彼此牺牲。H's novels为主题词，sacrifice为否定词，带有态度，首句态度 = 作者观点，本句是全段kw。

S2 Inevitably, because 这句在语法上看起来很奇怪，没有真正的主句，它其实是一个省略句，要解释上句的inevitably这个说法的原因。抓住because中的主干，重点是not in the way所暗示的对比，抓住对比，H vs. F.J.，后半句therefore，顺承推理，推出least resistance。**论据重现与论点关键词**，故有least resistance = sacrifice。功能：论据，因有because。

S3 Thus, one impulse 所以，一个冲动经常屈从于另一个更新鲜的冲动，并不幸消失了。后半句与上半句并列，全句顺承上一句且是第1句的论据，这三点带来的逻辑等价词：disappear = surrender = least resistance = sacrifice。此外，instead of也提醒我们**抓住对比**: compromise vs. disappear。在理解句子时，主要是三点：主干，从与前面句子的逻辑关系出发**抓住逻辑等价词**，此外，**抓住任何对比**。功能：Thus引出推理结果，often与首句的often呼应。

S4 A desire to 某个欲望突然让位于另一个欲望。句子主干，按np1 v np1原则，是a desire...might give way to the desire...，就是desire A give way to desire B，至于每个具体的desire的内容，并不是重点。如要分析其中的语法构成，可以看到，主语a desire(=首句impulse)之后有to throw over reality a light这个不定式修饰，然后有定语从句that never was (=that never existed)修饰，主语意思是，一种阐明现实的、又从未真正存在过的欲望；谓语，让位于；宾语是另一个欲望，包含what从句，np1 of what cp。功能：论据。论据重现论点核心，逻辑等价词：give way to = S3 disappear = S1 sacrifice。

S5 In this instance 在这个例子中，新冲动还是有能量的。有and暗示两个**子句并列、可取其一，且前后等价**，得到energetic = not relaxed。此句给上句做法正评价，与前文论点的负评价不符，这种**突然相反态度 = 让步**。

S6 But on other 但在其他情况下，H放弃一种有风险的冲动，偏爱对他来说致命的松散的冲动。这句回到负评价（fatally），为让步之后的转折。让步转折有对比含义，比较S5.S6，得到energetic vs. relaxed。本句abandon与in favor of也有对比含义，可得energizing vs. relaxing。本句有一个名词性从句what-cp，其内容不重要。全句可以写成: np v np, in favor of what-cp。功能：转折/负评价(aw-)。

S7 When relaxing 当松散冲动被放任时，风格一定变得冗长(verbose)。When从句次要，主句重要。功能上，本句顺承上一句，有逻辑等价词，得到verbose = relaxing。

【结构图】

	Cue	*Function*	*Core*
S1	sacrificed to	kw-	**H, impulses: sacrifice**
S2	because, not in the way, therefore	a	H vs. F.J. least resistance
S3	Thus, instead of	→ b/cs-	→ **surrender**, disappear （vs. compromise）
S4		e(xample)	A desire, give way to
S5	In this instance	x+	**energetic**（vs. relaxed）
S6	But on other occasions, fatally	y-	**vs. relaxing**
S7	When,	y-'	relaxed = verbose

【题目】

Q3 词汇对应

【题干与定位】在不对作者意义进行实质改变的情况下，什么词可以替换relaxed。这需要找逻辑等价词。定位后是S5 In this instance，这句里，通过not否定词暗示对比，可得到energetic vs. relaxed。S6 But on other，也提到类似关系，但我们要找的是同义词。S7 When a relaxing，When从句与主句前后顺承、逻辑等价，故得到relaxing = verbose。

【选项】

A. informal 不正式的

B. confined 有限制的

C. risky 冒险的。在S6 on other中，risky与energizing并列，是等价词。它与relaxed反义。

D. wordy = verbose，**正确**。

E. metaphoric 隐喻的

Q4 对比细节

【题干与定位】题干about之后为发问对象，人名F.J.，优先定位，在第2句，原文not in the way，暗示H vs. F.J.。在and后半句，H, least resistance。下一句thus顺承，H的冲动会surrender, disappear，而不是exacting a compromise。F.J.与H相反，可推出F.J.: resistance, compromise, not surrender, not disappear。

【选项】

A. 他们比H更放任，indulge = little resistance。说反了。

B. 他们引起（elicited）的来自多数文学批评家的正面反应更多，原文没有提到批评家。

C. 他们经常费心地造成妥协。**正确**。其中，exact = effect, cause, occasion, bring about造成。

D. 他们更在意其他小说家的意见，原文未提其他小说家。

E. 他们的现实主义冲动、远离现实主义的冲动，都同等明显。错误。equal measure这样的程度比较很难得到对应。

Q5 结构

【题干与定位】organization一词，考逻辑关系。对应的句子：S3-S6。第3句为结论，是负面的，与首句相符，第4句举例，第5句给正评价，是让步，第6句回到负评价，转折。

【选项】

A. 先给不赞成的观察或评论 = S3，再提出两种情况 = S5.6，其中一个限制他的不赞成，对应让步S5，另外一个没有限制，对应转折S6。**正确。**

B. 从前文陈述做出一个结论，详细解释结论，然后给出一系列例子，a series of examples错，原文只有一个例子，讲两种情况。

C. 作者承认一点，concede是让步，与S3已经不对应，错。结构题答案的顺序必须与原文行文顺序一致。

D. 作出一个判断，指出这个判断的例外，错。没有例外。

E. 概述并解释一个论证，然后提出相反论证的简史。原文没讲opposing argument。让步只是限制，并非对立。

3.3 over-water migrants

【文章分析】

S1 神秘现象是在水面上的迁徙动物的旅行能力。主题：over-water migration。本句给现象，后文会有若干解释。也许是现象解释文章。

S2 Birds, bees 一些动物能够追踪时间，无须感觉提示的帮助，这种生物钟促进它们的方向感（compass sense）。本句and前后并列，可取其一，后半句contribute to暗示因果关系，理科讲因果，可以找主语biological clocks为kw，也可取宾语compass sense，因为这里的结果并不是现象，而是造成水面迁徙这一现象的环节。本句为第1个论点（kw1）。

S3 For example 举例，内容次要。它们用太阳或恒星位置来找到北方。证据重现上句论点核心，逻辑等价词是，find north = compass sense。

S4 But compass 反驳。但是，仅仅compass不能解释鸟如何飞跃海洋，后面冒号给出具体细节，次要。负评价（aw-）。

S5 Perhaps, some 一些科学家认为，迁徙动物靠天体导航（celestial navigation）决定其位置，理科讲因果，by A, they do B，方式 = 原因，所以kw2 = celestial navigation。前半句（S5.1）有人物及其观点（kw2）。后半句（S5.2）but迫不及待反驳（aw-），but仅**在别人观点之后表示反驳**。这要求动物有一种奇妙的（fantastic）地图感。这句所否定的对象，应该也就是前面的观点，所以，map sense = kw2 = celestial navigation。负评价句通常包含三个要素：转折关联词、负评价词、被否定的观点，这里就是but、would + fantastic、map sense。

S6 Researcher now 研究者现在知道，一些物种有一种磁感。后面还有which从句，修饰次要。功能上，本句有人物、常有观点，kw3 = magnetic sense；now，说明是现在的研究状况，被否定的几率低，但作者也没有给正评价。为什么？首句已有暗示性的态度词：mysterious，既然神秘，那说明现在依然没有完整解释。

【结构图】

虽然是一篇短文章，但却出现3个解释。第1句现象，第2句解释、第3句举例，第4句But引出反驳，第5句给一些科学家的观点，后半句反驳，第6句给现在观点。结构紧凑，要记住主题词、所有观点和态度。全段：S1. ← S2.（S3.）vs. S4. S5.1 vs. S5.2. S6.。

	Cue	Function	Core
S1	mysterious phenomenon	tw	**over-water migrants**
S2	contribute to	kw1	clocks → **compass sense**
S3	For example	e	
S4	But alone cannot explain	aw-: x	**cannot explain**
S5	some scientists thought, by	kw2,	celestial = **map sense**
	but would demand	aw-	**would fantastic**
S6	Researchers now	kw3	**magnetic sense**

【题目】

Q6 主题

【题干与定位】问main idea，考主题。现象解释文章的主题是解释一个现象，定位首句。

【选项】

A. over land错，原文是over water。

B. animals migrate 对应原文migrants；方式复杂，因为原文讲了3个；only partly understood = mysterious。所有内容都与原文对应。**正确。**

C. 仅提到magnetic sense，反映的是局部，而不是全部。

D. 只涉及compass sense方面。片面。

E. 关于动物如何迁徙的诸多解释，往往取代彼此，而非建立在彼此基础上。说的是观点之间的关系，不是题干问的main idea。答非所问。

Q7 取非

【题干与定位】题干有if...would...，条件 + 虚拟，也许会有取非。如果鸟群(flock)就是靠compass sense导航，它们在暴风雨过后，会怎么飞。If所说与S4 But句相反，那里讲，单独靠compass sense不能解释鸟的海洋飞行。S4的推理：assume northeastly course to compensate → cannot be explained by compass sense alone。题干将其结果取非，compass sense对，答案则将其前提取非，得到not compensate，飞行方向不改、维持原方向，即after从句说的traveling east。一般的，原文：If A then B / A→B；题干：~B? 答案：~A。

【选项】

A. east。**正确。** 其余选项方向均不对，从略。

Q8 逻辑支持

【题干与定位】哪个最强烈表明，动物的确依靠磁性提示来定向(orient)? 磁感理论是末句观点，要证明、支持、表明这个理论，就是为它找证据；strongly suggest = support = strengthen。最后一句没有证据，选项就要从逻辑上找。多数逻辑题干都有would，以表明虚拟、非现实情况，但本题例外。末句说的是magnetic sense → over-water migration。有两种支持：1. 直接支持，可对结论或因果判断进行举例和重述，或补充推理的中间环节，通常会有关键词出现；2. 间接支持，否定它因，即是支持现有。

【选项】

A. 鸽子能够准确地重新调整路径，即使在重重浓雾中飞行很长距离。没有提到magnetic，非直接支持。但在重重浓雾中飞行，说明没有视觉线索，exceedingly dense fogs = little/no visual cues，这就否定了视觉线索对飞行的影响，这样，否定一个与磁感不同的他因，构成间接支持。**正确。** 这个题目比较难。

B. Bison动物穿过一个地形在近期被一场大火部分改变的区域，partially altered，还不是面目全非，不能完全否定视觉提示的影响。

C. 大象能够找到一些地方，是这个兽群(herd)的一些成员以前没见过的。一些没见过，没有否定另外一些见过，后者可能有视觉提示。

D. 燕子能够在每年同一时间回到一个特定地点。没有提到磁感，也没否定它因。中性。

E. 王蝶来自北美各地，能够在每年冬天到达同一地点。中性。与D选项相同。要选D，就需要选E，反之亦然。但五个选项的题只能选一个，D.E都是错的。

3.4 Bachofen

【文章分析】

S1 从神话和传奇保存历史事实核心这个前提出发，B主张，女性在古代许多社会居于主导地位。先有starting分词，再有主句，重点是B: women, dominant。功能：人物及其研究，评述对象(tw)。后文分论点展开，往往出现混合评价，有正有负。

S2 His work was 他的工作立足于全面考察古代文献记录，这些文献提到A社会和其他母系社会。证据(a)，讲其研究的基础。

S3 Some support 他的理论可以在一些证据中获得支持，后面的such as that (drawn from)这样的修饰次要，人物大写取首字母，H。正评价（aw+）。既然只是some support，就好像有的理论只有some evidence一样，这预示着后面可能会说其他地方不支持，给负评价。

S4 Nonetheless 但是，古代神话首批记录者保存事实这个假设，是有问题的（problematic）。给负评价(aw-)。本句有内容与第1句对应：assumption = S1 premise; preserve = preserve。

S5 Ancient Greek 古希腊对那些社会的描述，与其说要表现所观察的历史事实，不如说是提供道德教训，指出女人掌权会有何等后果。找对比，not so much A as B，抓对比反义词，fact vs. moral lessons。本句是支持负评价的证据(x)。

S6 The Amazons were 举例。A人经常被描写成巨人和半兽人的等价物，是要被古希腊英雄屠杀的敌人；所以，它们的风俗，不是被当成可尊重社会的，而是被看做古希腊日常做法的反面（antithesis）。除了centaur这个单词，本句没有难度。找对比，not A but B，抓反义词，respectable vs. antithesis。功能：这是上一句证据的再次说明，是证据的证据，小证据(x1)。

【结构图】

第1句给出要评论的人物及其观点，第2句讲其观点基础，第3.4句让步转折，先正后负评价，第5句讲负评价证据，第6句举例。这是一篇标准的评述型文章。六句结构可以写成：S1. (S2.) S3+. vs. S4-. (S5. [S6.]) 。

	Cue	*Function*	*Core*
S1	premise, B argued	tw	B: **myth preserve fact** → women: dominant
S2	was based on	a	A and other societies
S3	Some support, such as	aw+	+ H
S4	Nonetheless, problematic	aw-	**preserve fact: problematic**
S5	not so much...as...	x	**fact vs. moral lessons**
S6	for example, not...but	x1	A: respectable vs. antithesis

【题目】

Q9 主题

【题干与定位】题干有 primary purpose，评述文章主题定位首句、兼顾态度评价和文章结构。作者对 B 的观点主要持负评价，反对神话保存了历史事实。

【选项】

A. 比较相互竞争的新研究方法（approaches），错。文章只有一个研究，没有竞争观点。

B. 调查 B 关于女性在古代社会主导地位的理论的含义。这里，ramification 原义为河流的支流，引申义为含义、后果，=implication。如果是这样，文章应该并列讲出 B 的理论的一项一项意思，但文章以评价为主，而不是专门只讲他的观点。不精确。干扰选项。

C. 解释历史学家正在增加的（burgeoning）兴趣。这很奇怪，文章只评论 B 一人。

D. 分析 A 社会的性质，揭示它与古希腊世界的相似性。完全跑题，文章是 review a study。

E. 评论古代神话在决定女性地位方面的价值。也就是批评 B 在首句的主张。**正确。**

Q10 选择句子

【题干与定位】题干有两个要素，evidence, the author's view，先找到作者关于古希腊对 A 社会描述的观点，再找其证据。这个观点在倒数第 2 句/S5，其中做了对比，fact vs. moral lessons，而它的证据则是下一句 S6，for example = evidence。选最后一句 The Amazons were...。

Q11 态度

【题干与定位】题干问 the author's attitude，对 B 的研究（treatise = study）的态度，有正有负，对应原文 S3, S4, some support, problematic。

【选项】

A. 有限制的支持。主要态度不是支持，而是反对。错。

B. 深感左右为难，ambivalence，犹豫不决、无法决断。学术文章作者态度一般鲜明。以下表示模糊、犹豫、退缩、不清楚或不确定的词汇，通常不可能作为态度题的正确答案：ambiguous, ambivalent, hesitant, indecisive, resigned, unclear, uncertain。

C. 刻意的中性。文章态度明确，没有中立。

D. 明显的不同意。**正确。** pointed = conspicuous, marked, pronounced; disagree = problematic。

E. 绝无缓解的敌意。过于负面。mitigate = relent; unmitigated = unrelenting, relentless。以下程度词，因为过强，通常不会在正确答案中出现：absolute, categorical, complete, relentless, unlimited, unmitigated, unstrained。

3.5 visual recognition

【文章分析】

S1 视觉认知涉及储存、提取记忆。简单句。首句给出主题词(tw)visual recognition。

S2 Neural activity　神经元活动，在大脑记忆系统中形成图像，构成对所看对象的内部表征（representation）。讲述过程。理科讲因果，这句开始因果序列的步骤(a)。

S3 When an object　当再次遇到对象，就把它与内部表征匹配，识别它。继续动作过程(b)。

S4 Controversy surrounds　人们的争议围绕一个问题，认知是平行的，还是串行的。本句给出文章讨论的真正主题（tw'）。争议必有对立双方，后面会有kw1 vs. kw2，且内容已清楚，parallel vs. serial, one-step vs. step-by-step。一般的，文章出现这些表示争议的词，后文都会有观点对比展开：controversy, debate, disagreement, dispute, divide。

S5 Psychologists of   G学派的心理学家坚称，对象是在一个平行程序中作为一个整体被认知的。本句后半句由冒号引起，表示具体说明，前后等价，可得whole = parallel = single operation，也等于上一句的one-step。这是第一个观点（kw1）。

S6 Other psychologists   其他心理学家则提出，内部表征与对象的特征是串行匹配的。这是另一个观点（kw2）。

S7 Although some   虽然一些实验表明，当对象变得熟悉时，它的内部表征更整体（holistic），识别过程是更平行的，但大量证据似乎还是支持串行假说，至少对不特别简单、不太熟悉的对象是如此。**让步转折，暗含对比，找对比反义**，familiar: holistic, parallel vs. not familiar: serial。本句对两个假说都给出适用范围和评价，可看做结论句（cs）。

【结构图】

第1句给出主题，视觉认知，第2.3句以连续动作解释这个过程，第4句要讲这方面的争议，然后第5.6句分别给出对立观点，最后第7句总评。全文结构：S1.（S2. → S3.）S4.（S5. vs. S6.）S7.。

	Cue	Function	Core
S1	involves	tw	**visual recognition: v.r.**
S2	(triggered by, form, constitutes)	a (→ →)	(eye → neural → image → internal representation)
S3	When encounterd, matched, thereby recognized	b (→ →)	(object → internal representation: match → recognized)
S4	Controversy	tw'	**controversy**
S5	G school maintain	kw1	**G: whole, parallel, single**
S6	Other proposed	vs. kw2	**vs. other: serially**
S7	Although, weight of evidence support	cs	**familiar: holistic, parallel vs. not familiar: serial+**

【题目】

Q12 主题

【题干与定位】问primarily concerned，考主题。可定位S1, S4, S7，它们分别是主题、主题、结论。文章先说visual recognition，然后说关于这个概念的controversy，最后评论。

【选项】

A. 解释大脑如何接收图像。细节，片面。

B. 综合视觉识别的若干假说。原文只有对立观点，并未综合，synthesize错。

C. 检查支持串行识别假说的证据。片面。原文讲了两个假说。

D. 讨论视觉识别，对应S1-3；以及一些解释它的假说，对应S4-7。该选项内容与原文写作顺序一致。**正确**。

E. 报告近期实验，recent已错，文章没有讲到近期实验。

Q13 观点/多选

【题干与定位】题干问 G 学派心理学家的观点。可定位到 S5。如果文章的对立观点掌握得好，不必定位也能记得，G: parallel = single operation = whole = holistic。

【选项】

A. 视网膜图像与它的内部表征具有完全一样的形式，exactly the same 太强，原文没说。

B. 对象是作为一个整体被识别，不必分析为组成部分。as a whole 照抄原文，without...component parts = as a whole。**正确答案。**

C. 对象与其内部表征的匹配只有一步就发生了，only one step = single operation。**正确答案。**

Exercise 4

前面3个练习的解析，我们对每个句子都详细说明了如何抓主干、找重点。在后面的解析里，我们就简化一点，对多数句子，直接给出主干，具体分析留给大家思考。难句、长句则会多分析。在分析逻辑关系的基础上，我们的五大口诀是：**抓主干、抓修饰实义词、抓对比、抓因果、找等价**。

4.1 nuclear fusion

【文章分析】

S1 流行的错误观念是，核聚变没有辐射；事实上它有一些辐射，具体辐射内容不重要，但它后半句以in fact引出，对应misconception，表示是对它的澄清、反驳。本句为作者判断，不是老观点，因为作者已经给出态度（misconception）。还可注意that从句里的such zeal态度词，**态度词永远重要**。

S2 （The neutrons...） 本句为插入语，细节。人们用中子（neutron）从l（ithium）中产生t（ritium）。

S3 Another common 另一个错误的观念是，核聚变几乎是无限的能量来源，因为海洋里有大量的d（euterium）。**专业名词、取首字母**。本句与第1句并列。都是作者判断。

S4 Actually, its limits 事实上，它的限制由可用的l来设定。本句是对第3句观念的反驳。

S5 Research should 当然还要继续研究受控核聚变，但能源项目不应立足于其存在，除非它表现出实用性。本句certainly, but引出让步转折，态度对比，should continue vs. no。

【结构图】

第1句给错误观点，反驳之，第2句补充知识，第3句并列错误观点，第4句反驳之。最后1句总结作者态度（cs）。本文没有明显的主题句（ts），而是若干判断的平行组合。

	Cue	Function	Core
S1	popular misconception; in fact	kw1 vs. a	free of radioactivity vs. alpha, neutron
S2	( )	(i)	
S3	Another common misconception	kw2	unlimited
S4	Actually	vs. x	set by l
S5	certainly, but	+, - : cs	should continue vs. no

【题目】

Q1 态度

【题干与定位】问作者对public awareness的看法，public awareness = popular, common conception。作者对此持负评价。

【选项】

A. 公众被刻意误导。原文没有说有人deliberately misinform大众。

B. 公众没有意识到核聚变相对于核裂变的主要优势。原文无此比较。

C. 公众对关于核聚变科学事实的意识，有些扭曲、不够完整。负评价。**正确**。

D. 公众没有兴趣增加对核聚变优劣势的意识。公众有没有兴趣，未提。

E. 公众意识到核聚变的劣势，但没意识到优势。无此对比。

Q2 信息/多选

【题干与定位】题干有 information, answer, questions，无法定位单独某句，选项分散对应原文各句。由于本题题干还有 EXCEPT，答案应与原文内容相反或无关。从选项找线索、带核心去排除。原文核心是公众有错误观念。

【选项】

A. 在 d-t 聚变反应中会产生多少偶然辐射？原文没讲具体数量 how much。**正确答案。**

B. d 的一个主要来源有可能是什么。在倒数第二句，提到 d 的量由 l 来决定，可见 l 是它的来源。原文可回答此问题，题干问 EXCEPT，不能选！

C. 为什么科学家怀有如此热情？原文第 1 句只提到有热情，没讲为什么。**正确答案。**

4.2 *Black Fiction*

【文章分析】

各段首句

长文章可以先读各段首句，把握基本框架，即抓住主题词、关键词、态度词。

P1 S1 抓主干：R's *BF* successfully alters the approach，其中，主语人名取最后大写字母，斜体书名取首字母，得到 R's *BF*；in attempting to 相当于广义的从句修饰（因为凡是含有动词的修饰都可以改造为从句），这里与谓语大致平行。抓对比：rather than 提示对比，alter 和 most previous 也提示 R 的做法与过去多数的研究不同，得到对比反义：R: literary vs. most: sociopolitical。**文科讲对比**，对于文学评论文章特别重要，而且，这种对比的内容主要有两种。1. 浪漫与现实、文学与政治：aesthetic, ahistorical, aracial, artistic, asocial, literary, poetic, romantic, visionary **vs.** historical, ideological, realistic, racial, social, socioeconomic, sociopolitical；2. 感性与理性、具体与抽象：emotional, motivation, particular, sensory **vs.** abstract, general, inference, rational, reasoning, theory。回到本句，其重点就是：R's *BF*: literary vs. most: sociopolitical，而且是 successfully，正评价。人名 + 书名 = 主题词 tw，且有态度，文章应为评述型，后文分论点或分方面评价。

P2 S1 先有 although 让步，说虽然小说明显来源于（spring from = originate from = stem from）政治环境，主句转折说，但小说的作者对这些环境作出反应的方式，并非意识形态的。后半句 and 并列，以 talking about... as... 现在分词，用如名词，取其实义词，instrument of ideology，谓语是 circumvent（= frustrate, foil, detour）enterprise，阻碍小说事业。**并列句子，可取其一**；取前半句让步转折。让步转折，抓住对比：political vs. other than ideological = non-ideological = nonpolitical。

P3 S1 主语和宾语都是现在分词、用如名词，都抓其中的实义词，得到本句的主干：acceptable criticism presupposes satisfactory answers。意思是，要写作可以接受的关于黑人虚构作品的评论，预设的条件是，针对许多问题给出令人满意的回答。本句有 however，是不是反对第 1.2 段首句呢？不是，因为不是跟在别人观点之后，而是跟在作者自己的正评价之后，因此，只是表示态度转换。例如，他很聪明，逻辑和编程都很精通，但他社交能力低，与女孩子说话要么词不达意、要么急躁冒进。"但"字前后都是作者评价，它表示态度转换。回头看 P1S1，说的是 approach 方面；这一句则说的是 writing 的内容方面。

P4 S1 *BF*的确留下许多审美问题没有回答，does助动词表强调，也许是让步，如果是，就是对第三段内容进行让步，leave...question open与第3段首句的answers-questions，语气上刚好一负一正。这里的技巧是，**各段首句、相互呼应**，通过比较它们，可以得到关于全文的主要信息。

P5 S1 虽然有上述忽略，R在讨论中所包含的内容，依然构成一项敏锐而且富有价值的研究。让步转折，通过such指代上一段首句，omissions = questions open；转折主句有正评价词astute, worthwhile，取一个自己认识的词就行。找对比：omission vs. worthwhile。

全文分析

P1 S1 如前所述，主干是R's *BF* alter previous approach；对比：literary vs. sociopolitical。

S2 As Rosenblatt notes　　如R所指出的，对黑人著作的评论经常作为一种借口，用来阐述（expound）黑人的历史。这句不是讲R本人、而是多数人：often = most previous。As R notes提示顺承。证据重现论点核心，语言上出现逻辑等价词，得到：history = sociopolitical。

S3 Addions Gayle's　　主句说，G的近期作品公然按政治标准来判断黑人作品的价值，后面rating分词修饰。功能：论据。也可看做第2句大论据的小论据，按照论点-论据、主句-修饰逻辑等价，可得：socioplitical = political = Black identity。

P2 S1 如前所述，让步转折含有对比，得到：political vs. non-ideological。后半句instruments of ideology circumvent也是否定意识形态的作用。

S2 Rosenblatt's literary　　主干是，R的文学分析揭示（disclose）黑人小说作品之间的相似性（affinities）和联系，后面的which从句有否定词，暗示对比，单纯的政治研究忽略这些。重点就是：R: literary vs. political。本句讲了R的做法。

1-2段回顾：第1段第1句给出主题词和正评价，含有R与多数的对比。第2.3句给出证据，讲的是多数。下文要讲R。第2段首句先让步转折，给出小说家的做法是非政治的，第2句再说R就是用文学的方法。这5句话的内容其实在第1句就已经包含着了：R: literary vs. most/often: sociopolitical。

P3 S1 但要写出可以接受的评论，需要回答一些问题。首句名词复数，后文并列展开。本句与第1段构成内容并列、态度转换。

S2 First of all　　首先，是否有充足的、不同于种族身份的理由，把黑人作者归为一类？谈group问题。

S3 Second　　其次，黑人小说作品如何不同于同时代小说？谈distinct问题。

S4 R shows that　　开始回答了。找实义新词，得出答案是从句修饰里的tradition。

S5 Looking at　　继续回答问题，找实义新词，recurring concerns and designs，反复出现的关注和设计/结构，可找design。

S6 These structures　　前半句，这些结构是有主题思想的，后半句and并列，因前半句已清晰，可略读之，它的意思是，they spring from the fact，后面that从句，抓实义词，dominantly White culture。功能：these向上指，顺承，上下句等价，structure = design。

3段回顾：第1句给论点，第2.3句并列问题，第4.5.6并列回答，后面这3句的并列关系没有提示词。

P4 S1 *BF*留下一些审美问题没有解释。这是负评价，对第3段首句的正评价进行让步。

S2 Rosenblatt's thematic　　主干是，R's analysis permits objectivity，后半句分号引出，even表递进，他无意判断各部作品的价值，破折号后yet表转折，他这么不愿意，似乎不好（misplaced），回到负评价。在某种意义上，本句yet之前是肯定语气，之后是否定，这样，构成让步转折。抓对比：objectivity, not judge vs. appraise。在英文里，评价都是有态度的、个人的；因而是主观的，不评价则是客观的。如果说评价是对的，就说符合事实，不说"客观评价"。功能：yet 之后给出负评价(aw-)。

S3 For instance 举例。一些小说看来结构松散(diffuse)。

S4 Is this 顺承。这是缺陷、还是不同的审美观？这是一个设问句或修辞性问题（rhetorical question），属于 3 段首句的 leave...questions open，没有回答的问题；作者不会去回答。

S5 In addition 并列举例。一些小说的风格，濒临(verge)于表现主义或超现实主义的边缘；分号之后提问，这种技巧是否提供流行主题的对应(counterpoint = similarity = unity)，prevalent theme，名词抽象，抓住后面 that 从句修饰的实义词 fate，逗号之后再有 a theme 同位语，其中 usually，讲通常情况，暗示与主句对比，取实义新词 naturalistic。抓对比：**对比找反义**，expressionism, surrealism vs. naturalistic。当然，由于本句在功能上是并列证据，所以不必如此细致。我们说过，阅读重点是：首句/转折句的主干、抓对比、抓因果、找等价。修饰里的对比，没有句子之间的对比那么重要。

4段回顾：第 1 句给出负评价。第 2 句前半部分肯定，后半部分 yet 后否定。第 3.4.5 句并列举例，提出不能回答的问题。

P5 S1 让步呼应上一段负评价，转折主句给出本段正评价 worthwhile。态度句通常并列展开。基本结构模式是：aw+. (x+. y+.); aw-. (x-. y-.)

S2 Black Fiction surveys 主干是 BF 考察各种小说；后面是分词修饰，次要，按修饰与名词等价，可得：little-known works = variety...novels，人名、书名可取字母，J's A。功能：顺承，证据，从属于首句，所以，各种小说这个说法，**在这个语境下**，就是正评价、有价值的体现：survey...variety = worthwhile。

S3 Its argument 前后半句 and 并列，它的论证结构紧密，它的直率、清晰的文风展示了清醒的、穿透性的批评。功能：并列证据，证明首句论点，按逻辑等价，可知 tightly constructed, forthright, lucid, levelheaded, penetrating = astute, worhwhile。

5段回顾：第 1 句为态度论点，第 2.3 句并列从 3 个方面说明，其中第 3 句内部就有两个并列证据。

【结构图】

第 1 段首句给出主题及 1-2 段总论点，1-2 段给出对比论证，第 3 段引出不同方面，给出许多并列证据，第 4 段表明让步性的态度，然后也给出并列举例证据，第 5 段回到正评价，继续并列论证。当然，并列并不重要，重要的是，文科讲对比。1-2 段对比得到 literary vs. sociopolitical；3.4.5 段内部都是并列展开，只有少数句子内部有让步或对比，有个位置的印象即可。全文结构可以写成：P1: (P1' vs. P2) + (P3 [P4 vs.] P5)，这里 p = paragraph。

	Cue	Function	Core
P1 S1	R's *BF* rather than, alter most previous	tw kw1	**R's *BF*** **approach: R: literary** **vs. most: sociopolitical**
S2	has often	a	history
S3	G, for example	a'	G, political

P2 S1	Although	vs. b1	**vs. non-ideological**
S2		b2	**literary**

	Cue	*Function*	*Core*
P3 S1	however, answers	kw2	**writing:** questions, **answers**
S2	First of all	m	group?
S3	Second	n	distinct?
S4	R shows	m'	**tradition**
S5	he discovers	n'	designs
S6	These	n''	**= structures**

P4 S1	does, questions open	aw- / kw3	**questions open**
S2	even—yet misplaced	+, -	not judge: **misplaced**
S3	For instance	u	structure
S4	Is this ?	u'	
S5	In addition, usually	v	style: surrealism vs. naturalistic

P5 S1	In spite of omissions, worthwhile	aw+	**omissions** **vs. worthwhile**
S2	like	x+	variety, J's *A*
S3	and	y+, z+	tightly, lucid

【题目】

Q3 对比

【题干与定位】作者反对G这样的人所作的评论，定位object，在第1段首句，有rather than的对比；定位G，的确在第1段。他们的做法是社会政治标准，这是作者反对的原因。

【选项】

A. 强调文学方面。这是作者支持的。

B. 它误读意识形态。不是误读，而是坚持。

C. 误解黑人身份的含义。同B。以前的研究并不一定误读了政治问题，而是以政治为标准。

D. 以政治代替文学标准，**正确**。

E. 忽略黑人历史和黑人身份的交互作用。多数研究应该会强调这一点。

Q4 主题

【题干与定位】primarily concerned考主题。评论型文章主题是review a book/study/work。可以兼顾文章的各种正负评价。

【选项】

A. 评估一部评论性作品的合理性，soundness是抽象名词，涵盖合理与不合理的各种情况。**正确**。

B. 比较不同的评论方式，只提到1-2段讲的approach，忽略了3-5段的writing。

C. 讨论一类特定评论的局限。负评价只在第4段有，片面。

D. 概述一部评论作品的要点。干扰选项，summarize表示只有概述、没有评价。但文章有评价。这里考到了summarize vs. evaluate, review, assess在有无态度上差别。比较难。

E. 解释理论背景。似乎对应第2段，即便如此，依然是片面的，没有反映全文内容。

Q5 取非

【题干与定位】had R是虚拟条件，可以写成if R had; would have been improved是说原本也许可以改善，这个虚拟语气也说明，实际上是没有改善，而是有负面情况。这是虚拟取非题。原文有负评价及其证据或原因，题干故意问怎样可以正评价，答案就将造成负评价的原因用虚拟语气再取非(加not)，没有原因的，直接将负评价反过来也行。原文：aw- because/since/if X，题干would aw + if? 答案would~X。记住，要同时把条件和推理的结论用虚拟语气取非，这并不改变原文推理顺序，只是语气的调整。定位原文的负评价，在第4段首句和第2句yet之后。作者认为not judge: misplace, leave question open，现在要improved，则答案应是 not (not judge) = judge (the merit of the various novels)。

【选项】

A. 评价意识形态和历史层面，错；原文是评价文学层面。

B. 更客观。那就更不会评价了。作者认为保持objectivity不好。

C. 探索反复出现的(recurrent)主题。这是第3段里的细节，与第4段负评价无关。

D. 建立一个基础，把黑人小说作品放在它自己的独特文学传统之内。第3段内容。

E. 评估他从主题上分析的小说的相对文学价值。**正确**。assess = judge, merit = merit, analysis thematically = thematic analysis。

Q6 作用/in order to

【题干与定位】作者提到J's A是为了干什么。作用题，找逻辑上一层作为答案。定位人名及书名，在第5段第2句，属于like之后的句子举例成分，成分所服务的上一层是句子主干，在这里就是survey a variety of novel，在这个语境中，按照论据重现论点的原则，它等于首句的worthwhile，是正评价。

【选项】

A. 指出相似性。无关。

B. 阐述表现主义风格。无关。

C. 限制对R著作的评价，qualify表让步，原文是like举例。

D. 具体说明相似性，无关。

E. 给出具体例子，说明R著作的成就之一。虽然没有variety，但它在这个语境中是正评价，accomplishment对它做了抽象改写，此外，example = like。**正确**。

考位分析：第4题考全文结构，第3题考1段对比，第5题考第4段yet负评价句，第6题考第5段的举例作用题。所有题目考位都是在看文章时可以关注的。第3.4.5里的具体并列内容没有考，通常并列细节也考得较少。

4.3 disequilibrium

【文章分析】

S1 空气和水蒸气从海洋到上方空气的转移，依赖于海水和空气界面之间的不均衡。理科讲因果，depend on还原为因果关系，transfer ← disequilibrium。理科首句因果 = 作者判断 = kw。

S2 Within about 在1毫米范围，空气温度接近表面水温，空气也接近达到水蒸气饱和。这一句讲差异，close, nearly = disequilibrium。为什么？顺承上一句，逻辑等价。功能：证据。

S3　But the differences　但是这些差异很关键，它的维持要靠近表空气与高空空气混合，高空空气明显（appreciably）更冷，水蒸气含量也更低；理科讲因果，这里的因果是：difference ← mix。虽然有but，但不是反驳；but等只在别人观点之后表反驳，这里只是强调。功能：证据。

S4　The air　这种空气通过湍流混合，湍流依赖风来提供能量：air ← turbulence ← wind。用了两个动词，mixed by, depends on，动词被动式，追溯原因。连续因果有两种写法，一种是正向推导，a → b → c → d；另一种是追溯原因，d ← c ← b ← a。都是抓住首尾即可。

S5　As wind　当风速增加，湍流速度也会增加，因此转移速率随之增加。本句As A increases, so does B, and thus C，又开始了正向推导，wind → turbulence → transfer。与上一句的内容一致。

S6　Detailed　对此现象的细致理解还有待进一步研究。给了态度，awaits further study提示当前的研究还不够，incomplete, insufficient, inadequate，是部分否定的负评价。用this phenomenon，也提示前文都是在讲一个现象。这句可以看做文章的结论(cs)或总评(aw)。

【结构图】

第1句给出现象或关于现象的因果判断，第2.3.4.句追溯原因来解释，1–4句全是反向因果陈述，第5句正向原因解释，将前面内容换个方向来说明，第6句给出总结性态度。结构：S1.（S2. S3. ← S4. <=> S5.）S6.。

	Cue	Function	Core
S1	depends on	kw: t ← d	**transfer ← disequilibrium**
S2		d	close, nearly
S3	But, maintained by, mixing	d ← air	**difference** ← mixing air
S4	is mixed by, depends on	air ← tu ← w	air ← turbulence ← **wind**
S5	As increases, so, and thus	w → tu → t	**wind** → turbulence → **transfer**
S6	awaits further study	cs/aw	**further study**

【题目】

Q7 列举/多选

【题干与定位】风是连续动作的第一步，后面的所有环节都是它所做的。没法单独定位某一句。连续动作，常考列举。读一遍要全部记住有点困难，好在短文章定位容易。答案应该是wind → turbulence → mix → difference → transfer。

【选项】

A. 导致干、冷空气进入海表附近。这是空气混合那一句/S3。**正确**。

B. 维持稳定的转换速率。原文提到transfer rate，但没说它steady，数量错。

C. 导致水温频繁变化。频繁这个词没提到。

Q8 取非

【题干与定位】题干有if...were..., would，这是虚拟(subjunctive)语气。如果有一天，风力减少，直到完全没有风；但原文明确说过有风。取非题。题干将连续动作的第一个环节取非，按因果关系，原因变化，结果也会变化，在这里，就是后续所有动作都会取非，即不再有湍流、混合、差异、转换。

【选项】

A. 最靠近海表的空气会达到水蒸气饱和。在S2说nearly，还存在difference，这种差异靠风来维持，风停了，就不再有差异，也不再接近、而是完全一样。**正确**。

B.　最靠近海表的空气比海水还温暖。按取非，只能是温度相等。

C.　湿气会减小。错。应该是再增加一点，直到完全饱和。

D.　转换率会增加。错。说反了，应该是减少、直到没有。

E.　最靠近海洋的空气，与高空空气的温度相同。这不太可能。风维持的是海表空气与海水之间的差异，与高空空气无关。

4.4　Virginia Woolf

【文章分析】

P1　S1 这是一句引文，引出主题，但不是本段论点。抓住前一个主谓宾，"我想批评社会体系"。功能：introduction，或者提示主题词的一种特殊形式（tw'）。

S2 Virginia Woolf　　真正主题，人物及其著作，W's MD，**人名取最后大写字母、书名取首字母**。主干：W's provocative statement has been ignored by the critics，W的挑衅陈述通常被评论家忽略。后面给since原因从句，次要，但里面有different from，**文科讲对比**，W的说法突出文学兴趣的某个方面，与传统的诗化小说家不同：W vs. critics。再按S1与S2的顺承关系，可知provocative（S2）= criticize（S1），又按**修饰与名词逻辑等价**，可知concerned with之后的内容与诗化小说家一致：poetic = reverie（冥想），vision，consciousness。于是：W: criticize, provocative vs. critics: poetic, reverie, vision, consciousness。一个批评现实，一个诗化、意识化。这就是本句的核心，它来自**主干、对比、逻辑等价关系**。功能：主题（tw），W's MD，并且提出W经常被忽视，可算老观点（kwₒ）。

S3 But　　前半句讲W的综合性：W既是现实主义、也是诗化的；既是讽刺和批评社会的、也是愿景式的，提示的对比词是：realistic, satirist, social critic vs. poetic, visionary。当然，W兼顾这两方面。后半句说评论家的错误，文学评论家对W的社会愿景瞧不起（cavalier：吹毛求疵、挑刺）、看不上（dismissal），这种做法经不起审查（scrutiny）。功能：but后面在反驳上一句评论家的做法（aw-: not withstand），词汇对应包括dismissal = ignore。

P2　S4 In her novels　　主干：W is engaged by question...social = historical = class, wealth, gender。宾语how从句，取实义词，具有3个，可知3组词汇等价，而且它们也等于上一段S3 realistic, S2 criticize, S1 social system。功能：kw。三个问题，也相当于三个并列证据，写成a123。

S5 Most of　　她的多数小说植根于现实主义表达的社会背景，且在一个精确的历史时间中。顺承上一句，逻辑等价关系：realistically, historical = social, historical。

【结构图】

　　S1是引言。S2开始说过去人们忽视W，S3以But反驳过去做法，构成新老对比或者批判纠正的结构。第2段S4. S5.再正面讲W的做法。全文结构：P1:（S1.）S2. vs. S3. P2: S4.（S5.）。文科讲对比，而且，文学评论的对比，经常就是两种：现实主义vs.浪漫主义；情感vs.理智。这里是第一种：

　　realistic: class, critic, historical, gender, provocative, social, social environment, wealth

　　poetic: consciousness, reverie, vision, visionary

	Cue	*Function*	*Core*
P1 S1	" "	tw'	criticize
S2	has regually been different from traditional picture	tw, kw。	**W, ignored** **W vs. critics** （**social vs. poetic,** consciousness）
S3	But: not withstand	aw-	W: realistic + poetic; **critics: not**
P2 S4	how, how, and how	kw: a1.2.3	**W: social, historical,** class...
S5		b	realistically, historical

【题目】

Q9 态度

【题干与定位】问1段the author's attitude，定位到S3but句，得到not withstand。找负评价。

【选项】

A. 贬低。**正确**。disparage: to lower in rank or reputation; 降低、贬低。

B. 讽刺。过强。

C. 好笑的。无关。

D. 怀疑，但却畏缩。Resigned几乎永远不对; 学术文章作者态度清楚、确定。

E. 令人失望，但又怀有希望。无。

Q10 论点

【题干与定位】题干所说的realistically、social setting对应第2段第2句，问W这样做的理由。这与本段核心相关，即social, historical。

【选项】

A. 最高级the most realistic，原文没有。

B. engaged by = interested in; social milieu = social environment，对应首句。**正确**。

C. 需要尽可能地注意细节。原文没说她的细节注意不够。

D. 想要指出，竭力保持对现实表征的忠实(fidelity)，这不会伤害艺术家。没提过。

E. 想防止评论家指责她的小说是用一种模棱两可、不够精密的风格写成。无关。

Q11 词汇

【题干与定位】poetic在S2出现，在本文语境中，它与social, historical, critic等是反义，但与consciousness, vision等是同义。

【选项】

A. socioeconomic = social

B. 反义。

C. political = social

D. **正确**。在本文语境下，visionary = consciousness = poetic。

E. 中性词，无关。

4.5 pastry

【文章分析】

S1 A行业的审计师：上周发现6%的夜班pastry不完美，但没有发现白班有不完美的pastry。

S2.1 白班期间的pastry也有人检查，

S2.2 所以/so，夜班的品质监察员比白班更警惕，即便做的是夜班工作。

【题目】

Q12 假设

【题干与定位】问假设assumption。S1, S2.1为前提，S2.2 so以后为结论。假设题要找出前后句的差异概念，然后联系这两个概念。前提说inspectors found，结论说inspectors alert。差异概念是found, alert。连接这两者即为假设：found => alert; inspectors who found（imperfect pastries）in the night shift are（usually）more alert than the day shift，这意味着，白班的人没有发现pastry有问题，必须是不小心（个人主观原因）；**考虑逻辑的另一面**，而不是pastry本身没问题（食物的客观原因）；夜班的人发现pastry有问题，则必须是真的有，而不是误以为有。否则推理不成立。

【选项】

A. 至少白班还是烤了一些有问题的pastry。也就是说白班的pastry本身的确有问题，只是没被发现，这说明质检员不够小心。**正确。**

B. 不是所有夜班检查为不完美的pastry，就真的是不完美的。质检员夸大问题。反驳S1。

C. 夜班检查员接受的训练比白班更多，more training在支持more alert，但没连接差异概念。

D. 正常一周里，夜班发现的pastry有问题的，少于6%。这一周是6%，可能质检员夸大了，也可能是比上一周更小心了，但不是比白班更小心。反驳前提S1，或与推理无关。

E. 只有两班。无关。

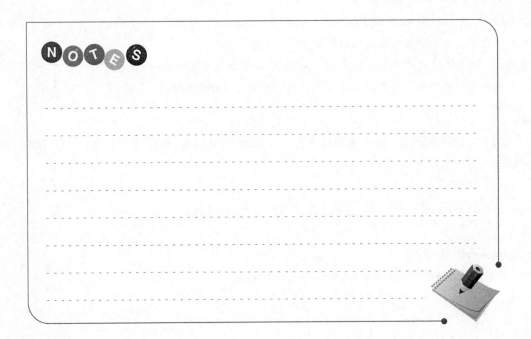

Exercise 5

5.1　zooplankton

【文章分析】

各段首句

长文章，可以先读各段首句，抓住tw, kw, aw。

P1　S1 主干：许多理论被阐述来解释g(razers) = z(ooplanton)在控制a(lgae) = p(hytoplankton)方面的作用。功能：被动语态、他人观点；许多理论，也常被反驳。本句提示老观点（kw$_o$），主题是g-a之间的因果关系(control)，**理科讲因果**，记为g → a。

P2　S1 主干：the fact...led to de-emphasis of the role of g(razers)。主语the fact后有同位语从句，由于fact名词抽象、抓住修饰实义词，可抓住其中的consider only a(lgae) of a size，只考虑一种大小的a，从句的宾语名词之后还有that could be的从句修饰，指出这个a是net p(hytoplankton)。这之后又有插入语，a practice指代前面整个that句子，它自己后面的that则说，这种做法忽视了较小的p/a。括号内命名为n(annoplankton)，而该词之后还有that we now know的第二层从句修饰。这样，主语一共有4个从句，这是有史以来最长的主语！谓语说，这样，导致了在随后的研究中人们弱化了g的作用，将动词led to还原为推理关系⇒，将de-emphasis还原为非因果，可记为g ↛ a。全句重点：consider only net p (=overlook smaller n.) ⇒ g ↛ a。只考虑一种大小的a，于是人们不强调g对a的作用。由于主语和宾语的第一个名词都很抽象，所以分别要抓修饰从句，后面名词内容的实义词。功能：错误做法导致的研究，依然错。功能：负评价，提示第二组老观点。主语修饰的consider only批评了过去的研究，后面subsequent research提示观点。

P3　S1 主干：只是最近，人们才实证地(empirically)确定了g对p/a的压力强度。将pressure还原为因果关系，则有：g → p/a。与第2段首句相比，本句重新确认存在压力，而不是de-emphasis。功能：近期观点即新观点（kw$_n$）。

首句回顾：新老观点：第1段讲老理论，g对a的作用，第2段说这些研究只考虑了一些a，导致后来人们不强调g的作用，第3段说近期人们确定g对a有压力。理科讲因果，谈的是g对a/p有无压力的问题。

全文分析

P1　S1 如前所述。有理论研究g/z → a/p。提示老观点。

S2 The first theories　第一批理论仅仅立足于对a-z的负相关的观察，理科讲因果，相关是因果的前提；a-z负相关：z↓: a↑; z↑: a↓。功能：the first theories提示这是老观点。

S3 A low number　主语有数量low, high，直接在心里转换成↑↓，可得a↓: g/z↑；全句说，这种a低g/z高的情况，表明、但却没有证明，g/z吃掉(remove: 移除)了多数a。功能：老观点的证据。

S4 The converse　主语有数量absence, high，直接转换成g/z↓: a/p↑；全句说，a多g少的相反观察则导致H提出动物排斥原理，然后以which-that-that三层从句，解释这原理的内容，属于细节证据，按证据（从句）与论点（主句）同义重复或逻辑等价，可得exclusion = repellent = excluded。功能：内容相反的老观点。

S5 This was　这是首次提出a防御g的理论。延续上一句，defense = exclusion。

1段回顾：第1句给出主题词(tw)，并引出老观点(kw$_o$')，第2句讲第一批老观点的实质内容(kw$_o$1)，第3句、第4.5句分别说两个子论点（kw$_o$1.1, kw$_o$1.2, kw$_o$1.2'）。各自子理论也有证据，都在句子之内的从句里。全段结构：S1. S2. (S3. vs. S4. S5)。把握重点就是g-a关系，主要是负相关。

P2　S1 参考前面的说明。此外，these first studies指代上一段首句the first theories，然后以v + only的形式给负评价，considered only，还有插入语里的overlook。这样的错误做法，导致随后研究弱化g的作用。这里subsequent research提示第二组老观点。

S2 Increasingly, as 　　在L.R.R的研究中，研究者开始强调环境因素在控制a方面的作用。上一句说弱化g，这一句就讲肯定e(nvironment)，理科讲因果，得到e → a。这是第二组老观点(kw₂2)。

S3 These environmental 　　这些环境因素容易(amenable，易控制、经得起检验)进行实地检测，也容易在实验中模拟。讲该研究的好处。证据(x)。

S4 Grazing was 　　突然提到g还被认为有某种效果，故意与本段的环境观点相反，突然相反，是让步，先承认不同观点。后半句以but转折，回到本段观点，它说，但是g被认为只是一个小的成分，minor component，就是弱化g，否定它因、支持现有原因，间接支持e的因素。功能：让步转折（~kw₂2 vs. kw₂2）。抓对比：grazing: some effect vs. minor component。一个是生物因素，一个是环境因素，两者对比。

2段回顾：第1句反驳上一段，同时引出后续研究，第2句讲第二组老观点，第3句证据，第4句用对立观点来让步转折。全段结构：S1. S2. (S3. S4)。很明显，1~2句是重点句，要抓住**重点句的主干、态度、因果关系**。

P3　S1 近期确定了g对p/a的压力，recently明确提示新观点。

S2 Studies by 　　主干：H.G的研究估计了自然群落的g比率；后面有by measuring...and then computing的方式状语，可以认为它们与谓语动词estimated平行。功能：一项研究。

S3 The high estimates 　　这些研究者所假设的g压力的高估值，没有被充分接受，直到g比率在实地中被直接确定。以however来强调后面的研究，并非否定前一句的估计；前一句讲的实验室，这一句讲实地：lab vs. field，内容有别，但都在证明同一个新论点。功能：过渡句。没有提出观点，但以new experimental techniques引出新研究。

S4 Using a specially 　　Haney 记录自然条件下g的比率。这是第二项研究(kw₂2)。

S5 In the periods 　　在z的最高峰时期，即晚春和夏天，H记录到g的最高值，对n-p湖和b湖，分别是每日p产生量的6.6%，114%。不必多想nutrient-poor, bog lakes分别是什么意思；要把注意力放在主干、句子的功能作用上。功能：证据（u）。注意对比：maximum最高值，与其他时期不同；而且，n-p lake < b lake。新观点或正评价观点细节常考。

S6 Cladocerans had 　　专业名词取首字母，这句的主干是，cl比co的g率高，简化为g: cl < co。从属于上一句的小证据(u')。

S7 These rates varied 　　这些比率随季节而变化，在冬天和早春达到最低点。并列证据(v)。

S8 Haney's thorough 　　Haney 的透彻研究提供令人信服的实地证据，证明g的确可以对p施加显著的压力，exert pressure可还原为因果关系，本句简化为：g → p/a。功能：正评价、本段结论句(cs+)。

3段回顾：第1句提示有新研究，第2句先讲一项估计，第3句过渡，引出实地检验，第4句给出新的记录研究，接下来5.6.7从高点低点两个方面举证，最后第8句总结全段。**抓住首末句**、however句、也可注意高低对比。全段结构：S1. (S2. vs. S3. S4. [S5.6.7]) S8.。

【结构图】

　　1.2段都是老观点，其中1段研究导致2段后续研究，3段近期研究：P1 → P2 vs. P3。文章中zooplankton为浮游动物，主要是grazer食草动物；phytoplankton为浮游植物，主要是水藻(algae)。

	Cue	Function	Core
P1 S1	Many theories, controlling	tw, kw_o'	**g/z: a/p**
S2	first theories, negative correlation	kw_o	**negative correlation**, g: a
S3	low, high, removed	kw_o1.1	**a↓ : g↑ => g remove a**
S4	converse, propose his principle	vs. kw_o1.2	**a↑ : g↓ => H, exclusion** (= repellent = excluded)
S5	first suggestion	kw_o1.2'	= defense

P2 S1	consider only, led to, subsequent research	aw-	**consider only net p.**
S2	researchers began to stress... factors	kw_o2	**environmental → a**
S3	These factors	x	amenable
S4	was believed to have some effect, but minor	~kw_o2 vs. kw_o2	**grazing**: some effect vs. **minor component**

P3 S1	pressure, only recently determined	kw_n	**grazing → p/a**
S2	Studies	kw_n1	**H.G. estimate**
S3	not fully accepted, however, until	kw_n2'	field
S4	field conditions	kw_n2	**Haney, record**
S5	peak, maximum	(u	(**z↑ : g↑**
S6	higher than	u'	cl > co
S7	varied seasonally, lowest point	v)	**vs. g↓**)
S8	thorough research, convincing evidence, pressure	cs+	**Haney: convincing, grazing → a**

【题目】

Q1 取非

【题干与定位】某些理论would have been more convincing if...had...，题干故意将原文的负评价取非为正评价（more convincing），答案则将造成该负评价的原因或负评价本身取非。公式是：原文 aw- if X；题干 would aw+ if? 答案 ~X。定位到原文关于首批理论的负评价，在第1段第3句有but did not prove（that the grazers had removed most of the algae），没有提到原因，就直接将态度取非：not（not prove）g-a = prove g-a。或者在第2段首句也有负评价consider only net p，将其取非为not only consider net p。

【选项】

A. 观察到p很多。原文已经说过观察到负相关。

B. 发现负相关。发现依然是一种观察。要的是证明。

C. 理解环境因素的重要性。环境因素是另一个观点。

D. 提出可证实的、z与p数目的因果相关；verifiable = prove, correlation = correlation。**正确。**

E. 发明实验室技术、绕过(bypass)实地研究。这一段没提过实验室。

Q2 段落信息/多选

【题干与定位】介词regarding后为发文对象，问g–p的pressure，这个词是3段首句kw，故定位到第3段全体内容，答案不能仅仅定位于某句，故是段落信息题。可拿3段核心先排除与之相反或无关的选项，余下的选项再以名词回3段定位。3段核心在首末句，pressure研究中，Haney的实地记录是令人信服的。

【选项】

A. 这种压力按照z的个别类型而有变化；vary对应差异、对比。P3S6有cl > co。**正确。**

B. 这种压力在n–p湖要比b湖小。S5说n–p: 6.6%, b: 114%，的确前者比后者小。**正确。**

C. g与温度施加同样的压力；the same不对，温度压力是老观点。

Q3 取非

【题干与定位】题干one way（in which...could have improve...）would have been，也是将原文负评价取非为正评价（improve），答案则将负评价附近的内容取非。定位early researchers关于data的负评价，就在第2段首句，considered only algae of a size, net p.; overlook the smaller p(nan-)。将该负评价取非：not only considered net p; not overlook nan-。

【选项】

A. 强调温度。与取非无关。

B. 忽视(disregard)nan-的作用。正好是原文内容，未取非。

C. 收集所有大小的p，然后再分析p的集中度。原文说以前只考虑一种大小，这里说all sizes，将only a size取非。**正确。**

D. 认识到不同于net p的其他p也可以被收集在网中；recognize可收集还不是在分析因素的时候consider。干扰选项。

E. 理解net p的重要意义。原文的早期研究已经是过于强调，而忽视其他了。未取非。

Q4 细节

【题干与定位】人名优先定位，H.G在第3段第2句。对应原文即可。但选项内容很长，可依次对照原文与选项的主语、谓语、宾语、其他成分，逐步排除，不必看完一个选项对照一次，那样太花时间。原文内容是：estimated natural community grazing rates。一步步对应即可，除非是对比或因果，不要试图记住原句的所有内容。

【选项】

A. compared，不是estimate。

B. hypothesized，不是estimate。

C. estimated = estimated; community rates in the laboratory，实验室不对。排除。

D. estimated = estimated; natural community rates照抄。候选。

E. estimated = estimated; natural community rates照抄。候选。
再比较D.E，先比较选项差异，再以该差异回原文定位，这样更为清晰。如果使劲看原文，再来看选项，容易绕进去，觉得自己想的就是原文说的。

D. **using data** concerning the known population density of phytoplankton

E. **using** laboratory **data** concerning the grazing rates of individual zooplankton species
差别是什么？按照认知习惯，先找相同、再找差异。D是关于p的数据，E是关于z的数据。回原文。所有数据都是关于grazers/zooplankton，没有关于p的。故E**正确。**

5.2 spider

【文章分析】

Premise: S1 蜘蛛能变色，以与它们所在位置的花的颜色匹配。

S2 蜘蛛吃的昆虫，在颜色区分上敏锐，能够轻易看出蜘蛛，即使后者有伪装(camouflage)。

Conclusion: S3 所以(then)，只有在逃避自己天敌时，蜘蛛变色才有用。

S1. S2 → S3.

【题目】

Q5 逻辑支持

【题干与定位】问strengthen。逻辑支持的答案可以是1. 直接支持：对结论或因果判断进行举例、重复、提供中间推理环节，以连接前提与结论的差异概念；2. 间接支持：否定它因，支持现有原因，增大现有原因的概率。首先找前提、结论之间的概念差异，将这个差异概念连接起来，就是支持。Premise: S1 change color; S2 preys see the spiders; Conclusion: S3 change color useful in evading predators。差异概念：prey can see, evade predators。猎物可看出它；所以变色对它自己捕猎没用，只对它逃跑有用；这里有一个中间环节或逻辑的另一面是predators cannot see，天敌不如猎物会分辨颜色。

【选项】

A. 有些bat吃变色蜘蛛，它们靠回声（echo）来发现猎物。这句暗示天敌不靠颜色识别，但没有说天敌看不见。不能说，天敌会X，所以天敌就不会Y。

B. 吃变色蜘蛛的动物，只是偶尔吃吃(sparing: 节俭、饶过)，避免摄入大量毒素。无关。

C. 有些变色蜘蛛的颜色识别能力很强。无关。

D. 变色蜘蛛织网，网会被捕食者轻易看见。无关。

E. 吃变色蜘蛛的一些鸟的颜色区分能力不比人类强。原文第2句的unlike暗示过人的辨色能力不强。这一句说某些天敌在这方面也不强。这是说predators cannot see。支持。**正确。**

5.3 Croce

【文章分析】

S1　艺术源于直观，而非理性能力，这是C所阐述的信条。首句给出tw: C's belief。抓对比：intuitive vs. rational。文科讲对比，感性vs.理性。但后面who从句的is usually considered，暗示大众意见，也被定义为一种老观点(kw$_o$)，在从句中给出，相对隐蔽。

S2　Croce was　本句in fact与上一句usually，构成对比；人们认为C表达一种新的审美观，但其实是一种很老的观念：new aesthetic vs. old idea。功能：新观点(kw$_n$)。

S3　Long before　早在R强调直观与自我表达之前，疯狂的灵感就被认为很重要，但哲学家p总是假定它应该被规律、理智能力控制；but提示对立，抓对比：R: intuition, self-expression, inspiration vs. p: intellect, law, order。浪漫主义属直观派，哲学家属理性派。功能：新观点内部对比。

S4　This general　这种哲学艺术观得到技术必要性的支持。顺承，继续讲理性方面的，technical = intellectual。

S5　It was necessary　有必要掌握规律、使用理智。顺承上一句，necessary = necessities。功能：证据。这里由Gothic, Chartres，中间大写给出具体或专有名词，通常都是证据。不必认识这些生词。

S6 When this bracing 当这种支撑性的(bracing)工艺(craftsmanship)要素不再主导，新的技术要素就要被采纳，以维持艺术中的理智要素。依然讲intellectual elements。顺承。

S7 Such were 这就是线性透视法和解剖法。顺承上一句。

【结构图】

第1句给主题词和老观点，第2句新观点，说C提出的不是一个新想法。第3句讲到两种古代人的看法不同，文科讲对比，一个要灵感，一个要灵感受理智控制，第4句讲哲学家的观点受技术必要性的支持，后面3句举例证明。涉及文科的两种典型对比之一，即情感vs.理智(另一个是浪漫主义vs.现实主义)。结构：S1. vs. S2. (S3. S4. [S5. S6. S7.])。

	Cue	Function	Core
S1	The belief is usually considered	tw, kw$_o$	**C, art: intuitive vs. rational** **usually: new aesthetic**
S2	in fact	vs. kw$_n$	**vs. old idea**
S3	Long before, but	a	**R: inspiration vs. p: intellectual**
S4	supported by	b	technical
S5		b1	G, C
S6	When ceased, new	b2	technical, intellectual
S7		b3	

【题目】

Q6 取非

【题干与定位】题干问文章暗示，如果没有什么，会发生什么，if...had not把末句/S7内容取非。定位到末句的线性透视和解剖法，such往上指S6，它们维持艺术中的理智要素的新技术要素。如果没有它们，那按文章看法(the passage suggests)，也应该有别的要素来维持，否则作者观点就不成立了。

【选项】

A. 工匠技术(craftsmanship)会继续主宰艺术家的视野，它取非了前半句cease。没有Y进场，不能说明原来的X就继续主导。可以是新的要素出现。干扰选项。

B. 一些其他的技术要素就必须被采纳，以约束(discipline)艺术家的灵感。**正确。**

C. 对艺术家灵感的理智控制，不会影响绘画，而会影响建筑。没有建筑与绘画的对比。

D. 直观灵感的作用也许对艺术创造的理论不再重要。

E. 美学哲学家的假设会被证明无效(invalidate)。S4提到哲学的艺术观受到技术必要性的支持，S5给了G. C的例子，S6说这种要素停止，就会有新要素，S7给了这个要素。如果没有这个要素出现，也会有其他要素，不能说就此推翻作者观点，题干问的是the passage suggests that，是作者本身的一个推理。

Q7 选择句子

【题干与定位】问哲学家的传统假设，哲学家第一次提到是在Long before/S3，那里就说philosophers had always assumed。答案就选Long before这一句。

Q8 作用/in order to

【题干与定位】问作者为什么在最后一句提到线性透视和解剖法。定位逻辑上一层，该句是为了证明上一句的看法，有新要素必须被采纳。而新要素被采纳这一点，也等价于前面第4句的说法，哲学家的理智艺术观得到技术要素必要性的支持。S7 → S6 = S4。

【选项】

A. 扩展论证。没有expand。

B. 指出他与C的异议。没有不同意C。

C. 支持他的观点，理性秩序经常约束艺术灵感。这是S3的哲学艺术观的对应。**正确。**

D. 解释G绘画的理性要素。错，这恰好不是线性透视等要做的。

E. 指出艺术家不断增加的复杂情况，sophistication无所指。

5.4 Nahuatl

【文章分析】

P1 S1 N就如Gr. Ge，是一种语言；宾语language抽象、抓住修饰的实义词，可以形成延伸的复合词（compounds）。作者本人论点（kw）。

S2 By the combination 通过组合根基词（radicals）或语义（semantic）要素，单个复合词能够表达复杂的概念关系。顺承。

P2 S3 The *tlamatinime* 文章第3句在第2段首句，说t这种人能够使用这种丰富的抽象词储备，表达思想的细微之处（nuance）。另起一段，举例论证，因为给出专有词汇t。

S4 They also 他们也能利用其他有隐喻意义的表达。并列证据。

S5 Of these forms 最有特点的，是并列（juxtaposition）两个词，彼此增补（complement）。

S6 Used as 这并列的词，用做隐喻，表达特定的或基本的特征。顺承。

【结构图】

　　第1.2句观点，第3.4句并列证据，第5.6句对第4句的内容举例说明。结构：S1. S2. (S3. S4. [S5. S6].)。作者观点，并列论证。论点说明型文章。

	Cue	*Function*	*Core*
P1 S1	is a X that...	tw, kw	**N, form compounds**
S2		kw'	**complex conceptual**
P2 S3		a	(*t* nuance
S4	They also	b	+ metaphorical)
S5	most characteristic	b1	[juxtaposition, complement
S6		b2	specific traits]

【题目】

Q9 细节

【题干与定位】在N中，抽象普遍的观念通过什么方式表达。定位abstract，就在第2句complex conceptual relations, abstract universal。方法就是单独的词的组合（By the combination of radicals or semantic elements）。

【选项】

A. 拿出一个词。原文是组合起来。

B. 拿出一个词。错。

C. 给一个词新意义。

D. 把各种意义要素放在一个词中；put together = combination。**正确**。

E. 把每个词变成诗化的隐喻。对应最后一句。

Q10 信息/多选

【题干与定位】问 information EXCEPT。先排除可对应到的，剩下的错的或没有的，是答案。

【选项】

A. 所有抽象普遍观念都是复杂关系的观念。第2句说的是 often of an abstract universal character，通常是这样，不是全部，all vs. often。程度错。**正确答案**。

B. 一些关于*t*的思想的记录或证据是存在的。原文提到*t*的内容，就在第2段首句。没有证据，*t*就无从谈起了。

C. 隐喻会在N中用来表达抽象的概念关系，always太强，程度错。**正确答案**。

5.5 appropriate skepticism

【文章分析】

S1 由于科学处理现实，即便最精确的科学通常也得用没有得到完美理解的近似情况，对此科学家必须保持一种适当的怀疑态度。主干是，sciences work with approximations。首句有must，情态词为作者观点（kw）。

S2 Thus, for instance 举例证明。所以，数学家可能会很震惊（shock），对于S方程不是严格正确的描述，只是更正确方程的一种近似，并且，这个正确的方程本身也只是一个不完美的近似。功能：shock暗示对比，通过与数学家的对比，来说明科学的情况。

S3 physicists 物理学家学会感受许多隐藏项的存在，这种感受让他们对方程的纯粹技术特性有一种完全恰当的轻视（disregard）。顺承，论据与首句论点逻辑等价，disregard = skepticism。

S4 This very 数学家没有这种健康的怀疑态度。以foreign to提示对比：p（hysicist）vs. m（athematician）。

S5 Mathematicians 数学家必须处理定义良好的情况。重点是well-defined。

S6 Thus 所以，数学家依靠数学之外的理智工作，来获得近似情况的关键性质。从句里的take literally正好与上文物理学家的skepticism形成对比。方法还是抓主干、抓对比。

【结构图】

本段主要在对比科学家与数学家的差别。科学有近似，数学则不是。第1句是论点，第2句举例，第3句说明这个例子，第4句引出对方一方的数学家，第5.6句讲数学家的工作。结构：S1.（S2. S3.）（vs. S4. S5. S6.）。本段通过X同Y对比，来说明X的情况。

	Cue	*Function*	*Core*
S1	must maintain	kw	**sciences: approximation**
S2	Thus, for instance	p1 vs. m	approximation vs. m: shock
S3	; and	p2	invisible terms; disregard technical
S4	foreign to	vs. m	**skepticism vs. m [not]**
S5	/	m1	**well-defined**
S6	Thus	m2	**m: literally**

【题目】

Q11 细节

【题干与定位】科学家怀疑他们的方程是因为什么（because）。定位到怀疑的原因。在第一句就有Since，答案就是science...deal with reality。

【选项】

A. 解释实在的、而非理论或简化的情况。**正确。**

B. 知道定义明确的（well-defined）问题经常是最难的。无关。

C. 不能通过多重变量表达其数据。没提。

D. 不愿放松他们所提出的公理（axioms）。没提。

E. 不能接受自然现象的数学解释。无关。

Q12 细节

【题干与定位】科学有健康的怀疑态度，原因在于他们察觉到了什么；题干的aware = S3 sense。感受到了invisible terms。

【选项】

A. 数学家更能解决问题。无关。

B. 公理命题的变化不可避免会摧毁（undermine）科学论证。无关。

C. 明确定义的情况对于设计可靠的实验是有必要的。无关。

D. 数学解决方案很少可以应用于实际问题。

E. 多数情况下有一些因素一定还是未知的，unknown = invisible。**正确。**

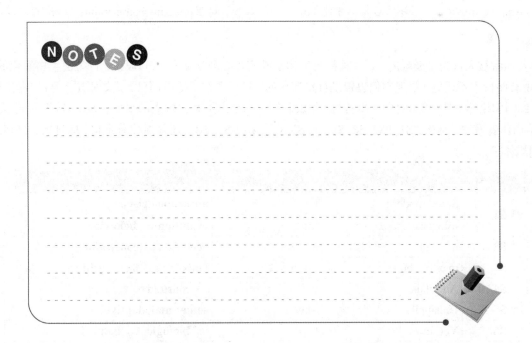

Exercise 6

6.1 anthropologists

【文章分析】

P1 S1 一些人现代人类学家坚称，生物演化不仅塑造人类形态(morphology)，而且还塑造人类行为。科学讲因果，shape = cause，抓因果：evolution → behavior。人物及其观点，可以被反驳，也可以是评论对象；但因为人物是modern，不是被反驳，而是被评论。

S2 The role 演化的作用不是规定(dictate)行为的细节，而是施加(impose)约束条件(constraints)；破折号之后为同位语及其that从句，次要。本句not A but B，否定肯定结构，含有对比，抓对比：details vs. constraints。解释第一句论点，属于证据(a)。

S3 Our "frailties" 我们的"弱点"(frailties)也许是一个混合体(assortment)，但它们都至少共有一个直接的性质：我们被这些弱点抓住了(grip)。本句主语后有破折号，并列许多弱点，次要；前半句may be，后半句but，构成让步转折，暗含对比，抓对比：mixed vs. share。重点在转折，故抓住其中的实义词：grip。

S4 And thus they 于是它们给我们以约束感。顺承推结果，these frailties → grip → constraints。

P2 S5 Unhappily 不幸的是，某些弱点现在不适应了 (maladaptive)。不是反驳第1句，而是提出难题。由于adaptive = evolutionary，这句话可以看做对第1段首句的挑战。

S6 Yet beneath 但是，在文化细节的覆盖(overlay)背后，这些弱点也被认为是生物性的，就像我们的阑尾一样自然。本句转折回到论点，还是生物演化的产物，很自然，难以避免它们。重点是，frailties are biological in direction = natural = P1S1 evolution。

S7 We would 我们需要透彻掌握它们的适应起源，以理解它们现在如何糟糕地指导我们；这里，guide = S3 grip = S2 constraint。本句need情态词表作者观点，在文末为结论(cs)。

S8 And we might 也许然后我们才能抵制它们的压力，这里pressure = constraints。结论的继续(cs')。

【结构图】

本文通常被人认为是极难的，是一篇社会生物学或演化心理学文章。第1段说，行为是生物演化的结果，第2段说有些行为不适应了，但它们也曾是自然演化的，只是现在不适应而已，犹如阑尾。第1句提出被评论观点，2.3.4句论述。其中第3句有让步转折。第2段首句/S5给出不利此观点的事实，第6句转折回到观点，第7.8句给出作者看法。结构：S1. (S2. S3. S4.) ([S5. vs.] S6.) S7. S8.。还是**抓住首末句、抓对比**，得到的内容见下图黑体字。

	Cue	Function	Core
P1 S1	Some modern -ologists, shape	tw, kw	**anthropologists: evolution → behavior**
S2	not, but	a	(details vs.) **constraints**
S3	may be, but	~b, b	(mixed vs.) share: **grip**
S4	And thus	c	→ constraints
P2 S5	Unhappily	~kw	**some: maladaptive**
S6	Yet, too	kw	vs. **biological = natural**
S7	We would need	cs	**comprehend origins**
S8	And we might then	cs'	resist pressure

【题目】

Q1 类比

【题干与定位】问 details vs. constraints 在人类形态方面的类比情况。定位S2，在行为上，细节是各不相同的，往往是文化产生的，而约束条件方面，却是 come naturally 自然发生的，每个原型情况都有的。也就是说，细节属于个性，是后天的，文化的；但约束属于共性，是先天的、生物性的：nurture, cultural vs. nature, biological。我们在人类形态方面找类似的情况：一个是后天的，一个是先天的，或者，一个是可变的，一个是不可变的。

【选项】

A. 多数人能看到所有颜色，但多数人除了主色以外就不能命名其他颜色；see vs. name 的差别，不是个性、共性的问题。

B. 即使最不幸的人也能表达同情(compassion)，而人类却没有能力完全隐藏感受。无关。

C. 一些人可以潜水潜很深，但多数人不能游很远。潜水很深或长距离游泳不行，都不一定是先天的。

D. 能够推迟满足的人的心理分布，与不能完全控制自己生活的人的心理分布。不能完全控制生活，可能是先天，也可能是后天；或者，控制生活的能力，依然是可变的。更大的错误在于行为或心理问题，不是题干所问的形态或生理问题。推迟满足不一定是先天的。（据我所知，delay gratification 也许是后天刻意练习的结果，主要用于克服人类的 hyperbolic discounting/双曲贴现的天性，后者是说，人类对当前的小回报给的估值，往往高于长期的大成果。这意味着多数人不可能做出成就。要做一点大事，就必须训练自己克服短期诱惑。不是消除诱惑，而是约束它、甚至利用它，比如在取得阶段性成果时，给自己一个小小奖励，然后继续向远方前进。）

E. 山区的人肺活量更大，帮助他们在缺氧的空气中生活，而人类没有特别装备都不能飞起来。前者是后天习惯的结果(如果你从小不是在城市长大，而是在山区长大，就会这样)，后者是先天的生理学或形态学约束。**正确**。

Q2 细节

【题干与定位】在讨论 maladaptive 时，作者假设什么。定位到第2段。P2: S5说，有些特征是不适应的。S6说，但依然是生物性的。S7说，所以我们要了解其适应性的起源。假设是找前提和结论的缺口，前提是，从前是适应的；结论是，现在不再适应。那说明，文化或社会变得太快，这些弱点追不上了，于是才不再适应。不是弱点本身变得快，社会追不上。

【选项】

A. 演化不会有利于(favor)适应性特征的出现，而有利于不适应特征的出现。演化当然有利于适应性特征。假设是补论证缺口，不是推翻前提。

B. 没有积极适应性的，都在演化理论中被认为是短暂的(transitory)。无关。

C. 不适应的特征，一旦固定，会使其他不适应特征更有可能出现。很疯狂的选项。

D. 一个不适应的特征，必定始终是高度试验性的(tentative)。无关。

E. 人类整体环境的变化，超过了演化变化。就是说，演化追不上社会变化。**正确**。

6.2 carbon dioxide

【文章分析】

S1 二氧化碳(carbon dioxide)分子影响地球热平衡的方法是作为一个单向屏幕。给出主题词CO_2。**理科讲因果**，affect = cause，$CO_2 \rightarrow$ heat balance。后面的方式状语 by doing X，也可表示原因，故有 CO_2: one-way screen $\rightarrow$ heat balance。本句为全段论点(kw)。

S2　Although these　虽然这些分子允许可见波长的辐射通过，但它们会吸收来自地表的长波红外辐射。让步转折，可抓对比：pass: visible vs. absorb: longer wavelength。本句前半句还有where从句，次要；后半句的宾语有分词修饰，再被同位语及其从句修饰，均次要。功能：证据。

S3　For the Earth　要使地球维持恒温，来自地球的辐射就必须与太阳辐射平衡。情态词must也表作者判断。

S4　If there were　如果大气里没有CO_2，热会更容易逃离地球。数量相关：$CO_2\downarrow$: heat$\downarrow$。虚拟推理。

S5　The surface　那样地表温度会很低，连海洋都会变成一大块冰。虚拟推理。

【结构图】

第1句提出因果论点，第2句解释，第3句继续解释，第4.5句对第3句进行说明。结构：S1.（S2. S3.［S4. S5.］）。

	Cue	Function	Core
S1	affect, by acting as	kw	**CO_2: screen → heat balance**
S2	Although,	a	**visible vs. longer wavelength**
S3	must	b	**balance**
S4	If there were, would	b1	$CO_2\downarrow$: heat$\downarrow$
S5	would be	b2	temperature$\downarrow$: oceans → ice

【题目】

Q3 细节

【题干与定位】问到达地球的greatest part of the solar energy，找数量、程度比较高的细节，可能在句子主干，也可能在修饰。定位第2句，where从句中提到, most of the energy of sunlight，这里就是了，它集中于可见波长辐射。

【选项】

A. 红外光谱。错。

B. 可见波长。**正确。**

C. 被二氧化碳分子吸收。二氧化碳允许可见光pass through，没有吸收；它吸收红外辐射。

D. 被大气的水蒸气吸收。无。

E. 被冰雪反射回到太空。无。

Q4 细节/多选

【题干与定位】问二氧化碳发挥什么作用。整段都讲这个，一个个定位。

【选项】

A. 吸收可见波长辐射。第2句说让它通过。二氧化碳吸收的是来自地球的红外辐射。

B. 吸收来自地球的外向辐射。**正确。**

C. 帮助维持地表的热。即原文说的维持热平衡。**正确。**

6.3　Vinaver

【文章分析】

S1　主干是the V theory...produced both relief and shock。主语名词抽象、抓修饰实义词，M's eight romances, independent works。意思是，V的理论认为，M的八部爱情小说(romance罗曼史、小说)是独立作品，产生了轻松感和不愉快的震惊。除了**抓主干、抓修饰实义词**，还可**抓对比**，once thought to vs. in fact提示对比，得到：unified vs. independent。首句给出人们反应，这可能是论点或事实。注意，这不是作者在对V的理论给态度。

S2　Vinaver's theory　V的理论轻松地解释掉了(explained away)年代(chronology)的明显矛盾，也使每部小说各自看起来令人满意。说明第一句，重现首句核心，逻辑等价词comfortably = relief。

S3　It was, however　但是，令人不快的是，从前以为是一本书的，现在成了八本书。说明第一句，逻辑等价词，disagreeable = unpleasant shock。本句however不是跟在别人观点之后，不表示反驳，只是转换到另外一个对立的方面；however表示态度转换。

S4　Part of this　这种反应，一部分是来自固有概念被干扰的自然反应。本句解释第3句反应的原因，reaction = response = outcome = result of。A对B作出反应，就是B → A。抓因果：disturbance → dissagreeable。

S5　Nevertheless, even　但是，甚至到现在，在长久思考以后，人们也不能避免得出这个结论：八部小说只是一本书。转折。可认为上一句是让步，是次要原因，现在要引出主要原因。

S6　It is not quite　这不是对独立理论不满的问题，而是拒绝其含义：这些小说可以以任意顺序来把握，它们没有累积效果，它们就像现代小说家的作品一样分离。这句有not A but B，**抓对比**：theory vs. implications；或者independence vs. order, cumulative, not separate。宾语有三个宾语从句，并列成分、可取其一，但这里内容比较简单，我们都取了，此外，**并列关系、逻辑等价，抓等价**，可得no order = not accumulative = separate。

【结构图】

第1句给出事实，第2.3句说明，第4句解释第3句的反应，给部分原因，第5句转折，引出主要原因，第6句继续说明该原因。结构：S1.（S2. vs. S3.［← S4. vs. S5. {S6.}］）。

	Cue	*Function*	*Core*
S1	once thought, in fact relief, shock	 tw	M:（unified vs.）**independent** **V: relief, shock**
S2		a	comfortably
S3	however	vs. b	**vs. disagreeable**
S4	Part of this response	kw1	**← disturbance**
S5	Nevertheless	vs. kw2	**vs. consideration: one work**
S6	not, but (that, that, and that)	kw2'	independence **vs. order, cumulative effect, not separate**

【题目】

Q5 信息/多选

【题干与定位】题干about后为发问对象，M的作品是主题词（tw），不能单独定位某句，选项分散对应全文各句，信息题，解法是从选项找线索、带核心去排除。核心是M's works are independent，但同时不能不按order来理解。

【选项】

A.　在这些小说之间存在有意义的联系；link = S6 order。**正确。**

B. 当小说被当做一部作品时，小说的微妙之处（subtleties: nuances, shadings）被掩盖（obscured）；obscure变成负面了，但末两句还是支持一部作品的感受的。

C. 小说之间的任何年代（chronology）的矛盾，都不比它们的总体统一性重要。对应S2与S3-6。A less than B = S2, however S3。选项中的contradiction in chronology = S2 contradictions of chronology, overall unity = S3 disagreeable + eight books = one book = S6 cumulative effect, not separate。**正确**。

Q6 态度

【题干与定位】问作者承认哪个关于V理论的说法。找作者态度。首句有relief, shock，但这是人们的反应，不一定是作者态度；作者态度的明确表达是在S5的一个插入语中，the theory's refined but legitimate observations。考到一个小细节，难度高。

【选项】

A. 更清楚地理解M小说的统一性。V反对这种统一性。

B. 证明把M小说看做统一这种做法是不理性的。但第5句说，是V的理论的观察让人得出结论（cannot avoid the conclusion），这依然可以看做一本书；irrationality不对。

C. 现代小说和M小说，按最后一句，应该是不一样的，一个分离，一个统一。

D. 统一早期和后来的理论。无。

E. 对应第五句：refined but **legitimate** = **valid** and subtle。**正确**。

Q7 细节

【题干与定位】问some critics，不是作者。批评家是人，人物常有观点；作者观点在最后5-6句，跟作者观点不同的那些批评家的观点就在Nevertheless之前的S4：natural reaction to the disturbance of set ideas。固有的想法被干扰，带来了不满意的自然反应。本题难度较高。

【选项】

A. 经常被不一致的情况所误导。无。

B. 起初由于从前的解读而带有偏见；previous interpretation = S4 set ideas，被干扰了以后就不满，bias = disagreeable（response）。**正确**。

C. 概念上不满于V所拒绝的一般解读。没有提到conceptually displeased。

D. 通常同意V对M和现代小说的相同比较。不对。

E. 起初怀疑V关于现代小说的早期结论。V没有提出早期理论，early错。

6.4 health insurance

【文章分析】

S1 每年都要参加两种健康保险之一。S2 一个要员工投很多钱；另一个则要公司投。

S3 许多员工参加的是第一种。S4 这个事实不能说明，他们觉得这个计划的好处优于不要求员工投钱的计划，因为 X。

Premise: S1. S2. S3. X => Conclusion S4.

【题目】

Q8 逻辑续写

【题干与定位】哪个选项最能从逻辑上完成这个论证？论证argument就是几个句子的组合，包含前提、结论两部分。缺一个since从句，属于前提。补足其他前提与结论之间的概念缺口即可。几个前提的意思是，员工多数选择自己投钱的计划而不是公司投钱的计划，结论是，这不能说明员工觉得这个计划比公司投钱的计划好。相同概念是：自己投钱的计划、公司投钱的计划，差异是员工的选择、员工没觉得这个选择好。找个中间环节连接这两者：enroll → X → feeling not superior。你知道，通常选什么、就认为这个更好。现在是，选了这个，还不觉得这个好。这有矛盾。一定另有原因导致他们不得不选不好的。这就是X要说的。

【选项】

A. 提到other than SAI；整个段落只讲的是SAI的事，跑题了。

B. 只有工作至少15年的员工，才有资格(eligible)参加公司付钱的计划。**正确**。多数员工不一定是工作至少15年的员工。公司投钱的计划其实更好，只是他们不能选。自己选的那个计划，不是最好的计划。这个中间环节让原文推理变得合理。

C. 两个计划与过去十年提供的计划基本一样。过去十年？没提到。

D. 多数参加公司投钱计划的，都在50岁以下。嗯，没说选这个是因为不得已。

E. 这两个计划不仅有益员工，也有益于员工的孩子和配偶。这不是太好了么？要找不好的原因！要找not superior的原因，不是找benefit！

6.5 agrarian discontent

【文章分析】

P1 S1 主干是，历史学家T在1890s写道，农民不满因为内部边疆关闭而加速。其中，wrote that宾语从句单独分析，主语是agrarian discontent，后面的that从句次要；谓语动词had been precipitated by 被促进、被加速，还原为因果动词，= had been caused by；宾语是closing of internal frontier，后面有that is引出的同位语解释，次要，后面还有needed for的分词修饰，也次要，但同位语修饰与被修饰名词等价，可得depletion = closing，耗尽新土地，就是关闭内部边疆，即再没有可供开发的国内土地了。功能：过去老观点(kw$_o$)，抓因果：closing frontier → discontent，原因 = kw(closing)，结果 = tw(discontent)。

S2 Actually, however 但是，新土地还在开发用做农业。反驳第一句原因，taken up vs. closing。本句负评价(aw-)，还没给出新观点。

S3 In the 1890s 在1890年代，很多新农场被开垦。证据，重现上句核心，settled = taken up。中间时间、地点、大写，通常为细节、证据(a)。

S4 After 1890 1890 之后，更多新土地被开垦。证据(b)，直接照抄第二句核心，taken up。

S5 It is true 让步转折，含有对比，抓对比：suitable only vs. advanced, profitability。让步说，诚然，很高比例的新农地只适合畜牧(grazing: 吃草)和旱作，这是负面的；转折则说，但农业实践已经足够先进，即使用这些相对贫瘠的(barren)土地，也能增加农业获利，这又回到正面的说法，有地可垦、有利可图。

1段回顾：首句老观点，discontent ← closing frontier，第2句反驳，还有新土地开垦，边疆没关闭，第3.4句并列时间证据证明，第5句让步转折，以退为进，迂回证明。结构：S1. vs. S2. (S3. S4. S5.)。

P2 S1 主语是长名词短语，抓实义词，emphasis of disappearance，强调美国边疆消失；谓语动词obscure，掩盖、遮蔽；宾语是长名词短语+that从句，抓实义词，importance of changes and consequences of international trade。全句的主干意思是，强调边疆消失，这掩盖了国际贸易的变化及其结果的重要性。功能上，既有负评价，又暗示新观点。其中，disappearance = closing = 老观点；obscure给负评价；importance提示新观点，因为A is important for B，可以还原为A → B，A为原因，所以international trade = kw$_n$。对照1段首句，得到新老观点对比：closing frontier vs. international trade → discontent。

S2 Huge tracts　　大片土地被开垦，这些区域还彼此连接，形成相互依赖的市场体系。并列复合句。中间大写提示证据，内容对应首句 changes in international trade。

S3 Consequently　　因此，农业萧条不再是地区或国家的，而是冲击内部边疆还没消失或不会马上消失的若干国家。依然是证据，顺承上一句，推理的下一步，讲 consequence in international trade。这里，several nations = international。

S4 Between the early　　中间时间表示证据。主语是主题词，不断上升的（mounting）农民不满；谓语动词 parallel 还原为相关性，=correlate with，可看做广义因果；宾语是长名词短语，取实义词，得到 uninterrupted decline in prices，后面的 foreign markets = international trade。全句简化为因果关系：decline in price → discontent。

S5 Those staple-growing　　首句 who 从句代入主语，展示出最大不满的农民，正好就是最依赖外贸市场的。最大不满是最大的量，这依然是证据。论据与论点逻辑等价，dependent on = S1 importance = S4 parallel。本句正相关：最依赖国外市场的、最不满。

S6 Insofar as　　就美国人已被吓到（deterred），不敢开垦新土地来说，这是因为，市场条件使得这个时期这样做很危险（perilous）。末句，提示结论，以 because 明确提示原因，market conditions = international trade = decline in price，这是因为论点–论据关系而形成的逻辑等价关系或广义同义词汇对应。

2 段回顾：第 1 句引出新观点，international trade → discontent。第 2 句讲证据，第 3 句讲结果，第 4.5 句继续给证据。最后一句总结全段，market conditions → discontent。结构：S1.（S2. → S3.［S4. S5.］）S6.。

【结构图】

中等篇幅文章，350 字左右。看文章时，要记住**什么主题、几个论点、什么论点**，在内容上，要**抓重点句主干、抓对比、抓因果、找等价**。第一段有老观点，第 2 句反驳，之后给证据，第 2 段首句引出新观点，然后中间写了 4 句证据，最后末句总结。新老观点型文章。

		Cue	Function	Core
P1 S1		wrote in the 1890's, **precipitated by**	$kw_o \to tw$	**closing frontier → discontent**
S2		Actually, however	aw-	**new lands**
S3		In the 1890's	a	(new farms
S4		After 1890	b	new land）
S5		It is true, but	~c, c	(suitable only vs. profitability)

P2 S1	obscured **importance**	aw-, kw_n	**international trade** → discontent
S2	A, A, C, E	x	interdependent market
S3	Consequently	→ y	**→ struck several nations**
S4	Between...and... **paralleled**	z	discontent ← decline in price
S5	**dependent on**	u	discontent ↑ : foreign markets ↑
S6	**because**	cs	**market conditions → deterred**

【题目】

Q9 主题

【题干与定位】题干primarily concerned考主题，定位到aw-和kw$_n$，在第1段第2句however句，以及第2段首句，是国际贸易而非土地缺乏，导致农民不满。

【选项】

A. 某一解释得到证据更好支持，另一替代解释则没有。从结构上给答案，的确一个解释好、一个不好。**正确。**

B. 展开一个替代解释，使用一些证据，这些证据从前不可得。仅错在that从句，原文没有说过新观点的证据此前unavailable。

C. 质疑（question）多数学者用来反对（counter = object to）作者自己解释的证据。没有人反对作者。谁敢反对作者？

D. 评估一些证据，人们以前以为，该证据掩盖了一个有效解释。奇怪的选项。第2段首句说的是，强调边疆消失、土地用尽，这种老观点的做法，掩盖另一个解释，不是某个证据在掩盖，而是某种理论在掩盖。

E. 提出证据，支持对一种以前的解释的有争议版本。意识是support earlier interpretation；作者没有支持老观点。

Q10 细节

【题干与定位】首先，international trade指向第2段首句论点，因此定位到第2段；然后，题干的result in，问结果，第2段第3句由consequently与之对应，答案就在该句，depression struck several nations。

【选项】

A. 低估新土地的量。这是1段对老观点的反驳。答非所问。

B. 对相对较小但富足的地块（plots）利用不足。无关。

C. 世界交通网络过度扩展。这不是结果，而是贸易条件之一。

D. 农业萧条延伸至国家边疆之外；beyond national = international。**正确。**

E. 强调市场力量在决定农业产品价格方面的重要性。这不是国际贸易导致的结果，而是基本经济事实。原文导致的是，农业萧条的影响范围扩大到各国。

Q11 细节

【题干与定位】首先，interdependent market system属于第2段international trade的概念，depression则可定位首次出现，在第3句Consequently之后，有多个地方有谈到，基本意思是，萧条波及各国。

【选项】

A. 扩展到若干国家，排除那些边疆前沿还保持开放的国家。

B. 体现于若干国家，包括那些还有新土地可开垦的国家。

   A.B接近，**先找相同、后找差异**，一个exclude，一个include，定位到第3句，是打击了那些前沿还没消失的国家，因此包括它们，而不是排除在外。**B为正确答案。**

C. 放缓新技术发展的速度。没提到技术因此放缓或加速。

D. 影响非农业。跑题。

E. 鼓励一些国家更多地在国外市场卖出它们的农业产品。这不是题干所问的result in的结果。

Q12 因果取非

【题干与定位】题干 would have preferred，用虚拟语气，讲与原文相反情况，原文农民是不满的，现在非说他们偏爱（prefer）、喜欢。找出导致农民不满的原因，将之取非即可。定位 S4，decline in price → discontent。虽然原句用的是 parallel，但结合本段首句可知这就是因果关系。现在要开心，则价格就不下降：not decline in price → not discontent = prefer。1880's 期间的价格，按原文，是下跌的。现在要它反方向、上涨就行。在这个推理里，原因 → 结果，按数量因果，原因变化，结果也会变化。

【选项】

A. 同方向。错。

B. 反方向。候选。

C. 同方向。错。

D. 反方向。候选。

E. 同方向。错。

    B、D，比较差异，B 是反得较小，也就是涨得较少，D 是同样规模，也就是以前跌多狠、现在就涨多狠，显然涨得狠更让农民开心。D 为**正确答案**。

6.6　sociobiology

【文章分析】

S1　当同样的参数（parameters）和量化理论被用来分析 t 和 r.m 时，我们就会有一个统一的社会生物学。给出主题词，而且，we will have，表示作者判断（kw）。

S2　I have　　我对昆虫与脊椎动物之间的功能相似，日益印象深刻，而对它们之间的结构差异，则愈发觉得不重要。本句 more A less B，抓对比：functional similarities vs. structural differences。

S3　Consider　　考虑 t 和 m。举例说明。

S4　Both　　两者都形成合作群体。

S5　In both　　两者的社会都有明显的（well-marked: well-defined, pronounced）社会分工。与上句并列。

S6　Members　　两个群体的成员都彼此交流很多信息。继续并列证据。

S7　From the　　从专家视点看，这种比较开始似乎很表面。让步，may seem 提示，后文转折。

S8　But it is　　一般理论的雏形就是从这样的过度简化开始出现的。转折；找对比：facile vs. beginning。

【结构图】

    第 1 句给论点，第 2 句展开说明，第 3 句开始举例，第 4–6 句并列 3 句证据，第 7–8 句让步转折。结构：S1. S2. (S3. [S4. S5. S6.]) (S7. vs.) S8.。论点说明文章，作者一个人讲观点。

	Cue	Function	Core
S1	we will have	kw	unified sociobiology
S2	increasingly similarities, less differences	kw'	similarities > differences
S3	consider	e（xample）	t, m
S4	Both	a	
S5	both kinds	b	
S6	both	c	
S7	may seem	~kw	facile
S8	But	kw/cs	vs. beginning

【题目】

Q13 选择句子

【题干与定位】选出一个句子，作者在此提出，昆虫和脊椎动物社会还是有显著的结构差异。原文唯一与之对应的就是第二句后半部分，structural difference，不是不存在，只是作者觉得这没多大意思了。答案：I have increasingly这一句。

ⓃⓄⓉⒺⓈ

不能等到完美再出发。等到完美，人书俱老。生命短暂，你不可能永远准备充分。完美只是电影上的一个场景，小说中的一个情节，婚礼上的几分钟。先行动，在路上解决问题，而不是原地苦等完美光临。在行动中面对内心的恐惧、犹豫和胆战心惊，在行动中面对不确定和不完美。我们从不完美，但热烈燃烧。

Exercise 7

7.1 hydrogeology vs. geohydrology

【文章分析】

S1　h是关于某些地方的水的性质、分布和环流的科学。首句属于X is a science dealing with/that...，这是标准的术语解释。功能：tw = h(ydrogeology)；作者以种属关系定义新学科。

S2　The term　　g这个术语有时被误用为h的同义词。对比差别，抓对比，erroneously...synonym = difference：g vs. h。

S3　Geohydrology is　　这句先说，g关注的是地下水。

S4　There are many　　有许多构造(formations)包含水，但不是h循环的一部分，因为地质变化把它们隔离在地下。

S5　These systems　　这些体系可以称为g，而不是h。本句有but，抓对比：g: underground, isolated water vs. h: not。

S6　Only when　　只有当一个体系拥有自然或人为边界，把它里面的水与h循环的水连接，这整个体系才可被称为h；only暗示对比，抓对比反义词：S4: isolate vs. S6: associate。

【结构图】

　　第1句给出主题词h，研究的是水的循环；第2句把h与g对比，第3.4句解释g，第5句对比g与h，第6句重新回到h。论点说明文章。主要抓对比：h: water in the cycle vs. g: isolated, ground water。结构：S1. S2.（S3. S4. S5. vs. S6.）。

	Cue	Function	Core
S1	is a science...	tw, kw	**h: water circulation**
S2	erroneously...synonym	h vs. g	**h vs. g**
S3		g	g: underground water
S4	but not	g1	**isolated water**
S5	but not	g vs. h	**vs. h**
S6	Only when, may	h	**h: associate**

【题目】

Q1 细节

【题干与定位】哪个最有可能是g的研究主题。原文只有一组对比可考的样子，答案应与isolated, underground water有关。

【选项】

A. 提到瀑布，这是地表水，不是地下水。(porous: 有孔的、有洞的)

B. 水把矿石沉积(deposit)在峡谷(gorge)两岸(banks)。地表水。

C. 水被捕获在一个封闭的地下水穴(cavern: 穴、洞)。不参与循环、被分离。**正确。**

D. 水变得不适合饮用，因为有制造工厂（plant）把污染物排放到里面。地表水。

E. 一条河道（channel）改变流向，因为水的作用侵蚀（wear away）它流过的岩石。地表水。

Q2 作用/in order to

【题干与定位】问作者提到many formations是为了什么。定位在第4句，这是句子宾语，它的逻辑上一层就是整个句子，本句内容用but not提示了h与g的差别。

【选项】

A. 阐明一种区别；but not = distinction。**正确。**

B. 引入一个主题。早引入了。不是这句。

C. 作出一个类比；analogy指相似，这里讲差别。错误。

D. 强调一种相似。与C错误相同。

E. 解决一个冲突。哪里有冲突呢？这是事物与事物的差异，不是人与人的对立。

7.2　Bluestocking vs. *salonniers*

【文章分析】

S1　当沙龙在法国根深蒂固时，一些英国女性，自称B（luestocking），追随s（*alonnieres*）的榜样，形成自己的沙龙。给出主题词：B's salon。首句有follow the example，文科讲对比、文科也讲比较，将动词还原为相同，则有B = s。事实上，每次我们能够将句子动词或内部的关系还原为相同（=）、不同（≠）、因果（→）时，我们就能更清楚地记住其中的信息！还原、简化是一种重要的信息加工的认知能力。

S2　Most Bluestockings　多数B不想照搬（mirror）s；她们只想采用公认的公式（proven formula）满足她们自己的目的——提升（elevation）女性地位。本句not mirror提示不同，故有B vs. s。功能：论点。文科讲对比为主！

S3　Differences in social　社会趋势和背景的差异，也许可以解释法国和英国沙龙的性质差异。本句解释原因：account for = explain = cause：social background → nature。当然，重点在差异：F（rench）/s vs. E（nglish）/B。文科讲对比！！

S4　The French salon　法国沙龙吸收（incorporate）贵族态度，崇尚（exalt）宫廷式的愉悦，强调艺术成就。此句讲法国，是对比的一方。

S5　The English Bluestockings　英国"蓝袜女"（才女），起源于较为逊色的背景，强调学习和工作甚于快乐。对比已经出现：aristocratic vs. modest → F: pleasure, art vs. E: learning, work。（这个内容，很容易理解。贵族出身，当然不必那么劳心费力，因为什么都有，只是享受或者玩点艺术，但平民出身，或者小资出身，就要多学习、多工作，少娱乐，读博士、学理工、憋大招，追赶别人家族两三代的积累，将来你的孩子也可以像当年美慕的同龄人那样生活。社会很公平：同龄人不一定起跑线相同，但就家族而言却是一样的，任何家族都是从零开始。——现场想这么多，你的阅读就完了。我说这些，是请大家注意：切勿像我这样带入背景知识！不要就着单词浮想联翩！）

S6　Accustomed to the　习惯了宫廷圈子的严格管理的（regiment: 军团）生活，s往往在沙龙弄些繁文缛节（formality）。又开始讲对比的这一方。如果你开始不认识regimented，没关系，句子的主干与修饰等价，故regimented = formal！**借助逻辑等价关系，从已知推未知、从熟词推生词，这是需要掌握的重要能力！**

S7　The English women　英国女性，虽然也有点清教色彩（puritanical），但还是较为随意。句内though让步，暗示对比；另外，本句与上一句也是对比；对比找反义、反义在宾语，得到：s/F: formality vs. B/E: (puritanical vs.) casual。如果你开始不认识puritan，没关系，though的关系，说明了puritanical = not casual。

【结构图】

第1句引入讨论主题，第2句开始讲不同的论点，第3句是解释差异。第4句、第5句讲第一组对比，第6句、第7句讲第二组对比。结构：S1. S2. S3.（S4 vs. S5. S6. vs. S7.）。文科讲对比，这一段体现得很充分，除了主题词以外，就要抓住对比：F/s: pleasure, formality vs. E/B: work, casual。看了段落就能记住！为什么呢？选择对比反义词的认知模式，管理了你在阅读时平均而分散的注意力，将你从个别不认识的单词拖开，而聚焦于特定的对比词汇。

	Cue	*Function*	*Core*
S1	followed the example	tw	E/B = F/s
S2	not mirror; own	kw	**B vs. s**
S3	Differences can account for differences	F vs. E	**F vs. E: background → nature**
S4	F	F1	**F1: art, pleasure**
S5	E, more	vs. E1	**vs. E1: work**
S6	s	F2	**F2: formality**
S7	E, though	vs. E2	**vs. E2: casual（vs. puritanical）**

【题目】

Q3 对比

【题干与定位】 直接问两者的对比在哪里！还记得吗？art, pleasure vs. work！这种题目，在熟悉文章结构模式、能够边读边把握核心词的情况下，就不用回头定位了。

【选项】

A. 获取知识的价值。没说法国沙龙不要知识。

B. 快乐在沙龙中的作用。一个高、一个低。**正确。**

C. 与社会传统完全决裂的可取性。本段没提决裂与否。

D. 把不同背景女性包含到沙龙里。无。两者之间的女性背景不同，但是各自内部的女性背景没有不同。

E. 获得与男性充分的社会和政治的平等。无。

Q4 作用/in order to

【题干与定位】 问作者为什么提到背景差异。定位第3句，背景差异是该句主语，逻辑上一层就是整个句子，当然是为了account for the differences in the nature of F and E salons。

【选项】

A. 批评观点。全文无评价。

B. 讨论理由，为什么法国的沙龙建立先于英国的。时间先后不是要解释的现象。

C. 质疑重要性。这段文章没有评价。

D. 反驳论点。呃！没有评价！

E. 解释他们的沙龙在气氛和风格方面的差异；atmosphere and style = nature。**正确。**

Q5 对比细节/多选

【题干与定位】 问哪些陈述与法国s的原则最一致（compatible with）。定位到原文最后4句英法沙龙的对比。法国沙龙强调art, pleasure。

A. 专于快乐和艺术并有其理由。对应S4，exalted = devotion to；emphasized = justified，都是广义对应。**正确。**

B. 男性应当被排除在女性权利支持者的群体之外。没提过男性。

C. 女性应当不仅要追求受教育的权利，而且要独立。没提到独立。

7.3 Francoise Duparc's surviving paintings

【文章分析】

S1 D的所有现存绘画都把肖像画与风俗画混合起来。可看做论点或事实。作者对人物及作品给出判断。可将blend还原为并列关系：portraiture + genre。

S2 Her subjects 她的画作人物（subject：主题）似乎是熟人；她既捕捉他们的自我意识，也抓住他们日常活动的自发性（spontaneity），描绘后者是genre的特点。证据。顺承首句，找逻辑等价关系，可得：portraiture: self-consciousness; genre: spontaneity。

S3 But genre 但风俗画，特别是当它描绘最卑微阶层的成员时，在18世纪法国决不流行。本句but不是跟在别人观点之后，而是表示转换，给出真正主题。重点是genre: not popular。

S4 The Le Nain LN兄弟和LT，也曾选择这类主题，但基本被人们忽视。举例，顺承上句，逻辑等价：was ignored = not popular。而且also暗示几个艺术家的主题相同：LN，LT = D。

S5 Their present 他们现在的高地位，是因为一种不同的、更民主的政治气候，以及一种不同的审美价值观；本句解释上一句的原因，抓因果：different values → high standing。分号之后具体说明，其中有no longer，but，文科讲对比，**抓对比**：ideal vs. idealization falsification。

S6 Duparc gives D没有给出拔高人性的信息，她审慎地（discreetly）不对她的画作人物作出判断。回到D的内容。

S7 In brief 简而言之，她的作品既不拔高（elevate = S6 improve），也不教导。

S8 This restraint 这种限制（restraint = S6 refrain）大致解释了她在自己的时代为何缺乏成功，即使她的天分没有被她的同代人完全忽视。解释她为何不怎么受认可，lack of success = S3 not popular。

【结构图】

第1.2句引入文章主题（introduction，tw'，tw''）。第3句以but给出真正讨论重点。第4.5句给类似情况，第6.7.8句讲D本身的情况。作者本人对一个文艺现象作出解释。结构：（S1. S2.）vs. S3.（S4. ← S5.）（S6. S7. ← S8.）。

	Cue	Function	Core
S1	D, blend	tw'	**D: portraiture + genre**
S2	;	tw''	self-consciousness + spontaneity
S3	But	tw	**genre: not popular**
S4	LN, LT, also	x	**LN, LT: ignored**
S5	is due to, no longer, but rather	kw	**high standing ← different values （ideal vs.）idealization falsification**
S6		y	D: no improving, refrain
S7	In brief, neither, nor	y'	= not elevate, instruct
S8	explains, even if	kw	**restraint → lack of success**

【题目】

Q6 对比

【题干与定位】问modern viewers，对应我们现在的想法，定位到S5 their present...we no longer这一句，现在我们不太可能看重（value）哪一点？考对比；现在不重视idealization，而看重现实。

【选项】

A. 技术要素。无关。

B. 自发性。第2句内容，无关。

C. 绘画所包含的（impart）道德教育。结合题干就是，not value moral lesson；moral lessen = instruct, judge。**正确。**

D. 绘画描绘其主题人物的现实程度。理想化的反面即现实；realistic vs. idealization。干扰选项！题干问的是not value。

E. 艺术家个性在绘画中被揭示的程度。无关。

Q7 比较

【题干与定位】题干有If...were, would，如果D的艺术声望的历史遵照LN和LT的情况，那么今天人们对她的作品的评价会是怎样。原文S4.S5讲到LN、LT，他们现在的声望较高，以前不高，这是因为不同的审美观和政治气候等。现在题干要让D与他们有相同的接受史，则今天的人们会对她的作品有高评价（high standing）。

【选项】

A. 给予（accord...to）其作品高地位。**正确。**

B. 承认她的专业技能。无。

C. 同意她本人时代的评价，但承认少数画作有异乎寻常的品质。末句提到，D的同代人对她也不太重视，虽然不是完全忽视；现在的人对她应该是重视，因此应该不同意她那个时代对她的评价。

D. 把她放在她那个世纪最突出的艺术家行列。有foremost，程度错。

E. 重新分类她的作品，归为肖像画而不是风俗画。无关。

Q8 选择句子

【题干与定位】选择出一个句子，作者指出，审美判断可以受到作出判断的人的政治信念的影响。题干的influenced by是因果关系，对应到is due to；题干的aesthetic judgments = their present high standing（judged by us）。答案是Their present high standing is due to...这一句。

7.4 flounder

【文章分析】

各段首句

P1 S1 F鱼，例如f鱼，属于少数缺乏大致双边对称（bilateral symmetry）的脊椎动物。首句给出生物现象，是主题（tw），后文通常给出解释。

P2 S1 生物学家称这种类型的渐进变化为cline，他们认为，这强烈表明，变异是适应性的。本句由人物及其解释，给出第一个观点（kw1）。句子里的this kind of往上指，暗示第1段一定讲过gradual variation，这是要解释的真正现象；interpret A as B, A为解释对象 = tw, B为给出的解释 = kw。一般的，对interpret/ view/consider A as B, 有interpret/view/consider tw as kw。

P3　S1 鱼很容易逆转眼睛不对称的片面情况带来的效果，只要转身就行，这让生物学家开始研究内部解剖结构(anatomy)，尤其是视神经(optic nerves)，来寻找答案。本句cause提示它在顺承上一段，各段首句或转折句的主谓宾的新词为kw，这里就是optic nerves。

P4　S1 上述解释的问题在于，J的f鱼群几乎完全是左眼位的，而自然选择决不会推广一种纯粹劣势的变异。本句给上一段解释负评价(aw-)。

　　首句回顾：P1: tw, P2: kw1; P3: kw1'; P4: aw-。似乎没有给出正评价解释，只是一个别人的解释，最后给它负评价。

全文分析

P1　S1 **主干+修饰实义词**，得到重点：flounder, lack bilateral symmetry。括号里的术语解释可看，但不重要。

　　S2 Most striking　在不对称中，最突出的是，眼睛位置：成年鱼的两个眼睛都在头的同一边。重点是：asymmetry: eye, the same side。

　　S3 While in most　事实对比，抓对比：most: the same asymmetry vs. s.f.(starry flounder): either/or = different asymmetry，意思是，多数鱼的不对称是一样的，但星状比目鱼的不对称并不一样，有的眼睛全在左边，有的全在右边。

　　S4 In the waters　事实。在US到J之间的水域，s.f种群从50%的左眼位，到70%，再到接近100%。中间数据 = 证据。

　　1段回顾：第1句引出主题，第2句给出真正主题，第3.4句再说明。结构：S1. S2. (S3. S4.)。

P2　S1 主干+修饰实义词：graduation variation / cline, adaptive = response。

　　S2 For the starry　这种解释意味着，几何结构差异是适应性的，J的左眼鱼是被选择的；前半句是论点的延续，adaptive = selected for。但后半句的which从句，却把主题做了转移：这引出(provoke)一个令人困惑的问题：两只眼睛都在一边而不是另一边，到底优势何在？这是一个设问句，并没有反驳。

　　2段回顾：第1句观点，第2句继续，后半句开始提问。结构：S1. S2.1 → S2.2。

P3　S1 主干+修饰实义词：ease, reverse effect of asymmetry, caused to study optic nerves。重点就是视神经。顺承上一段，并没有提出新解释。

　　S2 In all flatfish　视神经交叉，右视神经连接到大脑左边，反之亦然(vice versa)。细节。

　　S3 This crossing　这种交叉引入一种不对称。似乎是连续动作来了！**理科讲因果、机制抓首尾!** 不必仔细记住中间所有环节。

　　S4 G.H. Parker　P推导说，如果右视神经在上面时左眼移动(migrated)，就有神经扭曲，这也许在力学上是有劣势的。

　　S5 For starry flounders　所以，左眼类型的s.f.也许被选择淘汰，因为它的左眼视神经在最上面。本句由then引导，是推理的结论（cs)；抓结论：left-eyed, against。这个推导结论已经与已知事实相反，在第1段末句提到，有些海域左眼鱼很多，但按视神经和适应理论，把这种鱼给淘汰了，显然违背事实，所以，这个理论是错的。

　　3段回顾：第1句给研究观点。第2.3.4句给推理过程，第5句给结论。这些连续动作是：**optic nerves cross** → join → introduce asymmetry → twisting of nerves → **left-eyed selected against**。抓住首尾黑体表示的环节即可。结构：S1. (S2. → S3. → S4. → S5.)。

P4　S1 主干是：problem is: J: exclusively left-eyed。反驳第2.3段解释。

　　S2 As other explanations　　由于其他解释也同样站不住脚（untenable），生物学家作出结论，左眼与右眼之间不存在重要的适应差异，这两个特征也许在基因上与某种其他适应上显著的特征相关。本句有结论，再次说no important adaptive...，提示了其他情况，但没明说。估计也来不及说了，已经到长文章的结尾了。

　　S3 This situation　　这种情况是演化生物学家经常会遇到的。后面的who从句作修饰，不重要。

　　S4 As for the left-eyed　　就左眼和右眼f鱼而言，它们的差异，无论多么突出，也只是一个演化的red herring。不认识r.h.没关系，只需确定它的褒贬色彩。本段一直在否定适应性，所以，red herring至少是说not important。（red herring: 红鲱鱼，转移注意力的因素）

　　4段回顾：第1句提出负评价，第2.3句均给结论，第4句再总结。结构：S1. → S2. S3. S4.。

【结构图】

	Cue	Function	Core
P1 S1		tw: i	f, lack symmetry
S2	Most striking	j	eye placement
S3	While most,	k	**the same asymmetry vs. different**
S4	In the waters	k'	50-70-100 left-eyed

	Cue	Function	Core
P2 S1	Biologists, interpret...as	kw1	variation/cline: ← **adaptive**
S2	this interpretation implies, question	a, b → c	adaptive = selected for, **what advantage?**

	Cue	Function	Core
P3 S1	caused...to study	kw1'	**optic nerves**
S2	so that	x	cross, joined
S3	introduces	→ y	asymmetry
S4	reasoned, if...then	→ z	twisting: disadvantageous
S5	then	→ cs	**left-eyed, against**

	Cue	Function	Core
P4 S1	problem	aw-	**problem; J: left-eyed**
S2	concluded	cs1	**no important adaptive...**
S3		cs1'	
S4	As for	cs2	**difference: red herring**

【题目】

Q9 对比

【题干与定位】问s.f与其他物种之间的差异。定位第1段现象，差异在第3句while。多数是the same asymmetry，那么s.f.就是not the same。

【选项】

A.　不是双边对称的。这些鱼都是bilateral asymmetric。这一点是相同的。

B. 直到成年才不对称。第2句讲过。都一样。

C. 不会有相同的不对称。**正确。**

D. 两只眼睛都在头的同一边。这是asymmetry，还不是the same/different asymmetry。

E. 往往只聚集(cluster: 丛、簇、聚集)在某些特定地理区域。这不是两者的差别。

Q10 信息/多选

【题干与定位】题干about之后是left-eyedness, right-eyedness，是全文主题词，没法单独定位到某句，只有从选项找线索、带核心去排除，排除那些与原文核心相反或无关的说法。不能排除的，再用其中名词去原文定位。

【选项】

A. 它们是适应性的。作者明确反对。错。

B. 它们似乎没有给s.f.明显选择优势；not selective advantage = not adaptive；**正确。**

C. 它们在不同地区有不同比例。可以找数字。第1段末句有这个数字差异。**正确。**

Q11 细节

【题干与定位】题干说的optic nerves是第3段kw，定位到该段，然后找题干说的disadvantage，刚好在最后两句。造成劣势的原因是twisting。

【选项】

A. 附着彼此

B. 脱离眼睛

C. 交叉

D. 伸展

E. 扭曲。**正确。**

Q12 结构

【题干与定位】问全文结构，定位各段首句，第1段现象，第2.3段一个解释，第4段反驳。答案的写作顺序必须与原文行文顺序一致。

【选项】

A. 一个现象被描述，第1段；一个解释被提出，第2.3段；被反驳，第4段。**正确。**

B. 一个一般说法被提出。已错！第1段不是generalization = general thesis。

C. 一个矛盾被指出，一个解决方案被提出，然后被修改。文章没有解决矛盾。

D. 一系列观察被提出，然后用主导理论来解释。没有反映第4段的负评价。

E. 一个假说被引入、按照新证据来证实(corroborated)。第1段不是假说，而是现象。

考位分析：第9题考1段现象对比，第10题考全文基本观点，第11题考3段连续动作末尾，第12题考全文各段首句之间的结构关系。哪些地方考了、哪些地方没考？需要记住第3段的中间推理内容吗？

7.5 advertisers' claims

【文章分析】

Premise1:   claims   他们讲,热泵可以为每个单位的电能提供两个单位的热能

Premise2:   → thus   因此明显违背了能量守恒原理

Conclusion: → skepticism   人们怀疑广告商的说法 → 导致热泵的使用受到妨碍(held back)

【题目】

Q13 取非

【题干与定位】如果作者对于热泵使用的评估是正确的,哪个选项内容最能表达广告商们应当从这种情况学到的教训? 作者说热泵使用受阻,是因为广告商夸大其词,违背能量守恒原则。他们应该学到的教训是,不要违背这个原则。

【选项】

A. 不要对试图推广的产品提出夸大的主张。候选。

B. 把广告推广活动聚焦于模糊类比。原文无类比。

C. 不要使用一些让潜在客户不能去相信的事实! strain ability 表示限制能力。这里,strain...believe = skepticism。正是因为广告商数据太不合理,才引起怀疑。与A比较,A说的是不要夸大,而C说的是事实不能令人相信,这与原文形成对应,C更好。**正确**。如果没有C,可选A,因为毕竟原文说法的确有夸大之嫌。

D. 不要假设潜在客户了解哪怕最基本的科学原理。呃……明明是消费者因为广告商的说法太离谱才怀疑的。消费者很了解基本的科学原理。

E. 将广告有力地集中于与财务相关的问题。钱多钱少不是这里的重点。

Exercise 8

8.1 heat pumps

【文章分析】

S1　热泵使一个液态冷凝剂（refrigerant）循环，该冷凝剂从液态到气态在一个闭环中循环。给出主题，tw = 热泵（heat pump）；cycle, from A to B，这暗示一个过程。理科讲因果，可展开为连续动作或并列因果；而包含process, cycle, transition, phase的论点，通常以连续动作展开，**抓住首尾、略读中间**。

S2　The refrigerant, starting　　冷凝剂开始是低温低压蒸汽，进入一个电动引擎驱动的压缩机(compressor)。过程的第一步。

S3　The refrigerant leaves　　冷凝剂离开压缩机时是热的、稠密的蒸汽，然后流经一个热交换器，叫浓缩机（condenser），它将热从冷凝剂转移到一团空气。

S4　Now the refrigerant　　现在冷凝剂是高压、被冷却的液体，面对一种流量限制，导致其压力下降。过程的继续。

S5　As the pressure falls　　随着压力下降，冷凝剂膨胀并部分汽化，冷却下来。

S6　It then passes　　然后它穿过第二个热交换器，即蒸发器（evaporator），后者将热从空气转移到冷凝剂，减少这第二团空气的温度。动作似乎到了最后一步。

【结构图】

第1句论点，提到有循环cycle，第2.3.4.5.6连续动作，一个接着一个。看懂了？即使每个句子当时能明白，看完之后基本上也会忘记。动作太多、名词环节太多，压缩机、浓缩机、蒸发器，一大堆，除非本专业，很难在不到1分钟内记住每个环节。抓住首尾即可：r: temperature ↓ → ... → r: temperature ↓。首尾都一样，为什么？因为cycle是循环！全文结构：S1.（S2. → S3. → S4. → S5. → S6.）。下图我们详细列出了各个动词以及各个环节，但除了黑体，其余部分不用现场记住。

	Cue	Function	Core
S1	cycle	kw	**heat pumps, r: cycle, liquid → vapor**
S2	starting as, enters	u →	**r: temperature ↓ → compressor**
S3	leaves as, flows, which transfers	v →	hot vapor → condenser
S4	Now, confronts, which causes	w →	flow restriction → pressure ↓
S5	As...falls, expands	x →	→ r: expand, vaporize, chill
S6	then passes, which transfers, reducing	y	→ evaporator → **r: temperature** ↓

【题目】

Q1 细节

【题干与定位】问flow restriction在热泵中的作用，这是考细节；不是考作者用它来做什么那种逻辑上一层的功能作用题。定位第4句，其作用是，causes pressure to drop。

【选项】

A. 精确测量流动速率。没有flow rate。

B. 压缩和加热冷凝蒸汽。不是flow restriction的作用。

C. 造成（bring about = cause）冷凝剂的汽化和冷却。第4句是压力下降，第5句说压力下降后，冷凝剂会汽化、冷却。后续动作也是流量限制在这个过程中的作用。**正确。**

D. 交换热量。这是热交换器的作用。

E. 逆转方向。没有提到过reverse。

8.2 psychohistory

【文章分析】

S1 传统上，历史研究有固定的边界和焦点。首句给出主题词tw = study of history。

S2 It also has 它也有清晰的、有力的关于学术程序的概念。冒号引出并列从句，分别由how, how, what引导，内容次要。本句与上句并列。

S3 The recent 近期流行的心理历史学（pyschohistory），致力于F心理分析，采取一种极端不同的方式。时间对比：traditionally vs. recent；different也提示对比。**文科讲对比。**

S4 This commitment 这排除了历史学家一直所理解的历史承担（commitment）。本句preclude = S3 different。但仍未说对比的内容。

S5 Psychohistory derives 终于来对比了！两个并列的not A but B结构，**对比找反义、反义在宾语**：history vs. psychoanalysis; instance vs. human nature / transcend history。一个具体、一个抽象；一个事实、一个心理。

S6 It denies the basic 它否认历史证据的基本标准(criterion)；冒号后面说这种证据可由全体历史学家公开读取，因而可评估。

S7 Psychohistorians 心理历史学者，笃信(convinced of)他们自己的理论绝对正确，也笃信，他们的理论是对任何事件"最深层的"解释，其他解释则无法达到(fall short of)这种真实的程度。上句用否定动词，这句用肯定动词。一反一正。前后句对比：evidence vs. theories。

【结构图】

第1.2句讲过去做法，第3.4句讲近期不同的做法。第5.6.7讲差异。注意，作者没有像通常那样对近期研究给正评价态度；相反，对传统历史方法倒是比较赞同，例如在第2句说它有clear and firm notions。结构：S1. S2. vs. S3. S4. (S5. S6. S7.)。

	Cue	*Function*	*Core*
S1	Traditionally	kw1.1	**history:** boundary, focal
S2	also: how, how, what	kw1.2	procedure
S3	recent, different approach	vs. kw2	**psychohistory: different**
S4	preclude	kw2	（vs. always）
S5	not, but,	x1,	（history vs.）**psychoanalysis**
	and not, but	x2	（instance vs.）human nature
S6	It denies	y	（vs. evidence）
S7	convinced	z	**theories, absolute, "deepest"**

【题目】

Q2 主题

【题干与定位】问 main point；文章是两个做法对比，定位到 recent，在第 3 句，答案应与 psychohistory 有关。

【选项】

A. 心理历史学家研究历史的方法目前很时髦，即使它缺乏传统历史记录的严谨和可证实性。**正确**。in vogue = S3 popular; lack = S3 different, S6 denies; 传统历史方法 rigor, verifiability = S2 admissible and adequate proof, S6 evidence be publicly accessible to, and therefore assessable by, all historians。

B. 传统历史学家可以从心理历史学家的技术和发现中受益。受益是错的。

C. 对社会学研究的领域，传统历史学家没多大兴趣。无关。

D. 个体的行为和态度的心理评估，比其日常生活的细节，信息更多。这不是主题。

E. 历史是由独特、不重复的事件组成，必须基于公开可证实的证据来个别分析。这是传统历史的看法，不是文章重点说的心理历史学。

Q3 作用/in order to

【题干与定位】问为什么给"deepest"加引号。定位末句，它是该句的主要内容，其逻辑上一层是论点或态度，在这里，就是传统历史有可证实的标准，但心理历史没有，反而认为自己"最深层"，这个引号暗示一种否定。

【选项】

A. 质疑心理历史学家对于传统历史研究（scholarship）的意见（insight）的有用性。有负评价动词 question，候选。

B. 引起读者注意心理历史学家方法中的矛盾。没有 contradiction，只是不深层而已。

C. 强调传统方法与心理历史方法的主要差异。这不是讲差异，而是给负评价。

D. 把作者自己对心理历史学家的主张的意见，与她对这种方法的意见，分离开来（disassociate）。看不出分离所暗示的对比。

E. 作者对心理历史学家对其工作的声明的精确性，表达自己的保留意见；reservation 表示负评价，引号的作用在于否定；候选。对照 A、E，**E 正确**，而 A 则涉及心理历史方法对传统方法的作用问题，但文章仅说，心理历史方法与传统方法不同，也不是好的方法。

8.3　aluminum ore

【文章分析】

S1　地壳 8% 都是铝（aluminum），有成百上千的铝矿和大量的含铝岩石。首句给出 tw = al。

S2　The best aluminum　最好的铝矿石是 b，是含铝矿物的集合体（aggregate）。提到 b，主题词缩小范围了。

S3　Bauxite is the　B 是所有含铝岩石中最丰富的，它产生（yield：→）铝土（alumina），这是生产（→）铝所必需的中间产物。这里，aluminum, alumina 前面的字母都一样，可以尝试去首尾字母，有 a-m, a-a。本句可简化为：b → a-a → a-m。为何会这样思考？**理科讲因果！**

S4　Alumina also occurs　a-a 也自然存在于矿物 c 中，但 c 没有高纯度的大块沉积，因此不是制铝的实用来源。子句较多，但每个都简单，可简化为：c: a-a → a-m, impractical。

S5　Most of the many　许多富足的非 b 铝矿是 s，它们是耐火的（refractory）、不易分析的，且极难加工的。前面讲 b 和 c，这里开始讲 s，前后并列关系。

S6 The aluminum silicates　　因此，s一般不太适合成为b的替代物，因为从中提取a-a所需要的能量大很多。这句对s给出态度判断，s → a-a，但没有b好。

【结构图】

第1句给主题词，第2.3句讲b，第4句讲c，第5.6句讲s。论点说明型文章。理科讲因果，抓因果，b/c/s → a-a → a-m。三种矿物制铝，后两种都不太合适或实用。

	Cue	*Function*	*Core*
S1		tw	**a-m**
S2	The best	x, aw+	**b: best**
S3	richest	x'	b → a-a → a-m
S4	also, but, therefore, impractical	y, aw-	**c: a-a → a-m, impractical**
S5		z	s, difficult
S6	therefore, unsuitable	aw-	**s → a-a, unsuitable**

【题目】

Q4 细节

【题干与定位】要被归为一种铝矿石，这个矿物必须是或可以提供什么？从文章多处细节可知，要称为铝矿，都必须含有或提供a-a。本题较难，需要了解三组因果关系。本题较难。

【选项】

A.　集合体。无关。

B.　B，是一种铝矿，不是必需。

C.　a-a是必需的环节。**正确**。第3句required for = 题干must。

D.　c是一种铝矿，非必需。

E.　s是一种铝矿，非必需。

Q5 信息/多选

【题干与定位】问可以回答关于铝矿的哪些问题，全文都在谈铝矿。以主题词为发问对象，就不能定位单独某句，选项分散对应原文各句。从选项找线索、带核心去排除。文章核心是各个因果关系。

【选项】

A.　含铝的非b矿物是丰富的吗？非b矿物是s，倒数第2句说它abundant = plentiful。可以回答，是的。**正确**。

B.　在b里发现的铝矿物含有h.o吗？定位h.o，在第2句，b里的铝都以h.o存在。可以回答，是的。**正确**。

C.　有铝的h.o是在岩石中发现的吗？第2句说，h.o在b里有，第3句说，b是一种含铝岩石。可以回答，是的。**正确**。

Q6 虚拟取非

【题干与定位】题干有would...if...。考c，定位到第4句，说用c来提取a-a是不实用的做法，现在题干非说would be used，将原文的态度取非，则答案可将导致这一负评价的原因取非，就是取非therefore之前的半句，将not found（in large deposits of high purity）用虚拟语气 + 取非，为would be found。一般的，取非题，原文aw- because/if X或X, therefore aw-；题干would aw + if？；答案：would~X。

【选项】

A. 可以发现一些c，没被s所污染；s是最后两句内容，与第4句无关。

B. 生产a-a这个中间步骤可以排除。这个中间步骤的存在，不是原因。

C. 发现许多高品质的大型c沉积；discovered = found, high quality = high purity。**正确。**

D. 新技术有可能将c转化为(convert)s。与s无关。本选项错误原因与A相同。

E. 制造商认识到，世界上b的供应是无限的。这也与c无关。

8.4 Tillie Olson

【文章分析】

S1 O的小说和文章被广泛和正确地认为对美国文学作出了重大贡献。首句给rightly，作者对此持正评价，同意O确有贡献。主题词是O的作品。

S2 Yet few of 然而，很少有O的读者意识到，她的视野和题材选择，在多大程度上扎根于一个早期的文学遗产。后面破折号给出并列内容，主要与政治有关。可以将动词rooted in还原为比较关系，得到O = radical political, Left。

S3 I do not mean 我不是说，人们能从其政治起源充分揭示她作品的雄辩力（eloquence），也不是说，左翼政治是最重要的影响因素。重点是most important这个程度判断；**文科论点常讲程度、态度、时间等判断**。本句为否定陈述，有并列宾语从句。

S4 My point is 我的观点是，其作品的核心意识，多得益于(owe to)那种早期文学遗产。本句为肯定陈述，与第3句的否定陈述的内容构成程度对比：most important vs. owe much to，一个说最重要，一个说很大程度上得益。此外，本书也回到第2句说法，与之等价，owe to = rooted in; class, gender = political。

【结构图】

　　第1句提出人们对的地方，第2句指出忽略之处，是文章要点，1.2句是通过态度对比引出真正主题；第3.4句否定、肯定陈述，说明自己观点不是什么、而是什么。论点说明文章。结构：S1. vs. S2. (S3. vs. S4.)。

	Cue	*Function*	*Core*
S1	have been widely and rightly	tw, x	**O: contributions**
S2	Yet few, rooted in	vs. kw	**few, O = earlier**, radical, Left
S3	I do not mean	a	most important: political, left-wing, not adequate
S4	My point is	b	vs. **O = earlier, owe much to**

【题目】

Q7 细节/多选

【题干与定位】关于heritage不正确的说法（NOT true）。原文提到遗产，主要是说O受益于它，而且它是关于政治、左翼方面的，主要定位在第2句。

【选项】

A. 它强调性别是人们生活的确定影响因素。末句提到gender and class, shaping people's lives。但这是O的意识，它得益于以前的文学遗产，但本身并不是遗产的内容。**正确答案。**

B. 它包括政治传统，涵盖(span)20世纪3个10年。原文提到1910's, 1920's, 1930's，的确有30年。因为题干问NOT true，依然不选。

C. 它是最重要的影响因素。作者在第3句明确否认这是唯一最重要的因素。**正确答案。**

Q8 选择句子

【题干与定位】问作者denies possible interpretation的句子是哪个。原文否定陈述主要是第3句，I do not mean that，在这里，作者否定了一种可能解释，这也正是否定肯定结构中否定部分的作用。选第3句 I do not mean that...。

8.5 visual perception

【文章分析】

S1　我们的视觉依赖于接收能量。主题词为visual perception。

S2　If our eyes　如果我们的眼睛能够接收和测量无限细致的感觉数据（sense-data），我们就能无限精确地感知世界。从句与主句有量，理科讲因果：measure → precision。

S3　The natural limits　当然，我们的眼睛的自然界限被机械设备扩展；分号后举例。本句让步，of course是肯定语气，让步先肯定不利事实。

S4　There is, however　转折。但是，还有一个最终限制，没有仪器可以带我们超过；这个界限的造成，是因为我们没有能力去接收比单个能量量子所传递的更小感觉数据。让步转折，含有对比：limit extended vs. ultimate limit。

　　全文回顾：第1句引出主题，第2句说明，第3.4句让步转折。结构是：S1. (S2.) (S3. vs. S4)。

【题目】

Q9 类比

【题干与定位】题干问哪种情况最类似于末句所讨论的情况，这里，analogous to提示类比题，定位原文句子，**抽掉其中的具体名词，保留关系和态度词**（主要是抽象名词、动词、形容词等）。末句的抽象内容是：ultimate limit; is imposed by inability to receive smaller than individual。

【选项】

A.　数学家只能解决可以从已知公理（axioms）演绎的问题。没有比个别小、也没有限制。

B.　动物不能对句法上比它以前所接受的更复杂的指令作出反应。不是比个别小。

C.　观察者没有学会绘画的传统，就不能理解透视法。没有individual。

D.　感光底片不会记录比底片的颗粒更小的细节；smaller = smaller, grain = individual; record no detail = limit。**正确。**

E.　一个模糊（opaque）对象在屏幕上的影子，有鲜明的边缘，其条件是光源很小或很远。没有比个别小。

8.6 *Odyssey, Iliad*

【文章分析】

S1　在H的两部史诗（epic poems）中，O始终要比I更受欢迎，也许因为它有更多神话特征，读者可以理解（accessible：可接近、可读取、可理解的）。主题词是这两部作品，O, I；已经用because解释原因，因此是论点（kw）。抓对比：O > I: more myth ⟹ more popular。文科讲对比！后面要抓对比反义词。

S2　Its subject　O的题材是"生命作为奇观"，读者被各种事情转移注意，主要从外部（from without）观察其主人公；但悲剧I却提出"生命作为体验"：读者被要求认同（identify with）A的心灵，但A的动机让他并不特别可爱。本句however对比，呼应首句more，展开对比的一个小证据。对比找反义：O: spectacle, from without vs. I: experience, motivations。一个从外部事件（without = outside）、一个从内部心理（motivations = inner motive）出发，一个从客观对象，一个从主观心理出发。

S3　In addition　　此外，I比O更多地提示了诸神卷入人类行为的复杂情况，现代读者觉得这是不必要的复杂，I就不及O那样令人满意，O的神的正义"设计"（scheme）比较简单。并列对比。抓对比：O: simpler vs. I: more complex, complicated。句子里的satisfying = S1 popular。

S4　Finally　　最后，由于I提出一种历史上可证实的行动，T-S这首诗歌也引出历史问题，而在O的充满快乐（blithely）想象世界里，这是不存在的。本句finally不是表示总结，仅表示最后一个并列。本句对比以否定词absent from提示，抓对比：O: imaginative vs. I: historical。

【结构图】

第1句论点，提出O vs. I，并给出原因，第2.3.4句并列给出三个对比内容来解释。文科讲对比，第2句用however，第3句用more，第4句用absent from分别提示。**抓住首句、抓住三组对比**，阅读目的就达到了。全文结构：S1.（S2. S3. S4.），论点说明，总分 + 并列展开。

	Cue	*Function*	*Core*
S1	more than, because more	kw: O > I	**O > I: more myth → more popular**
S2	however	O1 vs. I1	**O: spectacle, from without vs. I: experience, motivations**
S3	In addition, more	O2 vs. I2	**O: simpler vs. I: complexity**
S4	Finally, absent from	O3 vs. I3	**O: imaginative vs. I: historical**

【题目】

Q10 作用/in order to

【题干与定位】问为什么提到M的分类。定位M，在第2句，M's categories是两个子句的引号内宾语，属于句子成分，逻辑上一层是整个句子的对比，答案在于however。

【选项】

A.　主张I应当取代O；replace错，原文只是对比。

B.　指出M作为评论者很重要；原文提到M，不是为了强调他本身，而是为了论证差异。

C.　提出I与O可被区分的一种方式；distinguish = however, one way是第2句说的。**正确。**

D.　指出读者所面对的一些困难。没提困难。

E.　证明可以通过比较它们各自的主人公来区分I和O。干扰选项。第2句的确提到各自主人公，但这不是提到M的分类的目的，而是细节内容。

Q11 主题

【题干与定位】题干有primarily concerned，定位首句。重点就是比较两个作品。

【选项】

A.　区分诸论证。原文只有一个论证（argument：从前提到结论的若干句子）。原文是在区分两部作品，不是区分论点。干扰选项。

B.　应用分类。第2句有，是细节，不是全文主题。

C.　发动一个争议；debate表示有对立观点，但文章不是观点对立，而是作品之间有差别。

D.　解决一个争议。同C，dispute = debate，都表示观点对立，而不是事实对立。

E.　展开一个对比。首句有more = contrast，后面展开。**正确。**

Q12 细节

【题干与定位】问I的读者在认同其主人公时有困难，其理由何在。定位I's hero，在第2句A这个人，理由就是后面的whose从句，他not particularly likable。读者不喜欢他。

【选项】

A. 这个英雄/主人公（hero）最终被揭示为并不是英雄；unheroic ≠ not likable。

B. 读者只能从外部来观察这个英雄。说反了，原文对I，是从motivations、从内部心理。

C. 这个英雄的心理，不可在历史上证实。历史证实是第4句内容，跑题了！

D. 这个英雄的情感对读者来说通常似乎没有吸引力；emotions = motivations, not appealing = not likable。
   正确。

E. 这个英雄的情感并不足够多变、而能吸引读者的注意。重点不在various，而在不可爱。干扰选项。

Exercise 9

9.1 Jean Wagner

【文章分析】

P1 S1 W 对 A-A 诗歌研究最持久的贡献是，他坚称，应当在一个宗教以及世俗的参考框架中对其进行分析。人物及其研究，为主题词；给出 contribution，为 aw+，首句态度 = 作者观点 = kw，而且 contribution 通过过去 vs. 现在对比论证，文科讲对比，对比找反义。此外，as well as secular 为插入成分，因此句子主要强调 religious。简化为：W's contribution: religious。

S2 The appropriateness 这样一种方法的适当性，似乎对于这种传统不言自明，它从灵歌开始 (commence with)，在多个方面都得益于 (owe to) W 赞美诗。本句 may seem，故意肯定，常表让步，下一句有 but，构成让步转折。这种方法有用似乎不消说 (self-evident：自明的、十分清楚的)，言下之意它的贡献其实不大。宾语 tradition 之后有并列现在分词，可抓修饰实义词，**并列带来逻辑等价**：spirituals = hymnals，又等价于第 1 句的 religious。

S3 But before Wagner 但在 W 之前，世俗视野在该领域中居于主导。主语 secular outlook 之后有 that 从句修饰，修饰与其名词等价，可得 political, social = secular。由于世俗与宗教是两个不同角度，可知：before W: secular ↑ = before W: religious ↓，而这又说明，有了 W 之后，宗教角度逐渐上升：W: religious ↑，这正好回到首句 W 在宗教角度的贡献的论点。功能：转折回到论点。**让步转折、含有对比，抓对比**：S2 religious self-evident vs. before W: secular dominant。

P2 S4 It is Wagner 正是 W 首次证明，种族与宗教感受在 A-A 诗歌中的本质性融合 (fusion)。本句 first 与上一句 before 时间对比，抓反义词：secular dominant vs. secular/racial + religious。以前主要是世俗，现在世俗与宗教角度平分秋色。可看做小论点。

S5 The two, he argued 他主张，这两者形成一个共生统一体。**顺承证据，论据重现论点核心，抓逻辑等价词**：union = fusion。宾语的 in which 从句，修饰与名词等价，applied = projected = union/unify；另外，也可看出，在此语境中，religious = metaphysical vs. racial, secular。

S6 Wagner found W 发现这一点最为雄辩地体现在黑人灵歌中。这是主干。后面 where 从句次要；论据与论点的等价词：intertwined（交织）= fusion。此外，inextricably = in（not）-ex（out）-tric（tricky, difficult）- ably，不能从复杂困难中摆脱，引申为难分难解、无法摆脱的，等于 inseparably。本句对第 5 句举例。

【结构图】

第 1 句论点，第 2.3 句让步转折，第 4 句为小论点，且与第 3 句对比，第 5.6 句证据。第 3.4 句 before, first 对比，支持第 1 句论点的 contribution。对本文，现场阅读的任务是：**抓首句、抓时间对比、抓让步转折之对比**。结构：S1.（[S2. vs.] S3. vs. S4. [S5. {S6.}]）。

	Cue	Function	Core
P1 S1	W's contribution	tw, kw	**W's contribution: religious**
S2	may seem	~kw	（self-evident: spirituals）
S3	But before	vs. kw1	vs. **before: secular** ↑ （=social, political, racial）
P2 S4	first	kw2	**vs. first: fusion: racial + religious**
S5	he argued	x	（union: racial + metaphysical）
S6	illustrated	y	（intertwined: freedom + salvation）

【题目】

Q1 主题

【题干与定位】问primary purpose，定位首句，预想答案为W's contribution: religious。

【选项】

A. 对比W的与其他同代批评家的理论。没有提到同代的其他人，提到过W之前的。

B. 记录（document = record）W对于A-A诗歌发展的影响。候选。

C. 解释W的工作对于研究A-A宗教的相关性；relevance = contribution，但religion不对，W是从宗教角度研究A-A诗歌，不是研究宗教本身。一字之差。

D. 指出W对A-A诗歌分析的重要性；importance = contribution，analysis = analyzed, study。**正确**。与B近似选项相比较，先找相同、后找差异，influence = importance，A-A poetry = A-A poetry，但development ≠ analysis。发展诗歌，W应该是一个诗人；研究诗歌，则不需要。因此，B错误。

E. 提出W对研究黑人灵歌的贡献。灵歌不在首句中，是后来的细节，不能作为主题答案。

Q2 列举

【题干与定位】问文章提到（referred to = mentioned = cited）受到W hymnals影响的方面中，除了哪个（EXCEPT）不是。定位大写，在第2句，influenced = owing to，有四个并列名词，都是受益的；对应不到的，就是除外的。

【选项】

A. subject matter，题材、素材，没提到。**正确答案**。

B. word choice = vocabulary

C. rhythm = rhythm

D. structure = form

E. tone > fervor。热情是一种语气、态度，抽象改写或上义词改写，是可以的。

Q3 对比取非

【题干与定位】在W之前，A-A诗歌的多数研究者（students = scholars）做了什么。考before W，当然也可以直接定位到第3句，得到secular outlook dominant；但更常见的情况是把第4句first取非，就是以前的情况，得到not demonstrated the essential fusion of racial and religious。

【选项】

A. 明显（appreciably）促进了政治抗议从诗歌到直接政治行动的转移。没有提到这种转移。一个是poetry，文字、理论性的，一个是action，行动、实践性的。原文无此对比。

B. 至少忽视了 A-A 诗歌的某些历史根源；ignore = not demonstrated, essential = essence = roots, 至于 historical, 只要是过去已有, 都可用这个时间词。W 首次证明两者融合, 等于说, 以前的人至少忽视了一些方面。**正确。**

C. 充分分析社会抗议的诸多层面。定位第 3 句, 在 W 之前, 世俗视野, 是在政治抗议的背景下分析诗歌, 而不是分析社会抗议本身！该选项把分析的背景 (context) 当成分析的对象。干扰选项。

D. 认为炽热的情感主义在一部分诗歌的发展中不重要。呃, emotionalism 在第 3.4 句都没有。

E. 集中考查 A-A 诗歌的技术要素与其政治内容之间的复杂关系；technical, political 的关系, 没有提到过, 原文只是在说 political = secular 与 religious 的关系。

9.2 nonelite

【文章分析】

各段首句

P1 S1 主干是 historians began to investigate more population than 2–3%（population）。主语 historians 后有 who 从句, 加上括号里的 which 从句, 两层修饰, 抓住 preindustrial Europe 这个实义词, 主语就是研究前工业时期欧洲的历史学家；谓语是开始调查, 有插入语, 首次大量；宾语是 more of A than B 的比较结构, 更多的人口、而不是 2–3% 的人口, 抓对比：97% vs. 2–3%, 2–3% 的人后面先有 who 从句, 他们构成政治与社会精英, 然后冒号后又给出并列同位语及其 who 从句, 包括各种人, 具体精英类型不必知道, 他们迄今为止 (hitherto) 充斥在历史学著作中。主语宾语各有两层修饰, 但修饰皆次要, 抓住主干即可。功能：tw = preindustrial European population。

P2 S1 主干说, 摆脱这种两难困境 (dilemma) 的一种方式, 是转向法庭记录, 后面还有 for 的原因从句, 相对次要。本句正评价, out of this dilemma；one way 提示有新观点, 这样, court records = kw。

P3 S1 但是, 个案史的提取, 不是法庭记录所能付诸的唯一用途。讨论范围还是 2 段首句提到的 court records, 前面应该已经讲过它的 case history 应用, 这里要引出 the other use。两种应用本是并列关系, 为什么用 however？并列内容, 态度转换, 得用转折关联词。功能：过渡句。

首句回顾：第 1 段讲研究主题, 第 2 段摆脱困境的一种记录, 其中应该讲过它的应用之一, 第 3 段引出别的应用。

全文分析

P1 S1 如前所述。主干是, 历史学家首次开始研究前工业欧洲的多数人口、而不只是 2–3% 的精英。(general: 将军；judge: 法官；noble: 贵族；bishop: 主教；magnate: 豪门、巨子)

S2 One difficulty 但是, 一个困难是, 余下的 97% 的人, 很少记录他们自己的思想, 或被其同代人所记录；or 前后谓语并列, 逻辑等价, 在此语境下, recorded = chronicled。功能：问题, 给出真正主题；这里的 however 不是跟在观点之后, 而是在首句的事实之后, 表转换。后文也许提出若干方案, 问题解决型文章, 抓住方案、态度, 略读证据。

S3 Faced with this 面对这种局面, 许多历史学家将其调查立足于似乎存在的唯一记录：出生、婚姻、死亡记录；many historians, 许多人的观点, 通常被反驳。功能：第一个方案出现了：kw1 = b.m.d records。

S4 As a result 主干是前半句, 结果, 多数早期工作, 都是枯燥的 (aridly) 统计研究。后半句分号引出, 与前半句等价, 略读即可, 其主语是 reducing A to B 的现在分词结构, 将多数人口降级为一套数字, 这很难说比完全忽略他们更有启发意义 (enlightening)。前后半句可找语境等价负评价词：aridly = hardly enlightening。功能：aw-。

S5 Historians still　　历史学家依然不知道这些人的所思、所感。继续负评价；顺承关系、词汇等价：do not know = aridly, hardly enlightening。

1段回顾：S1给研究话题，S2给困难在于97%记录少，S3有一种方法，生死婚姻记录，S4.S5给负评价，用处不大。第1段相当紧凑，几乎没有证据。结构：S1. S2. ← S3. vs. S4. S5.。

P2　S1 摆脱困境的一种方法是法庭记录，court records = kw2。原因从句次要，它说，在这里，非精英的声音最常被人听到，他们是证人、原告(plaintiff)、被告(defendant)。

S2 These documents　　这些档案或记录作为切入口，可进入穷人的精神世界。论据里的词汇在不断重现论点的词汇以及主题词：the poor = nonelite = 97% = majority of the population; documents = records。文科经常会用同义词或近义词来反映同一个意思，不要觉得这要求词汇量，我们把这些词都看做等价的就可以了。功能：证据。

S3 Historians such as　　主干说，像L这样的历史学家已经使用这些档案，提取个案史。然后有which从句修饰，它有两个并列谓语，第一个还有括号内的插入语。但修饰皆次要。中间如要找词，证据找新词。

S4 It has been societies　　有一些社会，具有已发展的警察体系，践行R法，加上书面的证言(depositions)，其法庭记录产生(yield)最多数据。功能：证据。中间有大写专有名词，表示细节；yielded the most data为肯定或正评价，对应于首句的out of this dilemma。

S5 In Anglo-Saxon　　在A-S国家，这些好处难以获得，但依然有可能从法律档案的研究中搜集(glean)信息。前半句否定，hardly...obtain，这忽然而来的、与前文正评价相反的语气是让步，后半句是转折，still possible表示肯定，回到正评价。功能：证据，与上一句并列，两者都在支持首句。

2段回顾：第1句给论点和正评价，第2句继续，第3句讲应用，算是小论点(kw2.1)，第4.5句并列论据，支持之。结构：S1. S2. (S3. [S4. S5.])。

P3　S1 提取个案史不是唯一用途。过渡句，引出the other use。但用however，暗示态度或程度与上一段的case history不同。3段并未反驳第2段，依然在讲court records。

S2 Historians who study　　研究前工业时期欧洲的历史学家，使用记录，建立一系列犯罪分类，也把在一些特定年份发布(issued)的起诉书(indictments)进行量化。本句有并列不定式：use...to establish and to quantify。抓住主句的实义词：crime, indictments。这是新的应用，可看做第2个小论点(kw2.2)，它与P2S3呼应。

S3 This use of records　　这种应用的确得出一些关于非精英的信息，但这种信息没有给我们多少洞见，以了解非精英的精神生活。前半句does强调，故意肯定，表让步，后半句but, little insight，转折回到负评价。这时可回头看这一段首句为什么用however。2.3段并列讲应用，2段的case history给正评价，3段的crime/indictment研究，给负评价，态度不同，所以不能用并列关联词in addition，而只能用however等词。

S4 We also know that　　并列讲第二个负评价。我们也知道，起诉书的数目与实际犯罪行为的数目，没有多大关系（bear relation to：有关）；而且，我们还很担心，这种关系在时间上变化巨大。一个巨幅波动的关系，是不可靠的；负评价词有：little relation, varied widely。注意一个语言现象，we suspect that = we believe that，不是doubt that。

S5 In addition, aggregate　　此外，总人口估计值也非常不稳定(shaky)，这使得历史学家的某个工作很困难。后面的which从句内容可略读。功能：并列负评价。

S6 Given these inadequacies　　鉴于这些不足，很显然，为什么法庭记录的个案史用途受到青睐(preferred)。本句these往前指，在末句表总结（cs）。这里不再提crime, indictment，而是回到第2段说的case history，对这个研究给正评价(prefer)，就是对不是它的研究给负评价，所谓肯定它因、否定现有。

3段回顾：第1句过渡，第2句是段落核心，第3.4.5句并列负评价，最后第6句总结。结构：S1. S2.（S3. S4. S5.）S6.。

【结构图】

第1段先给研究话题、提出困难，然后有许多历史学家给一个方案，然后否定之；第2段给新方案，段内先讲其中一个应用，正面的，并列证据支持；第3段讲另外一种应用，但却有问题，中间连续并列证据之后，再给总结。

		Cue	Function	Core
P1	S1	first time, began	tw'	**population vs. 2–3%**
	S2	difficulty, however	tw	**difficulty: 97%: few record**
	S3	many historians	kw1	**b.m.d records**
	S4	As a result, ;	aw-	**aridly = hardly enlightening**
	S5		aw-	**not know**

		Cue	Function	Core
P2	S1	One way out of	kw2+	**+: court records**
	S2	These	i	point of entry
	S3	used the	kw2.1	**case history**
	S4	R, the most data	x+	(R: most data
	S5	A-S hardly, but still possible	~y, y+	A-S: hardly vs. possible)

		Cue	Function	Core
P3	S1	however, not the only use	kw2.2'	the other use
	S2	used the	kw2.2	**crime, indictment**
	S3	does, but little	aw1-	（**little insight**
	S4	also, little relation	aw2-	**little relation**
	S5	In addition, shaky	aw3-	**shaky** ）
	S6	Given these	cs	**inadequacies**

【题目】

Q4 时间对比

【题干与定位】在1950's之前，多数历史学家做什么？文章首句就讲1950's，问before就要取非，好在句中有first，将其动作取非，得到not investigate most of population than 2-3%，也就是investigate 2-3%，以前研究精英，现在开始研究老百姓。

【选项】

A. 未能区分精英的成员。错。

B. 使用调查方法，几乎完全是统计性的。这是1950's以来研究者的做法。

C. 不正确地估计精英的影响。干扰选项。不能说以前研究精英，就是研究者高估其影响。

D. 将其工作限定(confined)于人口的一个狭窄范围(narrow range = 2-3%)。**正确。**

E. 往往严重依赖出生、婚姻和死亡记录，这是1950's的做法。

Q5 细节

【题干与定位】问case histories，定位首次出现，在第2段第3句，which从句中说它们illuminated the attitudes, revealed...administered justice。

【选项】

A. 很少阐明态度；scarcely不对。

B. 指出那些掌权者如何分配正义；indicated = revealed, the manner = how, those in power = the authorities, apportion = administer, justice = justice。完全对应。**正确**。

C. 几乎完全聚焦于不同社会群体的思想与感受；程度错，almost entirely没见到。

D. 被认为是第一类历史著作；the first没有。

E. 主要基于审判词；for the most part程度错，原文没有。

Q6 取非

【题干与定位】问early work...might have been more illuminating if...had，虚拟语气说更有启示作用，那说明实际上是没有那么多，定位早期研究的负评价，在第1段最后两句，aridly, hardly enlightening, still not know。原文没有交代原因，那就直接把负评价内容取非即可。

【选项】

A. 应用不同统计分析方法。已经在用，没有取非。取非后应是not merely statistical。

B. 更成功地辨认出政府当局（civil authorities: 公务权威）的态度；authorities是elite，不是文章要研究的nonelite，基本对象错。

C. 能够立足于更多论述，描述非精英的所思。1段末句说not know what these people thought，把not know取非，得到not（not know）= know = describe，what宾语从句照抄。**正确**。

D. 更多依赖精英留下的个人记录。与B的错误一样，不是讲精英。

E. 更愿意将其研究立足于出生、婚姻和死亡记录。早期研究就是因为这样才不够好。

Q7 取非

【题干与定位】首先，crime是第3段核心之一，定位第3段，然后找每千人犯罪率研究，在S5 In addition这一句。题干问关于犯罪率的研究，would be aided by better information，虚拟语气 + aided/better，说明这一句的研究其实不够好；找到其原因，取非即可更好。该句说，aggregate population estimates are very shaky, which makes it difficult for historians...，which makes之前的主句就是原因，取非动词，得到：not shaky，这就等于题干的better information，题干本身已经取非了，现在只问这个信息是关于什么方面的，那当然是population estimates。

【选项】

A. 城市骚动不安的原因。无关。

B. 总的起诉书的数目。要的是人口数。

C. 人数；number = estimate, people = population。**正确**。

D. 罪犯的精神态度(mental: 心理的、心智的、精神的)。无关。

E. 非精英变成精英的可能性。无关。

考位分析： 第4题考1段首句的first时间对比，第5题考2段细节，第6.7题分别考第1段、第3段的负评价态度取非。考题位置高度集中在**对比**、**负评价**、**首末句**等处。

9.3 Mycorrhizal fungi

【文章分析】

S1 M真菌比任何真菌所能感染的植物都多，对于许多植物成长是必需的，但直到最近，因为两个理由它们逃脱了广泛的调查研究。前半句引出 M = tw，后半句 but 转换给出重点，until recently 讲过去，escape investigation，后文并列讲理由。

S2 First, the symbiotic   第一，共生联系如此平衡，宿主植物根部没有显示受损，即使被密集感染。两个子句：so A that B，构成目的或推理关系。论据重现首句论点核心，可得 no damage = escape，所以 no damage 就是要找的词。功能：证据之一。

S3 Second, the fungi   第二，这种真菌迄今为止还不能在没有活根的情况下被培养。同理，找否定词，cannot be cultivated。功能：并列证据。

S4 Despite these difficulties   尽管有这些困难，还是有重要的新研究表明，这种共生联系（M-plants）使得能更经济地使用昂贵的 super-p 化肥，并可以更好地利用更便宜的、不易溶解的（less soluable）rock p。本句新研究出现，有不定式并列，其中的生词 phosphate（磷酸盐）取首字母。重点：new work, economic = better use p。简化：它很有用。

S5 Mycorrhizal benefits   M 的好处还不只限于 p 的吸收获得提升。过渡句，not limited to 暗示下面并列。

S6 In legumes   在豆科植物（legume）中，M 的接种（inoculation）增加固氮（nitrogen fixation）量，超过单靠增加 p 化肥所能达到的水平。并列好处之一：increase n。

S7 Certain symbiotic   某些共生联系也能增加宿主植物对有害根部真菌的抵抗力。并列好处之一：resistance harmful。

【结构图】

第 1 句讲过去，第 2.3 句讲理由，第 4 句讲新研究及其成果（宾语从句 suggests that 可看做 S4'），第 5 句过渡句，第 6.7 句讲并列证据。讲过去，是为了突出现在。文章以对比结构展开，重点在第 4 句及以后。结构：S1. (S2. S3.) vs. S4: (S4'. S5. S6. S7.)。

	Cue	Function	Core
S1	escaped, until recently for two reasons	tw, kw1	**M; escape investigations**
S2	First	i	(no damage
S3	Second	j	cannot be cultivated)
S4	Despite, new work	kw2: x	**new work: (use p**
S5	not limited to	y'	benefits:
S6		y	increase n
S7	also	z	increase resistance)

【题目】

Q8 主题

【题干与定位】最准确地描述文章，问主题，可定位到第 1.4 句。

【选项】

A. 描述一个可复制的实验。无实验。

B. 概述新发现；new findings = new work that suggests that...。**正确。**

C. 建议放弃一个困难的研究领域。没有让放弃。

D. 反驳从前的假说。对以前，作者的判断是没有好好研究，并没反驳过去。干扰选项。

E. 确认早期的研究。错。

Q9 列举/多选

【题干与定位】哪个不是影响M.f 研究进展程度的因素？定位原文第2.3句的理由，有对应的不选，没对应的就是答案。题干factor influencing = reasons；两个理由，no damage, cannot be cultivated。

【选项】

A. 缺乏一种方法来识别M.f.。原文没说没方法，只说不显示受损、不能培养。**正确答案。**

B. 关于实验室样本标准的困难；production of specimens = cultivate, difficulty = cannot。对应。

C. 因为super-p化肥的高成本和稀缺而引起(ensue：随之而来)的困难。第2.3句没有提到化肥。**正确答案。** 虽然只有两句，但为了保持体例一致，还是要标出前几个词。

9.4 nitrogen in the soil

【文章分析】

S1 自然界的一个巨大反讽(irony)是，氮在土地中的可得性(availability)，经常给植物生长规定一个上限，即使植物的叶子沐浴在氮气的海洋中。重点在ironies；it是形式主语，真正主语是that从句，抓主干有：n. limit plant growth；even though前后含有对比，找反义词：limit vs. sea；限制vs.海洋(极多)。

S2 The leguminous　豆科植物，包括农作物s, p, a, c，这样来解决氮供应问题：它们与细菌R形成一种共生关系。

【题目】

Q10 类比

【题干与定位】哪个情况最类似(analogous to)本段中自然的巨大反讽之一。类比题做法，抽掉具体名词、保留关系与态度词。第1句的关系是：X limit Y, even Y in a sea of X。找到选项有limit vs. sea的对立即可。

【选项】

A. 农民的农作物收成不好，因为正常的季中雨水没有到来，又没做灌溉准备。无关。

B. 长跑运动员失掉一场马拉松比赛，因为转弯转错。错误问题，无关。

C. 船难的水手在海上一个救生艇里，只有一瓶可饮用水供他们合用。可饮用水与海水，一个只有一瓶(one flask)，一个是浩瀚大海，one flask vs. sea = limit vs. sea。原文海洋是比喻义，选项既是本义、也是比喻义。**正确。**(wreck: 损坏、毁坏)

D. 摩托车手在离最近的加油站还有五英里时没油(gas = gasoline汽油)了。干扰选项。近在咫尺，但已过不去。是不是身边都是原油、但摩托车要装汽油？不是。排除。

E. 旅行者想尽可能快、也尽可能便宜地抵达目的地，但发现成本会随旅行速度增加而增加。这是两难折中问题(tradeoff：此消彼长)，不是有限制vs.无限制问题。

9.5 taboos

【文章分析】

S1 在人类历史上，有许多严格的禁忌，不要看其他人吃东西，或在其他人面前吃东西。首句给出一个历史事实, tw: taboos。后文解释这个现象。

S2　There have been　　已经有一些研究，从不适当的社交关系角度来解释这些禁忌；explain X in terms of Y，这里Y是解释角度，为kw，X为被解释对象，为tw。故得kw1 = social relationship。后面either A or B，并列的介词短语结构，皆次要；但可以近似将它们看做社交解释的并列证据（a, b），本来可以写成两句话，只是文章苦短，压缩在句子之内了。（satiate: 吃饱、满足，饱和；gorge: 狂吃，峡谷）

S3　Undoubtedly such　　毫无疑问，这种要素也在禁忌中存在，但还有一个额外要素，具有更加基本的重要性。以undoubtedly，肯定上文的要素，典型的让步；后半句but转折。但本句还没有给出新的要素的内容。

S4　In prehistoric times　　在史前时期，当食物如此珍贵（precious）、而旁观者又如此饥饿，不提供一个人拥有的食物的一半，这是不可想象的，因为每一眼，都是对生命的乞求啊。由于本文属于因果解释，原因 = kw；这一句里when从句表示原因，主句表示结果，所以kw2 = precious food，或者主句的little food也可以。

【结构图】

第1句讲禁忌这种现象，第2句给出社交关系的解释，句内有并列证据（以S2'代表either...or...结构），第3句让步转折，引出更重要解释，第4句给出新解释，食物珍贵或很少。本文是标准的现象解释文章。结构：S1. ← S2.（S2'）vs. S3. S4.。

	Cue	Function	Core
S1	there have been	tw	**taboos**
S2	attempts to explain... in terms of...either, or	kw1 （a, b）	**social**
S3	Undoubtedly, but	aw-	**additional**
S4	when	kw2	**food: precious, little → taboo**

【题目】

Q11 因果取非

【题干与定位】在什么社会，最不可能发生文章中所说的禁忌现象。禁忌是在食物少的情况下发生的，要禁忌不发生，则将原因"食物少"取非，食物必须多：not little food = much food。注意：在变量的关系中，原因（food）变化，结果（taboos）就会变化；这不是命题之间的推理，与逆否命题无关。

【选项】

A.　始终有充足食物供应；plentiful = not little。**正确。**

B.　强调有必要分享世俗商品。无关。

C.　过一种游牧的（nomadic）而不是农业的生活方式。这个选项很疯狂！

D.　强调隐私的价值。末句没有提到privacy。

E.　不鼓励过度放纵（overindulgence）。食物多 ≠ 不要放纵。

Q12 观点

【题干与定位】作者的假说强调什么因素? 定位末句，食物因素。

【选项】

A.　食物的一般可口度（palatability）。无关。

B.　食物的宗教含义。与宗教没关系。

C.　食物的有限可得性；limited = little。**正确。**

D.　食物的各种来源。与来源无关。

E.　食物的营养价值，不是nutrition，而是供应量。

Q13 选择句子

【题干与定位】作者在该句中提出，过去解释禁忌的做法是不完整的；incomplete是部分否定的负评价，对应第3句，but additional element。选Undoubtedly这一句。

Exercise 10

10.1 interface

【文章分析】

S1 目前，生物材料领域的主要(paramount: primary, prevailing)问题，是控制植入的生物材料和活组织之间的界面或表面。困难(problem)提示主题，tw = control over the interface。

S2 The physical properties 多数组织的物理特性，可以通过仔细选择原材料来匹配。这里讲多数，而且 can be matched，都是肯定语气，并没有出现困难，也许会有后面的少数、特殊的情况对比。重点是：physical: matched。

S3 Even the requirement 句子的语法主干是requirement can be met by techniques，主语宾语**名词抽象，抓修饰的实义词**，主语得到nontoxic，宾语得到reactions。合起来，句子重点是：无毒的要求，可以通过从研究组织培养体（tissue cultures）对生物材料的反应或从短期植入物所获得的技术来满足。简化：nontoxic, met by, cultures, implants。功能：even表递进，方向相同、程度更进一步；依然是肯定的，与首句的problem不同。

S4 But achieving necessary 但是，要在活物质和非活物质之间的界面上完成必要的物理特性匹配，这要求了解，什么分子在控制细胞彼此的结合——这个领域我们还没有彻底探索。本句转折，前后对比，抓对比：can be vs. not yet，前两句肯定，本句否定。重点是，interfaces: not yet explored。

S5 Although recent 前半句，虽然近期研究令我们稳定组织–生物材料的界面，by controlling 这个方式状语修饰次要；后半句，但我们对植入设备如何附着组织的基本理解，依然令人悲哀地不够完整。前后对比，抓对比：allowed vs. incomplete，正面与负面对比，一些问题解决了，还有很多问题没解决。

【结构图】

第1句给出问题，第2.3句讲可以做到的，第4句讲不能做到的，最后第5句总结，有正负混合评价。全文介绍生物材料研究领域的问题所在。结构：S1. (S2. S3. vs. S4.) S5.。

	Cue	*Function*	*Core*
S1	problem	tw	**control interface**
S2	can be	i	physical, matched
S3	Even, can be	j	nontoxic, met
S4	But requires, not yet explored	vs. k	**vs. interfaces, bonding** **not yet explored**
S5	Although allowed, woefully incomplete	aw-, +	**allowed vs. incomplete**

【题目】

Q1 主题

【题干与定位】the major problem = 首句 paramount problem，定位首句，得到问题是control over interface between implanted biomaterials and living tissues.

【选项】

A. 评估和调节宿主组织和植入物之间的结合（bonding）；assess and regulate = control；bonding就是界面问题；候选。此外，在第4句But里，也提到目前还需要细胞彼此之间结合的知识，这正是还有待解决的问题。**正确。**

B. 控制可能有毒的材料的转移。有毒没毒是第2-3句提到的，可以解决的问题。

C. 发现新材料。与控制界面不对应，排除。

D. 决定在什么情况下需要植入物。没说。

E. 决定短期植入物对组织–植入物界面的长期稳定性的重要性。长期、短期这句没说。

Q2 让步转折

【题干与定位】题干问末句的近期研究。定位末句，有让步转折，考其对比：allowed vs. incomplete，稳定方面，已经做到，但如何附着组织方面，了解还不完整。

【选项】

A. 它解决了一系列问题，但又创造了另一系列。原文说的是它解决这些、没有解决另一些。

B. 它集中于次要的关注点，却忽视了主要的关注点。没有次要和主要的对比。

C. 它改善了生物材料技术的实际应用，但没有提供完整的理论解释。候选。末句前半句是实际操作方面的，稳定界面，后半句则说理解还不完整；incomplete = without...complete。（在看过D.E之后，确认C正确。）

D. 它透彻地调查了生物材料的特性。到此为止已经错了，倒数第2句说，not yet explored thoroughly。

E. 它提供大量的、关于短期植入物技术的信息，但关于长期植入物技术方面很少。末句没有涉及长期、短期的对比。

10.2　Islamic law

【文章分析】

各段首句

P1　S1 I(slamic)法是"神圣法"中一个特别有启发的例子。给出tw = I。因为是宗教法，所以用sacred，它与secular相对。

P2　S1 把more than记为>，则这一句说的是，uniform: J.c > I。在一致性上，J法和c法都大于I法。**文科讲对比**，本段后面将展开对比论证。（Jewish: 犹太教的；canon: 基督教经典、教规）。这是分论点（kw1），通过与其他法的对比来论证第1段首句I法的特别。

P3　S1 在其与世俗国家的关系上，I法不同于J法和c法；简化为：secular: I ≠ J.c。与上一段首句并列，第二个分论点kw2。

首句回顾：第1段给总论点，I法特别，第2.3段分别从一致性、与世俗国家关系两个角度，对比I法与J法、c法，从而论证I法的特别。全文结构：TS. (kw1. kw2.)。

全文分析

P1　S1 重点是：I, particularly instructive。

S2 Islamic law is　本句是so A that B的结构，两部分等价different = indispensable，抓住其一即可。前半句说，I is different，破折号后有of course让步，与主句内容不同，抓反义词，有coincidences(巧合、同时发生)，表示相同、相似，后面还有as far as...are concerned，就某个方面而言，说明相同的范围；后半句说，它的研究对于充分评价全部范围的可能法律现象是不可或缺的（indispensable）。重点可抓前半句主干、让步：I ≠ other, = other。因为有so...that...，所以找同义词different = indispensable；因为有of course/not，所以找反义，different vs. coincidences。

S3 Even the two other　　甚至另外两个神圣法的代表，J和RCc法虽然也与之在历史和地理上最接近，都明显(perceptibly)不同于它。结合第1.2句，本句不是要讲J与c之间有不同，而是在different后面省略了I法(from Islamic law)。简化为：J.c ≠ I。

1段回顾：第1.2句都讲I法不同，还有让步说它也与其他法有巧合和相同；第3句提出它与J.c两法不同，后文将围绕这一句来展开对比论证。

P2　S1 对比简化为：uniform: J.c > I。对比论证，要么展开一组大对比，要么展开多组小对比。通常来说，**对比找反义、反义在宾语**。

S2 Though historically　　前半句主干there is a break，后半句主干spirit in OT is very close to T。让步转折，含有对比，对比找宾语(在这里是包含表语在内的广义宾语)：J: break vs. close。论据重现论点核心，close = S1 uniform。这样，这一句的理解就结束了！结束了？很奇怪？没有翻译？翻译，对于理解句子中心是不必要的。这句话有非常明确的结构提示词：Though A, B, 已经提示我们要去找对比了！

S3 Islam, on the other　　On the other hand提示对比。前半句说，I则代表对先于它的阿拉伯异教(paganism)的一种根本决裂，考虑到与首句内容逻辑等价，可知breakaway = less uniform。分号引出后半句，没有转折，那就是具体说明，其主干说，I法是从宗教角度考察法律题材的结果，后面先有that从句修饰，这些题材绝非一致，还有comprising现在分词修饰，**按修饰内容之间逻辑等价，修饰与论点等价**(kw = a = b = cp逻辑等价定理)，可得：various = numerous = far from uniform = S1 less uniform。全句的重点是：I breakaway; I: far from uniform。

S4 All this was unified　　主干是，所有这一切都被统一，然后被by doing所修饰，可以认为，**方式状语与谓语平行**，说它们受到同一类宗教审查(scrutiny)的支配(be subjected to)，然后有which从句，审查的影响变化很大，再有下一层的being...and originating并列分词修饰。全句重点：All this was unified, the same...scrutiny, varied greatly。按修饰与主干等价，可知unified = the same。I的素材到底还是被宗教审查统一起来了。句内说审查的影响varied greatly，暗示所审查的对象变化较大，这样，varied greatly = less uniform，论据与论点逻辑等价。

S5 This central duality　　法律题材与宗教规范的这种核心的二元性，增加了法律、伦理和仪式规则的多样性，这种多样性是神圣法的典型特点。段落末句this，做出总结，duality = S3 breakaway, S1 less uniform。这句意思是，神圣法规则多样，而I法也是如此，它的素材与规范之间是分裂的、二元的。

2段回顾：第1句论点(kw1)，提到J.c与I的差别。第2句让步转折，讲到J还是前后接近的。接下来没有讲c，也许RCc = Roman Catholic canon，罗马天主教教规自身一致，在欧美社会广为人知吧！但这也的确是一个逻辑疏漏。第3句对比引出I，讲断裂，后半句就给证据(I1)，第4句继续给证据(I2)，第5句总结I的特点(cs: I)。全段就是抓对比：J: close vs. I: breakaway/duality。这样，就比看单词、想意思要干净、利落。

P3　S1 在国家关系上，I ≠ J.c。后文也要展开对比，对比抓反义。

S2 Jewish law was buttressed　　前半句主干说，J法受到群体凝聚力(cohesion)的支撑(buttress)，然后是分词，得到外部压力的强化；后半句以分号引出，且无对比或转折，顺承证据，其规则是在直接表达这种凝聚力，然后是分词，往往接纳(accommodation)异议(dissent)。这里标出的几个动词和抽象名词，都是要掌握的词汇。重点：J: cohesion; rules: cohesion。

S3 Canon and Islamic law　　与之相反，c和I法则为宗教与国家之间的二元分裂所主宰；对比找反义，dualism vs. S2 cohesion。后面还有where从句，修饰次要，说的是，与J不同，国家不是一个外来的权力，而是同一宗教的政治表达，有not...but...否定肯定，暗示对比：alien power vs. the same religion。

S4 But the conflict between　　前半句说，但是，国家与宗教之间的冲突采取了不同的形式，conflict = dualism。But不是反驳上一句，而是转换讲对比，上一句将c与I以and连接，讲相同，但首句说I ≠ c，所以，这句来讲不同。分号后出现并列长句（S4.2），其实是在讲对比的一方，在c中，这种冲突是在组织严密的基督教会的(ecclesiastical)等级体系(hierarchy)方面的政治权力的斗争，c法就是政治武器之一，这里有生词，但不必理会，取主干，c: power struggle = political weapon。

S5 Islamic law, on the other　　但另一方面，I法则从未受到有组织的体制的支持；因此，也从未发展出公开的力量较量(trial: 审判、较量)。对比找反义：S4.2: power struggle vs. S5: never trial。

S6 There merely existed　　仅仅只是存在不协调(discordance)，between介词短语都不重要，如非要仔细看，可抓住sacred...and regulations by states；分号之后还有一小句，这种冲突（antagonism），随时间和地点都有所不同。按顺承关系、逻辑等价，可得：antagonism = discordance = conflict = dualism。上一句与本句构成否定、肯定关系，可找对比反义词：trial vs. discordance，程度对比。又按S4 vs. S5.6的对比，得到：power struggle vs. discordance，也是程度对比，前者深、后者浅；而且，在这个语境里，antagonism = discordance，程度一样浅，因为它们在末句前后半句、以分号顺承连接。

3段回顾：第1句给含有三方对比的论点。第2句讲J，第3句对比讲I和c，对比反义词为cohesion vs. dualism。第4句转换再讲I与c在程度上的差别，后半句(S4.2)说c，第5.6句讲I，对比反义词为power struggle = trial vs. discordance，态度相同，程度不同。结构：S1. (S2. vs. S3. S4.1 [S4.2. vs. S5. S6.])。

【结构图】

论点说明型。第1段总论点，第2.3段两个并列分论点，各自对比展开。文科讲对比本文体现得特别充分。除了on the other hand, on the contrary等提示的对比，还有让步of course, though, not...but... 也提示对比，抓住对比，阅读任务就完成了。不必理解文中每个单词、每个句子的专业内容。看看下图结构中我们对重点的把握，你可以仔细停下来想一想：这种理解是因为专业知识吗？是因为每个句子的每个语法成分都现场分析了吗？是因为所有单词都认识吗？那我们是通过什么提示词、什么方法找出所有这些词的呢？想清楚了这些问题，对文科讲对比、句子抓主干、对比找反义的基本思路，就会掌握得更好一点，对于多层结构阅读的一般方法，就会有更深入的理解。这篇文章很难，但专注于每个难点、突破之，你的能力就会长进一大步。能力，就是无数小技巧的积累。一步步掌握、一点点积累，200-300小时以后，结构阅读的技能就附体了；回头一看，像个奇迹。

		Cue	Function	Core
P1 S1		particularly	TS	**I: particularly instructive**
S2		different–of course	TS'	**I vs. other（=other）**
S3		Even...different	TS''	**I vs. J.c**

		Cue	Function	Core
P2 S1		more than	kw1	**uniform: J.c > I**
S2		Though	J	**J:（break vs.）close**
S3		on the other hand	vs. I,	**vs. I: breakaway**
			I1	**far from uniform**
S4		All this	12	varied
S5		This	cs: I	**I: duality**

	Cue	Function	Core
P3 S1	differed from	kw2	**state: I vs. J.c**
S2		J1; J2	**J: cohesion = cohesion**
S3	on the contrary	vs. I.c	**vs. I.c: dualism**
S4	But, different forms	I vs. c	**I vs. c**
	;	; c	**c: power struggle**
S5	on the other hand, never; never	I1	**vs. I: never trial**
S6	There merely existed	I2	**I: discordance = antagonism**

【题目】

Q3 信息/多选

【题干与定位】问提供 information 可以回答什么问题，除了/EXCEPT。题干没有定位信息，从选项找信息，带核心去排除，排除那些与各段和全文核心相反或无关的内容，剩下的选项在用其中名词回原文定位，定位时，先通过各段首句确定段落、再找具体句子。也可优先定位大写、对比、时间、地点等内容。

【选项】

A. I 法是否依赖不同于阿拉伯法律原则的资源？other than Arab 不好直接找，先找 Arab。第 2 段曾提到 Arab，定位 S3，该句首先说与 Arab 决裂，在后面的分词 comprising 的修饰里，提到一些要素来自 pre-Islamic Arabia，以及 non-Arab；non-Arab = other than Arab, taken over from = depend on。回答：是。可以回答；题干问的是 EXCEPT。

B. I 国家的什么世俗做法与 I 法发生冲突？state，是第 3 段首句提到的内容，故定位第 3 段；找关于 I 的陈述，是从第 5 句 on ther other hand 开始的最后两句。在末句说到，有 discordance = conflict，但没说到底是 what practices。不能回答。**正确答案。**

C. J 法是否比 c 法更一致？uniform 对应第 2 段首句，该句说 J.c 比 I 更一致，但没说 J 与 c 之间如何。不能回答。**正确答案。**

Q4 细节

【题干与定位】长文章题目定位时，先从各段首句确定段落、再找中间细节。state 属于第 3 段内容，只有 S5 S6 最后两句讲 I，说 I 法与国家之间存在不协调：discordance, antagonism。

【选项】

A. 遭到一些群体的体系化的反对。原文只是 state 与 religious law 之间的冲突，没有提到群体和利益冲突。

B. 因为缺乏有力的体制支持而受损，且无可修补的（irreparably）。S5 只说 never been supported，没说因此 suffered，这个负面说法是新加的，没有对应。

C. 与政府机构的法律活动频繁冲突。对应末句：be at odds with = discordance；frequently = varied according to place and time，这个对应略显牵强，但冲突随时间地点变化不一，这说明冲突还是比较多；legal activity = regulations。**正确。**

D. 一直不受在它一旁运作的政治势力的影响。是有冲突的，而不是 unaffected。

E. 受益于一个事实：它从未经历与国家的直接对抗；也许 never direct confrontation = never overt trial of strength，但 benefit 这个正面说法是新加的，无对应。与选项 B 的设置相似。

Q5 结构

【题干与定位】问 organization，可定位各段首句；文章是总论点 + 并列论点的形式。注意选项内容的顺序必须与原文行文顺序一致。

【选项】

A. 一个普遍原则被提出，然后在一个特殊历史现象的关系中讨论；universal-particular的关系对本文不适用；文章一开始就是讲具体的法。

B. 一个方法论的创新被提出，然后证明其效力的例子被提供。第一段没有方法论。

C. 一个传统被质疑，然后被修改，以包含新数据。文章不是新老观点对比。

D. 一个一般意见被表达，然后支持性的说明被提出；general opinion = general thesis，是第1段内容；illustrations是第2.3段的具体说明。**正确**。

E. 一个有争议的观点被提出，然后支持的、否定的证据被引用。文章没有否定评价。

Q6 对比

【题干与定位】问c与I的差别。虽然第2段首句也提到J.c > I，但该段并没有展开c > I。真正说到c与I的差别，还是在第3段最后几句，差别在冲突的程度，一个是power struggle，程度深，一个是discordance/antagonism，程度浅。题干问只有c法如何，c法冲突强。

【选项】

A. 包含规定（prescriptions = rules），非神圣法律系统也许认为是合法的。全文无任何地方提到nonsacred。

B. 关注一个人相对于一个共同体的义务。没有讲个体与群体的关系。

C. 受到宗教与国家之间的冲突的紧张的影响；power struggle至少属于tension of the conflict。但题干问only canon law，conflict是c与I都会遇到的，差别在于程度！干扰选项。

D. 在一个并不挑战其基本存在的政治环境中发展。原文冲突强，选项说not challenge，这个否定词不好。

E. 在为权力而竞争（vie for：竞争、斗争）的机构的直接对抗中发挥一种作用；direct confrontation = power struggle, played a role = political weapon 或appeared as。**正确**。

考位分析：第3题考信息，选项针对细节和各段核心；第4题考第3段对比核心之一；第5题考各段首句结构；第6题考第3段对比核心之一。考对比、考首句，占3/4 = 75%。我们一直强调，抓首末句、转折句、对比、因果、找等价，这既是为了抓结构，也是为了做题。

10.3 supernova

【文章分析】

P1 S1 如果一个超新星（supernova）引发恒星从稠密的气体和尘埃云中形成，如果从云形成的最大的恒星演化成一个超新星，并引发一轮新的恒星形成，等等，那么，一个恒星形成区域的链条就会出现。本句有两个if条件或前提以及then结论；由于理科讲因果，这个推理是因果推理，也就是连续动作，抓住首尾：supernova → ... → chain of star-forming。

S2 If many such   如果许多这样的链条在一个差别化旋转的星系中创造出来，恒星的分布就会类似于（resemble）所观察到的螺旋星系（spiral galaxy）分布。最终形成的是螺旋星系。

P2 S3 This line   这条推理路线支撑（underlie）着一个令人兴奋的、螺旋星系结构的新理论。第1.2句是证据，第3句是理论。前者支持后者。

S4 A computer   基于这个理论的计算机模拟已经复制出了许多螺旋星系的现象，同时不必假设有一种底层的（underlying）的密度波，后者是最广为接受的螺旋星系大型结构的理论的标志特征（hallmark）。这一句以without assuming, the most widely accepted theory，提示了对比：new: without vs. accepted theory: density wave，一个不要密度波，一个要。

S5 That theory　　该理论坚持，螺旋形的密度波，横贯（sweep through: 横扫）星系的中央平面（central plane），压缩气体和尘埃云，后者塌缩为恒星，这些恒星再形成一个星系模式。这一句有许多动词，sweep through, compress, collapse, form，提示它有连续动作，抓住首尾: density wave → ... → spiral。

【结构图】

第1.2句均为因果推理，第3句提示新理论(kw)，第4句前半句给出模拟实验证据(S4.1)，后半句(S4.2)还与既有观点(kw。)对比，最后第5句讲老观点内容。与多数文章先有老观点、再有新观点不同，本文是在最后两句顺带提到老观点。抓住观点对比，一个不要密度波，一个需要。结构: (S1. → S2.) → S3. (S4.1 vs. S4.2 [S5.])。

	Cue	Function	Core
P1 S1	If and if, then	x → y	**supernova → ... → chain**
S2	If, would	→ z	**... → spiral galaxy**
P2 S3	This, underline, an exciting new theory	kw'	**→** **new theory**
S4	simulation, without, widely accepted theory	e(vidence) vs. kw。	**without** **vs. accepted theory: density wave**
S5	That theory maintains	(m → n)	(density wave → ... → spiral)

【题目】

Q7 主题

【题干与定位】primary purpose问主题；文章并无完整主题句，可综合第1.2段内容。第1段说一个推理，第2段讲新理论。

【选项】

A. 描述一个超新星触发恒星区域形成链条会导致什么结果。即使有此结果，也不是整篇文章的主题，而只是细节。

B. 提出对接受度最为广泛的理论进行修正（modification）。第2段给新理论，同时说它不必假设老理论的一个条件。这是对老理论的改进。候选。

C. 比较和对比气体和尘埃云在两个理论中的作用。没有这种对比。

D. 描述一个新的螺旋星系理论，把它与最广泛接受的理论对比。前半句对应第1段，后半句对应第2段，第2段的确有对比。**正确**。为什么对照D之后不选B? 因为B只考虑了第2段内容，忽略了第1段。

E. 描述一个新的螺旋星系理论，讨论为什么它劣于(inferior to)最广泛接受的理论。态度错误。对新理论作者说exciting，不是inferior。

Q8 细节

【题干与定位】根据新理论，在超新星怎样时，一个螺旋星系可以被超新星创造出来。回到第2句，如果恒星形成链条在差异化旋转的星系中被创造，其恒星分布就类似螺旋星系的分布。这意味着，螺旋星系的创造条件就是differentially rotating galaxy。

【选项】

A. 产生一种底层的密度波。这是既有观点/老观点。

B. 受到螺旋形式的密度波的影响。密度波不是新观点所需要的。

C. 以一种螺旋模式分布。这是结果，不是条件；题干问when，要找if对应。

D. 位于星系的中央平面。末句讲老观点提到。

E. 位于差异化旋转的星系。**正确。**

Q9 取非

【题干与定位】文章支持新理论，题干却问would discredit(使不可相信)。新理论在第2段首句提到。做法一：将其正评价的证据取非；正评价在第2段首句exciting；支撑这个态度的论据是下一句的计算机模拟，它能复制螺旋星系的现象，但不必假设老观点所必需的密度波；把without assuming density wave取非，新理论还与密度波有联系，那就没什么可兴奋的了。或者，做法二：将推出新理论的任何一个环节取非，这些环节在第1段，任意一个步骤失败，都会导致理论无法成功。用公式看，S1, S2 → S3，题干取非S3，答案将S1或S2的内容取非。一般的，原文premise → conclusion，题干取非结论，则答案将前提取非。

【选项】

A. 恒星变成超新星的确切机制，迄今为止还不完全为人所知。原文没有说新理论已经解决一切问题。

B. 新理论中所假设(postulate)的恒星形成区域的链条，在稠密的气体和尘埃云的附近(vicinity)已经被观察到。这些内容在第1段第1句都提到过。

C. 超新星爆炸所形成的最大恒星，不太可能演化成超新星。取非了第1句第2个if条件，这样后面的一切推理都成问题，第3句的新理论结论也就无法推出了。**正确。**

D. 对超新星的计算机模拟提供的是一个贫乏的图景，没有很好地说明在超新星爆炸之前发生了什么。原文开始就讲超新星爆炸，before的问题不是推理的必需环节。

E. 密度波不能压缩气体和尘埃云到足够高的密度，以创造恒星。密度波与新理论无关。

10.4 V-shaped walled structures

【文章分析】

S1 在中亚V形墙结构被史前狩猎者使用，他们把有蹄(hoofed)动物驱赶到一个V点的围合处(enclosure)。

S2 The central 建造这些结构的中亚人很可能是向西南亚的入侵者学会了这种捕猎技术，因为入侵者从久已使用类似结构的西南亚地区来到中亚的时间，正好与这类结构在中亚的最早建造时间大致相同(coincide)。

Premise: because arrival from southwest...coincides with building in central Asia

Conclusion: central Asians learn from southwest

【题目】

Q10 逻辑支持

【题干与定位】哪个选项如果成立，最能加强论证。强化前提−结论之间的推理关系，或者提供中间环节，或者否定它因，都可以提供支持。对照前提和结论，先找相同，都提到southwest, central Asia，再找不同，arrival coincide building, hunting learn from。连接这个差异概念，说西南亚人到达后，其技术的确被中亚人学习。

【选项】

A. 中亚地区的出土物品(excavation)并不表明入侵者是否在中亚永久定居。这不是支持，而是有反对的含义了。

B. V形结构在中亚大约70米长，而西南亚的类似结构通常超过300米长。这没事，学习嘛，一时赶不上老师，很正常。但没有涉及与学习的关系。

C. 中亚地区的墙结构是用土做的，而西南亚的是用石头做的。没有连接到达与学习。

D. 中亚地区V形墙结构的最早例子，是有着高级设计的。最早的就很高级，那说明不是自己发明的（那开始通常比较粗糙），而是从别人那里模仿、学习的。**正确。**

E. 在西南亚用于捕猎的一些墙结构，是在这类结构最早在中亚建造之后才建造的。一些是在之后，这既不一定支持，也不一定反对，属于无关状态。

10.5　racial discrimination

【文章分析】

S1　主语the fact是抽象名词，抓修饰的实义词；主干就是the fact...never...equals...has important ramifications。首句意思是，北美英国殖民地的黑人从未被当做与白人平等的人来对待，这个事实有重要的含义（ramification = implication）。

S2　If from the　　如果从一开始黑人就被歧视，1660's的合法奴隶制就应该被看成是在反映、延伸种族偏见，而不是如包括H在内的许多历史学家所认为的，是偏见的原因。If A then B，重点在结果，其中有rather than，抓对比，reflection vs. H: cause of prejudice。一个认为是结果，一个认为是原因；抓因果：prejudice → slavery。

S3　In addition　　此外，在合法奴隶制之前存在歧视，这也提供一个进一步的解释，说明为什么黑人奴隶在北美比在南美受到更严厉的（harsher）对待。本句与上一句并列，共同说明第1句的ramifications。句内也有对比，harsher: North > South。这里，further explanation说明以前的解释not further，现在的解释更好。要论证further，可以通过过去vs.现在的对比。

S4　Freyre and　　F和T正确地主张，北美缺乏某些传统——例如R的奴隶制观念和RC对平等的强调——解释了，为什么他们对待黑人奴隶，比南美的S.P殖民地更严厉。这里，more severe = S3 harsher；explain = cause，抓因果：lack R, RC → more severe。

S5　But this cannot　　但这不可能是一个完整的解释，因为它仅仅是否定性的，仅仅基于缺乏某物。给出负评价，not the whole，表示部分否定，也暗含了前面rightly所提示的部分肯定。前后态度对比：S4 rightly vs. S5 not the whole。用没有X来解释一件事，这在学术研究中通常是不好的。

S6　A more compelling　　一个更加令人信服的解释是，在英国殖民地早期有时极端的种族歧视，决定了随后发生的奴隶制的特定性质。既然explain = cause；抓因果：extreme racial discrimination → particular nature / harsher slavery。

【结构图】

　　第1句给出论点，第2句第一个证据，其中有对比，第3句并列给第二个证据，第4句讲以前解释，第5句给负评价，第6句讲现在的解释。文科文章常用同义词多次再现主题，在本文中，never equals = discrimination = prejudice；全文都在解释歧视的原因。结构：S1. (S2. S3. [S4. vs. S5. S6.])。

		Cue	*Function*	*Core*
S1		important ramifications	kw	**never equals: important**
S2		If, then...should,	a	**prejudice → slavery**
		rather than		**vs. H**
S3		In addition, further	b	**discrimination → harsher**
S4		F and T, rightly	b1	**F.T: lack R, RC** → more severe
S5		But cannot be the whole	vs. aw-	**vs. not whole**
S6		more compelling explanation	b2	**extreme** → particular nature

【题目】

Q11 对比/多选

【题干与定位】问H没有（NOT）主张什么。定位人名，在第2句，rather than后面，H的主张是，prejudice是slavery的原因。排除所有跟这个说法不一样的，就是他没主张的。

【选项】

A. 同时（simultaneously）产生，他没说过。**正确答案。**

B. 种族偏见的来源是奴隶制度。这正是H的观点。题干问他没主张的观点。不能选。

C. 虽然1660's之前歧视弱，但奴隶制法律化后剧增。没有说过前后时间比较。**正确答案。**

Q12 对比取非

【题干与定位】问在S.P的殖民地，R的奴隶制观念有什么作用。定位大写S.P。在第4句，F.T正确地认为，北美缺乏一些传统，例如R的奴隶制观念，导致北美殖民地比南美S.P对待奴隶更严苛，所以，反过来，S.P有了这个R，对奴隶就less harsh。

【选项】

A. 延伸而非导致种族偏见。这是第2句内容。

B. 加速奴隶制法律化。这对奴隶更不好，而不是不那么严苛。

C. 缓和（mitigate）这些殖民地的黑人的奴隶制条件；mitigate = less harsh。**正确。**

D. 推迟引入奴隶制到英国殖民地。题干问的是S.P殖民地。

E. 造成（bring about = produce）英国殖民地对黑人奴隶的对待的改善；improvement = less harsh，但英国殖民地错了。

Q13 态度

【题干与定位】作者对F.T所提出（put forward）的解释有什么看法（consider...to be）。定位第4.5句，既说rightly，也说not the whole。

【选项】

A. 有雄心但却被误导。无对应。

B. 有效但却有限；valid = rightly, limited = not the whole。**正确。**

C. 流行但却可疑。没说流行。

D. 时代错乱（anachronistic）、又充满争议。时代错乱已经无对应。

E. 早熟的、不合逻辑的。没说不合逻辑。原文说的是有对有错。

Exercise 11

11.1 *Wuthering Heights*

【文章分析】（对此文更详细的分析见"导言第四节段落·多论点段落"）

S1 主干为critics see its second part as a counterpoint；但counterpoint不理解，可抓修饰实义词，按修饰与名词逻辑等价，that从句的comment on = counterpoint，之后还有where从句，次要。功能：tw = B的小说 *W.H*；many critics see A as B，许多评论家，指大众意见，定义为老观点，as之后为kw，所以，老观点 kw_o = counterpoint。

S2 Seeing the two parts 主干是，把这两个部分看做一个整体，是由小说复杂结构决定的，论据，**按论据与论点逻辑等价**，可知whole = counterpoint（它表示统一、相似，而不是相反的意思！）；后面分词结构次要，如找**修饰与名词等价**，可得complex = sophisticated。

S3 Granted that the Granted 表肯定，故意肯定，属于让步，其中有not...comparable to，抓对比，B < J；后半句转折句说unify。句内让步转折含有对比：not aware construction vs. unify。转折回到论点，也有逻辑等价关系：unify = counterpoint（= whole）。全句译文：假定这些要素存在，不必让人认为，作者对小说构造的意识可以与J的意识相媲美，但它们的存在，的确鼓励我们尝试把该小说的异质部分统一。但翻译对于理解不是必需的。

S4 However, any 主干为any interpretation...to unify is...unconvincing，可简化为unify...unconvincing。本句提出负评价，也暗示新观点：aw- = kw_n = not unify。结合首句，构成对比：counterpoint = unify vs. not unify。

S5 This is not 本句not A but B，否定肯定结构，抓对比，stiffen vs. recalcitrant。前半句not because后面有括号插入语出现although，让步与主句转折包含对比，抓对比：stiffen vs. rigidity danger；but because后半句的宾语有生词，但后面that从句修饰，**按修饰与名词短语逻辑等价**，可得：resist inclusion = recalcitrant；又本句为上一句新观点的证据，**按证据重现论点核心或论据与论点逻辑等价**，可知recalcitrant = not unify。这样，通过kw = a = cp的逻辑等价定理，就解通了生词。（recalcitrant: 顽固的、不服从的；all-encompassing: all-inclusive）。

S6 In this respect 有share提示相同，*W.H = H*。**细节找新词**，新词就是*Hamlet*，按照论据重现论点核心的逻辑关系，它必须等于not unify。已经作出这一判断之后，可以再从常识上考虑，对《哈姆雷特》，有个说法，一千个读者、一千个哈姆雷特，它是不容易统一的。

【结构图】

第1句老观点，第2.3句证据，第4句反驳，同时给出新观点，第5.6句证据。标准的新老观点文章。结构：S1.（S2. S3.）vs. S4.（S5. S6.）。

	Cue	*Function*	*Core*
S1	Many critics, *W.H*, see...as...	tw, kw$_o$	**B, *W.H*, counterpoint**
S2	encouraged by	x	(**whole**, sophisticated
S3	Granted, does	~y, y	B < J vs. unify)
S4	However, unconvincing	aw- = kw$_n$	**vs. unify: unconvincing not unify**
S5	not, but	a	(= recalcitrant = resist inclusion
S6	this respect	b	*W.H = H*)

【题目】

Q1 信息

【题干与定位】问对*W.H*，哪个说法成立。发问对象是全文主题词，无法单独定位某句，只有从选项找线索、带核心去排除。核心是not unify。

【选项】

A. 原文没提到过attention多少。

B. 第二部分与第一部分没多大关系；not unify不是little relation，例如，有可能是对立关系。

C. 抵消（annul：归零）第一部分。不统一，不是抵消。

D. 第二部分提供较少证据，证明浪漫主义解读；romantic对应第1句的where从句，receive more confirmation，表明是事实，不是主句老观点的内容，因此还是符合题干所问的according to the passage；原文说的是1st > 2nd，选项通常反过来说，2nd < 1st；选项D的less就反过来了，然后，substantiation = confirmation, romantic 照抄。**正确。**

E. 第二部分更好，因为更加现实主义；better这个态度是多余的。干扰选项。

Q2 对比

【题干与定位】人名优先定位，J出现在第3句让步中，那里讲，作者对结构的意识，not comparable to J，反过来说，J very aware。

【选项】

A. J比起任何其他小说家；any other错，原文只与B相比。

B. **正确。**

C. J的意识来源于（derived from衍生）他对B的解读；derive提示的因果关系是错的。

D. 多数评论者，原句没出现。

E. J对结构的意识，防止他违背小说的统一性。谈到J，只有让步里面，至于unity，是在转折句，那里只说到B，没有再提J。干扰选项。

Q3 让步

【题干与定位】问的是an interpretation of a novel，这里a novel是泛指，不是特指文章主题*W.H*小说，因此要仔细找泛指小说的细节。慢慢找，可找到在第5句括号内，有any novel = a novel，该让步插入语说，rigidity is always a danger，也就是要否定僵硬、支持不僵硬。

【选项】

A. 不要试图统一异质要素。这里没提到。

B. 在对待小说的要素时，不要不灵活；inflexible = rigid, not = danger，**正确**。

C. 不要主张，叙事者或时空转换的复杂运用，表明一种复杂结构。无关。

D. 集中于那些顽固的要素。这是后半句 but because，与让步插入语无关。

E. 主要考虑小说作者意识到的小说构造的要素；aware 与这里无关。

Q4 比较/多选

【题干与定位】问 *Hamlet*，原文仅有末句提到，谈到 W.H = H，再找哪个方面，this respect 往上指，上一句找 but because 为重点，recalcitrant = not unify = resist inclusion。

【选项】

A. 吸引批判解读，僵化成为论点。这是通过 not because 明确反对的。无关。

B. 具有一些要素，不太顺从于囊括一切的批判解读；not amenable = recalcitrant，其余照抄。**正确**。

C. *H* 在开放方面不及 *W.H*；末句只谈两者的 share 相同，不谈差异。错误。

11.2 hydrothermal vent

【文章分析】

各段首句

P1　S1 深海一般有松散的动物群(fauna)，主要是小的蠕虫和 c 动物(crustacean:甲壳纲动物)，大型动物的分布更为稀疏。首句给 typically，学术文章喜欢讨论异常、特殊、新鲜情况。这一句也许是引导句，下一句果然有 however 对比。

P2　S1 多数深海动物群的食物依赖颗粒物质(p.m)，后者主要来源于光合作用；重点变成 food。

P3　S1 但是，这个解释有一些问题。反推第 2 段有解释(kw1)，本段给出负评价(aw-)。

P4　S1 但是，ad(vection)是一个更有可能的替代食物来源；more likely 为正评价(aw+)，kw2 = ad。

　　首句回顾：第 1 段给现象，第 2 段中间会有解释，第 3 段反驳，第 4 段给正评价解释。现象解释、前负后正评价。

全文分析

P1　S1 deep sea: sparse fauna, tiny；讲通常的情况。

　　S2 However, near　但是，在靠近热水(hydrothermal)排放口(vent)，也就是热水从地下(subterranean)来源涌出的海洋区域，却生存着相当密集的巨型动物。与第 1 句对比，讲异常的情况，tw = vent；前后对比抓反义：sparse vs. density, tiny vs. huge。文章就要解释 vent 地区大型而密集的动物群。

P2　S1 food: photosynthesis；讲多数情况。也会与后面的少数情况对比。

　　S2 The food supplies　但是，为维持大型 vent 群体所必须的食物供应，必须比普通的落食大许多倍；many times 已经是对比。重点: food: vent > most faunas。结合第一段，vent 地方动物大且密集，第 2 段前 2 句就说 vent food 也要多。这是当然，大动物吃得更多。

　　S3 The first reports　首批报告提出两种可能的营养源: b.c(细菌化学合成)、ad(平流)。这两个短语不认识没关系，**专业名词，取首字母**。功能: 过渡句，一口气摆出两个理论。理科讲因果，bc/ad → vent food。

　　S4 Later, evidence in　前半句(S4.1)说，后来，支持"强烈的局部 c"这种想法的证据得到积累；这里 idea = theory = hypothesis，已经提示 b.c 理论(kw1)。后半句(S4.2)以冒号引出，表示具体说明，连续三个短句并列，都是证据，与前半句构成总分关系。并列证据次要，如果非要记词，可抓新词，例如，h.s（= hydrogen sulfide），b(acteria)，large b。整个句子是分层关系，总的前半句重要。

S5 This final　　这最后一项观察似乎有决定性。评估其中一个证据。

S6 If such astonishing　　If A then B，结果重要。如果这种令人惊异的细菌集中情况，是vent流出物的特点，那么，vent之内的食物供应会使来自ad的贡献相形见绌（dwarf）。结果没有直接支持b.c，而是否定ad，通过否定竞争的它因，加强既有原因。这是间接支持。

S7 Hence, the widely　　因此，广泛引用的结论得出来：bc提供了热水vent食物链的基础；后面的破折号不那么重要了；hence引出结论，抓因果：b.c → vent food。

2段回顾： 第1.2句继续引申主题到vent food，第3句提出两个解释，第4句开始讲第1个，细菌合成理论，第5.6句评估一个证据，第7句总结。结构：S1. S2. ← S3. S4.1 (S4.2. S5. S6.) S7.。

P3　S1 但是会有一些问题；aw- = difficulties。

S2 For example, some　　举例。一些大型的固定附着的(sedentary)有机体，也在普通深海温度区域被发现，离最近的热水口还很远。此句讲用于反驳的事实。

S3 This suggest that　　这表明，b.c不是这些生物的充足营养来源。反驳b.c观点。

S4 Another difficulty　　另外一个问题是，同样密集的大型深海动物群，在"烟口"(smokers) 附近(proximity = vicinity)被发现，那里的水温高达350度。这句以smokers来引出反驳。

S5 No bacteria can　　没有细菌可以在这种高热下生存，那里也没发现细菌。连细菌都没了，反驳了细菌合成理论。

S6 Unless smokers　　除非烟口一直位于比较适宜的(hospitable)热水vent，否则c只能解释一部分vent动物群。本句反驳：account for only。

S7 It is conceivable　　但还是可以设想，这些大型、固定附着的有机体，的确靠细菌为生；后半句有that从句，连续三个动词，grow, rise, then rain(洒落)，说明如何做到。本句特别奇怪，通过however又转回到细菌理论，可以看做被反驳之后的辩护。在学术文章中，一个观点被反驳，其主张者不太可能会立即放弃，通常会有辩护，然后反对者再来反驳，这样来回几次，形成反复辩证过程。在GRE文章中，由于篇幅关系，这种过程通常被省略了。但这里是一个小例证。

3段回顾： 第1句负评价，后面讲证据；第2.3句第一组，第4.5.6句为另一组；第7组却为被否定的观点辩护(defense)。

P4　S1 尽管如此，ad是更有可能的替代食物来源。呼应第3段末句，反驳细菌理论的辩护，来到新理论；ad= kw2，抓因果：ad → vent food。

S2 Research has　　研究已经证明，ad流，起源于悬浮(suspended)颗粒物质聚集的海表附近，它把一些物质和水转移到vent。证据；内部有两个动词，构成连续动作。

S3 Estimates suggest　　估测表明，对每个立方米的vent释放物（discharge），有350毫克的有机颗粒物质被ad到vent区域。中间数量 = 细节证据。

S4 Thus, for an average　　因此，对一个平均大小的vent，ad会提供超过30千克/天的潜在食物。结论句，记住因果：ad → food。

S5 In addition　　此外，也有可能，在被ad的水里的小的活动物，也许会被热和/或化学的冲击(shock)所杀死或弄晕（stunned），因而促成vent的食物供应。这一句contributing to表因果关系，抓因果：small animals → food。它与第2.3.4句并列。

4段回顾： 第1句给观点，第2.3.4句第一组证据，第5句第二组证据。

【结构图】

全文是标准的现象解释文章，第1段、第2段前两句给现象，第2段后面第1个理论，第3段负评价，第4段给第2个正评价解释。理科讲因果，本文有两个因果关系：kw1/kw2 → tw。

		Cue	Function	Core
P1	S1	typically	i	sparse, tiny
	S2	However,	vs. tw1	**vs. vents: density, huge**

		Cue	Function	Core
P2	S1	most	j	most: food: p.m.
	S2	however,	vs. tw2	**vs. vent: food** > non-vent
	S3	two possible sources	kw'	b.c, ad
	S4	evidence support idea : ; ; and	kw1 : x, y, z	**b.c**
	S5	decisive	z1	
	S6	If, then	z2	> ad
	S7	Hence, widely quoted	cs1	**b.c → food**

		Cue	Function	Core
P3	S1	difficulties	aw-	**difficulties**
	S2	For example	a	large: **ordinary**
	S3	This suggests, not sufficient	aw1-	**not sufficient**
	S4	Another difficulty	b1	**smokers**
	S5		b2	no bacteria
	S6	account for only	aw2-	**only a fraction**
	S7	however	vs. kw1	**vs. large** ← bacteria

		Cue	Function	Core
P4	S1	Nonetheless, more likely alternative	vs. kw2+	**ad: likely**
	S2	Research	u1	ad → surface → p.m → vent
	S3	Estimates suggest	u2	350 matter
	S4	Thus	cs: u	**ad matter → 30kg/day food**
	S5	In addition, likely	v	**small animals → food**

【题目】

Q5 信息/多选

【题干与定位】 文章提供information可以回答什么问题。题干无法定位，从选项找线索、带核心去排除。文章核心是两个理论和各自的评价。由于题干有EXCEPT，对应不到的，可以选为答案。

【选项】

A. 什么导致vents形成？原文第1–4句，提到vent，解释其食物来源，但没说它本身被什么导致。**正确答案。**

B. h.s在化学合成中发挥什么作用；细菌化学合成是第2段第2理论，定位到细节，找到h.s，在第2段第4句，只说，hydrogen sulfide was found in vent water，没说作用。**正确答案。**

C. 细菌生活在smokers水域中吗？smokers定位到第3段中间，第5句说，no bacteria live。这个问题可以回答。不能选。

Q6 对比

【题干与定位】生活在non-vent栖息地的动物群有什么特征。原文1-2句对比typically vs. vent，non-vent就是多数情况，它们sparse, tiny。第3-4句也对比，non-vent靠掉下来的颗粒物质为生；vent就这些还不够。

【选项】

A. 它们通常不靠食物颗粒。第2段第1句说过rely on。

B. 它们比许多vent动物群小；smaller than = tiny vs. huge。**正确**。

C. 它们是捕食者。无。

D. 它们的营养来自化学合成。化学合成只是一种理论，而且有问题。

E. 它们聚集（congregate）在唯一的主要食物来源周围。没有说它们聚集或食物来源单一。

Q7 选择句子

【题干与定位】找一个句子，作者暗示，vents被其他海底也可见到的一些相同的动物占据（colonize：大批外出居住），而这又是细菌化学合成理论的一个弱点。定位b.c的weakness，负评价在第3段，该段有两个负评价，一个与smoker有关，不是题干说的，一个在第2句，提到ordinary deep-sea temperature，普通深海温度，然后又一些与vents有关的动物，也就是在vents也有的一些相同的动物。第3句说，这些动物的存在，是无法被b.c所解释的，也就是b.c理论的弱点。题干问的是作者提出证据的句子，不是负评价本身，所以，选For example, some of这一句。

Q8 作用/in order to

【题干与定位】问作者为什么提到smokers；smokers在第3段，是并列负评价证据之一，提到它，当然是为了给b.c以负评价，答案就在该段第6句的总结或第1句，can account for only a fraction。

【选项】

A. 热冲击，第4段末句内容，与第3段无关。

B. 证明多数深海动物的栖息地局限在温水排放口。不是地方问题，而是细菌理论的问题。

C. 解释细菌如何进行化学合成。没有负评价。

D. 证明ad如何补偿缺乏食物来源的情况。答案应该给b.c负评价。

E. 提出证据，证明b.c也许是不充分的食物来源；inadequate = account for only。**正确**。

11.3 ragtime

【文章分析】

S1 R是一种音乐形式，它把民俗（folk）旋律和音乐技巧综合为一个简短的类似q的结构，而q本是在钢琴上演奏的。主干为R is a musical form，宾语名词抽象，抓修饰实义词，得到synthesize。

S2 A strong analogy 一些欧洲作曲家，如W. G. D，把民俗乐调与自己的原创材料组合在更大的作曲中，这些人与美国的先锋R作曲家之间，有一种强烈的类似（analogy）。本科讲对比或比较，analogy表相同，可得Euro = R composers。本句combine = 上一句synthesize。

S3 Composers like 像J, S这样的作曲家，在某种意义上，是收集者或音乐学者（musicologist），收集黑人社区的舞蹈和民俗音乐，有意识地把它塑造成简短的整套或音乐合集（anthology：文集），称为钢琴R。

后半句的分词修饰，与被修饰名词等价，故collectors = anthologies。本句顺承上句，collect = combine = synthesize。

全文结构： S1: R synthesize (S2: Euro- = R, combine. S3: J.S: Collectors [= anthologies])

【题目】

Q9 类比

【题干与定位】哪个最类似文章所描述的r作曲的来源和艺术特征（character）。类比在第2句，主要是各种组合，与第1.3句内容一致：synthesize, combine, collect，把民俗的与音乐的组合在一起，雅俗结合。

【选项】

A. 交响乐，源于复杂的爵士主题（motif）。无雅俗结合。

B. 实验小说，基于广为人知的卡通人物。无雅俗结合。

C. 戏剧制作，演员发明场景、即兴说词；improvise无对应。

D. 芭蕾，严格的舞蹈编排（choreography）基于民俗舞蹈步骤。民俗与高雅结合。**正确。**

E. 绘画，抽象的形状唤起（evoke）自然风景的熟悉对象。唤起什么，不是原文意思。

11.4 Earth's mantle

【文章分析】

P1 S1 地质学家长久以来知道，地球的地幔（mantle）是异质的，但它的空间分布问题依然没有得到解决——地幔是分层的，还是不规则异质的？前半句讲已知，后半句讲未知，主题在未知，tw = mantle's spatial arrangement; or提示对比：layered vs. irregular，已经是两个观点：kw1 vs. kw2。

S2 The best evidence   主干是，分层论的最好证据是已经确立的事实；宾语the fact**名词抽象、抓住从句修饰实义词**，该从句的主语rocks后面有三层修饰，分别由found、believed to、arising from来引导，构成溯因推理，抓首尾因果，得到volcanic islands ← ... ← lower mantle，谓语为are composed of，宾语material也抽象，抓修饰的实义词，修饰为different from midocean ridge system，其中名词被whose从句所修饰，从句中的source暗示因果关系，动词还原为因果箭头，得到midocean ← upper mantle。有different，就抓对比，这里就是主语和宾语内容的对比：volcanic rocks ← lower mantle vs. midocean ridge ← upper mantle。本句讲kw1，句内给证据(a)。

P2 S3 Some geologists   但是，一些地质学家，基于m.x（mantle xenoliths）的观察，却主张说，地幔不是分层的，而是说，异质性来自富含i.e（incompatible elements）的流体，i.e向上渗透（percolate），按照流体路径的随意多变（vagaries），不规则地转化各部分上层地幔。主干some geologists argue that当然不太重要。宾语从句单独分析，刚好是not that A but that B的形式，否定肯定结构，含有对比，对比找反义、反义在宾语（或作为广义宾语的表语）：layered vs. fluids；后半句but的宾语fluids rich in "i.e"，有很多修饰，首先括号内有同位语，然后有percolating, transforming的并列分词修饰，由于i.e这个术语开始不理解，可以抓住修饰里的实义词，所以找到了irregularly，这是首句提过的某观点的核心。因此，第2.3句的真正对比是：layered vs. irregular (fluids)。本句讲kw2，句内给证据(x)。

S4 We believe   我们相信（这也许不太有想象力），这个争论可以通过进一步研究来解决，而且未被探索的midocean ridge体系是关键。末句给作者态度和结论；further study还需要，这说明现有研究不完整，对应首句remain unresolved。

【结构图】

第1句给主题，指出争议。第2.3句讨论对立的两个观点。第4句作者给出总评。全文在说明一个争议，但未说谁对谁错。结构：S1.（S2. vs. S3.）S4.。

	Cue	*Function*	*Core*
P1 S1	long known, but remains unresolved	tw	**heterogeneous mantle:** **layered vs. irregular**
S2	evidence for....thesis different from	kw1: a	**layered:（volcanic rocks ← lower** **vs. midocean ← upper）**
P2 S3	Some, however, argue, not that, but that	vs. kw2: x	**layered vs. fluids, irregular**
S4	We believe, further	cs / aw	**further study**

【题目】

Q10 细节

【题干与定位】讲oceanic islands只有第2句，定位后发现它来自mantle plumes，后者又来自lower mantle。也要注意该句的different对比。

【选项】

A. 与m.x材料相同；m.x是第3句的对立观点提到的。无关。

B. 与midocean ridge的材料相同；第2句明确说它们之间是different。

C. 来自火山岩，后者又来自上层地幔。原文说rocks在islands上发现，没说islands形成自rocks。干扰选项。

D. i.e，这是第3句对立观点的中心词。无关。

E. 来自m.p，后者又来自lower。**正确。**

Q11 细节/多选

【题干与定位】分层论的支持者相信什么？定位第2句，它的主要内容是对比：rocks ← lower vs. midocean ← upper。

【选项】

A. 海岛上的火山岩石是由来自下层地幔的物质组成。**正确。**

B. 海岛上的火山岩石和海洋中部山脊(ridge)所得以组成的材料，是人们认为它们所源自的各层次的典型材料。**正确。**如果不是这样，就没有对比的可能了。各自的层次有各自的典型材料，这样才能讲它们之间有差别。

C. 海岛上的火山岩石与海洋中部山脊的组成差异，是因为i.e的不同集中度造成；i.e是第2段对立观点的内容。错。

Q12 态度

【题干与定位】末句有态度。这题主要考单词。

【选项】

A. pedestrian: commonplace, unimaginative；名词表示步行者，形容词是没有想象力、平淡乏味的意思。**正确。**

B. 有争议的。无关。

C. 不现实的。反义词。

D. 新奇的。无关。

E. 悖论的、自相矛盾的。无关。

11.5 electrician

【文章分析】

S1 在P县，要拿到电工执照(license)，首先要完成电器安全程序的一种课程。

S2 All students   在P县某大学主修计算机的所有学生，都必须完成这个课才能毕业。

S3 Therefore   因此，这个学校计算机专业的任何毕业生，都能够拿到P县的电工执照。

　　　Premise: S1, e license require a course; S2: computer students graduate, take the course

　　　Conclusion: S3, computer graduates: e license

【题目】

Q13 评估论证

【题干与定位】哪个最有助于评估论证？找前提-结论之间差异；先相同、后差异，相同在于这些名词，差别在于，first take the course, then license vs. take the course, license。前提说，上课是执照的一个条件，但结论说，只要上课，都能拿到执照，这就把上课这个必要条件，当成充分条件了。

【选项】

A. 大学学位是一个要求吗？这不是重点。

B. 所有计算机专业学生、完成课程的，都最终毕业了吗？毕业不毕业不是重点。

C. 完成这个课，是拿执照的人学会这些程序的唯一方法吗？不是课是唯一方法的问题，而是上了课是否就一定拿到执照的问题。

D. 实习(apprenticeship)一段时期是成为有执照的电工而不是从学校毕业的要求吗？加入了新的要求，不只是上课，还有没有其他要求，这才是重点。**正确。**

E. 有学生不主修计算机，但也参加电器安全程序的课程吗？无关；重点在于分辨那些计算机专业的毕业生。

Exercise 12

12.1 Mexican-American culture

【文章分析】

P1 S1 传统研究只面对过M和US对M-A文化的解读；v + only通常表负评价。首句给出主题词tw = M-A culture。

S2 Now we must   现在，我们必须从我们M-A人的经历来考察这个文化，它从一个自主独立的民族，变成新到的定居者的同胞(compatriots)，最后变成被征服的民族——在我们自己土地上的一个特许的少数。本句从M-A本身立场出发来研究M-A文化；分词修饰pass from A to B finally to C，构成一个时间过程，后文可能展开时间序列，要抓住首尾。本句的now，也与上句traditional构成对比，文科讲对比：M, US vs. M-A。

P2 S3 When the Spanish   当S首先来到M，他们与本土(indigenous)印第安人通婚、吸收后者的文化。时间过程的第一步。可记为：S + indians。

S4 This policy of   这种透过文化融合(acculturation)的殖民政策一直延续，1800's年代M取得T，并把本土印第安人带进M的生活和统治。第二步。本段可能是时间过程。

S5 In the 1820's   在1820's，US公民迁徙到T，受到适宜种棉花的土地的吸引。

S6 As their numbers   随着他们的人数越来越多，他们通过征服本土居民而获得土地的政策，开始取得主导地位。

S7 The two ideologies   这两种意识形态反复冲突，在一场军事冲突中到达高点，US取胜。

S8 Thus, suddenly   于是，我们突然被剥夺(deprived of)上代文化，而只能演化出独特的M-A思想和行为模式以求生存。这是最后一步，可记为M-A。

【结构图】

第1段1.2句讲传统与现在的对比，重点是第2句，从M-A的经历来看这种文化。第3.4.5.6.7.8句讲这个经历的各个阶段或步骤，首尾是S + Indians → ... → M-A。与因果序列一样，**时间序列，只需抓住首尾**，不必记住中间所有环节，因为内容较多，看一遍就记住比较困难。结构：S1. vs. S2.（S3. → S4. → S5. → S6. → S7. → S8.）。这里，箭头表示时间先后的顺序。

	Cue	*Function*	*Core*
P1 S1	traditional research	kw$_o$	**traditional: M, US**
S2	Now we must passing from, to, finally	kw$_n$	**vs. now: M-A experience**
P2 S3	When first	u	**S + Indians**
S4	continued when	→ v	T, M
S5	In the 1820's	→ w	US, T
S6	As, began to	→ x	subduing native
S7	led to	→ y	clash, US dominate
S8	Thus, had to evolve	→ z	**M-A**

【题目】

Q1 主题

【题干与定位】问the author's purpose，定位第2句，现在我们的目标，发展M-A的解读。

【选项】

A. M和US的干预背后的动机（motive），不是主要目的。

B. 记录（document）M-A社会的某些早期目标。无关。

C. 提供一个历史视野，对M-A的文化作一个新的分析。新分析对应第2句，历史视野对应整个第2段。全面概括原文内容。**正确。**

D. 诉诸M和US的学者，希望他们更多地考虑对历史的经济解释。经济解释错！

E. 揭示（bring to light = illuminate）从前被忽视的关于M-A的研究。没说这个新研究以前被忽视，而是新研究是此前所未有的。干扰选项。

Q2 作用/in order to

【题干与定位】use X to do sth，就是问X起什么作用。找charter minority的逻辑上一层。定位到它在第2句末尾，是一个破折号的同位语，它就是为了说明上一层，即它所修饰的名词短语，conquered people，同时又是在自己的土地上。题干问使用这个说法是为了加强关于M-A的什么观念？

【选项】

A. 是本土而非移民群体。毕竟是在our own land上。候选。

B. 发挥主动的政治角色。没有active role。

C. 早在19世纪就认识到有必要官方确认他们的公民权。不是rights of citizenship的问题。

D. 被学者误解。这个短语不是为了反驳谁。

E. 更认同他们的印第安遗产，而不是他们的西班牙遗产。

最后只有A有希望。**A正确。**

Q3 否定/取非

【题干与定位】哪个陈述清楚否定文章里的信息？题干contradict，相当于weaken, undermine, cast doubt on，要么直接否定原文核心，要么与细节违背。

【选项】

A. 在1800's早期，S将更多资源用于定居C而不是发展T。S不怎么发展T，正好为US取得T创造了条件。不违背原文意思。

B. 虽然T在M控制下，但T的人口翻了4倍（quadruple），即使M不鼓励来自美国的移民。人口变多，美国人也变多，这不违背什么。

C. 到M取得T时，许多印第安人已经与具有S遗产的人结婚。这符合第2段第1-2句。

D. 在T被US合并（annex）后，许多生活在T的M返回M。

E. 多数生活在T的印第安人抵制S的文化融合，他们要么被杀，要么被变成奴隶。第2段首句说的是intermarried, absorbed，没说抵制，也没说被杀或被变成奴隶。直接否定原文信息。**正确。**

12.2　copper ore

【文章分析】

各段首句

P1　S1 确定在青铜器文明时代制造铜和青铜制品(artifact)中所使用的铜矿的来源，会极大地帮助我们了解那个时代的文化交流和贸易。首句给出主题：determination of the source of copper ore，确定铜矿来源，就是要解决的问题，后面可能有若干方法。

P2　S1 一个元素特性，在这些化学过程中都没有被改变，就是矿石中每个金属元素的同位素(isotopic)构成。引入i(sotope)的研究。可能是一个新的解决方案。

P3　S1 在把同位素构成用于调查铜矿来源时，理想的选择似乎是铜本身。这里，copper应该是一个观点，但would seem似乎又在让步，后文要给出更好的方法。

　　首句回顾：第1段首句主题，铜矿来源，第2段首句提到isotope，第3段继续讲isotope，只不过集中在copper的同位素。

全文分析

P1　S1 主语determination of the source of copper ore是主题，后面要讲若干种确定方法。

　　S2 Researchers have analyzed　　研究者已经分析人造品和矿石的元素集中度，但出于各种原因，这些研究一般都未能提供证据，证明铜矿的来源。已有研究，元素研究(kw1)，并给负评价：failed to，未能做、失败了；还有reasons，后文可能展开多个并列内容。

　　S3 Elemental composition　　元素构成在同一铜矿矿脉之内会有差别，通常是因为各种混合(admixture)进去的其他物质，特别是i, l, z, a。专业名词无须记得。功能：第一个理由。

　　S4 And high concentrations　　而c或z的高集中度，在各种铜矿中都会出现。功能：第二个理由。

　　S5 Moreover, the processing　　而且，矿石的加工过程会带来微量和痕量元素(minor and trace elements)的浓度在金属产物中的不受控制的变化。功能：第三个理由。

　　S6 Some elements　　一些元素会在s和r的过程中蒸发；不同的温度和过程也会产生不同程度的损失。这句从属上一句，s.r都属于processing的一部分。无须认识smelting, roasting。

　　S7 Finally, flux　　最后，flux，有时会被加到s中，将废料从矿物中移除，它也会增加一些元素到成品中。Finally表示最后一个并列，并不表示总结，总结是用thus, therefore, conclusion等等！

　　1段回顾：第1句给研究话题，铜矿来源，第2句讲以前研究有问题，第3.4.5.7并列讲4个理由。重点只在第1.2句；3–7并列内容，相对次要。结构：S1. S2. (S3. S4. S5. [S6.] S7.)。

P2　S1 重点是property, unchanged, is isotopic。同位素构成在化学过程中是不变的。

　　S2 Isotopic composition　　主干说，同位素构成因此特别适合作为铜矿来源的指标。主语之后的插入成分解释了什么是同位素，对中国同学来说这容易吧！本句给态度，suitable。

　　S3 Of course, for this　　当然，就此目的而言，还有必要找到一个元素，它的同位素构成在整个矿体基本恒定，但在不同矿体之间又有变化，或至少在这个或那个地理区域之间有变化。本句讲条件：在同一矿体内不变，在不同矿体间变化。理科讲因果，这里的因果双方是：isotope of element: copper ore。一个变、另一个也变；一个不变时，另一个也不要变，这是因果变量检验的基本要求。

　　2段回顾：第1句引入新内容，同位素，第2句结论说它适合，第3句再讲条件。

P3　S1 理想的方法似乎是铜本身，即用铜的同位素来研究铜矿来源。很明显，copper是理论核心。但would seem常表示让步，这令我们疑心下面会有转折。

　　S2 It has been shown　　已经有人指出，小的但可测量的差异自然发生于铜的同位素中。这是在对应第2段第3句的两个条件之一，要有变化。

S3 However, the variations　　但是，这些差异只有在稀有矿产中才足够大；在普通铜矿的样本之间，大于测量误差的同位素变异，没有被发现。功能：反驳。内部有对比：rare vs. common，一个有有效差异，一个没有这种差异。差异要是有效的，必须是超过测量误差的，这也是基本科学常识。这句在一定意义上可以看做对第1句的转折。

S4 An alternative choice　　一个替代选择是铅，它在多数铜和青铜人造品中都有，其含量也与来源于铜矿、以及很可能来自flux的铅一致。主干是lead，这是替代观点(S4.1)；which从句解释它的特点，是证据(S4.2)这其实在回应第1段末句，暗示着即使有铅混入，也不影响，但自己读一遍时看不出这一点也没关系。

S5 The isotopic composition　　铅的同位素构成在一个普通铜矿和另一个之间通常有变化，其差异超过测量误差；初步的(preliminary)研究也表明，来自一个单独铜矿的铅的同位素构成几乎一致。本句用and并列两个子句，其实对应第2段第3句的两个条件，同一矿体不变，不同矿体变化。功能：两个并列证据(b1, b2)。

S6 While some of　　虽然在人造品中发现的某些铅也许来自flux，或者是其他金属加到铜矿中出现的，但在青铜器时代这样加入的铅，通常与铜矿中的铅有相同的同位素构成。加入的铅，也不会对同位素构成影响。功能：证据。

S7 Lead isotope studies　　铅的同位素研究因此就可用于解读青铜时代的考古记录。

3段回顾： 全段都讲同位素研究(kw2)，只是选择不同元素的同位素。第1句给kw2.1 = copper，第2句给优点，第3句给缺点。第4句引出替代方案，kw2.2 = lead，第5.6句讲证据，第7句总结(cs2.2)。

【结构图】

		Cue	*Function*	*Core*
P1 S1		determination, source	tw	**source of copper ore**
	S2	researchers analyzed,	kw1	**element**
		but for reasons, failed	aw-	**vs. failed to**
	S3		u	(vary
	S4	And	v	high c, z
	S5	Moreover	w	poorly controlled changes
	S6		w'	
	S7	Finally	x	flux add elements)

P2 S1		kw2	**isotopic composition**
S2	therefore suitable	aw+	**suitable**
S3	Of course, necessary	j	(constant, vary)

P3 S1	ideal choice	kw2.1	**copper**
S2	has been shown	m	(variations)
S3	However, only	aw-	**rare: enough vs. common**
S4	alternative choice	kw2.2, a	**lead** (consistent)
S5	; and	b1,	(varies, exceed error;
		b2	uniform, single source)
S6	While, the same	c	(the same added)
S7	thus prove useful	cs 2.2	**lead: useful**

【题目】

Q4 作用/in order to

【题干与定位】问第1段末句为什么提到flux；flux是该句主语，也就是句子主要内容，问句子的作用，逻辑上上一层就是前文的论点，在第2句，reasons...failed to，讲元素理论失败的理由。

【选项】

A. 给出理由说明元素构成研究的失败。**正确。**

B. 举例说明不同青铜器时代文明之间的差异。无关。

C. 指出有必要使用很高的s温度，这是细节，不是整句话的目的。

D. 具体说明铅的同位素构成的一致性。铅的同位素是第3段内容，跑题。

E. 解释铜的同位素构成分析的成功。铜的同位素也是第3段内容，无关。

Q5 列举/多选

【题干与定位】铅的可能来源包含什么。铅是在第3段S4 alternative choice之后提到，那里主要讲同位素，但也提到铅的来源。例如在while引出的让步转折句中，flux会引入铅，或者其他金属加入铜矿时会引入铅。

【选项】

A. 用于制造人工品的铜矿。铅是在其中被发现的，是一个来源。**正确。**

B. 在铜矿处理时加入的flux。在第3段S6 While句中提到过。**正确。**

C. 在铜矿处理期间加入的其他金属。也是在S6 While句中。**正确。**

Q6 选择句子

【题干与定位】作者拒绝铜作为理想选择。定位负评价，在第3段第3句有however，开始拒绝。因此答案就是P3S3 However, the variations这一句。

Q7 细节

【题干与定位】问flux的使用什么时候可以改变铅的同位素，EXCEPT；把可以改变的情况排除，剩下的就是答案。也就是说，alter + EXCEPT，其实是找不变。定位原文第3段alternative之后关于铅的内容。

【选项】

A. 在flux中的铅的集中度，小于在铜矿中的。第3段S6 While句中，铜矿里的和flux加进的铅的同位素是一样的。现在说smaller，显然就会改变了。

B. 铅在flux中的集中度，与在矿石中的集中度相等。这样不会改变铅的浓度，但与题干所问的铅的同位素没直接关系。干扰选项。

C. 在flux中一些铅会蒸发。蒸发了，但同位素怎么样，不知道。

D. flux中的任何铅，都与矿石里的铅，由相同的同位素构成。这样肯定不会改变。**正确。**

E. 在加工过程中有其他金属加入。没说同位素变还是不变。

12.3 echolocation

【文章分析】

P1 S1 回声定位(echolocating)蝙蝠发出一定模式的声音，既包含调频FM，也包含恒频CF信号。首句给出现象，tw = echolocating。

S2 The broadband FM　　宽频FM信号和窄频CF信号会前往一个目标，从它反射，然后回到捕猎的蝙蝠。理科讲因果，这句有连续动作，说明其信号工作的过程。

S3 In this process of　　在这个传输和反射的过程中，声音被改变，回声的改变使得蝙蝠能够感知目标的特征。继续过程。

P2　S4 The FM signals　　FM信号报告目标特征的信息，这些特征改变回声的时间、微细的频率结构或谱段。后面还有破折号举例，并列很多内容，次要。这句讲FM。

S5 Because of their　　因为窄频，CF信号仅仅描述目标的存在，在某些蝙蝠中，还描述它相对蝙蝠的运动。与第4句对比：FM: characteristics vs. CF: presence, motion。

S6 Responding to changes　　对CF回声的频率变化作出反应，一些物种的蝙蝠会在飞行中校准它们的移动方向和速度（velocity）。继续讲CF。

【结构图】

第1句给主题，第2.3句讲过程。第4句与第5.6句对比两者的作用。作者自己本人讲话，没有其他人；论点说明文章。结构：S1. (S2. → S3.) (S4. vs. S5. S6.)。

	Cue	Function	Core
P1 S1		tw	**echolocating, FM, CF**
S2		x	signals → ...
S3	In this process	→ y	→ ...features of target
P2 S4		a	**FM: characteristics**
S5		b1	**vs. CF: presence, motion**
S6		b2	correct for

【题目】

Q8 对比

【题干与定位】问CF和FM的差别。定位第4.5句，差别主要在characteristics vs. prey's presence。

【选项】

A. 只有CF回声给蝙蝠警示移动中的目标。S5说的是CF告诉蝙蝠目标相对于它的运动，是运动，而不是运动中的目标。

B. 只有CF回声辨别（identify）间隔很远的（widely spaced）目标的范围。无。

C. 只有CF回声报告目标的存在。原文是CF portray only the presence，CF信号仅仅描述目标的存在，但没有说only CF report the presence；这两者用only强调的重点不同。干扰选项。

D. 在一些物种中，CF回声能使蝙蝠判断，它是否接近其目标。S5说过，CF能描述目标相对于蝙蝠的运动，所谓relative to就意味着两者的相对性。**正确**。

E. 在一些物种中，CF回声能使蝙蝠区别（discriminate）它的目标大小。已经错了。在S4，举例里说过，FM告诉目标大小。

Q9 结构

【题干与定位】考查organization，就定位各句关系。注意每个答案里的顺序，必须与原文行文顺序一致。

【选项】

A. 陈述一个事实，勾勒一个过程，描述具体细节。**正确。**

B. 陈述一个事实，然后考虑一些例子，表明有一种区分需要纠正。原文无负评价，但need correction暗示负评价。

C. 陈述一个事实，提出一个理论来解释这个事实；已经错! 文章没有理论解释。

D. 陈述一个事实，比较两个理论。错! 没有理论。

E. 陈述一个事实，描述一个过程，然后详细说明另一个过程的例子。没有特别说明哪个。

12.4　voter survey

【文章分析】

S1　近期一份选民调查的所有回信者都报告自己忠诚于两个主要政治党派之一。

S2　But over　但是，来自每个党派的超过1/3的选民报告说对两党的治理哲学已经不再着迷（disenchanted: 去魅力），以至于他们也许也会加入第三个主要党派，如果有这样的党派成立。

S3　Even if　但是，即使这个调查反映了普遍的选民情绪，一个新的党派也不大可能吸引所有选民的1/3，因为什么？

Premise 1:　　over 1/3 disenchanted, might join 3rd party

Premise 2:　　But since X?

Conclusion:　　a new 3rd party no chance to attract 1/3 voters

【题目】

Q10 完成论证/前提

【题干与定位】哪个能逻辑上完成这个论证。问的是since，也就是问前提。找出已有前提与结论之间的概念差异，连接这个差异或提供中间环节，就能得到答案。前提与结论的主要差异概念是over 1/3 disenchanted vs. 1/3 voters。只要disenchanted的人不去做3rd party的voters就可以了；任何一个原因导致他们不去为第三党投票都行。

【选项】

A. 目前的disenchantment水平，是史无前例的。无关。

B. disenchanted的人被非常不同的治理哲学所吸引。这样，他们就不会为同一个第三党投票，而是再次分裂。第3党无法吸引他们的全部，因为他们的意见还是分裂的。**正确。**

C. 多数回信者高估了对两党disenchanted的选民的比例，除了（saving: except）一点：这个比例超过50%；这说明disenchanted的人更多。

D. 接近半数的回信者报告说，他们也许更有可能停止投票，而不是转变党派附属（affiliation）。投票人数下降，不一定影响实际的投票结果分布。

E. 任何新党派都会有可能激发以前不投票的公民加入，并成为常规的投票者。

12.5　peptide hormones

【文章分析】

S1　直到大约5年前，p激素可在大脑除了h之外任何地方产生，这种想法——还会令人震惊（astounding）。首先，until表示过去，idea提示观点，主干说一种想法当时令人震惊，说明它的反面才是当时的真正想法，故得出：老观点：not （anywhere besides h）= only h。新观点应该与之相反，kw$_n$ = not （only h = kw$_o$），不只有h，或者anywhere besides h。

S2　But laboratory after　　但一个又一个实验室都发现，针对p激素的a(ntiserum)，在被注射到大脑中以后，结合的地方不同于h，这表明，该激素或与a发生交叉反应的物质是存在的。前半句讲实验，后半句 indicating that给出新结果，other han h = besides h。

S3　The immunological　　但是，通过a来探测p激素的这种免疫学方法，是不精确的。对刚才的方法给负评价，这种方法是新观点immuno- = a，是imprecise（aw-）。负评价句给出态度词、否定观点核心。

S4　Cross-reaction　　交叉反应是可能的，而这种方法不能决定，被a所探测到的物质，真的是这些激素，或只是它们的亲缘物质。第一个负评价证据，not determine substance。

S5　Furthermore　　而且，这种方法不能用来确定被探测物质在身体中实际产生的位置。第二个负评价证据，not determine location。

S6　New techniques　　但是，新的分子生物学技术，提供了一种方法来回答这些问题。该句new technique提示新观点，kw$_n$2 = molecular biology，provide a way to answer these questions，是正评价。

S7　It is possible　　有可能制作特定的cDNA，它能作为分子探针（probe），搜寻出p激素的mRNA。新观点的证据，专业名词不必理解。

S8　The brain cells　　包含这些mRNA的脑细胞，就能被分离，其mRNA被解码(decoded)，以确定它们的蛋白产物是什么，以及这些产物到底有多类似真正的p激素。这两个问题正好对应着S4. S5的问题。证据。

【结构图】

第1句老观点，第2句新观点，一个认为只在h，一个认为不只在h，第2句给出一个方法，第3句否定，第4.5句并列负评价证据，第6句再给另一个新方法，第7.8句证据。结构：S1. vs. S2. （S2' vs. S3. ［S4. S5.］ vs. S6. ［S7. S8.］）。

	Cue	Function	Core
S1	Until five years ago, idea astounding	kw$_o$	**p: not besides h**
S2	But, indicating that	vs. kw$_n$: kw$_n$1	**a → p : other than h**
S3	The...method However, imprecise	aw-	**immuno = a:** **imprecise**
S4	cannot	x	（not determine substance）
S5	Furthermore, cannot	y	（not determine location）
S6	New, however answer questions	kw$_n$2	**molecular +**
S7	It is possible	m	（cDNA → mRNA）
S8	can then	n	（determine）

【题目】

Q11 主题

【题干与定位】主题就在第2句新观点，指出p激素可以在h之外。

【选项】

A. intercellular communication即使有，也是细节，何况还没出现过。错。

B. 分子生物学，只涉及其中一个新方法，不足以作为全文主题，片面。

C. 免疫学方法的优势和劣势。只涉及其中一种方法，片面。

D. p激素：科学家如何试图解决其探测问题。**正确**。全文就是在探测p。

E. p激素：mRNA所发挥的作用。细节不能作为主题。

Q12 负评价细节

【题干与定位】用a探测的物质也许如何。原文讲a方法的物质，在S4，cannot determine substances到底是p，还是relatives。

【选项】

A. 已经在身体中储存很久。没有讲long time。

B. 在大脑功能中不发挥作用。没说no role。

C. 在身体中除了大脑以外的某个地方产生。这是第2句已经确定的新观点看法。**正确**。

D. 逃过了分子方法的检测；分子方法是能解决这些问题的。

E. 在h的功能运作中发挥重要作用。这不清楚。

Q13 态度列举

【题干与定位】哪一个是免疫方法的缺陷，定位S4.5这两句，一个是不知道substance到底是什么，一个是不确定location。

【选项】

A. 不能用来探测生长调节因子的存在；没有提到growth regulators。

B. 不能区分p激素和与之非常相似的物质；not distinguish = not determine, similar to = close relative。**正确**。

C. 它使用a，后者不能穿过血脑屏障。不管这是否对，但它不是drawback。

D. 它涉及一种纯化过程。没有提到purification是a方法的局限。

E. 它涉及把外来物质直接注射到血流中。不管是否对，但不是a方法的缺陷。

NOTES

任何优势都会被自然选择拉平；那些完全缺乏优势的，都在时间长河中被淘汰，留下你我都一样聪明。如果今天，有人拥有突出优势，则一定付出了常人难能的代价，这要么是极其刻苦，要么是某个优点用过度，失去其他。一切都会回归平均的。但要灿烂绽放。请极其刻苦地学习，请偏离人生的平衡，哪怕璀璨只这一刻。

Exercise 13

13.1 pinniped

【文章分析】

S1 生物学家长期以来坚持认为，两种p动物（pinniped: p），s.l和w，都源于陆地（terrestrial）像熊的动物，而剩下一群p，s，则与w共有祖先。首句有biologists long maintained，提示老观点，that宾语从句中有whereas对比，抓对比：s.l, w: bearlike vs. seal: w。各自的共同祖先并不相同。既然老观点kw_o = different ancestor，可推出新观点kw_n = the same/common ancestor。

S2 But the recent   主语是长名词短语，抓第一个实义词，discovery of similarities，谓语动词为undermine，宾语the attempt名词抽象，抓住修饰的实义词，后面是to explain away...as due to的不定式修饰，其中，动词有as搭配时，v. A as B，A = tw，B = kw，as之后的词为kw = convergent evolution，这之后还有破折号引出的名词短语作同位语，可快速读过，按修饰与名词逻辑等价，也可抓住response = evolution。本句重点就是：discovery of similarities...undermines the attempt, convergent evolution，意思是，发现flippers的相似性，摧毁了一种趋同演化的研究尝试。此外，还可以依据破折号修饰的前后等价关系，得到unrelated + similarities = convergent evolution，这样趋同演化解释的对象就是本身没有亲缘关系的、居然有相似性状的生物。注意，**理科讲因果**，这里due to表因果关系，对老观点，其因果关系是：convergent evolution → similar flippers；但对新观点，可能不是这样。功能：负评价；But, undermine表示反驳。同时，负评价内部用the attempt指代第一句的long maintained的观点，所以，S1 whereas = S2 the attempt: convergent evolution。一个是祖先不同，一个说趋同演化，这怎么是同义词呢？想想趋同演化后面的修饰，说没有血缘关系的群体的相似形状，所以它还是包含祖先不同的（whereas = unrelated）。还可以进一步推出新观点：kw_n = not kw_o = not（whereas/unrelated）= related。新观点应该会认为，这三种p动物祖先相同，其证据则是它们的flippers都相似。

S3 Flippers may   Flippers 也许的确是对水生（aquatic）生活的必要反应；t.w.d就有它们。本句由may be，承认某个方面，其实是承认response，而在第2句这是老观点的同义词，所以，在第2句对老观点给负评价之后，这句再承认老观点，这就是让步了。

S4 But the common   但是，p动物之间所发现的共同的详尽构造（design = structure），很可能表明一个共同祖先。转折给出新观点：kw_n = common ancestor，也等于在第2句我们所预想的not unrelated，祖先相同，就是有亲缘或血缘关系。分析完一个单独句子之后，再看上下句关系，让步转折，含有对比，抓对比：response vs. common ancestor，前者次要、少见；后者主要、多见；让步转折在层次或程度上有差别。

S5 Moreover, walruses   而且，w和s，在水中推动自己，是通过划动（thrust）它们后面的flippers，但s.l则是使用前面的flippers。这是一个事实对比，w+s: hind vs. s.l: front。

S6 If anatomical   If X, Y的推理句子。前半句说，如果结构（anatomical = structural）相似性是因为类似的环境压力，如趋同演化理论所假设的那样，这里故意假设convergent evolution理论对；后半句说，我们也许会预期，w和s，而不是s和s.l，有类似的flippers。这个推理的结果，与第2句主语的已知事实，三个p动物的flipper都相似，是违背的。由某理论推出的结果，与已知事实或其他公理违背，这其实说明理论前提是有问题的。本句为反对趋同演化理论，先假设它对，然后推出一个荒谬结果，这是归谬反驳，在数学上，称为反证法。重点：If convergent evolution, would expect。

【结构图】

第1句给老观点，祖先不同，第2句反驳，说这种趋同演化被一种相似所摧毁，第3.4句让步转折，同时引出新观点，祖先是相同的，第5.6句用并列事实再次反驳老观点。结构：S1. vs. S2.（S3. vs. S4）S5+S6。

	Cue	*Function*	*Core*
S1	long maintained, whereas	tw, kw$_o$	p: sl. wal: bearlike vs. seal: wea-
S2	But recent discovery, undermines,	x: aw-	**undermine, convergent evolution** （= unrelated, similarities, response）
S3	may indeed be	~kw$_n$	（response）
S4	But	kw$_n$	**vs. common ancestor**
S5	Moreover, but	y	hind vs. front
S6	If, one would	aw-	**convergent evolution, would expect**

【题目】

Q1 细节

【题干与定位】问long-standing view，就是问老观点，对应第1句、第3句让步，其内容是：whereas = different ancestor = unrelated = convergent evolution = response。

【选项】

A. P全都源于陆地像熊的动物。第1句明确说一部分如此，all错。

B. P与t.w.d共享一个共同祖先。第3句提到t.w.d，但没说它与p有共同祖先。

C. p之间的相似性是因为它们全都必须适应水生生活。按老观点，相似性是因为response = adapt。**正确**。一般的，evolution = adaptation = natural selection = advantage = response。

Q2 让步细节

【题干与定位】定位t.w.d，在第3句让步，让步的内容也是作者所同意的（It is true, undoubtedly），直接找response to aquatic life来做答案即可。

【选项】

A. 可以通过一个假说解释，这假说是，它们彼此紧密相关；related在生物学文章里有特定含义，指血缘相关、亲缘关系。让步里恰好认为不是因为血缘，而是对环境的适应。

B. 可以通过趋同演化的观点来解释；在本文语境中，response = convergent evolution。**正确**。

C. 它们都在世界不同地方演化。没说separate parts，只说是水生生活。

D. 它摧毁一种观点，该观点说，它们都源于陆地祖先。第3句对t.w.d的祖先来源没有作出任何判断。

E. 这是t.w.d和p之间的主要差异所在。所有这些动物都是有flippers的，这是相同点。

Q3 选择句子

【题干与定位】这个句子说，常见观点的含义遭到新发现的否定；contradict找负评价，common view是老观点，对老观点的负评价在第2句和最后第6句，new finding = 第2句的recent discovery，而第5.6句没说新发现，所以，选第2句：But the recent discovery...这一句。

13.2 meteorite

【文章分析】

S1 按照天文学家P的看法，使劲用力踢一块岩石，让它摆脱(free from)地球引力，这要求流星(meteorite)能造成超过60英里的陨石坑(crater：坑)。首句给P的一个观点。

S2 Moreover, even if 而且，即使地球岩石被流星撞击所释放，火星轨道也比地球的更大，所以，P估计，这些岩石撞击火星的概率，只是火星岩石撞击地球的1/10那么大。这句话有推理，If y, so z，而且与第一句并列。第1.2句不是通常的总分或论点–论据关系，而是前提–结论的推理关系。

S3 To demonstrate this 为证明这个估计，P利用计算机计算，1000个假设的粒子（在这里其实是rocks），如果以随机方向被扔出来，会走什么方向。上一句已经给结论，这一句再模拟计算，有if前提。

S4 He found that 他发现，1000个石头有17个会砸中火星。上句If之后的推理结果。

【结构图】

本文由推理链条组成：

Premise: S1: x, S2: y   meteorite, orbit
Conclusion: S2' so → z   1/10 large
Premise: S3 if w   random
Conclusion: S4 → z'   17/1000

【题目】

Q4 逻辑反对

【题干与定位】哪个如果成立，would cast doubt on也许质疑P关于这个概率的估计。P的估计在第2句so之后，还有第4句。理科文章句子的结论如果是数量概念，则前提 = 原因，结论 = 结果，其实前提–结论的关系就是变量之间的关系，如If C increases, then E increases，其实是C → E这个因果关系的一个具体证据。对这种数量因果推理，原因变化、结果变化；对应的就是，前提变化、结论也变化。要反对结果或结论，只要把原因或前提的数值改变即可。我们知道，逆否命题讲的是两个命题之间的关系、取非结论则前提可取非(If p, then q <=> ~q → ~p)。但这里与逆否命题没有直接关系，因为它的条件和结论其实不是命题，而是一个数量概念。逆否命题说，取非后件或结论，可以推出前件的取非，但取非前件，则并不一定能够推出后件或结论的取非。但是，对GRE阅读的逻辑反对题来说，要反对的是一个推理，而不是问取非前件或后件之后，可以推出什么，所以，如问逻辑反对，只需切断前提与结论之间的推理即可，这时，直接反对前提的存在，也让从前提到结论的推理无法进行。对本题，反对结论的估计，直接将if条件取非即可，既可取非第3句if random，也可取非第1.2句的内容。

【选项】

A. 不是走随机方向，从地球扔出的所有石头，约25%都以相同方向进入太空；rather than...random已经将第3句if假设的变量取非，**正确**；主句是25%、还是35%，其实都已不再重要。

B. 接近100颗流星，足以大到可以制造明显的陨石坑，每年撞击地球。这符合第1句前提。

C. 没有源于地球的岩石在火星上被探测到。目前没被探测到，不能说明没可能，该选项并未取非第1句。

D. 逃离地球引力(gravity)的岩石的速度，低于撞击地球的流星的速度。速度大小是无关内容。

E. 没有大于60英里的陨石坑在火星上被发现。这似乎与第1句前提相反，但它只是目前没发现，不代表整个可能性都不存在。干扰选项。

13.3 philosophers

【文章分析】

各段首句

P1 S1 今天的哲学家通常认为（envision = view, consider）他们的学科是一种尝试，从古代（antiquity = ancient）以来，就不同于、优越于任何其他学科，如神学或科学。动词envision A as B, as之后为kw，这里就是宾语endeavor，**名词抽象，抓住修饰实义词**，其中有对比，**文科讲对比**，antiquity: p(hilosophy) vs. any，或p ≠ t(heology), s(cience)。功能：给出主题和老观点，但现在还不确定到底哪个是老观点、哪个是主题。

P2 S1 但是，这种观点的基础在于严重误读过去，将现代关注投射到过去的事件上。负评价，反对第1段首句老观点。后面要讲新观点。

P3 S1 哲学与科学的划界(demarcation)，由于19世纪早期一个新观点(notion = idea = view)的发展而得到促进，这个观点说，哲学的核心兴趣应当是e(pistemology)，即对认识某物意味着什么进行一般的解释。抓主干：demarcation was facilitated by development。主语可简化为p ≠ s，宾语development太抽象，找后面的词，得到new notion，仍然抽象，找that同位语从句修饰里的实义词e，它后面还有同位语修饰，不必理会了，如果按修饰与名词逻辑等价，当然也可得到，know = e，e这个学问与认识有关。全句重点：p ≠ s: 19, e。将本句与首段首句对照，先找相同，再找不同，相同的是主题：p ≠ s, demarcation = distinct from；不同的是老、新观点，一个是antiquity，一个是19th century。文章不是说p ≠ s或p = s的差别，而是说它们之间的分离在什么时候出现，哲学与科学不同，是主题，老观点认为这种不同发生在古代，新观点认为在19世纪。

首句回顾：第1段首句老观点，p与其他学科不同，是自古以来，第2段首句反驳，第3段说，其实是19世纪因为e学问，才有哲学与科学的分离。**文科观点不同，常讲程度、态度、时间不同。**

全文分析

P1 S1 philosophers: antiquity, p distinct from t.s, 简化为antiquity: p ≠ any/t.s.

S2 Such philosophical concerns 主干说，某些哲学关注点，是基本的人类问题；whose从句修饰与宾语名词等价，可得：foundations = basic。(tentative: 试探性的；speculation: 推测、思辨，投机)功能：证据；插入语they believe，提示顺承。

 1段回顾：第1句给老观点，第2句具体说明。结构：S1. (S2.)。

P2 S1 this view, misinterpretation。给负评价(aw-)。

S2 The idea of an 主语是名词短语加形容词和分词修饰，名词与修饰等价，autonomous = distinct from，说的是p ≠ t.s；谓语turn out to be，表示最终结果怎样，宾语是recent origin；全句意思，p ≠ t.s.: recent origin。这与首段首句的antiquity构成新老观点对比。观念：新观点。后文要论证recent origin，起源可通过过去与现在的对比来论证。注意，这句新观点不是在段落首句，而是在第2句，这种情况在一些长文章的段落经常出现，对这种位置的句子，还是要读如首句。

S3 When, in the seventeenth 在17世纪，当D.H拒绝中世纪哲学时，他们并不像现代哲学家那样认为自己在提出一种新的、更好的哲学，而是认为自己在促进（further）"神学与科学之间的战争(warfare)"。第一个时间17th century出现，本句有not A but B，抓对比：new philosophy vs. religion-science，这是说，其实当时还没有哲学。功能：其实本句的17世纪，提出了新观点的第一个方面，只是比较隐蔽(kw1')。

S4 They were fighting 他们在战斗，虽然也谨慎(discreetly)，把理智的世界向新科学开放，并把理智生活从ec(clesiastical)哲学那里解放出来；后半句还有and envisioned，并列谓语，并列结构，可取其一，这半句可以略读，如果要找并列前后、逻辑等价，则有：new science = mathematics, physics。本句主语与第3句相同，顺承，讲同一时期的同一批人的观点。（albeit = although; discreet = prudent; ecclesiastical: 基督教的、教会的）

S5 This link between 主句说，哲学兴趣与科学实践之间的这种联系，一直持续到19世纪为止；这是2段末句，出现this，表示总结，可见前面讲的都是科学与哲学有联系，可记为p = s。后半句when从句次要，但因为until提示前后对比，可抓对比：17th: link vs. 19th: separation。17世纪科学哲学还有联系，19世纪则分离。另外，可将link还原为相同：P = S，将separation还原为不同：P vs. S。

2段回顾：第1句负评价，第2句给新观点，recent origin，第3.4句讲17世纪情况，第5句总结，当时还是有联系，没分离。结构：S1. S2. (S3. S4.) S5.。

P3 **S1** p≠ s ← 19th, e。19世纪的e学问造成了哲学与科学的分离。当然，这里没有再提到哲学与神学的差别，但这没多大影响，重点在科学与哲学的划界。本段论点。也与上一段17世纪形成时间对比，link vs. demarcation，引出新观点的的第二个阶段(kw2)，一起说明第2段第2句recent origin的情况。

S2 Modern philosophers 前半句说，现代哲学家现在将这种观点至少追溯到D.S，这是讲大众的老观点；后半句说，但它的清楚阐明（articulate: 清楚发音，系统说明），一直等到18世纪晚期由K来完成，后面还有and did not become的并列谓语，并列成分，可取其一，因此可略读之，后面提到19世纪变成标准。句子but前后提示对比，**对比找反义、反义在宾语**：D.S. vs. K。这样长的句子，通过but找对比，就可以解决了。

S3 Without the idea 若没有e的观点，哲学在现代科学时代的生存难以想象。这句以without, hard to imagine提示一种正相关：e↓: p↓。

S4 Metaphysics, philosophy's 主干是M had been rendered meaningless；主语M之后有同位语，说这是哲学的传统核心，然后又有破折号引出分词修饰，不重要；谓语说，被现代物理学壮观的(spectacular)进步弄得几乎完全失去意义。这句讲传统的观念没用。

S5 Kant, however 前半句说，但是，K通过使哲学聚焦于知识问题，从而设法以e取代m；这里，replace A with B，将动词还原为对比，则前半句(S5.1)可简化为K: (m vs.) e。后半句以and thus引出结论，K将哲学作为"科学之皇后"的观点，从根本上转变为新的哲学观，哲学是一个独立的、基础的学科，这之后还有冒号引出的具体说明，按照顺承关系前后等价，可得underlying = foundational。本句既有对比，也有thus引出的结论。

S6 After Kant 在K以后，哲学家能够重新解读17-18世纪的思想家，认为他们是在试图发现"我们的认识是如何可能的？"并把这个问题投射回到古代人。这句再回到文章首句老观点的那些人，modern philosophers，说明他们到底是怎么犯错的，因为他们用K的观点来误读比他更早的人。这句话其实对应第2段首句。

3段回顾：第1句给观点，第2句内部对比，第3句讲否定情况，第4句讲传统失去意义，第5句讲现代（19世纪）与传统的对比，后半句(S5.2)以thus总结，第6句继续负评价或延伸总结(cs')。结构：S1. (S2≠. [S3. S4.] vs. S5.1) S5.2. S6.。

【结构图】

第1段老观点，第2段负评价、新观点，然后给出第一个方面，第3段讲新观点第二方面。文科讲对比，这一点在本文体现得特别充分，有观点对比：antiquity vs. recent；有时间对比：17th: link vs. 19th: demarcation；有句内对比：D.S. vs. K，也有句间对比：m vs. K: e。把这些对比都抓住，文章基本重点也就抓得差不多了。而且，对比是必用对比关联词的，而通过关联词来判断重点，又是相对容易的。

	Cue	Function	Core
P1 S1	usually envisioned distinct from	tw, kw_o	philosophers: **p ≠ t.s: antiquity**
S2	they believe	i	（basic = foundations）

	Cue	Function	Core
P2 S1	however, misinterpretation	aw-	**misinterpretation**
S2	The idea, turn out	kw_n	**p ≠ t.s: recent**
S3	When, not, but	kw1': a	17th (D.H, new philosophy vs. science)
S4	They were, and	b	（new science = physics）
S5	This, until	cs1	**17th: link vs. 19th: separation**

	Cue	Function	Core
P3 S1	facilitated by, new notion	kw2	**p ≠ s: 19th, e**
S2	but, and	x	**（D.S vs. K, 19th）**
S3	Without, hard	y1	（e↓ : p↓）
S4	traditional	y2	**（m: meaningless**
S5	however, and thus	z, cs2	**vs. K: e;）transform**
S6	After	cs2' / aw-	reinterpret

【题目】

Q5 主题

【题干与定位】main point 定位主题，新老观点主题在新观点，定位第 2 段第 2 句，p ≠ s: recent origin。

【选项】

A. 哲学对基本人类问题的主要（overriding: prevailing, dominant）兴趣，主要是 K 的工作的一个遗产。主语是第 1 段第 2 句内容，宾语 K 是第 3 段人物，这个联接是错误的。而且，K 只是第 3 段讲到，没有反映第 2 段的内容。

B. 哲学深深参与 17 世纪战争。17 世纪只是第二段后半部分的时间，忽视了第 3 段。片面。

C. 最后短语 since antiquity 是老观点。主题要的是新观点。

D. independent = distinct, autonomous, recent development = recent origin, 完全对应。**正确。**

E. 哲学在指导理智思辨方面的角色，逐渐被科学所篡夺（usurp）。文章仅仅说哲学与科学的分离，而不是说 usurp 这种有贬义的关系。

Q6 段落信息

【题干与定位】作者在讨论 19 世纪的哲学发展时，说了什么。19 世纪是第 3 段时间，全段定位，无法单独定位某句，是为段落信息题。从选项找线索、带核心去排除；3 段核心在首句和倒数第 2 句，19th: e; K:（m vs.）e; 19 世纪 K 提出 e 学问，取代 m 学问。

【选项】

A. 19 世纪哲学以科学为其模范；model 模范说明还是相同，p = s，这与 p ≠ s 的主题违背。

B. 学术机构在塑造 m 哲学方面的角色在 19 世纪期间有巨大的增长。19 世纪增长的是 e，而不是 m。

C. 19 世纪的哲学家执行的研究计划，是明显由 D.S 明确奠定的。定位第 2 句对比，作者认为是 K，他所反对的现代哲学家认为是因为 D.S。题干问的是作者看法。

D. K对于19世纪哲学的研究方向有一种压倒性的(overwhelming: prevailing, reigning)影响。这里，对应到倒数第二句thus, transform = overwhelming impact；K的确扭转哲学方向，讲它从m变成e。**正确**。

E. 19世纪的哲学在理解知识本质方面取得重要进展。第3段仅仅谈到K用e取代m，完成了哲学的跃迁，但没说e方面本身又有什么变化(按该段第1句，e = know something)。

Q7 态度/让步

【题干与定位】作者认为，D对17世纪新科学的支持如何。优先定位人名、大写、时间，找到第2段第3句的17世纪，还有D.H两个人。再找题干的new science，该句没有，第4句顺承，可继续找，发现new science，于是这个态度应该是fighting, albeit discreetly，既为之战斗，又比较谨慎。(albeit = although, though虽然)

【选项】

A. 实用的和虚伪的；and前后只能连接相同态度，原文有不同态度，这已经错了。

B. 小心的和前后不一致的；and已错。

C. 胆大的和机会主义的；and已错。

D. 强烈的，但转瞬即逝的；but = albeit，可连接不同态度词，但fleeting无对应。

E. 强烈的，但谨慎的；but = albeit, strong = fight, prudent = discreetly。**正确**。

Q8 信息

【题干与定位】哪个关于历史的写作的说法是作者最有可能同意的。整篇文章讲哲学之历史起源，故题干所问无法定位单独某句，信息题，从选项找线索、带核心去排除。文章核心是K提出e学问后，19世纪后，哲学与科学才分离。

【选项】

A. 历史不应强调观念甚于强调个体。原文无此对比。

B. 历史不应当被扭曲，将现代意识归之于历史人物；负评价，可定位第2段首句，distort = misinterpretation, present-day = modern, historical = past。**正确**。

C. most relevant，最高级，程度错，原文无。

D. differ most from，最高级，程度错，原文无。

E. 历史考察的作用在于，它在理解当代问题时所提供的借鉴和教训。文章是理解哲学在过去的起源，不是今天的问题。

考位分析：第5题考主题，在第2段第2句；第6题考第3段信息，答案与首末句、对比等有关；第7题考态度，对应第2段的让步；第8题考信息，答案又与第2段首句负评价有关。可见，**首末句、态度句、对比、让步**等内容，是文科文章考查的重点。

13.4　amphibians

【文章分析】

S1　a动物出现在几百万年前，那时ultraviolet radiation比today大。

S2　Therefore　　因此，今天a群体的剧烈(dramatic: 戏剧性的)下降，不可能是因为ultraviolet radiation近期的增长。

　　Premise:　　a: appeared millions years ago when ultraviolet > today

　　Conclusion:　a: today's dramatic decrease: not the result of recent increase of ultraviolet

【题目】

Q9 假设

【题干与定位】前提：古代u比今天还多时，a从无到有，这暗示，u不影响当时的a；结论：现代a少就不是因为u近期上升，这就是说，u也不影响今天的a。前提、结论都暗示，u多时、a并不减少；差别是：前提用first a，结论用today's a。假设就是连接前提–结论之间的概念差异，首批的a和今天的a，在受u影响方面，差别不大。

【选项】

A. 现代a的卵并不比最初的a更容易受到ultraviolet的伤害；not more相当于，差不多，首批的a与现代的a在受不受伤害方面相同。**正确。**

B. 现代a不太可能像最初的a那样生活在一些栖息地，这些地方让它们躲避ultraviolet。要说的是过去和现在的a都是相同的。

C. 现代a的群体不能像早期a那样适应不断变化的辐射水平。假设是要说过去的和今天的a相同。

D. a的皮肤要比其他动物的皮肤对ultraviolet辐射更敏感。与其他动物无关。

E. a的皮肤对ultraviolet的辐射比对其他类型的辐射敏感更低。与其他辐射无关。

13.5　Mark Twain

【文章分析】

S1　纯语法主干是：M(organ) is a nineteenth-century master mechanic。其中，Morgan后面有插入同位语，说他是MT的书ACY的主人公，他在小说里是19世纪的杰出机械师。后面有who从句修饰，其中who本身再被分词修饰，宾语则是what引起的宾语从句：who, awakening, launches what。从句修饰皆次要。功能：主题词：MT's ACY，人名及书名，评述对象。文章可能是作者自己本人评述关于这部小说的一些情况。

S2　The novel　主干是The novel has been made into movies and comedies。这部小说被改编成电影和喜剧。主语the novel之后有written分词修饰，再加同位语popular collection修饰，次要。功能：顺承上一句。(up-beat: cheerful开心 vs. downbeat: dispirited沮丧)

S3　None of these　主干是None translations dramatize anarchy，没有哪部改编作品(translations)在戏剧上体现无政府状态(anarchy)。宾语里的ACY之后，首先有which从句，其中的nineteenth century再被where从句修饰，它里面又有after being labeled的广义从句修饰；但多层修饰次要。只要没有对比、让步、因果，基本上这些细节都可以读得很快，也不需要记什么。功能：与上一句以however对比，但不是反驳、否定，因为并不跟在别人观点之后，而只是转换、强调，对比找反义：S2 has been made vs. S3 none dramatize，没有明显的差别，重点是在however之后，作者要说明的真正主题是ACY的改编都没有提到anarchy。

S4　The American public　重点是：American public, although enjoying, rejected his cynicism。全句意思是，美国公众虽然欣赏MT的幽默，但明显拒绝他对技术进步与和平革命的改变的冷嘲热讽(cynicism)，因为这与美国的进步教义是对立的（antithetical）。有although让步，暗示对比，找对比：enjoy vs. reject，否定性动词直接提示对比；同时，antithetical to 这种小品词也提示对比：the public: progress vs. T: cynicism。功能：顺承第3句，解释为什么没有改编anarchy，因为美国大众不喜欢他的cynicism。按顺承关系、前后等价，可知none dramatize = rejected；更有趣的是，anarchy = his cynicism，MT正是用无政府的结尾情节来表达他的讽刺态度。

【结构图】

第1句给主题，引出一个关于小说的事实，第2句继续讲相关的事实，第3句讲对比事实，第4句给出作者的解释，也可以看做一个事实。本文不是典型的总分结构，以论点＋论据展开，或主题＋分论点评价展开，而是一些事实的描述。结构：S1. S2. vs. S3. ← S4. 文科讲对比，本文重点在第2.3句之间对比，以及末句although所提示的对比，把这两处的重点抓住，第一遍时的基本阅读任务就完成了。到读完文章做完题目以后，再可以像我们这里这样，详细地分析、写出结构图，以加深理解、提高模式识别速度，将来读得更快。

	Cue	Function	Core
S1		tw: i	**MT, *ACY*,** Morgan: mechanic
S2		j	novel → movies, comedies
S3	however	vs. k	**vs. none anarchy**
S4	although	w	**public: enjoy vs. reject cynicism** **(T: cynicism vs. public: progress)**

【题目】

Q10 让步

【题干与定位】问American public，对应末句，有让步转折，考enjoy humor, reject cynicism。

【选项】

A. 公众强烈相信进步的教义，无法接受T的小说末尾所展示的cynicism；这里，too...to accept = reject，cynicism、doctrine of progress都照抄，但何以确定cynicism是在小说末尾？考虑到第4句与第3句顺承，故cynicism = anarchy，在第3句anarchy后面有说at the conclusion。**正确**。

B. T的小说接受的公众认可较少。公众只是拒绝其中的一种态度，承认还是有的；little recognition错。

C. 虽然公众欣赏T的humor，但他对6世纪和19世纪人物的运用，让许多人混乱。没有confuse。

D. 后半句说小说最后一部分过于暴力，美国人无法接受；不接受不是因为violent，而是因为末句所说的cynicism。一字之差。干扰选项。

E. 偏爱(in favor of)TM的作品，在末句未提到。

Q11 细节/多选

【题干与定位】问MT关于社会变化的看法。原文第1句是描述MT的小说*ACY*的事实，第2.3句讲人们对这部小说的改编与不改编的地方，都没有提到MT本身的看法，第4句有his cynicism about technological advancement and change through peaceful revolution，这才提示了。答案就找cynic的同义词；cynic是偏于负面的，对技术进步和和平革命的变化都觉得不好。

【选项】

A. 技术进步在改变社会方面的能力有限(limited)，在带来任何潜在益处时都可能带来不利后果(liabilities)；limited, liabilities都表示负面，可对应cynic的态度。**正确**。

B. 对社会变化决不缓和的(unmitigated)益处的信念，与美国的进步教义是对立的。MT不认为社会变化有好处，也不认为进步教义了不起，但他没有说对这两者之间有冲突。

C. 最后说技术进步导致更加进步的秩序，more progressive order是正面说法，与cynic的负面、讽刺、嘲弄的态度不符。

Q12 作用/in order to

【题干与定位】问举电影和喜剧的例子是为了做什么。定位后发现这是第2句的宾语，就是句子主要内容，找逻辑上一层，就是前面的论点，结果第1句不是论点，而是事实，不行；或者找后面的第3句，有对比；提到第2句对比的一方，其实就是为了强调、突出第3句对比的另一方，或者与之相反。一般的，A vs. B，问A的作用，就可以答contrast with B / not B，甚至emphasize/highlight B，这最后一点是相对奇怪的，请引起重视。就本题而言，直接把第3句的内容拿来作答即可，这就是None dramatize anarchy。

【选项】

A. 像*ACY*这样的小说，都可以被改编到舞台和屏幕上。只是重新说了第2句内容，无关。

B. 美国公众传统上对看戏剧和电影的兴趣，要比读小说的兴趣更大。不是兴趣大小问题。

C. T在*ACY*中的总体信息，对美国公众有一种深刻的冲击。第3句恰好是说没有改编小说的结尾情节，第4句说这是因为美国公众不喜欢这种讽刺。所以，不是有冲击，而不是没那么大冲击。

D. T的*ACY*这个阿瑟时代传奇(legends)的版本，比M的*MdA*更流行。原文无此比较，且与题干所问作用也无关。

E. *ACY*已经被接受为有趣、幽默的故事，但其改编版本中略去小说结尾的anarchy；omitted anarchy = none dramatize anarchy；enjoyable, humorous，对应的是第4句enjoy humor，这是可以的，因为第3句、第4句顺承，逻辑等价，提到第2句就是为了引出、突出第3句以及第4句内容。**正确。**

Exercise 14

14.1　Paule Marshall

【文章分析】

S1　主干M's *BGB* was a landmark。人名＋书名＝tw，是主题词；landmark＝milestone，地标、里程碑，正评价；首句有人物及态度，就是文章论点（kw）。论点说明型文章。而且，讲里程碑，也许要通过与之前、之后的人物的对比来展开。

S2　Marshall avoided　主干是M avoided oppressed and tragic heroine，全句说，M没有塑造被压迫的、悲剧性的与白人社会相冲突的女主人公，而这是20世纪早期抗议小说的典型主题。论据，结合第1句注意时间对比，本句的重点就是M avoided typical early 20th。把动词avoid还原为对比关系，可知：M ≠ early 20th。

S3　Like her immediate　主干是she focused on...search for identity。全句说，像她的直接前辈H和B那样，她让小说聚焦于普通黑人女性在黑人社区内寻找身份的故事。本句还有like表示相同，文科讲比较，得到H.B = M。本句讲相同，与首句的landmark不太相符，因为地标式的人应该还是与众不同的。

S4　But Marshall extended　主干是M extended the analysis of Black female characters。本句But转换讲不同，不同点在extend，在文学、艺术领域，extend, exploit常常都已经是比较大的改变了。宾语analysis后面有begun by修饰；谓语动词extended也还有by depicting and by exploring与之平行，相当于两个小证据；第二个by doing结构里有how引起的宾语从句，作为第二层修饰，它里面的名词再被第三层的which从句修饰，但都是次要的。全句的重点还是主干：M延伸对黑人女性人物的分析。文科讲对比、比较：第3句讲相同，本句讲不同，且不同点不在于推翻，而只是延伸，文科文章不太喜欢进行激烈的、革命的、根本的、戏剧性的改变，而经常主张延伸、拓展这样的温和改变。参考Exercise 1.4 creative activity的相关内容。

S5　By placing characters　主干是M attacked racial and sexual stereotypes and paved the way。全句说，通过把人物放在更广阔的文化背景中，M攻击了种族和性别的陈腐模式，并为1970's小说中对于种族、阶级和性别的探索铺平了道路。这里，pave the way是讲对后世影响；将pave the way动词还原为因果，得到M → 1970's。当然，在文科中，它也可以还原为相同的比较：M = 1970's。

【结构图】

　　第1句论点，后面对landmark展开三个时间段论证：之前、本身、之后。第2句讲否定以前，第3.4句讲与他人的相同与不同，第5句讲对后世的影响。

	Cue	*Function*	*Core*
S1	M's *BGB* landmark	tw, kw	**M: landmark**
S2		a	M ≠ early 20th
S3	Like	b	**M = H.B: search identity**
S4	But, by and by	c: c1, c2	**vs. M: extend**
S5	paved the way	d	M → / = 1970's

【题目】

Q1 信息/多选

【题干与定位】题干只有书名，它是全文主题词，无法定位到某句，只能从选项找线索、带核心去排除。核心是首句的landmark。

【选项】

A.   受到20世纪早期写的小说的高度影响。第2句明确说avoided early。

B.   在1950's晚期很重要，但今天过时了。没说dated。

C.   对1970's写的小说形成重要影响。末句说paved the way = important influence。**正确**。

Q2 比较

【题干与定位】问alike，还有人名，定位第3句，相同点的内容是，Black woman's search for identity within the context of a Black community。

【选项】

A.   没有考察白人文化的影响。无关。

B.   受到20世纪早期抗议小说的严重影响。无关。其实也与第2句违背。

C.   使用黑人社区作为小说背景；settings = context。**正确**。

D.   主要写困难。这一句没提到困难，不能从search for identity推出difficulties。

E.   完全只写女人人物和女性经历。程度错，没有exclusively。

Q3 作用/in order to

【题干与定位】作者讲M描述其女主人公的发展很可能意在做什么；intended to = in order to，作用题，答案是它所服务的逻辑上一层。题干的M depicts，定位后在第4句，by depicting，这是方式状语，属于句子成分，其上一层为句子主干：M extended the analysis of Black female characters begun by H and B。

【选项】

A.   继续讨论相似性；第4句but转换讲的是差异。

B.   描述特定的种族和性别陈腐模式；这不是第4句内容，而是在第5句提到的。

C.   对比M小说的人物与后来的作品中的那些人物。没有关于小说人物的对比。

D.   extend = extend, portrayal = analysis, initiated by = begun by, H.B的确是predecessors。**正确**。

E.   比较M的早期作品与她的后期作品中的主题思想。没有这个早晚比较。

14.2   alloy

【文章分析】

S1   主语calculations后面有based on分词修饰，抓修饰的实义词为B models，动词agreed with，宾语有并列名词 + 分词修饰，即alloys consisting of，其内容不重要，但although让步重要，找与主句的对比：agree with vs. discrepancies。重点是：calculations...B models...agreed with experimentally determined values, although small discrepancies remained；全句说，基于合金金属成分的B模型的合金密度计算，与测量某些合金的实验确定值相当一致，虽然也存在小的差异。在科学研究中，model–experiment, hypothesis–data, theory –phenomenon一致，就说明模型、假说、理论对；不一致，则说明它们不太好。本句则既有正评价，agreed fairly well with，也有负评价，discrepancies remained。

S2　One difference　　主语是，真实合金与B模型中所用的硬球之间的一种差异，本句有that宾语从句，单独分析，说的是合金的成分有不同的大小，然后是so that结果从句，说基于两种大小的球的模型，更适合于双合金（binary：两个的、双值的）。重点就是components of an alloy have different sizes。本句讲差异，不讲一致。

S3　The smaller metalloid　　合金的较小的类金属（metalloid）原子可以填到较大的金属原子的稠密、随机堆积的结构的洞里去。

全文回顾：第1句讲B模型计算的正负评价，第2句讲负评价部分，第3句解释。

【题目】

Q4 逻辑支持

【题干与定位】题干有would be supported if，问的是作者关于两种大小球体的模型较为适合双合金的推测（speculation）怎样可以被支持；支持可以直接重复，也可以消除对立意见。定位到第2句。造成研究缺陷的是，在真实情况与模型之间存在差异；消除差异就能支持。

【选项】

A.　与一个球体的模型的值相同。应该是模型与真实一致，不是这个模型与那个模型一致。

B.　与实验确定值符合得近乎完美。**正确。**第1句说fairly well，本选项更进一步说nearly perfectly。

C.　与使用三种大小的球体产生的值符合。模型与模型，无关。

D.　有显著不同的密度值，这取决于（depending on）所用的两类球体之间的大小比率。还不是与真实一致，而是说其密度值本身有变化。

E.　与只使用中等大小球体的适当选择的模型的值相同。仍然是模型与模型。

14.3　Walzer's critique

【文章分析】

S1　W批判自由资本主义的一个重要主题思想是，它在平等方面并不充分。人物及其研究，W's critique，构成评论对象（tw），本文属于评述型文章，作者一个人讲自己的观点。

S2　Walzer's case　　主语相对复杂，有against，也有in favor of，这提示对比，对比找反义：inequality vs. redistribution；全句说，W反对资本主义所产生的经济不平等、支持"财富的根本再分配"，这个论点是在一篇广泛引用的论文中提出的，题为"为平等而辩护"。继续讲W的论点。顺承关系、逻辑等价，inequality = S1 insufficiently egalitarian。

S3　The most striking　　文科讲对比，far from暗示对比，抓对比：rejecting vs. insists。句子说，W的批判最显著的特征是，决不拒绝按才能（merit）取酬的原则，W坚持该原则是有效的。结合前两句，W支持merit，批判资本主义，可知merit vs. capitalism。

S4　People who excel　　在某方面胜出的人，应当接受与其相适合的卓越利益。本句解释上一句的原则。顺承等价，所以merit = excellence，benefit = reward。

S5　But people exhibit　　主干是people exhibit...variety of qualities；宾语qualities之后的破折号，引出GRE有史以来最多的并列名词，一共讲了13个具体的品质，**并列内容皆次要。**本句But并不反对上一句，而是对比，上1句说should，本句说exhibit，应然与实然、应当与事实的对比。这个对比没看出来也没关系，只要确认本句不是反驳前面原则即可。

S6 Each deserve   每个都值得获得它的适当回报（recompense: reward），因此适当的物质商品分配，应当反映在根据所有这些差异层次而测量的人类差异。本句是 S3 reward according to merit 这一原则的应用，上一句和本句说的 quality = merit。

S7 Yet, under capitalism   然而，在资本主义下，赚钱的能力让其拥有者获得几乎所有其他好处，例如他人的尊重和敬重。这一句是批评资本主义，某种能力（ability = quality = merit）太过重要。本句 Yet 与上一句对比，抓对比：each deserves...vs. ability to make money acquire every other。前一句是应当（should）、应然，这一句是事实、实然。

【结构图】

第1句给主题，W批判资本主义，第2句叙述其内容，第3句讲W所坚持的原则，第4.5.6.7句解释该原则，并批评资本主义违背了这个原则。

	Cue	*Function*	*Core*
S1	W's critique	tw	**W: capitalism, not egalitarian**
S2	against, favor	i	against inequality
S3	most striking, far from	kw	**rejecting vs. insist: reward merit**
S4	should	x	should receive benefits
S5	But	vs. y	variety, qualities
S6	Each deserves	p	**each deserves**
S7	Yet	vs. q	**vs. capitalism:** **ability to make money**

【题目】

Q5 信息/多选

【题干与定位】information, questions，题干没有定位信息，从选项找线索、带核心去排除。文章核心是说 W 批评在资本主义下赚钱的品质压倒了其他能力，成了主宰。问的是 EXCEPT，没对应的才可以选。

【选项】

A. 像敏感细致这种品质，与其他品质相比占多大比重？没有提到具体数值，what weight 错。**正确答案。**

B. W 认为什么品质在自由资本主义下得到过高重视？末句提到 the ability to make money。原文有对应。

C. 有什么社会利益是在金钱的权力范围之外的？末句提到钱可以换来 every other sort of social good，所以就没有提到什么是在此之外的。**正确答案。**

Q6 细节

【题干与定位】W 对 reward-merit 原则的解读的独特之处是什么。定位第4.5句，W 认为，人表现出各式各样的 qualities 或 merit。

【选项】

A. 坚持最大化每个人的回报。不是 everyone，而是 each merit/quality。

B. 强调平等。无关。

C. 已证明的有效性。这是 W 对此原则的态度，而不是 W 对此原则解读的特点。

D. merit 构成的广义观念。**正确。**

E. reward 构成的广义观念。干扰选项。重点不在 reward，而是 a great variety of qualities。

14.4 national character

【文章分析】

S1 今天讨论经济和社会发展的社会科学家没有正式考虑国民性格。否定词不可遗漏,句子重点是national character is not formally considered today。功能:否定性的事实,给出主题词tw = national character。

S2 They believe 前半句讲并列宾语从句that and that,后半句but对比,转换给出重点。全句意思是,他们相信人与人不同,而且这些差异应当给予考虑,但他们还没有发现什么方法,把这些变量包含在正式模型中。重点是as yet no way...formal model。功能:与第1句顺承,抓等价: no way...formal = not formally。

S3 The difficulty 困难在于界定不同国民性格的数据的性质。本句lies in提示原因,解释为什么不能,difficulty = S2 no way = S1 not consider,再注意**抓因果**: no way ← nature of data。

S4 Anthropologists 本句有much firmer than的对比,抓对比,要清楚谁和谁比、比的什么,small homogeneous tribe or village: much firmer vs. nation-state, disparate groups: less firmer。人类学家和其他人在描述一个小的同质部落或乡村时,有着更为坚实的基础,而当他们尝试一个令人生畏的任务,即发现存在于一个复杂的、由许多不同的群体所组成的现代民族国家的规范时,其基础则不是那么坚实。功能:说明上一句的具体困难。同质小型社群,其数据容易分析,但异质大规模陌生人社会,其国民性格数据则不好测量。

S5 The situation 前半句有further complicated by,与第3句并列,讲另一个原因;结果是主语说的situation,对应第1.2句的主题,没有方法考虑,原因是by之后的判断的性质,抓因果: no way / situation ← judgments。后半句并列since从句,相当于两个小证据,说明了判断不好导致没有方法的两个理由,并列证据次要,之后有主句it is impossible,再次给出负面结果,不可能在两个国家的国民性格之间作出可靠的比较,这与前半句的负面说法situation is complicated相对应。全句重点: further, by the nature of judgments; impossible, comparison national character。前半句是总命题,后半句的since and since是证据或前提,it is impossible是结论,本句构成总–分–总结构。

【结构图】

第1句主题,给出问题,第2句继续说明,第3句给出一个原因,第4句给它的证据,第5句前半句(S5.1)给出第2个并列原因,后半句的since and since部分(S5.2)给出这个原因的证据,主句it is impossible部分(S5.3)再给结果。作者本人解释一个问题的两个成因,没有其他人观点。核心内容,抓首句(S1)、抓因果(S3.S5)、抓对比(S4)即可。结构: S1. (S2.) ← S3. (S4.) S5.1 (S5.2 → S5.3)。[内容上,本文与社会科学研究方法论有关。一般的,在社会、文化和思想等研究领域,要获得某个概念的可检验数据比较困难,概念(concept)难以改造为变量(variable),因此就难以获得实证研究的成果,于是很多人就玩概念、写晦涩长句、走极端情怀,以此来提高学问的门槛,这是很不好的。]

	Cue	*Function*	*Core*
S1	not considered	tw	**national character: not formally**
S2	They believe, but...no way	i	(no way, formal models)
S3	difficulty lies in	kw1	← **data**
S4	than	a≠	(**tribe: firmer vs. nation-state**)
S5	further complicated since, and since,	kw2 (x, y → cs2)	← **judgments** (→ impossible, comparison)

【题目】

Q7 主题

【题干与定位】main point定位主题，但文章并没有完整主题句，故可综合首句tw以及作者给出的并列原因：national character, not formally considered ← data, judgments。

【选项】

A. 太难以捉摸(elusive)，不值得(merit = deserve)注意。连注意都不值得，错！

B. 今天的社会科学家要比过去的更感兴趣。不是兴趣问题，也没有作时间对比。

C. 太难，无法以许多社会科学家所要求的精确度来描述。负面说法，候选。

D. 越来越不相关；irrelevant错。

E. 人类学家要比其他社会科学家更精确地描述。这个对比不存在。

这样，**C正确。**

Q8 细节/多选

【题干与定位】定位到第1.2句，有一些说法。题目就考这些说法。

【选项】

A. 极难造出模型，既解释经济发展，又解释社会发展。原文只是说national character方面的建模很难，并不是说整个social, economic development。另外，extremely程度错。

B. 这些模型也许可以通过加入关于国民性格的充分描述而得到改善。第2句说他们相信应当在模型中考虑国民性格，should表明他们的态度是认可的，加入国民性格以后就可以改善模型。**正确。**

C. 重要的是给经济和社会发展的形式模型补充关于国民性格的质性的印象。第1.2句没有，那些社会科学家还是要求变量，也就是量化的概念。最后第5句也说qualitative terms会造成困难。排除。

Q9 结构

【题干与定位】问organization，就是考各个句子之间的关系；各选项里的内容的顺序，必须与原文行文顺序一致；原文是先讲困难，再并列解释原因。

【选项】

A. 问题提出，其理由提出。**正确。**

B. 有争议的观点提出，证据提出。有争议的观点必须有对立双方，但文章只有作者一个人论述，没有人与之产生争议。

C. 假说提出。第1-2句不是假说，已错。

D. 近期发展被描述，然后被分析。没有发展，只有近期的困难。

E. 争议被概述。同B，没有dispute/controversy。

14.5 Milky Way

【文章分析】

P1 S1 now established给出现在的观点，不太可能被否定，即使这里是被动语态；that从句为真主语，这句说，MW比迄今为止(hitherto)所以为的要更广阔(extended)、质量也更大。

S2 However, all that 主干是all...is a tiny fraction；主语all抽象，抓住修饰的实义词，得到visible，后面还有where从句修饰，也次要。全句说，可见部分是外部边缘(outlying edge = corona)物质的很小一部分。

对比抓反义：now: MW: greater mass vs. visible, tiny fraction。本句以however转换给出主题，不讲MW的全部，只讲其外部边缘的可见部分。

S3 Thus, most of　　因此，MW的多数外部边缘物质一定是黑的。

P2　S4 Why?　　提问。第1段讲事实，dark outlying matter；第2段解释原因。

S5 Three facts are　　三个事实很突出(salient)。后文有并列事实，内容次要。

S6 First　　第一，d.g, g.c主要由老恒星构成。

S7 Second　　第二，老恒星亮度不高。

S8 Third　　第三，没人在外部边缘中探测出气态物质云。

【结构图】

第1.2句对比给出主题，第3句给出结果，是一个事实，外部边缘物质是黑的。第2段解释其原因，一共并列三个方面，每个方面不必记得很清楚。

	Cue	Function	Core
P1 S1	now established,	i	**MW: more extended, greater mass**
S2	However	vs. j	visible, tiny fraction
S3	Thus	tw	**outlying: dark**
P2 S4	Why?	tw'	**Why?**
S5	Three facts	tw''	
S6	First	a	d.g, g.c: old stars
S7	Second	b	old: not luminous
S8	Third	c	no one detected

【题目】

Q10 主题

【题干与定位】问primarily concerned，但本文无明显主题句，故可综合1.2段主题，dark outlying matter, three facts。

【选项】

A. 原文没有提到争议；debate通常要有对立双方。

B. 批评一个理论。文章第2句however并没有反驳第1句。无批评。

C. 说明新事实如何支持一个从前被摒弃的假说。没有提到previously dismissed hypothesis。

D. 陈述一个结论，推演可以为之辩护的证据；分别对应第1.2段。**正确。**

E. 对比两类现象，指出它们如何关联。第1.2句没有对比现象，只有两个不同的说法。

Q11 选择句子

【题干与定位】作者暗示直到近期之前天文学家所相信的。找时间定位，until recently，仅在第1句有hitherto thought对应过去的看法，该句对比more A than B的B部分，就说明了以前的看法。就选It is now established这一句。

14.6 electride

【文章分析】

S1　在e(lectride)中，负离子完全被电子取代，它们被捕获在按规则堆积的正离子框架下自然形成的穴里。主题词tw = electride。

S2　Unlike other types　与其他类型的负离子不同，负离子的电子的行为不像简单的电荷球。重点：e: not simple charged。

S3　The properties of　e的性质主要依赖于抓住被捕获电子的穴之间的距离。理科讲因果，depend on可还原为因果关系，得到：properties ← distance，简化为 d → p。后文可用并列因果方式展开，例如：d1 → p1; d2 → p2; d3 → p3。

S4　When the trapped　当被捕获的电子相隔很远时，它们不会强烈相互作用，其行为有点像孤立的负电荷阵列(array)。理科句子"when + 数量"表示原因；主句表示结果。重点：apart: not interact = isolated。本句数量因果的第一个证据。

S5　When they are closer　当它们接近时，它们开始表现出与大团(ensemble)相同粒子有关的性质。这是第二个证据：closer: large ensembles。

S6　When they are still　当它们更加接近时，集团的性质主宰，电子开始"去地方化"。第三个证据：still closer: delocalize。

【结构图】

　　第1句引出主题词e，第2句说它的性质特别，第3句给出理科因果关系，第4.5.6句并列三个证据，说明不同距离、不同性质。

	Cue	Function	Core
S1		tw	e
S2	Unlike other	kw'	e: not simple charged
S3	depend on	kw: d → p	**distance → properties**
S4	When	d1 → p1	apart: not interact / isolated
S5	When	d2 → p2	closer: ensemble
S6	When	d3 → p3	still closer: delocalize

【题目】

Q12 细节

【题干与定位】e具有什么特征时它的行为最像一个正常的负离子晶体？原文第2句说过e与other types负离子不同，这里的other types就是normal情况，也从该句可知，normal针对的是simple charged (anions)。在第4句的距离较大的情况下，e的行为像isolated negative charges。预想答案就是apart。

【选项】

A.　widely separated = far apart。**正确**。

B.　都能delocalize，不对；此时的性质已经与normal完全不同。

C.　捕获的电子被撞击的(impinging)光子所解放；光子没提到过。

D.　离子紧密堆积在一起。在第1句which从句中，紧密堆积的是cations正离子，没说这决定了性质。

E.　多数正离子失去电荷。无关。

Exercise 15

15.1　honeybee

【文章分析】

S1　通常来说，蜜蜂的蜂后是一个蜂巢中所有蜜蜂的母亲；在与来自其他蜂群(colonies)的若干雄峰交配以后，她产下受精卵，发育为雌性工蜂，产下未受精卵，发育为雄峰。首句以分号隔开两个并列事实。主题词tw = honeybee。生物科学文章，理科讲因果。

S2　According to natural　按照自然选择理论，工蜂会通过孵化她自己的卵，提升其适应度。本句 A by doing B，by这个方式状语与主句平行，在理科句子里相当于原因，抓因果：own eggs: enhance fitness，将数量enhance变成向上箭头，得到own eggs: fitness↑。本句提出第一个理论，kw1 = natural selection，同时给出第一个证据。

S3　But a typical worker's　但是一个典型的工蜂的适应度会被降低，如果其他工蜂的儿子取代了蜂后的儿子（others' sons = others' eggs）。在理科句子里，if条件句也可以表示原因，主句表示结果，抓因果：others' eggs: diminish fitness，讲数量diminish变成向下箭头，得到others' eggs: fitness↓。本句没有反驳第2句，而只是与之构成相关性的两个不同方面；因果双方为eggs: fitness。

S4　Researchers, testing　研究者检验一个假说，即工蜂会以某种方式阻止彼此繁殖的尝试，于是他们把工蜂产的未受精卵和蜂后产的未受精卵放在一个蜂巢中。这句提出另一个假说，但从内容上看，它没反对第2句的natural selection theory，而是在补充它，因为在正常情况下工蜂不繁殖后代，但在理论上它繁殖后代适应度会提升，所以，肯定有别的某个原因阻止了工蜂的繁殖行为；kw2 = block。[本实验中，放入蜂后的未受精卵，而不放入她的受精卵，原因何在？这是为了排除卵的受精与不受精这个性质对结果的影响，排除干扰变量/confounding variables，仅仅把影响因素限定在卵的亲缘关系，是工蜂的卵、还是蜂后的卵，影响了结果。这是科学研究的重要技巧。]

S5　Other workers quickly　其他工蜂迅速吞噬掉工蜂的卵，留下蜂后的卵不动。这是实验的结果，它证实了第4句的假说，**按论据重现论点核心**，devour = block。

【结构图】

　　第1句给出现象，第2句第一个理论解释，第2.3句进行对比，讲该理论的数量因果论证，第4句检验一个相关或补充假说，第5句给出检验结果。第2个理论block，是对第1个理论natural selection的补充，而不是反对。通常情况下，两个不同理论，后者反对前者，但本文是例外。

	Cue	*Function*	*Core*
S1	Typically	tw	**honeybee**, queen
S2	According to theory	kw1:	**natural selection:**
	enhance...by	a	**own eggs: fitness** ↑
S3	But diminish if	b	**others' eggs: fitness** ↓
S4	testing hypothesis	kw2: x	**block**
S5		y	devour

【题目】

Q1 选择句子

【题干与定位】选的句子是evidence，不是theory, hypothesis, idea(kw)；证明的是一个论点，即工蜂能够阻止彼此繁殖的尝试。定位thwarting each other's attempts to reproduce，只有第4句的block each other's attempts to reproduce（thwart = block）。这是一个hypothesis，题干问的是evidence，证据在第4句之后的第5句，Other workers quickly devoured...。

Q2 类比

【题干与定位】哪种人类社会similar to蜜蜂蜂巢的情况，这是类比题。解法是，抽掉具体名词、保留v., adj. 抽象名词。蜂巢的inner workings that regulate reproduction，对应的地方只能是block each other's attempts to reproduce。取其抽象内容为：block each other。找到人类社会的相应情况即可。

【选项】

A. 一个极权主义（totalitarian）社会，公民监督（policing）彼此的行为，以维持现状（status quo）。这里，policing = block, each other = each other；**正确**。

B. 一个和平主义(pacifist)国家，个体强烈反对使用暴力或进攻来解决争议。个体一起反对一件事，不是他们之间相互反对。

C. 一个民主社会，多数人的声音统治。多数反对少数，这是大群体vs.小群体，不是个体vs.个体。

D. 一个议会(parliamentary)社会，少数成员组成一个内阁(cabinet)，施展行政权力。少数控制多数，还是a few / minority vs. majority, 小群体vs.大群体，不是个体vs.个体。

E. 一个无政府(anarchic)社会，秩序和稳定的社会结构缺失。原文的蜂群社会结构是存在的，并未缺失。

Q3 因果取非

【题干与定位】fitness只有第2.3句提到；而且，有enhance, diminish的数量对比，理科数量对比，其实是相关性的双方：eggs: fitness；卵是自己的，则适应度提升；卵是其他工蜂的，则适应度下降。题干还有inference，可以把这相关性的这两个说法取非，得到，卵不是自己的、也不是其他工蜂的，那么，适应度not enhance, not diminish。

【选项】

A. 繁殖会减小任何个体蜜蜂的适应度；diminish any individual honeybee's fitness是错的，进行繁殖的蜜蜂的适应度其实会增加。

B. 个体工蜂的适应度可以得到维持，即使这个工蜂自己不繁殖。这正是相关性的双方取非之后的意思：自己不繁殖、别的工蜂也不繁殖，其适应度不增不减，即能维持。但本选项没有提到其他工蜂不繁殖，这样是否依然可以？选项用的是can be maintained, can表示一种可能性，只要这个可能性存在，就可以。**正确**。

C. 工蜂的强弱个体等级（hierarchy），决定什么个体在蜂后死掉时将会繁殖。原文没有说过蜂后死的情况。无法判断。

D. 在蜂后统治时，工蜂的适应度增加、雄蜂的适应度减小。第1句提到drone之后，再无关于它的论述；文章没有提过雄蜂的适应度。

E. 适应度鼓励工蜂孵化蜜蜂的卵，不去关注(without regard)幼代与亲本(parent)的亲缘相关(relatedness)。最后一句说，工蜂吃掉其他工蜂的卵，而让蜂后的卵原封不动，这说明，工蜂十分关注、而不是不关注，幼代与亲本的血缘关系。

15.2　the first tax

【文章分析】

S1　按照古代记录，S政府给一个基本大众商品(commodity)征的第一个税，是每jar两个c硬币。

S2　Tax records　税收记录表明，尽管人口稳定、税法严格执行（enforcement），但来自该税的收入在税收生效的前两年内陡然(steeply)减小。

Premise1:　　first tax, 2c

Premise2:　　stable population, strict enforcement

Conclusion:　revenues declined steeply

【题目】

Q4 解释差异

【题干与定位】explain the decline，按正常情况，收税之后，政府收入应该不会下降，但现在却在下降，要解释的是premise 2和conclusion之间存在的字面冲突。解法是，找出中间环节，连接前提-结论之间的差异概念：stable, strict X-decline。严格执行、人口稳定，但税收依然下降，那可能是生意不好、大家都没钱了，或者其他原因导致没钱了。

【选项】

A.　在该税实施之后的10年中，平均家庭收入稳定上升。这不会导致没钱，没有连接差异。

B.　实施该税两年后，S政府开始对其他大众商品也进行收税。都收税，不会导致收入下降。

C.　Jars在传统上是S地区的婚礼礼物，该税实施后这种礼物增加。这不是导致收入下降。

D.　在该税实施后，S商人卖油的jar比以前更大。政府是按jar收税，而不是按油量；现在jar变大，装的油多了，如果人口不变、大家买的油量不变，则jars数目会减少，这样，政府收入会下降。这是一个中间环节。**正确。** [提供中间环节、解释差异，这种题目的答案是开放的，不能在一开始全部想出来，需要每个情况单独分析。]

E.　很少有S家庭在该税实行之后还自己生产油。无关。

15.3　diabetes

【文章分析】

S1　经常伴随糖尿病(diabetes)的并发症(complications: 复杂情况)，例如损害(impairment)视觉和肾功能，现在被认为是因为缺乏血糖浓度(blood glucose concentration；glucose: 葡萄糖)的持续控制。理科讲因果，动词result from是因果关系，抓因果：diabetes' complications ← lack control of g(lucose)；简化为diabetes ← g。首句给出主题词diabetes, glucose。本句有被动语态are thought to，暗示大众观点或别人观点，但因为还有now，现在的观点一般不会被否定，而是作为作者也接受和认可的已知理论。后面会看到，整个段落的确只有作者本人观点，没有反对意见。

S2　The healthy pancreas　健康的胰腺（p: pancreas），对血糖浓度上升作出反应，全天释放少量的胰岛素(i: insulin)，维持浓度在生理界限之内（n: normoglycemia: 正常血糖浓度）。这一句的单词如果不认识，也可以取首字母。动词in response to, release都提示因果关系，这样，本句可以写成连续因果形式：g↑: p → small i → n。

S3 But the diabetic　　　但是，糖尿病人通常每天只接受一次大剂量注射。有but提示对比，抓对比：S2 healthy, small quantities vs. S3 diabetic: large dose。理科讲因果，第2.3句有数量对比，猜测这是数量相关，g的控制量与人的健康情况相关。

S4 The diabetic's blood　　　所以，糖尿病人的血糖浓度在针剂的间隔期间会波动很大，有人提出，并发症就是产生于这段高血糖浓度时期(h: hyperglycemia)。继续讲病人的情况。把第3.4句合在一起，写成连续因果：d: large dose → h。

S5 Many investigators　　　许多研究者因此相信，恢复正常血糖浓度也许会阻止（halt）这些并发症的进展（progression），甚至逆转(reverse)它们。本句为thus引导的结论，重点是restoration of n。但严格来说，它并非全段内容的总结，而是在论点基础之上的推进，所以是一种变形的结论(cs')。

【结构图】

第1句给主题，研究diabetes，一些症状来自缺乏g的控制。第2句讲健康的人，控制很好，少量释放，因此维持g正常 = n，第3.4句对比讲病人，没法控制，只能靠外部注射，结果g波动很大，有时很高 = h。第5句提出结论，只要恢复g正常就好。

	Cue	Function	Core
S1	now, result from	kw	**g → diabetes' complications**
S2	in response to, thereby	x	**healthy: g↑: p → small i → n**
S3	But	vs. y1	**vs. diabetic: large dose**
S4	thus,	y2	**→ g: fluctuate / h**
	and...result from	y3	complications ← h
S5	thus believe that	cs'	restoration of n

【题目】

Q5 信息/多选

【题干与定位】问information可以回答什么questions。没法直接定位单独某句。信息题的解法是，从选项找线索、带核心去排除。文章核心在首尾句。

【选项】

A. 什么是h? 倒数第2句括号之外有这个术语的解释, periods of high concentrations of blood glucose。**正确**。

B. h的一个原因是什么? 问的是one cause，任何原因都行，不需要是the (pathological) cause。定位h在第4句，该句有thus，第3句的注射剂量大其实就是造成h的一个原因。**正确**。

C. 什么器官会受到h的负面影响? 第1句有impairment = adversely affected，该句提到的器官有vision(eyes)，kidney。**正确**。

Q6 细节

【题干与定位】间隔较大的doses会导致什么? 定位widely spaced doses，就在第4句的interval between doses，其中spaced = interval；cause作动词表示带来、导致，对应本句的thus，故答案就在第4句。其导致结果是glucose concentration, hyperglycemia。

【选项】

A. 逆转正常肾功能。无关。

B. 推迟糖尿病的发生。不会推迟。

C. 血糖浓度的剧烈变化；radical changes = fluctuate greatly；其余词照抄。**正确。**

D. 恢复n。无关。

E. L岛(islet)(就是胰岛)的显著变化。没有提到胰岛有变化。

15.4 fluoride

【文章分析】

P1 S1 f(luoride) 在战胜牙齿败坏方面的成功，是已经确立的，毫无疑问，也对社会有益。主题词为f；well established是已经确立的、大家已知的，通常不是讨论重点。

S2 However, fluoride's toxic   但是，f的毒性已经被知道一个世纪了。不讲beneficial，而讲toxic；本句给出真正讨论重点，f: toxic。

S3 In humans excessive   在人身上，过多摄入(成人每天超过4毫克)，多年后会导致骨骼f病(fluorosis)，一种明确定义的骨骼紊乱症，而在一些植物物种中，f比另外三种东西更毒。功能：第2句的证据，讲具体的toxic properties，一个对人，一个对植物。按论据重现论点核心，逻辑等价词为：S3 disorder, toxic = S2 toxic。

P2 S4 Some important   一些重要的问题依然存在；questions remain暗示还有一些问题没有回答，表示部分否定的负评价；后面可能给出具体的question。

S5 For example   主干是precise lower limit is still undetermined。骨头里的f含量变得有毒的确切底线依然没被确定。这是第一个遗留问题。

S6 And while   有while对比，抓对比，water & air: easily vs. food: hard。全句说，虽然来自水和空气的f摄入很容易被评估，但却难以估计一个特定的人群从食物中摄取了多少，因为个人饮食习惯和食物中的f浓度都有广泛的差异(wide variations)。这是第二个遗留问题。

【结构图】

第1句给背景，第2句给真正主题，f有毒的方面，同时说其各种毒性，然后第3句内部列出两个证据；第4句讲存在的问题，第5.6句并列给出问题。论点说明型文章，只有作者一个人讲观点。

	Cue	Function	Core
P1 S1	well established	tw'	f, beneficial
S2	However,	tw,	**f,**
	have been known	kw1	**toxic properties**
S3	and	a1, a2	(human: disorder, plants: toxic)
P2 S4	questions remain	kw2 / aw-	**questions remain**
S5	For example	x	(lower limit, undetermined)
S6	And while,	y	(easily vs. harder)

【题目】

Q7 态度取非

【题干与定位】would be easier...if, 虚拟语气说也许更容易；原文说的应该是不容易，定位food，在最后1句，harder to estimate；这时把造成该负面结果的原因或条件取非，就可以得到答案，在这里就是取非because of之后的wide variations，得到less various。一般地，取非题对应的原文是某个负评价及其条件或原因aw- if/because X，题干问would aw+ if...? 答案给~X。

【选项】

A. 充足饮食；原文不是食物不足。错。

B. 个人饮食习惯更一致；more uniform = not (wide variations)，取非成功。**正确。**

C. 食物的 f 含量更多变；more varied 是加强，不是取非。

D. 更多人意识到食物的 f 含量；原文不是说，很少有人意识。

E. 测量食物的 f 含量的方法得到更普遍的赞同；原文不是赞同测量方法的人少。

Q8 结构

【题干与定位】第二段的功能就是在证明 2 段首句论点。定位第 4 句 questions remain，这是负评价，表示目前研究尚不完整 (incomplete, inadequate, insufficient)。

【选项】

A. 引出对 f 毒性的质疑。文章对毒性并无 doubts。

B. 引入 (introduce) 关于 f 毒性的话题。第 1 段第 2 句引入的。

C. 区别有毒和无毒的量，这是第 2 段第 2 句内容，只是并列问题之一，不能反映全段。

D. 指出关于 f 的必要知识依然不完整。态度与第 2 段首句对应。**正确。**

E. 讨论最有可能包含高浓度 f 的食物。食物是末句内容，问题之一，不是整段内容。

Q9 细节/多选

【题干与定位】问 f 对人的影响。第 3 句提到 humans。定位后发现 lead to，理科考因果，注意这里的量，每天超过 4 毫克、多年，导致 disorder；数量因果往往反过来 (取非) 考，答案可以是，没有超过 4 毫克或没有多年，不会带来 disorder。一般地，对数量因果：A↑: B↑ => A↓: B↓。

【选项】

A. 来自水和空气的 f 摄入造成的效果，相对难以监管 (monitor)。第 3 句讲人的地方没提到；即使定位文章末句，在 while 让步中提到 water and air，也是 easily，不是 difficult。

B. 摄入 4 毫克、很长时间，通常导致人的骨骼 disorder。每个词都与第 3 句对应，但数量词却不对！原文是 over 4 milligrams，这里是 4 milligrams。

C. 摄入稍微多于 4 毫克、只是几个月，不太可能造成生命威胁；only a few months，将第 3 句 over many years 取非，则其结果应该是 not skeletal disorder，更不用说 life-threatening。**正确。** 本选项是对第 3 句 lead to 因果数量关系的反面表述。

15.5　February Revolution

【文章分析】

首句分析

P1　S1 1848 年 2 月，巴黎人民起义反抗 L-P 的君主立宪制（constitutional monarchy）。首句给出历史上的时间、地点、事件，文章主题词就是它了：February revolt。

P2　S1 解释这种相对忽视的两个理由，似乎很明显。本句 this 指代上文，首段应该讲过 relative neglect [of February revolt]，这一段来解释理由，而且是 two reasons。作者观点还是别人观点？如果是别人观点，要么主动语态，主语是一些人，例如 some biologists/ historians argued that，要么被动语态，用 has been argued 之类的语言形式。这里都不是；所以应该是作者观点。

P3　S1　主干是outcome is different。主语位置出现形容词different，这是表语倒装，真正主语在后面的 outcome。全句说，像1830年7月和1848年2月这样的成功起义的结果是相当不同的。首先，文章主题不会变，本句的insurrection = 1段首句revolt；其次，本句说的不是7月与2月的结果不同，而是successful insurrection与...not successful的不同。可见，上一段应该讲过不成功的起义的情况，第3段才来讲成功起义的情况。而不成功与成功起义的情况的对比，应该就近说明一个论点，就是the second reason。

　　首句回顾：第1段给主题，第2段首句提示2个理由，该段内部并列给出，其中第2个理由还有对比证据，其中一部分对比内容在第3段展开。全文是作者一个人讲观点的论点说明文章，或者作者本人提出解释的现象解释文章。

全文分析

P1　S1　重点是February revolt。

　　S2　Despite the existence　　Despite提示让步，主句即已转折，抓对比：excellent vs. ignored。虽然存在出色的叙事论述，但是2月革命却基本上被过去20年的社会历史学家所忽略。

　　S3　For each of　　对其他三个主要起义来说，至少都存在对参与者背景的简要描述（sketch：素描、草绘），并且对起义发生的原因，也至少有或多或少严格的(rigorous)分析。讲到three other，故意偏离重心 February，这肯定有特别理由，讲A，而提到B.C.D，这主要是为了对比。再联想到这是一篇历史文章，文科讲对比，本文会有很多对比。

　　S4　Only in the case　　只有对2月革命，我们缺乏对参与者的一种有用描述。句子后面有that从句，次要；only X，说明non-X就不是这样，这提示了对比。抓第3句、第4句的对比：other: exist sketch vs. only February: lack description。由于宾语sketch = description，对比主要是在两个动词，一个肯定exist，一个否定lack。

　　1段回顾：主题段落。第1句给2月起义，第2句说被忽视，其中ignored与第2段首句neglect对应，第3.4句将2月革命与其他3个起义对比。全段结构：S1. S2. (S3. vs. S4.)。

P2　S1　主干是two reasons seem obvious。两个理由似乎很明显。作者本人讲理由，没有其他人来讲话。后面两个理由是两个分论点(kw1 kw2)。

　　S2　First, the insurrection　　第一，2月起义已经被6月起义所掩盖。文科讲对比，把动词overshadowed还原为对比，February < June。对比论点展开时要么一组大对比（J1. J2. vs. F1. F2.）；要么两组或多组并列对比(F1 ≠ J1. F2 ≠J2.)。

　　S3　The February Revolution　　二月革命诚然推翻了一个旧制度（regime），但它遇到的抵制如此之少，没有产生任何真正意义上的历史戏剧性。句内有to be sure, but所提示的让步转折，抓对比：overthrew vs. little resistance；so A that B，A.B前后等价，little resistance = fail to generate, historical drama，简化为 little resistance = no drama。

　　S4　Its successor, on the other　　另一方面，它的后继者(successor，在此指6月革命)看来却将核心社会经济群体放在一场生死斗争之中，并被同时代观察家广泛视为标志着一个历史的分离点。本句内部有 and前后并列，逻辑等价，life-or-death struggle = historical departure；它又通过on the other hand与上句对比，抓上下句对比反义词：February, little resistance = fail to, drama vs. June: life-or-death struggle = historical departure，可简化为，F: little resistance / no drama vs. J: struggle。第3.4句构成第一组对比，这是文科常讲的程度对比，一个程度强，一个程度弱。

　　S5　Through their interpretations　　本句前面的through介词短语及其which从句，属于次要内容，主干有

while对比，前后半句(S5.1, S5.2)分别讲6月和2月，对比找反义，得到：J: magnified vs. F: diminished，6月被放大、2月被减小。这是第二组对比。

S6 Second, like other　　第二，就像其他成功起义，2月事件没有产生最为可取类型的历史记录。与本段第2句First并列，讲第二个理由(kw2)；重点是fail to, desirable, records, 简化为not desirable records。

S7 Although the June　　让步Although从句说，虽然1848年6月起义、1871年巴黎公社从任何标准来看都可以被认为是19世纪法国历史的分水岭(watershed)，转折主句讲，但它们也给社会历史学家提供一种显著的优势：这些失败的起义创造了大量的无价的档案，作为政府(authorities)搜寻和惩罚反叛者的做法的副产品。让步转折包含对比，抓对比：watersheds vs. advantage。当然，这里的对比在字面上并不明显，但从语义上考虑，作者也许认为，分水岭、转折点的历史事件，通常没有记录上的优势，但恰好这两个革命是有的。转折句的advantage后面有分号，跟出一个完整句子进行具体说明，这相当于句内的总分关系，前后等价，所以可得：advantage = invaluable documentation。功能：考虑本句与上一句分论点的关系；这一句讲的不是2月，而是其他年月的革命，这很明显是对比的一个方面。下文要讲另一方面，即2月。

2段回顾： 第1句提示两个理由，但没讲内容，第2句讲第一个理由，第3.4句讲第一组证据，第5句讲第二组证据，第6句并列讲第二个理由，第7句讲其中一个方面的证据。下一段会继续讲另一方面的证据。第2-5句的结构是：S2. (S3. vs. S4. S5.1 vs. S5.2.)。

P3　S1 成功起义的结果是不同的。这个different，应该是different from [the outcome of failed insurrections]，与第2段末句对比。既然前面说failed起义的结果是invaluable documentation，则successful起义的结果就应该是not/less valuable records，它等于第2段Second这一句的not desirable records，因为论据重现论点内容。这种否定性的论点，后文常以并列证据展开。一般地，首句是负面判断aw-，后文则并列负面事实，x-, y-, z-。

S2 Experiences are retold　　经验被重述，但参加者一般都回归日常生活轨道（routines: 惯例），甚至都没有记录他们的活动。本句without recording与谓语动词平行，是重点，正好对应我们在首句推出的not valuable records。

S3 Those who played　　那些发挥突出(salient)作用的人，也许成为高度修饰的文字论述的目标，或在罕见的情况下成为同时代期刊上的歌颂文章的对象。单纯从字面上看，本句没有什么负评价！但是，论据必须重现论点核心，因此我们就得认为，highly embellished = celebratory = less valuable！先逻辑后理解，从语义上想，高度修饰或歌功颂德的文章，不再反映历史的真实，因此就研究而言就没有多大价值，不太可取了。功能：本句与上一句并列，讲主要参与者的情况。

S4 And it is true that　　而且，诚然，一场起义公认的领导人也经常写回忆录(memoirs)。And提示并列，讲第三种人的情况。但it is true that先让步，讲有记录的方面。

S5 However, such documents　　前半句however引出转折，它说，但是，这些记录有可能是高度不可靠的、没有代表性的、也没有得到系统保存的；这连续三个负评价，都表明记录less valuable。后半句when从句，本来次要，但出现compared to，讲比较或对比，后面说是与detailed judicial dossiers相比，不可靠的回忆录与详细的司法卷宗(dossiers)相比，应该是比较差异，抓对比：memoirs: unreliable vs. dossiers: detailed。名词dossiers后有prepared for所引导的分词修饰，都次要，不必理解或记住。

S6 As a consequence　　结果，很难或不可能为一个成功革命确立一个全面的、可信赖的关于参与者的图景，甚至无法回答人们针对起义者(insurgents = rebels)的社会起源可能提出的最基本问题。功能：结论句，与首句推出的负评价形成对应，difficult, impossible, trustworthy = less valuable。

3段回顾：本段总分总，第1句说成功起义的结果是记录价值低，然后第2.3.4.5句并列讲3种记录都不佳，最后第6句总结。结合第2段最后第6、第7句，第二个理由的论证结构是：P2S6. (P2S7. P3S1. 〔S2. S3. {S4. vs.} S5.〕S6.)。

【结构图】

论点说明文章，只是第2段分段不够利落。第1段论点，第2段第2句讲第一个分论点，第2段第6句及后文全部内容讲第二个分论点。文科讲对比，本文对比内容很多，提示词有only, on the other hand, while, different, compared to；还有几次让步转折，出现过的让步提示词有to be sure, although, it is true that。要抓住所有对比有点困难，但主要的几个、特别是句子之间的，还是应该抓住。还有别的重点就是各段首末句的内容。

	Cue	Function	Core
P1 S1		tw	**February revolt**
S2	Despite,	tw'	**ignored**
S3	the three other	i	**three other: exist sketch**
S4	Only	vs. j	**vs. F: lack description**

P2 S1	Two reasons	kw'	two reasons
S2	First	kw1: F < J	**F < J**
S3	to be sure, but	F1	**(F: little resistance / no drama**
S4	On the other hand	vs. J1	**vs. J: struggle**
S5	while	F2 vs. J2	**F: diminish vs. J: magnified)**
S6	Second	kw2	**F: not desirable records**
S7	Although	x	(failed: invaluable document)

P3 S1	different	y	**F J: successful: less valuable**
S2	, but	y1	(without recording
S3		y2	highly embellished
S4	And it is true	~y3	memoirs
S5	However, compared to	y3	unreliable < dossiers)
S6	As a consequence	cs	**difficult, trustworthy**

【题目】

Q10 对比/多选

【题干与定位】定位第1段末句，only暗示对比，只有2月革命缺乏有用描述，题干问哪些革命有有用描述，则非2月的都有，对应第3句的三个年月。

【选项】

A. July，第3句提到。**正确**。

B. February，只有它缺乏。

C. May，第3句提到。**正确**。

Q11 结构

【题干与定位】问第2段organization，对应第2段各个句子之间的关系。第2段首句为总，后面的First, Second两句为分论点，全段是一个总分结构。选项内容的顺序必须与原段的行文顺序一致，凡顺序颠倒者可判定为错误。

【选项】

A. 全文的论点被陈述，已经错了！第2段首句没有给出整个文章的观点，而只是two reasons seem obvious。注意，passage与paragraph是不同层次的概念。

B. 关于第1段提出的论点的两个观点被比较和对比。第2段是对第1段总论点的分论点论证，first与second两个理由之间是并列关系，不是比较或对比关系。

C. 反驳第1段论点，已错！第2段是support，不是refute。

D. 第1段提出的论点被系统支持。第1段的确有thesis，第2段reasons就是用来support the general thesis。**正确。**

E. 第1段提出的论点被进一步定义，然后有结论被作出。错。第2段没有further define第1段论点；该段末尾也没有conclusion，而只有正常证据。

Q12 细节/对比

【题干与定位】定位第3段中间的however句，发现有compared to，谁和谁比、比的什么？memoirs: unreliable vs. dossiers: detailed。回忆录unreliable的具体内容，可看3段末句As a consequence，说的是无法或很难说明参与者的情况、反叛者（insurgents）的社会起源等。这样，dossiers就可将此内容取非，得到：reliable，可以说明参与者的情况或社会起源。答案一定要找肯定性的说法。

【选项】

A. 这些dossiers所包含的信息阐明（shed light on）革命参与者的社会起源；shed light on为肯定性的说法。**正确。**

B. 这些dossiers与memoirs很相似(resemble)。应该是不同，而不是相同。

C. 这种dossiers所包含的信息是不可信赖、没有代表性的。说反了，这是memoirs的情况。

D. 社会历史学家只要有可能就想避免这类dossiers，因为它们过度详细。原文没说avoid。这个也很疯狂，没听说研究者觉得资料详细不好的。

E. 2月产生的dossiers比6月多。定位所在句没有这个对比。

Q13 对比/逻辑反对

【题干与定位】逻辑上反对第3段首句，在正常阅读中的逻辑反对题，答案就是反过来说；定位该段首句，successful insurrections, different outcome，这个不同，不是讲2月与7月不同，而是讲成功的与第2段末句的failed起义不同。从failed: invaluable documentation推出，successful: less valuable，后者也等于3段末句所说，很难或不可能说明参与者的情况或反叛者的社会起源。要logical objection，只要说其实成功的起义，无论2月，还是7月，都存在有价值的记录，都能够说明参与者的情况。

【选项】

A. 2月与7月相比，无关。

B. 7月起义参与者的背景和动机被识别，虽然还是很粗糙（cursorily）。句子主干有identified，鉴别出了参与者的情况。这构成反驳。**正确。**

C. 7月与2月对比，无关。

D. 7月期间所做的历史记录，可靠度低于5月的。7月是成功起义，5月是失败的，成功的比失败的起义的记录的价值低，less reliable = less valuable。符合原文内容，构成支持。干扰选项。

E. 7月的重要性被放大，牺牲了2月的重要性。还是7月与2月的对比。错误同A, C。

考位分析：第10题考第1段only对比，第11题考第2段结构，第12题考第3段however转折句里的compared to对比，第13题考第2段末句与第3段首末句的different对比。4道题有3题考对比，1题考结构或句间关系；这些都属于在阅读时必须关注的内容。

Exercise 16

16.1 Africanized bees

【文章分析】

S1　主干是one advantage may be resistance to Vj。优势暗示对比，非洲化的蜂（A）与其他蜂不同，可以抵制寄生螨虫（mite）Vj，而Vj是现代养蜂业的一个巨大威胁。理科讲因果，resistance to, threat to都提示因果关系，A → Vj↓，Vj → bee↓。功能：论点；may情态动词表示作者判断，构成全文论点。

S2　In parts of Europe　在欧洲各地，这种螨虫摧毁蜜蜂，杀死许多蜂群(colony)，即使养蜂人做了防御措施。本句陈述一个细节，对应首句的a major threat部分，词汇对应是：threat = devastating, killing。

S3　But in Brazil　但是，在巴西，Vj自1972年以来已经在非洲化的蜂中出现，一个蜂群也没损失，即使养蜂人没有采取任何防御措施。与第2句数量对比，考虑谁和谁比、比的什么：欧洲损失惨重，巴西毫无损失，killing vs. without loss，或者，Europe: Vj → bees↓ vs. Brazil: Vj ↛ A. bees↓。理科文章的数量对比其实是相关性的两个不同方面。

S4　The mites lay　这种螨虫在不成熟蜂的窝房(brood cell)里产卵，发育的螨虫就靠蜂的幼虫(pupae)的血液为生。细节。

S5　But fewer mites　但是，螨虫在非洲化的蜜蜂中比在欧洲蜜蜂中繁殖得要少。这句有对比：Vj: Afri- < Euro-。本句But跟在第4句事实之后，不表反驳，而只是转换讲不同。

S6　Some researchers　一些研究者指出，这种抵抗也许与非洲化的工蜂较短的发育期有关，后者会阻止一些螨虫达到成熟；related to暗示因果关系，抓因果：A → resistance。

S7　Recently the mite　近来，这种螨虫已经成为北美欧洲蜂的蜂群的一个严重问题。

S8　Africanization of　这些蜂的非洲化也许是抵抗这种寄生虫的最佳手段（the best safeguard）。结论，与第7句一起，对应首句的正评价判断，the best = advantage; serious problem = major threat。

【结构图】

第1句给出含有对比的论点，第2.3句展开这个对比，第4.5句继续讲细节，第6句给出因果解释，第7.8句给结论。理科讲因果，全文主要是两组因果关系，Vj螨虫杀死蜂群，非洲化蜂抵制Vj螨虫。全段结构：S1. (S2. vs. S3. S4. vs. S5. ← S6.) S7. S8.。

	Cue	Function	Core
S1	may be resistance	ts	**A → Vj↓; Vj → bees↓**
S2	In...Europe	x	**(Europe: Vj kill bees**
S3	But in Brazil,	vs. y	**vs. Brazil: Vj, without loss)**
S4		z1	(Vj, bee blood
S5	But fewer	vs. z2	**Vj: A < Euro)**
S6	Some researchers related to	kw	**← Africanized, shorter**
S7	Recently	cs1	Vj: bees↓
S8	may be the best	cs2	**A: Vj↓**

【题目】

Q1 列举/多选

【题干与定位】问证明Afri-蜂对Vj的抵制优于Euro-蜂所提到的证据有哪些。首先定位superior to，对应首句的advantage，其实就是首句论点，其证据包括第2–5句。

【选项】

A. Vj杀死欧洲许多蜂群。第2句提到。**正确。**

B. 巴西的养蜂人没有使用防御措施来保护其蜂群。第3句提到，排除防御措施这个干扰变量，正好强调了现有原因即非洲化的重要性。**正确。**

C. 至少某些欧洲蜂群被防御措施所挽救。这就不是一个支持A蜂有优势的证据。

Q2 因果

【题干与定位】research对应的是第6句的some researchers point out，这一句的related to有因果关系，说抵制能力与非洲化工蜂shorter development period有关，这时螨虫还没成熟。

【选项】

A. 非洲化蜂的生命周期可能限制Vj达到完全发育的机会；life cycle = S6 development period, limit...full development = S6 prevent...reaching maturity。**正确。**

B. 非洲化蜂也许已经有机会，对Vj发展出一种化学的抵制力。没有提到chemical。

C. 巴西的蜂群的位置提供一种天然的阻遏物，阻挡Vj。没有提到natural deterrent。

D. Vj在巴西可能是相对新的东西，还没有时间广泛传播。没提到传播时间长短。

E. 养蜂人也许可以发展出有效的控制手段。第6句没有提到养蜂人。

Q3 逻辑反对

【题干与定位】削弱作者关于A蜂对Vj抵制力的论证。反对或取非任何一个证据即可。

【选项】

A. 巴西的蜂在被非洲化之前就已经有抵制力了。那说明，不是因为非洲化，而是由于别的某个原因，导致抵制力。这直接反对了作者在第6句的论点。**正确。**

B. 北美的蜂群数目急剧增长，而巴西的数目则维持不变。这仅仅反对了关于蜂群存活的事实，但没有动摇作者关于非洲化蜂发育时间较短、从而能够抵制Vj的论点。

C. 欧洲蜜蜂中发现的螨虫，繁殖速率大于巴西这些蜂的相同种类的螨虫；reproduction rate没有反驳short/long development period。繁殖不是成熟和发育问题。

D. 非洲化蜂保留了欧洲蜂的许多特征。无关。

E. 欧洲的蜂群产生的蜂蜜数量，大于巴西的蜂群；quantity of honey与development period无关。

16.2 Valdez's *acto*

【文章分析】

S1 虽然有创造性，但V的*acto*很多地方都得益于(owe to)其他时间和地区的戏剧传统。首句论点；owe to表示因果关系（←），同时也提示相同，V: *acto* = other traditions，或者V ← other。想到这一点，是因为文科讲比较或对比。

S2　Like early Spanish　　就像 SA, secular, M 一样，*acto* 通常在户外由表演旅行团或当地戏剧群体表演。简化为 *acto* = SA, secular, M。功能：证据；论据重现论点，like = owe to。

S3　The improvised　　主句的动词 attributed to = S1 owe to，得到 *acto* = I(talian)；为什么这样想？论据重现论点核心，找逻辑等价词；文科讲对比，所以这里的因果关系取其中的相似关系。前半句(S3.1)说，*acto* 的即兴(improvised)喜剧讽刺，经常被归因于 V 研究 16 世纪的 I 的 c.d。后半句(S3.2)although 从句提到一些评论家的观点，抓关系，reflection = owe to，*acto* = M(exican)，意思是，有些评论家认为，这是在直接反映同时代的和地区性的墨西哥戏剧的 c 的喜剧和即兴创作的性质。前后半句让步转折、含有对比：*acto* = I vs. *acto* = M。

S4　The Italian influence　　前半句说，I 的影响是有可能的，无论 V 的直接来源是什么；冒号引起的后半句具体说明，将其中的动词 originated from, inspired by 还原为因果关系：M ← S ← I。

【结构图】

第 1 句论点，V 的 *acto* 来源于其他时期和地区的传统，后文第 2.3.4 句给出证据来证明，分别提到 SA, secular, M; I, M; M. S. I 的影响。全文结构：S1. (S2. S3.1. vs. S3.2. S4.)。

	Cue	*Function*	*Core*
S1	owe to other	kw	**V: *acto* = /← other traditions**
S2	Like	a	(*acto* = SA, secular, M)
S3	often attributed to, although some critics, reflection	b1 vs. b2	(*acto* =/← I vs. *acto* =/← M)
S4	: originated from, inspired by	c	(M ← S ← I)

【题目】

Q4 态度

【题干与定位】critics 在第 3 句 although 从句中出现，他们的观点是受到 M 的影响，作者对他们观点的态度在第 4 句，I 的信息总是可能的，无论 V 的直接来源是什么。作者承认其观点也对，但也不妨碍受 I 影响的观点。

【选项】

A.　他们的观点，如果正确，不会排除 I 对 *acto* 的影响。**正确**。

B.　他们的观点不太可能正确。错！作者并未直接否定 critics 的看法。

C.　他们关于 M 的观点基本正确，但他们不太熟悉 *acto*。文中没有提到 lack familiarity。

D.　他们的观点很可能比某些人的观点更正确。第 3.4 句没有对比评论家与其他人的观点。

E.　他们的观点显示(betray：泄露、背叛)他们不熟悉 c.d。没有提到熟悉不熟悉的问题。

Q5 逻辑支持

【题干与定位】什么可以加强作者的论证：*acto* 得益于(debt = owe to)其他时期和地区的戏剧传统？debt 的说法是首句观点，任何证明这一点的证据都可以加强；由于题干有 if true，答案并不需要是原文直接出现的。答案需要提到：*acto* ← other periods, regions。

【选项】

A. 许多流行的戏剧形式严重依赖即兴创作。没有提到它们影响 *acto*。

B. 在结构上类似于 *acto* 的戏剧，是西非剧作家在1970's写的。类似并不是相互影响。无关。

C. 面具的使用不时成为几乎所有文化的戏剧传统的特征，即使那些与外部影响因素最为孤立的文化也不例外。连 isolated 的文化都有这种特征，那就说明是固有成分，没有谁影响谁，不能证明首句论点。

D. 在罢工中，工会成员做出音乐 skits（小品），把团结与抵抗的价值观戏剧化。没有提到影响的字眼。

E. 在1965年以前，V参加了在美国西部巡演的传统墨西哥戏剧群体的许多表演。V参加表演，会受墨西哥影响，这支持了首句论点。**正确。**

16.3 cleaner-burning fuels

【文章分析】

各段首句

P1 S1 虽然近年来来自私人机动车的有毒污染物已经有显著减少，但这类机动车的数目还在稳定增长。让步转折，包含对比：individual pollutants: reductions vs. number: increasing. 首句引出环保话题，但未明确是哪个词。

P2 S1 所有这些替代方案都是碳基燃料，其分子比汽油分子更小、更简单。既然提到 alternatives，提示文章是解决一些问题的。

P3 S1 另一方面，e和m相比其他碳基的替代燃料具有重要的优势。这里，e, m都应该是论点核心。

P4 S1 就像任何一种替代燃料，m也有它的批评者。上一段讲优势，这一段讲缺点。不过，第2句就有Yet，作者对批评意见也许还有保留意见。

首句回顾： 第1段引出空气污染问题，第2段总体说明替代传统汽油燃料的方案，第3段讲e.m替代方案的优势，第4段讲批评家对m的看法以及作者的评价。

全文分析

P1 S1 虽然私人机动车的污染物减少，但其数目在增加。

S2 Consequently, more than   因此，在美国超过100个城市的c.m, p.m, o的水平依然超过法定限制。超过限制，说明还是污染严重。

S3 There is a growing   重点是only effective way, cleaner-burning fuels. 全句意思是，人们逐渐认识到，进一步减少机动车排放的唯一有效方法——除了远离私人机动车——就是取代传统柴油和汽油，代以更清洁燃烧的燃料，例如压缩天然气、液化石油气、e或m。本句有正评价态度，是文章总论点(ts)。

1段回顾： 第1.2句引出问题，第3句给解决办法。作者没有先讲传统做法、再讲新做法，而是直接给出新做法。全段结构：S1. S2. ← S3.。

P2 S1 这些替代方法的碳基燃料分子更小、更简单。也许是正评价aw+。

S2 These molecules burn   前半句说，相比汽油，这些分子燃烧起来更清洁；后半句 because 从句次要。

S3 The combustion of   较大分子的燃烧，涉及更复杂的反应系列。

S4 These reactions increase   这些反应增加不完全燃烧的概率，更有可能释放没被燃烧的、光化学性质活跃的碳氢化合物（hydrocarbon compounds）到大气中。第3.4句讲较大分子燃料的缺点。

S5 On the other hand　　另一方面，替代燃料的确也有缺陷。这里，由do have强调其缺陷；故意肯定缺陷，其实是为了让步，后面转折要说它们其实优点更多。

S6 Compressed natural　　压缩天然气要求机动车有一套重的燃料箱，液化石油气则面临供应的基本限制。本句是上一句的证据，讲一些替代燃料的缺点。

2段回顾：第1.2句讲替代燃料的情况，第3.4句讲对比的情况，第5.6句讲一些替代燃料的缺点。全段结构：S1. S2. (vs. S3. S4.) vs. S5. (S6).。

P3 S1 但另一方面，比起其他碳基的替代燃料，e和m则有重要优势：它们单位体积的能量含量更高，要求在现有的机动车燃料分发网络中的改动最小（minimal）。这里的on the other hand提示对比，但也是对上一段第5.6句的转折。对比找反义：natural gas, liquefied gas: drawbacks vs. e & m: advantage。

S2 Ethanol is commonly　　e通常用做汽油的补充，但它的成本现在是m的2倍，m的低成本则是有吸引力的特征之一。重点：e > m。

S3 Methanol's most attractive　　但是，M最有吸引力的特征是，它能减少90%的机动车排放，后者会形成o，而o是城市最严重的空气污染物。本句however + most attractive，程度对比，并没反对上一句。

3段回顾：第1句说e.m的好处，第2.3句说明e的不足、m的好处。

P4 S1 m也有其批评者。给m以负面看法。

S2 Yet much of the　　然而，多数批评都是基于"汽油克隆"机动车的使用，这种机动车不包含哪怕是最简单的设计改善。本句以Yet对critics的意见进行驳斥。

S3 It is true, for example　　例如，诚然，一定体积的m，只能提供汽油和柴油一半的能量；其他条件相等，燃料箱更大、更重。让步讲m的缺点。后文有转折。

S4 However, since　　但是，由于以m为燃料的机动车可以设计得比以m为燃料的"汽油克隆"机动车更有效率，所以，它们需要的燃料相对较少。本句转折，回到优点，less fuel。

S5 Vehicles incorporating　　仅仅包含m使之可行的、最简单的引擎改善的机动车，依然会促进城市空气污染的直接缓解(lessening)。

4段回顾：第1句为反驳，第2句回到正评价。第3句让步，讲缺点，第4句转折，讲好处，第5句总结。全段结构：S1. vs. S2. (S3. vs. S4.) S5.。

【结构图】

第1段给出总论点，替代燃料是唯一解决空气污染的方法，第2段讲替代燃料的好处，一些替代燃料的缺点，第3段讲e的好处和缺点、m的好处，第4段讲人们对m的批评意见和作者对此的反驳。文章讲了4种替代燃料，第2段讲两种，第3.4段讲更好的两种。

		Cue	Function	Core
P1	S1	Although	i	individual ↓ vs. number ↑
	S2	Consequently	→ j	pollutants: exceed limits ↑
	S3	realization that only effective way	ts	**cleaner-burning fuels**

P2 S1	these alternatives	aw+: a1	**molecules: smaller, simpler**
S2	These	a2	more cleanly
S3	larger	vs. b1	**vs. larger: more complex**
S4	These	b2	incomplete
S5	On the other hand, have drawbacks	aw-	**drawbacks**
S6		kw1. 2	**natural gas:** heavy tanks, **liquefied gas:** supply limits

P3 S1	on the other hand, advantages over	kw3.4: e1, m1	**e. m > other alternative** higher energy/volume
S2	commonly, but currently	e2 < m2	e: more expensive vs. m
S3	most attractive, however,	vs. m3	**vs. m: reduce 90% emission**

P4 S1	has its critics	aw-	**critics**
S2	Yet	vs. aw+	**vs. use of "g. clone"**
S3	It is true that	aw-	(half energy)
S4	However	vs. aw+	**vs. more efficient**
S5	still contribute to	cs+	**contribute**

【题目】

Q6 对比细节

【题干与定位】不完全燃烧更有可能在汽油中出现的原因，定位第2段第4句有incomplete combustion，该句动词increase提示因果关系，原因就是主语these reactions，它对应第3句，more complex series of reactions。

【选项】

A. 汽油燃烧释放光化学性质活跃的碳氢物质。这是结果，不是原因。

B. 汽油燃烧涉及复杂的反应系列；intricate = complex, series of reactions照抄。**正确。**

C. 汽油的分子结构简单。说反了。替代燃料的分子结构才是简单的。

D. 汽油由小分子组成。反了。汽油的分子较大。

E. 汽油是一种碳基燃料。这不是原因，只是一个事实。替代燃料也是碳基的。

Q7 细节

【题干与定位】问air pollution的说法，第1段第1.2句就提到空气污染，可定位于第1段。

【选项】

A. 减少汽油燃料车排放的进一步尝试，不会帮助减低(lower)空气污染水平。第1段第3句说过，进一步减少尾气排放的the only effective way，就是用新的燃料车替代汽油燃料车，由此可以推出，在汽油燃料车上无论怎么做，都无法进一步减少排放、从而降低空气污染。the only effective way蕴含对比，暗示other ways are not effective。**正确。**

B. 减少单个汽油燃料车所排放的污染物的做法，基本上不成功。错！第1段第1句although从句说，单个的污染还是有显著减少（substantial reductions），这是肯定的说法。

C. 很少有认真的尝试，减少汽油燃料车所排放的污染物的数量。第1段首句就有尝试。只是因为机动车数量增加，导致这种做法失败。

D. 汽油燃料车所排放的污染物，不是城市空气污染最关键的来源。文章并无提到哪个是the most critical source。最高级the most明显错。

E. 单个车辆排放的污染物减少，会被不同于汽油燃料车的来源所造成的污染增加所抵消（offset）。第1段第1句给出的抵消原因是车辆数目增多，而不是非汽油车的污染。

Q8 类比

【题干与定位】 哪个与第一句所描述的情况类似（parallel: 平行，类似）。考第1句的类比；解法是抽掉具体名词、保留关系和态度词，即v. adj. 抽象名词等。定位第1句，关系的核心是Although reductions from individual X, the number of X steadily increasing；再结合第2句，X造成的负面效果exceed。简化为：单个负面影响减少，但其总个数增多，故总的负面影响依然增大。选项至少必须有individual reductions。

【选项】

A. 主句说这个城市与其他城市的对比。原文是个体与总数的对比。

B. 合法与非法的对比。这不是原句重点。而且，type这个抽象词也无对应。

C. 虽然一个城市的居民减少个人用水量，但城市的水供应继续减少，因为该城市的总人口稳步增加。单个减少，但总个数增加，所以总的量依然增加（于是供应减少），正好对应第1段第1句。**正确。**

D. 国内商品与进口商品的对比，不是单个与总数。

E. 减少速度限制，但车祸造成的死亡数字持续增加。没有提到单个与总数。

Q9 对比取非

【题干与定位】 m属于第3段、第4段；而m-fuelled vehicle则只在第4段提到。可定位到第4段however句，m燃料车，比以m为燃料的汽油克隆车，更有效率，需要的燃料更少。

【选项】

A. 在整体重量上，要比烧汽油的传统车辆轻一点。第4段It is true that句子说的是更重。

B. 更贵。没提到钱多、钱少的问题。排除。

C. 引擎更大、更有力。没提到引擎大小。

D. 比以m为燃料的汽油克隆车的燃料箱更大、更重。在It is true that句子里，大和重是在other things being equal的条件下。D选项丢掉了这个条件。

E. 每加仑跑的平均英里数，要多于以m为燃料的汽油克隆车。However句子的since从句说的more efficient，就是指这个意思。**正确。**

16.4 rhetoric

【文章分析】

S1 如果人只是被看做由逻辑所指导的机器，像一些"科学主义"思考者所认为的那样，修辞（rhetoric）就可能被贬低（low regard）；因为有关修辞最明显的真相是，它诉诸整个人。前半句给出some thinkers的看法，而且说他们regard people only as，v + only往往表示负评价，重点：only logic → rhetoric: low regard。后半句分号之后，作者说修辞诉诸whole person，这就不是把人仅仅当做逻辑机器，而是当做逻辑 + 非逻辑因素结合在一起的人。人既然是整体的人，那么诉诸整体人的修辞就不应被贬低，而应被重视：the whole person → rhetoric: high regard。

S2 It presents its　　它提出其论证，首先是针对作为理性存在者的人。顺承第1句，rational being = logic。

S3 Logical argument　　逻辑论证好比是（as it were）任何演说或论文的情节，只要后者真的想说服人。与第2句构成并列证据；论据重现论点关键词，得到逻辑等价词logical/rational = logic。

S4 Yet it is a　　然而，修辞的一个特别特征是，它超越这一点，诉诸我们天性的各个部分，涉及感受、欲求、行动和忍受。跟在别人观点之后的but表示反驳；本句反驳第1句some thinkers的观点。重点是goes beyond this [=logic/rational]，修辞还关注nature，nature之后有that从句，feeling/desiring/acting/suffering等价于nature。注意这里的beyond不是完全推翻logical层面，而是指出更重要的feeling层面，是重要程度的差别，不是有无的否定。

S5 It recalls relevant　　它让人想起相关的实例，人对真实或虚拟的、与自己环境相似的场景，作出情感反应。细节；论据重现论点核心，逻辑等价词汇emotional = feeling。

【结构图】

第1句给老观点，第2.3句讲其证据，第4句反驳，第5句给证据。全文结构：S1. (S2. S3) vs. S4. (S5.)。文科讲对比，本文讲的是理智与情感的经典对比：rational vs. emotional。

	Cue	Function	Core
S1	If...regarded only as, some thinkers	kw1	**only logic →** **rhetoric: low regard**
S2	first	a	(rational
S3		b	logical)
S4	Yet, goes beyond	aw-/kw2	**vs. beyond this, nature (=feeling)**
S5	instances	x	(emotional)

【题目】

Q10 观点

【题干与定位】一些人贬低（disparagement）修辞，这可以归因于他们的什么？some people对应首句的some thinkers，disparagement = low regard，问的是be traced to的原因，对应If条件，答案就是people are regarded only as machines guided by logic，因为他们仅仅把人看做由逻辑所指导的机器。

【选项】

A. 对科学的反制。无关。

B. 缺乏逻辑训练。无关。

C. 想要尽可能彻底地劝服人们。无关。

D. 误解"scientistic"这个术语。干扰选项；scientistic是这些思考者的标签，但他们并没有误用这个术语。

E. 对人类动机的观点。他们认为人都受逻辑推动，guided by = motivated by。**正确。**

Q11 细节/多选

【题干与定位】问作者对logical argument的看法；作者的观点在Yet转折句，强调rhetoric/修辞的feeling/emotional层面；对于logical argument，作者的看法是，修辞需要超越它，但同时也需要它，在第1句for从句有一个事实，修辞诉诸the whole people，而不只是作为rational being的人。答案就应该从逻辑与修辞的关系出发，说修饰需要、但不只需要逻辑。

【选项】

A. 逻辑论证是一个贫乏的、抽象的学问，在实际生活中没多大用。文中没对logic给sterile的负评价。

B. 它是劝说话语（discourse）的一个必要要素，但仅仅只是一个这样的要素。**正确**。第2.3句，里面提到speech or essay...that...persuade people = persuasive discourse；第4句Yet转折说，要goes beyond this，可见它不是the only element，而只是only one such element（相当于merely one such element）。不要把这里的only one such看成the only one，那样就刚好理解反了。

C. 它对劝说话语是必要的，因为它讨论普遍真理。干扰选项；because从句里的universal truth原文没说过。

16.5 crystallization

【文章分析】

S1 当一个熔融的(molten)金属或金属合金被冷却到一个固体时，晶体(crystalline)结构就会形成，其结构取决于特定的合金组成。理科讲因果，when/if从句可表示原因，alloy cooled → crystalline；depend on可还原为因果关系，得到composition → structure。

S2 In contrast, molten　　与之不同，熔融的非金属玻璃形成的材料，在被冷却时，则不会采取（assume）一种晶体结构，而是保留一种类似液体的、无定形的（amorphous）结构。与第1句对比，抓对比：metal: crystalline vs. nonmetallic: liquid, amorphous。从对比可以推出，不定形就是非晶体结构。

S3 At room temperature　　在室温时，两种类型的材料的长期自然趋势都是采取晶体结构。本句以both types讲相同。

S4 The difference between　　这两者之间的差异在于k(inetics)或晶体结构的形成速率，而这又受到某些因素的控制。本句解释原因：factors → rate → k。

S5 Thus, in metals　　所以，在金属中，k偏爱快速形成晶体结构，而在非金属玻璃中，形成速率缓慢，几乎任何冷却速度都足以导致一种不定形结构。顺承上一句，whereas = S4 difference；抓对比：metal: k, rapid → crystalline vs. nonmetal: slow → amorphous。

S6 For glassy metals　　要使玻璃金属形成，熔融的金属必须极其快速地被冷却，这样晶体化被抑制。抓因果：metal: extremely rapidly cooled → non-crystalline = glassy structure。

【结构图】

　　第1.2句对比讲金属与非金属材料的差别，第3句讲相同，第4句解释差别的原因，第5句继续说明，第6句说一种特殊的组合，金属非晶体结构，如何形成。全文以对比、因果两种关系构造，重点在解释一种差异现象的原因。

		Cue	Function	Core
S1		When, formed depend on	m	**metal: cooled → crystalline**
S2		In contrast,	vs. n	**non-metal: cooled → amorphous**
S3		both	m = n	both, long-term: crystalline
S4		The difference is in controlled by factors	m vs. n ← kw	**metal vs. nonmetal ← k/rate ← factors**
S5		Thus, whereas	m vs. n	(metal: rapid → crystalline vs. nonmetal: slow → amorphous)
S6		must, so that	gm	(metal: extremely rapidly → glassy metals)

【题目】

Q12 细节

【题干与定位】冷却速率决定了什么？倒数第2句说得清楚：决定了结构。

【选项】

A.　化学组成。无关。

B.　化学键强度。无关。

C.　晶体结构的k。但k = rate。

D.　材料所采取的结构。**正确。**

E.　材料的晶体结构的稳定性。无。

Q13 细节

【题干与定位】理论上，熔融的非金属玻璃要采取晶体结构、而不是不定形结构，仅当它们被如何冷却？ non-metal呈现crystalline结构，仅在第3句出现过：at room temperature，自然的长期趋势，对两种材料，都是采取晶体结构的。

【选项】

A.　非常均匀的、不管速率。错！不是均匀冷却问题。

B.　快速。原文需要的是long-term。

C.　极其缓慢；extremely slowly = long-term。**正确。**

D.　冷却到室温。原文是at room temperature，在室温下冷却，不是冷却到(to)室温。

E.　冷却到极其低的温度。无。

Exercise 17

17.1　pillow lava

【文章分析】

S1　在液状熔岩(lava)快速冷却时形成的火山岩石，称为p.l(pillow lava)。主题词：tw = p.l。

S2　This rapid chilling　　这种快速冷却发生在两种时候；并列when从句次要。说明第1句的内容。

S3　While the term　　虽然p.l这个术语提示一种确定的形状，但其实地质学家对此有分歧。让步转折，提示对比：definite vs. disagree；disagree提示后文要讲对立观点。

S4　Some geologists argue　　一些地质学家主张，p.l的特点是离散的、椭圆形的物质。认识能够认识的词(discrete)，不必认识那些生词(ellipsoidal)。

S5　Others describe pillow　　其他人则认为p.l是圆柱形的、相互连接的流体叶片的一团缠绕物质。第5句与第4句观点对比，对比找反义、反义在宾语：discrete vs. interconnected。

S6　Much of this　　这种争议多数很可能是因为没有依据的(unwarranted)外推(extrapolation)，从陆地露出物的侵蚀p的二维横截面，推出原始的p流体的构型。不需要理解extrapolation of A from B中A、B的具体内容。句子重点只是controversy results from unwarranted extrapolation。

S7　Virtually any cross　　其实，从一团缠绕的相互连接的流体叶片上切出的任何横截面，看起来都是一对离散的、椭圆形的物质。认识能够认识的词：interconnected give the appearance of discrete。

S8　Adequate three-dimensional　　必须有完好无损的p的充分三维图像，才能界定p流体的真正结构(geometry)，并因此确定它们的起源模式。第7句讲2-d，第8句只有3-d才行。

S9　Indeed, the term　　事实上，p这个术语，本身暗示离散的物质，很可能就是一个错误名称(misnomer)。作者认为discrete的暗示是错的，说明支持的是interconnected。

【结构图】

　　第1.2句给主题词p.l，第3句提出有分歧，第4.5句讲对立观点，第6句解释这种分歧的原因，第7.8句继续说明，第9句给评价。全文结构：S1. (S2.) S3. (S4. vs. S5.) ← S6. (S7. S8.) S9.。

	Cue	Function	Core
S1	is called	tw	**p.l**
S2	when or when	i	
S3	While, disagree	tw'	**disagree**
S4	Some argue that	kw1	**discrete**
S5	Others describe	kw2	**vs. interconnected**
S6	results from	← kw	**← extrapolations**
S7	Virtually	x	(interconnected give discrete)
S8		y	(3-d)
S9	misnomer	cs	**p, discrete: misnomer**

【题目】

Q1 主题

【题干与定位】primarily interested in，问主题；文章前半部分讲分歧的论点，后半部分解释分歧的原因。

【选项】

A. 分析一个科学争议的来源；controversy = S3 disagree; source = S6 result from。**正确**。

B. 批评一些地质学家的方法论；全文不是专门为了批评谁，而是讲争议的原因。

C. 指出一项地质学研究的缺陷；文章不是专门反对a study。

D. 提出一个新理论，解释既有的科学证据。没有new theory。

E. 描述一个物理现象。错。

Q2 态度/多选

【题干与定位】第4句的地质学家，是主张discrete的some geologists。他们的错误，与观点对立的其他人一样，都在第6句，unwarranted extrapolations，基于一些事实，作出无根据的外推；extrapolation是从known推unknown，从observed推unobserved，从局部推其他。

【选项】

A. 从可用证据做出没有理由的推广；unjustifiably = unwarranted, generalized from available evidence = extrapolation。**正确**。

B. 刻意忽略既有的相反证据。没有deliberately ignore。

C. 一直没能考虑新证据。第6句没提到这个问题。

Q3 取非

【题干与定位】原文是有controversy，争议的原因在第6句，unwarranted extrapolations；问如果怎样可以消除这个争议，if条件相当于原因，所以答案要取非这个争议的原因（result from之后的内容），得到not (unwarranted extrapolations)。

【选项】

A. 地质学家不再持续使用p这个术语。不是术语本身的使用造成的问题，而是外推。末句提到p是一个misnomer，但没说这是造成争议的原因。

B. 地质学家不依赖可能造成误导的信息；potentially misleading = unwarranted; not rely on取非，**正确**。

C. 更愿意彼此直接对话。无关。

D. 2-d的横截面是有的。原文已有。要的是3-d的。

E. 既有的p没有遭到严重侵蚀。侵蚀程度不是争议原因。

17.2 dispersal of seeds

【文章分析】

S1 H的植物的巨大多样性，是种子远距离传播的结果。本句给出主题词dispersal of seeds。

S2 There is some   对于所涉及的传播方法，存在某种争议。显然，transport = S1 dispersal。结构小品词dispute = debate, controversy, disagree, divide，都提示对立观点：kw1 vs. kw2。

S3 Some biologists   一些生物学家主张，洋流和气流负责传播植物种子到H。理科讲因果，responsible for还原为因果关系：currents → transport，原因 = kw，结果 = tw，故kw1 = currents。

S4　Yet the results　　然而，漂浮实验的结果和气流低温使这些假说产生了疑问。负评价句。

S5　More probable is　　主干说，更有可能的是鸟的传播，kw2 = bird；后面有 either externally...or internally 并列副词修饰，次要，相当于证据。

S6　While it is likely　　虽然有可能，较少类型的植物种子是从外部而非从内部到达 H，但更多类型已知是适应外部而非内部传播。细节，继续谈 external, internal，注意位置、不必记住内容。

【结构图】

第1.2句给主题，第3句讲第一类假说，第4句反驳，第5句讲更好的理论，第6句给证据。全段结构：S1. S2. ← S3. vs. S4. S5. (S6.)。理科讲因果，原因 = kw，抓住两个观点即可。

	Cue	Function	Core
S1		tw	dispersal of seeds
S2	some dispute	tw'	dispute
S3	Some argue that responsible for	kw1	currents → transport
S4	Yet, cast doubt on	aw-	vs. doubt
S5	More probable	kw2+: x	bird transport
S6	While	y	(...)

【题目】

Q4 作用/in order to

【题干与定位】为什么提到漂浮实验的结果？定位第4句，flotation experiments 是并列主语成分之一，它的作用是为了服务逻辑上一层，就是该句本身的负评价，cast doubt on these hypotheses，由 these 往上找指代，第3句 ocean currents 与 flotation 对应。答案应该是 doubt ocean currents。与气流假说无关。

【选项】

A.　支持一个主张，即植物的分布是种子远距离传播的结果。这是首句说法。与本题无关。

B.　给一个论点增加可信度(credibility)，即气流提供了一种传播方法。气流与答案无关。

C.　要求的时间长，long periods of time，无关。

D.　挑战一种主张，洋流负责传播植物种子；challenge = doubt。**正确。**

E.　反驳一种主张，H 的植物群(flora)独立于世界其他地方的植物群演化。独立演化是无关词。

结构对照：对立观点

controversy, disagree, dispute, divide 在前，都提示后文有对比观点：

Exe 3.5 visual recognition	parallel, one step vs. serial, step-by-step
Exe 11.4 Earth's mantle	lower mantle, layered vs. upper mantle, irregular
Exe 17.1 pillow lava	discrete vs. interconnected
Exe 17.2 dispersal of seeds	currents transport vs. bird transport
Exe 18.1 origin of the Moon	planet-forming, little iron vs. collision, rich in iron

17.3 design courses

【文章分析】

各段首句

P1 S1 日常使用的许多物体，很清楚已经受到科学的影响，但它们的形式、功能、维度、外表，却是由技术专家、技工、设计师、发明家、工程师们运用非科学的思想模式来决定的。句内but，抓对比：science vs. non-scientific。文章主题应该是non-scientific部分。

P2 S1 技术专家的心智的创造性的塑造过程，可见于几乎每一个存在的人造物中。重点是主语：creative shaping process。

P3 S1 因此，设计课应当是工程课程的一个必要部分。情态词should表示作者判断。重点是：design courses, essential。

P4 S1 如果不提供设计课，我们可以预期，会在高级工程系统中遭遇愚蠢而代价高昂的错误。这句话是对第3段首句的反面陈述，not design course, encounter errors。

首句回顾：全文只有作者一个人讲话，没有其他人的观点。主题是design。

全文分析

P1 S1 生活使用物受到非科学思想模式影响；non-scientific。

S2 Many features and 技术专家思考的对象的许多特征或性质，不能被还原为（reduced to）毫不含糊的（unambiguous）文字描述；它们是通过一种视觉的、非文字的过程来处理的。句内否定词cannot提示对比：verbal vs. nonverbal。顺承第1句，nonverbal = non-scientific。

S3 In the development 在西方技术发展中，一直是非文字思维在界定轮廓，填充我们物质环境的细节。继续谈non-verbal，顺承上一句。

S4 Pyramids, cathedrals 金字塔、大教堂、火箭的存在，不是因为几何学或热动力学，而是因为它们首先是那些建造它们的心智中的一幅图。功能：举例。论据重现论点核心，picture = S2 visual, S2 S3 non-verbal。

1段回顾：1.2.3句基本为平行论述，说明non-scientific, non-verbal, visual的信息对于产品创造和设计的重要影响。第4句举例。全段结构：S1. S2. S3. (S4.)。

P2 S1 技术专家心智的创造性的塑造过程可见于几乎任何人造品（artifact）。2段论点，creative shaping: artifact。首句creative = 上段nonverbal。

S2 For example 例如，在设计柴油引擎时，技术专家也许会把一些个人的非文字的思维方式印刻（impress）在机器上，他会持续使用正确或适合的直观感受。方式状语by doing与谓语动词平行，可认为与之等价，逻辑等价词就是：nonverbal = intuitive。本句举例。

S3 What would be 燃烧室的形状会是什么？细节问题。

S4 Where should 阀门应当放在哪里？并列细节问题。

S5 Should it have 并列问题。

S6 Such questions 这类问题有各种答案，提供答案的是经验、物理要求、可用空间的限制，尤其是（not least）形式的感受。从句中by之后的并列宾语，都是nonverbal的内容。

S7 Some decisions 一些决定，例如墙的厚度和钉的直径，也许依赖科学计算，但设计的非科学成分依然是最主要的（primary）。让步转折句，抓对比：scientific vs. nonscientific。

2段回顾：第1句给论点，第2句举例，第3.4.5句并列讲例子的细节，第6句支持论点，第7句让步转折。全段结构：S1. (S2. [S3. S4. S5.] S6. S7.)。

P3　S1 设计课应当是工程课程的一个必要成分。论点；情态动词should表示作者判断。

　　S2 Nonverbal thinking　　非文字思维，作为工程设计的一个核心机制，包含各种感知，它们是艺术家而非科学家的惯用方式（stock-in-trade: 存货，惯用手段）。本句将design与nonverbal联系起来；involve前后等价: nonverbal = perceptions。

　　S3 Because perceptive　　因为感知过程不被认为蕴含（entail）"硬思维"，非文字思想有时就被看做认知发展过程的一个原始阶段，劣于文字或数学思想。这句话用被动语态，are not assumed to, is sometimes seen as, 提示这是别人或大众的看法，不是作者观点。Because从句与主句是前提与结论推理，逻辑等价，可知perceptive = nonverbal。

　　S4 But it is paradoxical　　但是，悖论的是，当HAER的员工想要一些机器做成的画和工业过程的等容积观点，以之作为美国工程的历史记录时，唯一具有必需能力的大学生，不是工程专业，而是建筑学院的学生。转折，反对第3句的大众看法。第3.4句让步转折、含有对比: perceptive process / nonverbal: primitive vs. requisite abilities。有人认为这是原始的，但作者认为这是必需的。

　　3段回顾：第1.2句论点，第3句别人观点，第4句反驳。结构: S1. S2. (S3. vs.) S4.。

P4　S1 如果不提供设计课（在强分析的工程课程中提供了实际解决问题所要求的背景），我们预计就会遇到在高级工程系统中出现愚蠢但又代价高昂的错误。从反面来讲第3段论点。第3段说，设计课对工程课程有必要；第4段则说，没有设计课，就会出问题。

　　S2 For example, early　　举例。不必细读。大概内容是，早期的高速铁路车厢模型，装备有复杂的控制设备，不能在暴风雪天运作，因为风扇把雪吸进(suck)电力系统中。

　　S3 Absurd random　　困扰（plague）自动控制系统的荒唐的任意失误，不仅仅是琐碎的差错（aberrations）；它们反映了一种混乱，当设计被假定为主要是一种数学问题时，就会导致这种混乱。结论。

　　4段回顾：第1句论点，第2句举例，第3句结论。结构: S1. (S2.) S3.。

【结构图】

文章各段相对独立，没有特别明显的总分关系。可认为全文4段话就是平行的4个论点。

	Cue	Function	Core
P1 S1	but...determined by	kw	objects: **non-scientific**
S2	cannot; are dealt	kw'	**visual, nonverbal**
S3		kw''	nonverbal
S4	not because, but	i	(geometry vs. **picture**)

	Cue	Function	Core
P2 S1		kw	**creative shaping process**
S2	For example	e	(nonverbal, intuitive)
S3	?	e1	
S4	?	e2	
S5	?	e3	
S6	Such	a	experience
S7	may, but	~b, b	**scientific vs. nonscientific**

P3 S1	should be essential	kw	**design: essential**
S2		kw'	nonverbal = perceptions
S3	are not assumed to sometimes seen as	(~kw)	(perceptive: primitive, inferior)
S4	But, paradoxical	vs. kw	**vs. requisite abilities**

P4 S1	If not provided	kw	**not design: errors**
S2	For example	x	
S3	not merely; are	cs	chaos

【题目】

Q5 主题

【题干与定位】primarily concerned with，考主题；文章无明显主题句，可综合各段首句。

【选项】

A. 找出各种思维方式。的确有区分科学与非科学式思维，但这不是整篇文章内容。

B. 强调nonverbal思维在工程设计中的重要性。**正确。**

C. 提出非科学思维在技术发展中的一个新角色。文章重点不是谈技术发展，也没有新角色。

D. 对比两种目标。即使有，也是细节，不能作为主题题的答案。

E. 批评工程学校在工程课程中强调科学。批评工程学校忽视设计课，并不等于批评他们强调非设计课。

Q6 逻辑导言

【题干与定位】问introduction to the passage；与logical continuation of the passage逻辑续写题一样，逻辑导言题也要求逻辑顺承、关键词重现。第1段说的是nonscientific, design, artifact。

【选项】

A. 在技术发展中所包含的（incorporated in）知识必定源于科学，这个假设忽视了技术专家所作的许多非科学决定。提到nonscientific，关键词一致；逻辑上也基本一致。**正确。**

B. 分析的思想不再是技术发展成功的一个核心要素。强调分析非科学很重要，并不等于说分析的就不再重要。意思不一致。

C. 随着技术的知识增加，已经出现一种趋势，即看不到科学思想所发挥的重要角色。文章并没说scientific被忽视了。

D. 工程大学迈向技工学位的运动，反应出人们需要一种毕业生，他们要有一度在工程师中很常见的、非文字的推理能力。原文没说nonverbal能力曾经在工程师中很普遍。

E. 技术专家对机器的思考，可以真的在心智上改变机器。没有turn over mentally这种意思。

Q7 细节

【题干与定位】作者说HAER面对的困境（predicament）是一种悖论，这是因为什么？定位第3段末句，对于paradoxical，作者给出的说明是，工程系的学生没有必需的能力来画工程方面的历史记录，而建筑系的却有。

【选项】

A. 需要一些画，它自己的员工不会画。这不是员工会不会的问题。

B. 建筑学校提供学生工程设计课，但不作要求；not require不是悖论所在。

C. 大学生有能力(qualified)作画，而实际操作的工程师不会。错！原句是两种学生的对比。

D. 所要求的画非常复杂，即使建筑学校的学生也难以作出。建筑学校的学生还是能作的。

E. 工程学生没有受过训练，用来作出所要求的那种画，记录他们自己学科的发展。**正确。**

Q8 作用/in order to

【题干与定位】the authors uses X to，就相当于问X是为了干什么，找逻辑上一层作为答案。定位 early models of high-speed railroad cars，是第4段第2句的举例；它的作用是支持前一句的论点，答案就在第4段第1句，not design courses, errors；或者引出第4段末句的结论，failures, not trivial。

【选项】

A. 弱化一个论点。已经错了，不是weaken，而是support。

B. 支持一个论点，现代工程体系的错误数目有可能增加。不是谈number increase问题，而是说，没有设计课，就会犯错。

C. 具体说明一个观点，即设计课是最有效的方法。最高级the most effective，程度错！

D. 支持一个论点（contention = claim, idea, view），不注意设计的非科学方面，会导致贫弱的构思；poor conceptualization = errors。这与第4段首句对应。**正确。**

E. 弱化一个命题，数学是设计研究的一个必要部分。作者也没说数学就没意义，只是说不能忽视非数学、非科学的方面。

17.4 New England culture

【文章分析】

S1 近期学术研究（scholarship）强烈表明，早期NE文化中似乎最有P特色的方面，例如强烈的宗教导向（orientation)和公社冲动，并非NE整体的典型情况，而主要局限在M和C这两个殖民地。很明显，M, C属于NE地区，首句的重点是：P, not typical of NE。(puritanical: 清教的；Puritan: 清教的，清教徒的)

S2 Thus, what   因此，与P式殖民地不同，在D教授看来具有南部特色的殖民地，不仅比P式的M和C所体现的文化模式更有典型的英式风格，而且几乎肯定是从B到NH、R岛的其他多数早期现代英国殖民地的特征。前后半句由not only, but also连接。前半句有more than对比，文科讲对比，南部的殖民地比NE的P式殖民地，更能代表英国殖民地；简化为：southern = E > M&C/P = E；后半句有比较：southern = other。

S3 Within the larger   所以，在更大的美国殖民生活的框架下，不是南部、而是P式殖民地，看来很独特，而且，到殖民时代后期，甚至它们似乎也在快速同化到(assimilating to)主导的文化模式中。既然P的北部M和C州很独特，主导的就是南部模式。文科讲比较与对比，distinctive表不同，assimilating表相同。重点在不同和相同：P: distinctive; late period: P = dominant/southern。

【题目】

Q9 逻辑续写

【题干与定位】问logically follow the last sentence，**逻辑续写，要求1. 逻辑顺承，不能对比、转折，2. 关键词重现，不能跑题。**末句说的是北部的P式殖民地到晚期也与主导的南方模式相同，后面继续讲这个更好。

【选项】

A. 因此，如果有更多注意力放在证据上，D也许就不会受到诱惑而去主张，南方的文化与17世纪的P文化有很大分化(diverge from)。作者没有反对D的观点，而是支持。与原文意思不符。

B. 因此，趋同（convergence）、而不是分化（divergence），似乎构成18世纪美洲殖民地文化发展的特征。逻辑顺承，而且convergence = 末句assimilating，重现了关键词。**正确。**

C. 因此，没有美国南部所代表的文化多样性，殖民地美洲的文化就肯定在性质上会是同质的（homogeneous）。原文南部代表的是主流，不是多样性、独特性。排除。

D. 因此，南部殖民者对美国文化的贡献，肯定被P的贡献所掩盖（overshadow = obscure）。原文是说P最终趋向南方，而不是掩盖它、遮蔽它。

E. 因此，殖民时期的美洲文化，对外部影响，要比历史学家所习惯去承认的，更为敏感。文章没说外部影响因素的问题。

17.5 fire alarm

【文章分析】

S1 房屋建筑材料在暴露于高温时会发出独特的声音。

S2 Acoustic Sensors 声感器精确探测这类声音，包含声感器的火警可以对房屋着火提供预警（early warning），让居民在被烟火吞没之前逃离。

S3 Since Smoke 由于吸入烟是房屋着火最常见的死亡原因，强制规定（mandating）基于声感器的警报，而不是烟探测器，将会消除房屋着火，使之不再成为一个主要死因。

Premise 1:   acoustic sensors detect sounds, early warning

Premise 2:   (Since) smoke inhalation, most common cause of fatalities

Conclusion: acoustic sensors, instead of smoke detectors, eliminate major cause of death

【题目】

Q10 逻辑反对

【题干与定位】weaken反对，可以加大前提与结论之间的概念差异，也可以肯定它因。前提说sounds, warning；结论说acoustic sensors eliminate major cause of death。主要差异是eliminate。切断前提和结论之间的概念联系，用声音探测不一定消除烟这个死亡原因，例如，有烟的不一定有声音，无声音的也有烟。

【选项】

A. 现在的高成本会降低。没提过cost问题。

B. 充分点火后，许多材料都会发出声音，很远都能听到。这没有反对early warning。

C. 许多火是在垫子或床垫上开始的，产生大量烟，不发出任何声音。没有声音的烟，就会让acoustic sensors无法发挥作用，这样，无法得到结论所说的、消除吸入烟火这个原因。这就削弱了前提与结论的推理关系，**正确。**

D. 需要两个或更多，才能提供足够的保护。没有反对。

E. 烟火探测器自广泛使用以来，已经挽救了许多生命。支持性的证据。

Exercise 18

18.1　origin of the Moon

【文章分析】

S1　理论家们在月亮的起源问题上意见有分歧。主题词 tw = origin of the Moon；divide 暗示有观点对比。文章解释月亮的起源，一个现象，对立解释。

S2　Some hypothesize　一些人假设，月亮形成的方式，与内太阳系的行星一样，来自前太阳的星云（nebula）形成行星的物质。提出第一种观点，planet-forming。

S3　But, unlike the　但是，与内行星的核不同，月亮的核含铁很少、甚至没有，而典型的行星形成的物质则富含铁。本句 while 暗示对比，Moon: little/no iron vs. planet: rich；but 跟在第 2 句别人观点之后，表示反驳（aw-）。

S4　Other theorists　其他理论家则提出，月亮是从地球的岩石性地幔甩出去的，因为地球与另一个巨大的天体撞击，地球的很多铁都落到它的核里。理科讲因果，原因 = kw，was ripped...by the Earth's collision，by 之后是原因，故 kw2 = collison。

S5　One problem with　撞击假说的一个问题是，以这种方式形成的卫星，如何可以固定在月亮今天所具有的接近圆形的轨道上。本句 problem 给第 2 个观点以负评价（aw-）。

S6　Fortunately, the　幸运的是，撞击假说是可检验的。Fortunately 提示正评价，重新在某个方面支持 kw2。

S7　If it is true　如果它为真，则月亮和地球的慢岩石应该在地质化学上一样。本句给出验证条件。但还没有直接说第 2 个理论就对。

【结构图】

第 1 句主题，第 2 句第一个解释，第 3 句反驳，第 4 句第二个解释，第 5 句反驳，第 6.7 句再说第二个解释的好处。结构：S1. (← S2 vs. S3.) (← S4. vs. S5. vs. S6. S7.)。

	Cue	*Function*	*Core*
S1	Theorists divided	tw	**origin of the Moon**
S2	Some hypothesize, the same way	kw1	**= planet-forming**
S3	But, while	aw-	**Moon: little/no iron vs. planet: rich**
S4	Other propose	kw2	**collision**
S5	One problem	aw-	**circular orbit?**
S6	Fortunately,	aw+	**testable**
S7	If it is true, should	x	**(mantle: moon = Earth)**

【题目】

Q1 细节/多选

【题干与定位】Mars 与 Earth 在哪些方面相似？定位少见词 Mars，在第 2 句，它跟 M, V, Earth 一样，都属于 inner solar system，都来自 planet-forming materials in the presolar nebula。其他地方也可能有一些相似的说法。

【选项】

A. 它们的卫星是与其他天体撞击而形成。没提到Mars的卫星。

B. 它们的核包含铁。在But第3句中提到，月亮的核与内行星的核不同，没多少铁；可以反推出，内行星，包括Mars, Earth，都有铁。**正确。**

C. 它们形成于前太阳星云。**正确。**

Q2 细节

【题干与定位】接近圆形的轨道对什么卫星来说不可能？定位nearly circular orbit，在One problem第5句，问题是，formed in this way的卫星，无法安定在一个圆形轨道；定位this way所指的上一句，这种卫星是被撞击扔出去而形成的。

【选项】

A. 围绕一个内行星作圆形运动。没说collision。

B. 缺乏铁。无关。

C. 在地质化学上不同于它的行星。无关。

D. 由两个天体撞击而形成。提到collision，**正确。**

E. 形成于planet-forming materials，无关。

Q3 取非

【题干与定位】if true, would make it difficult to verify，难以证实；后面提到collision hypothesis。原文倒数两句提到collision hypothesis是testable，现在要difficult to verify，就取非与之相关的部分。末句提到验证方法，月亮和地球的mantle rocks在geochemically方面一样。如果不能就此进行验证，就是答案了。

【选项】

A. 月亮的核和幔在地质上几乎不活跃。无关。

B. 地球的mantal rock自月亮形成以来已经有成分上的改变，而月亮的mantal rock则保持化学上的惰性。这样就没法进行比较对了；成分不变原本是该项研究的必要假设。**正确。**

C. 地球的许多铁早在月亮形成之前就已落入地球的核中，此后地球的mantle rock维持不变。不变是好事。

D. 地球的某些元素，例如p, g, i，跟随铁，到了地核中。无关。

E. 月亮的mantal rock包含一些元素，如p, g, i。无关。

18.2 puppies

【文章分析】

S1　在S狗窝(kennel)，所有成年动物都会接受一种新的药物(medication)，减少狗感染(contract)某种常见病的风险。

S2　Several days　在这种疗法实施几天以后，这些狗的多数小狗，体温上升。

S3　Since raised　由于体温上升是这种药物的一种副效应，狗窝的主人假设，小狗的体温上升是因为这个药物通过它们妈妈的奶传了它们。

Premise 1:　　several days after medication, puppies' temperature ↑

Premise 2:　　temperature ↑ ← medication's side effect

Conclusion:　　puppies temperature ↑ ← mother's milk

【题目】

Q4 逻辑支持

【题干与定位】逻辑支持，可以1. 直接支持，对结论或因果判断的内容，进行举例或重复，或者提供中间环节，连接前提–结论的差异概念；2. 间接支持，否定其他的竞争原因，支持现有原因。前提说puppies体温上升，且通常体温上升是因为药物，结论则说puppies体温上升就是因为药物通过mother's milk传递给puppies。两者的差异在于mother's milk。否定它因可以带来体温上升，或者提供中间环节证明mother's milk的效果，或者讲数量因果的另一面（没有milk就没有体温升高），都可作为支持。

【选项】

A. 一些puppies接受这药物，但没经受体温升高。这切断了药物与升温的关系；反对。

B. 这种药物获得育狗者接受，是一种安全、有效的方法，可防治某些常见的狗感染病传播。说有人接受这种看法，并没有在论证上加强前提与结论之间的推理。

C. 狗窝里有4只小狗，用奶瓶喂养(formula: 婴儿食品)，都没出现体温升高。这是对照情况，数量因果的另一面，构成支持的证据。**正确**。

D. 体温升高是不同于(other than)这种新药物的许多药物的副效应。这不构成支持，而是有可能造成质疑，因为提供了体温升高的其他可能原因。

E. 体温升高对小狗的健康很少有真正的长期效果。长期、短期不是重点。

18.3　Webb's study

【文章分析】

各段首句

P1　S1 关于后来成为美国的英国殖民地的一个长期持有的观点是，英格兰在1763以前对这些殖民地的政策由商业利益所规定(dictated)，而转向更加帝国主义的政策，由扩张主义的军事目标所支配，产生了紧张局面，最终导致美国革命。首句long-held view给出老观点，两个宾语从句并列，但change提示前后半句有对比，commercial vs. imperial，后半句动词generated, led to提示因果关系，抓因果：imperial, expansionist, militarist → tensions → revolution。主题词是policy；老观点通常被反驳。

P2　S1 根据W, g(arrison)政府的目标是，在军事上支持皇家政策，该政策旨在限制美洲殖民地上层阶级的权力。W的观点可能是新观点；limit the power是新内容，可视为重点。一般的，各段首句或转折句的新词是核心。

P3　S1 W的研究阐明（illuminate）在美国革命之前这些殖民地存在政治联盟（alignments），但他对王室（crown）使用军事作为殖民地政策的工具的看法，并不完全令人信服。正负评价，but之后not convincing是负评价(aw-)，之前的illuminates就是肯定的正评价。

首句回顾：第1段给老观点，中间可能就有W的新观点，第2段讲W观点的内容，第3段正负评价。重点在新观点，即W的研究。

全文分析

P1　S1 长期持有的观点是，before 1763: commercial vs. change: imperial, expansionist, militarist。

S2 In a recent　在一项近期研究中，W对此观点提供一种令人生畏的(formidable)挑战。引出负评价。由于老观点只有首句1句话，文章的全部重心其实都在新观点。可认为首句是铺垫和引子（context, introduction），第2句才是真正主题(tw)，文章属于评述型(review)，基本结构是总分 + 并列：tw/ts. (kw1. kw2.)。

S3 According to Webb　　根据W，英格兰在美国革命之前一个多世纪就有一种军事帝国政策。引出新观点，内容为新词，在这里主要是时间，more than a century, military, imperial。

S4 He sees Charles II　　他认为，Charles II，1660–1685之间的英国君王（monarch），是16世纪的T君王和OC的真正后继者(successor)，他们全都倾向于(bent on)将集权的行政权力，延伸到英格兰领土，为此就使用W所称的"驻防(garrison)政府"。后继者successor说明彼此传承，**文科讲比较**，CII = T, OC，他们都以驻防政府来推行集权政策：g → centralized。**顺承上句，逻辑等价**：centralized = military, imperial，其实也与garrison等价。

S5 Garrison government　　前半句说，G政府允许殖民者有一个立法议会(assembly: 集会)；but后半句的主干说，但按W的观点，真正的权力属于殖民地总督(governor)，后面的who从句次要，说总督由国王指派、获得g的支持，即(that is)受到殖民地总督指令下的英国军队的当地队伍(local contingent)的支持。抓but前后对比：legislative assembly vs. governor, garrison。其他等价词：garrison = troops, g就是军队。

1段回顾：第1句给老观点，第2句反驳，第3句给新观点，第4.5句展开其内容。结构：S1. vs. S2. S3. (S4. S5.)。

P2　S1 根据W，g政府的目的是为限制殖民地上层阶级权力的皇家政策提供军事支持。重点：limit the power。

S2 Webb argues that　　宾语从句单独分析，内有not A but B结构，抓对比：common people vs. legislative assembly: upper classes / merchants, nobility。讲细节。按论据与论点词汇对应，可知，在本文语境中，upper classes就是指商人和贵族。

S3 It was, according to　　强调句型，正常分析主干，有favored, opposed, tried三个谓语动词，**并列内容，可取其一**，这样主干是：governors favored the small farmer。讲细节。总督支持小农场主，压制殖民地上层阶级。

S4 Backed by　　以g的军事存在为后盾，这些总督试图阻止在殖民地议会联合的贵族(gentry)和商人，把殖民地美洲变成一个资本主导的寡头统治（oligarchy）。很明显，gentry = nobility，属于upper classes。总督继续阻止上层精英。

2段回顾：第1句论点，第2.3.4句解释，文科讲对比，本段的基本对比是：governors vs. upper classes。结构：S1. (S2. S3. S4.)。

P3　S1 W的研究阐明了当时的政治联盟，但他说的军事用途问题，却不完全可信。前半句说他对，后半句but后说他不对。重点是：W, military, unconvincing。

S2 England during　　17世纪的英格兰并不以其军事成就而知名。证据, not military。

S3 Cromwell did　　C的确发起(mount)英格兰长达一个多世纪的最具雄心的海外军事远征(expedition)，但它却成为一种彻底的失败。句子内部有did, but提示让步转折，抓对比：most ambitious vs. utter failure。结合首句，对military给否定说法，本句继续否定。

S4 Under Charles II　　在Charles II统治下，英国军队太小，无法成为主要的统治工具。证据；too small。

S5 Not until the war　　在1697年法国战争之前，William III都在劝说国会，创造一个职业化的常备军，国会为此开出的价码是，让军队受严格的立法控制。证据，说明军队其实不强，连常备军都没有，即使有也受制于立法机构。可取tight control。

S6 While it may　　While it may be true提示让步，让步转折含有对比，抓前半句对比：curtail upper classes vs. hard military support for；转折的内容等价于首句论点。全句说，虽然王室（crown）试图削减(curtail)殖民地上层阶级的权力，但却难以想象，17世纪期间的英国军队，如何可以为此类政策提供显著的军事支持。

3段回顾：第1句给负评价。第2.3.4.5句给证据，第6句让步转折，也是间接支持的证据。结构：S1. (S2. S3. S4. S5. S6.)。

【结构图】

		Cue	*Function*	*Core*
P1	S1	long-held view, change	kw_o	**before: commercial vs.** **change: imperial, military**
	S2	recent study, challenge	vs. aw-	**vs. W, challenge**
	S3	According to W	kw_n	**military: more than a century**
	S4	He sees	i	T = OC = Charles II, centralized = g
	S5	in W's view	j	governor, garrison vs. legislative assembly

P2	S1	According to W	kw	**g, military → limit upper class**
	S2	W argues that, not, but	a	(common people vs. legislative: upper classes
	S3	according to W	b	governors: favor small farmer
	S4		c	prevent upper classes)

P3	S1	illuminates, but not entirely convincing	aw-	**+ vs. use of military:** **not convincing**
	S2	17th century	x	(17c, not military
	S3	did, but utter failure	y	C: failure
	S4	Under	z	CII, too small
	S5	in 1697	u	tight control)
	S6	While it may be true, hard to	~v, v/cs	**curtail upper classes** **vs. hard military support**

【题目】

Q5 主题

【题干与定位】本文虽然首句有老观点，但重点在review W's recent study。主题可定位第1段第2句recent study句，以及第3段首句态度句。

【选项】

A. 考查一个传统观点的各种不充分之处。*偏题。如果以批评inadequacies为主，原文应该是并列的一个个负评价，而不会重点评论recent study。*

B. 调和(reconciliation)对立的观点。*通常reconcile都是错的，它有和稀泥的感觉。*

C. 概述和评论一项近期研究。**正确。**第1.2段summarize这项W的研究，第3段evaluate。

D. 从预期的反对意见来辩护一个新论点；*anticipated objections一般是指让步。D相当于说，全文都是通过让步转折来为新观点做辩护的。但全文显然比这复杂。*

E. 评估表面相似的观点之间的细微区别。没有多个观点的相同与不同的分析。文章主题只是review/ evaluate W' recent study。

Q6 对比

【题干与定位】the long-standing view定位首句，其观点是，以前commercial，后来change to imperial policy；这里有时间对比：before: X, change to Y；问before? 可答not Y。

【选项】

A. 总督同情普通人的需求。这是W的观点，不是传统观点。

B. Charles II是这种转变的核心人物。第1段第4句，W认为Charles II继承了以前君主的centralized executive power的策略，也就是帝国策略。由此不能推出老观点认为Charles II就是转折人物。

C. 美国革命主要源于殖民地上层阶级和商人与小农场主的联盟之间的冲突。第1段没有任何内容暗示老观点有这种看法。

D. 军事力量直到1763年前都没有在殖民地政策方面发挥重要的工具角色。首句提到老观点认为，before 1763，commercial interests主导，后来才change to imperial, militarist；change前后相反，before 1763: military, not major role。**正确**。

E. 殖民地的立法议会对殖民地总督没有多大影响。这是W的观点，老观点对此没作表述。

Q7 细节

【题干与定位】proper successor在第1段第4句；because问理由，可找该句的从句all of whom，他们都倾向于加强行政集权，centralized executive power，为此利用garrison government。

【选项】

A. 用税收。没提到。

B. 用军事力量来延伸行政权力。照抄。**正确**。

C. 想把殖民地转化为资本主导的寡头统治。这是第3段末句提到的殖民地上层阶级的企图。

D. 抵制英国议会对军事力量施加(exert)控制的做法。即便定位到第3段Under Charles II第4句，也没有这个说法。

E. 允许美洲殖民者使用立法会议作为论坛(forum)，解决对王室的不满(grievance)。无。

Q8 列举/多选

【题干与定位】定位第2段的merchants and nobility，他们属于upper classes，与common people, small farmers构成对比，而governors支持后者，限制上层阶级的权力。

【选项】

A. 他们反对Charles II所制定的政策，这些政策原本会将殖民地变成资本主导的寡头统治。错! 在第2段末句提到，capitalistic oligarchies是upper classes的做法，他们不会反对。

B. 他们反对英国王室试图限制立法会议的权力的做法。在第2段，legislative assemblies代表upper classes的利益，王室和总督限制其权力，殖民地upper classes反对限制。**正确**。

C. 他们与小农场主联合起来。已错! 他们属于upper classes，与small farmers是对立的。

考位分析：第5题考全文主题或结构，第6题考首句内部的before, change所提示的时间对比，第7题考第1段细节，第8题考第2段细节，尤其是其中的对比内容。第3段中间的许多并列细节未考。

18.4 social sciences

【文章分析】

P1 S1 社会科学不太可能像其他知识产业那样，因为其成就而获得赞誉。首句给出社会现象。

S2 Arguably, this is 可以认为，这是因为社会科学的理论和概念构造特别容易理解：人类的智力特别容易(facility)理解人类事务的真相。第2句解释原因，有because，重点是accessible；冒号之后的facility = accessible。

P2 S3 This underappreciation 对社会科学评价过低的情况，与许多人所认为的过度使用的情况，形成奇怪的对比；contrast，抓对比：underappreciation vs. overutilization。This指向第一句，underappreciation = less...get credit。

S4 Game theory 博弈论被硬性用于研究不断转变的国际同盟。证据；pressed into service = S3 overutilization，给过度利用这个事实找例子。

S5 Evaluation research 评估研究被用来证明社会计划的成败。并列例子。

S6 Yet this rush 然而，这种匆忙(rush into)的实际应用本身是可理解的：公共政策必须持续做出，政策制定者正确地觉得，即使试探性的发现、没被检验的理论，比起毫无发现和毫无理论，也是更好的决策向导。本句this指代第3句，rush = overutilization；understandable表示给解释，重点在冒号之后新词，better guides。虽然有Yet，但它并不跟在别人观点之后，因此不表示转折，只表示转换。

【结构图】

第1句讲事实，第2句解释，第3句给对比的事实，第4.5句描述这个事实，第6句解释。结构：S1. ← S2. S3. (S4. S5.) ← S6.。

	Cue	Function	Core
P1 S1	less than other	tw1	**social < other: credit**
S2	this is so because :	kw1	**← accessible** **= facility**
P2 S3	contrast with	tw2	**overutilization**
S4		a	
S5		b	
S6	Yet this is understandable:	kw2	**← better guides**

【题目】

Q9 细节

【题干与定位】confront A with B，用B来面对A，其实就是对A给出B的看法或做法；overutilized定位在第2段。作者先给过度使用举了两个例子，然后再解释它的理由。

【选项】

A. 证明社会科学结果的过度延伸是自我校正的。没有提到self-correcting。

B. 证明某些公共政策在做出时，没有求助于(without recourse to)社会科学发现或理论。第2段反而说，这些发现或理论是better guides，决策者经常用。

C. 一长串社会科学应用的清单，这些应用完全适合、成果极为丰富。作者只是认为这些应用比较匆忙，rush。没给特别好的评价。

D. 论证过度使用基本上是例外,而非常规。没说exceptions。

E. 作出观察或评论(observation),这种做法代表在现有环境下、在两害之间取其轻者。对应末句所说,better guides than no findings and no theories at all。没有理论或发现,不好;拿到的理论或发现untested, tentative,也不算好;两者都不算太好(two evils),但后者总算是better guides(the lesser evil)。**正确。**

18.5 appendicularian

【文章分析】

S1 浮游动物(zooplankton)是适应海洋生存的小动物,它们发展出聪明的机制来获取食物,即微小的(miniscule)浮游植物(phytoplankton)。首句有态度词clever,也有mechanism,提示后面可能会讲连续动作。可以记住zooplankton, phytoplankton,出现得太多了。

S2 A very specialized 浮游动物的一种特殊进食适应是蝌蚪状的a(ppendicularian)适应,a生活在m(ucus)的w大小的或更小的气球中,里面装有过滤器,可以抓住和聚集浮游植物。本句宾语a之后有who, equipped with, that引起的三层修饰,至少在读第一遍的时候都没法记住,也不必去记。本句的重点是主干的新词:a。

S3 The ballon 这个气球是一个透明的结构,在设计上随着住在其中的a的类型而变化,它也保护a,帮助它浮着。并列细节,讲balloon的用处。

S4 Water containing 含有浮游植物的水,被a的肌肉尾巴泵到气球的向内流的(incurrent)过滤器中,水穿过进食的过滤器,a就在此把食物吸进嘴里,然后水再穿过出口。连续动作,抓住首尾,water pumped into filters, ...goes through exit。

S5 Found in all a可见于世界各地的所有海洋,包括北冰洋,a往往留在水表,那里浮游植物密度最大。可以认为是结论,a在浮游植物密集的地方,当然是为了进食。

【结构图】

第1句论点,提到mechanism,第2.3.4句讲捕食机制,属于连续动作。第5句可以看做总结。结构:S1. (S2. → S3. → S4.) S5.。

	Cue	Function	Core
S1	clever mechanism	kw	**z obtain p, clever mechanism**
S2	very specialized, (who, equipped, that)	a → b	a: balloon, filters
S3		→ c	balloon protects
S4	, passes, and then goes	→ d → e	water → → → exit
S5		cs	**a: p, greatest density**

【题目】

Q10 信息

【题干与定位】a是全文主题,本题无法定位单独某句,只能从选项找线索,带核心去排除,排除那些与核心(这里就是首末句)相反或无关的内容。

【选项】

A. 它们完全是食肉的；错! a是吃植物的。

B. 它们有不只一种方法来获得食物。没提到方式的数量。

C. 它们能容忍冷水(frigid water)。末句提到Arctic Ocean/北冰洋，那里水冷，这是常识。**正确**。

D. 它们能掩盖自己。没提到disguise。

E. 它们对光要比其他浮游动物更敏感。没提到light。

NOTES

连续的正向积累，过段时间就上一个台阶。重复不是积累；每天 10 小时坐在教室，但脑子不动，不算学习。完成某天目标，只花 7 小时，其他时间就可以休息。要效果导向，而不是时间导向。达到一个小目标，通常要 5–7 小时紧张的脑力活动。而原地连续绕圈不是逐层积累：看似努力，但无效果——谨防心智偷懒。

Exercise 19

19.1　rhinovirus

【文章分析】

各段首句

P1　S1 人类通过产生抗体对病毒感染作出反应：抗体是复杂的、高度特定的蛋白，选择性的结合如病毒这样的外来分子。理科讲因果，by producing, bind to, responds to 都可还原为因果关系，于是得到：human body → antibodies/proteins → (bind to) viruses。主要就是后两者：antibody: virus。

P2　S1 对抗 r 病毒（rhinoviruses）的一种方法还是可能会取得成功，通过利用 r 株系（strains）的隐蔽的相似性。本句 nonetheless 表示对比或转折，本段讲 succeed，则上一段应该讲过不成功。重点是新词：against r : similarities。

P3　S1 另外一种对抗 r 病毒的方法，是 R 提出的，他描述了 r 的细致分子结构。并列讲另外一种理论，新词是观点核心，所以 kw2 = molecular structure。

首句回顾：第 1 段指出问题，第 2.3 段分别讲两种防御手段。本文属于问题解决型，一个问题，两个方法。全文 350 字左右，是 2013 年新出现的中等篇幅文章，通常 2-3 段，比 450 字的长文章少 1 段或者 100 字左右。

全文分析

P1　S1 human body → antibodies/proteins → bind to/responds to viruses。人体产生抗体，结合病毒，从而对抗之。把动词还原为因果关系，找出主语宾语作为原因和结果，简化理科句子为 x → y 的形式。

S2 An antibody can　抗体要么干涉病毒结合细胞的能力，要么能阻止它释放它的核酸（nucleic acid）。本句 either A or B，讲抗体的两种作用方式。

S3 Unfortunately　但不幸的是，普通伤风（cold），最常由 r 病毒产生，不受反病毒的防御方法的影响；intractable（难治疗的、难对付的）= recalcitrant。本句以 unfortunately 转去讲问题，common cold 难治。

S4 Humans have difficulty　人类难以抵制伤风，因为 r 病毒如此多变，至少有 100 个株系（strains）。继续讲 difficulty，对应上一句 unfortunately。

S5 The strains differ　这些株系主要的差别在它们的 capsids（衣壳）里蛋白的分子结构。本句讲 differ，对应上一句 diverse。

S6 Since disease-fighting　由于打击疾病的抗体会结合 capsid，所以产生反击一种 r 病毒株系的抗体，在对抗其他株系方面就没用。继续讲困难，useless = S4 difficulty = S3 unfortunately。

S7 Different antibodies　不同的抗体必须针对每个株系来生产。

1段回顾：第 1.2 句讲背景，antibodies 对抗 viruses。第 3 句讲 r 病毒引起的 common cold 的问题，第 4.5.6.7 句描述这个问题，r 病毒太多样，antibody 必须各个击破才行，这就增加了难度。结构：(S1. S2.) S3. (S4. S5. S6. S7.)。第 1 段讲问题，后文将给出解决方案。

P2　S1 但一种方法依然可能会取得成功，它利用 r 病毒株系的 hidden similarities。A defense 提示有第一个方法，succeed 给正评价；kw 一般是首句或转折句的主谓宾的新词，故 kw1 = hidden similarities。

S2 For example, most　例如，多数 r 病毒株系在攻击人类细胞时，攻击的是一个细胞表面的相同类型的分子（delta-受体）。举例，the same kind = S1 similarities。可取新词：delta receptors 为该例子的重点。

在生物文章中，receptor很常见，指细胞接受外来特定物质、进而产生一系列反应的特定蛋白。可以把它理解为一个城堡的城门。

S3 Colonno, taking   C利用这些共同受体设计了一种策略，阻止r病毒附着到它们的正确受体上。本句讲C's strategy，重点是新词block attachment。

S4 Rather than fruitlessly   有rather than对比，抓对比bind to all r vs. bind to common receptors。理解到这一步已经足够。全句说，不是徒劳地搜寻一个可以结合所有r病毒的抗体，C认识到，一个结合人类细胞的共同受体的抗体，就会防止r病毒发起(initiating)一场感染。

S5 Because human cells   因为人类细胞通常不会发展出针对他们自己细胞成分的抗体，C把人类细胞注射到老鼠中，后者产生出针对这种共同受体的抗体。好巧妙的研究！我们的antibodies是对抗外来物质的，不会袭击自己的细胞，所以要借助其他物种的帮助。本句的重点还是新词：inject to mice。

S6 In isolated human cells   在孤立的人类细胞中，这种抗体异常有效地阻止了r病毒。本句的thwart = 前文的block, prevent, against等。介词短语in...human cells，与上一句mice的情况并列，讲证据。

S7 Moreover, when   而且，当这个抗体被施予黑猩猩时，它抑制r病毒生长；在人类中，它能同时减少伤风症状的严重程度和持久程度。继续并列讲证据，且内部有and并列，讲了两个。这样，S5, S6, S7这3句话一共讲了4个并列证据，说明本段的策略有效。

2段回顾：第1句讲一种成功的方法，第2句举例，第3句提到具体任务，给出具体方法，对4句讲其做法，第5.6.7句讲证据。结构：S1. (S2.) S3. (S4. [S5. S6. S7.])。全段各句内容一致，就是找hidden similarities，在C的策略中，就是找common receptors，r病毒要通过这个入口去攻击细胞，占领了这个共同入口，病毒就无法发动攻击了。

P3   S1 another defense, R: detailed molecular structure。

S2 Rossman showed that   R指出，所有r病毒株系共有的蛋白序列，位于一个深深的"峡谷"(canyon)的底部，这个峡谷刻在 (scoring)capsid的每个表面。抓宾语从句的主干就是, common protein sequences lie at the base of "canyon"; 不必认识scoring。

S3 The narrow opening   这个峡谷的狭窄开口，可能会防止相对大的抗体分子去结合这个共有序列，但小的分子可以到达它。句内but提示对比, large: prevented vs. small: reach。

S4 Among these smaller   在这些小的、非抗体分子中，一些会结合这个共有序列，把核酸锁在它的外衣中，因此阻止病毒复制。重点就是smaller nonantibody molecules，末句也可看做本段结论。第2段用的防御方法是结合共同受体的antibody，第3段用的则是nonantibody, small molecules，结合了v病毒的蛋白序列，让它无法复制。

3段回顾：第1句引出并列的新方法，第2.3.4句解释这种做法。结构：S1. (S2. S3. S4.)。重点内容是R: v's common sequence, smaller nonantibody molecules。

【结构图】

第1段讲问题，第2.3段并列讲两种可以解决问题的方法，它们之间没有前负后正，而是并列关系，因为第3段首句用的是another。3个段落之间的关系：P1 ← P2 + P3。

		Cue	*Function*	*Core*
P1 S1		by producing	i	human body → antibodies → bind to viruses
	S2	either, or	j	
	S3	Unfortunately	tw	**r, common cold, intractable**
	S4	have difficulty	u	difficulty resisting, r: diverse
	S5	differ most in	v	
	S6		w	useless
	S7		x	**different antibodies, each**

P2 S1		A defense, succeed	kw1	**r ← hidden similarities**
	S2	For example	e	the same receptors
	S3	C devised	kw1'	**C: common receptors**
	S4	Rather than	x	**bind r vs. bind receptors**
	S5	mice	y1	mice
	S6	In...human	y2	isolated human cell, effective
	S7	Moreover, chimps, and in humans	y3	chimps, inhibited humans, lessened

P3 S1		Another defense, proposed by R	kw2	**R: molecular structure**
	S2	R showed that	o	common sequences, canyon
	S3	, but	p	**large vs. smaller: reach**
	S4		q/cs	**nonantibody molecules**

【题目】

Q1 取非

【题干与定位】delta-receptors是第2段第2句括号内提到，说多数r病毒攻击细胞时就会结合在细胞表面的这种受体；题干以lack取非之，一个细胞缺乏delta-receptors，那r病毒细胞就无处结合，因此也无法攻击人体细胞。

【选项】

A. 不能阻止r病毒的核酸脱掉(shedding)其外壳(capsid)。无关。

B. 对多数株系的r病毒，没有防御能力。错。因为没有被攻破点，它恰好可以防御。

C. 不能释放它在感染后发展的病毒后代(progeny)。错！它不会被攻击。

D. 免遭新感染影响，因为有针对v病毒的抗体。它本来就不受影响。

E. 抵制多数r病毒株系的感染。**正确。**

Q2 细节/段落核心

【题干与定位】C实验在第2段，其实验的目的是要确定是否会怎样？通常预想答案之后再看选项；但第2段内容比较多，只能直接看选项。可注意第2段重点bind common receptors，与之相反的选项可先排除之。

【选项】

A. 是否黑猩猩和人都会被r病毒感染；当然都会被r感染。

B. 黑猩猩是否能够产生针对人类细胞表面受体的抗体。末句说，抗体被施予黑猩猩，没说黑猩猩身上长这种抗体。在前面几句，C是用老鼠来长针对人类细胞共同受体的抗体。

C. r的核酸是否可以被锁在它的蛋白外衣中。不管这是否是事实，C的实验不是做这个的。

D. 那些结合针对共同受体的抗体，是否能够对r病毒产生一种可能的防御。这是实验内容。**正确。**

E. r病毒是否容易受到人类抗体的攻击；人类抗体不是对抗r病毒本身，而是针对r病毒都要去占领的人类细胞的某种共同受体。干扰选项。

Q3 段落核心

【题干与定位】人名优先定位；R在第3段，其研究的核心是，找出r病毒的detailed molecular structure，用smaller, nonantibody molecules去结合它。

【选项】

A. 一种防御r病毒的方法，可以利用r病毒株系之间的结构相似性；R试图去找的是共同的蛋白序列common protein sequences。**正确。**

B. 人类细胞通常不会发展出针对他们自己细胞成分的抗体。这不是R的研究，而是第2段提到的。

C. 各种不同的r病毒株系，在结合宿主细胞的表面的能力上，是有差别的。R的研究讲的是r病毒分子结构的共性，common sequences，没讲差别。

D r病毒的多用途(versatility)，可以让试图找出一个有用抗体的研究者受益。

E. C的研究发现很可能是无效的。R并没有证明C是错的。

Q4 细节

【题干与定位】一个特定的抗体结合一个特定的r病毒的capsid(衣壳)，需要什么？定位capsid首次出现的位置，在第1段后半部分。因为capsid有差别、各个不同，而antibody又必须结合它，所以，抗体也必须各不相同。

【选项】

A. caspid必须在它的每个表面都有一个深的"峡谷"(canyon)；第3段R的研究中特别强调canyon，为了通过非抗体小分子填充它，但这不是题干问的抗体结合capsid的条件。

B. 抗体对于特定的capsid的分子结构必须也是特定的。一种capsid，一种抗体。**正确。**

C. capsid必须与其核酸分离，然后才能结合抗体。按第1段，抗体就是要抓住capsid，使病毒的核酸无法释放、复制。必须与nucleic acid分离的说法是错的。

D. 抗体必须结合一个特定的细胞表面受体，然后它才能结合一个r病毒；receptor是第2段提到的，第1段没说receptor。

E. 抗体必须首先进入含有特定r病毒的细胞之内。第1段没讲enter a cell这个条件。

考位分析：第1题考特定句子内容的取非，第2题考第2段核心，第3题考第3段核心，第4题考第1段细节。

19.2 electricity-generation

【文章分析】

S1 A的政府已经批准一项发电计划的资金，它基于建设一个管线，从山里的C湖，运水到附近山谷比较小的T湖。

S2　The amount　　这样发的电本身还不足以打平（justify）这个计划的成本，即使进口石油（A的主要电力来源）的价格迅猛增长。

S3　Nonetheless　　但是，这项管线计划依然值得付出其成本，因为X。

Premise 1:　electricity generated cannot justify the cost

Premise 2:　(because) X [末句的条件或原因从句依然是前提]

Conclusion:　worth its cost

【题目】

Q5 完成段落

【题干与定位】logically complete the argument，这要么是填前提（because/since/if/for X），要么是填结论（Therefore/Thus/Conclude X）。本题是because，填前提。由于结论部分有nonetheless构成转折，前后句语义在字面上有冲突，因此填入的because前提，其实就是在已有前提和与之貌似矛盾的结论之间，提供中间环节，这样把话说圆。这与调和矛盾（reconcile the contradiction）、解释差异（explain the difference）这些题目的做法一样：找出前提与结论的概念差异，连接或消除这个差异。Premise 1讲的是金钱成本，Conclusion讲的是worth价值；差异概念是monetary cost, worth。只要说这项计划还有其他价值（无论非金钱价值还是金钱价值）即可。

【选项】

A.　石油价格一度经受频繁的剧烈增长，现在已经显著下降，并相当稳定。原文的前提是石油价格increase sharply。不能直接违背某个前提。

B.　这项计划可以恢复T湖，它目前有干涸的危险，由此会失去作为A的旅游收入的一个来源。引水以后，T湖得以保全，这样，除发电以外，还能保持一些收入。提供了其他价值。**正确**。

C.　A政府目前与它要买油的多数国家的政府都有很好的来往（on terms with: 有来往）。无关。

D.　把水从C湖调到T湖的发电成本，比把水从C湖调到另一个河谷湖要低。没提供其他价值。

E.　A的官员没有期待，在A所使用的电量在未来十年内有显著增加。无关。

19.3　feminist movement

【文章分析】

S1　美国历史的研究者（students），试图辨别鼓励女权运动出现的环境，他们彻底调查了19世纪中叶美国影响女性地位的经济和社会状况。人物及其研究，构成评述主题，tw = study of feminist movement。两个从句的动词encouraged, affected提示因果关系，抓因果：social, economic → women, feminist movement。

S2　These historians, however　　但是，这些历史学家较少分析在同一时期的特定女权观念和活动的发展。本句however转折；抓前后句对比：thoroughly: social, economic vs. less fully: feminist ideas and activities。第1.2句的评论都是作者给出的，有正、负评价。

S3　Furthermore, the ideological　　而且，女权主义在美国的意识形态起源被遮蔽了，因为即使历史学家考虑那些发生在美国的女权观念和运动，他们也没有认识到，女权主义在当时是一个真正国际性的运动，其中心在欧洲。并列负评价, obscured = overshadowed, eclipsed; because从句内部有even when did A, B, 提示**让步转折，含有对比，抓对比**：take into account: within US vs. fail to recognize: international, Europe。

S4 American feminist activists　　美国女权活动者被描述为"孤单的"、"个人理论家"，但其实是与一种乌托邦的社会主义运动相联系的，这种运动在20年里在欧洲普及女权主义观念，其高潮（culminated in）是1848年在纽约SF举行的第一次女权会议。文科讲对比，本句也有对比，have been described vs. in reality，一个是人们的描述，一个是实际的情况，这是**看法与实际、理论与现实的对比**；抓对比反义词：solitary vs. connected to, Europe。宾语movement之后which从句、that从句、held分词一共三层修饰，皆次要。这里that从句修饰的是which从句的宾语feminist ideas，这些女权主义观念在首次的女性权利会议中达到高潮或顶点（culminated）。

【结构图】

本文评述学者研究，第1句给正评价，第2句给负评价，第3句并列负评价，第4句给证据。结构：S1. vs. S2. S3. (S4.)。

	Cue	*Function*	*Core*
S1	Students, thoroughly	tw, aw+	**feminist movement,** **thoroughly: social, economic**
S2	however, less fully	aw1-: x	**vs. less fully: ideas**
S3	Furthermore, obscured even when...did, failed	aw2-: y	**obscured, within US vs. failed to:** **international, Europe**
S4	have been described... were in reality	(y')	**(solitary** **vs. connected to, Europe)**

【题目】

Q6 态度

【题干与定位】the author consider X to be；定位把美国早期女权主义者描述solitary的人，在末句；作者说其实（in reality）不是这样，美国女权主义者并非孤单个体，而是与国际运动相连，因此作者对solitary描述是负评价。

【选项】

A.　不够熟悉19世纪美国女权思想的国际起源；international照抄，origin就说明有connected。**正确。**

B.　过于关注地区多样性。已错！没有提到regional diversity。

C.　并没有足够狭窄地聚焦于他们的地理范围。好像focused narrowly很好似的。错！

D.　没有充分意识到SF会议的意识形态后果。SF会议是第3层从句修饰，不属于对描述者的批评。

E.　没有充分关注女权主义得以发展的社会状态；social conditions是首句内容，作者对这方面的研究是正评价。

Q7 细节

【题干与定位】大写优先定位，SF在末句。它所在的分词修饰的是the first women's rights conference。

【选项】

A.　它主要是19世纪圣西门女权思想的产物。全文没有提到Saint-Simon。

B.　它是独立于国外的女权主义者的美国活动者的工作。反。末句强调它与欧洲进行国际联系，而不是independent of。

C. 它是乌托邦社会主义运动的顶点；that 从句的 culminated 修饰的是 which 从句中的宾语 feminist ideas，所以，SF 举行的会议，不是 utopian socialism 运动的高潮，而是这场运动在这20年所推广的 feminist ideas 的高潮。干扰选项。

D. 它体现（manifestation）了社会变化和女权主义的一场国际运动；international 符合末句意思，而且，第1句说过 feminism 本身是受 social change 影响的，所以，SF 会议体现了社会变化和女权主义。这里，很容易因为 social change 在末句没有说过而排除 D 选项，但没有更好的选项了，C 选项在语法上不合适。因此，D 选项**正确**。

E. 它是19世纪美国的女权运动的最后体现；final manifestation 没有提到。

19.4 Pleistocene epoch

【文章分析】

S1 P 时代的研究者已经发展出了各式各样、多少有点幻想的（fanciful）模型架构（scheme），表明如果他们掌管事件，他们会如何安排冰河时代。首句给出人物及其研究，关于 Ice Age 的模型；后文评述之。这里的 more or less fanciful，已经有负评价。后文展开论证即可。

S2 For example 例如，关于 A 冰河作用（glaciation）的一项早期分类提出，那里存在四次冰河作用，名为 G, M, R, W。举例说明。

S3 This succession 这种相继状态，主要是基于一系列的沉积和事件，它们与冰河和间冰河时期并无直接关系，而不是基于更加常用的现代方法，即研究在冰河沉积之内间层化的（interstratified）间冰河床本身中所发现的生物遗留。有 rather than，抓对比：deposits and events, not directly related to interglacial vs. biological remains, interglacial。继续讲做法。

S4 Yet this succession 然而，这种相继情况被乱七八糟地（willy-nilly: 不管愿不愿意）强加到北欧的冰河化部分，希望最终把它们拼在一起（piece together），成为一个完整的 P 相继序列。Yet 引出负评价；对 willy-nilly，只需抓住其态度褒贬，不必真的认识。

S5 Eradication of 根除这种 A 的分类（nomenclature）依然是一个极为费力的（Herculean）任务。这里，Herculean 来自古希腊人物赫拉克利斯 Hercules，大力神。要 eradicate 的对象是被给负评价的；本句依然反驳 A 研究。当然，末句也可视为结论。

【结构图】

第1句负评价论点，第2句举例，第3句继续说明其研究内容，第4句反驳，第5句继续反驳。结构：S1. (S2. S3. vs. S4. S5.)。

	Cue	Function	Core
S1	Researchers developed, fanciful schemes	tw, aw-/kw	**P epoch / Ice Age: fanciful schemes**
S2	For example	x	A
S3	rather than	x'	**not related to vs. interglacial**
S4	Yet...willy-nilly	aw-	**vs. willy-nilly**
S5	Eradication	cs	eradication A

【题目】

Q8 态度

【题干与定位】A冰河作用的早期分类有一些不足，其理由是什么？定位deficiencies到文中负评价，在Yet句，this succession就是指向第3句的this succession，后者再指向第2句的A glaciation。这样，错误就在于Yet句说的forced willy-nilly onto...Northern Europe，或者其他的负评价词汇，例如第3句rather than附近说的not directly related to。

【选项】

A. 源于一种证据，与实际的冰河作用只有外围的关系。**正确。**（tangent：切线，离题，不相关的；tangentially：不直接相关、外围的）

B. 主要基于化石遗留，而不是基于实际的活的有机体。差点就对了！但第3句rather than前后的对比是deposits rather than biological remains，没有living organisms。一字之差，很邪恶吧！干扰选项。

C. 一种抽象的、想象的构造，说明这个时期可以如何被赋予结构。首句说这些schemes是more or less fanciful，但这是负评价，不是负评价的reasons。

D. 基于不系统的（unmethodical：没有方法的）考察随机选择的冰河时代的生物遗留。

E. 源于一种证据，这种证据从冰河沉积偶然（haphazardly）收集而来、被不正确地评估。并未提到这种证据的收集是haphazardly。

19.5 Bearden's collage

【文章分析】

S1 当说到B时，人们不禁（is tempted to）会说，"一个伟大的美国黑人艺术家"。首句给出态度，great，为作者观点。

S2 The subject matter   B的collage的题材，当然是黑人。不必认识collage，取其首字母或全部字母，看到它能识别就行。

S3 Portrayals of   描绘北卡M郡的老百姓（他从孩提早期就记得）、描绘他在Harlem岁月的爵士音乐家和租房的屋顶（tenement roofs）、描绘P的钢铁工人，还有他在古代黑人B王国的伪装下重构古典希腊神话，这些都证明了这一点。主语4个内容并列，非常多，不必记住；谓语动词attest to = prove，提示本句是证据。

S4 In natural harmony   与这种题材的选择形成自然和谐的是该艺术家的社会敏感性，他今天依然活跃在曼哈顿的C画廊，这间画廊是他帮助创立的，专用于（devoted to）展示少数族裔艺术家的作品。可以看做与第3句并列，因为有natural harmony。

【结构图】

第1句给观点，对艺术家的评论，第2句给第一个证据，第3句是证据的证据，第4句给第二个证据。结构：
S1.(S2.[S3.]S4.)。重点是：great Black American artist.(Black.[...]social sensibilities)。

	Cue	*Function*	*Core*
S1	When speaking of	tw, kw	**B: great Black American artist**
S2		a	(Black)
S3	attest to this	a1,2,3,4	[...]
S4	In...harmony with	b	(social sensibilities)

【题目】

Q9 列举/多选

【题干与定位】下面哪个是B的collage中所描述的。第3句并列，本句就考这个并列。毫无技术含量，只要细心就能做对。

【选项】

A.　P钢铁工厂的工人。**正确。**

B.　B曾经知道的Harlem的爵士音乐家。**正确。**

C.　B孩提时代就知道的人。**正确。**

19.6　traffic congestion

【文章分析】

Chris:　　每年数百起交通事故，可归因于我们市的糟糕路况。因此，必须要修补这些道路。

Leslie:　　以低于这些修补工作的成本，本市可以改善大众交通系统，并因此大量减少交通拥堵(congestion)，是它主要造成了那些交通事故。本市不能同时负担两者，所以，应当改善大众交通，因为减少交通拥堵有额外的好处。

Q10 逻辑差异

【题干与定位】问Chris和Leslie的争论点在哪里？at issue表示dispute。争论就是观点对比。C认为，poor streets → accidents，所以需要repair streets。L认为，weak mass transmit → traffic congestion → accidents，所以improve transmit system，可以减少accidents，cost也更少。对交通事故的事实，两人都承认；不同的是各自给出的原因解释以及由此得出的解决方法。

【选项】

A.　某个问题是否真的存在。这点没有争议。

B.　某个问题如何产生(came into being)。争议的是what causes, how to address, 不是how come。

C.　谁负责解决某个问题。两人都没提到具体谁负责。

D.　这个城市是否有足够的财务资源来解决某个问题。虽然Leslie也提到cannot afford both, 但这只是就两个方法而言，而不是就解决问题本身而言。

E.　这个城市如何可以最好地解决某个问题。两人给出的解决方法不同。**正确。**

Exercise 20

20.1 diamonds

【文章分析】

S1 钻石是被称为1和k的罕见的火成(igneous)岩石的一个偶然成分，从来没有令人满意地得到断代。首句给否定性判断，是研究遇到的问题。

S2 However, some 　但是，某些钻石包含微小的s(ilicate)矿物的含入物质(inclusions)，通常是o, p, g。这里的however不是跟在别人观点之后，因此不表示转折，而只是表示转换。重点是s inclusions。第2句讲不同的情况。

S3 These minerals 　这些矿物质可以通过放射衰变技术来断代，因为它们所包含的放射性痕迹元素的量很小。本句讲解决问题的方法，dated by radioactive decay techniques。重点就是radioactive decay tech。

S4 Usually, it is possible 　通常，有可能作出结论：含入物质比它们的钻石宿主更老，但很少有标志表明所涉及的时间区间(interval)。内容的重点older, little indication of time interval。

S5 Sometimes, however 　但是，有时会观察到s的含入物质的晶体形式更类似于钻石，而不是其他s矿物质的内部结构。本句与上一句构成对比：usually vs. sometimes。但内容依然不够清楚。且看下句。

S6 When present, the 　当有这种情况时，这种相似就被视为令人信服的证据，证明钻石和含入物质是真正同时产生的(cogenetic)。第5.6句一起与第4句构成对比，抓对比反义词：usually: little indication of time interval vs. sometimes: cogenetic。多数时候看不出diamonds和inclusions的时间间隔，但有时会看出两者是同时产生的。

【结构图】

第1句给没解决的问题，第2句转换讲对比，第3句讲方法，第4句与第5.6句通过对比来说明这个方法的原理。

	Cue	Function	Core
S1	never been dated satisfactorily	tw: i	**diamonds: never been dated**
S2	However, some	vs. j	**vs. some**, inclusions
S3	can be dated by	kw	**dated by** **radioactive decay techniques**
S4	Usually,	(x	(inclusions older > diamonds, **little indication of time interval**
S5	Sometimes, however	vs. y1	**vs. resemble**
S6	compelling evidence	y2)	**cogenetic)**

【题目】

Q1 细节

【题干与定位】问silicate inclusions通常怎么形成。文章多处谈到s.i，不易精确定位某句。也要注意most often的频率问题。

【选项】

A. 有小钻石在它们里面。错。是 钻石包含s.i，不是s.i包含钻石。

B. 有痕量元素，源于它们的宿主矿。第3句提到trace elements，s.i矿物包含它们，但没说它们源于s.i矿物；contain不是derive from。

C. 由罕见的火成岩石的放射衰变形成；radioactive decay是断代用的，不是形成矿物的。

D. 形成时期早于宿主矿石。在第4句，usually = 题干most often，older = earlier。**正确**。

E. 形成于罕见的火成物质的晶体化。没有提到crystallization。

Q2 选择句子

【题干与定位】该句指出一种方法，决定s矿物的年龄。原文关于date/断代的内容，只有第3句，can be dated by X，by之后的内容就是way；date = determine。句子就是These minerals can be...。

20.2 cholesterol

【文章分析】

各段首句

P1 S1 一段时间以来，科学家相信，c在heart disease中发挥一种主要作用，因为有家族高c疾病（一种基因缺陷）的人，血里c的水平是正常值的6–8倍，他们毫无例外地都发展出了heart disease。理科讲因果，将动词还原为因果关系，play a role = cause, determine。本句可简化为：c → heart disease；将hypercholesterolemia的前缀hyper简化为量的增加，则该词为：c↑，它也对应six to eight times。（hyper-cholesterol-em-ia，hyper: high/高；-em-: blood/血；→ 高血胆固醇病。）简化的目的是提取主要信息，不是盯着单词被动地读，而是主动提取重点信息（active reading）。主动阅读的核心在于把握每句的语义重点、句子之间的关系和作者的论证过程，也就是**五大口诀：句子抓主干、修饰的实义词、抓对比、抓因果、找等价**（论点与论据、论据与论据之间的等价词）。文章主题词：hyper-c，或c。

P2 S1 由于科学家不能在人体组织上作实验，他们关于家族高c的知识严重有限。负评价。重点是limited。

P3 S1 在K大学的突破之前（prior to = before），人们已经知道，L分泌自肝，是一种前驱物质（precursor），称为VL，它能携带t以及相对少量的c。本句prior to 提示时间对比，it was known是过去已知的内容（kw1），可能作为背景，也可能被反驳，要看后文（kw2）才能决定。将动词secreted from还原为因果关系derived from，本句可简化为L ← VL，后者有t, c。本段后半部分将说与此不同的另一个内容，中间某句读如首句。

首句回顾：1段首句给出论点c → heart disease；2段首句讲知识有限；3段首句说突破以前，后面要讲突破以后，而这种breakthrough将改变2段首句知识有限的情况。仅从各段首句得出文章的初步结构：P1: ts. P2: aw-. P3: kw1 vs. kw2.

全文分析

P1 S1 理科讲因果，将play a major role还原为因果关系，得到c / hyper-c → heart disease。

S2 These people lack 这些人缺乏细胞表面受体来接受L，后者是基本的携带者，把血液里的c带到使用c的身体细胞。主语these people指上一句hyper-c；receptors，指接受特定分子的分子结构，receptors for L并不是L，而是接受L的receptors，记为L receptors；受体是收走东西的，有针对L的受体，那L被收走的多，L变少；lack L receptors，L没被收走；而L是c-carriers，carriers暗示，L与c一起多或一起少。所以，本句可简化为：hyper-c: L receptors ↓：L/c-carriers↑：c in blood↑。还可以推出逻辑的另一面，对正常人，有receptors-L，则血液里c-carriers/L就少，它们都去运c去了，而不是让c滞留在血液中，这样，血液中的c

就少。一时想不通这些没关系，重要的是持续的主动思考这里的因果环节，而不是默默读就算了。

S3 Without an adequate　　没有足够数量的细胞表面受体，把L从血液中移除，携带c的L就会留在血液中，增加血液中c的水平。理科讲连续动作，remove, remain, increasing都提示动作。抓因果：receptors-L↓：L↑：c↑。每读一句都要提取重点，以降低负担、精确记忆，这是主动阅读的核心。

S4 Scientists also noticed　　科学家也注意到，有家族hyper-c疾病的人，产生的L要比正常人多。简化重点：hyper-c: L > normal: L。

S5 How, scientists wondered　　科学家好奇的是，一种基因缺陷，导致把L从血液中移除的速度变慢，它如何可以也导致携带c的蛋白的合成增加？removal of L, slow-down, 两个否定性词汇removal, slow表示这时L依然多，所以，本句重点是：L↑：c-carriers↑？

1段回顾：首句给出论点，c↑→ heart disease，第2.3句指出这是L receptors缺乏的问题，L receptors↓：L↑：c↑。第4句确认病人L↑，第5句提出与第1句相关的问题。全段结构：S1. (S2. S3. S4) S5.。作者似乎没有明确反对首句一些科学家相信的观点。

P2　S1 科学家的知识严重有限。记住态度：limited。结构阅读法的核心是从论点–论据、论据–论据的逻辑关系出发，确定文章论证上的重点，其基本方法是五大口诀，通过把握主干、修饰实义词、对比、因果、等价词，主动思考和阅读。

S2 However, a breakthrough　　但是，一项突破在1980年K大学的W实验室里出现了。与上句对比，抓对比：limited vs. breakthrough。下面会说具体内容。

S3 Watanabe noticed that　　W注意到，他养的兔群里有一个雄兔，血液里的c浓度（concentration）是正常情况的10倍。这是一只神兔！！

S4 By appropriate breeding　　通过适当的育种，W获得了一个种系，其中的兔子的c都很高。这两句都说c↑。

S5 These rabbits　　这些兔子自发地发展出了心脏病。

S6 To his surprise, Watanabe　　令W惊讶的是，他进一步发现，这些兔子，就像有家族高c病的人一样，也缺乏L的受体。这里，rabbits = human；c↑：L receptors↓。注意，L的受体少，意味着血液里L收不走，其浓度上升，L↑。

S7 Thus, scientists could　　因此，科学家可以研究这些W兔子，以更好地理解人类的家族高c病。这涉及首句说的生物和医学研究伦理问题。

2段回顾：第1.2句对比，讲以前知识limited，后来一个人取得了breakthrough，第3.4.5句讲这些神兔，c高，第6句讲它们的L receptors也少。第7句讲这个研究的好处。2段结构：S1. vs. S2. (S3. S4. S5. S6.) S7.。

P3　S1 在此突破以前，人们已知L是从VL分泌的，VL带有t以及少量c。将动词secreted from还原为因果关系，得到L ← VL。

S2 The triglycerides　　这些t由脂肪和其他组织从VL中移除。提取为fatty: t↓。

S3 What remains　　剩下的是一个遗留颗粒，必须从血液中移除。VL remnants, 也是VL的一部分，可简化为VL'。第1.2.3句合在一起，得到：VL: t, VL'... → L。

S4 What scientists learned　　科学家通过研究W的兔子所学到的是，移除VL的遗留物（VL'↓），这需要L的受体。注意，L receptors不是L，而是收走L的蛋白。将requires还原为因果关系，A requires B, B是A的条件，B影响A；回到这一句，就是：L receptors → VL'↓。这句开始，与前面3句对比，但从内容上看，它没有反对已知内容(kw1)，而是以其为背景，讲新知(kw2)。

S5 Normally, the majority 　　通常来说，多数VL的遗留物会到肝脏，在那里结合L受体，再被降解（degraded）。简化为：L-receptors：VL'↓。

S6 In the Watanabe rabbit 　　在W的兔子中，因为肝脏细胞缺乏L受体，VL的遗留物依然会留在血液中，最终被转化为L。与上句构成多数vs.少数的对比，normally = majority, W rabbit = minority；抓对比：Normally: L-receptors↑: VL'↓ vs. W rabbits: L-receptors↓: VL'↑: L↑。理科文章的对比暗示数量因果关系，L receptors与L、再与c有因果关系。

S7 The LDL receptors thus 　　因此，L的受体在控制L水平上就有一种双重效果。结论，thus提示，重点为dual effect。

S8 They are necessary to 　　它们对于防止从VL遗留物中过度合成L是必要的，它们对于从血液中正常移除L也是必要的。讲两个效果，解释了上一句内容。

S9 With this knowledge 　　有了这个知识，科学家现在就走上了康庄大道，可以研制药物，大量降低那些饱受某些形式的家族高c病之苦的人的c的水平。末句正评价（well on the way），也可看做结论。这个态度也与第2段末句的better understanding呼应。

3段回顾：第1.2.3句讲已知，L ← VL。第4句开始讲新知，L-receptors → VL'↓，第5.6句对比，L-receptors↑: VL'↓ vs. L-receptors↓: VL'↑。抓因果：L受体有，VL'少，L少；L受体没有，VL'多，L多，c多。第7.8句结论，第9句态度。全段结构：S1. (S2. S3.) + S4. (S5. vs. S6.) S7. (S8.) S9.。

【结构图】

第1段首句有一个基本理论背景，末句提出问题，第2段提出一项突破，第3段说明人们从这项突破中所学到的东西。

		Cue	*Function*	*Core*
P1 S1		believed that play a major role	tw, kw	**c↑ → heart disease**
S2		lack	j	(L receptors↓: L↑
S3		Without, remain, increasing	j'	**(L receptors↓: L↑: c↑**
S4		also noticed that	k	(hyper-c: L↑)
S5		How, result in	tw	L↑: c-carriers↑?

P2 S1		severely limited	aw-	**limited**
S2		However, breakthrough	aw+	**vs. W, breakthrough**
S3		noticed that	a	**(rabbit, c↑**
S4			b	(rabbits, c↑
S5		developed	c	(heart disease
S6		further found	d	**(L-receptors↓)**
S7		Thus, better understanding	aw+	**better understanding**

P3 S1	Prior to, it was known	kw1	**L ← VL**
S2	removed from	m	(t
S3		n	(VL')
S4	learned by studying	+ kw2	**+ L receptors**
S5	Normally	x	**(L-receptors↑: VL'↓**
S6	In the W, due to, remain, eventually	vs. y	**vs. W: L receptors↓: VL'↑: L↑)**
S7	thus, dual effect	cs	dual effect
S8		cs'	(/)
S9	well on the way	aw+	**well on the way**

【题目】

Q3 主题

【题干与定位】primarily concerned，找主题，定位第1段首末句即可，c对heart disease的影响。或者按顺序概括各段内容。

【选项】

A. 提出一个假说，描述令人信服的证据来支持它。文章首句没有特别清晰的hypothesis，而是一个问题，在首段末句how...?

B. 提出一个问题，描述一个主要发现，得出一个答案。分别对应第1.2.3段。**正确。**

C. 指出某种遗传上导致的疾病，可以用药物来有效治疗。重点不在drugs。

D. 解释什么导致遗传变异，后者导致心脏病。只是提到genetic mutation，没有解释原因。

E. 讨论动物研究对于人类疾病研究的重要性。动物研究是细节，不是全文主题。

Q4 信息/多选

【题干与定位】information可以回答什么questions。无法单独定位某句，从选项找线索、带核心去排除，排除那些与各段首末句或转折句直接相反或无关的东西，剩下的再定位。答案是找没说的(EXCEPT)。

【选项】

A. 什么身体细胞是c的主要使用者？首段第2句提到use c，但没说是哪些细胞。**正确。**

B. 科学家如何发现L是分泌自肝脏的？第3段前几句提到有分泌，但没说如何发现。**正确。**

C. VL遗留物在身体什么地方降解？第3段第4句提到是在liver。可回答，不能选。

Q5 取非

【题干与定位】如果W的兔子与正常兔子的L receptors一样多，W的兔子会怎样？定位第3段对比，Normally这一句说，正常兔子的L receptors多，下一句对比说W的兔子没有L receptors。之后的几句说，With this knowledge，科学家就能研制药物了。题干取非W的兔子的性质，那么，科学家就不能以此为研究对象来研制药物了。

【选项】

A. 相比正常兔子，较不可能发展心脏病。错。如果受体一样多，则两者的情况应该相同。

B. 相比正常兔子，较不可能发展出高浓度的c。错。情况相同。

C. 比起它们现在的情况，对研究家族高c病的人，用处没那么大。题干把证据y取非，选项C把末句结果aw+取非。**正确**。

D. 不能从肝脏中分泌VL。肝脏分泌是事实，不受此影响。

E. 对降低c水平的药物免疫。W兔子与正常兔子一样，不能发展药物，而不是免疫。

Q6 对比

【题干与定位】differ from 定位第3段Normally, In the W rabbit这两句。对比重点在于，W兔子缺乏L receptors，无法移除VL'，于是L很多，c也就会高。这是一组连续因果：L receptors↓：VL'↑：L↑：c↑。理科数量对比，其实就是相关性，这里是四个事物的关系。

【选项】

A. W的L receptors比正常的要多。说反了，应该是少。

B. W的血液包含的VL remnants（即VL'），比正常的要多。**正确**。

C. W的脂肪组织，比正常的要少。没有就fatty issues作出对比。

D. W分泌的VL，比正常的要少。说反了，应该是多。

E. W血液包含的L，比正常的少。应该是L多，说反了。错误同A, D。

考位分析：第3题考各段主题，第4题考信息或各段细节，第5题以取非的形式来考第3段末尾的论据与结论的关系，第6题考第3段的数量对比或相关性，第3.4题常见而且重要。

20.3 Puerto Ricans

【文章分析】

S1 关于PR融入美国的讨论，聚焦在两个不同的因素：社会地位，民族文化的损失。用哪个因素，取决于评论者是NA还是PR。主题词：PR assimilation, two factors；已经提示两个kw, kw1 = social, kw2 = loss of national culture。(assimilation: 融合、融入、同化)

S2 Many North American 许多NA社会科学家认为PR是占据社会阶梯的最低层的最晚来的一个种族。抓宾语长名词短语的实义词ethnic entrants(参与者)，全句重点就是，NA: PR, ethnic entrants。

S3 Such a "sociodemographic" 这种社会人口分布学的研究进路，倾向于认为融合是一个友善的过程。重点：socio-: benign。顺承上一句, sociodemographic = S2 ethnic。

S4 In contrast 与之不同，以岛屿为基地的作家的殖民主义的研究进路，则认为融合是在与强加的外来价值的不平等抗争中、民族文化的被迫损失。第二个观点，kw2 = colonialist, loss of national culture, 简化为cultural loss。

S5 There is 当然，在其他PR思想家中也有一种很强的文化融合的传统，像M这样。这里of course表示让步, cultural accommodation = assimilation。

S6 But the Puerto Rican 但是，PR的知识分子，他们写美国的同化过程写得最多，全都提出文化民族主义的观点，倡导保存少数族裔的文化特点，拒绝他们所认为的殖民地的民族性的征服(subjugation)。

【结构图】

第1句给主题，PR's assimilation，第2.3句讲第一种研究，kw1= ethnic, sociodemographic，主张善意的融合，第4句讲不同的研究，kw2 = colonialist, cultural loss，第5.6句让步转折，也有人说是文化融合，但多数人是民族主义的/nationalist。

	Cue	*Function*	*Core*
S1	two different factors	tw	**PR assimilation**
S2		kw1	**NA: PR: ethnic entrants**
S3	Such	x	**socio-, benign process**
S4	In contrast	vs. kw2	**vs. PR: cultural loss, forced**
S5	of course	~kw2	(accommodation, M)
S6	But	vs. kw2'	**vs. nationalist**

【题目】

Q7 让步

【题干与定位】M同意什么说法？第5句说法，在第2个观点的论述过程中出现的让步，是对相反观点kw1让步。这样，M的观点应该是kw2内容的取非、kw1内容的相似。

【选项】

A. 这种群体的成员有必要适应多数族裔的文化；原句是accommodation = adapt to，主动去适应，而不是被迫丧失民族性。**正确**。

B. 这种群体的成员通常会遇到一个文化，它是静态的、不加区分的。没有提到static等词。

C. 社会流动性是这种群体的成员的经验的最重要特征。没有the most important最高级。

D. 社会科学家们应该强调这种群体的成员的经验的文化和政治的方面。没有提到cultural and political。

E. 这种群体的成员的融合，要求被迫放弃他们真正的民族之根。很明显，forced错。

Q8 同义

【题干与定位】subjugation指什么意思？定位原文，找前后同义词即可。这种同义不一定是字典上的，而是根据上下句语境从逻辑上推断的。由于这类题比较简单，现在考得比较少。

【选项】

A. accommodation 融合；错。

B. subjection 屈从；**正确**。

C. assimilation 同化；错。

D. incorporation，包含、纳入。同AC。

E. defeatism 失败主义，无关。

20.4 fiberglass

【文章分析】

S1 合成材料fiberglass被切下来时，就像a一样，释放微小的纤维到空气中。

S2 It is known　已知，吸入a纤维的人会损害肺功能。

S3 A study　有一项研究，研究了300个工厂工人，他们经常切割fiberglass，研究表明，他们的肺功能，平均而言，只有不切纤维的对照组的90%。

【题目】

Q9 逻辑结论

【题干与定位】以上陈述支持什么假说？切的，肺功能不行；不切的，肺功能行；这种数量对比提示的是因果关系：是切 fiberglass，导致了肺功能受损；第 2 句说过，a 纤维会导致肺功能受损；同理，fiberglass 的纤维，也会导致肺功能受损。

【选项】

A. 用 fiberglass 工作的，也有可能用 a 来工作。无关。原文 fiberglass 与 a 只是相似。

B. fiberglass 的纤维会损害吸入它们的人的肺功能。**正确。**有人可能觉得这是自然而然的，其实没那么自然，因为第 3 句只是一个对比事实，本身还不是因果关系，虽然它可以作为证据支持因果关系。

C. fiberglass 释放像 a 一样多的纤维到空气中。第一句说过一个事实，fiberglass 像 a 一样释放纤维，没说一样多/as many as。末句说的是 regularly cut，每个 fiberglass 释放的不多，但切的 fiberglass 多了，纤维也就多了；fiberglass 释放纤维的量的多少，还不是重点。

D. 粗纤维不会损害。这变成否定相关关系了。

E. 如果不被切，fiberglass 不会对用它工作的人造成健康威胁。这是无关说法。

20.5 Simone de Beauvoir

【文章分析】

S1 B 的作品极大地影响了 F 的作品，事实上，使后者成为可能。首句 B → F；或者，文科讲比较，把动词 influenced 还原为比较，则 F = B。

S2 Why, then, was it　　那为什么是 F 成了美国女性解放的先知（prophet）？提出问题。后文要回答。

S3 Political conditions　　政治状态以及某种反智的偏见，让美国人和美国媒体，更能接受 F 的不极端的（deradicalized）和高度实用的 *FM*，出版于 1963 年，而不是 B 在 *SS* 中对女性局势的理论解读。首先，prepare ...to receive，提示因果关系，抓因果：political, anti-intellectual → F > B。同时，文科讲对比，better receive F than B，抓对比：pragmatic vs. theoretical。

S4 In 1953 when　　1953 年，当 *SS* 首次在美国翻译出版时，美国已经进入反共主义的 M 岁月（1950–1954）的沉默的、恐惧的堡垒状态，而 B 则被怀疑是 M 的同情者。本句 and 前后等价，则 M: anticommunist = B, suspected, Marxist, communist = Marxist。

S5 Even *The Nation*　　甚至连 N 这本素以自由著称的杂志，也警告其读者，反对作者的"某些政治倾向（leanings）"。Even 表示递进，属于广义并列。

【结构图】

第 1 句讲事实，第 2 句提问，为什么 F > B，第 3 句给出回答，因为 political conditions，F pragmatic > B theoretical。第 4.5 句并列证据，说明具体的 political conditions 有哪些。

	Cue	*Function*	*Core*
S1	influenced	tw	**B → F / F = B**
S2	Why ?	tw'	**Why F?**
S3	prepared to, better than		**political conditions** **→ F: pragmatic > B: theoretical**
S4			(M, anticommunist)
S5	Even		(N, against leanings)

【题目】

Q10 列举/多选

【题干与定位】解释*FM*的接受要比*SS*更正面，其因素是什么？解释的因素就是证据，对应第3.4.5句。

【选项】

A. 到1963年，美国的政治状态已经改变。第4句说1953年时M岁月的政治气氛，不利于B的*SS*被接受；但在第2句，1963年F的*FM*得到更好的接受，由于political conditions是better receive的原因，这说明，1953年not better receive，是因为different political conditions，那么，1963年相比于1953年来说就是changed。**正确。**

B. F对女性解放这个论题的处理，要比B的激进程度低；less radical = 第2句deradicalized；虽然这条本身不是political conditions，但可以对应第2句主语里as well as的内容；这里，B的theoretical研究是更为intellectual的；anti-intellectual就是not better receive B。**正确。**

C. 读者没认识到B的书对F的观点的有力影响。没说读者对此影响无意识。无关。

Exercise 21

21.1 Nevelson

【文章分析】

S1 N说，"我始终想要向世界表明，艺术无处不在，只是它必须穿过一个创造性的心灵。"人物及其观点，说艺术无所不在，这是一个明显的判断句。首句可看做论点。

S2 Using mostly　她使用各种东西，所有东西她都储存 (hoard) 多年，组合出有巨大美感和力量的建筑构造。第2句继续陈述N的艺术，有正评价great beauty and power。找与第1句的等价词：mostly discarded = everywhere, great beauty and power = creative。

S3 Creating very　她不作勾勒，进行非常自由的创造，把东西粘在一起、钉起来，涂成黑色、或罕见的白色或金黄色，把它们放在盒子里。多个谓语动词并列，继续描述N的创作。

S4 These assemblages　这些组合、墙、甚至整体环境，都创造出一种神秘的、几乎令人敬畏的 (awe-inspiring) 气氛。继续讲作品。**主语相同，并列顺承。**

S5 Although she　虽然她否认在她的作品中有任何象征性或宗教意图，但这些作品的三维的壮观 (grandeur)，甚至它们的名字，例如*SC*和*NC*，都表明这样的涵义 (connotation)。Although让步，含有对比，抓对比反义：deny vs. suggest。

【结构图】

第1句人物说话，给出看法，然后给出证据，只在最后一句有让步转折。结构：S1.（S2. S3. S4. S5.）。这还是比较特别的，没有明确的总分结构。

	Cue	*Function*	*Core*
S1	N says	tw, kw	N: art everywhere, creative
S2	she assembles	a	(great beauty & power
S3	she..., ..., and...	b	
S4	These	c	mysterious atmosphere)
S5	Although denied, suggest	~d, d	**(deny symbolic, religious vs. grandeur)**

【题目】

Q1 列举

【题干与定位】N的艺术在哪个方面具体说明 (illustrate) 她的理论？首句N says = her theory，后面的句子都在证明这个说法。任选中间证据即可作为答案。

【选项】

A. 她在木头而不是在金属或石头上雕刻；wood与metal, stone的对比，不是重点。重点是，她可以用任何对象来创造艺术。

B. 她给自己的雕塑上漆，然后把它们装框，放在盒子里。这是第3句内容。候选。

C. 她没做预备性的素描，而是让雕塑在她工作的时候自行发展。也符合第3句；with no sketches = no

preliminary sketches，这一说法可以呼应题干的her theory所指的、第1句的through a creative process。相比之下，B选项仅仅只说paint, place in boxes，这种事实陈述没有C选项好。但是，C选项的allows the sculpture to develop，雕塑自行发展，原文倒也没有提到。

D. 她把曾经用于不同目的的日常物体的碎片放在一起，来做成自己的雕塑。对应第2句；put together = assemble；它是直接支持第1句her theory = N says的内容的。**正确**。把D与B和C相比，ordinary objects = everywhere，但B和C都没有涉及这一点。

E. 她没有刻意通过她的雕塑去传达象征的或宗教的意义；symbolic or religious呼应末句，这是让步语气的内容，不是直接的证据。

21.2 giant stars

【文章分析】

各段首句

P1 S1 直到近期，天文学家都对红巨星和超巨星的命运感到困惑。Until recently讲过去，过去puzzled，近期就no puzzle。主题词tw = red giant and supergiant stars。

P2 S1 据信由于约50%的恒星开始时，其质量都大于1.4 $M_\odot$，我们可以预期，每2个恒星，就有1个会作为超新星(supernova)而消亡。这一句是预期看法might expect，没有提到实际情况。

P3 S1 近期对一氧化碳(CO)分子的微波观察提示，质量损失的速率相同，而且也证明，逃离物质延伸到恒星之外至少一个光年的距离。Recent观察的内容应该是作者所支持的。

P4 S1 但是，IRC+10216在星的演化中到底有什么地位？提问，要求回答关于IRC+10216的问题。

首句回顾：第1段和第3段首句的Until recently, recent observation，提示全文有老观点、新观点相互对立。文章的主题是研究特定恒星的命运，可能讲老观点，再说新观察，给新解释、新理论。

全文分析

P1 S1 天文学家在近期以前都对red giant, supergiant stars的命运感到困惑。

S2 When the core   如果巨星(giant star)的物质比我们的太阳($M_\odot$)现有质量超出1.4倍，当巨星耗尽它的核燃料时，它就不能支撑自己的重量，塌缩为一个很小的中子星。交代基本事实。

S3 The gravitational energy   在恒星核的内爆(implosion)期间所释放的引力能量，在一场巨大的爆炸(或超新星supernova)中爆掉(blow off)恒星的其余物质。继续讲事实。

1段回顾：首句讲有puzzle，第2.3句讲基本事实。结构：S1. (S2. S3.)。

P2 S1 由于50%左右的恒星据信在开始时质量都大于1.4倍太阳质量($M_\odot$)，我们也许预期，2个恒星就有1个会作为超新星消亡。这是might expect预期情况，不一定是现实。

S2 But in fact   但事实上，只有1/30的恒星这样暴力死亡。转折讲事实情况。前后对比：might expect: 1/2 vs. in fact: 1/30。以事实反对上一句看法。

S3 The rest expire   其他恒星会更为平和地消亡，称为行星状星云 (planetary nebula)。其余变成nebula。与上一句并列的事实。

S4 Apparently most   显然，多数质量巨大的恒星，设法失掉足够的物质，使得它们的质量在它们的燃料耗尽以前，降到关键值1.4 $M_\odot$以下。找新词，lose material。

S5 Evidence supporting   支持这个观点的证据，来自对IRC+10216的观察，这是一颗脉冲巨星，位于离地球700光年的地方。讲证据；但这里的this view指向上一句，提示我们第4句是一个论点，kw = lose material。

S6 A huge rate　　巨大的物质损失（每10000年一个太阳质量），是从对位于IRC+10216附近的环星云的氨(NH3)的红外观察中推演出来的。新词为NH3。

2段回顾：第1句讲过去的看法，1/2恒星消亡的时候都是超新星supernova，第2句负评价，只有1/30是这样，第3句讲多数都是星云nebula，第4句解释原因在于lose material，第5.6句是证据。结构：S1. vs. S2. S3. ← S4.(S5. S6.)。这一段的论点不在首句，也不在第2句But句，而是在倒数第2句this view所提示的上一句、由Apparently所提示的句子。比起通常情况下论点都在首句或转折句出现，本段的确会比较难一点。

P3　S1 对一氧化碳(CO)的微波观察，也表明有同样的物质损失速率，也证明逃离物质延伸到恒星之外至少1光年处。本句similar提示并列证据，CO的观察与上一段NH3的观察相呼应。

S2 Because we know　　因为我们知道在IRC+10216附近的云的大小，也能运用我们对NH3或CO的观察，来测量逃逸(outflow)的速度，所以我们就能计算环星云的年龄。新词为age。

S3 IRC+10216 has　　IRC+10216明显会排出分子和尘埃颗粒这样的物质，在10000年中其排出的物质相当于我们的整个太阳。证据，对应上一句，重点为expelled, 10000年。

S4 This implies that　　这暗示着，一些恒星能够非常快速地脱掉巨量的物质，因此从来不会作为超新星而消亡。证据，与论点的等价词为shed quickly。

S5 Theoretical models　　理论模型和关于超新星和行星状星云的统计数据表明，恒星开始其生命时质量大约是6个$M_\odot$的，之后会脱掉足够多的物质，降到1.4个$M_\odot$的关键值之下。证据。

S6 IRC+10216, for example　　例如，IRC+10216应该在从它出生后50000年里就这样做，这只是一颗恒星的生命的一瞬间。举例。

3段回顾：第1句讲证据，第2句引出本段重点age，后面都讲证据。结构：(S1.) S2. (S3. S4. S5. [S6.])。

P4　S1 但是，IRC+10216在星的演化中到底有什么地位？But不是跟在别人观点之后，不是转折，只是转换而已。

S2 Astronomers suggest　　天文学家提出，像IRC+10216这样的恒星，其实是"原行星状星云"——古老的巨星，其稠密的核已经几乎、但还没有完全脱掉它们周围的蓬松的(fluffy)气体的外壳(envelope)。新词protoplanetary nebula可作为重点。

S3 Once the star　　一旦这颗星失去它的整个外壳，它暴露的核就会成为行星状星云的中心恒星，在它外移到空间中时，把外壳的最后遗迹(vestige)离子化。证据，有连续动作。

S4 This configuration　　这种构型是一个充分发展的(full-fledged)行星状星云，光学天文学家很久以来就比较熟悉了。

4段回顾：第1句提问，第2句回答，kw = proto，第3.4句说明结果。结构：S1. ← S2. (S3. → S4.)。

【结构图】

第1段讲过去已知理论，第2段首句给老观点，第2句给事实反驳，然后讲新观点，第3段继续讲新观点，第4段就此提出一个问题，给予回答。

	Cue	*Function*	*Core*
P1 S1	Until recently	tw	**red giant, supergiant stars**
S2	When	i	> 1.4 $M_\odot$
S3		→ j	→ supernova

	Cue	*Function*	*Core*
P2 S1	are believed, we might expect	w	50% > 1.4 M$_\odot$, **1/2, supernova**
S2	But in fact only	aw-: x	**vs. 1/30, supernova**
S3	The rest	y	**the rest: nebula**
S4	most	← kw	**← lose material**
S5	Evidence supporting this view	z1	(IRC
S6	observations	z2	NH3)

P3 S1	Recent, similar	z3	(CO)
S2	we can	kw	**age**
S3		a	(10000 years, expelled 1M$_\odot$
S4	This implies	b	(quickly, never supernova
S5	models, statistics	c	**(6 M$_\odot$ → 1.4 M$_\odot$**
S6	for example	c'	(IRC, 50000years)

P4 S1	But ?	tw	**IRC?**
S2	Astronomers suggest	kw	**proto**planetary nebula
S3	Once, becomes, as	o → p → q	(lost envelope, ...
S4		s	→ nebula)

【题目】

Q2 主题

【题干与定位】primary purpose找主题，主要在首句的puzzle，后面解决了疑问。

【选项】

A. 提供一个方法来计算环星云的年龄。Age仅仅是第3段提到，不足以成为全文中心。

B. 描述导致一颗星作为超新星终结的条件。文章还讲了其他平和的终结方式。

C. 讨论关于行星状星云的构成的新证据。重点不是构成composition，而是恒星的命运。

D. 解释为什么作为超新星终结的恒星比预测的少。这正好是第2段首句和第2句新观点的内容。后面都在解释其原因。**正确。**

E. 考查关于环星云的构成的相互冲突的理论。理论冲突点不在云的构成，而是超新星的形成条件。

Q3 作用/in order to

【题干与定位】第2段中间所提到的观点，作用何在？第2段中间的观点，可从第5句Evidence supporting this view得到题型，this view指向上一句、第4句的内容，即Apparently这句，该观点说它们会脱掉自己的物质。这个观点是为了解释1/30的超新星事实。

【选项】

A. 调和看似矛盾的事实。**正确。** 第2段第1.2句有But所提示的对比事实，第4句是要同时解释这个事实的，多数恒星能够脱掉物质到临界值下，少数恒星做不到，这才成为supernova。通常，reconcile表示和解、调和，很少成为正确答案；本题例外。

B. 摧毁一个从前持有的理论。反对老观点的是第2句But句的事实，不是观点；除了文科观点的少数情况，多数时候，观点或理论的目的不是反对另一观点，而是为了解释事实。

C. 考虑一些从前被认为不重要的数据。没说data从前被人认为insignificant。

D. 解决一种争议。不是解决争议，而是直接反对老观点。

E. 质疑搜集数据的新方法。

Q4 细节

【题干与定位】在讨论IRC失去物质的速率时，作者假设了什么？问速度，定位到第2.3段。

【选项】

A. 围绕IRC的环星云仅仅只有CO和NH3分子。作者在2段末句和3段首句只是刚好举到了这两个气体的例子，但没有说只有/only这些分子。

B. 围绕IRC的环星云是由从该恒星排斥的物质所组成的。对应第3段第1.2句。如果不是这样，就无法通过环星云的大小和气体分子来研究物质损失的速度，进而推断环星云的年龄。**正确**。

C. 恒星的年龄等于它的环星云的年龄。显然不是，环星云是由后来脱掉的物质形成的；equal to太难以达到这个条件。

D. IRC失去物质的速率一年年有显著的变化。没提到变化的问题。

E. 大于6个$M_\odot$的恒星，失去物质的速率，要快于少于6个$M_\odot$的恒星。新比较。

Q5 细节

【题干与定位】天文学家最有可能把什么恒星描述为planetary nebula。第2段提到，失去足够物质，在核燃料耗尽前，掉到1.4个$M_\odot$以下，就会变成planetary nebula，而不必以supernova终结。第4段中间句也提到，失去整个envelope，核暴露出来，就成为planetary nebula。主要定位第4段末尾两句。

【选项】

A. 一颗恒星开始其生命时是5.5个$M_\odot$，耗尽核燃料，然后出现一个核，天文学家都能看到。核外露，才能被看见，这是4段末尾所说的nebula。**正确**。

B. 一颗恒星开始其生命时是6个$M_\odot$，以每10000年1个$M_\odot$的速度损失物质，在40000年里耗尽它的核燃料。4万年才脱掉4个$M_\odot$的物质，还没达到1.4的临界值。

C. 一颗恒星，已经耗尽其核燃料，有1.2个$M_\odot$的物质，周边围绕着一个环星云，遮蔽它的核，让人看不见。核被遮蔽(obscure)是不行的。第4段说exposed core。

D. 一颗恒星，开始其生命时大于6个$M_\odot$，只是近期才耗尽其核燃料，正处在释放巨量的引力能量的过程中。没有说出nebula的临界值、exposed core等特征。

E. 一颗恒星，开始其生命时是5.5个$M_\odot$，尚未耗尽其核燃料，并表现出与IRC一样的物质损失速率。不清楚到底剩下多少物质，也没有说可以看见核。

考位分析：Q2考主题，Q3考第2段事实与论点的关系，Q4考第3段的细节，Q5主要考第4段细节。

21.3 popular art

【文章分析】

S1 "大众艺术"有许多意义，不可能精确地定义，从民歌到破烂(junk)，所涉广泛。主题词tw = popular art。

S2 The poles are ____ 这两极(poles)足够清楚，但中间则往往模糊(blur)。句内but提示对比，抓对比：poles: clear vs. middle: blur。顺承第一句，blur = impossible precision。

S3　The Hollywood　例如，1930's的HW已经有民歌的元素，但它更接近破烂（junk），而不是高雅艺术或民间艺术。举例。

S4　There can be　可以有伟大的垃圾，就像也有糟糕的高雅艺术。这一句是对上一句的评论，great提示正面评价。

S5　The musicals　GG的音乐剧是伟大的大众艺术，绝没有雄心成为高雅艺术。

S6　Schubert and　但是，S和B则在明显想成为高雅艺术的作品中，使用流行音乐的要素——民俗主题。本句however对比，前后给出不同的艺术创作取向。

S7　The case of　V的情况则是不同的：他采用一种大众的体裁（genre）——配有音乐的布尔乔亚的
(bourgeois，又译为资产阶级)音乐剧(这是19世纪歌剧的一种精确定义)，而没有改变它的基本性质，他把它转变(transmuted)为高雅艺术。第5.6.7句都是大写人物，属于细节、证据。

【结构图】

第1.2句给出论点，不精确、不清晰，第3句给HW证据，第4句评论该证据，great trash，垃圾也有伟大的，第5.6.7句连给三个证据：GG, S & B, V。

	Cue	Function	Core
S1	impossible	kw	**popular art: impossible precision**
S2	but	kw'	**clear vs. blur**
S3	for example	a	(HW
S4	can be, just as	a'	great trash, bad high art)
S5		b	(GG
S6	however,	vs. c	S, B
S7	different one	vs. d	V)

【题目】

Q6 作用/in order to

【题干与定位】为什么提到S和B？作用题，找逻辑上一层。第6句是证据，它所服务的上一层是前面的论点，即第1.2句，或者第6句，因为该句证据的内容也与论点等价。

【选项】

A.　它们的成就就像V一样，不缺实质内容。这里，no less暗示相同，但提到S,B的目的不是为了证明他们与第7句的V相同。

B.　他们的作品是great trash的例子。它是hight art里面用popular art，不是great trash。而且，great trash是指HW。

C.　S和B影响V的后期创作的程度；influence错，第7句V与第6句S、B是different。

D.　对比19世纪的歌剧与其他音乐形式。无关；other musical forms不能选。

E.　大众音乐可以用在想成为高雅艺术的音乐创作中。**正确**。正好对应本句的谓语内容。

■ 21.4　Malton's population

【文章分析】

S1　一旦到65岁，每个M镇的老人都有资格收到一张卡，保证镇上卖的多数商品和服务打折。

S2　Census records　　1990年的人口普查（census）表明，M镇有2450个居民在该年达到64岁。

S3　Yet　　但1991年，超过3000人申请并取得折扣卡。

S4　So clearly　　所以，很明显，1990和1992之间M镇的一些人口增长，必定可以归因于60多岁的人移民到该城市。

　　　Premise1:　　1990, 2450, turned 64

　　　Premise2:　　1991, over 3000, applied, received the discount cards

　　　Conclusion:　　1990–1992, some population growth ← migration

【题目】

Q7 假设

【题干与定位】假设是不可或缺的推理条件。做题时，连接前提–结论的差异概念，就是假设，在某种意义上它也相当于中间环节。前提是2450人在1991变成65岁，但有超过3000人申请并都得到折扣卡，结论是这多出的人是移民来的。差异就是申请折扣卡的多出的人和移民的人。假设是，多出的人不是非移民，多出的人不是以前到了年龄、但没申请折扣卡的。该说法的逻辑另一面是，以前到申请年龄的人都申请过了。

【选项】

A.　M镇没有1991年人口普查的完整记录。直接否定原文内容，不对。

B.　M的人口总体规模在1990年间增加了500多人。这不是假设，而是对migration的确认。

C.　1991年申请和得到折扣卡的人，比1992年少。

D.　1991年移居到M镇的65岁或更老的人中，没有人没申请过折扣卡。这是说，移入的人，都申请过折扣卡了，但这不是假设；假设取非，应使原推理不成立，而本选项的说法的取非就是，有些人没申请过，但这也不能说明什么，不影响原推理。假设的确应该针对65岁以上的人，但不是移入的，而是原有的，他们不是在1991年才开始申请。

E.　一般而言，在1991年申请并得到折扣卡的人，在该年才首次有资格这样做。这暗示，不是在该年、而是在前几年就达到年龄、有资格这样做的人，都这样做过了。**正确**。如取非该推理，不是该年首次有资格、而是早有资格，那就说明，1991年申请的人其实是更老的老人，是他们造成了申请人数的增加，而不是移民来的老人造成的增加。D、E都针对65岁以上的人，但D是移入的，而E是原来就有的人。假设应该说针对原来的人不是多出的人。所以E正确。（注：本题答案在2014.01版网上的阅读36套中为D；我们这里将之修订为E。）

21.5　evolution of orb webs

【文章分析】

P1　S1　在蜘蛛演化研究中一个令人感兴趣的问题是，orb网的结网是仅仅演化过一次、还是多次演化的。主题词tw = evolution of orb webs，重点是once or several times。

　　S2 About half the　　35000种已知蜘蛛大约有一半会结网；结网蜘蛛里又有1/3会结orb网。事实陈述。

　　S3 Since most orb　　由于多数orb结网者要么属于A家族，要么属于U家族，orb网的起源只能通过确定这两个家族是否血缘相关来决定。抓新词：A, U。

P2　S4 Recent taxonomic　　近期关于两个家族的个体的分类（taxonomic）分析表明，这些家族演化自不同的祖先，因此否定了W的理论。动词contradict提示对比，different ancestors vs. W: the same ancestor。

　　S5 This theory populates　　这个理论假定这两个家族是血缘相关的，所基于的假设是，像造网这样的复杂行为只能演化一次。本句this theory指的是上一句W's theory，重点是once。

S6 According to Kullman　　按照K所说，网的结构乃是提示在两个家族之间存在血缘关系唯一的特征。
K, only web structure → relationship。这暗示，其他特征都不表明有这种关系。

S7 The families differ　　这些家族在外观、体毛结构、眼睛排列方面都有差别。

S8 Only Uloborids　　只有U缺少毒腺（venom glands）。

S9 Further identification　　关于标志特征的进一步辨识和研究将无可置疑地回答关于orb网的演化问题。
既然还需要further study，说明现有研究依然不够完整，incomplete。

【结构图】

第1句给主题，orb网是一次演化还是多次演化。第2句事实，第3句提出回答此问题的唯一方法是确定两个家族是否有血缘关系。第4句即第2段首句指出，这两个家族来自不同祖先，因此应该没有直接的血缘关系，这与W的理论不同。第5句说W的理论认为有血缘关系related，第6句引用K的说法，只有网结构支持这一点，第7.8句讲一些不支持的事实，第9句说还需要further study。结构：S1. (S2. S3.) S4. vs. S5. (S6.) vs. (S7. S8.) S9.。本文并没有清楚地回答问题，只是一些推测和分析。

		Cue	Function	Core
P1	S1	One of the questions	tw	**orb, once vs. several times?**
	S2		i	1/2(35000), 1/3 orb
	S3	be determined only by	j	**A, U related? → origin of orb**
P2	S4	Recent analysis, contradicting W	W: aw-	**different ancestors** **vs. W**
	S5	This theory	W'	**W: related; once**
	S6	According to	K	**K, only web structure → related**
	S7		x1,2,3	differ
	S8	Only	y	U, lack venom
	S9	Further...study	aw-/cs	**features, answer question**

【题目】

Q8 主题

【题干与定位】primary purpose问主题，定位首句，orb网是一次还是多次演化，然后再考虑后面的理论，W的理论被否定。

【选项】

A. 解决orb网是一次还是不只一次演化的问题。第2段只是某些理论和近期分析的拉锯战，作者没有真的试图解决问题。

B. 描述与orb网的演化有关的论题方面的科学推测；speculation是指还没有得到证实的假说和观念。第1段谈的是evolution of orb webs，第2段是W's theory，作者引用的analysis，都属于scientific speculation。**正确**。

C. 分析A和U家族的蜘蛛的标志特征之间的差异。第2段的细节有这方面的分析，但仅仅属于细节，不是全文主题。

D. 质疑（question）关于蜘蛛习惯的早期研究者所使用的方法。不是question the methods，而是反对theory。

E. 证明A的蜘蛛与U的蜘蛛没有血缘关系。第2段有讲这个，但也不是全文的重点。

Q9 列举/多选

【题干与定位】A家族的成员有哪几点不同于U的成员? 定位第2段最后几句, 提到differ。

【选项】

A. 毒腺的存在。A有、U没有。**正确。**

B. 体毛的结构。这是差异所在, 虽然不知道差异的内容是什么。**正确。**

C. 眼睛的排列。也提到有此差异。**正确。**

Q10 逻辑反对

【题干与定位】削弱W的理论。W的假设是, 复杂的行为只能演化一次。反对的方法: 直接反驳, 给出不同的说法; 间接反驳, 肯定它因的存在。这里, 直接反驳即可。

【选项】

A. 马由S引入新世界, 在各种气候条件下繁盛。没有提到once或several times。无关。

B. P家族的植物, 是一个共同祖先的后裔, 演化出独特的种子形式, 即使这些植物占据的是世界各地相似的栖息地。它们有common ancestor, 这说明evolved once。支持。

C. 所有哺乳动物都源自一种小的、类似啮齿类的动物, 其生理特征在某种形式上可见于它的所有后裔; found in all, 说明这个形状是来自共同的起源, evolved once。这是支持, 不是反对。

D. C和E家族的植物, 虽然通常看来相似、也发展出相似的机制来面对沙漠的严酷环境, 但却是独立演化的。独立演化出同样的机制, 这说明不是一次演化的。**正确。**

E. C的anole, 近期被引入到F的野外, 迅速取代F的本土chameleon, 因为anole没有竞争者。无关。

Exercise 22

22.1 empiricism

【文章分析】

P1　S1 在历史上，古典经验主义(empiricism)的一个奠基石是这个观点：每个真的一般概括，都必须是可用具体的观察来证实的。历史的、classical的观点，通常不会被支持；此句为老观点，重点是宾语从句里的 generalization, confirmable by specific。

S2 In classical　　在古典经验主义中，例如，"所有球是红的"，其真值是通过考察所有球来评估的；任何一个关于非红的球的观察，都毫不含糊地(unequivocally)反驳了这里提出的一般概括。本句以for example举例，重点是all balls, red vs. a non-red ball。例子与论点等价，找等价词：assessed by = confirmable by; all balls指向generalization, a...ball指向specific observation。

P2　S3 For W.V.O. Quine　　但是，对Q来说，这却构成经验主义的一个过度"狭隘的"观点。Q对古典观点给负评价，overly narrow; however提示转折。

S4 "All balls are red"　　他坚称，"所有球都是红的"，只是整个陈述(或知识)之网的一股(strand)而已；个别观察只能指涉到这个网的整体。重点是新词web, whole。

S5 As new observations　　他解释说，随着新的观察被收集，这些观察就必须被整合到网中。抓新词，integrated; 顺承上一句，有逻辑等价词integrated = whole。

S6 Problems occur only　　问题只会出现在这种条件下：一个新的观察"那个球是蓝的"，与以前存在的陈述之间，形成一种矛盾。抓新词，contradiction。

S7 In that case　　他主张，在那种情况下，**任何**陈述或陈述的组合(不仅仅是古典经验主义中的"冒犯性的"一般概括)，都可以被改变，以达到基本的要求，即一个没有矛盾的体系，即使在某些情况下，这种改变就是把新观察打上"幻觉"(hallucination)的标签。新词就是, alter, a system free of contradictions。

【结构图】

　　这篇哲学文章较为艰深，但通过抓首句转折句、对比等内容，是可以把握其基本内容的。第1句给老观点, generalization, confirmable by specific, 第2句举例说明；第3句即第2段首句由Q提出反对意见，说古典定义太narrow, 第4句讲新观点, individual referred to whole, 第5句讲证据, integrated into the whole web, 第6句提出问题产生的条件，第7句给出应对方法, alter。第4.5句是可以正常应用的, 第6.7句是出现反例的情况。结构: S1. (S2.) vs. S3. S4. (S5.) (S6. S7.)。

	Cue	Function	Core
P1 S1	Historically,	kw_o	**classical: generalization, confirmable by specific**
S2	for example	x	(all balls, red vs. a non-red ball)
P2 S3	however, narrow	aw-	**vs. Q, narrow**
S4	he maintains	kw_n	**individual—whole**
S5	he explains	a	(new, integrated)
S6	Problems occur only if	b1	(contradiction,
S7	In that case	b2	alter, a system free of contradiction)

【题目】

Q1 细节

【题干与定位】按照 Q 的经验主义观点，如果新观察与已经在我们的知识系统之内的某个陈述相矛盾，会发生什么？定位 contradict，在最后两句，特别是第 7 句 In that case，其中说，在这种情况下，会 alter the statement。

【选项】

A. 新观察会被拒绝为不真的。不是被 rejected，而是被 altered。

B. 这个观察和它所否定的在我们系统中的陈述，都会被抛弃；discarded 错。

C. 新观察会被加到我们的陈述之网中，以扩展我们的知识体系。这是没有矛盾时的情况。

D. 这个观察或我们的陈述之网的某个部分需要被调整，以消除这个矛盾；adjusted = altered；第 7 句说的，达到 a system free of contradictions，就是 resolve the contradiction。**正确**。

E. 一个完全新的知识领域会被创造。无。

Q2 细节/多选

【题干与定位】Q 认为古典经验主义过于狭隘是因为什么理由？narrow 定位在第 2 段首句、即文章第 3 句。老观点的内容都可以称为 Q 反对的理由。

【选项】

A. 古典经验主义要求我们的一般概括的体系是没有矛盾的。这不是 Q 反对的理由。Q 的观点也有这个要求。

B. 古典经验主义要求，在个别观察和一般概括之间有矛盾的情况下，一般概括必须被放弃。这正是古典经验主义的问题。Q 认为这时会有陈述被 altered。**正确**。

C. 古典经验主义断言，每个观察都要么证实既有的一般概括，要么启动一个新的一般概括。第 2 句没说过 confirm or initiate，只说一个特定的不同观察会 reject 一个一般概括。

22.2　shergottites

【文章分析】

P1　S1 S(hergottites) 是指目前在地球上发现的三种异常的 a(chondrites)（缺乏 c 的火成流星），它给科学家提出一个真正的谜题(enigma)。首句提出问题，主题词 tw = s。

S2 Shergottites crystallized　s 是在不到 11 亿年以前从熔融的(molten)岩石中结晶而来（大约比典型的 a 晚 35 亿年），它也许被扔到空间中，当时一个东西撞到一个物体上，后者的化学构成与地球的相似。说明 s 的情况，其中提到对比：s later than a。

S3 While some scientists　虽然一些科学家推测，s 来源于 Io(J 的一个火山活动活跃的卫星)，但近期的测量表明，由于 Io 的表面富含 sulfur 和 sodium，所以它的火山产物的化学构成，很可能与 s 的构成不同。让步转折，提示对比，抓对比：s ← Io vs. s ≠ Io。前半句讲第一个观点，s ← Io，后半句就用 but 和 recent 的内容加以否定，s 的构成与 Io 的构成不同，因此可能 s 并不是来自 Io。

S4 Moreover, any fragments　而且，任何因为中间物体撞击而从 Io 脱离(dislodge)的碎片，也许都不大可能逃离 J 的引力。并列的负评价证据。

P2　S5 s 的唯一的其他合乎逻辑的来源，就是 M。在第 1 段否定了 Io 这个来源以后，提出了第二个理论，kw2 = M。

S6 Space-probe　空间探测的图片表明，在 M 表面有巨大的火山。上一句观点的证据。

S7 From the small   从M的熔岩(lava)流体上出现的少数撞击坑，人们可以估计，这个行星一直到5亿年前火山都很活跃，也许在今天依然活跃。继续讲证据。

【结构图】

第1句给出关于s的问题，第2句为事实，第3句前半句(S3.1)提出一个观点，s来自Io，但后半句(S3.2)就给出证据否定，第4句以moreover并列再给否定。第2段首句即第5句提出另一个观点，s来自M，第6.7句给证据支持。结构：S1. S2. ← S3.1 vs. (S3.2. S4.) ← S5. (S6. S7.)。

		Cue	*Function*	*Core*
P1 S1		genuine enigma	tw	**s?**
	S2		i	s later than a
	S3	While some speculate, recent...suggest	kw1, aw-: x	**s ← Io** **vs. (Io ≠ s**
	S4	Moreover	y	unlikely escape)
P2 S5		the only other source	kw2	**s ← M**
	S6	indicate	m	(M, giant volcano
	S7	one can estimate	n	volcanically active)

【题目】

Q3 信息

【题干与定位】information, questions，无法定位单独某句，从选项找线索、带核心去排除，先排除那些与主题或态度相反或无关的选项，剩下的再找词定位。原文说s的来源，反对来自Io，倾向于来自Mars。

【选项】

A.　太阳系的确切年龄是什么？没有提到。

B.　s如何取得其名字的？首句提到the name given to，只说s的名字是针对什么的，没说how get...name。

C.　s和M的土壤所共有的化学性质是什么？第2段没有提到共同性质。

D.　J行星的火山活动有多活跃？原文只说过M和Io有火山活动。

E.　M表面的一个主要特征是什么？在第6句说过，M表面存在giant volcano，这是一个特征。**正确。**

Q4 细节/多选

【题干与定位】哪个考虑因素，决定了一颗特定的行星是否是s的一个可能来源。各个证据都有可能提示这些因素，本题也无法直接定位特定位置，而是分散对应原文各个证据。

【选项】

A.　行星的引力场的强度。第1段末句提到一些碎片无法逃脱J的引力，这说明，引力场对于s的来源也有影响。**正确。**

B.　行星与其卫星的接近程度(proximity)。没有提到距离问题。

C.　行星表面的化学构成。第2句已经提到一个物体在化学构成上与地球的相似，在第3句的转折部分也涉及这个问题。**正确。**

22.3 drivers

【文章分析】

S1 当一个驾驶员被怀疑饮酒过量时，测试该驾驶员走直线的能力，可以给出是否适合驾驶的指标，这个指标比测试驾驶员的血液酒精水平更可靠。

基本内容：straight line > blood-alcohol

【题目】

Q5 逻辑支持

【题干与定位】支持原文陈述，可以直接支持，说直线测试更可靠，或者间接支持、否定它因。

【选项】

A. 不是所有观察者都同意，一个人是否能够成功地走直线。不是支持，而是可能削弱。

B. 因为基因差异和酒精的习得性耐受的差别，一些人因为特定的高血液酒精水平受到的损害（impairment）可能比其他人更为严重。这暗示酒精测试不是一个好指标，否定这个原因，间接支持非酒精测试的方法。**正确**。

C. 测量血液酒精水平的测试是正确的、不贵的、容易施行的。这是肯定其他方法了。间接反对。

D. 在致命车祸中，一半以上的驾驶员的血液酒精水平，超过法定界限，而在不太严重的车祸中，法律上醉酒的驾驶员的比例较低。不支持，甚至可能反对。

E. 一些人血液酒精水平很高，也能走直线，但不能安全驾驶。这在反对直线测试。

22.4 Lorraine Hansberry

【文章分析】

S1 在RS中，H没有拒绝整合或美国梦的经济和道德承诺；相反，她依然忠实于这个梦，但同时也现实主义地考察它的不完全的实现情况。文科讲对比，not A rather B while C提示对比，抓对比：reject American dream vs. loyal to (vs. incomplete)。主题是关于RS的。关于对比的判断，可以看做论点。

S2 Once we recognize   一旦我们看到这种双重角度，我们就能接受这部戏剧的反讽的微妙（nuance），乃是H所做的深思熟虑的评论，而不是B归之于这部作品的"无意的"反讽。文科讲对比，rather than抓对比：deliberate vs. B: unintentional；this dual vision指第一句的while前后的对比内容。

S3 Indeed a curiously   事实上，一再奇怪地拒绝承认H有一种有意图反讽的能力，这导致一些批评家认为，这部戏剧的主题冲突是单纯的混乱、矛盾或杂烩（eclecticism，指混杂一堆东西的做法）。主语是长名词短语，抓实义词，refusal to credit H...intentional irony；动词interpret A as B，宾语是并列的三个名词，认识任意一个足矣。重点就是：refusal to credit H...intentional irony...led critics to interpret conflicts as confusion。主语中的curiously很奇怪的，提示负评价，作者认为这些critics是很奇怪的、也就是错的。本句与上一句也构成对比，作者认为，批评家拒绝承认H有一种intentional的能力：deliberate vs. refusal intentional → conflicts: confusion。

S4 Isaacs, for example   例如，I不能轻松地调和这两者：H对其种族的强烈关注、她的人类调和的理想。举例，I是上一句说的some critics之一。后面要批评其做法。

S5 But the play's complex   但是，这部戏剧的复杂观点，认为黑人自尊和人类团结是兼容的，这不比DB著名的、思考完善的、与人类统一共存的族群自我意识的理想更矛盾，也不比F所强调的同时容纳民族身份和角色的理想国际主义更矛盾。句子的中心线是 the play is no more contradictory than DB, or F；no more than 并不多于，说明相似，文科讲比较，抓相同：the play: compatible = DB: coexisting, F: accommodate。本句内部也有一些等价词：Black self-esteem = ethnic self-awareness = national identities；human solidarity = human unity = internationalism。第4.5句的举例及其反驳，是为了给第3句说的 some critics 找例子。

【结构图】

第1句引出主题，第2句给出作者观点，这部戏剧的反讽是有意的、而不是无意的。第3句指出一些批评家的奇怪看法，第4句举例说I的看法，第5句反驳。结构：S1. S2. vs. S3. (S4. vs. S5.)。

	Cue	Function	Core
S1	In *RS*, not; rather, while	tw: kw	**H, reject** **vs. loyal (vs. incomplete)**
S2	we can, rather than	kw vs. ~kw	**we: ironic: deliberate** **vs. unintentional**
S3	curiously, led to	~kw	**critics, conflicts as confusion**
S4	for example	x	**(I)**
S5	But, no more than	aw-	**vs. H/the play = DB, F**

【题目】

Q6 主题

【题干与定位】primary purpose 考主题；本文评论H的戏剧 *RS*，里面有 dual vision 或冲突的元素，同时批评一些批评家的看法。

【选项】

A. 解释一些批评家为什么拒绝。错！对批评家，不是 explain，而是 refute, object, question。

B. 提出反讽的微妙将 *RS* 与 DB 和 F 的著作联合起来。末句提到这些作品的相似，但仅仅是末句，不是全文主题。

C. 分析基本的戏剧冲突，文章不是说 conflicts 的各个方面，而是以如何理解冲突为中心；而且，作者其实不认为这是冲突。

D. 辩护在 *RS* 包括矛盾的要素的做法；contradictory elements 也许可以对应 S2 dual vision = S1 while；但作者说这些矛盾其实不是真的矛盾，末句说 no more contradictory，而是一种 dual vision，是刻意为之。重点不是 contradictory，而是 not contradictory。干扰选项。

E. 肯定有一种主题的连贯性在支撑 *RS*；coherence 是 contradictory 的反面，作者说，*RS* 里的 conflicts 不是真的冲突，而是复杂的（S5 complex view）、有意的社会评论（S2 deliberate social commentaries）。**正确**。与C和D的 conflicts, contradictory 不同，E讲的是 coherence；作者认为，H的内容是一致的、连贯的，而不是冲突的、矛盾的。冲突或矛盾只是不理解其双重角度的批评家的误解。

Q7 选择句子

【题干与定位】作者在该句中加强他对例如I对 *RS* 所作反应的批评；reinforce criticism 的句子是给出批评，不能选 for example 这一句，因为题干问的是对例子的批评，那就只有 But the play's complex view 这一句。

Q8 类比

【题干与定位】哪种情况最类似批评家的推理。定位第3句，找到批评家，取其抽象词（动词、态度词、抽象名词）、略去具体词（专有名词等），得到：persistent refusal to credit A with a capacity for intentional irony，[so] interpret conflicts as confusion，简化再得：拒不承认对方具备有意识的某种能力，于是就认为那是混乱或糟糕的事。

【选项】

A. 世界明显是平的，因此，提出环绕世界的人毫无疑问是鲁莽的（foolhardy）。这是直接挑战已知事实，无关。

B. 辐射不能被直接感知，因此，科学家不能在实验室里控制它。直接感知与实验室控制的关系，无关。

C. 这幅画的作者不能有意让它有趣起来，所以，它的幽默必定是因为缺乏技巧。**正确**。因为不认为对方具备有意识的某种能力，就认为那是缺乏技巧或糟糕的事。

D. 传统社会风俗（mores）对文化有益；因此，任何偏离（deviate from）它们的人都是在毁灭式地行动。违背常规的问题。

E. 制作纪录片的制片人只会（exclusively，排除其余）处理事实；所以，重新解读具体事件的制片人是在误导我们。没有出现intentional, unintentional的关系；无关。

22.5　car thefts

【文章分析】

S1　1992年12月，T购物中心修补并改善了停车场的灯光，这些停车场1993年的盗车和企图盗车的事件，相比前一年下降76%。

S2　Since　由于可能的盗车者一般会因为好的灯光而被阻止（deterred），这种下降可以被归因于这些改善。

Premise 1:　　lighting improve

Premise 2:　　car thefts decrease

Premise 3:　　potential car thieves are deterred by good lightning

Conclusion:　decrease ← improvement

【题目】

Q9 逻辑支持

【题干与定位】加强论证，可以直接支持，对结论或因果判断进行重复、举例，强化盗车下降与灯光改善的关系，也可以间接支持，否定它因。对本题而言，在前提和结论之间没有明显的概念差异，要支持，就以否定它因为主。

【选项】

A. 1992和1993年，多数从购物中心停车场偷的车，都是比较新的、贵的豪华款式。没说新款式与灯光有直接关系，不算加强。

B. 多数车都是在早上11点到下午4点之间偷的。这不存在灯光问题，是反对。

C. T购物中心是T地区的三个购物中心之一。无关。

D. 在T镇，1993年盗车的数目与1992的基本相同。整个镇的盗车数目没变，但这个停车场的盗车数目下降，这就提示其他停车场偷车数目增多，而这个停车场的情况不同，这必有原因，强化了结论。整个镇偷车的数目不变，说明不是因为数目自然减少，导致本停车场的偷车数目减少。否定它因、支持现有。**正确**。

E. 在1993年，晚上在这个停车场巡逻的保安数目翻倍。有它因，不是支持，而是反对。

22.6 transplantation of organs

【文章分析】

S1 提出两个问题，抓住并列的新词即可：organ rejection, donor-specific l。全句说，从一个到另一个个体的器官移植，涉及两个主要问题：(1)器官排斥是可能的，除非两个个体的移植抗原(antigen)接近相同，(2)任何不匹配的移植抗原的引入，都会诱发(induce)受方发育出供方特异的l(ymphocytes)，后者会产生猛烈的排斥，排斥来自该供方的进一步移植。

S2 However, we have 但是，我们发现，在许多种系的老鼠中，肝的移植从不会被排斥，而且它们甚至会诱发供方特异的没有反应的情况。对比情况，never rejected, unresponsive。它没有反驳或否定第1句，只是与之形成对比。

S3 Our hypothesis is 我们的假设是，(1)许多种系的老鼠，不能发动(mount)足够有力的毁灭性的免疫反应(使用l)，超出(outstrip)肝相对较大的保护能力，保护它不受免疫反应的影响，(2)所观察到的系统的没有反应，是因为受方的供方特异的l集中在肝移植的位置。解释第2句的情况，两个并列假说的内容是，cannot mount immune response, l at the site of transplant。

【结构图】

第1句讲两个问题，器官排斥、供方特异的l；第2句对比说许多老鼠不会，第3句解释这种特殊情况，第一，老鼠不会有强大的免疫反应，第二，l的位置。结构：S1. vs. S2. ← S3。

	Cue	*Function*	*Core*
S1	two problems: (1) and (2)	tw, i1, i2	transplantation: rejection, development of l
S2	However, we found that, and that	vs. j1, j2	vs. rats, never rejected, unresponsiveness
S3	Our hypothesis is that, and that	kw1, kw2	← not mount immune, l at the site of transplant

【题目】

Q10 逻辑支持

【题干与定位】哪些新发现会支持作者的假说？定位作者假说在末句，重复这个说法、提供中间环节、否定它因，都是可以的。这并不是一个正常的细节或主题题，而是在考逻辑推理，答案不必是原文中出现过的内容(因有if true)。

【选项】

I 胃的移植在所有例子中都被受方所接受。作者的假说是关于liver的。无关。

II 增加受方免疫反应的强度，可以诱发肝移植的排斥。这是假说1的反面说法。原文说，没有足够vigorous，才不能发动免疫反应，这选项说，增加力度，就能发动免疫反应，进行排斥。**正确**。该选项重要！GRE经常把原文的话反过来说一遍。

III 在肝移植后，来自任何其他供方的器官都可以被移植、而没有排斥。作者的假说仅仅与肝移植有关，这里提到所有其他供体的organ的情况，不能构成支持或反对。

IV 防止l集中在肝移植处，这会造成人体接受皮肤移植；skin transplants与作者假说的liver transplants 依然无关。

只有II正确，**故选A，正确**。

Exercise 23

23.1 linguists

【文章分析】

S1 主干是 the common belief of some linguists is the exact counterpart of the conviction of M school of economics，一些语言学家的普遍信念，在某些方面，是M经济学学派的信念的精确对应者。由于主语 belief 与宾语 conviction 都是抽象名词，所以要找 that 从句修饰里的实义词；这样，belief 的从句是说，每个语言都是说该语言的民族的思想的完美载体，conviction 的从句则说，供应和需求将把一切调节到最好。宾语的 counterpart 表示相似、而不是相反！它等于 counterpoint = similarity, unity, or complement。这样，全句的重点就是：language: perfect = M, supply and demand: the best。**文科讲比较**，perfect = best。

S2 Just as   Just as 从句与主句 so also 构成相同的比较，找相同：economists: blind = linguists: deaf。前半句说，正如经济学家对许多例子视而不见，在这些例子中，供应和需求的法则让实际需求无法满足；cases 这个宾语抽象，抓修饰从句的实义词 unsatisfied。后半句的主干说，许多语言学家也对那些例子充耳不闻；instances 这个宾语也抽象，也抓修饰从句的实义词 misunderstanding。这个长句理解到这里，就足够了。在 those instances 后面出现的并列 in which 从句，其实相当于主干里的负评价态度(aw-)的证据(x, y)。文章苦短，把本应写成两个证据句子的内容，写成了两个从句。从句之间有 consequently，也意味着在内容上是前后推理关系：misunderstanding → modified。这两个从句说：在这些例子中，语言的本质带来日常谈话中的误解，因此，一个词必须被修改或定义，以求提出说话人想说的意思："他拿了他的棍子——不，不是约翰的，而是他自己的"。全句重点: economists blind: unsatisfied = linguists deaf: misunderstanding。

S3 No language   没有语言是完美的，如果我们承认这一真相，我们也必须承认，调查不同语言或语言的不同细节的相对优点，不是不合理的。末句给出结论，language: not perfect；we must admit 情态动词通常都表示作者看法。

【结构图】

第1句老观点，语言很完美，同时包含比较，与最好的供求关系一样，第2句反驳，反驳之内还包含比较，同时还有并列的举例内容，第3句给结论或新观点。结构：S1. vs. S2. S3.。

	Cue	*Function*	*Core*
S1	common belief counterpart	kw_o	**language: perfect** **= M, supply and demand, best**
S2	Just as blind so also deaf in which and in which	aw- (x y)	**blind** **= deaf** (misunderstandings modified)
S3	we must admit	kw_n / cs	**not perfect**

【题目】

Q1 主题

【题干与定位】primary purpose考主题，对应第2句的负评价、第3句的新观点或结论。

【选项】

A. 分析一个有趣特征。与反驳老观点的结构无关。

B. 反驳一些语言学家所持有的一种信念；refute = S2 blind。**正确。**

C. 指出经济理论与语言研究是相关的。不能把第1.2句的比较的细节当成文章的主题。

D. 具体说明一种混乱。文章是为反对老观点、而不是给混乱举例。

E. 指出语言可以变得更接近完美的一种方式。文章不主张perfect。错！

Q2 类比/多选

【题干与定位】作者所说的misunderstanding类似于哪种情况？定位第2句，这种误解是因为the very nature of language所带来的。

【选项】

A. X使用you这个词指一个群体，但Y认为X指的只是一个人。这是you这个代词本身的歧义引起的。**正确。**

B. X误以为anomaly指的是一个典型例子，但Y知道它指的是例外。这不是语言本身的性质导致的，而是X自己弄错了！

C. X用bachelor这个词指没结婚的男人，但Y误以为bachelor指的是没结婚的女人。与B选项相同，都是某个人弄错了这个概念！不是该概念本身有歧义。

Q3 结构

【题干与定位】the author does...EXCEPT；不能定位单独某句，可直接看选项，注意题干的EXCEPT，能对应的，不选；对应不到，选择。

【选项】

A. 给出一个例子。第2句有引号引出的例子。

B. 引出一个结论。末句。

C. 作出一个一般概括；generalization是指general thesis or conclusion，对应末句。

D. 作出一种比较；comparison通常表示相同的比较，对应第1句counterpart，第2句just as。

E. 提出一个悖论；paradox表示逻辑与事实的矛盾或一般的矛盾，原文没有自相矛盾，无法对应。因为题干的EXCEPT，**正确。**

23.2　solar activity

【文章分析】

S1　现在，有两个太阳活动模型。主题词tw = solar activity；two models提示有两个理论，kw1, kw2。理科讲因果，中间可能会有数量相关或者机制过程。

S2　The first supposes　第一个模型假设，太阳的内部运动(旋转和对流所导致的)与其大规模的磁场相互作用，产生一个动力源，在这个设备中，机械能转化为磁场能。句内有连续动作，interact with, produce, converted into，抓住首尾，即最开始和最结尾的名词环节，得到：internal motion → ... → energy of magnetic field。本句The first supposes提示观点出现，但并没有给出kw1的总结内容。

S3　In short, the Sun's　简而言之，太阳的大规模磁场被认为是自己维持的，这样，它所推动的太阳活动周期，就会得到维持，在也许亿万年中，都没有多少总体的变化。继续写连续动作，除了用动词 self-sustaining, maintained，还以 X so that Y 来配合；抓结果，cycle maintained with little change。结合上一句，抓连续动作的首尾名词环节：**internal motions → ... → ... → cycle, little change**。可以认为结果就是第 1 个模型的重点，kw1 = little change。既然另一个模型与此至少有别，可以推出 kw2 = not (little change) = change。下文验证。这就是 active reading 的结果，通过把握结构来提炼当前看到的内容，并且思考下文可能出现的内容。

S4　The alternative　替代的解释假设为，太阳的大规模磁场是太阳在它形成时所获得的磁场的一个残余物（remnant），不会被维持而不衰败。主语里的 alternative 提示 kw2，但还是未给内容，而是直接进入假设的细节。

S5　In this model　在这个模型中，依赖于太阳磁场的太阳机制，会更快耗尽。继续讲细节。没有特别重要的内容值得记住。有时，不记本身才是主动的结构化阅读的技巧。

S6　Thus, the characteristics　因此，太阳活动周期的特征可望在一个长时间内改变。第 4.5.6 句构成一个连续因果的序列，连续动作，抓住首尾：S4 **magnetic field → ... → S6 cycle change**。Thus 提示这是第 2 个模型的结论，cs2，它等价于 kw2，故 kw2 = change。这也正好与第 3 句末尾的 kw1 = little change 构成内容上的差异。

【结构图】

第 1 句主题，solar activity 的两个模型，第 2.3 句连续动作给出第 1 个模型的内容，kw1 = cycle little change，第 4.5.6 句讲第 2 个模型，kw2 = change。全文是总分结构，分的内容是两个模型或观点，其内部是因果机制论证。结构：S1. (S2. → S3.) (S4. → S5. → S6.)。

	Cue	Function	Core
S1	Currently, two models	tw	**solar activity**
S2	The first supposes	kw1': a	**1st internal motions →**
S3	, so that	→ b → c	**→ ... → cycle, little change**
S4	alternative explanation	kw2': x	**vs. 2nd magnetic field →**
S5	In this model	→ y	**→**
S6	Thus,	→ z	**→ cycle, change**

【题目】

Q4 信息

【题干与定位】问 two models，全文都是这个主题，无法单独定位某句，只能从选项找线索、带核心去排除，排除与文章主题和两个观点无关的内容。主题，solar activity，观点，kw1 = little change, kw2 = change。

【选项】

A.　在两个模型中，周期性的太阳活动都被认为是太阳的一个长存特征，持续亿万年，没有多少变化。只有第 1 个模型是 little change；不是 both models。

B.　在两个模型中，太阳活动周期被假设为是依赖大规模太阳磁场的。分别定位两个模型关于 magnetic field 的句子，看是否都 dependent：在第 2 句，interact with = dependent；在第 5 句，dependent on 直接出现。这可见两个模型都依赖太阳磁场。**正确**。本题要定位到不同理论各自的细节，而不是像多数题那样定位单独 1-2 句，所以相对较难。

C.　在一个模型中，太阳的磁场被认为在导致太阳活动方面发挥一种作用，而在另一个模型中，则不被这样认为。与 B 选项相反，错！

D.　在一个模型中，太阳活动被假定为与地球(terrestrial)现象无关；看到这里已经错了！全文未提到terrestrial phenomena。

E.　在一个模型中，太阳活动周期，其周期比几十年长，被认为是不可能的，另一个则被预测。没有提到过impossible vs. predicted这样的对比。原文只是little change vs. change。

23.3　oil boom

【文章分析】

S1　就像N的其他多数沿海城市，S镇安宁、平静，直到1960's早期它成为N的离岸石油挖掘中心。

S2　Between then　从那时到现在，暴力犯罪和公物破坏(vandalism)在S有大幅增加。

S3　Stavanager's　S的社会问题很可能就是因为石油繁荣(boom)，因为暴力犯罪和公物破坏在N沿海没有石油繁荣的市镇，依然很低。

Premise 1:　　　S, oil boom

Premise 2:　　　S, crime increase

Premise 3:　　　(since) no oil boom, low crime

Conclusion:　　S, oil boom → crime increase

【题目】

Q5 逻辑方法

【题干与定位】论证中所使用的推理方法是什么?从a↓: b↓，推出a↑ → b↑。从一组正相关，推出另一种正相关和因果关系。相关性并不等于因果关系；所有的因果都是相关，但不是所有相关都是因果，相关的范围比因果大；但在这里，不是批驳这种推理，而是说出它的推理方法。

【选项】

A.　论证说，一个环境不是一个现象的先决条件(precondition)，其依据是该现象有时发生在该环境不存在的时候。原文说a是b的原因，而不是说，不是其原因或条件。

B.　论证说，一个环境是一个现象的原因，其依据是，该现象不发生在该环境不存在的时候。**正确**。原文正是从否定性的正相关，推出肯定性的正相关及其因果关系。这里，circumstances = factors = conditions = causes。

C.　论证说，一个具体的事物，不可能导致一个现象，因为该事物在该现象发生以前并不存在。与A选项错误相同。原文的推理结论是result from，而不是not cause。

D.　试图确立一个主张，通过论证说，对该主张的否认，与所观察的事实，并不一致。没有提到claim的反面，与事实之间的关系。

E.　试图确立，如果一个具体解释是正确的某些环境就必须发生，但这些环境不能真的发生。不是谈环境必须发生和不能发生的关系。

23.4　archaeological finds

【文章分析】

S1　现代考古学发现依然能够极大地促进古代文学的研究。论点；情态动词can表示作者观点，contribute to表正面态度，首句态度 = 作者观点。简化为：finds → literature study。通常，讲contribution可通过时间对比，过去如何、现在又如何，以此来证明贡献或差异。文科讲对比，预期后面主要以讲对比为主。

S2　For example　举例证明；例子通常不能证明论点，但分析性的例子除外；forty years ago 谈过去，是证明首句 contribute to 的第一方面。本句说，40 年前，对早期古希腊戏剧家 A 的戏剧的考察，会以 SW 开始。第一个观点已经出现：kw1 = SW, start，既然是从 SW 开始，SW 就是当时人们所认为的早期作品，start = early (work)。

S3　Many factors　这部剧的许多内在因素、但也许最特别的是合唱团(chorus)的显著地位(prominence)，都导致学者认为它是 A 的早期作品之一。主语内的 but most especially 表示强调，而不是反驳或否定；主语部分讲这个观点的原因(factors)，宾语部分讲学者的看法，很明显，early = S2 start with。

S4　The consensus　当时的共识是，这是一部戏剧，真正反映了悲剧从合唱的抒情诗中演化的一个早期阶段。从上一句的 internal factors，扩展到了演化发展这样的外部因素 external factors；本句与上一句属于并列证据，证据重现论点核心，early = S3 early = S2 start。

S5　The play was　这部剧的日期确定为早到 490's BC，无论如何，都是在 A 在 472 BC 的戏剧 P 之前。本句日期确定，dated，好比是一个小结论，也再次重现观点 early。

S6　Then, in 1952　然后，在 1952 年，一个 p(apyrus) 的残篇在 O 地发现，并出版。时间不同，观点不同；考古发现也出现了，fragment = 首句 archaeological finds。

S7　The fragment　这个残篇宣告，A 以他的 Dt 赢得头奖，而 SW 是 Dt 的开场剧，A 在此过程中战胜了 S。细节，不必记忆内容，但可注意 Dt 与 SW 是同时创作的，因为它们是同一部剧的全体和部分。

S8　Sophocles　S 在 468 BC 前没有参加任何戏剧竞赛，在该年他赢得首次胜利。细节。

S9　Hence, the　因此，Dt 必须放在 468 BC 之后。Hence 引出第 7.8 句事实的推理结果，这就相当于 kw2 = after。也与第 2.3.4.5 句的 early 观点对立。抓对比：40 years ago: SW, early, 490's BC vs. 1952, fragment: SW, after 468 BC。注意公元前的数字越小就越晚、越大就越早。简化一下：early vs. after。

【结构图】

第 1 句论点，讲考古发现能够促进古代文学研究，第 2 句开始举例讲过去的研究，以为 SW 是 early play，第 6 句 1952 年开始，残篇出土，经过一些证据推导，末句得出 SW 是 after 468 BC 的剧作。全文为总分 + 时间对比结构：S1. (S2. [S3. S4.] S5. vs. S6. [S7. S8.] → S9.)。

	Cue	*Function*	*Core*
S1	can contribute to	tw, ts	**finds → literature study**
S2	For example, forty years ago	kw1	 **40 years ago, SW: start**
S3	Many factors	(a	(internal factors, → early
S4	consensus was that	b)	evolution → early)
S5		cs1	**early, 490's BC**
S6	Then, in 1952,	kw2'	**vs. 1952, fragment**
S7		(x	(Dt, SW, defeat S
S8		y)	S, not before 468 BC)
S9	Hence	cs2	**SW/Dt, after 468 BC**

【题目】

Q6 细节

【题干与定位】在缺乏(absence)关于古代文学作品的创作日期的确切知识时，文学历史学家在确立一个作家的作品的年代学(chronology)时，会做什么? 缺乏知识，是指没有得到考古发现帮助时，可定位1952年这一句之前的第2.3.4.5句，再找literary historians，就是第3句的scholars，当时他们会根据internal factors来确定时间。

【选项】

A. 提出关于单独一部作品的创作日期，如果这些假设不会严重影响对同一作者的其他作品的解释。没有提到other works与a single work的解释的影响的问题。

B. 作出关于作品创作日期的推理，基于内在于该作品的证据、也基于作者的其他作品。首先，internal为照抄; other works在第3句没直接说，但说一部作品是early，蕴含它与other works的时间对照，所以，本选项**正确**。

C. 忽视一部作品的创作日期。不是ignore，而是去作了推测和判断。

D. 不作关于一部作品的创作日期的推测(speculation); refrain from忍住不做，这是错的! 原文的学者们还是作了推测。

E. 估计一部作品的创作日期，而不试图把它与作者作为艺术家的发展关联起来。没有提到without...relate这种否定性的陈述。

23.5 population growth

【文章分析】

各段首句

P1 S1 正如W、D和其他人长期观察到的，所有物种看来都有一种天生的(innate)能力，一代又一代增加它们的数目。人物及其观察，observe到的是现象，不是观点。生物现象 = 文章主题，故tw = increase numbers。数量变化 = 解释对象。

P2 S1 为赋予某种秩序给这种万花筒(kaleidoscope)的模式，一个思想学派提出，把种群分为两组。本句one school of thought是一派人物，propose提出的是观点，故宾语就是kw = dividing, two groups。

P3 S1 这种两分法(dichotomy)有其用途，但它如果被从字面上太刻板地理解，也会造成问题。This dichotomy向上指，指向上一段首句dividing, two groups; 态度词has uses, but...problems，有正负两种评价。

P4 S1 先有in order to的介词短语，次要; 句子主谓we may think of提示是作者观点，kw2，与第2段的kw1相对; 句子的重心在while所连接的对比，**对比找反义，反义在宾语**: density-dependent effects: signal vs. density-independent effects: noise。严格来说，理解到这一步就足够了; 通过while这个句内提示词，主动地提取句子信息，而不是看到每个单词都去对应中文，或者企图记住每个单词，尤其是不认识的生词。本句之所以写这么长，除了因为while连接对比的两个句子之外，还因为前半句宾语signal之后有一个从句(ecologists are trying...)、一个同位语及其从句的修饰(one that tends to...)。全句主要意思是，为了理解生态学家研究的本质，我们可以认为，密度依赖对增长参数的效果，乃是信号，生态学家试图分离和解读它，它往往使种群从相对低的数值增加，或从相对高的数值减少，而密度独立效果起的作用则是产生种群动力学中的"噪音"。

首句回顾：第1段首句提出主题，numbers increase，也就是population growth；第2段首句给一个学派的两分观点，第3段首句给正负评价，主要是负评价，第4段引入作者本人看法，认为其中一个是signal，一个是noise，从常识可知，信号和噪音是无法完全分离的，故作者认为这两个因素是共同起作用来调节种群增长的。

全文分析

P1　S1 主题是所观察到的内容，numbers increase。

S2 The task for 　生态学家的任务就是解开（untangle）环境和生物因素，它们长期控制着(hold...in check) 种群增长的内在能力。本句population growth = 上一句species numbers increase，factors提示真正的重点是：population growth factors，有两个，environmental和biological。

S3 The great variety 　冒号前为概括，冒号后为具体说明；抓住前半部分即可，重点是 variety of behaviors...difficult。冒号后为具体说明，some, others, still others引出三个连续并列的句子，相当于冒号前内容的证据，只是压缩在一个长句之内而已；并列内容次要，因此后面内容读过、不必记忆。全句说，不同种群所展示的各种各样的动态行为，使得这个任务更加困难：一些种群维持一年又一年大致恒定；其他种群表现出繁多与稀少的规则周期；还有一些种群则波动剧烈，有时爆发、有时崩盘，在一些情况下这与天气相关，在其他情况下则不相关。

1段回顾：第1句说种群数目增长，第2句讲要研究增长的环境和生物因素，第3句说这项研究的困难在于种群的行为多样。第1段为现象的描述，尚未给出解释。

P2　S1 有人物，one school of thought，也有提出观点，propose之后即为kw，故kw = dividing, two groups。

S2 These ecologists 　抓新词，density-dependent growth parameters，专业名词可取首字母，d-d parameters (=factors)。这些d-d factors对应第1段的biological factors。全句说，这些生态学家假设，相对稳定的种群有密度依赖的增长参数，即生、死、迁徙比率，这些比率强烈依赖种群密度。

S3 The highly varying 　抓新词，density-independent growth parameters，简化为d-i factors。前半句说，高度变化的种群有密度独立的增长参数，其重要比率受到环境事件的影响（buffetted by = affected by），可见d-i factors对应的是第1段第2句的environmental factors。后半句说，这些比率以一种全然独立于种群密度的方式而波动(fluctuate)。

2段回顾：首句引出第一个观点，two groups，第2.3句给出d-d, d-i的分类，它们分别对应第1段第2句的biological factors, environmental factors。

P3　S1 抓but前后对比态度：uses vs. problems；this dichotomy指向第2段首句 dividing, two groups。首句有problems，后面并列展开问题。

S2 For one thing 　没有种群可以在所有时间内都完全靠密度独立因素的推动。重点是no entirely by d-i factors。这个否定式的另一面是，at some times, by d-d factors。GRE要求读者猜出否定的另一面。更多的是推出对比的另一面，例如，原文说A > B，答案说B < A。

S3 No matter how 　前半句no matter how是让步从句，后半句也有if从句和the population引导的主句，让步转折，含有对比，对比找反义，反义在宾语：averages vs. (if no d-d) without bound。其他内容不是初次阅读需要关注的重点。全句说，无论生、死、迁徙比率围绕其长期平均值波动是多么猛烈或不可预测，如果没有密度依赖因素，种群会在长期内没有界限地增长或减少（除非得与失恰好抵消的奇迹出现）。这里，barring = except，bar作动词时表示禁止、排除。

S4 Put another 　换种方式来说，也许在一个种群中，所有死亡平均有99%都来自密度独立的原因，只有1%来自随密度而变化的因素。重点：only 1% d-d factors。

S5 The factors　　这些构成1%的因素看来似乎不重要，它们的原因也相应难以确定；may seem 提示让步，后文会有转折。

S6 Yet, whether　　转折出现；无论认识到与否，它们(指1% d-d)通常都将决定长期平均种群密度。第5.6句让步转折，抓对比：1% d-d factors: unimportant vs. determine long-term。让步限制论点，转折回归论点，因此本句的转折也看做论点的重现，即便1%的d-d factors也能决定长期平均密度，这说明，将种群截然分成d-d, d-i两类是不行的。

3段回顾：第1句负评价，problems提示有并列负评价，第2句for one thing与第3句put another way提示并列，第2句说not entirely by d-i，第3句说if no d-d, without bound，第4句讲另一方面，只有1%的d-d factors，第5.6句，以让步转折来说明，1% d-d factors看似不重要，但其实也可以决定长期平均值。结构：S1. (S2. [S3.] S4. [S5. vs. S6.])。

P4　S1 we may think of 提示作者观点，对think of/view/consider/interpret/envision A as B，A = tw, as之后的B = kw，但本句有while引出两个对比句，抓对比反义词：d-d factors: signal vs. d-i factors: noise。

S2 For populations　　先有For populations的介词短语及其并列的定语从句that...or that...，均不如主干重要；句子抓主干，发现又有even though让步，让步包含语义上的对比，抓对比反义词：signal: easily characterized vs. mechanisms: unknown，意思是，信息容易被刻画，但其机制未知。全句说，对于维持相对恒定的种群或围绕重复周期波动(oscillate)的种群，信号可以相当容易被刻画、其效果也容易被描述，即使作为原因的因果机制依然未知。

S3 For irregularly　　对于不规则波动的种群，我们很可能拥有的观察太少，没有任何希望从压倒性的(overwhelming)噪音中提取信号。本句too...to...结构，表示"太…不能…"，是负面陈述；重点是few...signal。从第2句与第3句开头的For populations, For...populations可以看出，这两句是并列证据。

S4 But it now　　但是，现在看来很清楚，所有种群都会受到密度依赖和密度独立效果以不同比例的混合调节。结论。为什么用But? 也许因为第2句含有、第3句全是负评价，而结论希望回到对作者观点的正评价，故以But提示态度的变化。重点是regulated by之后的mixture，=kw2；由于第2段与第4段两个观点相反，也可以得到dichotomy vs. mixture，一派学者认为要两分，作者则认为要混合。

4段回顾：第1句给观点，第2.3句并列两种种群来说明，第4句总结。结构：S1. (S2. S3.) S4.。

【结构图】

	Cue	Function	Core
P1 S1	observed,	tw	**increase numbers**
S2	task, factors	tw'	**growth, environmental and biological factors**
S3	: some; others; still others	i; j; k	(constant; cycles; wildly)

	Cue	Function	Core
P2 S1	one school propose	kw1	**dividing/two groups**
S2		a	"d-d" factors
S3		b	"d-i" factors

	Cue	Function	Core
P3 S1	This, uses, but	aw+, aw-	**uses vs. problems**
S2	For one thing	x	no entirely d-i
S3	No matter how, if, would	x'	averages vs. (if no d-d) without bound
S4	Put another way	y	1%, d-d factors
S5	may seem	~y	unimportant
S6	Yet,	y/cs	**vs. determine long-term**

	Cue	Function	Core
P4 S1	we may think of	kw2	**d-d: signal vs. d-i: noise**
S2	For, even though	u	(signal: easily characterized vs. mechanism: unknown)
S3	For, too...to	v	(cannot extract signal)
S4	But now	cs	**mixture**

【题目】

Q7 主题

【题干与定位】primarily concerned，考主题；文章提出两个方案，来回答第1段的factors，主题就定位首段，主要是第1句和第2句：growth factors。

【选项】

A. 讨论控制种群增长的两类factors，评估它们的相对重要性。第1段提到两类因素，第2.3.4段说它们不能分、应该合，就是讨论其重要程度。**正确。**

B. growth rates不够精确，文章主题是growth factors。

C. 提出一个关于population sizes的假说；已错，应该是种群增长因素，而不是种群规模。

D. 只提到environmental factors，漏掉了第2句的biological factors。答案应该全面反映文章内容，而不能有遗漏。

E. 反驳关于种群密度的一个通常被接受的理论，提供一种新的替代理论。文章的确有两个对立观点，但这仅仅大致上对应第2.3.4段，忽略了第1段的问题或任务。且文章主题不在population density，而是population growth factors。

Q8 态度

【题干与定位】作者对第2段的dichotomy是怎么考虑的? the author consider...to be...通常就是考作者对某事的态度。第2段是两分法本身的描述，没有给出作者态度，作者态度在第3段首句，有正有负，uses vs. problems。

【选项】

A. 仅仅可以应用于异常（erratically = irregularly）波动的种群。第3段没对种群适用范围作出限定。

B. useful = use, limitation = problems；只有在其局限性被认识到时才有用，这提示，如果太刻板地（literally）理解它，就会造成问题，就会没用，这说明它本身有limitations。**正确。**

C. 在多数条件下都有危险的误导性。没有提到多数条件的情况。

D.　完整而充分的方式。过于正面，与第3段首句的负评价为主的态度不能对应。

E.　概念上有效，但会引起混淆，无法在实践基础上应用；程度过强，因为but后半句只是说too literally taken，会带来问题，没说完全无法应用。

Q9 段落信息

【题干与定位】问末段即第4段，无法单独定位某句，全段都可以定位。从选项找线索、带核心去排除，排除那些与4段核心无关或相反的选项；4段核心在首末句：signal vs. noise，mixture混合起来起作用。其他选项再定位第4段。

【选项】

A.　对不规则波动的种群，把所做的观察翻倍（doubling），很可能导致密度依赖因素的分离。定位第3句for irregularly fluctuating populations，该句说too few observations，导致我们无法提取signal，这里signal = d-d effects；要取非，分离出signal，则需要足够多的observations，而不只是doubling。本选项想把原文否定性说法取非为肯定性陈述，但未成功。

B.　d-d效果不如d-i效果那样频繁地发生。第4段焦点在混合d-d与d-i，而不是对比这两者。可直接排除。

C.　目前，生态学家不能理解d-d效果的底层（underlying）原因；not understand any causes，否定的程度过大，原文第2句even though只是说，mechanisms...unknown，没说任何一个cause都不理解。

D.　d-d效果被认为是由某种生化信号传送所导致的，生态学家希望最终理解它。干扰选项。它看似对应第4段首句，但那一句说的we think of d-d as signal，不是说d-d is caused by signal。本选项把原文的think of ...as...变成了caused by的因果关系。新因果，错！

E.　有时可能推出d-d因素的存在，而不理解因果机制。对应第4段第2句，原句的for populations...，就对应选项的sometimes，是指一些种群如此，在一些情况下如此；possible这个正面词，对应原文的easily characterized等肯定性动词；without understanding对应even though从句中的unknown。**正确。**

Q10 列举/多选

【题干与定位】behaviors行为，不是指理论观点、态度，而是指现象，因此定位首段。在第1段第3句，有各种不同行为。仔细对照即可。

【选项】

A.　constant有对应，**正确。**

B.　regular cycles也对应，**正确。**

C.　数字异常增长，erratic increase = outbreaks，与天气相关也在最后that从句有对应。**正确。**

考位分析：第7题考主题，定位首段；第8题考第3段首句态度；第9题考第4段正评价观点的核心和细节，第10题考第1段末句现象。3/4的题目考首末句、观点核心和态度。

Exercise 24

24.1　jewelry workshops

【文章分析】

S1　一处玛雅地址的发掘，发现一些珠宝作坊，它们离这个地址的中心有些距离，从中心向外辐射。

S2　Since the　由于贵族(nobility)只生活在中心区域，考古学家作出结论，这些作坊制作珠宝，不是为了贵族，而是为了中产阶级，后者必定已经足够有钱，可以负担得起。

Premise 1:　　workshops, some distance from the center

Premise 2:　　(Since) nobility live only in the center

Conclusion:　　(conclude) workshops, for middle class

【题目】

Q1 假设

【题干与定位】假设就是连接前提-结论之间的差异概念。前提说nobility live only in the center，想到**逻辑的另一面**，贵族不会住在非中心地区，some middle class live at some distance from the center，另一个前提说workshops located at some distance from the center，结论说workshops for the middle class, not for the nobility。前提的概念是live, locate，结论的概念是for。连接这两个差异概念：位于什么地方，就为住在什么地方的人生产。这是作者关于这些作坊的工匠(artisan)的假设。换成逻辑的另一面就是，他们不会在一地生产，拿到另一地区销售。

【选项】

A.　工匠本身就是中产阶级的成员。没有连接locate, made for。

B.　他们住在作坊附近。假设应该是作坊的位置与生产目的的关系。

C.　他们的产品的制作材料，与为贵族制作的珠宝的材料，是不同的。材料概念是无关的。

D.　他们全职制作珠宝，不从事农业。无关。

E.　他们不会拿他们在作坊制作的珠宝给贵族客户。**正确**。

24.2　Griffith

【文章分析】

S1　从实际上说，电影的艺术成熟是G一手完成的成就。首句态度＝作者观点，正评价词为single-handed achievement；tw = G, cinema。这里，achievement与contribution等词一样，最好通过过去与现在、以前与从某人开始的时间对比来论证。

S2　Before Griffth　在G以前，戏剧电影中的摄影，不过是(little more than)把演员放在静止的(stationary)镜头前，并用全长度来展现他们，就像他们在舞台上那样。Before G，先讲过去。对比的一个方面。

S3　From the beginning　但是，从他的导演职业生涯开始，因为热爱V时代的绘画，G就利用作画的方法。对比的另一方面；however抓对比：before stationary camera vs. G: composition；当然这两个词的对比意义不明显。

S4 He conceived of   他构思摄影机的图像，有一个前场、一个后场，还有多数导演都偏爱的中间距离。
细节，讲第3句的做法。

S5 By 1910   到1910年，他就使用close-up(特写)来展示场景或表演的大量细节，并用acting和long shots
(远射)来达到一种壮观感和距离感。继续讲细节，不必理解其中的摄影专业术语。

S6 His appreciation   他对摄影机的可能性的欣赏，创造了新颖的戏剧效果。末句可视为结论，novel
effects是正评价。

【结构图】

第1句观点，G, achievement；第2句讲before G，过去的情况；第3句however讲G的改变，第4.5句讲细节，
第6句给正评价。文科讲对比，抓对比：before G: stationary camera vs. G: composition。结构：S1. (S2. vs. S3. [S4.
S5.] S6.)。类似的时间对比结构还有：

Exe 9.1 Jean Wagner   首句W's contribution，后文before W: secular vs. W first: fusion, religious。
Exe 23.4 archaeological finds   首句contribute to论点，后文40 years ago: early vs.1952: after。
Exe 24.2 Griffith   首句G's achievement，后文before G vs. G: composition。

	Cue	Function	Core
S1	single-handed achievement	tw, kw+	**G, single-handed achievement**
S2	Before	f	**before: stationary camera**
S3	however,	G	**vs. G: composition**
S4	He conceived of	g1	(...)
S5	By 1910	g2	(...)
S6	novel effects	aw+	**novel effects**

【题目】

Q2 选择句子

【题干与定位】作者断定，G发挥重要作用。定位正评价句子，首句single-handed achievement对应important
role，末句novel dramatic effects还不算cinema development的内容。故选首句Practically speaking...。

Q3 态度

【题干与定位】对before G的做法的态度。一个方法是直接找态度词，在第2句由little more than，不过只是。
如没有态度词或不确定，也可将对G的态度取非；对G，作者是正评价，single-handed achievement一个人
的成就，由此可推出，对before G, no or little such achievement, 至少是负评价。

【选项】

A. 同情的。无负评价。

B. 思乡的。无关。

C. 取乐的。太不严肃了！学术文章哦！

D. 贬低的、降低身份的。负评价，little more than是相对贬低的语气，可对应；但最主要的是G的成就是
single-handed，这说明before G的人没做什么贡献，所以是负评价。**正确**。

E. 敌意的。程度过强。

24.3 seismic-reflection method

【文章分析】

S1　因为它在勾画地球地层方面很精确，地震反射法依然是寻找石油储备最重要的工具。首句态度 = 作者观点 = kw/ts；the most important是正评价；主题词tw = seismic-reflection。

S2　In field practice　在实地操作中，地层的图绘(mapped)是通过在一个网格(grid)模式中安排一系列波列源，例如小型炸药爆炸。理科讲因果，本句出现mapped by, arranging等动词，开始连续动作，解释第1句的method。一般的，首句如有mechanism, procedure, process等词，后文通常展开连续动作，对这种论证，略读中间、抓住首尾。

S3　As each source　随着每个源被激发，它会产生一个波列，向下运动，其速度只取决于岩石的弹性特征。As...activated, generate, move, determined by, 多个动词，提示连续动作。抓什么词？一连串的动作，没有哪个比哪个重要；也许可以注意语义上的determined by这个极为明确的因果关系。

S4　As rock interfaces　随着岩石界面被穿越，所遇到的弹性特征通常会突然改变，这导致部分能量被反射到表面，在那里它被地震仪器记录下来。提示连续动作的词有，As...crossed, change, causes, reflected back, recorded by。看了就看了，不要企图一遍读完就记住所有名词环节。主动的结构化阅读对此的处理是，不要看什么记什么，而是主动忘记。

S5　The seismic records　地震记录必须被加工，以校准(correct for)波源和接收器之间的位置差异、不相干的波列、来自岩石界面的多重反射。继续讲动作，processed, correct for。

S6　Then the data　然后，在每个特定的波源位置所获得的数据，被综合起来，产生一个关于地层的物理分布图（profile），它最终就可以被用来选择钻探的目标。继续讲动作，提示动作的词有Then...acquired, combined, generate, used to。结合第2.3.4.5句，抓住首尾环节：wave train sources → ... → ... → profile → drilling targets。

【结构图】

　　第1句论点，seismic-reflection方法依然最重要，第2.3.4.5.6句连续动作，讲这个方法的具体过程。在第一遍读时，略读中间、抓住首尾：wave train sources → ... → profile。如果考到中间细节，可再对应原文、仔细阅读。

	Cue	*Function*	*Core*
S1	remains the most important tool	kw / ts	**seismic-reflection method: important**
S2	mapped by	u →	(wave-train sources →...
S3	As	v →	wave train → elastic
S4	As	x →	→ change → energy reflected → recorded by
S5	processed, correct for, for, for	y →	→ processed → correct for
S6	Then	z	→ data combined → **profile** → **drilling targets)**

【题目】

Q4 列举/多选

【题干与定位】对地震仪器探测到的信号有显著影响的是什么? signal就是末句提到的被地震仪器记录的data,对此有影响的,也正是倒数第2句(The seismic records...)提到的需要correct for的内容。对应即可。

【选项】

A. 不相关的波列存在;照抄,**正确**。

B. 地震仪器的放置位置;placement = positional,**正确**。

C. 波列所经过的岩石的性质;经过的岩石就是rock interface,其properties就是带来multiple reflections的性质。**正确**。

Q5 取非

【题干与定位】would + inaccurate physical profile,题干将原文末句取非,则答案可将其原因的数量或程度改变。这里,profile是末句结果,影响这个结果的因素包括第2.3.4.5句的所有环节,取非任何一个环节都可以成为答案。连续动作取非是对机制过程的一种常见考法。

【选项】

A. 如果波列向下运动的速度改变。原文说过change abruptly,未取非。

B. 如果接收器不是直接位于波列源;not positioned directly,说明positional difference,是第5句提到的影响因素之一。

C. 如果岩石界面一边的岩石与另一边的岩石,有相似的弹性特征。原文第4句说,elastic characteristics通常会change abruptly,这样才有动作的下一步。C选项将change取非为not change = similar,这会导致所有后续结果的改变。**正确**。

D. 如果在网格中的不同波源所获得的地震记录是彼此高度相似的。记录之间的相似与差异,原文未提过。

E. 如果没有石油沉积在地下。有没有deposits,不是影响数据或记录或信号的准确性的原因。

Q6 结构

【题干与定位】问organization,定位各句之间的逻辑关系;第1句为论点,后面句子是连续动作的细节。答案的语言顺序必须与原文的行文顺序一致。

【选项】

A. 一个方法被批评。第1句没有负评价,排除!

B. 一个例子被考查。第1句是generalization,不是illustration。

C. 一个主张被作出,一个程序被勾勒;assertion = S1, procedure = S2-6。**正确**。

D. 一系列例子被提出;第1句没有许多例子,已错。

E. 一个假说被提出,支持的证据被提供。第1句不是解释某个事情的原因的hypothesis,而是一个正评价态度的论点。

结构对照:机制(之一)

连续动作的段落,在初次接触时,比较困难,对文科同学来说,尤其如此。集中阅读一些类似段落,会增强对模式的识别和把握能力。

Exe 2.4 evolution of intelligence	Paragraph 2, attention: passive → arousal → ... → ends/active
Exe 4.3 disequilibrium	S3–4或S5: wind → turbulence → disequilibrium → transfer
Exe 10.3 supernova	S1–2: supernova → ... → chain of star-forming → ...→ spiral galaxy
Exe 20.2 cholesterol	P1S1–3: L receptors↓: L↑: c↑→ heart disease; P3S1–3: VL: t, VL' ... → L
Exe 21.2 giant stars	P4: proto-nebula → lost envelope → ... → nebula
Exe 23.2 solar activity	S2–3: internal motion → ... → cycle: little change; S4–6: magnetic field → ... → cycle change
Exe 24.3 seismic-reflection method	S2–6: wave sources → ... → ... → profile → drilling target

24.4 human relations

【文章分析】

S1 自相矛盾的是，即使我们有自然的、本能的、常识的能力去把握人类关系，关于人类关系的科学却是最晚发展的科学之一。给出一个悖论性的事实（paradoxically），这个特别的内容需要得到解释。文章应该是现象解释型，通常**一个现象、2–3个解释**：tw–kw1–kw2。

S2 Different explanations 对此悖论的不同解释已经有人提出。提示要有explanations，但还没给具体内容，因此本句是kw'。

S3 One is that 一个是，科学会摧毁人类对自己的自负（vain）和令人愉快的幻觉；但是，我们可以问，为什么人类总是喜欢读悲观主义的、揭露性的著作，从E到F？前半句（S3.1）给出kw1 = illusions，后半句（S3.2）以but引出一个事实来反驳。

S4 It has also been 前半句（S4.1）原因 = kw，找because从句的know much，因为知道得多，我们才缺乏激励（incentive）去研究，know much → less incentive；后半句（S4.2）why引出的问题，不是反驳，而是一个证据。这个地方很邪恶！故意诱惑你以为是第3句why的情况，但不是。因为intuitively就懂，所以就不想发展理论，这样，就解释了首句所说的、人类关系的科学发展较晚的事实。全句意思：也有人提出，正是因为我们对人从直觉上知道得如此多，才没有多大动力从科学上研究人；人为什么应该对明显的东西发展一个理论、实施系统的观察，或作出预测呢？

【结构图】

第1句现象，science of human relations发展得很晚，第2句提示会有多个explanations，第3句前半句给第一个解释，担心摧毁幻觉，后半句反驳，第4句前半句给第2个解释，less incentive，后半句给理由。结构：S1. ← S2. ← S3.1 vs. S3.2. ← S4.1 (S4.2.)。

	Cue	Function	Core
S1	Paradoxically	tw	**science of human relations: last, develop**
S2	different explanations	kw'	
S3	One is; but ask why	kw1, aw-	**← illusions vs. why debunking?**
S4	also proposed, because; why	kw2, x	**← know much** (why should)

【题目】

Q7 作用/in order to

【题干与定位】in order to考作用，定位逻辑上一层；受到"pessimistic, debunking writings"的吸引，是指第3句but内容，提到这个事实是为了反驳前半句的观点，担心摧毁幻觉。

【选项】

A. 关于人类关系的有趣书籍通常都是悲观主义的。提到pessimistic，不是为了说明它本身，即书是pessimistic，而是为了反驳观点。

B. 人往往忽视人类关系的科学解释。无关。

C. 人很少对自己持有pleasing illusions。提到人喜欢读debunking writings，是为了说明，维持pleasing illusions不是人类关系发展很晚的原因，而不只是为了证明，人类rarely拥有关于自己的pleasing illusions。超级干扰选项！

D. 对人类关系的科学研究进路，会摧毁人类对自己的pleasing illusions。这是第3句前半句的观点本身。后半句提到人类loved to read debunking writings，正是为了反对这一点。本选项未取非。

E. 令人怀疑的是，人类关系的科学发展缓慢，是因为人想维持pleasing illusion。第3句后半句的人类喜欢读debunking writing这个事实，正是为了反驳illusions与late development of science of human relations之间的关系。**正确。**

24.5 job-creation program

【文章分析】

S1 立法者：我们不应浪费纳税人更多的钱在政府的创造工作的计划上。

S2 The unemployment   本国的失业率其实自该计划开始以来在上升，所以该计划很明显是一次失败。

本题的前提只有一句，结论有两句，一个是第1句，态度（should not）表示论点，一个是第2句后半句so的内容。

Premise: unemployment rate rise since the program was begun

Conclusion 1:   (so) the program, failure

Conclusion 2:   should not...program

【题目】

Q8 假设

【题干与定位】assumption，就是连接前提与结论之间的差异概念。前提和结论都提到program，但说法不同，前提说begun，结论说failure；连接这两个差异概念，是该计划开始后，才造成失业率上升、该计划失败，这个说法的逻辑另一面是，没有别的原因造成失业率上升，或者，没有这项计划，失业率不会上升（那么多）。

【选项】

A. 预算每年都增长。无关。

B. 如果这项计划不存在的话，失业率不会升这么多。评价一个计划是否有效，要看这个计划不存在时的对照情况。**正确。**

C. 失业率比这项计划发生（inception）之前的任何时候都高。这依然可能是别的原因，而不一定是因为计划本身造成的。与B选项用if表示条件不同，C选项只用before时间先后，但**时间先后不能自行证明因果关系**。干扰选项。

D. 如果这项计划运作更有效，它也许可以更好地服务其目标。虚拟语气的反面是现实，本选项只是在说这个计划失败，没有提供假设。

E. 其他政府计划在减少失业方面并不比这项计划更有效力；other programs，无关。

24.6 fever

【文章分析】

S1　为什么在生病时，温血动物的体温会上升？首句提问why?，给出tw = temperature rise: t↑。

S2　It has long been　很久以来已知，在动物中，serum（血清）铁的水平在感染期间会下降。本句long known表示已知观点，不一定被反驳，而是可能作为新理论的背景、前提、铺垫。重点是iron↓。

S3　Garibaldi first　G首次提出，高烧与铁之间有一种关系。高烧fever对应首句temperature rise: t↑。G的观点kw1: fever iron; relationship提示相关，理科讲因果，这里是说温度上升与铁有关。结合第2句，可能是体温上升、铁下降，两者之间是负相关: t↑: iron↓。

S4　He found that　他发现，微生物合成s(iderophores)(s是结合铁的物质)，在S细菌中，在环境温度高于37度时会下降、在40.3度时会停止。理科讲因果，数量词decline, stop均可还原为下降箭头；本句简化为: t↑: synthesis of s↓: iron↓。对照上一句，G发现了中间环节s。

S5　Thus, fever　因此，高烧会使一个进行感染的细菌，更难以获得铁，因此也更难以复制（multiply）。把make it difficult还原为量: decrease；同时，fever = temperature↑。于是，本句简化为: temperature↑: iron↓: bacterium↓，取首字母: t↑: i↓: b↓。这一句的结论加入了细菌作为最后的环节。在阅读时要主动提取信息。提取什么信息？**理科讲因果，抓因果**。综合第3.4.5句，得到一串连续动作: temperature↑: siderophores↓: iron↓: bacterium↓；取首字母: t↑: s↓: i↓: b↓; **连续动作，抓住首尾**: t↑: b↓。

S6　Cold-blooded　冷血动物被用来检验这个假说。此处转向假说的验证部分；hypothesis是对一个现象或事实给出的、可验证（testifiable）、但还没有被经验证实的因果关系解释（explanation）；如果它被证实（proved, substantiated, verified），就称为理论（theory）。这里不用温血动物，可能是因为温血动物的体温不太受外部环境温度影响，不容易做控制实验(controlled experiment)。

S7　Kluger reported　K报告说，对受到可能致命的细菌A.h感染的ig(uanas)来说，在42度活下来的要比37度更多，即使健康的动物偏爱更低的温度。把动词survive more还原为increase或上升箭头，本句简化为: temperature↑: iguanas↑，取首字母: 42/t↑: ig↑。后半句even though让步，让步含有对比，抓对比反义: survive 42 vs. prefer lower。

S8　When animals　但是，当动物在42度被注射铁溶液时，死亡率显著增加。把注射inject还原为increase；mortality rates increase说明动物ig本身数目减少；温度还是42度；于是，本句简化为: 42: iron↑: ig↓。本句however与上一句构成数量对比；**理科数量对比，其实是因果相关**。温度相同，一个没加铁，ig活得多；一个加了铁，ig活得少。这暗示iron的浓度，与ig的数量之间负相关。结合前文temperature, iron, bacterium的内容，可知，在42度时，铁本来很少，细菌很难复制，所以动物活得多，但如果加了铁，细菌会容易复制，所以动物死得多。本句属于对照实验(controlled experiment)：保证其他因素不变(温度42度不变)，或说控制干扰变量(confounding variables)，只改变一个可能因素或一个变量(铁的浓度)，看另一个变量(动物的生存数量)是否会改变。

【结构图】

第1句提出问题，temperature rise，第2句说已知理论，iron fall，第3句给出新理论，G提出iron与temperature有关系，第4.5句以连续动作说明：temperature↑: sidero-↓: iron↓: bacterium↓。第6句引出检验，第7.8句以相同温度下的对照实验，证明iron与baterium的正相关关系。结构：S1. ← S2. + S3. (S4. S5.) S6. (S7. vs. S8.)。本文虽是解释现象，但后面各个研究者是相互支援的关系，而不是一个反对另一个，这在GRE阅读中是相对特别的，虽然在正常学术文章中并不少见。K的报告和检验，支持了前面G的观点，而G也以已知的观点为基础。

	Cue	Function	Core
S1	Why?	tw	**temperature rise?**
S2	long been known	i	iron↓
S3	G first suggested, relationship	kw1	**G: iron-t↑**
S4	He found, declined	a	t↑: sidero-↓: iron↓
S5	Thus, difficult	b	**t↑: iron↓: bacterium↓**
S6	test this hypothesis	kw'	test
S7	K. reported	x	**K: 42/t↑: ig↑**
S8	When, however	vs. y	**vs. 42: iron↑: ig↓**

【题目】

Q9 相关

【题干与定位】G的观点在第3.4.5句，他确定的是iron与temperature的关系。

【选项】

A. 血清(serum)铁通过微生物合成而产生。没有提到铁与温度的关系。

B. 在温血动物中，sidero-的微生物合成，在温度更高时更有效率。这是正相关了！原文G发现的是负相关。

C. 只有与其他物质结合的铁，才能被细菌所用。细菌用什么铁，不是G的发现。

D. 在sidero-的合成与环境温度之间，有一种关系。这就是结合铁的物质和温度的关系。**正确。**

E. 细菌需要铁作为一种营养物。细菌的内容不是G所要发现或确定的。

Q10 相关

【题干与定位】如果类似的现象对温血动物也会发生，哪个会成为最有效的治疗方法，治疗有细菌感染的温血动物？感染细菌的动物，要被治好，就要减少细菌，按最后两句冷血动物的情况，只要iron少，就能减少细菌，动物就能活得好一些。

【选项】

A. 实施(administer)一种疗法，降低动物的体温。温度低，铁就会多，这对细菌好、对动物不好。

B. 给动物注射铁溶液。注射！那铁太多了！动物马上都死了！挂了！无法治疗。

C. 实施一种疗法，使铁无法为细菌所获得；unavailable表示铁少了，**正确。**

D. 给动物提供铁减少的饮食。不是diets里的iron含量问题，而是serum iron。

E. 让动物待在高于37度的环境中。没有提到铁减少的问题。

那奋斗的，必付出辛苦，但却收获别样景色，犹如爬山，一路往上，也只在山顶几分钟，所为何来？山上的新奇景色，比在平地上的重复所见，好很多。人最害怕的不是辛苦，而是重复，不是劳累，而是无聊。而且，我们终会回到平地，但见过高处的，才更珍惜平地的快乐，而非在重复中厌倦以至熟视无睹。

Exercise 25

25.1　chemical constituents of life

【文章分析】

S1　句子抓主干，many attempts demonstrated that。主语attempts抽象，抓不定式修饰中的实义词，synthesize chemical constituents of life，这是文章主题词tw。后面that宾语从句，单独分析，抓主干，得到variety of molecules...present，各种复杂分子存在于早期海洋和大气中。本来语法主干通常是语义重点，但后半句还有补足成分with only one limitation，only表示强调，**语义压倒语法**，真正重点在limitation和冒号之后对此抽象词的具体说明，它有when从句，且有dominate这个数量或程度词，**理科讲因果**，数量是因果变量的数量，when/if引出原因，主句则为结果，抓因果：oxygen↑：molecules↓。这里的far less...when...看起来是对比，其实是数量因果关系的一个方面。**理科的数量对比，常为相关性**。全句说，自1953年以来，许多实验研究，尝试在"原始地球条件"下合成生命的化学构成要素，这些研究证明，今天构成活有机体的各种复杂分子，也许在早期海洋和大气中已经存在，但有一个限制：当含氧化合物主宰大气时，这种分子的合成不太容易。功能：给出主题词和研究的因果论点。

S2　Therefore　　因此，一些科学家假设（postulate），地球最早的大气与今天的不同，是由h、m、a来主导的。上一句讲oxygen↑：molecules↓，或o↑：m↓；这一句讲早期时候，别的气体主宰，这提示oxygen↓！不要从字面上来理解h/m/a，而要结合上一句来理解它们都不是oxygen，所以oxygen少！**句子、单词的语义，不能只看字面，而要在上下句的语境(context)中确定！这是结构化阅读的精髓**。本句讲相关性另一面的一部分(o↓)。下一句也许讲另一部分(m↑)。

S3　From these　　从这些研究，科学家作出结论，原始地球的表面，覆盖着海洋，包含对生命很重要的分子。本句containing molecules，说明分子多(m↑)。这样，第2.3句一起说明了相关性的另一面：o↓：m↑。

S4　Although　　让步转折，含有对比，抓对比，否定词cannot暗示对比，得到：cannot explain small → large vs. explain larger → organism，科学家还不能解释小分子如何变成大分子，但有人试图解释，如何从更大分子，发展出最早的自我复制的有机体(即生命)。这里，self-duplicating organisms = 首句life。插入语at present说明本句讲研究现状，可视为结论。(precipitously: 匆忙地；venture: 冒险去做)

【结构图】

第1句研究的内容，oxygen多，molecules少，第2.3句讲该研究结果的另一面，oxygen少，molecules多，第4句讲研究者目前的研究方向。

	Cue	Function	Core
S1	many attempts only one limitation less...when dominate	tw, kw: o : m	**life,** **oxygen↑: molecules↓**
S2	Therefore, postulate	o	**oxygen↓**
S3	concluded	m	**molecules↑**
S4	Although cannot, some scientists venture	cs	**cannot explain: small → large** **vs. explain: large → organisms**

【题目】

Q1 细节

【题干与定位】about 之后的 process, synthesized, 是首句给出的全文主题，无法精确定位某句；但理科讲因果，其核心十分清楚，是 oxygen 与 molecules 之间的负相关关系。

【选项】

A. 合成不太可能发生在今天的大气条件下。按第 2 句，今天的大气应该是 h/m/a 少，故 oxygen 多，再结合第 1 句 when 从句前后，oxygen 多时，molecules 的合成应该是少的。**正确**；far less readily = unlikely to occur。

B. 没有提到现代实验室。

C. 大气和海洋的差别，没提到过。

D. 最复杂的有机分子，没见过 the most complex 这个最高级。程度错。

E. 有含氧化合物存在时，合成会被加速。说反了。氧多，分子合成少。

Q2 让步

【题干与定位】larger, more complex molecules 只在末句出现；末句有让步、转折，常考其中对比信息。从大分子发展出生命，是有人试图去解释的。

【选项】

A. 最早的大气，主要是由这些分子形成。原文说的是这些分子在大气中有（present），但不能说大气主要（primarily）由这些分子所形成（formed of）；不能把有，换成主要；a 在 b 中有，不能说 b 就是以 a 为主。

B. 在原始地球条件下，涉及这些分子的化学过程，发生会更慢。原始地球，oxygen 少，这些 molecules 合成应该快，而不是慢。说反了。

C. 这些 molecules 在时间上 precede 简单有机体；organisms 是从 large molecules 发展而来，development 有时间先后的信息，可推出 large molecules 在先（precede）。**正确**。

D. never sufficiently sophisticated，这太极端了。文章没有如此否定的内容。程度错！

E. 容易得出一些解释，来说明简单分子如何综合形成这些更复杂的分子。按让步，小分子到大分子，目前还是 cannot explain，而不是 easily。与让步内容违背，排除。

25.2 pesticides

【文章分析】

S1 过去 40 年里，使用的农业杀虫药数量有很大增长，而且农民使用它们的仔细和复杂程度也有很大增长。

S2 Nevertheless   但是，某些害虫使全球损失的农作物的比例，却在同一时期增加，即使有关害虫没有发展出对既有杀虫药的抵抗能力。

Premise 1:   pesticide number, care and sophistication: great increase

Premise 2:   certain pests, no resistance to the pesticides

Conclusion: lost to certain pests, increase

【题目】

Q3 逻辑：中间环节

【题干与定位】解释 pesticide use 居然伴随 greater losses 的问题；按正常情况，用杀虫药，害虫造成的损失会减少，但现在却增多。解释差异，即为调和差异（reconcile discrepancy），做法是，**提供中间环节，连接前**

提与结论之间的差异概念，但不能重复原句（那样只能强化原有差异）。对本题，前提是pesticide use, pest no resistance，结论是loss to certain pests，差异概念是use与certain pests cause loss。本来用了药，虫子就要死，结果某些害虫却造成更多损害，所以，中间环节就是，某些害虫没被弄死：certain pests not killed。没死，就有内因或外因。内因，例如，这些害虫对杀虫药有抵抗能力，但这一点已经被原文否定。外因，例如，农民喷杀虫药的时候，天很蓝，这些害虫在蓝天时都会躲起来；农民喷药的时候唱着歌，害虫听到人类噪音就远离；或者正常一点的情况，因为不易获得特定药物，农民没杀这些害虫，等等。

【选项】

A. 40年前ineffective的杀虫药，今天不再广泛使用，说明今天的药effective，这等于第1句的sophistication。重复原句或给原句举例，不能提供中间环节。（sophi-表示智慧、知识；只要有知识、见识、技术的内容都可以是sophistication。）

B. 随着杀虫药变得越来越有害虫特异性(pest-specific，专杀特定害虫、不是通杀所有害虫)，用杀虫药控制某些害虫，其成本在许多情况下都比这些害虫造成的农作物损失的价值还大。因为cost高于挽救农作物的价值，所以正常情况下，农民不会去买针对这些害虫的杀虫药，因此根本就不给这些害虫用药。这样，这些害虫也就不会死，会造成损失。**正确**。这个选项利用的外因是农民的经济理性、成本与收益的计算。

C. 观察田地更仔细，more closely = 第1句care。重复原句。

D. 今天使用的治虫方法，不会用化学杀虫药，但一样有效；effective = 第1句sophistication。与A选项一样。

E. 40年前，关于杀虫药对人和其他哺乳动物的影响，知道的比现在少。说明现在知道得多，known = sophistication，还是在重复原句。

25.3 mechanization of work

【文章分析】

从这篇文章开始，我们不再先读各段首句、再读全文，前面的练习已经做过这种训练，而是直接看完全文，考试时就是这样做的，不得已可以对照一下各段首句，以弄清楚文章大结构。阅读的基本方法可总结如下：1. **重点关注首句、转折句**，将阅读单词的注意力聚焦于什么主题、几个观点、什么观点，而不是盯着生词或个人敏感词，耽误时间；2. 段落中间的论据，**文科讲对比、对比找反义；理科讲因果，因果找因果，机制抓首尾**；对于总分、并列、因果推理等顺承关系的句子，可找逻辑等价词，对于对比，则找逻辑反义词；3. 句子分析两点，第一，任何句子、尤其长句，抓主干，如主语或宾语名词，抓修饰的实义词，第二，要清楚每个句子是主题、观点、态度、证据、让步，还是结论；对证据句子的主干，读过就算、适当关注，对观点、态度、结论句子的主干，则要尽量记住作为核心的新词。

P1 S1 It is assumed为被动语态，表示别人观点，frequently提示普遍看法，属于大众意见，在GRE里，我们定义它为老观点，后面往往遭到反驳。本句that后的从句为真正主语，单独分析其主干，mechanization of work has a revolutionary effect on the lives of the people...and society，工作的机械化对人的生活和社会有一种革命性的影响。宾语名词people之后的who从句、society之后的into which从句，均次要。文章主题词tw = mechanization of work；虽然宾语effect on讲因果关系，但重点应该是revolutionary，程度词，表示程度剧烈，不表态度。老观点kw = revolutionary effect，新观点与之对立，取非之，不是no effect，而是no evolutionary effect。

S2 For example 举例分析，将首句的people、society的内容收缩到women。It has been suggested被动语态，表示别人观点、老观点，抓that从句主干，employment of women took them out of the household,

后面并列谓语，and前后等价，fundamentally alter = took out of...traditional。本句举例，找等价词，强化kw记忆：S1 revolutionary effect = S2 out of traditional = fundamentally alter。当然，主题词也被重复了，S1 mechanization = S2 industry。现场阅读不必如此细致，但至少抓住观点等价词：revolutionary effect = fundamentally alter。

S3 In the nineteenth　　　19世纪，中间时间 = 细节，when从句可注意factories = S1 mechanization；本段是因果论证，证据的when从句 = 原因；主句人名取最后大写字母S，主干为warned that，宾语从句单独分析，得到women give up femininity（女性特质）。把when提示的因果关系简化为：women: factories → give up femininity。不知道这是什么意思？证据重现论点核心，找等价词：give up femininity = S1 revolutionary effect = S2 fundamentally alter。本句说，S警告，一旦女性进入工厂工作，其女性特质就会丧失；这是机械化对女性的根本性改变、革命性影响。

S4 Friedrich Engels　　　主干E predicted that，依然有that宾语从句，单独分析，women...be liberated from ...the family by technological developments，技术发展将女性从家庭的各种束缚（subordination：从属地位）中解放；后面的that从句次要，但按照修饰与名词逻辑等价，可得public industry = technological development（S1 = mechanization）。此句however与上一句对比，对比找反义：S: give up femininity vs. E: liberated。本句同时还是第1.2句的证据，依然有等价词：liberated = revolutionary。那对比到底何在？一个放弃、失去，一个解放，一个是负面的革命，后者是正面的革命。本句的因果关系可简化为：technological developments → women, liberated。

S5 Observers thus　　　thus引出本段结论，观察家们在机械化效果的社会可取性（desirability）方面有意见分歧，但他们都同意，它会根本改变女性的生活。本句先讲差异、再讲一致，中间得用but来转换。虽然两派学者认为机械化十分可取或十分不可取，但重点是，改变的程度相同，都是transform。末句结论与首句论点呼应，transform = S1 revolutionary。

1段回顾：第1句讲大众意见或老论点，机械化对人有革命性影响，第2句细化到对女性有根本改变，第3.4句是两个对立人物的相反看法。第5句说他们在好坏方面有分歧，但在程度方面则意见一致。结构：S1. S2. (S3. vs. S4.) S5.。有5个词表示根本改变：revolutionary = fundamentally = give up / liberate = transform。

P2　S1 历史学家、尤其那些研究女性历史的历史学家，现在开始严肃地质疑这种具有根本转变力量的假设。在本句中，now与首段首句frequently配合，提示新老观点对比；question表示负评价，质疑老观点，this往上指，后面的transforming power = kw_o，即首段首句revolutionary。从本句负评价（aw-），可推出新观点 kw_n = not transforming / not revolutionary。新老观点的差别不是有没有影响、而是影响的程度大小。**文科观点针对同一对象，常常给出不同态度、程度、时间等判断。**

S2 They conclude　　　历史学家的结论是新观点；that宾语从句、单独分析，其主干是dramatic technological innovations...not resulted in equally dramatic social changes in women's...，剧烈的技术革命，没有导致女性方面同等剧烈的社会变化；将动词还原为无因果的关系，可简化为：dramatic technology ↛ dramatic women's social changes。不是没有影响，而是没有剧烈的影响。本句与首句顺承，dramatic = transforming；新观点反对的是程度，kw_n = not dramatic。无因果关系的论证，这是第一次遇到，不过也没什么难的，无非是通过并列的无因果证据展开：A ↛ B. (a1 ↛ b1. a2 ↛ b2)。就本例而言，tech ↛ women. (tech1 ↛ women1. tech2 ↛ women2)。从后文可见，作者讲了3个并列否定性句子。

S3 The employment　　　主干是employment of young women...was....extension of older pattern，纺织作坊中雇佣女性，主要是古老的雇佣模式的一种延伸；既然是延伸，就不具有革命性，extension = not revolutionary = not dramatic。本句有during the IR，中间时间表示证据，它证明影响程度不大。（domestics: 家仆）

S4 It was not　　It was...that是强调句型，强调not A but B的对比结构，对比找反义：technology vs. secretarial work，这是**技术与人**、或更广义的**生产技术与社会关系**的对立。本句否定技术、而肯定秘书工作的分离，对于女性的新工作的影响。这说明，女性地位的另一种改变，也不是因为技术。本句有时间1880's，与上句的Industrial Revolution一起，构成并列时间证据。全句说，不是办公室技术的变化，而是文秘工作、这种从前被认为刚起步的经理的见习工作，从行政工作中分离，才在1880年代创造了一类新的"没有前途的"工作，由此被认为是"女性的工作"。

S5 The increase　　本句有时间in the twentieth century，继续并列证据。谓语has to do with表示因果关系，但被less否定；less A than B是对比，对比找反义、反义在宾语：married women employed ← mechanization vs. ← economic necessity / high marriage rates，再次否定机械化或技术对于女性地位改变的影响，肯定经济需要和高结婚率这些因素，也是技术与社会关系的对比。后半句的宾语high marriage rates之后有that从句、从句里的宾语women workers又有the only women的同位语及其从句来修饰，从句皆次要。但要注意the only women提示对比，雇主此前仅仅雇用single women workers，通常他们不会雇用married women。关注only的原因是，题目经常会考对比。

2段回顾：第1句负评价，第2句给新观点，技术对女性没有剧烈或革命性影响，第3.4.5句从三个不同时间举出并列证据，证明有些是extension，不是剧烈变化，有些即使有变化，也不是技术或机械化的结果，而是社会关系变化的结果。结构：S1. S2. (S3. S4. S5.)。

P3　S1 主干是women's work has changed considerably，女性的工作在过去200年来变化很大，后面有moving ...and becoming的并列分词修饰，次要。本句内容肯定女性工作变化大，这与第2段第1.2句说女性的地位没有剧烈或根本变化，在内容上相反，这种突然的相反内容，往往是让步，它承认不利于某个观点的事实，后文会有转折，回到该观点，说它依然在多数时候或一些范围内成立。

S2 Fundamentally　　前半句的主干是Fundamentally, the conditions have changed little，从根本上说，女性工作的条件自工业革命以来变化很少。后半句冒号之后为具体说明。它的第一部分有连续三个并列主语，segregation, lower pay, jobs，其中jobs这个主语被that从句修饰，且该从句有require...and offer... 谓语并列，并列主语皆次要，可取其一，如segregation，谓语动词为persist，其主干可简化为segregation... persist。第二部分是while引导的对比子句，家庭劳动对女性依然要求很高。虽然两个部分之间有while，在字面上一少一多，前后相反，但其内容都在支持本句论点，女性工作的状态无根本变化。冒号后的A while B的两个对比子句，相当于冒号前的句子的证据；所以，fundamentally, change little是总，冒号后的while对比子句是分。全句的重点在冒号之前的总的子句。功能：转折，对应第1句的让步，however前后找对比：S1 change considerably vs. S2 fundamentally, change little。从这个阅读内容可以看出，considerable表示量变、渐变，fundamental, dramatic, transforming, revolutionary表示质变、剧变。这种细微差异单凭字典是看不出来的，必须通过这里的逻辑关系（however）。

S3 Recent historical　　提到recent，且靠近文章结尾，通常为结论、总结（cs）。该句说，近期的历史调查，导致人们大幅修正一种观点，即技术在其对生活的效果方面始终具有固有的革命性；重点是revision ... revolutionary = not revolutionary, revision表示负评价。

S4 Mechanization　　机械化甚至减缓女性在劳动力市场和在家庭中的传统地位的任何变化。本句even，表示递进，在第3句说的not revolutionary的基础上再往前推进一步，不仅没有根本改变，而且还放缓了任何变化。这种延伸论述（cs'）有时会在学术论文末尾出现，但在GRE文章中，通常较为罕见。全句重点：even, slow any change。

3段回顾：第1句让步，提出有大量变化，第2句转折，但是根本变化较少，然后列举一些证据，第3句总结，近期研究修正革命性影响的观点，第4句延伸，甚至会放慢变化。结构：(S1. vs.) S2. S3. → S4.。

【结构图】

第1段大众意见，第2段一些近期历史学家反驳，第3段作者对这些历史学家的看法给出评价，先有让步，限制其范围，再有转折，给出肯定评价。虽然第2段观点并非作者所提出的，但作者在第3段基本同意该观点，所以可认为它就是新观点。全文结构：P1 vs. P2. P3。

		Cue	*Function*	*Core*
P1 S1		is frequently assumed, revolutionary effect	tw, kw_o	**mechanization → people, revolutionary**
	S2	For example, has been suggested	kw_o'	industry → **women fundamentally**
	S3	(In the...century)	a	(S, give up)
	S4	(however,)	b	(vs. E, liberated)
	S5	thus differed, but agreed	cs_o	desirability vs. **transform**

P2 S1		now question this	aw-	vs. **question, transforming**
	S2	They conclude, not result in	kw_n	**technological ↛ women: dramatic change**
	S3	(during IR)	x	(IR, extension)
	S4	(1880's)	y	(1880's, not technology)
	S5	(twentieth century, less than)	z	(20th, mechanization vs. economic)

P3 S1		considerably	$\sim kw_n$	**change considerably**
	S2	Fundamentally, : , while	kw_n: h, i, j, k	**vs. fundamentally, change little**
	S3	recent, revision	cs	**revision revolutionary**
	S4	even	cs'	(→ slow change)

【题目】

Q4 主题

【题干与定位】summarize, main idea考主题。本文老观点被新观点反驳，主题在第2段第1句aw-和第2句新观点句，核心是not revolutionary/transforming/dramatic。

【选项】

A. 没有产生(borne out)普遍所持的假设，即新技术具有固有的革命性；not borne out就是not produce，否定技术的革命性效果。**正确**。

B. 机械化revolutionize社会的传统价值观，这里的revolutionize已经错了。

C. 导致女性工作的本质发生变化；肯定语气，但新观点以程度的否定为主。

D. 创造了全新类型的工作，肯定语气，也错。

E. while让步说其效果极其有革命性，这已经是错的。让步内容应该是作者本人认可的、但不作为主要内容的，但本选项的extremely revolutionary很显然是新观点所反对的。

Q5 取非

【题干与定位】the author would consider...fundamental alteration，这与作者在第3段修正革命性的看法相反。定位与题干字面相反的说法，将其内容取非，就得到would consider的内容。作者认为fundamentally change little，在第3段第2句，该句冒号之后，是while引导的两个子句，都是根本改变很少的证据。把其中任何一个内容取非都能构成答案，即：not segregation, not lower pay, not low skill / not little opportunity, 或not demanding。

【选项】

A. 多数女性占据白领位置；white-collar在第3段第1句提到过，不是根本变化，只是量变。

B. 已婚男性现在做一些家庭工作，原文while后半句是women这方面的任务demanding，很多；男性做一些，还不是取非女性做很多，如果男性做了all or most household tasks，才可以对。

C. 女性工人数目超过（outnumber）男性；原文没说人数多少是根本变化的标志。

D. 普查（census）结果显示，工作女性的工资和薪水，平均而言，与工作的男人一样高。原文说lower pay，本选项取非为as high as。**正确。**

E. 越来越多的年轻女性选择继续接受教育，超出本科水平。没有提到教育问题。

Q6 对比细节/多选

【题干与定位】before the twentieth century，时间优先定位，先定位到20世纪，在第2段末句；before等于从句里的previously，这里也有题干所问的employers。从the only women可知，以前雇主雇佣的都是single women workers。题干问NOT implied，则凡是不符合此意思的错误说法都可选。

【选项】

A. 不雇佣女性。错误。可选。**正确答案。**

B. 往往雇佣单身、而非已婚女性。符合原文，不选。

C. 只在有资格男性不可得时雇佣女性。原文没有这个条件。可选。**正确答案。**

Q7 句子功能

【题干与定位】concluding sentence表示写作顺序上的最后一句，多数时候也是表示总结的conclusion sentence，但有时不是，本句就是这种例外情况。末句even表示递进。它之前的一句、即第3段倒数第2句是revision...revolutionary，是文章cs。末句是对此结论的延伸。

【选项】

A. sum up the general points表示总结，是第3段倒数第2句。

B. goes beyond the evidence，超出文章所提出的证据；末句对结论再进一步，就是超出既有结论及其证据，本身并无证据来支持。**正确。**

C. restate the point，重述，不能对应even，而是对应，例如，in other words, put another way。

D. qualifies the author's agreement with scholars，限制作者对学者的同意程度；qualify是让步的功能，不是递进的作用，第3段第1句是让步，可对应此选项。

E. compromise between two seemingly contradictory views, 两个看似矛盾的观点之间的折中或妥协 (compromise)。最后一句不是折中，而是更进一步，说得更负面了。

考位分析：第4题考主题，定位第2段第1.2句；第5题考取非，定位第3段第2句however转折及其并列证据；第6题考第2段第3句the only细节；第7题考第3段末句even的作用。第4.5.7均考首末句、转折句，第6题考句内对比小细节。

25.4 *Anabaena*

【文章分析】

S1 第一主干researchers are finding that，现在进行时，其内容通常不会被否定，而是作为作者论点；宾语从句单独分析，找第二主干, individual bacterium = a cell of a multi-cellular > = autonomous organism, 个体细菌更像多细胞有机体的一个组成细胞，而不太像一个自主有机体。说individual bacterium更像一个细胞，这暗示bacterium是单细胞（这也是生物学常识），后面说它不像autonomous organism，是指它不像一个single-cell organism。首句给出判断。

S2 *Anabaena*   a 专业名词取首字母，A，一种淡水细菌，就是一个很好的例子(case in point)。举例分析。举例讲故事，通常不能作为观点的证据，但举例进行分析则可以。

S3 Among   主干A is unusual，在光合作用的细菌中，A是不同寻常的；冒号之后为具体说明，它既能进行光合作用，也能进行固氮(nitrogen fixation)。

S4 Within a single   前半句说，在一个单独细胞内，这两个生化过程是不兼容的；后半句以冒号引出，冒号表示具体说明，找等价词, inactivate = incompatible, 这半句说，在光合作用中产生的氧，抑制(inactivates)固氮所必需的n(=nitrogenase固氮酶)。

S5 In *Anabaena*   however与上一句对比，**对比找反义、反义在宾语**, single: incompatible vs. communities: coexist。本句说，在A的群体中，这些过程可以共存。

S6 When fixed   当固定的氮化合物充足时，A是严格光合作用的，它的细胞全都一样。理科句子when/if + 数量，表示原因，主句则表示结果；本句的相关关系为: nitrogen↑: photosynthetic↑, 简化为n↑: p↑。

S7 When nitrogen   前半句说，当氮的水平低时（n↓），名为h的特化细胞就会产生（h↑）。后面的which but which的对比定语从句次要。前一个从句说h细胞缺乏c，而c又是photosynthesis所必需的，这可见此时photosynthetic cells也是缺乏的(p↓)。后一个从句又说，它们能固定氮，把氮气转化为一种可用的形式。本句however与上一句对比，理科文章数量对比，其实是相关性的两个方面，提取相关性: n↓: h↑/p↓。

S8 Submicroscopic   主干说，微小的管道会发展出来；后面是which and which的并列从句，它们修饰主语名词channels，都是次要内容。本句延续上一句，讲n多p少时候的结果。

【结构图】

第1句论点，第2句举例，第3句讲例子的特点，第4.5句对比说明其特点，第6.7句以数量因果或说相关关系来说明第5句内容，第8句继续说第7句情况下的后果。全文结构: S1. (S2. S3. [S4. vs. S5. {S6. vs. S7.–S8.}])。抓住首句论点、第4-5句对比反义、第6-7句数量因果，就是文章重点，它们依次是: individual = multi-cellular, incompatible vs. coexist, n↑: p↑ vs. n↓: h↑/p↓。

	Cue	*Function*	*Core*
S1	are finding	tw, ts	**individual bacterium = a cell of multi-cellular**
S2	a case in point	tw	A
S3	unusual	kw	**unusual**
S4	single	a	**single: incompatible**
S5	communities, however	b	**vs. communities: coexist**
S6	When abundant,	b1	**n↑ : p↑**
S7	When low, however, produced, lack	vs. b2	**n↓ : h↑ / p↓**
S8	which and which	b2'	channels

【题目】

Q8 相关

【题干与定位】细胞分化(differentiation)受什么调节? regulated by = caused by, 理科句子when从句可表原因, 定位到第6-7句, 原因是nitrogen的数量多少(abundant, low)。

【选项】

A. oxygen的量; 无关。

B. 季节; 无关。

C. 固定的nitrogen的量; **正确**。

D. 管道的数目; 无关。

E. c的量; c的量是结果, nitrogen少时, c会减少。

Q9 作用/in order to

【题干与定位】作者使用A这个例子是要说明什么? 定位第2句A的例子, 找逻辑上一层, 就在首句论点, 该句说, 个体细菌更像多细胞有机体的一个细胞, 而不太像自主的有机体, 那就应该是不太像自主的、单细胞有机体(a [single-cell] autonomous organism), 而不会是不太像自主的、多细胞有机体。而且, 说个体细菌更像多细胞有机体的一个细胞, 这已经提示细菌本身就是a cell。合在一起, 这说明, 细菌是单细胞生物体中相对特别的。

【选项】

A. 细菌在单细胞有机体中的独特; 对应首句, uniqueness = more...than。**正确**。

B. 既有的细菌观点是不充足的。从首句researchers are finding无法推出, 既有观点是不够的。

C. 单细胞有机体能够进行(engage in)光合作用。不是首句重点。

D. 可变性(variability), 没提到。

E. 调查即便是最简单的单细胞有机体也很困难。没说difficulty。

25.5 African music

【文章分析】

S1 学者没有(fail to)看到，音乐在保存美国的非洲文化方面发挥重要作用。首句对学者给出负评价，首句态度 = 作者判断 = 文章论点/kw。

S2 They correctly 第1句讲fail to，第2句忽然说correctly，给正评价，这种突然相反的态度，其实是让步，后面会有转折，回到负评价。前半句(S2.1)说，他们正确指出，奴隶制剥夺(strip)黑人的一些文化要素，即政治和经济体系；后半句 (S2.2)but转折，说他们低估音乐的意义，看到but抓对比：correctly vs. underestimate。转折回到首句论点，出现等价词：underestimate = fail to see, significance = important, sustaining = preservation。写转折很容易，就是用同义词改写前文论点句的词汇。

S3 African music 主句说，非洲音乐，与其他一些文化的音乐不同，基于一种全盘的生命视野(vision)；unlike有对比，African ≠ other。宾语从句in which，修饰与被修饰的名词等价，可知not isolated = total vision。本句为中间证据。

S4 In African 主句说，在非洲文化中，音乐是普遍存在的（pervasive）；然后是分词修饰，次要。顺承上一句，为并列证据，**并列找同义、同义在宾语**：S4 pervasive = S3 total vision。

S5 Music, like 两个平行子句构成，so A that B。音乐像一般艺术一样，如此难分难解（inextricably = inseparably），是非洲文化的一部分，以至于它成为一种重要手段，在奴隶制期间和在它解体(dislocation = dissolution）以后，保存这种文化。末句可以是结论、证据、让步转折、或延伸论述（少见）。如果是结论，其内容应与首句论点呼应，S5 crucial means = S1 important role, S5 preserving = S1 preservation。本句为结论。

【结构图】

第1句否定性论点，说学者在非洲音乐方面有不对之处，第2句让步转折，说学者有对有错，第3.4句并列证据，说明非洲音乐的特点，第5句总结非洲音乐的作用。全文结构：S1. (S2.1 vs.) S2.2 (S3. S4.) S5.。

	Cue	*Function*	*Core*
S1	Scholars often fail to	kw-	**fail; music: important**
S2	They correctly, but they underestimate	+, -	**correctly** **vs. underestimate**
S3		a	(total vision
S4	In	b	pervasive)
S5	so...that	cs	**music: crucial**

【题目】

Q10 结构

【题干与定位】两个高亮句子发挥什么作用？首末句分别是论点和结论。

【选项】

A. 第1句引入话题，基本可取，虽然不够精确，因为第1句还有论点；最后一句支持文章主要观点，这不对，support main idea的是supporting ideas，证据，而不是末句的结论。

B. 末句没有further，递进说法不成立。

C. 末句没有在字面上逐字(literally)改写(paraphrase)；虽然它与首句有对应词，crucial means = important role，但是首句的fail to see的负评价，在末句并没有文字改写。

D. 第1句提出讨论的语境(context)，基本可取，因为第1句的确有topic = context = introduction，但后面说最后一句评价整个讨论，这就错了，末句没有态度，就没有evaluate。

E. 第1句提出否定性论点，首句有fail to see，这就是以否定语气提出的判断；最后一句提出肯定性论点，末句用was so...that it became，都是肯定的语气。**正确。**

Exercise 26

26.1 headlights

【文章分析】

S1 加州政府(authorities)要求驾驶员在某条公路上，晚上、白天都开头灯，他们发现这条路上的年度车祸率比从前下降15%。

S2 They 他们作出结论，把白天开灯的规则应用到全州，也许会让车祸有同样的减少。

Premise: daytime headlight on a certain road, accident rates on the road fell

Conclusion: daytime headlight statewide, lead to, accident rates statewide reduction

【题目】

Q1 逻辑支持

【题干与定位】逻辑支持，可以对结论部分的因果判断(daytime rule statewide lead to reduction)进行举例和重复，或者否定它因或竞争原因。也可以连接前提和结论之间的差异概念或提供中间环节。为此，先找前提与结论之间的差异概念，**先找相同、后找差异**；相同是daytime headlights, accident rate fell/reduction，不同是a certain road, statewide。如果是否定它因，可以说其他原因没有导致车祸减少，这样能间接肯定白天开灯的规则是概率更高的原因。

【选项】

A. 因为当时有一条替代的路可用，这条测试道路上的交通流量在测试期间减少。交通流量减少，也会导致车祸率下降；**肯定它因、反对现有**；这是削弱、不是支持。

B. 一系列的三个明显(conspicuous)标志，告知驾驶员要开头灯；这是在重复或具体说明前提的内容，但并未连接前提与结论的差异，也没有对结论中关于全州的因果判断给予支持。

C. 在雾天和大雨天，多数驾驶员会在白天开头灯。没有支持结论；没有连接前提与结论之间的某条路与全州路的概念差异。

D. 全面应用白天开灯规则会导致头灯灯泡(bulb)更快烧毁，因此会换得更频繁。这与路的概念差异无关。

E. 这条测试道路被选择，包括各种各样的路况，加州驾驶员很可能会遇到；the road，包括a great variety of the sorts of road...that...in California，这就是说这条路可以代表全州所有路；连接了前提与结论之间的概念差异，**正确**。

26.2 decay of vacuum

【文章分析】

S1 真空衰变的必备条件是存在一个强电场。首句给出主题tw = decay of vacuum；条件=原因，理科抓因果，[If] electric field → decay of vacuum。

S2 As a result 作为真空衰变的结果，被这种电场所渗透的空间，可以被认为是获得了一种电荷(electric charge)，被称为带电真空（charged vacuum）。As a result提示本句是上句内容的结果：(S1 decay of vacuum) → charged vacuum。

S3 The particles   在这种空间中物质化(materialize)的粒子，使电荷很明显。可以认为materialize体现了一个新的推理环节；**动作环节抓新词**：particles。

S4 An electric   一个电场如果有充分的强度创造一个带电真空，只有可能存在于一个地方：一个超重的原子核附近，它的质子(protons)是已知最重的自然核的两倍。前半句说，electric field → charged vacuum；only为语义重点，这使得冒号之后的内容依然重要，找新词，superheavy atomic nucleus。

S5 A nucleus   那么大的核，不可能很稳定，但有可能聚集(assemble)一个在真空边上，时间够长，足以观察真空的衰变。

【结构图】

第1句给出主题，decay of vacuum，同时以条件提示因果，electric field → decay of vacuum；第2.3.4.5句基本按顺序讲了一些关于真空的内容，但除了第2句as a result，因果关系并不明显。全文没有明显主题或结论句，由于中间是连续动作或机制，抓住首尾环节即可，electric field → decay of vacuum → ... superheavy nucleus。结构：S1. → S2. → S3. → S4. S5.。

	Cue	*Function*	*Core*
S1	essential condition	tw, a	**electric field → decay of vacuum**
S2	As a result	→ b	→ charged vacuum
S3	materialize	→ c	→ particles
S4	be found in	→ d	**→ superheavy nucleus**
S5	cannot be stable, but might possible	d'	(not stable vs. possible assemble)

【题目】

Q2 逻辑反对

【题干与定位】作者关于导致真空衰变的条件的主张，在什么情况发生时会被削弱？在逻辑上反对intense electric field → decay of vacuum的主张。这一主张受到文章后面所有句子的支持；取非其中任何一句都可构成反对。对正常阅读文章的逻辑反对题，反过来说即可。

【选项】

A. 科学家创造一个电场，邻近真空，但却发现，这个电场不能强到足以创造一个带电真空。首句说的条件是强电场；如果科学家创造的某个特定电场强度不够，当然不会创造带电真空。本选项内容没有在原则上、在理论上反对这个条件。

B. 科学家聚集一个超重原子核，邻近真空，但却发现，在真空的空间区域，没有虚拟的(virtual)粒子被创造出来。原文说的粒子是materialize，不是virtual。

C. 科学家聚集一个超重原子核，邻近真空，但却发现，他们不能在真空的空间区域探测到任何真正的(real)粒子。真实粒子，或materialize的粒子，是原文推理的一个环节；如果完全探测不到，可以构成反对。**正确**。

D. 科学家引入一个虚拟electron(电子)、一个虚拟positron(正电子)，到一个真空的空间区域，但却发现，这个真空没有波动。原文的粒子是指materialize的粒子；虚拟的粒子是无意义的。

E. 科学家引入一个真实electron(电子)、一个真实positron(正电子)，到一个真空的空间区域，但却发现，这个空间的总能量，按这些粒子的质量的等价能量而增加。没有提到能量大小问题。

26.3 David Cressy

【文章分析】

P1 S1 首句有人物及（近期）研究，recent study和David Cressy，构成评述对象。评述的主题是English immigration to New England in the 1630's。冒号之后为具体评述的两个方面，一个是kinds，人群的类型，一个是why，移民的理由；它们是两个分述的主题(tw1, tw2)。评述文章，通常是总的主题 + 并列的分论点结构，后文会分别讲kinds和why。

S2 Cressy finds that　　宾语从句单独分析，多数成年移民者是skilled, literate, organized in families，宾语(或表语)并列，可取其一。本句讲移民者的三种类型。

S3 Each of these　　上述每个特征，都把21000人与后来的377000人鲜明地区别开来。文科句子讲对比，抓对比：21000 vs. 377000。

P2 S4 With respect　　本句reasons = 首句why，开始讲第二个方面；not deny双重否定，表示肯定，故意的肯定是让步，后半句but为转折。**让步转折，含有对比，抓反义词**：some （organizers and clergy): religious vs. only retrospect，意思是，一些人提出宗教解释来说明为什么移民（departure = immigration），但C发现，这种解释通常只有在回顾时才占据(assume)主要地位(primacy，来自primary)；only暗示对比，读到此处就要想到它的逻辑另一面，not retrospect: religious explanation, not primary (= secondary)，在非回顾时期，如移民当时，宗教解释不占主要地位。

S5 When he　　前半句when从句中的principal actors，应该是少数人（minority），指上一句的some of the immigrants，包括organizers and clergy；越过(moves beyond)这些人以后，宗教解释不被频繁提出；and后半句是C的结论，多数(most people = majority)移民，是因为受到物质改善前景的感召(recruit: 招聘，感召)。此句less提示对比，对比的主体是两类人，对比的内容为移民的理由；**文科讲对比**：some: religious vs. most people: material。

【结构图】

第1句主题为评述对象，给出两个问题，作为两个小主题，第2句讲第一个问题，并列回答，第3句补充一个对比，第4句讲第二个问题，让步(S4.1)给出一个理由，转折(S4.2)削弱之，第5句给出另一个理由。结构：S1. (S2. S3.) (S4.1. vs. S4.2. S5.)。

	Cue	Function	Core
P1 S1	recent study, C	tw	**C, English immigration**
	two questions	tw1, tw2	kinds, why
S2	C finds that , , and	kw1': h i j	most people: skilled,...
S3	distinguishes	k	21000 vs. 377000
P2 S4	C not deny,	tw2: ~kw2	reasons: **some: religious**
	but finds that only	vs. aw-	**vs. only**
S5	he finds that,		actors: **religious**
	he concludes that	kw2	**vs. most people: material**

【题目】

Q3 主题

【题干与定位】primarily concerned考主题，定位首句；通常评述文章主题为review/evaluate/assess a recent study。但本文全篇无态度，只有概述（summarize）、没有评论（review），是例外情况。如果既有概括、也有评论，可称summarize and evaluate a study。但本文仅有前者。

【选项】

A.　概述一个研究的诸多发现；summarize可以对应两段话的概述，findings可对应两个发现。**正确。**

B.　没有方法的分析。

C.　evaluate暗示有态度正负评价，通常适合评述文章，但本文例外，因为全文无态度。表示态度的词还有review, assess；但有一些词则不必包含态度，例如summarize, analyze, discuss, report。

D.　作者目的在于评述一项研究，自己没有提出任何假说。

E.　分类即使有，也是细节，不能作为主题答案。

Q4 让步细节

【题干与定位】考点在about之后的organizers。定位第2段第1句、即全文第4句。让步内容与转折内容，是Cressy同时都接受的，只是让步次要、转折重要。关于organizers，让步说他们提出religious explanations，转折说，这种解释only in retrospect时才占据主要地位（assumed primacy），only提示，在非回顾时、即在移民当时，宗教解释不占重要地位。本题选项有I, II, III, IV罗马数字，这种出题形式在新GRE中已经转为多选。但做题方法依然接近。

【选项】

I　原文说organizers and clergy，并没说most organizers were clergy。错。

II　一些人提出宗教解释，这是让步里的内容，也是Cressy所接受的。**正确。**

III　some time after = retrospect；在回顾时才提供理由，这推出，在移民时not any reasons，但这与原文所说的在移民时religious explanations not assumed primacy，是抵触的。错。

IV　average immigrant = 末句most people；原文说多数人是material因素，organizers则更多religious因素。错。所以，A. C. D. E. 均错。B. **正确。**

Q5 对比细节

【题干与定位】时间优先定位，the late seventeenth century是指1690等年代，对应1段末句by 1700，该句有distinguish可考。两个对象A和B对比，问到B，将A取非，答案就是not A。问的多数人是377000万人，将与之对比的21000人的these characteristics的任意一个取非即可；these往上指第2句的were, were, and were的并列内容，答案可以是not (skilled, literate, or organized in families)。

【选项】

A.　教士；无关。

B.　年幼孩子。不能把第2句adult这个主语取非。主语不是characteristics所指的内容。

C.　照抄、未取非。

D.　照抄、未取非。

E.　用il-前缀，将literate取非。**正确。**

26.4 pollination by wind

【文章分析】

P1 　S1 主干是pollination by wind has been viewed as a reproductive process，这里已经有功能作用提示，先看功能、再抓主干；has been viewed被动语态、表示别人观点，被看待的对象、即主语，应为文章的主题词tw = pollination by wind风播授粉。一般的，view A as B，A为tw主题，as之后的B为kw观点。但这里的宾语reproductive process仍显得抽象。**名词抽象、抓修饰的实义词**。修饰先有marked by，可抓random；再有in which从句，其中主语vagaries of the wind = random events，可抓by之后的宾语，vast quantities of pollen，数量多可表示为上升箭头$p\uparrow$，而且，由于方式就是原因，原因 = kw，故kw1 = $p\uparrow$。前半句有三个动作环节：vast quantities of pollen (kw1) → compensate for vagaries / random events → reproductive process / pollination by wind　(tw)。后半句so that提示顺承推理，次要，但可找顺承逻辑带来的等价词，production of new seeds = reproductive process, producing much more pollen = generation of vast quantities of pollen。取前半句的因果关系的首尾，全句可简化为：$p\uparrow$ → wind pollination。这种分析的目的是显著减轻认知和记忆负担，抓住语义重点。全句说，传统上，风播授粉被看做一个繁殖过程，它以随机事件为特点，在此过程中，风的多变是通过产生大量花粉来补偿的，这样，就能保障新种子最终产生，其代价是，产生的花粉，比实际用的花粉，多出很多。

S2 Because the 　　前半句Because原因从句，在理科文章中，如果该从句内容表示一个概念的数量，则可表示原因，或连续因果的一个环节；它的语法主干是hazards...are enormous，hazard可对应第1句的random events；主语hazards之后有定语从句pollen grains are subject to，该从句省略that/which先行词，然后有as时间从句，从句次要。后半句的主干是，wind-pollinated plants compensated for loss of pollen，by virtue of producing这种by doing结构可看做一种广义从句修饰（我们把所有含有动词的修饰都看做广义从句cp），内容次要，该从句的宾语amount of pollen之后有that从句修饰，给出一个数量比较，说产生的花粉量比昆虫授粉的物种所产生的花粉量大1–3个数量级（orders of magnitude）。插入语in the view above提示本句顺承首句论点，作为证据，按论据重现论点核心，找该句与首句等价词，可知S2 compensated for = S1 compensate for, happenstance = random events, by virtue of producing = by the generation, amount = quantities。既然处处等价，为何还要写上这一句？该句有one to three的数量表述，将首句的总论点具体化。写了一般论点，再写具体论据，这是因为，具体论据容易被读者的认知所接受。深入一个专业的人，有时不需要具体论据，可以直接以抽象的一般命题来思考。

1段回顾：首句老观点，理科讲因果，kw_o: pollen$\uparrow$ → ... → wind pollination。第2句讲证据，将首句内容以数量内容具体化。全段结构：S1. (S2.)。

P2 　S1主干是features reduce pollen waste，许多特征减少花粉浪费。首句however转折，反对第1段首句观点，与之对照，kw_o: pollen$\uparrow$ vs. kw_n: pollen$\downarrow$。老观点认为，花粉必须很多，反驳句则说，花粉损失可以通过一些特征减少，不必产生那么多。一多一少，正好构成程度对比。但本句也没有说，毫无损失，只是减少损失，因此它对老观点不是完全反对，而只是在内容上部分否定。本句reduce是否定性的动词，表示主语和宾语之间是负相关关系：A reduces B，A多则B少，A少则B多。本句既可以看做单纯负评价(aw-)，也可以看做新观点本身(kw_n)。

S2 For example 　　举例证明；首句是名词复数features，后文常常举例for example展开。理科句子when/if/by/after的内容如果是数量，常以主谓结构表示，谓语动词或其表语为数量，没有宾语，这时，它往往就是原因。对本句，when从句讲，wind speed low，或说humid状态dominate，都是讲原因，wind$\downarrow$或

humid↑，都是外部环境的原因；主句则为结果，fail to release pollen，即pollen↓。按论据重现论点核心，fail to release pollen = reduce pollen (waste)，而且，wind/humid = features，这是一种environmental factors，植物可以利用环境因素。全句说，当风速低或湿度高时，无法释放花粉。

S3 Recent studies　　近期研究指出另外一种方式，物种用来补偿风播的无效率。第一种看法，本句another way与第1句内容并列，首句说features减少损失，本句说还有别的方式；第二种看法，它与第2句for example并列，都是新观点的一部分，一起说明首句的features。无论如何，它都重要。当然，它还没有给出another way到底是什么，只是新观点的引导句或过渡句；recent studies确定有新观点，与第1段首句traditionally构成时间对比。

S4 These studies　　宾语从句that单独分析主干，species take advantage of...pollen motion；by generating方式状语可看做修饰从句，也可看做原因，找其宾语中的新词，aerodynamic environments/空气动力环境，或者reproductive organ/繁殖器官。按by doing结构在理科句子可表因果，本句可简化为：reproductive organ: aerodynamic → pollen motion。本句与上一句无对比、转折，因此就是顺承，它试图解释第3句所说的another way。很明显，与第2句for example中所说的wind/humid这样的environmental factors不同，本句说的是reproductive organ这样的biological factors。环境因素是外因，生物因素是内因；外因–内因的分析方法，可以帮助我们记住这一段的两个并列内容，它们都可以减少花粉浪费或补偿风播低效。

S5 It is　　强调句型It is X that，这个It is...that可以放在任何要强调的概念两边，夹住它，突出它，强调它。句子主干是morphology dictates the pattern of airflow disturbances，器官的形态(morph = shape)规定气流扰动的模式。动词dictate还原为因果关系，可得morphology → airflow。本句与上句顺承，是连续动作的环节，也可找等价词：airflow = S4 aerodynamic。

S6 The speed　　主干是：...airflow disturbance combine with physical properties...to produce pattern of pollen collision；主语与宾语均有长名词短语，分别抓实义词airflow, pollen collision；第二个动词produce可还原为因果关系，这样，全句可简化为airflow + properties → pattern pollen collision，气流加上花粉特性，产生花粉碰撞模式。本句依然顺承上句，是连续动作的下一步。连续动作各句的主语通常为不同的名词，句子的动词为因果关系词，句子之间有时还有as, begin to, then等词汇提示先后顺序。

S7 Provided that　　先有条件从句Provided that = if，次要，但在理科句子也可以表示原因；主句动词increase，也可还原为因果关系；这样，本句可简化为：surface located → combination → organ: pollen-capture。全句说，如果表面是有策略分布的，则这种组合的结果能显著增加雌性繁殖器官捕捉花粉的效率。这个末句是连续动作的结果。

2段回顾：首句however引出反驳，features reduce pollen waste，第2句讲针对环境因素风速和湿度的特征。第3句recent studies给出另一方式。第4–7句讲了一个连续动作或过程，以生物本身的繁殖器官来补偿风播传粉的低效。对连续动作的论证，**略读中间、抓住首尾**。中间内容太长，读得慢也记不住，如果考题再回头定位不迟。在第一遍现场阅读时，重要的是抓住首尾名词环节：S4 reproductive organ: aerodynamic → ... → ... → S7 pollen-capture；原因是繁殖器官，结果是捕捉花粉，它也呼应本段首句的结果，reduce pollen waste。全段：S1. S2. S3. (S4. → S5. → S6. →S7.)。

P3　S1 主干a critical question is whether，主语名词抽象，抓that修饰从句实义词，remains to be answered提示，该问题还有待于回答，即还需要further study，这暗示目前研究incomplete。宾语从句whether单独分析主干，得到morphological attributes...are adaptations or...fortuitous，形态特征是适应还是偶然？全句重点：question that remains...attributes are adaptations or fortuitous? 对照第2段首句，attributes = features，本

句肯定有特征存在，并未否定第2段讲的特征，它只是进一步问，这些特征是适应的、还是偶然的，因此从内容上看，它不是推翻第2段观点，只是指出目前研究还没有考虑的问题。GRE文章很少对新观点进行批评，这是罕见的例外，但即便如此，它也不是推翻，只是指出不足。

S2 A complete　　　主干是complete resolution is as yet impossible，as yet = so far = hitherto迄今为止；as从句有完整主谓宾，不是数量表述，因此不是理科因果关系的原因变量，该从句次要。第1句讲没回答，第2句讲完整回答不可能，这是在为新观点的不足作辩解。

S3 However, it　　　It为形式主语，真正主语为that从句，单独分析；其中又有while让步或对比内容，看到while，就找从句与主句的对比反义词，some species: adaptations vs. [each species:] careful about adaptation，它说，虽然一些物种中是适应，但要谨慎，不要轻易把形态特征归之于适应；将动词attribute to 还原为因果关系，可简化为careful: morphology ← adaptation。本句however与第2句对比，前一句说，对每个物种或所有物种，完全解决不可能，但本句说，还是必须说点什么，这样, impossible vs. said, 前句否定语气，本句肯定语气，构成对比；从内容上，前一句说的是所有物种，这一句说的是对一些物种，但它还有让步转折，的确也有适应的情况，但还是要小心，不是都是适应。重点在转折的主句，careful about adaptation = not adaptation。

S4 For example　　　举例，主干是spiral arrangement...is important to...airflow patterns，螺旋形排列，对于气流模式很重要。主语为长名词短语，np1 of np2 on np3，抓第一个实义词spiral arrangement，where从句修饰次要；宾语抓第一个实义词airflow patterns，后面的that从句，thereby passing分词修饰，按主干 > 修饰的原则，都是次要的。

S5 However, these　　　主干是, these patterns cannot be viewed as adaptations，对适应观点给了否定，与第3句的careful about adaptations呼应。后面的because从句次要，它有并列谓语occurs...and is regarded as，后面还有of which从句修饰，这样把句子写得很长，但因为是从句，且其内容不是表示原因变量的数量变化，不是因果关系中的原因，所以不重要。However转折，对第3句的例子进行分析，它不是反对什么观点，只是语气上的转变，从前一句例子的肯定语气is important to，转成本句的否定语气cannot be viewed。可以认为，however/but/yet是差异提示词，只要有态度、语气、程度、字面相反等差异，就不能用and, in addition, thus等顺承连接词，而是必须用however等转折关联词。

S6 Therefore, the　　　结论句cs，结论重复已有观点，不能给出新内容，本句not the result of adaptations，再次否定adaptations这个原因。

3段回顾：全段为新观点的延伸论述，在肯定第2段新观点的特征的前提下，再问这些特征来自演化适应还是偶然形成。第1句提出此问题，第2.3句给出对比判断，完整解决不可能，但部分情况还是必须说不是适应。第4句举例，第5句就此例说它不是适应的结果，第6句总结此负评价。全段结构：S1. S2. vs. S3. (S4. vs. S5.) S6.。本段重点句除了首句态度、末句结论，还有中间两个however句，其内容相同，都说not adaptations。

【结构图】

	Cue	Function	Core
P1 S1	Traditionally, has been viewed, by the generation, so that	tw, kw。	**wind pollination** ← random/vagaries ← **pollen** ↑
S2	in the view above by virtue of producing	i	amount of pollen ↑ → w.p.

P2 S1	features reduce	aw-/kw$_n$	**features → pollen ↓**
S2	For example, when low or dominate	m/kw1	**wind ↓ / humid ↑ → pollen ↓**
S3	Recent studies, another way	kw$_n$/kw2	**another way → pollen ↓**
S4	These studies suggests, by	x	**reproductive organ**, aero-
S5	dictate	→ y	morphology → airflow
S6	produce	→ z	→ collision
S7	Provided that, increase	→ w	→ **pollen-capture** = pollen ↓

P3 S1	question that remains,	aw-	**attributes: adaptations?**
S2	complete...impossible	kw'	complete: impossible
S3	However, must be said while, careful about	vs. kw	vs. some species: said **adaptation vs. careful**
S4	For example	e	(spiral)
S5	However, cannot be viewed because and	aw-: (u, v)	**not adaptation**
S6	Therefore, not the result	cs	**not adaptation**

【题目】

Q6 主题

【题干与定位】primarily concerned考主题, 新老观点主题不在首段老观点, 而在第2段反驳however句或新观点：features reduce waste和/或 another way compensate for inefficiency。

【选项】

A. 关于adaptations的debate, 只是第3段延伸内容提到, 不是第2段新观点重点, 排除。

B. the kinds of airflow patterns是第2段的细节, 不是全段、全文主题。细节≠主题。

C. random events是首段老观点的核心环节, 不是新观点。

D. recently proposed explanation对应第2段第3句新观点recent studies suggest, another way照抄该句, reduce pollen waste = 2段首句 reduce pollen waste = 2段第3句compensate for inefficiency。**正确**。

E. a specific morphological attribute将原文讲的两个并列的features/attributes换成了一个, 数量就错了。

Q7 连续动作/细节

【题干与定位】问第2段aerodynamic environment的决定原因。定位第2段, 然后一行一行硬找, 在第4句, 其中generating = 题干 produce, 还不是决定原因; 找顺承的第5句, airflow pattern = aerodynamic, dictate = determine, 所以答案就是morphology of these organs。做这种纯找对应的题目, 就是需要耐心、仔细, 其实也没什么技巧。

【选项】

A. 昆虫存在, 无关。

B. 花粉物理特性, 虽然第6句有提到, 但它不是题干所问的determined by的原因。

C. shape = morphology。**正确**。

D. 花粉量不是原因。

E. 种子数不是原因。

Q8 态度

【题干与定位】题干问recent studies没做什么，这种not否定词就是问负评价。第2段没有对近期研究的态度，第3段首句才说有关键问题没有回答，题干not = 3段首句remains to be answered。答案就应该是adaptation的问题。

【选项】

A. (没有)区分不同物种。我们在原文中的确没有发现不同物种的区分，但题干是问，文章提出近期研究没做什么，原文明确说过没做才可以选，不是我们读者找到原文提到或没提到什么（那它没做的事情是太多了！）。这不是列举题。

B. (没有)考虑物理特性。其实第2段考虑过。

C. (没有)指出气流扰动适于发生的一般范围。无此负评价。

D. (没有)包括对花粉运动物理学的考察。其实第2段有包括这个方面。

E. (没有)证明，形态特征通常是演化适应。这与第3段首句完全对应。**正确。**

Q9 取非

【题干与定位】题干问spiral arrangement is adaptation这个主张怎样可以would be more convincing？虚拟语气，表示非事实，说明原文其实反对适应看法。但题干故意要反过来问，这时就要将与原文负评价相关的原因或证据取非。从文章结构核心可知，adaptation是第3段首句核心；抓住长文各段首句kw对于长文题目的解答非常重要，因为可以锁定段落。定位第3段，找到对spiral arrangement不是适应这种负评价，在最后两句。倒数第2句恰好有because，将其内容取非即可。所谓取非，就是取非动词，得到：not occur in non-wind-pollinated，或is not regarded as a characteristic of vascular plants。有了这个预想的答案，才去看选项。本题的一般解法是：原文aw- because/if X，题干 would/might/could aw+ if?，回答not X。

【选项】

A. 仅仅发生于风播植物；正好把non-wind-pollinated取非了。**正确。**

B. 发生于vascular plants；没有取非，排除。

C. 有益于花粉释放。无关。

D. bracts的数目随时间而增加。无关。

E. 气流模式是由这类排列所产生的。无关。

26.5 Isadora Duncan

【文章分析】

S1 语法主干是D's writings on dance reveal determination。主语中masterly表示正评价，这是对D 的作品进行评价的一个评述型文章。宾语determination抽象，之后有to create不定式修饰，找其中的实义词，lyric form；后面还有which从句，不重要，但该从句free of提示对比，**文科讲对比**，抓住free of前后的对比反义：lyric vs. skills（宾语有三个名词并列，可取其一）。全句重点：D's writings...lyric form vs. skills，D关于舞蹈的大师之作，决心创造抒情的(lyric)艺术形式，摆脱技巧等传统。

S2 She wished   主干 She discard traditional methods...explore internal sources。两个动词，一个否定(discard)，一个肯定 (explore)，否定肯定也暗示对比，可得到：methods = vocabulary vs. internal, expressiveness，抛弃的是传统方法和既有语汇（established vocabulary），探索的是人类表达的内部源头，一个是技术、方法、传统，一个是感受、内心、情绪。这是艺术和文学中频繁出现的理性与感性的对比的一个例子。本句主语与第1句相同，**主语相同，逻辑顺承**，找等价词，同时，第2句通常为证据，与论点等价，也找等价词，得到：discard = S1 free of; internal sources = S1 lyric form，这不太容易理解，因为抒情在字面上似乎与内部来源无关，但在这个语境下、在这两句话的总分关系中，它们就应该是作者心目中的等价词。多层结构的阅读思维的主要理论假设是：一个单词或句子的意义，是在上下文中、在它的语境和逻辑关系中确定的。当然，也可以认为第2句与首句平行，只是重述论点。不管这两句是总分还是并列关系，不影响词汇等价。

S3　She shunned　　主干是She shunned ornamentation, use natural movements，她避开身体的过度装饰，努力（strove to来自strive to）只用她身体的自然运动。否定动词与肯定动词前后也提示对比，ornamentation vs. natural。过去分词修饰次要，可略读，说的是不受高难度(acrobatic: 杂技般的)夸张的扭曲、只受内部冲动的刺激；修饰与其被修饰名词等价，internal = natural。本句**主语不变，与上句顺承并列，可找等价词**：shun = S2 discard; natural movements = S2 internal sources。再按论据与论点等价的原则，natural = S1 lyric。

S4　In her recitals　　在她的recitals（独奏、舞蹈表演）中，D随着B/W/G的音乐跳舞，但她not visualize或interpret音乐，而是靠它来提供inspiration，表达内心的感受。句内but对比，抓前后反义：danced to vs. not interpret; but后半句内部还有not A but B的对比，文科处处讲对比，都要找反义词，interpret vs. express。本句给出人名取首字母，新人物属于细节，是第3句的例子，总分顺承，找等价词：inner feelings = S3 internal compulsion。

【结构图】

第1句正评价论点，同时free of提示对比，第2.3句相同主语，给出论据，第4句中间新人名，细节，内部有否定结构，对第3句进行再论证。全文结构：S1. (S2. S3. [S4.])。

	Cue	*Function*	*Core*
S1	D's writings, free of	kw	**D+: lyric (vs. skills)**
S2	She discard, explore	a	(methods vs.) internal
S3	She shun, use	b	(ornamentation vs.) natural
S4	B, W, G, but, no; rather,	b'	[dance to vs. no attempt **interpret vs. express inner feelings**]

【题目】

Q10 作用/in order to

【题干与定位】暗示D依赖音乐是为了干什么？作用题，找逻辑上一层作为答案。依赖音乐在第4句but之前半句，它是举例，其上一层是前一句，预想答案就是natural movement = internal compulsion；另外，but前后表示对比，A vs. B，提到A的目的是为了contrast with B，或者emphasize/highlight B，这样，得到的答案是inspiration, inner feelings，它与第3句的natural, internal等词也是等价的。

【选项】

A. 解读音乐；这是but后半句以no明确否定的说法。

B. 培养一种幻觉, illusion错！

C. 激发一种内心感受的表达。**正确。**

D. 证实公众信念，即音乐通过运动来激发情感表达。这是rather后半句内容，不是公众观点。

E. 反对公众信念，公众认为她not visualize音乐；原句contrary to提示，公众信念恰好是认为, not (no attempt to visualize) = visualize。说反了。

Exercise 27

27.1 nervous system

【文章分析】

S1　比较结构，the more A, the more B，抓住两个子句的主干或实义词：nervous system, intricate organization: genes successfully specify that system；全句说，对神经系统的复杂结构发现得越多，有一点似乎就越突出，即基因能够成功地具体规定(specify)该系统的发展。首句discovered, it seems remarkable 都提示，这是一项观察或发现。

S2　Human genes　主干是genes contain too little information；后面说信息太少，无法具体规定一个神经元该占据哪个脑半球，更不用说它的数百个联结。中间数量，表示细节。

S3　For such　主谓为we can assume；宾语是并列的两个宾语从句，单独分析各自主干，there must be random factor, errors occur。For such reasons, 提示前文是reasons，本句we assume，则是按照这些理由所推出的假设、结论。

全文回顾： 第1句给出发现或观察，第2句给细节，第3句给由此得出的结论判断。这不是典型的总分结构文章，而是先描述事实、再给总的判断。

【题目】

Q1 结构
【题干与定位】问段落的organization，定位各句之间的关系。正确答案的写作顺序必须与原文的行文顺序一致。
【选项】

A.　一个具体案例被提出；首句没有specific case，而是相对常见的观察。

B.　most significant application最有意义或最突出的应用；原文没有最高级，也没讲application。

C.　一般概括被作出，可应用的具体情况被指出；第2句没有谈application。

D.　一个观察被作出，具体情况被提供以支持它，一个一般概括被推出。**正确。**第1句是observation = discovered, it seems；第2句是specifics，因为给出的是具体数字；第3句是基于such reasons来做出assume 的动作，就是derive(从前面推出)。

E.　一个假说被提出，第一句不是hypothesis，不是论点，而是一个观察。

27.2 internal conflicts

【文章分析】

P1　S1 主干recent historians argued that，首句给出人物及其近期研究，构成评述对象；**that宾语从句单独分析主干**，life was marked by internal conflicts，某些殖民地的生活以内部冲突为特征，主题词tw = internal conflicts。文科讲对比，后文也许会说到各种冲突。

S2 Inheritors of　主干是these recent historians put forward arguments；第一个名词短语被逗号隔断，是同位语，说明主语，这些人是20世纪早期的P历史学家如B和B的继承者，他们提出一些论证，值得评价。将inheritors还原为相同或因果关系均可，得到recent ← early P，或recent = early P。本句主语与第1句相同，与之是顺承关系，继续说明这些研究者的情况。直接用deserve evaluation则表明，本文在于evaluate this recent study。

P2 **S1** 找首句的主谓宾的新词，class conflict。与第1句对照，阶级冲突属于内部冲突（internal conflicts），历史学家的分论点出现，属于主题词之一（tw1）。评述文章，先对对方观点进行概述、讨论（summarize, discuss），再给作者评价、评估（evaluate, assess）。

S2 Yet with 然而，在革命战争主导的这些年里，我们要如何在更大的冲突范围内区分阶级冲突呢？本句的疑问是反问，言下之意是难以区分，否定阶级冲突的存在。这已经在评论第1句的分论点，给出作者判断（kw）。

S3 Certainly not 当然不能按照一个人所支持的派别（side）。这就是说，side ≠ class。作者的否定性观点。

S4 Although many 让步转折句，although含有对比；看到Although，就找从句与主句的对比反义词，earlier: L = upper class vs. new: L: all classes。这里，把动词还原为相同或不同的关系，represent还原为相同 =，drawn from也还原为相同，=。全句说，虽然许多历史学家接受早先的假设，L代表上层阶级，但新证据表明，L(oyalists)就像r(ebels)一样，来自所有社会经济阶层。这意味着，不能从L这一派来判别人属于哪个阶级。

S5 (It is) 括号表示补充说明；nonetheless表纯转折，因为它含有对比，于是找本句与上一句的对比反义词：L: all classes vs. larger well-to-do: L > r。诚然，更大比例的做得好的（the well-to-do = upper class），加入L，而不是加入r。

S6 Looking at 看r这一边，我们发现很少证据能支持一个观点（contention），contention抽象，抓住that修饰从句的实义词，conflict with。主干是：rebels: lower-class little conflict with upper-class。Looking at the rebel side，另选一边，与第4句讲的L一边对应，形成并列论证。

S7 Indeed, the war 事实上，反对英国的战争努力，往往抑制阶级冲突。Indeed与上一句顺承，前后等价：S6 little class conflict = S7 suppress class conflicts。

S8 Where it did not 在它不能做到的地方，某个阶级的不满的r通常变成L。与上一句并列，不满的r变成了L，r内部就没有那么冲突了。

S9 Loyalism thus 主干是：L remove socioeconomic discontent。全句说，L因此作为一个安全阀，消除存在于r之间的社会经济不满；thus引出结论，与前文顺承等价，找等价词，remove = S7 suppress, class conflict = socioeconomic discontent。在GRE的历史、政治、社会题材的文章中，阶级就是社会的经济和政治问题，class = socioeconomic, sociopolitical, social patterns, political power。从第2句到第8句，重点就是不能从side判断class，说了两边，L、r，都看不出阶级冲突。

S10 Disputes occurred 前半句语义重点是disputes occurred among...rebels；前半句的of course，与后半句but一起，构成让步-转折，它含有对比，but前后找反义词：disputes occurred vs. prevented class lines。全句说，争端当然还存在于留在r一方的那些人之间，但18世纪美国社会的异乎寻常的社会流动性（黑人是明显的例外），通常阻止这类争端沿着阶级路线发展。

S11 Social structure 前后半句so...that... 连接，是推理顺承关系，各个子句之间等价，so A that B，A、B等价：social structure was fluid = social class requires loose categories，在此语境下，流动性（loose）就意味着经济分类很模糊、很松散（loose），fluid = loose。前半句还有破折号有让步提示词though，看到though，找对比反义：fluid vs. opportunity narrowing，主句说，社会结构有流动性，让步从句说，随着该世纪后半叶的到来，经济机会依然在缩减；很明显，有流动性时，经济机会还是多的。本句是对上一句内容的再说明，顺承关系，找等价词：fluid = S9 mobility, loose economic categories = S9 prevent...class lines。

S12 Despite these　　　　Despite让步，主句转折，前后找反义词。让步成分里找vague；转折主句有not，否定词不可遗漏，that宾语从句，单独分析主干，hostility cannot be observed，加上前面的not，主句说还是有机会观察hostility；这样，反义词是：vague vs. hostility observed，意思是，虽然分类很模糊，但阶级敌意还是能观察到。全句说，虽然这些分类很模糊（这意味着阶级划分不明显），但我们不能毫不含糊地（unequivocally）宣称，可辨认的阶级之间的敌意就不能被合法地观察到。这一句对上一句让步，先找的确有vague，但依然有class hostility = class conflict。

S13 Outside of　　　　但是，在纽约之外，公开表达的阶级冲突的例子是很少的。再次转折，however提示要找上一句与本句的对比反义：S11 class hostility observed vs. few class antagonism。很明显，antagonism = hostility，也等于前面提到的discontent, dispute, conflict等词。本句内容回到作者观点，阶级冲突少。

2段回顾： 这段话的让步结构，是GRE段落中最多的一次。首句给class conflict，第2.3句以Yet反驳。然后以L, r的并列两个派别，来说明都没有多少阶级冲突。最后4句连续两次让步转折，两次限制（qualify）little class conflict的观点，但又两次回到作者观点。**转折不是让步里的内容本身，而是否定有人也许从让步推出的可能结果。** 全段结构：S1. vs. S2. S3. (S4. [S5.] + S6. [S7. S8.] S9.) (S10. [S11.] S12. vs. S13.)。

P3　S1 one must add that是主干，that宾语从句、单独分析主干，there is evidence to support the claim，宾语claim依然抽象，抓住that从句修饰的实义词：sectional conflicts were common。本段however，是反对第2段吗？转折关联词however, but, yet仅当在别人观点之后才表示反驳。这里不是，本文是评论文章，全是作者本人讲观点。这时，however提示的应该是态度不同，它表示态度转换。而且，evidence to support也说明，作者支持历史学家关于sectional conflicts的研究（tw2）。联系到第1段首句internal conflicts，很明显，sectional conflicts属于internal conflicts，是分主题之二(tw2)。与第2段的class conflict平行。

S2 The "Paxton Boys"　　　　重点是：PB incident...are examples of discontent of western against...eastern。宾语governments之后有分词dominated by修饰，抓其实义词eastern。本句是第2句中间句，通常表示顺承证据，再加上出现新的大写，为专有名词，证据的地位可以确认。按论据重现论点核心，逻辑等价词是：western against eastern = S1 sectional conflicts。本句讲东西冲突：w vs. e。

S3 Although undertones　　　　看到Although，找前后句对比反义：class conflict: undertone vs. geographical opposition: primarily。阶级冲突潜在存在，但主要还是地区冲突。转折主句与论点一致，geographical = S1 sectional。这一句对第2句进行让步。

S4 Sectional conflicts　　　　地区冲突也存在于北方和南方之间，值得进一步研究。本句also，提示与第2.3句并列，讲北南冲突：N vs. S。

3段回顾： 第1句给出并列分论点sectional conflicts，作者对此是正评价，然后第2.3句讲其中一种地区冲突，第4句讲另一种。全段结构：S1. (S2. [S3.] + S4.)。

P4　S1 In summary给出结论句（cs）。历史学家必须谨慎对待他们所强调的冲突类型；emphasize一词，在第2段首句出现过，而be careful about是负评价，这个冲突应该就是第2段所说的class conflicts。

S2 Yet those　　　　语法主干those cannot fully understand that consensus without understanding the conflicts。主语those太简单，抓住修饰的实义词，consensus（共识），宾语conflicts依然抽象，要抓住修饰里的be overcome or repressed。其实，cannot A without B，是一个双重否定条件式，就等于说，A if B，要有A，就势必要有B，B是A的必要条件，这里就是强调有些条件必须理解，这对应着第3段给正评价的sectional conflicts。本句Yet转换，上一句讲要小心阶级冲突，这一句讲要理解地区冲突，作者对这两者的态度不同，用Yet来过渡，类似第3段首句however。

4段回顾： 本段给出总的结论。

【结构图】

全文是典型的总分总评述文章。第1段给评述对象，第2段给出分论点一，给负评论，然后以并列证据和让步转折进行说明，第3段给分论点二，给正评论，然后以并列证据说明，第4段总结。

		Cue	*Function*	*Core*
P1	S1	recent historians argued	tw	**life: internal conflicts**
	S2	Inheritors, evaluation	tw'	early P →/= recent
P2	S1	The kind	tw1	**class conflict**
	S2	Yet	aw-/kw1	how ?
	S3	not	aw'-	**side ≠ class**
	S4	Although earlier, new	L	**L: upper vs. all classes**
	S5	(nonetheless, it is true)	L'	(larger, well-to-do: L > r)
	S6	side, little evidence	r	**r: little class conflict**
	S7	Indeed	r1	suppress conflicts
	S8	Where it did not	r2	r → L
	S9	thus	r'	**L: remove discontents**
	S10	of course, but	~kw, kw	(disputes vs.) **prevent class**
	S11	in fact so...that...	kw'	fluid = loose
	S12	Despite,	~kw	(vague vs. hostility)
	S13	however,	kw	**vs. few class antagonism**
P3	S1	however, one must add / support the claim	tw2, / kw2/aw+	**sectional conflicts** / **support**
	S2	examples	x	w vs. e
	S3	Although,	x'	class vs. geographical
	S4	also,	y	N vs. S
P4	S1	In summary,	cs1	conflict, careful
	S2	Yet cannot...without	cs2	consensus, conflicts

【题目】

Q2 作用/in order to

【题干与定位】定位第1段的B and B的人名，就在第2句，是同位语，属于句子成分，成分的作用是其逻辑上一层的句子主干或句子大意，即recent historians inherit B and B，或者答案往往会给出它的逻辑另一面，B and B influence recent historians。

【选项】

A. most representative最高级，原文无，错！

B. connection联系，可以对应inherit继承或影响的关系，这个联系是指writing和work之间的关系，但原文继承的是viewpoints，而不是writings。排除！如果没看出这一点，也可以注意emphasize the need，need说明现在还没做到，但文章实际上说已经发现这种传承关系。

C.　强调P类历史学家的观点重要性。完全只讲P专家的观点，忽略了本句的重点在于inherit关系。

D.　the first程度太强，原文是early，不是the first。

E.　指出一些历史学家的观点，预先提出了近期历史学家的观点；anticipate = influence，early anticipate/influence recent <=> recent inherit early。把原文顺序颠倒过来说。**正确**。

Q3 细节

【题干与定位】Loyalism是第2段细节，它是Loyalist所持的立场，定位在中间的thus句，它的作用是operate as a safety valve to remove socioeconomic discontent...among the rebels；如何做到呢？在thus之前的一句：disputing rebels became Loyalists。

【选项】

A.　eliminate disputes = remove disputes，但后面among those colonists who supported the rebel cause并不等于among the rebels，前者的范围可能与后者有部分重叠，但不等同。

B.　让上层、而不是下层阶级，远离rebel cause/反叛事业。没有提到上下层阶级的差别。

C.　容忍一些社会经济不满，rebel一边不允许存在这种不满；原文只说disputing rebels出走到Loyalist这一边，但没有说Loyalists就容许特定的discontent。两者的差别不是容忍或允许(tolerate vs. not allow)某种争端的差别，而是派别差别、立场差别。

D.　疏导(channeling)在一个社会经济阶级之内的冲突，变成反对反叛事业的战争努力。疏导的不是一个阶级之内的冲突，而是r派别之内的有冲突的一方(disputing rebels)。

E.　吸收rebel一边的社会经济群体的成员，这些成员觉得自己与其他社会经济成员之间有冲突(in contention with = in conflict with)；这对应thus之前的那一句，disputing = in contention with, rebels became Loyalists = Loyalism absorbed members...on the rebel side。**正确**。原文说不满的反叛者变成保王者；答案说保王主义吸收了有争执的反叛者。刚好把主语宾语颠倒过来说话。

Q4 细节/多选

【题干与定位】首先确定段落；social structure这个细节名词，是属于第2段class，还是第3段sectional? 社会结构问题是阶级问题，定位第2段。再找18世纪这个时间，就在中间往后的让步转折句of course, but这个句子(S10)，以及与之顺承的下一句(S11)。这两句说，social mobility很高(extraordinary: 异乎寻常)，阻止class lines；当时social structure是fluid，以至于只有loose economic categories，然后还有一个though的让步说，18世纪后半叶，经济机会收窄(narrowing)，这个说法的逻辑另一面是，18世纪前半叶，经济机会比后半叶高。

【选项】

A.　economic opportunity与social mobility之间有greater than的比较；原文无此比较。

B.　1750年之前的经济机会多于1750年之后；把对比的内容反过来说，1750年之后，经济机会变少，这就是narrowing。**正确**。

C.　它不包含严格定义的社会经济分类；not rigidly defined = loose, socioeconomic divisions = socioeconomic categories。**正确**。

Q5 细节

【题干与定位】首先确定段落；colonial or state对应第2段class，还是第3段sectional? 殖民地或州，应该是地区问题。定位第3段，再找题干所说的colonial or state government，就在第3段第2句，讲这些政

dominated by eastern interests。题目常考原文说法的逻辑另一面；既然dominated by eastern，那就等于说not dominated by western。

【选项】

A. 这些政府没有充分代表western地区人民的利益；not dominated by = inadequately represented。**正确。**

B. 阶级和地区利益之间的对比。没有这个对比。

C. 1763年之前和之后的代表性大小。没有时间对比。

D. 上层阶级的利益主宰；不是upper class利益，而应该是eastern interests。

E. 北部和南部殖民地之间的对比。这句是讲东部和西部。排除。

27.3 riding bicycles

【文章分析】

Premise: dramatic increase in the number of people riding bicycles

Conclusion: numbers of accidents decreased for the third consecutive year

【题目】

Q6 中间环节

【题干与定位】如何reconcile the discrepancy? 前后半句有despite，这说明有对比、差异（discrepancy）；调和差异题，就是提供中间环节，让差异不至于变成冲突，看起来相对合理，但不能重复原文。首先找前提–结论之间的差异概念，前提说骑车的人数增多，the number of people riding bicycles increase，结论说事故的数目下降numbers of accidents decrease。然后，只要提供中间环节，使得人数多但没有事故多，这个中间环节可以是外因，如骑行标志、路况、交通规则，也可以是内因，如骑车人素质。

【选项】

A. PDR没收（confiscate）废弃单车、拍卖。无关，因为没有造成事故下降。

B. 汽车与题干所说的单车无关。

C. 骑车人增多，不会造成事故减少。

D. PPD强制执行单车交通规则，更强力（vigorously），并开始要求出游玩乐的骑车人走单车安全通道。政府的这种行为会增加安全性，减少事故。**正确。**

E. PDT取消一项要求所有骑车人每年年检和登记的计划。取消计划不会带来事故减少。

27.4 magnetic field

【文章分析】

P1 S1 前半句说，当地球外地核的熔融的（molten）铁围绕其固态的内地核旋转时，地球磁场会产生。理科讲因果，as = when从句，可视为原因，主句动词generate可还原为因果关系，则有：molten iron → magnetic field。后半句when从句讲概念的数量，提示原因，created是因果关系，主句是结果：surges in molten iron → magnetic tempests，熔融的铁涌动时，就会产生磁暴。前半句是一般命题，后半句是与量有关的一个具体命题。

S2 At the Earth's 可以通过探测地球磁场强度变化，来探测磁暴；可将动词detected by还原为相关关系：changes in magnetic field: tempests。

S3 For reasons 细节找新词：reverse periodically。本句也有负评价态度：not fully understood。

P2　S4 Clearly　　情态词must，表示作者判断。对于g专家（geophysicists），要解释和预测磁场，就要理解外地核。这呼应第1句，因为outer core里发生的事，产生了磁场。

S5 Unlike　　however 提示对比，与m专家（meteorologist：气象学者）不同，g专家不能依赖有生之年所作的观察。

S6 Whereas　　看到Whereas，抓对比，atmospheric: hours, days vs. magnetic: decades, centuries。大气现象时间短，磁暴现象时间长，长得超出人类个体的生命时间。与上一句呼应，研究大气的应该是可以依赖有生之年的观察的，就是m专家。

【结构图】

	Cue	*Function*	*Core*
P1 S1	generated as;	i;	**molten iron→ magnetic field**
	when, created	i'	iron surge → magnetic tempest
S2	detected by	j	magnetic: tempest
S3		k	reverse periodically
P2 S4	must	kw	**g: magnetic field, outer core**
S5	however,	kw'	**g: not lifetimes vs. m**
S6	Whereas	x	(decades vs. hours)

【题目】

Q7 主题

【题干与定位】primarily concerned问主题；文章无明显主题句，则可综合两段内容。第1段描述科学事实，第2段给出作者判断，认为地球物理学家（g）必须要做一些事。正确答案的写作顺序，必须与原文行文顺序一致。

【选项】

A. 分析一个复杂的科学现象，可以对应第1段；但它对地球表面的影响，在第2段则没有。

B. 描述一个自然现象，对应第1段；它的研究对研究者所提出的挑战，对应第2段；challenge表示负评价，第2段第1句说must understand，第2句用however说they cannot，这就是负面判断。**正确**。

C. 讨论一个科学研究领域，对应第1段；讨论研究者方法论之间的差距（gap）；第2段不是讲方法论 methodological approach，所以不能选。

D. 比较两个不同的自然科学领域；这已经不是第1段的内容，排除。

E. 提出一个解释来说明一个地球物理现象，然后再给实验来帮助证实这个解释；文章第2段没有实验，甚至第1段也没有解释。

Q8 结构

【题干与定位】选择句子，该句要说明理由，为什么g专家要解释磁暴，就应当（ought to）研究地球外地核；这个内容对应第2段首句（S4），ought to = must；但不能选这一句，因为要选的句子是说明reason的。第2段没有；只有看第1段了。第1段同时提到outer core与magnetic tempests的句子，就是第1句，这就是第2段首句这个判断的理由了。答案是第1句：The Earth's magnetic field is...。

27.5　Sylvia Marina Arrom

【文章分析】

P1　S1首句给出人名+书名，提示评论对象WMC，为tw，文章应为评述型，作者会对该主题词给出不同态度评价（tw. kw1/aw+. kw2/aw-.）。宾语从句that的主干是status of women improved。全句说，墨西哥城的女性地位在19世纪期间提升。

S2 According to　　这个长句由分号连接的三个分句构成；并列内容可取其一，每个都要看，但不要记住所有的内容，位置比内容重要。第1个分句的主干，households...and instances of women...were more common，全句说，女性领导的家庭、在家庭之外工作的女性的例子，比学者们所估计的更普遍。看到这种对比，就要想到逻辑的另一面，考题经常会这样出：学者的估计比实际的少（less common）。第2个分句说，墨西哥政府鼓励女性教育的做法，让女性识字水平增加（literacy↑）；第3个分句说，有影响力的男性作家写一些文章（pieces），后面是对比的分词advocating...while deploring...，一方面倡导这些，另一方面又哀叹那些，这些修饰都是次要的。本句开头有according to Arrom，提示它是首句论点(kw)的顺承证据，三个分句相当于三个并列证据（a, b, c）。再按论据重现论点核心，本句能够说明首句improve的逻辑等价词有：more common, increase, writers wrote pieces，这些都是女性地位得到改善或至少被关注的体现。

S3 Mention of　　主语the fact名词抽象，抓住that从句修饰的实义词，civil codes advanced women's rights，民法提升女性权利；这个事实也许会更进一步加强A的论点。虚拟语气would have further strengthened，这说明其实A本人并没有这样做，虽然这个事实可以作为支持她的观点的证据。

P2　S4 Arrom does not　　宾语从句whether取其主干，women's improved status counteracted the effects。全句说，A没有讨论，女性所改善的地位，是否抵消了墨西哥经济在19世纪期间不稳定对于女性的影响。这一句does not discuss，否定语气，这与文章第1段、尤其首句的正面的肯定的语气，是不同的；这种突然的相反内容，是让步语气。不同的态度评价，也是我们在看评述文章时所期待的。本句只要抓住态度即可，至于是哪些方面不好，不必记住。

S5 However, this　　句内有not so much X as Y，提示对比，抓对比反义词：weakness vs. inevitable result。这与其说是她的作品的一个弱点，不如说是学者忽视（neglect）这一时期所产生的不可避免的结果。本句转折，上句话说A的不足，这一句重新维护A；这不是大的弱点，而是大家都这样，她也难以例外。

S6 Indeed, such　　本句宾语为what宾语从句，抓住其主干，则全句语义重点为：gaps are...make A's pioneering study an important addition；such往上指，gaps = S5 neglect；pioneering, important addition这两个词都是正评价。全句说，这些空白正好使得A的先锋式的研究，成为对拉丁美洲女性历史的一种重要增补。Indeed = in fact，顺承关系提示词，这句跟着第5句继续讲正评价（aw+）。

【结构图】

　　第1句提出评论对象及其观点，第2句叙述其观点的内容，第3句以虚拟语气指出一个加强证据，第4句否定陈述，给让步性的负评价，第5句转折，给正评价，末句继续给正评价。全文结构：S1. (S2. S3.) S4. vs. S5. S6.。

	Cue	*Function*	*Core*
P1 S1	*WMC*, SMA argues	tw, kw	**A, women improve**
S2	According to ; ; and	a; b; c	>; literacy↑; pieces
S3	would strengthen	d'	codes: advance rights
P2 S4	does not discuss	aw-	**not discuss**
S5	However,	vs. aw+	**vs. not weakness**
S6	Indeed,	aw+	**important addition**

【题目】

Q9 信息

【题干与定位】A 会同意什么主张（assertions）？无法直接定位某个单独句子，选项分散对应原文各句。信息题的解法是，从选项找线索、带核心去排除，排除与核心相反或无关的内容。不能通过核心来排除的，就用其中的名词回原文定位。A 的观点的核心是 A 认为，women's status improved。

【选项】

A. 墨西哥的做法，被当时的经济不稳定所阻碍(hampered)；A 没说被阻碍。

B. the most significant 最高级，程度错，原文无。

C. similar improvements in other cities；没有提到其他城市，只讲到墨西哥城。

D. the most significance 最高级，程度错。

E. 找学者 scholars 定位，就在第 2 句，原文说 households were more common than scholars have estimated，反过来说，scholars estimated less common，这就是 underestimate。**正确。**

Q10 态度

【题干与定位】作者对 A 的作品的态度有两处，一个在第 2 段首句，does not discuss，负评价，部分否定，只是有所不足，一个在第 2 段第 2 句和末句，正评价，not weakness, important addition。这个态度是标准的混合评价。

【选项】

A. uncritical 毫无批判的，表示不加思考的、不长脑子的、全凭情绪的意思。肯定错了。

B. enthusiasm = important addition 的正评价，minor reservations 指向 does not discuss 负评价；**正确。**这里的 tempered by = limited by = qualified by，这正好对应负评价的让步内容。

C. praise 的正评价对，但怀疑（skepticism: 怀疑论）她的证据的来源，这一点却是错的，原文只是说她 does not discuss 一些事情，而不是 evidence source 有问题。

D. 勉强接受 reluctant acceptance，毕竟还是正评价，我们可以勉强接受，但后半句 despite 说，留有(linger: 逗留)疑问，怀疑她论点的正确性；作者的负评价并不针对她的观点正确与否，而是她的讨论内容有所不足。

E. 拒绝这个负评价，与原文的部分否定态度不符。

Exercise 28

28.1 feminist literary critic

【文章分析】

P1 S1 前半句说, subjectivity vs. objectivity的争论, 具有特殊的政治意义。后半句由and连接, 她的定义会招致(court)特殊的风险(special risks), 无论这个定义偏向争论中的哪一方。首句给出判断句, 是作者观点(kw)。内容上, 是文学评论文章常见的理性vs.感性的对比: objectivity, scientist vs. subjectivity, artist。

S2 If she defines   If从句先讲定义为objective, scientific, 主句有两个并列谓语, 这会阻止critic-as-artist的方法, 也会阻碍一些人的功利主义的(utilitarian)政治目标的完成。本句为论据之一, 讲一方的定义。按论据与论点有逻辑等价词, preclude, impede = S1 risks。

S3 If she defines   If从句先讲定义为creative, intuitive, 主句也有两个并列谓语, vo and vo, 并列顺承, 逻辑等价, vulnerable = dismissed, 都是负面的、有风险的; 主句说, 她的作品会容易受到关于女性思考方式的老套观念的偏见的攻击(vulnerable: 脆弱的、易受攻击的), 也会被学界多数所抛弃。本句是另一方的定义, 与上一句并列, 构成平行论证, 支持首句观点; 与首句的逻辑等价词是: vulnerable to, dismissed = S1 risks。

P2 S4 These questions   这是GRE有史以来最长的一个句子! 有83个单词! 一句话就是一段话! 主干是: these questions are political。读完主干是否已经足够、后面修饰就不用再读? 不是! 修饰不是不读, 而是略读! 此外, 文科的修饰内容, 很可能有对比、让步等细节, 经常出题, 必须要抓住对比反义。此句正是如此。在in the sense这个介词短语之后, 就有that同位语从句修饰(cp1), 其中有less A than B, 抓对比反义: disinterested vs. power struggle, 严格而言, 本句抓住这组对比就足够了!它的意思是, 这种争论, 不可避免的, 不太像带着客观追问的精神、对抽象问题的探索, 而更像学术的权力斗争。按修饰与主干名词等价可知power struggle = political。这还没完, 在B之后, 还有in which从句(cp2), 如果读的时候不懂power struggle, 可从这个从句找实义词, 该从句的主干说, careers and professional fortunes of many women scholars...will be at stakes, and with them the chances for a distinctive contribution..., 许多女性学者的职业生涯和职业命运, 会处于风险中(at stakes), 随之(with them), 还有一种独特贡献的机会, 也处在风险之中(原句省略了重复的谓语)。这里, chances与careers and fortunes是并列的。按修饰与被修饰名词等价可知, at stakes = power struggle, 所谓学术的政治斗争, 就是职业风险和研究方向的争夺。在这第二层从句中, 其主语中的women scholars之后有破折号引出的分词修饰(cp3.1), 说她们只是现在才大量进入学术界; 其并列主语contribution, 也有同位语及其that从句的修饰(cp3.2), 说这种贡献也许原本会成为反对我们社会中的性别主义的一种重要影响因素。全句的结构: svo in the sense that cp1 in which cp2 now entering cp3.1, and a contribution that cp3.2。抓住的语义重点就包括句子主干、修饰或任何地方的对比: these questions are political, disinterested vs. power struggle。如果愿意, 可以再抓修饰与主干的等价词: political = power struggle (cp1) = at stakes (cp2)。以上是考虑句子本身; 再考虑本句与前面句子的关系。本句是第2段首句, 与第1段首句呼应, 没有转折、对比, 就是顺承, 因此应该等价, 找1段首句和2段首句等价词: S1 political significance, special risks = S4 political (=power struggle [=at stakes])。本句具体解释了争论带有政治意味的原因(in the sense that)。

【结构图】

	Cue	Function	Core
P1 S1	debate, special significance special risks, whoever side	tw kw	feminist literary critic, debate **political, special risks**
S2	If	a	(objective, preclude = impede)
S3	If	b	(intuitive, vulnerable = dismissed)
P2 S4	These questions, less than	kw	**political** **(disinterested** **vs. power struggle** [at stakes])

【题目】

Q1 细节/多选

【题干与定位】什么困难会影响女性文学批评的理论家？负面词difficulties对应首句risks。第2.3句平行的If结构，讲到具体的风险，都可以算做本题的答案。

【选项】

A. 男性主导的学术界(academic establishment)会对女性形成先入之见(preconception)。第3句的prejudice = preconception。**正确。**

B. 当批评被定义为objective, scientific，会被强加一些限制；这对应第2句，limitations = S2 impede, preclude等。**正确。**

C. 艺术特权(privilege of art)，对应第3句；prejudice也在第3句有照抄词。**正确。**

Q2 细节

【题干与定位】作者提出什么来支持一个说法（suggestion = claim = assertion），即学术界成员中有老套思维？这里stereotypic thinking对应第3句stereotypic ideas，它对应的是有些人对the ways in which women think(女性思维方式)的看法。

【选项】

A. 独特的女权主义贡献，是第2段或第4句的内容，不是第3句。

B. 定义为artistic，会被学术界看做不能进行评判思维的；这就是对女性思维的老套观念，认为女性只能intuitive, artistic，不能critical, objective, scientific thinking。**正确。**

C. 争议通常被看做政治争论。这是第2段观点，不是第3句内容。

D. 只是现在才大量进入学界，这是第4句或第2段的细节事实，与题干问的陈腐观点无关。

E. 女性作为critic，被迫要构造一个文学批评理论。构造理论不是问题，男女学者都要构造理论；女性构造理论时无论选择哪一边都会造成风险，这才是问题。

Q3 观点核心/对比

【题干与定位】第2段的political的意义（in the sense）是第1个that从句中的power struggle，这里有less...than...对比，考对比的可能性极大。

【选项】

A. 主要通过权力竞争而斗争。**正确。**

B. 主要是学术性质的，错! less明确否定。

C. 本身不重要。没说。

D. 不能通过广泛争论来解决。能否解决，没说过。只说争论的性质和意义。

E. 男人和女人都去争了。男女不是政治意义的重点，重点是power struggle。

28.2 helix

【文章分析】

P1 S1 主语为what主语从句，单独分析，helix, dextral vs. sinistral，螺旋形，右旋还是左旋(d or s)；谓语说，is...puzzle，是形态科学中最令人好奇的(intriguing)谜题之一。文章主题词就是谜题，tw = helix: d/s?。首句给出生物现象、事实，后文会给出解释，往往还不只一个解释，更可能是2-3个，同一现象(tw)，不同原因(kw1, kw2)。

S2 Most　多数螺旋形蜗牛以dextral为主。显然，spiral = helix。讲事实，不是理论。

S3 But at　对比一个事实：但在有段时间，旋向(handedness)会平等分布在一些蜗牛物种之内，它们后来变成以dextral / d为主，或者在少数物种中，变成以sinistral / s为主。与第2句对比事实：d vs. equally。

S4 What　提问：什么机制在控制旋向，并使得左旋罕见？首段问题就等于主题，文章后面将给出若干机制。通常，假说是对一个现象给出一个原因，解释就是一个原因、一个结果，原因 = kw，结果 = tw，这类解释有时只是从相关性假设而来；与此不同，机制则是一连串的因果，这种机理、过程的研究成果，对现象发生的进程作出更为可靠的说明。

1段回顾：第1句以what causes helix引出主题，第2.3句对比事实描述这个事实，第4句提问，进一步确定问题的中心。

P2 S1 would seem，如might seem, would seem一样，以虚拟语气来刻意肯定某事，提示让步。首句让步的情况还是相对少见，但无论如何，重点在后文转折；而且，让步转折 = 对比 + 次要主要，含有对比，可抓反义。本句有连续推理子句：A if B, for C，其推理关系为：B, C → A, s, d: exact mirror images; disadvantage for sinistral=s: inconceivable → unlikely, evolution against s，意思是，如果s、d是严格镜像，s有劣势就不可想象，所以，演化不太可能歧视s。第一次读时不能看出这个推理关系也没事，只要抓住语法句子即可：unlikely, evolution against s，似乎不可能，演化会歧视s，后面就有一堆条件和原因(if, for)。本句其实也提示一个可能原因，evolution，只是被否定了。

S2 But left-　但是，左旋和右旋蜗牛不是真正的镜像。这句话转折，否定上一句的if前提（exact mirror images），这样，第1句主句的unlikely evolution against的判断就堪忧了，演化就不是一定不能，而是有一点可能，歧视或不利于s蜗牛，从而导致s罕见，这暗示了一种因果关系：evolution → s↓。前提if不成立，由此推出的结论也有可能不成立，但不是绝对不成立，而只是结论不成立的概率、相比于原来前提正确的时候增加了。这并没有犯逻辑上否定前件、就推出后件或结论否定的错误，而只是结论错误的可能性增加，这在研究中就足够用来作为质疑的条件了。在这里，就是对第一句的evolution unlikely的结论进行质疑，现在evolution likely。

S3 Their shapes　它们的形状明显不同。顺承上一句，抓等价: different = S2 not mirror。

S4 Sinistral rarity　因此，s罕见(s↓)也许是因为(a consequence of)，其他与之伴随的(concomitant)结构特征赋予（confer）的可能劣势。在理科句子中，将抽象词还原为因果关系箭头，得到：s↓ ← other structural disadvantages。

S5 In addition　此外，也许左旋、右旋不能彼此交配，它们有不兼容的旋转方向。并列讲另外一个证据，并列找新词，cannot mate。

S6 Presumably　　主干说，或许（presumably = perhaps = supposedly），一个罕见形式的个体，会相对难于找到一个相同旋向的配偶。后半句以thus引出分词修饰，次要。在理科句子中，结果往往表示现象或事实（tw），原因才是观点、解释、理论（kw）。这里正是如此；将thus keeping...还原为因果关系，得到：difficulty finding a mate → rarer = s↓。本句顺承上一句，找等价词：difficulty in finding a mate = S5 cannot mate，这倒不是说，这两句的意思完全相同，而只是说它们的语气、否定性的语气是一致的，都是不行、困难，即使不行和困难的方面其实还有小的差异。

2段回顾：第1.2句让步转折，推出evolution → s↓，第3句顺承。第4句是then引出的小结论，说other structural disadvantages → s↓。第5.6句并列讲另外一个可能性：cannot mate / difficulty in finding → s↓。全段结构：S1. vs. S2. S3. → S4. + S5. → S6。抓住第4.6句的内容即可。如果以一个词来概括本段的原因，可用evolution → s↓；无论structural，还是mating问题，都可以放在第1.2句让步转折引出的这个大概念之下。

P3　S1 But转折，跟在第2段观点之后，表示否定；this往上指，在段落首句，就指向上一段核心，所以，第2段核心kw = evolutionary mechanism。句子主干是：this evolutionary mechanism...does not provide an adequate explanation；not adequate表示部分否定，这暗示着部分肯定，作者也许认为，evolution原因能解释一些事实，如s↓，但不能解释这一句why后面所说的right-handedness = dextral主导的事实，即d↑。也可以注意，主语evolutionary mechanism之后的分词修饰combing里的三个并列宾语名词，其实也概括了第2段的所有细节内容：dissymmetry = 第2段S2 not mirror images, anatomy = 第2段S4 structural, chance = 第2段S6 difficulty in finding。文章写作是很严谨的，经常在下一段首句概括上一段内容；我们要充分利用这一点，简化记忆负担。本句的语义重点，不能充分解释d↑。

S2 It does not　　for example表示举例，内容不重要，与首句负评价的分-总的关系才重要。句子有why宾语从句，但因为是例子内容、可略读之；全句大意是，它不能解释为什么相反旋向的蜗牛之间的不频繁的结合，产生的罕见后代，要少于普通形式的；后面还有where从句，略读之。不能解释commoner form多，也就是d↑。

S3 Nor does it　　并列否定，也是举例，同样次要。大意是，在一个亲本（parent）决定旋向的物种中，一窝（brood）蜗牛不是完全（exclusively）右旋或左旋，即使这时后代有相同的基因倾向（predisposition: 秉性）。不能解释not exclusively d or s。对本句，与对第2句一样，看过就算，不必深究。并列举例，如要考题，常考作用，即例子与论点之间的关系，而不是例子本身内容。

S4 In the European　　中间大写新词 = 证据、细节。本句说，在欧洲池塘蜗牛Lp中，以d为主的蜗牛，其旋向由母本（maternally）决定，一窝蜗牛可以是完全右旋或左旋，这经常发生。抓主干的实义词：exclusively right or left，这等于exclusively d or s。属于事实。

S5 However, some　　However跟在事实之后，单纯表示对比。对比找反义：often: exclusively d or s vs. some: opposing hand。上一句说，通常严格右旋或左旋，这一句前半句说，但有些物种，会有相反旋向。后半句and并列，在s为主的窝中，d的发生惊人得高。看到对比，要想到逻辑的另一面；右旋在左旋窝中发生率（d/s）很高，肯定是高于对应的情况，即高于左旋在右旋窝中的比率（s/d），而不是高于左旋在左旋中的比率。可以记为：d/s > s/d。如果考题，答案会倒过来说，s/d < d/s，右旋窝中的左旋，低于左旋窝中的右旋。看到这里，你应该天旋地转了！但没事。第一，这的确很难，读一遍时很难马上想出来，因为通常都是读取字面信息，而不会想到逻辑侧面。第二，多看一遍就好了。

3段回顾：第1句给负评价，evolutionary mechanism不足以解释d↑，第2.3句并列两个不能解释的事实。第4.5句给出具体的物种，指出不能解释的现象。一个理论，能够解释现象，就是正评价，不能解释一些现象，就是负评价。看一个理论好不好，不是看它是否符合其他理论、某个意识形态、某种个人偏好和标准，而是看它是否能够解释事实和现象，这是empirical science(经验科学、实证科学)的核心。

P4 S1 主干是evolutionary...must defer to developmental mechanism。新的观点可找首句或转折句的主谓宾的新词；本句的新词是宾语developmental mechanism = kw2。还可以把动词defer to还原为对比关系，得到：evolutionary < developmental，发育理论能解释的现象，比演化理论更多。

S2 In the case   In the case of表示举例；句子内部有多个动词连续出现，构成连续动作。这时，主干不一定是最重要的，因为从句、分词等都在讲与主干动词一样地位的动作，有时**理科句子以连续修饰来表现连续动作**，这时，抓住首尾名词，也就是最初原因和最后结果：d gene → ... → handedness。全句说，在Lp中，研究表明，d基因表达于卵形成时；也就是说 (i.e.)，在卵受精之前，该基因产生一种蛋白质(protein)，在卵的细胞质(cytoplasm)中，控制细胞分裂的模式，因此也控制旋向(handedness)。本句解释第1句的mechanism，充分体现理科连续因果推理的特点。

S3 In experiments   experiment表示证据、事实。句内有but对比，取事实对比的反义词：d change s vs. s not change d，注射右旋的细胞质，改变左旋卵；注射左旋的细胞质，不改变右旋卵。

S4 One explanation   对此不同效果的一个解释是，所有卵开始都左旋，但多数转向到右旋。找新词作为解释重点：switch to d (= right-handedness)。解释explanation就是给出原因；前一句是experiment，讲的事实，是结果；提取这两句的因果：d change s ← switch to d。

S5 Thus, the path   thus给结论。通往所有蜗牛旋向之谜的解决之路，像螺旋形本身一样扭曲。结论与上一句顺承，找等价词：S4 begin, switch = S5 twisted。开始这样，然后那样，这就是有点曲折了。

4段回顾：第1句给新机制，第2句讲连续动作，第3句给实验证据，第4句给解释，第5句总结。全段结构：S1. (S2. S3) ← S4. S5。重点在第1句、最后两句。

【结构图】

第1段给现象或问题，s↓、d↑，左旋少、右旋多，第2段给第1个解释，evolutionary mechanism，解释s↓，第3段说它不能解释d↑，第4段给出新解释，developmental mechanism。全文结构：P1 ← P2 vs. P3. P4。理科讲因果，同一现象，不同原因。

	Cue	*Function*	*Core*
P1 S1	What causes, puzzles	tw	**helix: d/right vs. s/left?**
S2	Most	i	Most: d↑
S3	But at one time	j	vs. one time: equally
S4	What mechanisms control?	tw'	**What → handedness, s↓?**

	Cue	*Function*	*Core*
P2 S1	would seem unlikely, if	~kw: ~a	mirror image: not evolution
S2	But	vs. a	**vs. not mirror image**
S3		b	different
S4	then, a consequence of	kw1.1	**structural → s↓**
S5	In addition	c	cannot mate
S6	thus keeping	kw1.2	**difficulty in finding → s↓**

P3 S1	But this...not adequate	aw-	**evolutionary: not adequate d ↑**
S2	It does not explain, example	x	rarer fewer
S3	Nor does it explain	y	not exclusively
S4	In *Lp*, often	z1	***Lp*, often: exclusively**
S5	However, some	vs. z2	**vs. some: opposing**, d/s> s/d

P4 S1	must defer to	kw2	**evolutionary < developmental**
S2	In the case of, expressed, produce, controls	u → v → w	*Lp*, d. gene → ... → handedness
S3	In experiments, but	m vs. n	d change s vs. s not change d
S4	One explanation is that	kw	**← begin s, switch to d**
S5	Thus,	cs	**twisted**

事实、观点/态度?

对任意句子，要分清它是在描述事实，还是在提出观点或态度。通常，在首段或前几句会有可能出现事实、现象，后文都是理论、观点、态度等，如28.2 helix；一些文章会在首句就给出别人观点或作者观点，如26.4 pollination by wind。少数文章是例外，没有研究者观点或作者态度，只有纯粹描述，如13.5 Mark Twain，全文无研究者观点，只有关于小说的事实和接受情况的说明。

对于观点，也要分清楚作者态度和别人观点。别人观点，要么是主动语态、且主语有这些人物，如some historians/biologist argued/proposed/suggested that...，要么是被动语态，it has been argued that / it was once believed that...。其他有观点或态度的情况，都是作者的观点或态度。多数评论文章，既有研究者观点，又有作者对此的评价，如27.5 Sylvia Marina Arrom，但一些评述型文章，只有研究者观点，作者并不表达自己态度，如26.3 David Cressy。

【题目】

Q4 主题

【题干与定位】问第2段primarily concerned，文章的各个理论都在解释现象，第2段不例外，它解释的就是第1段末句的问题，s↓。

【选项】

A. 第2段首句说evolutionary would seem unlikely；本选项却直接换成现实陈述is unlikely。这就错了！

B. 左旋相对不太普遍；uncommon = rare。**正确。**

C. intermingle(相互混杂)没有提到。

D. 第2段不是为了说明发育理论不好。

E. d的繁殖比s更轻松（readily）。首先，breed不一定等于number多少；其次，即使认为breed more就是个数多，第2段的理论也主要是解释s少，而不是解释d多。干扰选项。

Q5 列举/细节

【题干与定位】题干故意给第3段首句，在该句也的确提到evolutionary mechanism，但真正的阐述却是在第2段；这是针对第2段证据的列举题。当然，第3段首句的combining dissymmetry, anatomy, chance的总结，对做题也有帮助。

【选项】

A. 培育新后代的有利条件。没有涉及条件。

B. 原文无环境条件。

C. 是否有潜在配偶来繁殖。这是第2段末尾两句说的mate问题；finding a mate就是availability of mate。**正确**。

D. 后代与相同旋向父母的结构相同。没说structural identity，第2段提到的是左旋与右旋之间的structural difference。

E. 结合频率，不是第2段内容，而是第3段第2句内容。

Q6 多句细节/信息

【题干与定位】*Lp*在第3.4段多次提到；本题无法单独定位某一句。从选项找线索、带核心去排除；关于*Lp*的核心陈述是：d为主的蜗牛，evolutionary不能解释它，developmental可以解释它。不能排除的，就用选项中的名词取原文定位。

【选项】

A. equally distributed平均分布，第3.4段没有提到过。

B. 在实验室条件下，d可以被人工诱导（induced）发育为s。这说反了；在第4段第3句，是d改变s，而不是被改变成s。本选项把原文的主动（changes）换成了被动（can be...induced）。

C. 毫无例外，都是完全s或完全d。这与第3段末尾两句的对比直接冲突；那里说，exclusively是经常发生的，但有些物种不是这样。

D. 旋向被两个亲本一起决定。错！在第3段第4句中提到，*Lp*的旋向由母本决定。

E. d窝里的s后代，少于s窝里的d后代。看到对比时，可想到它的逻辑反面，看是否与文章相符。该选项说，s/d < d/s，它的逻辑侧面是：d/s > s/d，正好对应第3段的末句：s窝里的d的发生惊人得高。**正确**。

Q7 结构/关系

【题干与定位】evolutionary与developmental之间的关系是怎样？这两个理论在第4段首句同时提到，动词defer to提示它们之间的关系。从内容上看，evolutionary之所以不好，是因为它不能解释*Lp*，而developmental之所以高于它，则是因为能够解释*Lp*。

【选项】

A. 两个理论达成同样的结论？已错。

B. 对同一现象、给出矛盾的解释。也不对；evolutionary解释左旋少，developmental解释右旋多。两个不是解释同一个现象，虽然这两个现象有关。

C. 第二个理论解释（account for = explain）第一个所不能解释的某些现象。**正确**。理论好不好，就看解释的现象多不多。

D. 第二个理论证明（demonstrate），为什么第一个只对非常不寻常的、特殊的情况有效。错！第一个理论对左旋少有效，但"左旋少"并不是unusual, special cases。而且这种有效性，也不是第二个理论来证明的。

E. 它们是相同的、可互换的。这显然不对；两个理论是不同的，而不是identical等同的。

28.3 Martin Luther King

【文章分析】

S1 主句的主干K's role against the war...require little explanation(S1)，K在反越战运动中的角色，似乎不需要多少解释；since从句(S1')解释原因，抓其中的实义词，nonviolence，这毕竟还是一个解释，原因 = kw，故 kw1 = nonviolence。原因从句与主句**顺承推理，逻辑等价**，可得 nonviolence = against the war。

S2　But King's　但是，K 对越战的立场不能只从和平主义（pacifism）来解释。第 1 句 appear to，现在来看，其实表示让步，第 2 句以 but 来转折，cannot alone 所否定的 pacifism = S1 nonviolence。本句对第一个解释（kw1 = pacifism = nonviolence），给予部分否定。

S3　After all　前半句说，毕竟，他有点像（something of: 有一点）一个迟到者；even though 让步，可抓前后半句对比：latecomer to...antiwar vs. was indefensible。即使他到 1965 年时依然确信，美国在战争中的角色是不可辩护的，他依然迟迟没有反战。本句给负评价找证据，迟到者，这是无法靠 pacifism 来解释的。

S4　Why then　为什么要过两年，他才将他私下的不满（misgivings）变成公开的异议（dissent）？two years = late。重新表述这个问题，要求新的解释。

S5　Perhaps he　也许他相信，他如要批评美国外交政策，就势必会危及（endanger）他从联邦政府所赢得的对民权的支持；cannot A without B 表示 A if B，A 以 B 为条件。本句给出原因，not endanger = kw2。

【结构图】

首句给出一个事实，K 反越战的角色，同时也给出一个小的解释，非暴力（nonviolence）；第 2 句部分否定，它不足以解释一些事实；第 3 句说 K 是一个 latecomer；第 4 句提问，为何会晚两年；第 5 句给出解释，不想危及自己的民权事业。结构：S1. ← S1'. vs. S2. (S3.) S4. ← S5.。一个现象、两个解释，先批评一个、再提出自己的。

	Cue	*Function*	*Core*
S1	appear to require little explanation, since	tw, kw1	**K's role** ← **nonviolence advocate**
S2	But cannot alone	aw-	**vs. cannot alone**
S3	After all	x	latecomer
S4	Why then?	y?	**two years passed?**
S5	Perhaps	kw2	← **not endanger support**

【题目】

Q8 因果/核心

【题干与定位】attributed to 表示原因；delay = two years passed, late；它的原因就在末句所说，K 不想危及自己的事业。

【选项】

A.　K 在美国在越战中的角色方面左右为难、矛盾犹豫（ambivalence）；第 3 句明确说 K was convinced that 美国的角色 indefensible，这说明他对此是清楚的，而不是矛盾的。

B.　K 试图加强（consolidate）对他领导权的支持。他只是为了不激怒美国政府，危及他的事业，而不是为了加强领导权。

C.　K 想让民权运动领导权与反战运动的领导权有所区别（distinct）；区别之类，没有关系。

D.　K 想要从反战运动领导权中取得对民权运动的支持。反战和民权运动之间不存在这种领导权的联系。

E.　reluctance to jeopardize = without endangering。**正确。**

28.4　union affiliation

【文章分析】

　　第1句讲conclude，是结论，第2句讲evidence，是证据、是前提。这个逻辑单题的文章是故意将结论放在前面、前提放在后面，这是比较少见的。

Premise:　　S2 new plant: only 100/1500, ever belonged to labor union

　　　　　　S2 old plant: higher proportion of worker, have a history of union affiliation

Conclusion:　S1 new plant, discriminate against people with a history of union affiliation

【题目】

Q9 假设

【题干与定位】assumption就是联接前提与结论之间的概念差异。前提、结论都有people with a history of union affiliation(联系、附属)，都有new plant；差异概念是，前提说，新厂的工人有工会史的比例低于老厂，结论说，歧视。假设就联接这两个概念：有工会史的工人比例低，是因为歧视造成的(是歧视的行为在筛选工人)，而不是因为别的原因造成的（外因，如新厂本身位于一个不支持工会的社区，或内因，如应聘者多数都是第一次参加工作的人）。

【选项】

A.　新厂里没有哪个有工会史的人是工会组织者。这并未连接比例低和歧视这两个概念，它说的是一个属性(organizer)，而不是一个比例。

B.　问不问工会史，与歧视没有直接关系。

C.　讲到K公司的竞争者。无关；原文推理只讲K公司。

D.　公司相信，如果工会在劳动力中代表性不高，运作新厂的成本将会更低。没有工会，成本更低，这与原文从比例到歧视的推理无关。

E.　新厂工作的潜在候选人(pool)，除了K公司雇佣的人以外，还包括一些有工会附属史的人。这说明K公司至少没有雇佣一些有工会附属史的人；有工会史的工人在新厂占比低，不是因为所有候选者没有工会史，而是被筛选了。**正确**。如果取非这个假设，候选者除了K公司雇佣的，就没有有工会史的人，那说明这些候选者中有工会史的，都被招进去了，那肯定就不可能说K公司有歧视了。如果一个命题被取非，原推理不成立，则该命题就是假设。

28.5　quantum mechanics

【文章分析】

S1　前半句说q.m(quantum mechanism)是一个成功理论，冒号引出的后半句说它如何成功，它提供方法，精确计算不同实验的结果，尤其是有微小粒子的。首句给出主题词q.m。

S2　The predictions　　转折。但是，q.m的预测，仅仅给出一个事件的概率，而不是该事件是否将会发生的决定论陈述。句内有not提示对比，抓对比反义词: probability vs. deterministic。

S3　Because of　　因为这种概率主义，E终其一生都对该理论强烈不满，虽然他也不认为q.m是错的。这里出现了大神E，但我们取首字母！句内有though让步，让步转折含有对比，抓对比: dissatisfied vs. not wrong。

S4　Rather, he　　Rather与上一句的did not构成否定、肯定结构，not A Rather B，前后两句抓对比: wrong vs. incomplete。不是认为它错，而是认为它不完整，这是完全否定与部分否定的差别。冒号之后具体说明，好比 incomplete 这个态度的证据，意思是，在 q.m 中，粒子的运动必须按概率来描述，这只是因为，一些决定运动的参数(parameter)，还没有被具体规定(specified)。按冒号内容与主句顺承等价，找等价词：incomplete = not been specified。

S5 Einstein's ideas 本句是 and 引起的并列复合句。前半句说，E 的观点自他去世以来被实验所检验 (tested)；后半句说，随着多数实验都支持传统的 q.m，E 的方法几乎确定是错的（erroneous）。抓住态度 aw- = erroneous。

【结构图】

第1句正评价判断，第2句转折给负评价，第3句讲 E 的态度，第4句继续讲 E 的态度及其原因，第5句末句讲 E 的看法是错的。文章提到一个人对一个理论的批评，然后对此批评给出负评价。本文涉及三方的关系：author–E–q.m，作者没有直接评论 q.m，而是对 E 对 q.m 的评论进行再评论。本文并非典型的评论型文章，后者通常有并列的两个分论点。

	Cue	*Function*	*Core*
S1	successful theory:	aw+	**q.m: successful**
S2	however, only, not	aw-	**only probability vs. deterministic**
S3	, though not maintained	kw	**E, dissatisfied vs. wrong**
S4	Rather	kw: x	**incomplete: not specified**
S5	experiments, and erroneous	aw-	**q.m+ ; E-**

【题目】

Q10 取非

【题干与定位】might have to be modified，就是 might weaken/undermine，题干要求反对作者关于 E 的方法错误这个结论。反对结论，只需将与该结论相关的前提条件取非：not (as most of these experiments support traditional quantum mechanics)。答案的重点就是实验不支持 q.m，而是支持 E 的观点。一般的，**对于负评价 (aw-)及其原因，aw- if/as/since/because X，题干 might/could aw+ if? 答 not X。** 从证据、实验、事实的原因推到负评价；题干要取非负评价，答案就将证据、实验、事实的情况取非。

【选项】

A. 理论上有可能提出合理的(plausible)理论，有隐含参数在其中。无关。重点在实验。

B. 对 E 的理论的一些实验检验，并没有否证 q.m 理论的隐含参数理论。**正确**。首先，hidden parameters 是 E 的观点，hidden = 第4句 not been specified。其次，这些实验 not disconfirm 这种理论，说明实验没有支持与之相反的传统 q.m 观点。这样，就把 as 里的内容取非了。

C. 有可能有一个理论，有隐含参数，然而还是概率式的。把 E 的隐参数理论与概率主义并列在一起，这并没有对末句的实验这个原因取非。

D. 传统的 q.m 还未被用于分析所有它可以应用的现象。与实验无关。

E. 有太多可能的隐参数，无法发展出有意义的检验。没有检验，这是把实验的可能性都取消了，不是取非原文具体的实验情况，与从实验到负评价的推理无关。

Exercise 29

29.1　physics of dance

【文章分析】

S1　分析舞蹈的物理学，能够从根本上提高舞蹈者的技巧；can 情态词表示作者判断。首句给出论点。

S2　Although　让步转折，抓出对比：seldom physical vs. neither can ignore physics = cannot ignore physics。虽然舞蹈者很少完全从物理角度来看待自己，但他们也不能忽略运动物理学。破折号之内的修饰次要。

S3　Some　讲具体运动；句子主干是some movements...can be studied using simple equations...。一些运动，可以使用简单的三维的线性运动公式来研究。

S4　However　对比。但旋转运动，则需要更复杂的方法；that从句中有并列三个宾语名词，相当于并列证据。抓住前后句的对比反义词：some: simple vs. rotational: complex。

【结构图】

第1句给出情态词、作者观点，第2句让步转折，第3.4句对比证明。结构：S1. (S2.) (S3. vs. S4.)。

	Cue	Function	Core
S1	can add to	kw	**physics: add skills**
S2	Although,	~kw, kw	seldom physical **vs.** **cannot ignore physics**
S3	Some	a	some: simple
S4	However, more	b	**vs. rotational: complex**

【题目】

Q1 主题

【题干与定位】primary purpose考主题或结构关系。本文作者论点，然后具体证明。

【选项】

A.　发动争议。原文无debate；debate必须是有对立观点，本文只有作者一人观点。

B.　描述一个领域的知识如何应用到另一个领域。本文将physics应用到dance。**正确**。

C.　两个不同理论之间的矛盾；文章没有对立观点。错误同A。

D.　定义和阐明(elaborate)一个被接受的科学原则。没有定义什么科学原则。

E.　讨论一个新理论在一个新背景中的应用；physics不是new theory。

Q2 列举/多选

【题干与定位】mention考列举，找出相应的全部内容即可。题干问contributing to，对理解舞蹈的物理学有贡献的内容很多，包含全部句子，尤其是最后两句的对比的事实。这种题目没有技巧，只是需要耐心和细心。

【选项】

A.　分析身体重量分布的方式。末句that从句的并列宾语之一。**正确**。

B.　三维的线性运动的公式。第3句的using分词内容。**正确**。

C.　分析产生旋转运动的来源。末句that从句的最后一个并列宾语。**正确**。

29.2 Hastings' contracture

【文章分析】

Premise 1:   H's contracture–disorder in one or both hands, causing loss of mobility

Premise 2:   30% people, one hand for H, underwent surgery a second time for this disorder within three years

Conclusion: (therefore) single surgical treatment of H is ineffective at long-term correction

【题目】

Q3 逻辑反对

【题干与定位】反对，可以加大前提和结论之间的概念差异。先找相同后找差异；差异概念，前提是30%的人、一只手，结论却涉及所有人、两只手。如果反对，可以说，这30%的人不是正常情况；或者一只手做过手术没事了，要再做的是另一只手，而不是同一只手。

【选项】

A.   医疗保险声明(claims)没指定手术在病人右手还是左手做。也就是说，可能一只手做了，彻底好了，第二次手术做的是另一只手。这就不能说原手术对做过手术的那只手无效。**正确。**

B.   用来治疗H的手术技术，与那些技术相同。与那些别的技术无关。

C.   90%的病人在手术之后的一个月内手更灵活。无关。结论的重点是长期。

D.   所有受调查的病人，都应他们的保险公司要求，在做手术之前，从有资格的医生那里寻求第二份意见。无关。

E.   许多有H的人，都选择容忍其结果，而不是承受手术的风险。原文推理讨论的是做过手术的人。

29.3 altering habitat

【文章分析】

S1   理科讲因果，把alter动词还原为因果关系，limit则更清楚，否定性因果，表示负相关，organism → habitat → own growth↓。理科首句因果，常为作者本人论点。

S2   The influence   影响大小比较，抓住对比：fresh water > marine or terrestrial。原因在于淡水水体较小。将第一句论点细化为具体的生态系统，并给出效果大小的影响因素，size。

S3   Many of   related to提示因果关系，effects: physiology, growth and respiration。有机体的生理、尤其是生长和呼吸，与有机体的许多重要影响有关。给出影响效果的因素，即生长和呼吸的生理。与第2句平行，给出另一个因素。

S4   By their growth   动词deplete, limit都提示负相关：growth → nutrient↓ → own/others' growth↓。生长时许多物种会耗尽系统之内的基本营养，因此限制它们自己或其他物种的生长。

S5   Lund has   人物及其研究；L证明，在W湖中，水藻A不能在它自己所创造的条件下生长。中间新大写，表示证据。证据重现论点核心，unable to grow = S4 limit the growth。

S6   Once a year   在一年的春天，这种植物在湖中快速生长，用尽水中的silica，到晚春时，已经不再有足够的silica可维持它自己的生长。本句说明例子的具体情况。

S7   The population   这个种群因此急剧地减少。继续讲该物种的情况，as a result表示推理的结果。第6.7句构成一个很简短的连续动作。

【结构图】

第1句是因果关系，是文章总论点(ts)，第2句说明一个方面(kw1)，第3句指出另一个影响因素(kw2)，第4句具体说明之。第5句举例，第6.7句说明例子内容。

	Cue	*Function*	*Core*
S1	alter, limit	ts	**organisms: habitat: own growth** ↓
S2	because of	kw1	freshwater > marine/terrestrial ← **size**
S3	related to	kw2	effects ← **physiology**
S4	deplete, limit	kw2'	growth: nutrient ↓: own/others' growth ↓
S5	L has demonstrated	x	A, unable to grow
S6	this plant	x1	grow: silica ↓: own growth ↓
S7	as a result	→ x2	→ **population** ↓

【题目】

Q4 结构/选择句子

【题干与定位】找出alteration的certain causes。第2句虽然提到because of，但主要是说size大小会造成影响程度的不同，但并没有说造成影响的原因是什么。第3句related to提示causes，这里给出了原因，在于生理。因此，答案是：Many of the important effects...。第3句especially growth and respiration讲了两个特别的原因，对应certain causes。第4句deplete the essential nutrients只是给出了alteration的情况，没有讲出某些原因。

29.4 The Fourteenth Amendment

【文章分析】

P1　S1 美国宪法第14条修正案（Amendment），1868年批准（ratified），禁止州政府否认公民的"法律平等保护"。首句给出一个法律事实，不是观点。（文章首句要么是事实，要么是观点、态度、研究、作品。）主题词tw = 14th Amendment。

S2 Although　　看到Although svo, svo的句子，就要抓对比反义词：meant: unclear vs. agree; agree 后面为that宾语从句，单独分析主干，objective provide warrant for CRA（Civil Rights Act）。虽然制定者（framers）的意图还不清楚，但解读者都同意，制定者的直接目的是提供一种宪法保障（warrant），保障1866年的CRA。后面还有which从句解释这个Act(法案)的作用，它说，该法案保障所有在美国出生、并服从美国司法管辖(jurisdiction)的人具有公民权。全句重点: unclear vs. agree: Amendment → CRA。延续上句讲事实。

S3 This declaration　　本句继续讲事实。主干是：this declaration...counter SC' ruling。这种宣示(declaration)，在14条修正案的文本中得到回响(echoed)，主要被设计来反对SC(Supreme Court最高法院)在DS v. S中的判决，该判决说，美国的黑人可以被否认有公民权。主语this declaration指的是上一句的CRA法案。本句可简化为: CRA → counter SC/DS v. S。把2.3句结合起来看，这是在讲时间过程，一个步骤接着一个步骤。在看第一遍时不需要全部记住；略读中间、抓住首尾名词环节即可。考题时再定位确认。

S4 The act was　　主干是the act was vetoed by J，这条法案被J总统所否决（veto）；who从句解释J的主张，他认为，13条修正案，废除奴隶制，没有给国会提供权威，将公民权和平等保护延伸到被解放的奴隶。这是时间过程的继续。

S5 Although Congress　　有 Although 提示让步，让步转折含有对比，抓反义：overrode J vs. ensure foundations，一个否定、一个肯定，当然其内容是不一样的，否则就自相矛盾了。全句说，虽然国会迅速（promptly）否决（override）了 J 的否决（veto），但这条法案的支持者寻求保证其宪法基础，于是通过了 14 条修正案。本句为全段末句，给出动作的最后一步。

1段回顾：第1句给出主题，14条修正案，然后按时间追溯它的来源，由于是追溯性的，第2句不一定是第一步。第2-5句所提示的时间顺序并不整齐，不是严格逆序或顺序；仔细读过之后，可得各个事件的时间顺序是：SC in *DS v. S* → countered by CRA → vetoed by J → Congress overrode J's veto → 14th Amendment。现场一口气很难把这个顺序全部看明白；可以先有个印象，做题时再仔细确认。有些细节题，就是会很花时间，而且 GRE 还经常考这种连续动作或时间过程。结构：S1. (← S2. ← S3. S4. → S5.)。

P2 S1 句内有 not...but... 结构；文科讲对比，不仅会有观点对比、证据对比，而是句内也常有对比；对比抓反义：specific vs. principle。这已经是本句的中心，只要抓住它们，就可以看下一句了。**结构化主动阅读的精髓在于选词，不是不读或者跳过某些内容，而是有详略地读所有内容；详与略、取与舍，就要有一个标准，这个标准就是由句子的语法构造（主干还是修饰、是否含有对比反义）、句子的功能作用（论点/态度/主题/结论还是论据）等各个层次（句子、段落、文章）的逻辑结构来提示的，而不是由生词、个人经历敏感词、模糊不定的语感等来确定的。** 全句的意思是，这条修正案的广义措辞提示，其制定者试图写进宪法的，不是关于特定民权的洗衣店式的清单，而是一个平等公民权的原则，禁止（forbid）有组织的社会把任何个体作为劣等阶级的成员。

S2 Yet for　　第1句给出制定者的 proposing/proposal，是主观设想，但第2句用 Yet 转折，给出现实；这是社会政治领域常有的想法 vs. 现实的对比。它说，在该修正案存在的开始80年中，SC 对该法案的解释，违背了这种平等理想。把动词 betray 还原为对比关系，得到：S1 proposing = ideal vs. 8 decades: betrayed。

S3 In the Civil　　**句子分析先找主干，然后通过句子与上一句、与论点句的关系，找出顺承逻辑关系带来的等价词或转承逻辑关系导致的对比反义词。** 主干是：the Court invented the state action limitation，最高法院发明了州行动限制；后面有 which 从句解释该内容，次要，略读之，按修饰与被修饰名词等价，可找等价词：limitation = insulated from the reach（与其范围隔离、在其范围之外）。再找句子之间的关系；本句为 for example 引导的举例，说明第2句 Yet 句的论点；按论据与论点内容等价，可知 limitation = betray ideal。

2段回顾：第1句讲制定者的提议或理想，第2句对比讲现实，理想常火热，但现实如冰水。第3句举例。结构：S1. vs. S2. (S3.)。按照第1句 not X but Y 前后对比、第2句 Yet 前后对比、第3句 for example 前后总分逻辑关系等价，得到全部重点是：S1 proposing: principle　(vs. specific) vs. S2 betray this ideal　(S3 limitation [= insulated from the reach])。可以看到，**重点不是通过专业知识来判断的，而是通过各个层次（句内、句间、有时还包括段间或观点之间）的逻辑关系（总分、并列、推理等顺承关系、对比或转折等转承关系）来确认的。**

P3 S1 句内有比较 more hospitable，提示对比；时间不同、动作不同：8 decades: betrayed vs. Second World War: more hospitable；全句说，二战后，对平等保护更为友好的司法气氛，在 SC 关于 *B v. BE* 的判断中达到顶点，该判决说，种族隔离的学校违背了第14条修正案的平等保护条款。

【结构图】

第1段讲第14条修正案的来历，第2段讲其接受或实行情况，开始80年被违背，第3段说二战后得到友好对待，第2.3段主要是历史事实的陈述。

	Cue	*Function*	*Core*
P1 S1		tw	**14th Amendment**
S2	Although,	← x	← CRA
S3	was designed to	← y	← SC, *DS v. S*
S4	was vetoed by	z	Act vetoed by J
S5	Although, sought	→ w	→ 14th

P2 S1	proposing not but	a	**(specific vs.) principle**
S2	Yet, betrayed, first	vs. b	**vs. first 8 decades: betrayed**
S3	for example	b'	(limitation = insulated)
P3 S1	After, more hospitable	vs. c	**vs. After 2nd WW: hospitable**

【题目】

Q5 细节取非

【题干与定位】might not...if...用虚拟语气将原文一部分取非，答案则可将其相关内容取非。14条修正案不会被立法（enacted），如果发生什么？定位第1段，当时它被立法，是因为CRA法案被J总统否决，如果没有这一否决，也不会有14条修正案来保障CRA法案了。

【选项】

A. 国会在给民权立法方面的权威没有被挑战。总统J否决法案，正是挑战之一，challenge = veto；如果不挑战、不否决，国会也就不会去制定14条修正案。对应1段末句。**正确。**

B. 制定者已经预料（anticipate）SC的判决。没说这种anticipation是制定者的影响因素。

C. 被用于决定涉及非种族群体的歧视案例。第1段没有提到non-racial。

D. 州政府第1段未涉及。

E. 它的基本原理（elements）在第13条修正案中不是暗示性的（implicit）。无关。

Q6 连续动作

【题干与定位】问时间的序列（sequence），就是问顺序（order），对应第1段的内容。细读之后，第1段的时间顺序应该是：SC ruling in *DS v. S* → countered by CRA → vetoed by J → Congress, 14th Amendment。本题无技巧。

【选项】

D. **正确。**

Q7 取非

【题干与定位】would be undermined，逻辑上反对原文内容，在正常阅读文章中，取非相关内容即可。作者关于制定者意图（intent）的立场，在第2段首句，not specific but principle。取非只要说，其实就是specific civil rights，或者把broad language取非之，追求狭义的说法。

【选项】

A. 制定者已经预期会有州行动限制。无关。

B. 制定者仅仅是寻求防止联邦官员的歧视行为；merely sought to，将制定者的意图变为具体的范围、狭义的做法，**正确。**

C. 关注到CRA会被SC推翻。无关。

D. 意识到有broad implications，这是确认和肯定，不是undermine。

E. 相信种族、非种族形式的其实都是不可接受的。这是广义的理解，未反对broad language。

Q8 细节

【题干与定位】州行动限制的效果，定位到第2段末句例子。在which从句中解释其效果，insulated from the reach，私人的行动在14条修正案范围之外。

【选项】

A. unimpeded by = insulated from the reach；some practices可以指私人的隔离决定。**正确。**

B. 影响SC的判决；恰好相反，Brown判例反对州行动限制，因为它对14条修正案友好。

C. 提供扩展的指引，描述被禁止的行为。州行动限制的结果不是禁止，而是不让政府或法律去管私人的歧视行为。

D. 禁止州立法，违背CRA的意图。CRA是要保护平等公民权利；禁止违背该法案就是严格执行；但州行动限制的结果是让一些私人歧视行为逍遥法外。

E. 将强制执行（enforcement）禁止歧视做法的法律的责任，转给州政府。无关。

29.5 El Niño

【文章分析】

S1 long known是已知内容；已知内容在文章中多数被反对，有时也作为背景。但无论哪种情况，都不是重点。本句It为形式主语，that从句为真正主语，它说，在EN（厄尔尼诺）期间，两个条件存在。后面冒号并列给出(1)和(2)，可以抓住其并列内容：warm water, winds。

S2 These winds　主干说，these winds create a feedback mechanism；这些风往往创造一种反馈机制；mechanism提示连续动作。**理科句子的连续修饰，在内容上并不一定是修饰，而是连续动作**；本句正是如此。**连续动作、抓住首尾**：winds → ... → wind；首尾名词环节一样，说明这是反馈（原因导致结果、结果反过来又成为原因）。全句的各个环节是：winds → warm water: pile → block deeper water upwelling → warms water → wind。

S3 The contribution　本句讲recent model，后面的内容并没有对第1.2句已知内容给负评价，因此，第1.2句与第3句及以后内容的关系是已知+新知；新模型继承已知机制，继续因果推理。句内的which, lowering等广义从句修饰，都是在说明连续动作；全句说：winds → raise sea level in the east → signal to west → lowering sea level。

S4 According to　顺承继续讲动作。动作环节为：signal: R wave → move westward。该信号产生一种负R波，这是一种抑制的（depressed）或负的海平面波。

S5 Taking months　继续讲动作。经过数月穿越（traverse）太平洋，R波前进到太平洋海盆的西部边界。动作环节是：→ Pacific → R: western boundary。句内which从句修饰原本次要，但其中出现model vs. in reality的对比，看到but就抓对比反义词啊！于是得到：smooth wall vs. irregular island chains，还可简化为smooth vs. irregular。

【结构图】

第1.2句讲已知观点，第3.4.5句讲新模型，顺着已知观点往下讲。这5句话合在一起，解释EN现象的时间进程，全是一套连续动作。全段结构：S1 → S2. + → S3. → S4. → S5.。抓住首尾因果即可：winds → ... →

R wave。理科讲因果，多数是单独因果，一个原因、一个结果(cause → effect，a → b，即kw → tw)，尤其有时出现原因和结果的数量变化的对比结构，讲正相关或负相关 (a↑:b↑ vs.a↓:b↓，a↑:b↓ vs.a↓:b↑)，有时也讲连续动作，一连串的原因和结果(a → b → c → d → e或a → x → y → z → b)，这时的模型或机制都不一定有严格清晰的名称。另外，也要注意段落末句的but对比。

	Cue	Function	Core
S1	has long been known (1) and (2)	tw : kw1': a	**EN,** warm water, **winds**
S2	These...create mechanism by driving...that blocks...and warms, thus strengthening	→ b	**winds** → pile → deeper water → eastern water → **wind**
S3	recent model, raise, send, lower	kw2': → c	recent: **winds → signal**
S4	According to, generated, moves	→ d	→ R- → westward
S5	traverse, march modeled but in reality	→ e	→ Pacific → **R: western** **(smooth vs. irregular)**

【题目】

Q9 连续动作取非/多选

【题干与定位】would result from...cessation，如果风停止，会发生什么？原文风是连续因果动作的第一步，如果风这个自变量停了，后面一切结果或因变量就会改变。取非所有后续动作就是答案。这相当于把全部连续动作的句子内容都考一遍。

【选项】

A. 负的R波会停止产生；R波就是因为有风才出现的，风停了，R波不再有。**正确。**

B. 东部太平洋海平面会下降。在第4句，EN的风，raise东部海平面；如果风停了，海平面就会从原有水平下降。**正确。**

C. 东部太平洋表面水会与底层水混合而再次被冷却。定位deep water, surface water，在第2句；它说，风把表面水吹成一个pile，阻止(block)底层水的normal upwelling，如果风停了，不会有pile，也不会block，这时会有正常向上（normal upwelling正常上涌），说明以前就是这样，所以说again = normal；底层是冷水、表面是热水，混合之后当然会有冷却效果。**正确。**

Q10 逻辑反对

【题干与定位】would undermine模型的有效性。对模型的质疑发生在末句的but in reality位置。如果现实与模型假设的不一致，就会质疑、反对模型。答案可将该模型假设的内容取非：not small wall，或者就是but之后的irregular。理科文章经常考model vs. reality, hypothesis vs. phenomenon/fact/experiment/observation的关系，题干问怎样可以将某个理论取非，答案是它不能解释的现象，或者将推出该理论的证据取非。其一般形式是：kw: X。题干would undermine/weaken kw，答案not X。

【选项】

A. 某些年比其他年，延伸更远。无关。

B. 异常冷的温度，EN比正常情况更冷。无关。

C. 更依赖海洋的局部特征，而不是大气条件。无此比较。

D. 穿越太平洋的时间的差异，取决于风力。不是取非。

E. 西部边界是如此不规则，以至于它会阻碍多数海岸K波朝东前进。**正确。**（但不幸的是，在2014.01版本的阅读36套中，该答案所需要对应的K波并未在原文呈现出来。所以本题有误，仅仅依据现有文本不会有答案。这会在新版的36套中修正（预计在2016年1月更新）。末句之后本应还有两句：When the waves meet the western boundary, they are reflected, and the model predicts that Rossby waves will be broken into numerous coastal Kelvin waves carrying the same negative sea-level signal. These eventually shoot toward the equator, and then head eastward along the equator propelled by the rotation of the Earth at a speed of about 250 kilometers per day. 模型的预测是以R波破裂为K波为前提的，如果西部边界不是如模型所预测的那样smooth，就不会产生K波。）

NOTES

Exercise 30

30.1 protective laws

【文章分析】

S1 主题词tw = sex-defined protective laws；often, frequently都讲常见情况。全句是由and引导的并列复合句；它说，以性别为界定的保护法，常常是基于对女性需求和能力的老套的(stereotypic)假设，并且，雇主经常用这些法律作为借口歧视女性。由于discrimination在社会生活中是一个贬义词，本句说雇主歧视，就已经是给出负评价。而且，说一些假设是stereotypic陈腐之词，这也是负评价。所以，本句可看做文章论点。

S2 After the   for example举例说明。二战后，企业和政府试图劝说女性腾出(vacate)工厂的工作，为归来的老兵(veteran)留出劳动力的位置。

S3 The revival   恢复或通过一些限制每天或每周女性工作量的州法，很方便地完成了这一点。继续讲例子内容；法律帮助了他们，但也许不利于那些女性。

S4 Employers   宾语从句that，单独分析，它由两个并列小句子；超时是其工厂雇佣或晋升(promotion)的一个必要条件，而女性就只能被合法解雇、拒绝工作，或保持低工资水平，全都是以"保护"她们健康的名义。以保护之名，行歧视之实。

S5 At the same   At the same time提示并列。本句说，甚至意图最为良好的立法者、法庭和雇主，也经常对女性的真实需求视而不见。2、3、4句是以法律来歧视，第5句开始讲不想歧视的，也会blind to real needs。

S6 The lawmakers   这是对第5句的说明，按小论据重现大论据核心，except = S5 blind to。

【结构图】

	Cue	Function	Core
S1	often stereotypical, frequently, discrimination	kw	**protective laws: stereotypical, discrimination**
S2	for example	a1	**women vacate jobs** → veterans
S3		a2	laws limiting
S4		a3	overtime hours
S5	At the same time, blind	b	**blind to real needs**
S6		b'	except pregnancy and childbirth

【题目】

Q1 细节

【题干与定位】问恢复或通过限制女性工人工时的州法律的结果。定位文章第3句，accomplish this = result in this，this往上指，指向第2句，第2句是要women vacate jobs, making room for veterans。

【选项】

A. 被迫离开工厂工作。**正确。**

B. 许多雇主难以为归来的老兵提供工作。这是原因，不是题干问的结果(X result from...laws)。

C. 难以吸引女性工人。说反了。原文恰好是把女性工人赶出工作位置。

D. 健康改善。无关。

E. 解决真实需求的雇佣做法变得常见；无关。

Q2 作用/in order to

【题干与定位】问 protecting 加引号（quotation marks）的作用是什么；引号属于句子成分，其目的是为了说明整个句子，在这里就是为了否定它的保护作用。预想答案是负面的。

【选项】

A. 引用精确的措辞。无关。`

B. 法律的保护性质不应被忽视。否定的是保护本身，而不是忽视。

C. 保护健康很重要。无关。

D. 这些法律其实是对女性工人有害（detriment），即使在意图上是公开（overtly）保护的。**正确。**

E. 工人健康不需要保护。无关。

30.2 distribution of resources

【文章分析】

Premise:　　S1 only economic growth, fair distribution of resources

Premise:　　S2 unless equality of opportunity to all citizens, no economic growth

Premise:　　S3 unless government actively, equality of opportunity cannot be guaranteed

【题目】

Q3 结论

【题干与定位】作出什么结论？原文三句，连讲三个必要条件：资源公平分配必以经济发展为条件，经济发展必以机会平等为条件，机会平等必以政府主动参与为条件。将三句话的首尾差异概念通过肯定词汇连接起来即可：资源公平分配必以政府主动参与为条件。

【选项】

A. 没有政府可在经济发展条件下，公平分配财富。无关。

B. 所有保障机会平等的社会，都是实行公平分配的。没提到政府主动这项条件。

C. 仅当（only if）政府主动参与，才能公平分配。**正确。**

D. 除非政府保障公平分配，否则不会有经济成长。这等于说，经济发展必以公平分配为条件。原文说的是以机会平等为条件。干扰选项。

E. 一些社会经历经济发展，但却无法保障所有公民机会平等。削弱经济发展与机会平等的关系；这不是结论。

30.3 Wilson's biography

【文章分析】

S1　人物及其作品，W 写的关于 L 的传记，这是评述对象，作者评论这个传记，这里有三方：the author–W–L。评述文章常有混合评价。该句评价是 impressive, acute and well argued，都是正评价（aw+）。该句说，W 关于 L 的传记的叙事广度（sweep），令人印象深刻，也有很多地方说得锐利（acute）、论证得好（well argued）。

S2 But much But转换给负评价（aw-），careless, unworthy。评述文章，态度就是论点（aw = kw）。But/however/yet只有跟在别人观点之后才表示转折或否定；这里是跟在作者本人态度之后，只是态度转换。

S3 Wilson 继续负评价，failed to = S2 careless, unworthy。主句说，W没有做到任何一个写作L这样的人物对象的作者所应当做的；后面是namely引起的解释，与前面的do平行，它说，整理出一个连贯的观点，说明主题人物的各部文学作品，要如何被描述和评论。这里的coherent，就是consistent，前后一致、不相互矛盾。

S4 Decisions 必须要作出决定，什么要仔细看、什么提一下就行。

S5 Wilson has W没有考虑好这个问题。第4.5句可看做另一个负评价。

S6 For instance 举例。前半句有though让步，让步转折含有对比：T: merely mentioned vs. illuminate；后半句whereas对比，**文科讲对比、对比找反义**：T: merely mentioned vs. PR: detail。全句说，T这部作品很好，可以阐明L的精神发展，但W只是提到；相比之下，L的小书PR，却被W详细讨论。

【结构图】

第1句正评价评论，第2句负评价。第3.4.5句讲负评价证据，第6句给负评价证据再举例。全段结构：S1. vs. S2. (S3. S4. S5. [S6.])。文科抓住对比让步、评述抓住正负评价。

	Cue	*Function*	*Core*
S1	impressive, and	tw, kw1+	**W of L, impressive, acute, well-argued**
S2	But, careless, unworthy	kw2-	**vs. careless, unworthy**
S3	failed to do	x	fail, coherent view
S4		y1	...
S5	not thought out	y2	not thought out
S6	For instance, though, whereas	y2'	**T: merely mention (vs. illuminate)** **vs. PR: detail**

【题目】

Q4 对比细节/多选

【题干与定位】题干问W对PR的考察如何。PR是末句例子细节；文科考对比和让步，答案就是对比中心词detail；同时考虑到作者以此例子是在证明负评价。

【选项】

A. 相对于L写作所奉献的工作量而言，长度过长。原文说这是L的一部minor work，小作品，但没说L为此到底付出多少工作量（amount of effort），这就已经错了，即使长度过长这个说法可以对应considerable detail。

B. 延展太多，超出合理情况（more...than warranted），因为PR相对不太重要；unimportant = minor; more extensive than warranted = not reasonably extensive = 负评价 + considerable detail。**正确**。

C. 不像他处理T那样连贯。没有在两部作品的处理之间作出coherent的比较。

Q5 对比与让步细节

【题干与定位】T是末句例子细节。对比和让步内容都会常考；其中的从句内容也可能考到。

【选项】

A.　T这本小说是L对E和P的一种处理，这不等于说是对E和P的一种改善。Treatment较为中性，improvement偏向正评价。

B.　阐明L的尝试，让他的读者在情感上卷入E和P的故事；错！原文though说的是它能阐明L自己的精神发展，没说让读者involved in；此外，同位语one of most moving works是客观效果，不一定是L的主观尝试（attempt）。

C.　W对它很重视，超过L本人的重视程度。说反了。W只是提到它而已，并不重视。

D.　outstanding = best-executed and most moving；**正确**。单纯考了同位语Lewis treatment里面的细节。

E.　popular原文没提到，只说这是L的一部好作品，但没说是他最受欢迎的作品之一。

30.4　sunspots

【文章分析】

P1　S1 本句has been known提示已知观点，要么作背景，要么被反驳；it为形式主语，that为主语从句，单独分析主干，sunspots...is periodic，太阳黑子现象大致是周期性的。主题词tw = sunspots。

S2 Moreover　　并列，讲另一已知观点。主语有，，and引出的并列结构，任取其一即可，或取其中的共有词汇solar；全句为solar...vary with sunspot cycle；谓语动词vary with还原为因果关系（以箭头表示）或相关关系（以小横线表示），得到：solar–sunspot cycle。

S3 But after　　主语为长名词短语，these and other phenomena指的是前两句的solar activity，在分词known中有命名，solar-activity cycle；这样，主语说的就是solar与地球的（terrestrial）天气和气候的关系；**理科讲因果**，将抽象词relation简化为相关关系，就是solar–terrestrial，如取首字母，就是s–t。全句则说这种关系依然unclear。本句以But开始，但从内容上看，并没有否定第1.2句，只是将它们作为背景，转换给出新的重点：s–t: unclear。这是一个否定性论点。后文会围绕它进行论证。

S4 For example　　举例证明。人们把太阳黑子等现象与地球的一些周期现象联系起来。动词linked to还原为相关关系：sunspot periodicities；宾语之后有discerned分词修饰，这些周期是落雨、温度和风方面的，都是第3句所说的地球天气和气候现象。（**一定要结合论点句来考虑论据的所指！结构阅读法的精髓是把句子放在句子之间的关系中、在上下文的语境中来理解。**）

S5 Invariably　　however 转折反对上句太阳和地球气候联系的研究。前半句说，the relation is weak；这里，relation = S4 linked = S3 relation。后半句说通常其统计显著性（statistical significance）也是可疑的。按论据重现负评价论点核心，则本句weak, doubtful = S3 unclear。

1段回顾：第1.2句已知观点，第3句态度转换，讲一些关于太阳（黑子）活动和地球现象的研究，其结果不清楚，第4句举出研究例证，第5句反驳之。结构：S1. S2. vs. S3.　(S4. vs. S5.)。重点是第3.5句的But、however句，其内容为s–t: unclear = weak/doubtful。

P2　S1 将抽象词Effects还原为因果关系，这里谈的是solar variability的长期影响，就是影响地球（terrestrial）天气和气候；全句说的是太阳对地球现象的长期影响，也被寻找。这里，also是并列关联词，它提示主题一致，而且态度也应一致，由此推出，对长期的研究结果，作者应该也给负评价：longer: s–t: aw–。

S2 The absence　　主语为长名词短语，说的是recorded sunspot缺乏，分词kept by修饰次要；谓语动词led to，动词还原为因果箭头；宾语为cessation（休止）of sunspot。全句简化为：recorded sunspot↓ → sunspot↓，全句说，当时欧洲观察家做的笔记中缺乏有记录的太阳黑子活动，于是导致一些学者假设（postulate），那时太阳黑子活动有短期休止（这一时间被称为M最小期）。很明显，minimum = cessation。

S3 The Maunder　　　将动词linked to还原为因果相关关系：M–unusual cold。人们把M最小期与欧洲一段(span)异常寒冷的天气联系起来。第2.3句讲了一项研究。

S4 The reality of　　　本句however转折，M最小期是否实际存在，这还有待于确定(yet to established为负评价aw-)。原因从句since提到，中国的肉眼观察者在此期间所做的记录，似乎与其相悖。原因从句与其结果主句前后等价：contradict = yet to be established，都是负评价。本句对第2.3句研究作出反驳，这与第1句also暗示的负评价相呼应。

S5 Scientists have also　　　并列再次出现，它与上一句不仅主题一致（都讲longer terms的s–t关系）、而且也要态度一致(都必须是负评价)。这句说，研究者通过考察间接的气候学数据来寻找长期太阳周期性的证据。学术研究中，原因导致结果，可以从结果中寻找原因留下的痕迹(trace)、证据(evidence)，这时，它们就相当于effect。该研究是试图找到solar periodicities与climatological data之间的因果关系。

S6 These studies　　　however转折，批评这些研究。本句说，这些研究，没法(failed to)把地球气候与太阳活动周期毫无疑义(unequivocally：决不含糊地)地联系起来。本句呼应本段首句负评价：failed to link = S1 also, aw-。

2段回顾：第1句给出本段总的负评价，长期的太阳活动与地球现象的关系也不清楚。第2.3句给出M研究，第4句以however, yet to be等反驳，第5句also并列给出气候与太阳活动关系的研究，第6句以however, failed to反驳。结构：S1. (S2. S3. vs. S4. + S5. vs. S6.)。

【结构图】

第1段讲关于太阳短期周期与地球气候和天气研究，其关系不清楚，第2段讲长期的太阳活动与地球现象的关系研究，也不清楚。全文对研究给负评价。理科讲因果，有多个动词或抽象词提示因果关系：vary with, relation, link, effect, evidence。

		Cue	*Function*	*Core*
P1	S1	has been known	i	sunspots, periodic
	S2	Moreover, **vary with**	j	**solar–sunspot cycle**
	S3	But, **relation**, unclear	kw1-	solar–terrestrial: unclear
	S4	For example, **linked**	a	(sunspot–periodicities)
	S5	however, the relation	aw-	**vs. relation: weak, doubtful**

P2	S1	**Effects**, longer, also	kw2-	**longer, s–t: aw-**
	S2	led some scholars	x1	(records ↓ → sunspot ↓. M)
	S3	been **linked** to	x2	(M–cold)
	S4	however,	aw-	**vs. yet to, contradict**
	S5	Scientists also **evidence**	y	climatologlical–solar
	S6	however, failed to **link**	aw-	**vs. failed to**

【题目】

Q6 假设

【题干与定位】运用年轮厚度来确定(locate)太阳周期性和地球气候之间的可能联系，这些研究立足于什么假设？这个假设就是中间项(tree-ring)与两个端项(solar, terrestrial)之间分别存在联系，否则该项研究就无法进行。答案一定要确定tree-ring与solar或terrestrial这种联系。

【选项】

A. 太阳活动周期以当前的形式存在，此时树木年轮在生长；during the time period，同时发生，并不一定意味着因果关系，coincidence ≠ correlation。这是基本科学方法论常识。干扰选项。

B. unaffected by 不受影响；错！无论主语或宾语是什么，这已经消除了关系。

C. 只提到树木年轮厚度本身随时间而变化，没有涉及太阳或地球现象。

D. reflect 提示因果关系，tree-ring thickness ← terrestrial climate。这是一个假设。**正确。**

E. randomly affect 随机影响，那就没有什么好研究的了。

Q7 细节

【题干与定位】Chinese records 为什么重要。定位到第2段中间的 however 句（S4），中国记录否定了 M 最小期的存在。

【选项】

A. 它们指出，M 最小期所立足的（predicated on = based on）数据是不正确的；这里，incorrect = contradict；**正确。**

B. 中国记录只是指出，M 最小期不存在，并未进一步证明 M 最小期不能与气候相关。事实上，这些记录根本否定了 M 最小期的存在，就谈不上说任何与之有关的研究对还是错了，因为任何这样的研究本身已无基础。

C. 中国记录否定 M 最小期。因此任何关于 M 的有效性范围的说法都失去了意义。

D. 中国记录确定当时欧洲有一段不寻常的寒冷天气。欧洲天气寒冷是事实，中国记录要否定的是太阳活动的 M 最小期。

E. 它们确定，M 最小期的太阳活动与今天的模式没有显著变化。这些记录没有涉及 present 的情况。

30.5 American lobster

【文章分析】

P1 S1 成熟的美国龙虾的两只螯（claw，俗称钳）是明显不同的。首句给出事实，claws different。

S2 The crusher claw   crusher 螯短而结实（stout），cutter 螯长而柔弱（slender）。本句事实对比，crusher: short, stout vs. cutter: long, slender。

S3 This bilateral   这种双边不对称开始于幼年第6发育阶段。继续讲事实。

S4 One explanation   解释出现，理科讲因果，将动词 determine 还原为因果箭头，得到：differential use → asymmetry。分号之后的后半句说，用得多的，就是 crusher，可简化为数量因果关系：use↑: crusher。

P2 S1 为检验（test）这种假说，研究者将幼年第4、第5发育阶段的龙虾养在实验室环境中，这里，龙虾能够控制牡蛎碎片（oyster chips）。本句对上文假说进行验证，为此做了实验。假说与检验实验也是顺承关系，故有，manipulate = 第1段 S4 use。

S2 Under these   在这些条件下，龙虾发展出不对称的螯，半数 crusher 在左边，半数在右边。实验事实之一。

S3 In contrast   与之不同，当幼年龙虾被喂养在光滑水箱（tank）中，没有牡蛎碎片，多数都发展出两只 cutter 螯。对比找反义：oyster chips: half crusher vs. without: majority cutter。实验事实之二。这是典型的对照实验；原假说认为 use → crusher，于是实验设计出一个可使用螯的环境（有牡蛎碎片）和不易使用螯的环境（没有牡蛎碎片），看其结果是否有差异。其原理是，原因出现，结果会出现；原因不出现，结果就不出现。通过对照来证明，不是第三方原因导致这个结果，而正是该原因导致该结果。实验结果是支持第1段末句的 use 理论的。理科句子 when/if 等从句内容为数量时，可以表示原因的变化，这里，when 从句的内容即表示原因的归零（without the oyster chips = without use）。

S4 This unusual　　当龙虾随后被放在一个可控制的环境中，或当它们失去和再生一只或两只螯时，这种不寻常的对称cutter螯的构型（configuration），并不会改变。此句重点在subsequently；这说明，过了生长期，就难以改变原来的构型。

【结构图】

第1段第1.2.3句给出事实，第4句给出一个解释，use → crusher claw；第2段讲验证，第1.2.3句讲对照实验，有东西可控制的环境，长出crusher，没有东西可以控制的环境，长的都是cutter，第4句讲这种构型过了特定时期就难以改变。全文结构：P1S1. (S2.) S3. ← S4. P2S1. S2. vs. S3. S4.。

		Cue	Function	Core
P1 S1		different from	tw	**claws, different**
	S2		i	crusher vs. cutter
	S3	This begins	j	asymmetry, 6th
	S4	possible explanation, determine	kw	**use → asymmetry/crusher**

		Cue	Function	Core
P2 S1		test this hypothesis,	x1	4th, 5th, manipulate, **oyster chips**
	S2	Under these conditions	x2	**→ half crusher**
	S3	In contrast, when without	vs. y1	**vs. without, majority: cutter**
	S4	This does not change when	y2	subsequently, not change

【题目】

Q8 细节

【题干与定位】在两个实验室环境下，有oyster chips的设计目的是什么？定位第2段首句，in which从句中，它说manipulate oyster chips。

【选项】

A. oyster chips对发育crusher螯不必要；not necessary很明显是错的。

B. 时间长度对crusher螯的发育影响不大。没有提到时间问题。

C. 消除环境作为一个可能影响因素。环境就是一个影响因素啊！没有可控制的环境，哪来强壮的crusher？

D. 控制哪一边发育。有可控制的环境，能让crusher发育，但不能控制在哪一边。

E. 模拟（simulate）龙虾在其自然环境中所遇到的条件。有控制的东西，这就是在模拟自然环境。**正确**。

Q9 原因

【题干与定位】龙虾不能（failure to）发育出一个crusher螯的一个可能原因是什么？在第2段的实验条件下，without the oyster chips，也就是没有可控制的东西时，龙虾会发展出两个cutter螯。这是一个原因。也可以回到第1段末句explanation，use → crusher claw，没有可使用claw的环境，用得不多，就不会产生crusher claw。另外，在末句说过subsequently，在第4th、5th阶段过了以后，即便环境可控制，也无法改变构型。

【选项】

A. 在第3或更早阶段失去一只螯。不是第4、5阶段以后，不会有影响。

B. 在第4、5阶段失去一只螯。也不是第4、5阶段以后，也不会有影响。

C. 在第6阶段失去一只螯。如果失去的cutter claw呢？也不会有影响。至于失去crusher claw会怎样，原文也没说。

D. 在一个缺乏（devoid of）可控制材料的环境中发育。没有可控制的材料，就不会使用螯，也就不会长出 crusher claw。这可以对应第1段末句，也可以从第2段第3句 in contrast 内容推出。**正确**。

E. 在一个经常改变的环境中发育。经常改变，这没有说有或没有可控制的环境。

结构对照：假说检验

hypothesis–testing 检验假说。一个假说对不对，不是看它逻辑是否连贯而已，因为正常的假说或理论逻辑都是连贯的、做到前后一致、不矛盾并不困难，也不是看它符合别的理论、或者主流思想、或者社会权威，而是看它是否符合事实。科学研究通常从少数的、有限的观察开始，发现一些事情与另一些事情，经常一起出现，而且有数量关系，一个多、另一个也多，或者一个多、另一个就少。从这些有限的数据中（a1: b1, a2: b2），可以归纳出"因果"关系，一个导致另一个，或者得到一种相关性(correlation)。但归纳法本身是不严格的，因此从有限数目的观察所作出的归纳只是相关性，只是一个关于因果关系的假说，a → b，不能自行证明这是因果关系。要检验这个假说，就要做实验或做更多的预测性观察，看它在我们指定的一些具体条件下是否成立，即对a_i，是否也有b_i。这时，也许有第三方因素C导致a_i与b_i，使得后者虽然同时发生(coincidence)，但彼此之间并不存在因果关系(causation)，为了排除作为第三方因素的干扰变量(confounding variables)，通常需要做对照实验（controlled experiment）。在实验设计中，有两组，一组有这个因素，另一组其他条件相等（other things being equal），但就是没有这个因素（对照组），看结果是否会有相应的变化。如果结果有所预期的变化，那么，a → b就是一个正确概率很高的假说，有时称之为理论(theory)。GRE考到假说验证的文章有：

Exercise 15.1 honeybee, unfertilized eggs laid by workers and by the queen

Exercise 24.6 fever, injected with an iron solution

Exercise 30.5 American lobster, smooth tank

Exercise 33.2 birdsong, acoustic isolation, respond only to the song structure itself

30.6 fusion reaction

【文章分析】

Premise:	calculate the number of n. the Sun would produce annually
Premise:	from this, estimate how many n. should pass through a particular location on Earth
Premise:	fewer n. were counted than were predicted
Premise:	except X
Conclusion:	prove the hypothesis about the frequency of fusion reactions in the Sun wrong

【题目】

Q10 完成段落/中间环节

【题干与定位】故意留出一个except，加上prove the hypothesis wrong，其实就是问，在什么条件下，不能说明这个假说是错的。前提说，从太阳上的数字来估计地球上的一个特定位置的数目、实际数出的数字比预测的少，结论说，假说所估计的n的数字依然不错。前提与结论之间的差异是，estimate (in the hypothesis)与count，一个是理论估计，一个是实际数数。找出中间环节，使得数的数值少于理论估计，也不能证明假说为错。为此只要说，这个特定位置的n的真实数字，超过现在数的数字，不比估计的要少。也就是说，在实际操作时，数少了。

【选项】

A. 物理学家证明最初的估计。这没有提到地球的位置的内容。无关。

B. 有若干竞争假说。无关。

C. 太阳本身没有足够能量。无关。

D. 用于计算n的方法，探测的不过是穿过的n的大约10%。这说明数得少。**正确。**

E. n也会到达地球。无关。

N O T E S

奋斗不是重复每天的工作，而是离开熟悉的自己，走向黑暗的荒野。没有熟悉的一切，你会感到不安、恐惧、孤立。这不能怪体制、父母、他人；一切都是自己的欲望造成。普通人的愿望随时被习惯的引力捕获，只在熟悉的地形图中行走，而你却要在未曾见到的暴风雨中颤抖，在跌跌撞撞的行动中积累力量。

Exercise 31

31.1 new bulbs

【文章分析】

Premise: installing new energy–efficient light bulbs

Premise: less than half the electricity consumed by the conventional bulbs

Premise: also last longer

Conclusion: (It follows that) replacing old bulbs as they burn out with the new bulbs, would reduce its overall lighting costs

【题目】

Q1 逻辑支持

【题干与定位】would strengthen，加强就是支持；找出前提与结论之间的概念差异，联结该差异，或提供中间环节，或取非它因，都可构成支持。前提说的是energy–efficient, last longer，结论说的是costs。支持就说，节能、耐用，就能减低成本即可。

【选项】

A. 如果新灯泡(bulbs)被广泛采用，就会被大量生产，其价格可与传统灯泡相当。如果价格相当，又节能和持久，那成本就会降低。**正确**。

B. 电力机构(utility)给最大客户提供折扣。其他原因可带来成本下降，没有支持。

C. 签合同，增加一个小型办公楼。其他条件不变，这会导致总体照明成本上升。

D. 鼓励员工离开房间时关灯。其他原因可导致成本下降。没有支持整个新灯泡这个原因。

E. 制造新灯泡的公司被授予专利，有制造的排他权利(exclusive rights)。无关。

31.2 gypsy moth caterpillars

【文章分析】

P1 S1 首句现象 = 文章主题，tw = defoliation of tress by infestations of g.m.c (gypsy moth caterpillars)。理科讲因果，把动词或抽象词(infestation: 骚扰、侵扰)还原为因果箭头，得到：c(aterpillar: 毛毛虫) → tree defoliation(落叶)，毛毛虫导致树木落叶。

S2 In studying   these往上指，outbreaks = massive infestation；科学家discover发现的内容是事实，that 宾语从句、单独分析，fight back by有因果关系，它说，被感染的树木还击，是通过释放有毒的(toxic)化学物质，主要是p，到树叶(foliage)中。**理科讲因果**，by提示原因，fight back为否定性动词，提示负相关（它多、相关项毛毛虫就少），抓因果：tree → p → caterpillars↓。本句的发现事实，包含因果关系，可看做论点(kw)，因为理科讲因果。

S3 These noxious   这些有毒物质会限制毛毛虫的生长，减少雌性蛾子(m: moth)的产卵数目。理科讲因果，limit, reduce为否定性动词，还原为箭头+宾语结果下降，原因是有毒物质p，抓因果就得到：p → c↓，eggs↓。

S4 Phenols also　　P也使卵变得更小，减少来年c的生长。并列，继续讲因果，主干为make smaller，修饰性从句reduce = make smaller，均为否定性动词。抓因果：p → eggs↓，c↓。

S5 Because the　　Because原因从句次要，但其中有related to提示相关性或因果关系，可抓因果：number of eggs: size；并列because从句的determined by也提示因果关系，抓因果：size ← feeding success as c。主句的has an impact提示因果，继续抓因果，得到：tree → moth fecundity，树木影响蛾子（毛毛虫）的繁殖力。Because与主句是推理顺承，逻辑等价，number...produce = fecundity。本句顺承上一句，从句是证据，主句是推理的结论(cs)。

1段回顾：首句给出主题现象，树木因c(毛毛虫)侵扰而落叶，第2句讲科学家的发现，tree → p → c↓，树木释放有毒物质p，还击毛毛虫，后面的句子并列展开若干发现（平行因果），第2句到第5句的中心内容是负相关的因果关系：trees: p → eggs↓ → c↓。

P2　S1 also提示本段与第1段并列。**理科讲因果，动词还原为因果箭头**，动词为否定意义时意味着结果下降，X is subject to attack by Y: X↓ ← Y；专业名词取首字母：n. virus = w. disease；本句可简化为：n. virus/w → m↓。同位语中的killer也提示否定因果，=attack。首句因果关系，可以用并列因果展开，也可以用连续动作展开。

S2 Caterpillars　　when提示发生过程：c感染(contract)w疾病，是由于c吃叶子，病毒包裹(encased)在p.g(蛋白小球)中，附着于叶子上。简化为：virus (p.g) → leaf → c: w。

S3 Once ingested　　once, after提示时间顺序，加上好多动词，ingested, dissolves, releasing, multiply, fill；与第2句when和多个动词结合起来看，可以判断本段中间内容是连续动作。**对过程、机制或说连续动作，抓住首尾、略读中间，不必记住中间所有环节**。本句说，被c摄入后，p.g溶解，释放成千上万virus或virions（两个都可简化为v），大约两周后，复制足够多，填满整个体腔(body cavity)。生词取首字母、动词还原为因果箭头，可得：p.g → v → c: body cavity，p.g溶解，释放v，填满c的身体。病毒真可怕！

S4 When the　　when, released, encased, ready to be picked up等提示本句依然为连续动作，而且顺承第2.3句。本句简化为：c die → v outside → new p.g → picked by other c，意思是，c死掉时，v被释放到外部，包裹在新的p.g中，等待被其他c吃掉。

2段回顾：首句与第1段并列，v/w会攻击毛毛虫或蛾子，第2.3.4句连续动作讲如何攻击，抓住首尾：v (p.g) → ... → other c↓，病毒在p.g中，杀死一个c之后，再进入另一个c，杀死之。全段结构：S1. (S2. → S3. → S4.)。中间环节的细节很诱人，你很想读懂它、记住它，但这样做只是在满足对新信息的好奇心，而不是真的读懂了。这种认知本能在原始生态和社会环境下通常有用，但在读这种学术文章时却相当耗时，如果你的注意力被它吸引，这一段可能就会花2分钟，而且还记不住，越记不住还越想记住，这会陷入认知陷阱。**请防范自己的认知本能在新的信息环境下对自己的伤害；用结构和逻辑思维约束自己的阅读认知本能，聚焦于可以把握的对比或因果关系**。

P3　S1 分词knowing次要，其中提到p含有t，它们可以看做一个东西；主干则说，研究者聚焦于c同时摄入病毒和叶子的效果。联想第1.2段核心，树木叶子里会有p限制c，而c又受到virus的攻击，其实就有两个东西在攻击c：p → c↓，virus → c↓。现在研究它们同时存在时的效果，p + v → c?，这是一个新的研究主题或方向（tw）。这样看，第1.2段都不是真正重点，第3段才是。本文不属于典型文章，典型文章是第1段给主题，第2段给分论点或不同人物观点。而本文则是第1.2段给并列观点，第3段综合这两个方面来分析。

S2 They found　　主语they，与第1句researchers一致；**主语相同、顺承关系**，这里，第1句为总、第2句为分。that宾语从句单独分析，在含有t的o树叶上，病毒杀死c的力度，远小于在p含量低的a树叶上（注意p

可认为就是t）。本句有数量对比，提示负相关关系：o: t↑ → (v → c↓) < a: p/t↓ → (v → c↓)(kill = →↓，否定动词还原为因果箭头加结果的下降箭头)，意思是，t多的，病毒不太能杀死c，t少的，杀死c。这可见，有了t/p以后，病毒的能力被削弱，t/p可以抑制病毒。本句虽为发现，但包含因果关系，可视为论点。

S3 In general　In general提示对发现的总结，the more...the less... 提示负相关，这是绝对重点，理科数量相关必考。它说：p↑: virus↓，p越多，virus杀伤力就越弱。研究者的发现之总结。

S4 Thus, while　thus提示这是从第2.3句的发现所推出的结果或结论（cs）。While提示对比，找对比反义词，动词为否定，可作反义词：reduce vs. help survive c，一方面减少c，但同时又帮助c生存；by limiting，by disabling方式状语都可看做广义从句修饰(cp)。全句可简化为：p → c↓ vs. p → w/virus↓ → c↑，意思是，p会减少c，但p也会削弱(disabling)w或病毒，帮助c活下去。

S5 Forest stands　本句提到具体物种，举例说明。动词还原，provide X with safe havens就是保护它、帮助它生存的意思→ X↑；o树，富含t，为c提供安全的避难所(haven)，免遭w疾病。全句简化为：o: t↑ → w/v↓ → c↑，o里有t，限制w疾病或病毒，让c生存下去。

S6 In stands　however提示前后句对比，在第5.6句之间找对比反义，o: c: safe havens vs. a: c: suppressed，在o树中，c活，在a树中，c死。要特别重视理科的数量对比，它们其实不是单纯对比，而是因果关系的双方，原因存在或增加，结果存在或增加；原因不存在或减少，结果不存在或减少。单独看本句：在a树地区，刚开始的(incipient)g.m爆发，会迅速被病毒流行病(epidemics)所遏制；结合第2句所说，a树p的含量低，病毒不受限制，这样c就被病毒遏制，a: p↓: viral↑ → g.m = c↓。

3段回顾：首句给出同时研究的新主题，病毒和含有p/t的叶子一起吃，对c的影响。第2.3句讲发现，由此负相关发现，得到第4句结论：p/t多，限制病毒v/w，c活得好。第5.6句通过对比事实，对第4句结论或论点进行数量因果证明，其内容与第4句论点一致。不要觉得这很难，因为只有三个名词或因果环节：p/t, virus/wilt disease, caterpillars。这些结构读得多了、就能熟悉模式，模式熟悉了，就会越读越快，突破速度的瓶颈。**提高阅读速度，要靠熟悉模式**。全段结构：S1. S2. S3. → S4. (S5. vs. S6.)。

P4　S1 Further research提示与上一段并列或递进，宾语从句单独分析，得到：c: immune to v/w。发现的内容，包含因果关系，依然可看做论点，它与第3段第2句的因果发现(less effective)平行。

S2 The trees　证据，顺承首句、详述内容，按论据与论点等价，可得：raise the threshold of... vulnerability = S1 immune to；同时，the disease 指向第一句的wilt virus。本句说，树木自己的防御，会提升c对于该疾病的脆弱度(vulnerability)的阈值(threshold)，允许种群生长得更为稠密，不会更受感染的影响（susceptible），这意味着c活得更好；全句简化为：tree → w/v↓ → c↑。这里，vulnerable表示脆弱的、易受影响的；受影响门槛低，表示容易受影响，而提高阈值，就是不容易受影响，也就等于是逐渐免疫；allowing分词属于广义从句修饰，**修饰与主干内容等价**，without more susceptible = raise the threshold of vulnerability，不受影响，就是提升脆弱度的阈值或门槛。

S3 For these　For these reasons提示顺承推理；本句说，c摄入p的好处，似乎超过其成本。好处benefit = S1 immune to。由于本句是基于一些理由推出的结果，可看做结论(cs1)，从c的角度看。

S4 Given　鉴于病毒的存在，树木的防御战术看来适得其反（backfire）。树木要防范c，为此释放p，结果p却使c在病毒攻击时活下来。继续讲结论(cs2)，从tree的角度看。

4段回顾：第1句讲进一步的研究发现，树木不仅能够为c提供安全港，而且还使得c对病毒免疫/immune，第2句说明，第3.4句可视为总结。全段结构：S1. (S2.) → S3. S4.。

【结构图】

　　第1段提出现象、相关的研究发现，树木释放p来对抗c；第2段给出并列发现，病毒v会攻击c；第3段研究c同时摄入p和v的影响，结果发现这三个环节之间的关系：p → v↓ → c↑。第1.2段都只讲两个环节的因果，也就是一个原因、一个结果，第3段则讲三个环节的因果，因而显得比较复杂。第4段讲进一步的发现，从第3段的less effective，到第4段的immune to。

		Cue	*Function*	*Core*
P1	S1	a recurring phenomenon	tw	m/c → trees: defoliation
	S2	scientists have discovered	kw	**trees: p → c↓**
	S3	limit...and reduce	a	p → c: growth↓, → eggs↓
	S4	also make	b	p → eggs↓
	S5	Because and because, has an impact	c cs	**tree → m/c fecundity↓**

P2	S1	also subject to attack	kw	**w/v → c↓**
	S2	when...has become	x	v (p.g) → leaf → c: w
	S3	Once ingested, dissolves, releasing, after, fill	→ y	p.g → v → c: body cavity
	S4	When dies, released to, ready to be picked up	→ z	c die → v outside → new p.g → picked by other c

P3	S1	researchers, effects together	tw	**t/p, virus → c?**
	S2	They found, less effective	kw1	**o: t/p↑ → (v → c↓)↓** **< a: t/p↓ ↛ (v → c↓)**
	S3	In general, the more, the less	kw1'	**p↑: virus↓**
	S4	Thus, while, also	→ cs	**p → c↓** **vs. p → w/virus↓ → c↑**
	S5		i	o: t/p↑ → w/v↓ → c↑
	S6	In..., however,	j	a: t/p↓: v↑ → g. m = c↓

P4	S1	Further study, shown	kw2	**c: immune to v/w**
	S2		m	tree → w/v↓ → c↑
	S3	For these reasons	→ cs1	**c, benefit > cost**
	S4	Given	cs2	trees, backfire

【题目】

Q2 细节

【题干与定位】wilt disease属于第2段首句内容，定位第2段；depend on问原因，可找第2段内容中对于w不可缺少的环节。长文章做题，首先要通过各段首句论点、确定题干发问对象所从属的段落；这充分说明把握各段核心对于做题的重要性。

【选项】

A. 从一个宿主c的组织合成的蛋白。对应第2段末句，c必须要包含在一个蛋白小球(p.g)中，因此依赖蛋白。**正确。**

B. a的叶子。与第2段内容无关。

C. t的叶子。错误同B。

D. 从g.m卵群合成得到的营养物质；没有提到nutrients，也没有提到egg cluster。

E. 阈值问题，是第4段内容，与第2段无关。

Q3 功能/结构

【题干与定位】 问第3段功能，第3段首句说的是effects...together，这说明，它把第1.2段内容结合在一起进行研究。

【选项】

A. 解决观点之间的矛盾。第1.2段观点本身无矛盾。

B. 引入研究数据，支持第2段所勾勒的理论。第3段讲综合研究，不是支持或反对第2段。

C. 引出一个结论；它不是结论。

D. 指出第1.2段描述的现象如何一起作用；combination = together，**正确。**

E. 阐述(elaborate)第1段引入的论点，在第2段的偏题(digression)之后。并非是阐述第1段观点。第2段也没有跑题。

Q4 选择句子/结构

【题干与定位】 immune指向第4段首句论点，supporting idea是指证据，定位第4段找首句论点的证据，只有第2句，故选择第2句：The trees' own defenses...。第3句for these reasons已经是讲结论或推理结果，不是证据。

Q5 信息/多选

【题干与定位】 题干仅有g.m.c，这是全文主题，无法定位单独某段或末句。信息题解法，先从选项找线索，带核心去排除，但因为题干还有EXCEPT，故正确答案是原文不支持的说法，而不是支持的说法。这个题目30%同学做对。

【选项】

A. p的浓度不同，对w病毒杀死c的影响程度也不同。这是第3段数量因果的主要观点，符合原文。不能选。

B. 雌性c在摄入含有p的叶子后停止生长。第1段提到p对c的生长有影响，但仅仅是reduce the growth，而不是stop。不被支持，因此它是**正确答案。**

C. g.m种群暴露于w疾病的时间越长，g.m.c对病毒免疫的可能性就越大；immune属于第4段首句内容，但该句说的是对落叶作出反应，这样，才使得c对病毒免疫，而不是因为暴露在病毒或疾病的时间长。不受支持。**正确答案。**

结构对照：机制(之二)

　　理科讲因果，其因果论点的常见论证方式有两种，一为平行因果(parallel causation)，有时常有数量因果对比论证，或相关性论证（correlation），一为序列因果（serial causation），也称机制、过程、连续动作(mechanism, process, sequence of actions or events)，为GRE阅读难点之一。集中专项深度练习，可以增强模式识别和把握能力。很多时候，不懂、慌张，只是因为见得少。集中2–4个小时将这些例子集中刷一遍，自己写出 core, function，并与本书分析对照，查漏补缺，就能掌握这种困难的论证结构。见得多了、又按照模式来分析，就能向上升级。各种难点，都以集中分解的方法去攻克；成绩是无数小技巧的累积。

Exe 2.4 evolution of intelligence	Paragraph 2, attention: passive → arousal → ... → ends/active
Exe 4.3 disequilibrium	S3–4, S5: wind → turbulence → transfer → disequilibrium
Exe 10.3 supernova	S1–2: supernova → ... → chain of star-forming → ... → spiral galaxy
Exe 20.2 cholesterol	P1S1–3: L receptors ↓ : L ↑ : c ↑ → heart disease; P3S1-3: VL: t, VL' ... → L
Exe 21.2 giant stars	P4: proto-nebula → lost envelope → ... → nebula
Exe 23.2 solar activity	S2–3: internal motion → ... → cycle: little change; S4-6: magnetic field → ... → cycle change
Exe 24.3 seismic-reflection method	S2–6: wave sources → ... → ... → profile → drilling target
Exe 26.2 decay of vacuum	decay of vacuum → charged vacuum → particles → superheavy nucleus
Exe 26.4 pollination by wind	P2S4–S7, reproductive organs → aerodynamic environments → airflow → collision patterns → pollen-capture
Exe 29.3 altering habitat	S6–S7 grow: silica ↓ : own growth ↓ → population ↓
Exe 29.5. El Nino	winds → ... → R: western
Exe 31.2 gypsy moth caterpillars	P2: v (p.g) → ... → other c ↓
Exe 34.2 nonenzymatic glycosylation	P3–4 non-e.g: CHO+NH2 → ... → aging

31.3 Chicanos

【文章分析】

S1 Although 让步，提示对比，文科讲对比、抓对比：limit the opportunities vs. foster compelling tradition，虽然机会有限，但依然培育强大的传统。全句说，虽然在历史上缺乏途径，获得正式西班牙语言教育，这在起初(initially)限制了一些 C 人作为西班牙语作家磨练其技能的机会，但他们的双语文化清楚地培育了一种生机勃勃的(exuberant)、令人信服的(compelling)口头传统。首句评价态度 = 作者观点(kw)，该态度针对人物及其作品(tw)。

S2 It has thus   本句有 It has been...that... 表示强调；主干说，通常正是通过强调口头文学活动，这些 C 作家，才发展出有力(powerful)、吸引人的(arresting)语言。简化为：C: oral literary → powerful language。句内 whose 从句提到，英语作品有时无启发性 (uninspired)，文科否定词暗示对比，这其实是在与西班牙语对比：uninspired vs. compelling/powerful。本句 thus 提示顺承推理，前后等价，powerful, arresting = S1 exuberant, compelling，都属于正评价。

S3 This Spanish-English   这种西班牙与英语的差异并不令人奇怪。后文解释。

S4 When writing   用西班牙语写作时，这些作者紧紧遵循他们社会的口头传统。

S5 Works in English   however 提示对比，对比找反义，反义在上一句和这一句的宾语：S: close to vs. E: elimination，用西班牙语写作，靠近口头传统，但用英语写作，则会消除微妙措辞（nuance）或口头话语（colloquialism = spoken, oral）等等。本句宾语是连续并列的名词(, , and)，取其一即可。

【结构图】

第1句论点，第2句顺承推理，继续讲论点，第3句提到差异，第4.5句对比说明该差异。全段结构：S1. → S2. S3. (S4. vs. S5.)。

	Cue	Function	Core
S1	Although,	kw	**limit opportunities** **vs. foster compelling tradition**
S2	thus	kw	oral literary, **S: powerful, arresting** **vs. E: uninspired**
S3	difference	kw'	**S vs. E**
S4	When	a	**S: close to spoken**
S5	however,	vs. b	**vs. E: elimination of colloquialism**

【题目】

Q6 观点

【题干与定位】oral experience直接促进（contribute to）作品的什么特征？第2句说得清楚，oral literary activity，发展出powerful and arresting language，后面that characterized正好对应题干的characteristic。

【选项】

A. 使用口头语言的敏感与熟练；sensitivity, adeptness = powerful, arresting，都是正面词汇，而且语义相近。**正确。**

B. 国家而非地区的对比，不是该句所提到的特点。

C. 反映西班牙语教育的影响的风格。首句although说了，他们没有机会接受正式教育。

D. 依赖一种相当(rather)正式的风格是错的。它们不正式、口语化。

E. 吸引广泛(broad range)的听众。没有提到听众范围。

Q7 作用/in order to

【题干与定位】function就是in order to题型；问最后两句的作用，答案要找逻辑上一层。最后两句是对比证据，其逻辑上一层是它们所要论证的论点，在第3句，它也与第1.2句正评价观点一致。本题做对的概率60%。

【选项】

A. expand已错！例子的作用是support，在现有范围内支持，不是扩展范围。

B. 概述第1句所说的局限的后果。第1句局限是让步内容，转折的主句的正面说法才是本段观点。后面的证据支持第1句的主句，而不是次要的从句。

C. 提供清楚的例子，取自第2句提过的口头、书面作品。没有具体作品的例子，只有以英语和西班牙语写作的作品来进行对比而已。而且，末尾两句的目的不只是为了举出例子，而是以对比证据来说明一个观点。

D. 解释了第3句提到的现象的原因。第3句说差异not surprising，最后两句解释这个判断的理由。**正确。**

E. 限制一个一般概括(generalization)的可适用性；limit = qualify，这等于让步，但第4.5句是支持观点的证据，没有让步转折的意思。

31.4 tomography

【文章分析】

P1 S1 首句给出主题词tomography；全句说，x rays: body's interior，医学上的x射线绘制身体内部图。

S2 It is   It is...that... 表示强调，multiplicative increase不清楚，可从过去分词obtained by找等价词multipath，这两个概念都指向第1句many different paths；account for动词还原为因果关系；这样，全句可

简化为：multiplicative = multipath → attraction，这种多重数据增加，解释了海洋绘图学家为什么受到t的吸引。本句从上一句的医学转到海洋绘图学。

P2　S3 Researchers reasoned that　　给推理细节；宾语从句中又包含两个并列because原因从句，从句次要，可以略读，我们抓主句主干，得到：low-frequency could be transmitted different paths，意思是，低频声波可以在海洋中沿着许多不同路径来传播；后半句还有and that并列宾语从句，说海洋内部特征可以基于海洋如何改变信号来推导(deduce)，把动词deduce还原为因果关系，得到：ocean's interior ← signal altered。本句的结构记为：SVO that s, because svo and because svo, vo, and that svo – cp。重点在两个并列宾语从句，而不是because从句；看完后记住：low-frequency: transmitted different paths, interior can be deduced。

S4 Their initial　　他们的初步尝试高度成功，海洋声学t已经诞生。

【结构图】

第1句讲医学里t的情况，第2句解释它对海洋绘图的吸引力，第3句是具体推理，第4句给出结果，用t来研究海洋绘图的学问诞生了。本文并非典型的论点+论据的文章，而是讲了一门新学科的起源，先讲启发来源，再讲研究原理，最后说到新学科诞生，这形成一个连续推理链条，而不是典型的总分结构。全文结构：S1. → S2. → S3. → S4.。

	Cue	Function	Core
P1 S1		tw: a	**t**, x-rays: body's interior
S2	It is...that accounts for	→ b	multi- → ocean: attraction
P2 S3	Researchers reasoned that and that	→ c1, c2	low-frequency: different paths, ocean's interior ← signals altered
S4	successful, was born	→ d	**→ successful, ocean t**

【题目】

Q8 逻辑续写

【题干与定位】问哪一句作为后续(succeeding：相继)段的第一句，可以逻辑上延续本文的讨论。逻辑续写，要求两点：1. 逻辑顺承，可以并列、举例、推理、甚至让步转折，但不能对比、转折否定，2. 重现关键词。对本段，末尾关键词是海洋的t研究。

【选项】

A.　medical已经不是最后两句重点。关键词不对。

B.　为理解海洋声学t如何运作，有必要知道声音如何在海洋中传播。关键词已重复，接着讲细节。**正确。**

C.　讲另外一种可能性，但ships是跑题的概念。

D.　这些变化相当于(amount to)水中平均声速的大约2-3%。末句的关键词不是variations。

E.　medical不是重点。

31.5　photography

【文章分析】

S1　ironically暗示对比，securely established vs. pretentious/irrelevant；全句意思是，摄影现在作为美术的地位已经稳固，但许多摄影家觉得给它贴上这个标签却很假，也无关系。

S2　Serious　　anything but提示对比，variously claim vs. works of art；摄影家的说法各种各样，就是不说自己在做艺术作品。与第1句的否定态度一致，not art = S1 irrelevant as such (art)。

S3　In the　　本句有19世纪、20世纪两个不同时间，前后意思依然相同，19c: ambivalent（矛盾的、左右为难的）= late 20c: ambivalent。摄影与艺术的关系都是矛盾的，当然原因不同，19世纪是因为摄影与real world关联，20世纪晚期是因为艺术中的Modernist，时间不同、内容对比：real world vs. Modernist。

S4　That　　单纯的语法主干是That...shows the extent。主语从句that说，重要的摄影家不愿争辩摄影是不是美术，除了宣称（proclaim）他们的作品与艺术无涉；谓语说，（这）表明一种程度；然后是to which从句修饰，他们已经把Modernism的胜利所强加的艺术概念视为当然，艺术越好，它就越会颠覆（subversive）艺术的传统目标。文科讲对比，subversive of提示对比：Modernism vs. traditional art。解释第3句内部Modernism对于摄影家的影响，他们都不再争论摄影还是不是艺术的问题。

　　全文回顾：第1句给出论点，第2.3.4句说明。文章说明摄影家不愿把摄影归为艺术，4句话是顺承关系，可得到等价词：art irrelevant = S2 anything but art = S3 ambivalent relation = S4 not debate。

【题目】

Q9 细节

【题干与定位】作者在末句用the concept of art imposed，这是表示什么。定位末句，看到后面有一个冒号，说明其内容，越好的艺术，越颠覆传统的艺术目标，这是一种自相矛盾。

【选项】

A.　客观的；无关。

B.　机械的；无关。

C.　肤浅的；原文并没有说它肤浅，只是说它有自相矛盾的地方。

D.　戏剧性的；无关。

E.　自相矛盾的、悖论的；等于首句ironically；**正确**。

31.6　acid rain

【文章分析】

Premise:　　pollutants → acid rain

Premise:　　not affect acidity of water it falls into vs. increase nearby lakes by increasing decaying matter on a forest floor

Conclusion:　(therefore) F lake, increase in acidity ← rain falling nearby, more acid

【题目】

Q10 逻辑反对

【题干与定位】would weaken，逻辑反对，可将前提与结论之间的差异概念加大、断开差异概念的联系；也可以提供它因、削弱现有原因。前提和结论的内容一致；前提说酸雨不会影响落入水体，而是影响森林地面的腐败物质（decaying matter），从而增加附近湖水的酸度，结论则说某湖的酸度升高是因为落在附近的雨变酸而造成的，相当于举例。对本题，前提与结论之间不存在什么概念差异。这时，就直接针对结论本身的因果概念，加大这两者之间的差异。要反对，就切断因果关系：1）直接反对，就说酸度升高，不是因为nearby，而是因为直接落雨导致，或者2)间接反对，就提供它因导致F湖水酸度增加。

【选项】

A. 即使没酸雨，与F湖附近植物类似的多数湖，酸度也会高于其他湖。这并未造成反对，原文解释的不是它的酸度高，而是解释它的recent increase。

B. 空气质量测试，表明污染物在增加。支持。

C. 大规模伐木(logging)，也增加了腐败物质的数量。是伐木、而不是酸雨导致；提供它因、反对现有。**正确。**

D. 科学家有分歧，到底污染物质如何导致酸雨。对推理无影响。

E. 腐败物质很重要。无关。需要谈酸雨与腐败物质的关系，而不是该物质与森林的关系。

Exercise 32

32.1　women in the armed forces

【文章分析】

S1　首句but...not... 提示对比，文科讲对比，抓对比反义词：gradual increase vs. dramatic gains，一个逐渐增加，一个剧烈变化，这是**文科常见的程度对比**。同时，社会、政治问题也跟科学文章一样讲因果，**社科讲因果**，动词produce还原为因果关系箭头：all-volunteer → women: gradual increase。全句说，近期向全志愿兵的转变，最终会导致军队中的女性比例逐渐增加和女性任务的多样性增加，但可能不会造成人们也许期待的急剧增长。首句因果判断句 = 作者观点。

S2　This is　　even though 提示让步转折，含有对比，抓对比：this vs. equality。全句说，情况就会是这样，即使军队在运作时依循体制变化的思潮（ethos），倾向于（oriented toward）职业平等，也遵守联邦关于同工同酬的规定（sanction）。本句肯定第1句的情况，即使有它不再适合的条件，也依然存在。

S3　The difficulty　　本句解释上述情况的原因，(difficulty) is that，就如(difference) lies in一样，可还原为因果箭头；结合第1.2句情况，得到：not dramatic gain / so ← unlikely trained for combat; society uncomfortable。全句说，困难在于，女性不太可能受到任何直接的战斗操作的训练；社会上很多人迄今（as yet）对在此方向上扩展平等依然感到不舒服。

S4　Therefore　　给出结果，顺承前文，not identity / similarity of task = S3 unlikely...combat。句内not否定暗示对比，抓对比反义：functional vs. identity, task。全句说，因此，对军队中的女性，平等的追求，将依然给予功能等价，而不是身份等价、甚至任务的相似。

全段回顾：第1句提出判断，全志愿兵的转变，使得军队中女性的地位，没有剧变，只有渐变；第2句说，即便在有利条件下，这种不太好的情况依然会存在；第3句解释原因，社会不接受；第4句再给结果，平等只是功能的，不是任务或身份的。全段结构：S1. (vs. S2.) ← S3. (→ S4.)。各句重点：S1 all volunteer → gradual increase. (S2 vs. equality ethos) ← S3 society, uncomfortable → S4 functional equivalence (vs. identity / similarity of task)。

【题目】

Q1 细节/多选

【题干与定位】什么因素有助于(conducive to)使得女性的代表比过去更平等？题目不问不够平等的原因，而问促进平等的因素。第1句主语(produce之前)、第2句让步内容(even though之后)，都包含促进因素。本题做对的概率为40%。

【选项】

A.　全志愿兵的性质，对应第1句主语。**正确。**

B.　女性过去的服务记录。没提到过去女性的表现会促进现在的地位提高。

C.　过去关于向女性开放的军事任务(assignments)的限制政策。既然是restrictive，显然不是促进因素；open to women是修饰内容，不是动词。

32.2　vigilant behavior

【文章分析】

P1　S1 explanation for A assumes that B，A 为主题现象(tw)，B 为解释内容(kw)；所以，tw = more vigilant in smaller groups，kw = predators。文章为现象解释，第 1 句同时给出主题和解释，后文也许会有反驳意见。

S2 If individuals　　结构为 If A because B, then C, because D，一连串条件、原因的推理，但都是顺承关系、逻辑等价: edge, greater risk => smaller groups, more vigilant <= periphery: a greater proportion, group size diminishes，意思是，边缘更危险，而群体规模越小，边缘的动物的比例就越大（个体在边缘的概率越大），也更危险，其实是通过 edge/periphery 来证明 smaller groups。全句说，因为群体边缘的个体被抓的风险更大，它们就更警惕，如果是这样，那么，平均而言，在小群体里的个体必须更为警惕，因为当群体规模减小时，在一个群体的边缘的个体，会形成整个群体的更大的一部分。本句为证据，说明第 1 句的理论。

P2　S3 However　　转折给出负评价，它说，还需要有一个不同的解释，来说明警惕行为不是针对捕食者的情况。本句给出不同于第 1 句的其他解释，不是警惕捕食者，而是别的情况。肯定它因、否定现有。

S4 J. Krebs　　研究者及其发现。其中的 look up more often in smaller flocks = more vigilant in smaller groups；as a consequence of，抽象词还原为因果箭头←。前半句为现象，后半句为解释；全句简化为: look up more often in smaller groups ← poor feeding，原因 = kw，故 kw = poor feeding，意思是，抬头更多，只是因为食物条件贫乏。该观点与第 1 句观点对同一现象（警惕行为）给出不同的解释: predators vs. poor feeding。理科不同论点常见: **一样的现象，不同的原因**。

S5 Krebs hypothesized　　K 提出假说，h 这种动物在小群体中看着其他 h，它们也许跟随后者到更好的食物库，这些食物库通常会吸引更多鸟。本句 hypothesize 给出观点的提示，其内容与上一句 as a consequence of 之后的原因一致: feeding = feeding。因为食物条件匮乏，所以抬头看，而且是看其他能找到好的食物地点的个体。

【结构图】

第 1 句给第一个解释，警戒行为是针对捕食者的，第 2 句证据，第 3 句提出不同解释的存在，第 4、5 句讲第二个解释，为了找到好的食物地点。全段结构: S1. (S2.) vs. S3. S4. S5.。

	Cue	Function	Core
S1	One explanation for	tw, kw1	**more vigilant ← predators**
S2	If because, then, because	a	edge, smaller groups: greater risk → more vigilant
S3	However, different explanation	vs. kw2'	**vs. not predators**
S4	K has discovered, as a consequence of	x ← kw2	look up more ← **feeding conditions**
S5	K hypothesizes that	kw2	**= feeding pools**

【题目】

Q2 逻辑反对

【题干与定位】题干先说警戒行为是针对捕食者，因此定位第 1 段；然后问，哪种情况下小群体中的警戒行为，相比于大群体，会最小（minimized）。这要求反对原文内容，削弱原文第 1 段观点，该观点的推理是:

periphery/edge: greater risk → smaller groups: greater risk；要反对，只要取非greater risk这个原因即可，说边缘的风险没有更大，也就是，边缘与中心其实风险没有大小之分（not greater = the same or smaller）。

【选项】

A. 边缘动物的警戒始终超过内部（interior），即使捕食者不在该区域。重复该事实，没有最小化风险。

B. 个体被抓的风险是一样的，无论它们是在群体内部还是边缘。这里，the same将greater取非。**正确。**

C. 边缘的动物没有内部或中心的动物有能力来保护自己，这在证明风险很大，不是反对，而是支持。

D. 边缘动物带有标志，对捕食者来说很明显，这会使得危险很大，不是反对，而是支持。

E. shorter life span至少不是减小风险。

Q3 信息/多选

【题干与定位】assertions = statements, claims；问支持什么陈述EXCEPT，所以其实是要找不支持的陈述；找到可以支持的，剩下的就是不能支持的。

【选项】

A. 不同物种的动物的相似行为，不必然服务于相同的目的。相似行为即同一现象，不同的目的就是不同的解释内容。这正好是文章两种不同解释的情况；本选项符合原文意思。

B. 针对捕食者的警戒行为，对于群体的利益，很少多于对个体的好处。文中没有群体与个体之间的利益比较，只是讲过边缘和中间动物的情况。此论断不能得到支持。**正确答案。**

C. 躲避捕食者要比寻找食物更为重要。没有这两个观点的重要性的对比，它们只是针对不同情况下的解释。不能获得支持。**正确答案。**B.C都是给出新对比。

结构对照：同一现象 不同原因

理科文章或科学文章，常以各种理论来解释现象，有时也以不同做法来解决问题。现象相同，但原因不同。现象是主题词（tw），原因是关键词（kw）。理论、假说、模型所能解释的现象越多，该理论就越好；不能解释一些事实，则不够好。在具体论证时，多数时候是先说人物及其提出的假说，再说证据、实验等，然后给出评价，如果是正评价，就说它的证据，如果是负评价，就说它不足以解释的现象。少数时候，也会先说一些事实、发现、实验，作一些推理，然后提出一个假说，然后再说这个假说是否符合事实和实验结果。集中阅读这些段落和文章，有助于快速识别结构、把握其中重点。

Exe 1.1 sex ratios — Fisher, genetic, equal vs. Hamilton, stable strategy, only one

Exe 3.3 over-water migrants — compass sense vs. map sense vs. magnetic sense → migration

Exe 3.5 visual recognition — one-step vs. step-by-step → visual recognition

Exe 5.1 zooplankton — grazers vs. environmental factors → algae

Exe 6.5 agrarian discontent — closing of frontier vs. price decline → agrarian discontent

Exe 7.4 flounder — adaptive → different asymmetry vs. not adaptive（无替代原因、仅有负评价）

Exe 9.5 taboos — social relationship vs. little food → taboos

Exe 11.2 hydrothermal vent — bacterial chemosynthesis vs. advection → food for vents

Exe 11.4 Earth's mantle — layered vs. irregular/incompatible elements → heterogeneous mantle

Exe 12.2 copper ore — elemental vs. isotopic (copper vs. lead) → source of copper ore

Exe 12.5 peptide hormones — immunological vs. molecular method → detection of peptide hormones

Exe 13.1 pinniped — convergent evolution/response/unrelated vs. common ancestor → similar flippers

Exe 16.3 cleaner-burning fuels	natural gas, petroleum gas vs. ethanol vs. methanol → reduction of pollutants
Exe 18.1 origin of the Moon	planet-forming materials vs. collision → the Moon
Exe 21.5 evolution of orb webs	related, once vs. different ancestors, several times → origin of orb
Exe 23.5 population growth	dichotomy vs. mixture → growth factors
Exe 24.4 human relations	illusions vs. know much → human relations science develop last
Exe 26.4 pollination by wind	vast quantities vs. features → wind pollination
Exe 28.2 helix	evolutionary vs. developmental mechanism → helix handedness
Exe 28.3 Martin Luther King	nonviolence/pacifism vs. not endanger → two-year delay
Exe 32.2 vigilant behavior	predators vs. feeding → vigilant behavior / looking
Exe 35.4 luxury goods	advertising vs. conspicuous consumption vs. self-gratification → buy luxury goods
Exe 36.4 cycads	insects vs. wind → pollination

32.3 tunneling phenomenon

【文章分析】

P1 S1 一个世纪以前的观点，A proposed that。这个古典化学的法则将化学反应速度与温度关联起来。理科讲因果，relate to 可还原为相关关系：reaction rate → temperature。按常识，应该是温度影响反应速度：temperature → rate。具体孰因孰果，到后文再确定。首句给出老观点(kw_o)。

S2 According to   According to 提示顺承证据；increasingly like to occur 表示下降，as...approach to absolute zero 表示下降，因此，两者之间是正相关：temperature↓：reaction↓。全句说，温度下降，反应速度下降；温度降到绝对零度（零 K 度或摄氏 -273 度），反应就不发生。

S3 However   转折讲近期研究，recent experimental evidence 与第 1 句 about a century ago 构成时间对比，讲新观点。抓住 that 宾语从句，单独分析，它里面还有 although 让步转折，含有对比，抓对比：high temperature: A accurate vs. absolute zero: q-m, tunneling，意思是，A 的公式对于描述相对高温的化学反应通常正确，但在接近绝对零度时，一种所谓 tunneling 的量子力学（quantum–mechanical）效应会出现。分号后半句说，这种效应解释了古典化学原则所禁止的一些化学反应。本句提出新观点，kw_n = tunneling，专业名词取首字母，t。一个理论的解释范围有限，就不够好，另一个理论能解释，就更好：quantum mechanics > classical chemistry；理论之间的优劣比较，通常不是看它是否符合某个理论、权威、主流、大众意见、传统、教义，而是看它是否能够解释更多的现象，这是经验或实证科学（empirical sciences）的精髓。

S4 Specifically   句内有 even though 让步，抓对比：tunnel through barriers vs. not sufficient energy to overcome，意思是，整套分子能够穿透来自其他分子的排斥力的障碍，并作出化学反应，即使按照古典化学，这些分子没有足够的能量来克服排斥障碍。本句证据，重复出现新观点关键词 tunnel/t。

1 段回顾：首句老观点，第 2 句说明之，第 3 句讲近期新观点，第 4 句解释之。整段说，通常温度下，符合 A 的解释，温度低、反应速度慢；但接近绝对零度时，情况不同。结构：S1. (S2.) vs. S3. (S4.)。

P2 S1 depend on 动词还原为因果关系：chemical reaction ← activation energy。本句说，不管温度如何，化学反应通常都依赖它的激活能（activation energy）。

S2 Any molecule   可以想象，任何分子都住在一个所谓的能量势阱（potential well: pw）。本句为细节，重现首句 energy。

S3 A chemical　　将transition还原为箭头，全句可简化为：chemical reaction: one pw bottom → another pw bottom。一次化学反应对应着一个分子从一个势阱底部到另一个势阱底部的转变。从势阱角度解释化学反应。

S4 In classical　　在古典化学中，这种转变只能通过越过势阱之间的势能(potential)障碍才能完成，其高度维持恒定，称为反应的激活能。修饰the height of which与其被修饰名词等价，可得：activation energy = barrier。

S5 In tunneling　　在t中，进行反应的分子从底部tunnel到另一个底部，不必越过两个pw之间的障碍。与第4句对象不同，内容对比，抓反义词：classical: go over barrier vs. t: without rise over。

S6 Recently　　主干说，近期科学家发展出t温度的概念；冒号之后给出具体说明，对于该温度，t的转变远远超过A转变，古典力学(mechanics)让位于量子力学。

2段回顾：第1句提出化学反应依赖于激活能，第2.3句详细说明，第4.5句对比古典化学与t现象，前者需要越过barrier，后者不需要。第6句说到t温度的概念。全段结构：S1. (S2. S3.) S4. vs. S5. S6.。

P3　S1 提出假说，核心词为冒号之后的deep cold。极低温的t现象，支持我关于寒冷的史前的生命的假说：相当复杂的有机分子形成于极冷的外太空，那里温度通常只有几个K度。

S2 Cosmic rays　　宇宙射线也许触发(trigger)简单分子(如f)的合成，在星际尘埃的黑暗的云里面。证据。

S3 Afterward　　然后，复杂有机分子会通过t形成。与第2句形成时间序列或连续动作。

S4 After I　　H和W主张，星际的(interstellar) f(ormaldehyde专业名词取首字母)分子，的确演化成稳定的p(olysaccharides)。

S5 Their conclusions　　句内有although让步，抓对比：disputed vs. excitement，虽然有争议，但依然令人兴奋。全句说，他们的结论，虽然备受争议，在研究者中还是带来兴奋，我们都提出，星系云(galactic cloud)是生命所必需的前生物化合物演化所发生的地方。

3段回顾：首句提出我的假说，史前生命来自deep cold outer space，第2.3句解释其过程，第4句提出另外两人观点，第5句说明其正面效果。结构：S1. (S2 → S3). S4. S5.。

【结构图】

		Cue	Function	Core
P1	S1	a century ago, proposed	kw_o	**A: temperature: rate**
	S2	According to	i	temperature ↓ : reaction ↓
	S3	However, recent evidence, although generally,	aw-, kw_n	**A: high temperature vs.** **t: absolute zero**
	S4	Specifically, even though	p	t: through barriers vs. classical: not overcome

P2	S1	usually depends on	kw	**reaction ← activation energy**
	S2		m	pw of energy
	S3	corresponds to	n	one pw bottom → another
	S4	In classical	x	**classical: activation = barrier**
	S5	In	y	**vs. t: without over barrier**
	S6	Recently	y'	t. temperature

	Cue	Function	Core
P3 S1	suggested my hypothesis	kw1	**prehistory of life: deep cold**
S2	trigger	a	dark clouds: simple f
S3	Afterward, formed	→ b	→ t: complex
S4	After, H and W argued	kw2	**H.W: f → p**
S5	although, generated excitement	aw-, +	**disputed vs. excitement**

【题目】

Q4 细节/比较

【题干与定位】古典化学反应与t反应的相似在哪里? alike定位相同, 但文章主要谈这两者之间的不同, 相同不太好找。但第2段前半部分、在还没展开两者差异之前, 应该是有一些共同地方的: 都要从一个pw底部到另一个pw底部, 只不过一个要越过障碍、一个不必。

【选项】

A. 都要over the barrier。只有古典化学反应要越过障碍。这是差异, 在第2段后半部分提到。

B. 都要从一个pw底部转变到另一个pw底部。这是第2段前3句说到的相同点。**正确。**

C. 没有哪种反应障碍的高度会维持恒定。维持恒定高度的, 是古典化学的情况, 在第2段第4句。

D. 没有哪种反应下, 反应速度依赖激活能。在第2段首句, 至少古典化学是有依赖的。

E. 反应分子能够穿越障碍。只有古典化学反应有此必要, 量子力学无须穿越障碍。

Q5 逻辑反对

【题干与定位】would weaken作者关于寒冷的史前的生命假说, 定位第3段。在正常阅读文章中出现逻辑反对, 只要将相关内容取非即可。可将第3段第1.2.3句任意内容取非。

【选项】

A. 宇宙射线不太可能触发简单分子的形成。这是把第3段第2句内容取非, 这就构成削弱; **正确答案。**

B. t只在一个小的温度范围内发生。本来就是这样。

C. f的合成可以通过不同于宇宙射线的方式来激活。作者假说并不依赖唯一的激活方式是宇宙射线。

D. 简单分子能够通过t来合成。原假说的证据中说通过t合成复杂分子。如果t能合成简单分子, 对此并无影响。

E. 古典化学反应不会再接近绝对零度的温度时发生。无关。

Q6 细节

【题干与定位】H和W的假说是怎样的? 定位第3段第4.5句, 其观点核心是f → p, 星际中的f分子演化成稳定的p。还要注意末句的态度。

【选项】

A. 宇宙射线直接合成复杂有机分子。这不是H.W的观点。

B. 星系云是化合物的前生物演化所发生的地方。这是末句中一些包括作者在内 (such as myself) 的investigators的建议, 不是H.W的看法。

C. f可以被t来合成。作者在第3句的看法。不属于H.W。

D. f的分子可以演化为复杂有机分子；从第3句、第4句的顺承关系可知，p(olysaccharides)属于复杂有机分子。**正确。**

E. 复杂有机分子可以从稳定的p来合成。错！p就是所谓的复杂有机分子。

Q7 结构

【题干与定位】前两段的organization，定位各段首句、转折句可知，第1段先讲老观点、然后被反驳，讲新观点，第2段讲这两种反应的相同，主要是差异。

【选项】

A. 只提到classical chemistry，完全忽视新的研究。

B. 提到矛盾、再说无矛盾。错！作者的确认为古典化学不够好，适用范围有限。

C. 描述热的作用，再提供详细解释。错！完全忽视观点对立的结构；heat也不够确切，因为原文主要谈的是temperature、低温。

D. 提出一个古典化学法则，以引入(introduce)一类不同于它的化学反应，然后解释两者之间的差异；分别对应第1段前半段、第1段后半段、第2段。**正确。**

E. fundamental rules与specific表示，两者是古典化学的规则和具体例子，但原文的量子化学是推翻古典化学的。

（按一项45人参与的统计，4道题做对2、3、4道的概率均为30%。读者可参考这个正确率，评估个人学习情况。）

32.4　chronology of works

【文章分析】

Premise:　　never dated his works, chronology only take shape in critical literature

Premise:　　1930, B: 63 years old

Premise:　　a young man, not a man of 63, in a B self-portrait

Conclusion: dating of self-portrait to 1930 is wrong

【题目】

Q8 假设

【题干与定位】假设就是连接前提与结论之间的差异。前提是自画像有一个年轻人、而B在1930年已是63岁老人；结论是这幅画不可能是画家在1930年时画的。一个是画里的人的年龄，一个是作画的人的年龄。假设就是B的自画像画的都是当时的他；这个说法的逻辑另一面是，他不会把自己画成自己年轻时那样。

【选项】

A. 没有日期稳妥确定的自画像，他在画的时候小于63岁。日期确定得稳妥(securely dated)与否，不是重点。

B. 在克制(refraining from)不去标记作品日期时，B有意让对其作品的批评讨论离开年代的考虑。B的这种想法与原推理无关。

C. 直到最近，都很少有评论文献。无关。

D. 63岁的B不会在绘画中把自己画成年轻时那样。**正确。**

E. B画过若干自画像，画他过了60的情况。不是假设。

32.5　gospel music

【文章分析】

S1　not deny为双重否定、表示肯定、提示让步，相当于It is true that。全句说，这并非否认，黑人的g(ospel)音乐，不同于奴隶的s(pirituals)。文科讲比较，承认g ≠ s。

S2　Whereas　　Whereas提示对比，抓对比：s: folk vs. g: professionals，意思是，s是用民俗方式来创造和传播(disseminated)，但g音乐则是由专业人士来做。

S3　Nevertheless　　转折回到主要论点(kw)。但即兴创作依然是g音乐的中心。转折前后抓对比：professional vs. improvisation。

S4　One has　　证据。按论据重现论点核心，得到等价词：rarely the same way twice = never notation = S3 improvisation。全句说，我们只要听g歌曲的录制曲目(repertoire)，就能认识到，黑人的g歌手很少会以完全一样的方式把一首歌唱两次，也绝不会按照它的确切的音乐记号来唱。

S5　They　　主语相同、顺承证据。抓等价词：own feelings, at the same = S3 improvisation。他们在表演时按照他们自己的感受、从"精神"在当时感动他们的方式出发。

S6　This　　继续讲证据。这种即兴的元素反映在g音乐发行的方式中。

【结构图】

	Cue	Function	Core
S1	not deny, differ from	~kw	**g ≠ s**
S2	Whereas,	~kw'	**g: professional vs. s: folk**
S3	Nevertheless,	vs. kw	**vs. g: improvisation**
S4		a	rarely twice
S5	They	b	own feelings
S6	This...element	c	improvisatory

【题目】

Q9 作用/in order to

【题干与定位】作用题，找逻辑上一层作为答案；folk fashion在第2句，属于对比句的宾语之一，它的作用就是为了展示g与s的差异，因为成分的逻辑上一层是整个句子。

【选项】

A.　反对一个主张。错！不是为了反对观点，而是为了说明一个对比判断。

B.　比较g的早期与后期，错！是为了说明g与s的不同。

C.　区分g与s。**正确**。

D.　引入关于s的传播的讨论。虽然有disseminated，但这不是它的作用。

E.　描述g与s的相似。不是similarity，而是difference, distinction。

Q10 逻辑导言

【题干与定位】什么句子可以直接放在文章之前？这与逻辑续写(logical continuation)一样，要求逻辑顺承、关键词重现。这里，稍微有点例外；首句是让步，之前的句子不会与它一致，而应该是论点，该论点内容与转折句一致：improvisation；鉴于让步讲g与s不同，转折句说的应该是g与s音乐的相同之处。

【选项】

A. few drew on traditions，这种否定依然在暗示g与s的差异，不是讲相同。

B. s与g来源于相同的音乐传统。这提示了相同；候选。

C. s的创造和演唱，在战后持续。只提到s，没有提到s与g的关系。无关选项。

D. s与g可以区分。这与让步内容一致，不对。

E. 即兴创作是g音乐的主要特征之一。该选项与转折句一致。但如果以它为首句，第2句让步提到g与s是不同的，这让步就没法写了，因为E给的首句少了s的内容，因此，该选项排除。如果它是讲，即兴创作是g与s共有的主要特征，就可以选择。故**B正确。**

Exercise 33

33.1　Iroquois nation

【文章分析】

S1　人物及其主张。句内whereas对比，对比找反义：chiefs: political vs. shamans: religious，酋长（chiefs）控制政治，萨满（shamans）控制宗教。全句说，在讨论I民族时，S主张说，通过酋长议会，部落酋长在传统上维持对I部落联盟（league）和属于该联盟的单个部落的政治事务的完全控制权，但宗教事务的唯一管辖权（jurisdiction）则在萨满手中。

S2　He contended　他主张，这种划分一直维持到19世纪晚期为止。本句division指向上一句whereas的对比。

S3　However　转折，对S的观点给负评价（fail to recognize），暗示前面为正评价，however在此不是推翻，而只是态度正负转换。句内not...; rather...，抓对比：tradition vs. resettlement，这种权力划分，不是来自传统，而是来自重新定居。

S4　Prior to　分号前后对象不同、内容对比：council: broad policy vs. individual: own affairs。全句说，在重新定居前，酋长议会只控制部落联盟的广义政策；单个部落则有制度——最重要的是long house——来管理他们自己的事物。本句是第3句的证据。

S5　In the longhouse　在longhouse中，部落酋长既影响政治事务，也影响宗教事务。继续讲证据。

【结构图】

第1句给出S的观点，第2句继续，第3句转折句讲不足，第4.5句给证据。可以认为本文是对S的观点的评论，只是以负评论为主。

	Cue	Function	Core
S1	S has argued that , whereas	kw	**S: chiefs: political vs. shamans: religious**
S2	He contended that	a	late 19^c
S3	However, fails to not; rather	vs. aw-	**fail to tradition vs. resettlement**
S4	;	x	prior: chief council: broad policy vs. individual tribe: own
S5		y	longhouse

【题目】

Q1 态度

【题干与定位】作者对S论点的态度，主要是however句fail to recognize所提示的负评价。

【选项】

A.　没有说有挑战性（provocative），也没说组织不善（poor organization）。

B.　没说eloquent（雄辩），也没说煽动的（inflammatory: 发炎的；令人激动的、煽动的）。

C.　在一些细节上正确，但在一个重点上却不正确。**正确。** 不正确指向第3句however；however之前的地方则是对的。

D. 在历史上有效，但却过于详细和冗长（redundant）。不是因为详细和冗长而给负评价。

E. 没说当时有说服力（persuasive）、现在过时（outdated）。

Q2 时间对比

【题干与定位】在重新定居以后，发生了什么？after提示时间对比，定位prior to内容，将之取非即可；prior to在第4句，它说议会控制广义政策、单个部落通过longhouse控制自己事务，那么，after之后，这都会不同。

【选项】

A. 酋长更多地参与部落的宗教事务；没说religious问题。30%的同学选了A。

B. 酋长议会对单个部落的事务的权威增强。**正确**。以前单个部落可以控制自己事务。40%的同学选对了这个选项。

C. I的萨满的政治影响减少。最后两句没有提到萨满，不能对此进行取非。

D. 单个部落联合（coalesce）为I的部落联盟。有无联合不是前后不同时间的差异。

E. longhouse成为一个政治而非宗教制度。没说过之前它是religious制度。

33.2 birdsong

【文章分析】

P1 S1 生物学家提出两种方式，性选择以此来塑造雄鸟歌曲的演化。主题词tw = male birdsong，动词shape还原为因果关系箭头：sexual selection → male birdsong。后文将详细讲two pathways，这两个方式至少内容不同：kw1 vs. kw2，文章会有对立观点。

S2 In the first   按第一种方式，雄性竞争和性内（intrasexual）选择，产生相对短的、简单的歌曲，主要用于地盘行为。本句可简化为：intrasexual → short → territorial。

S3 In the second   前半句说，按第二种方式，雌性选择和性间（intersexual）选择产生长的、更复杂的歌曲，主要用于吸引配偶；可简化为：intersexual → long → mate attraction。这半句与第2句在内容上不同：intrasexual: short, territory vs. intersexual: long, mate。分号之后的后半句则说，像雄孔雀的尾巴这样的视觉装饰一样，精细复杂的声音特征会增加雄性被选为配偶的机会，他会因此比他的不太耀眼的（less ostentatious）竞争者（rivals）在繁殖上更成功；可简化为：vocal → mate↑，声音导致做配偶的机会上升。后半句讲具体特征，为证据。

S4 The two   两种方式不是相互排斥的，我们可以找到一些例子，反映它们的交互作用。本句and并列，前后等价：not mutually exclusive = interaction。对第2.3句两个方式的情况进行评估。

S5 Teasing them   将这两者分离（tease...apart），对演化生物学家是一个重要挑战。后文将要分别考虑这两种方式。

1段回顾：第1句给出主题，雄性歌曲的两种演化方式，第2.3句分别给出性内和性间选择两种方式、两个kw，第4.5句评论这两种方式的情况。结构：S1. (S2. S3.) S4. S5.

P2 S1 早期研究确认intrasexual选择的作用。本句讲kw1 = intrasexual。

S2 In a variety   experiments实验提示顺承证据。该句说，在各种实地实验中，雄性都会对录制的歌曲作出进攻反应，在播音器旁边展示地盘行为。

S3 The breakthrough   对于intersexual选择的研究突破，来自实验室调查雌性反应的一种新技术的发展。本句转到另一种方式，kw2 = intersexual。

S4 When female　当以隔离状态养在隔音室中的雌性c鸟(cowbirds)被暴露在雄性歌曲的录音中时，它们作出求偶的行为反应。本句为研究证据；单独隔音(soundproof)说明这些雌鸟以前没有接触过雄性歌曲的声音。

S5 By quantifying　通过量化这些反应，研究者们能够确定，什么具体的歌曲特征最重要。

S6 In further　在关于ss (song sparrows)鸟的进一步实验中，研究者发现，当被暴露在反复播放若干次的单独一类歌曲时或不同歌曲类型的曲目中时，雌鸟会对后者作出更多反应。这是对上一句量化研究的具体说明；more提示对比，respond可还原为因果关系：different types → respond more。

S7 The beauty　说明这项实验的优点。全句说，该实验设计的优美之处(beauty)在于，它有效地排除了混淆变量（confounding variables）；声音的隔离确保雌性只对歌曲的结构本身作出反应。在科学研究中，也许会有多个原因对所要研究的结果产生影响（a, b, c → effect），这时剔除其他原因、聚焦于一个原因(例如c)，看它对结果的影响情况，是很重要的。在实验设计中，就要巧妙地通过一些方法来排除干扰变量，本句说的就是这个实验有这个优点。

2段回顾：第1句讲第一种方式的研究，第2句给证据；第3句讲第二种方式的研究，第4.5.6.7句给证据。结构：S1. (S2.) + S3. (S4. S5. S6. S7.)。

P3　S1 如果intersexual选择真如理论所说那样，歌曲更复杂的雄鸟，不仅更容易吸引雌性，也应该能享受更大的繁殖成功。理科讲因果，动词attract, enjoy均可还原为因果关系，因此，本句可简化为：complicated songs → female mate, reproductive success。

S2 At first　本句转折，没有发现相关性(correlation)。前半句说，但是，起初，用ss作实地研究的研究者没有在更大的曲目范围和早交配之间发现相关性，而早交配被认为是繁殖成功的一个指标。这说明large repertoire与early mating不相关。后半句further并列或递进，它说，用于预测繁殖成功的常见雄性品质的指标(measures)，也无法与歌曲的复杂性相关。这说明，complexity与reproductive success不相关。

P4　S1 finally 与上一段末句at first构成时间对比；本句说，研究者一直寻找的确证最终在两类w鸟的研究中获得。与上段有对比，抓反义：ss: no correlation vs. w: confirmation。

S2 Unlike　讲ss鸟与w的不同，抓对比：ss: repeat vs. w: without repetition。全句说，ss鸟会重复若干类歌曲之一，重复几个回合(bouts)，然后转向下一类，但w鸟则会持续编出更长、更多变的歌曲，不做重复。

S3 For the first　研究者们第一次发现，在曲目范围大小与早交配之间有一种显著相关，他们还进一步发现，曲目大小比其他雄性指标有更为显著的效果。理科讲因果或相关，抓因果：repertoire size → early mating。

S4 The evidence　这项证据表明，w鸟运用它们极其精致的歌曲，主要是为了吸引雌性，这清楚地确认了intersexual选择对雄鸟歌曲演化的作用。

3-4段回顾：第3段第1句继续讲intersexual选择的研究，第2句以however转换讲最初的研究状态不如预期。第4段第1句讲后来的研究状况，取得进展。第2.3句讲这项新的实验研究，第4句作总结。结构：P3S1. (S2.) vs. P4S1. (S2. S3.) S4.。

【结构图】

第1段提出两种方式，并具体说明。第2段先证明第1种方式，性内选择，然后再证明第2种方式，性间选择，用了c鸟和ss鸟。第3段要找到更多证据，但最初在研究ss鸟时没找到相关性，第4段最后在w鸟的研究中证明。第1段为总论点，第2.3.4段用证据来证明，首段与后文段落之间为总分论点的关系。

	Cue	*Function*	*Core*
P1 S1	two pathways, shape	tw	**sexual selection → birdsong**
S2	In the first, produce	kw1	**intrasexual → short → territory**
S3	In the second, produce	kw2; x	**intersexual → long → mate**
S4	The two pathways,	tw'	interaction
S5	challenge	tw'	apart: challenge

P2 S1	Early research	kw1	**intrasexual**
S2	experiments	a	songs: territorial
S3	breakthrough	kw2	**intersexual**
S4	When, they responded	x	male songs → c, mating
S5	researchers were able to	y	quantifying
S6	further experiments	z	ss, different types: respond more
S7	The beauty...is that	aw+	**beauty**, only to song structure

P3 S1	If, should	kw	**complicated →** **reproductive success**
S2	At first, however, no correlation; further, failed to correlate	u	**no correlation: ss** repertoire–early mating complexity–common measures

P4 S1	finally achieved	vs. v	**vs. confirmation, w**
S2	Unlike,	v1	**w: without repetition** **≠ss: repeat**
S3	researchers found, and	v2	repertoire size → early mating > other measures
S4	The evidence suggests that	cs	**songs → attract females**

【题目】

Q3 主题

【题干与定位】primarily concerned with问主题。文章主题就对应第1段首句，两种方式，后文在找各种实验来证明。而且，主要是论述intersexual selection。

【选项】

A. intrasexual比intersexual更重要。没有这种重要程度的对比。

B. 对比若干鸟类的歌曲复杂性的作用。过于细节，不是主题答案；而且这几种鸟的复杂歌曲的作用其实是一样的。

C. 描述研究，确认intersexual选择与鸟的歌曲复杂性之间的关系。从篇幅上看，文章的重点在于intersexual，而不在intrasexual，后者只在第2段前两句讲到，后文就全讲intersexual。**正确**。

D. 实验室工作比实地研究优越。无此比较。

E. 一种特定的实验设计方法有效。这是细节，不是主题。

Q4 作用/in order to

【题干与定位】问第1段的雄孔雀尾巴这个提法的作用。该词属于第1段第3句的like成分；作用题找逻辑上一层，成分的作用是为了说明句子主干，故答案是本句中心：elaborate...characteristics → mate choice, reproductive success。

【选项】

A. 不是理论的例外。

B. 具体说明两种方式的重要性。第3句只讲一种方式intersexual。

C. 在关于intersexual selection的竞争理论之间作出区分。并不存在竞争理论。

D. 举例说明一个特征，也许通过雌性选择的intersexual选择而演化出来。这正是本句的主要意思。**正确。**

E. 没有反驳什么常见假设。举例是为了支持句子主干或论点。

Q5 细节

【题干与定位】虽然题干有in order to，但不是问作者用它来干什么，而是问研究者用它来做什么，因此是考细节，不是考逻辑层次关系。定位第2段末句，acoustic isolation能够保证雌鸟只对歌曲结构本身作出反应，这是为了rule out confounding variables。

【选项】

A. eliminate = rule out。**正确。**

B. 接近实地条件。无此说法。

C. 测量繁殖成功。不符。

D. 把曲目复杂性量化。也不是设计的目的。

E. 防止早交配；early mating是第3段提到的内容，与第2段的这个设计目的无关。

Q6 对比

【题干与定位】ss与w的对比在第4段第2句，主要在于repeat与否，选项有这个中心词或相反词的，候选；无关词则排除。题干最终问的是ss，它的特定是repeat。

【选项】

A. 地盘行为，无关。这里讲的不是intrasexual selection。

B. 持续编出长而复杂的歌曲，这是w的特点，不是题干所问ss的特点。

C. 曲目范围更大。这里的重点在repeat与否。

D. 重复一类歌曲，再转到另一类。**正确。**

E. 对记录歌曲作出进攻的反应。无关。

33.3 reorganization

【文章分析】

Premise:　　reorganization in order to save money

Premise:　　compiled theft statistics from the year following the reorganization, overall decrease in reports of thefts of all kinds

Conclusion:　critics (less responsive to citizens, more crime) were wrong

【题目】

Q7 逻辑反对

【题干与定位】challenge这位市长的论证,这是逻辑反对,答案可以直接反对结论(加大前提与结论之间的概念差异)、或者肯定它因(这会削弱现有原因)。这个推理是,因为所有类型的盗窃的报告减少,所以犯罪没有增多。找出前提与结论之间的差异概念,有助于反对该说法,前提是reports(报警),结论是犯罪的实际数字。如果报告的犯罪低于实际发生的犯罪,就会构成反对。

【选项】

A. 当警察部门被视为不反应时,盗窃受害人更少会把盗窃报告到警察部门。为reports of thefts减少提供了一个其他原因,这对现有原因(reorganization)构成质疑。**正确**。

B. 评论者一般都同意,警察的数据提供最可靠的数据。正面肯定。

C. 其他城市的情况与原推理所说的这个城市无关。

D. reorganization没有省钱,无关,因为评论者的批评点不是钱,而是responsive、crime。

E. 在reorganization之前四年,各类盗窃的报告,相比于其他犯罪的报告,都在稳步上升。原文推理确认reorganization之前就比之后高,但本选项没说这个比较,既不反对也不支持;而且,原文也没有提到其他犯罪与盗窃之间的比较。

33.4　remote sensing

【文章分析】

S1　主题词tw = remote sensing(遥感)。遥感是指从一定距离测量和解读现象的技术。

S2　Prior to　在1960's中期以前,底片图像的解读是地球地质特征遥感的主要手段。

S3　With the　随着o.s的发展,科学家开始建造数字多光谱图像,运用超过可见光摄影的感光范围的数据。与第2句构成时间对比:prior: film image vs. o.s: digital, beyond visible light,以前是解读底片,后来的数据都超过可见光范围。

S4　These images　本句主要说,这些图像的构造方法是,把一些现象的图画表征机械地排列(aligning)起来。这些现象有连续并列内容,略读,如考题再回来定位。

S5　The advantage　数字成像比摄影成像的优点是明显的:数字数据精确可知,不受难以控制地化学加工过程的随意性(vagaries:难以预测、多变)的影响。

【结构图】

第1句给出主题,遥感,第2句讲过去的情况,第3.4句讲现在的情况,第5句讲新做法的优点。结构:S1. (S2. vs. S3. S4.) S5.。

	Cue	Function	Core
S1	The term	tw	**remote sensing**
S2	Prior to	x	**prior: film image**
S3	With the development	y1	**vs. digital, data beyond**
S4	such...as..., ..., and...	y2	
S5	advantage evident	cs	**advantage**

【题目】

Q8 对比

【题干与定位】 摄影成像的主要劣势；disadvantage暗示对比，答案可将优势一方的情况取非。定位末句，取非 digital imaging 的优势，得到 not (precisely known), not (not subject to vagaries of...chemical processing)。

【选项】

A. 没说白天与黑夜的问题。

B. 不能聚焦细节；不是重点。

C. 必须被化学加工。这是一个缺点。**正确。**

D. 总是被数字重构所改善。无关。

E. 不能反映在长时间内的变化。无关。

33.5 participation of African Americans

【文章分析】

S1 首句给出人物及其论述，而且有seminal（创造性的）、remain the standard work等正评价，首句态度＝作者论点（kw）。该句说，多年来，Q关于黑人参与美国革命的创造性论述，依然是该领域的标准著作。简化为：Q: seminal, standard。

S2 According to Q 顺承，讲Q的观点。前半句主干是outcome was mixed；它说，按Q，这种冲突的结果，对参加英国反对其反叛的美洲殖民地的军队、以求获得自由的黑人奴隶，是混合的。冒号引出的后半句解释这个混合的效果，句内while，抓对比反义：resold vs. freedom，许多人被英国邪恶地（treacherously）重新卖到西印地(WI)为奴，但其他人在加拿大和非洲获得自由。

S3 Building on building on提示相同，Q＝F。基于Q对后一群体的分析，F研究了前面这群奴隶。本句开始讲F的研究。

S4 According to Frey 顺承，讲F的具体研究内容。该句说，按F的说法，这些逃难者（refugees）、黑人美国革命参与者中最成功的一部分，认为自己是美国革命的意识形态的继承者。这里，heir提示相同，these refugees = American Revolution。

S5 Frey sees 句内有the same提示相同，their demands = American revolutionaries demand；全句说，F认为这种继承反映在他们对于权利的要求中，这些权利与美国革命者对英国人的要求相同。冒号之后是并列的权利内容，可略读。本句this inheritance = S4 heir。

【结构图】

第1句对Q的研究给正评价，第2句讲Q研究的内容，第3句讲F的研究，第4.5句谈其具体内容。结构：S1. (S2.) S3. (S4. S5.)。

	Cue	*Function*	*Core*
S1	Q's seminal account, remained standard	tw, kw1	**Q, seminal, standard**
S2	According to Q while	q	mixed: **resold vs. freedom**
S3	Building on, F studied	kw2	**F, Canada**
S4	According to F, heirs	f1	**refugees = American Revolution**
S5	F sees, the same	f2	**demands = revolutionaries**

【题目】

Q9 细节

【题干与定位】问在美国革命之后英国人在加拿大殖民地的统治的情况。原文与此有关的内容是，一些到加拿大的黑人获得自由，他们要求同样的一些权利。

【选项】

A. 英国削减(curtailed)民权。没说。

B. 忽视加拿大殖民地。无。

C. 鼓励黑人殖民加拿大，不管是当时在美国一边、还是在英国一边。错! 只是让一些参加英国军队的黑人、而不是站在美国一边的黑人，在加拿大获得自由。

D. 英国在加拿大的一些政策，类似于它在美国革命之前在美国殖民地的政策。末句说，黑人要求的权利与美国革命者要求于英国的权利相同，要求有，说明其实还没有，英国还没给；要求的权利相同，说明英国没给他们两者的权利也相同，这就表明，一些政策相似。**正确。**原文说A和B要求于C，答案则说C对待A和B，正好是**逻辑的另一面**。换个角度，从逻辑的另一面来说，是阅读题答案的常见情况。这时，经常把主语和宾语位置互换，在动词上做一点调整。

E. 英国对英国殖民地收取更高税收。没提到税的问题。

Q10 类比

【题干与定位】类比题的答案可出现原文所没有的内容；解法是：**抽离具体名词、保留关系和态度词，通常是动词、形容词、抽象名词**。美国革命后定居于加拿大的美国革命黑人参加者与美国革命者之间的关系是，他们曾经相互反对，但却从同一类人那里要求同样的权利。这个关系的抽象形式就是：A与B曾经对立，但都先后从C要求同样的东西(如权利)。

【选项】

A. 富有才华的学生，反抗老师，但采取老师的音乐风格。只有两方、没有三方之间的关系。

B. 两个打仗的统治者最终在一生的争斗(strife)之后达成和平。没有三方。

C. 孩子站在跋扈的(domineering)父母一边，反对反抗的(defiant)姊妹，后来自己也对父母提出与姊妹从前所提出的类似的要求。两个孩子曾经对立，但都先后从父母要求同样的东西。**正确。**

D. 作家花毕生精力推广她的导师的作品，但却在晚年发现，这位导师的作品剽窃自一位外国同时代作家。没有从第三方要求一样东西。

E. 两个科学家一起工作，但后来却因谁应得到训练一个有前途的学生的荣誉(credit)而吵架。没有从第三方要求同样的东西。

Exercise 34

34.1 art films

【文章分析】

S1 首句 can 情态词 = 作者观点。将抽象词 collaboration（合作）还原为+；全句可简化为：filmmakers + art historians → films, enhance。只有制片人与艺术历史学家有效合作，才能创造提升观众艺术感知的电影。

S2 Filmmakers need 主干是，filmmakers need to resist impulses，制片人需要抵制冲动；后面有连续并列的三个短语，说明这些冲动的内容，并列内容取其一，可取第一个：move camera quickly。当然，连续并列，内容等价，在这个语境下，camera = drama = music，都是与视觉、听觉有关的。本句先讲制片人要去抵制的情况。

S3 Filmmakers are 制片人意识到，艺术对象要求集中，同时他们也担心（concerned），这样也许不会足够有力（compelling），所以他们希望提供轻松感，插入（interposing）"真实"场景，与艺术主题仅仅只有一种外围的（tangential）关系。前半句说要求 concentration，后半句由 at the same time 引起相同或不同内容，担心 not compelling，又有 so 连接一个子句，该句的宾语名词又有 that 从句修饰，按 so 前后等价，by v-ing 状语修饰相当于广义的从句、且修饰与名词等价，可知：not compelling = relief, real scenes = tangential。本句继续讲制片人的行为，插入所谓真实场景。

S4 But a work 但是，一部艺术作品也需要按它自己的角度来探索。前后对比，抓反义词：real scenes vs. own terms。本句是对第3句做法的反驳，要用艺术自身的东西、而不要加入不相干的场景。

S5 On the other hand 对比，引出艺术学家需要注意的情况，与第2.3.4句关于制片人的情况不同。句内有 not...but... 对比，抓对比反义：words vs. gaze，人不单能用词汇、而且还能通过指引观众的注视（gaze）来指示和分析。

S6 The specialized 顺承证据。艺术史的专业书面语言需要被放弃，或至少为了屏幕有所节制（tempered）。否定性动词 relinquished, tempered 暗含对比，language vs. screen。

【结构图】

第1句为论点，制片人与艺术历史学家结合，才能创造好的艺术电影。第2句讲制片人需要抵制摄影镜头快速移动，resist...move camera quickly，第3.4句说不要插入无关场景，not interposing real scenes，而要以艺术本身的东西来吸引人。第5.6句讲艺术学家，也不要只用 words、written language，而要借助 gaze、screen 来表达思想。合作双方，各自都要对自己习惯的特长有所节制，才不至于过分放大自身专业和才情的杠杆，协力做出只有合作才能达到的效果。**文科讲对比**，其主要对比内容为：filmmakers: camera, scenes, gaze, screen vs. art historians: words, written language，电影制片人长于图像、艺术史家专于语言。图像与语言的对比，是更广义的直觉与逻辑、情感与理智的对比的一种。

		Cue	*Function*	*Core*
S1	Only...can	ts	**filmmakers + art historians**
S2	need to resist	kw1: a1, a2, a3	**filmmakers, resist camera** = drama = music
S3	and so they	b1	real scenes, tangential
S4	But	b2	vs. art: own terms
S5	On the other hand, not solely, but also	vs. kw2: x	**art historians:** **words vs. gaze**
S6	needs to be relinquished	y	written language, tempered

【题目】

Q1 细节

【题干与定位】filmmaker想提升观众的艺术感知，应该（should）做些什么？情态词should表示作者判断或看法，定位到第2.3.4句讲filmmaker的位置，他们应该抵制过度依赖摄影镜头、场景的冲动，而让艺术以其本身的面目呈现。

【选项】

A. 依赖精确语言；language是艺术历史学家的能力，不是filmmaker要做的事。

B. 依赖戏剧叙事和音乐；第2句明确说要resist这种drama, music的冲动。

C. 艺术作品凭自身就能足够有力、抓住观看者的注意力。这是对第3句内容的取非；第4句有But转折，批评filmmakers的担忧，也就是批评第3句，将其取非，可以认为是作者的观点。**正确。**

D. 依赖叙事（narration）、而不是镜头（camera）运动。错！叙事和镜头都不能过度依赖。

E. 强调社会和历史环境。虽然social, historical在文艺文章中常见，但本文没有。

Q2 细节

【题干与定位】art historians需要承认（acknowledge）什么？定位最后两句，他们需要节制和放弃written language、words，注重gaze或视觉的效果。

【选项】

A. 其作用相对较小；没说minor role。

B. 提供理想的机会，让观众熟悉（acquaint with）各种广泛的论题，与一部艺术作品没有多大关系。很明显，relate incidentally to，这种偶然关系是作者反对的。

C. 深度分析艺术作品，对于关于艺术的电影不是合适的话题。没说；in-depth analysis并不等于written language。

D. Although让步，含有对比，但文中没有提到美术馆的艺术作品和影片里的艺术作品之间的对比，而且，说电影里Silence不适合其实是错的看法。

E. 电影可以使用非文字手段来达到一个口头或书面话语（discourse）所能达到的相同效果。**正确。**作者要艺术历史学家节制（temper）、放弃（relinquish）written language、words取非，那就是要求他们重视nonverbal means。这假设了，这些非文字方法也能达到一样或更好的效果，至少不是更糟的效果。

结构对照：纯文科对比

　　常见对比：情感与理智/具体与抽象/主观与客观、浪漫与现实/文艺与政治/精神与世俗。对比太多，令人烦恼。理工科同学通常觉得文科文章的概念差异模糊不清，对比一多，让步一绕，就看晕了。这主要还是见得少、心里慌、不从容。解决方案就是，专项分析，熟悉模式。曾经令你不舒服的阅读对象，就会变成增长的能力。这个方法，对于任何技能和行为的训练，都有效。这是我们提倡的深度练习、刻意练习的方法。（**详细的方法论见《GRE阅读制胜法则：多层结构法》第一章**；更广义的技能训练方法，见《哪来的天才》、《1万小时天才理论》。）

Exe 1.5 comic art	gods, extrasocial, divine, vs. human, reasoning, reason, social
Exe 3.4 Bachofen	moral lessons vs. fact
Exe 4.2 *Black Fiction*	literary, non-ideological vs. sociopolitical, history, Black identity, political
Exe 5.3 Croce	intuition, self-expression, inspiration vs. intellect, law, order
Exe 7.2 Bluestocking vs. *salonniers*	casual vs. formality, puritanical
Exe 7.3 Francoise Duparc's surviving paintings	idealization falsification, no improving, not elevate vs. ideal
Exe 8.4 Tillie Olson	owe much to vs. most important: radical, Left, political, left-wing
Exe 8.6 *Odyssey, Iliad*	O: imaginative vs. I: historical
Exe 9.1 Jean Wagner	before: secular, social, political, racial vs. first: +religious, metaphysical
Exe 16.4 rhetoric	nature, feeling, desiring, emotional vs. machines, logic, rational, logical
Exe 17.3 design courses	non-scientific, visual, nonverbal, picture, intuitive, perceptive vs. science, geometry, verbal
Exe 20.5 Simonde de Beauvoir	theoretical vs. pragmatic, deradicalized
Exe 22.4 Lorraine Hansberry	human solidarity, human unity, internationalism vs. Black self-esteem, ethnic self-awareness, national identities
Exe 26.3 David Cressy	religious vs. material
Exe 26.5 Isadora Duncan	lyric, internal, natural, inner feelings vs. skills, methods, interpret
Exe 28.1 feminist literary critic	subjective, intuitive vs. objective, scientific disinterested, abstract vs. power struggle
Exe 32.5 gospel music	improvisation, own feelings vs. professional
Exe 34.1 art films	camera, drama, music, scenes, gaze vs. written language, words

34.2　nonenzymatic glycosylation

【文章分析】

P1　S1 叙事一个事实；当人们老去，细胞效率降低，不太能取代受损部分。

S2 At the same time　　same time提示并列事实。组织会僵硬(stiffen)。

S3 For example　　举例。肺和心脏肌肉扩展程度减弱，血管(vessels)越来越僵硬(rigid)，l和t都会变紧。

P2　S1 attribute A to B提示因果关系：few: diverse effects ← a single cause；很少有研究者会将如此多样的现象归于唯一因素。这是通常情况。

S2 Nevertheless　　但是，研究者发现，有个过程，很久以来人们就知道它会让食物变色或变硬，也会造成与年龄有关的、对细胞和组织的损害。理科讲因果，动词contribute to还原为因果关系箭头，本句可简化为：process → food，→ age-related cells, tissues。它与第1句对比，抓反义：S1 few single cause vs. S2 a process contribute to。但本句还没给出这个过程的实际名称，只说它既会影响食物，也会影响老年人的细胞和组织。

S3 That process　　该过程被称为non-e.g, g附着到蛋白上、无须e的帮助。本句对过程进行命名和术语解释，non-e.g就是不用酶的g过程。

S4 When enzymes　　当e将g附着到蛋白上（e.g）时，它们是在一个特定的位点、一个特定的蛋白分子、为着一个特定的目的这样做的。可简化为：e.g: specific。

S5 In contrast　　与第4句对比，**对比找反义、反义在宾语**：S4 e.g: specific vs. S5 non-e.g: haphazardly；e.g这个过程是有特定目标的，而non-e.g则是偶然的。全句说，non-e的过程则将g偶然地附着到任一位点、沿着蛋白分子之内的任何可用peptide链(肽链)。

2段回顾：第1.2句对比，讲多样的效果也许来自一个过程，第3句给出其名称，non-e.g。第4.5句讲e.g与non-e.g的对比，前者有特定目的和位置，后者则是偶然的、随意的。

P3　S1　句内although让步，含有对比，抓反义：understood for decades: non-e.g, food vs. until recently few recognize: body，也就是说only recently: body，几十年来都知道在食物中会有，但只是最近才知道在身体中也有。这是论点。由于non-e.g是一个process，后文如要展开，也许出现理科常见的连续动作(a → b → c → d → e)。

S2 Nonenzymatic　　non-e.g开始于g的一个aldehyde群(CHO)和一个amino群(NH2)彼此吸引；attracted to each other可还原为+，全句简化为：CHO + NH2 → non-e.g。这可能是在描述一个过程或连续动作。这一句以a字母开始的专业词汇太多，专业术语取首字母的方法都用不过来了！专业术语过多，的确会过度干扰非专业读者的注意力，造成信息加工和记忆的困难。要镇定！高手是镇定的！因为他们见得多！

S3 The molecules　　这些分子组合形成所谓的在蛋白之内的S基。动词combine, forming等继续讲动作。本句与第2句构成连续动作，对此，不要记住中间所有环节，要抓住末尾环节，**机制抓末尾**。

S4 This combination　　这种组合不稳定，迅速重新排列自己，变成更稳定的、但依然可逆的物质，称为A (madori)产物。继续讲动作。

3段回顾：首句通过让步提示对比，讲近期的研究发现，non-e.g: body。第2.3.4句连续动作，抓住首尾：CHO+NH2 → ... → A product。本段末句还没有出现non-e.g。

P4　S1　如果一个特定的蛋白在身体中存在数月或多年，它的一些A产物会缓慢脱水(dehydrate)，再次重新排列自己，变成新的源于g的结构。本句接着上一段末句的A, 继续讲动作过程：A: months, years → g-derived structures。

S2 These can　　这些结构能够综合各种分子，形成不可逆的结构，名为AGE's。动作的下一步：→ AGE's。

S3 Most AGE's　　多数AGE's是棕黄色、有亮光 (fluorescent)、有特定的光谱学性质。这一段细节真多啊！零散的证据，不要记住它！

S4 More important　　对身体更为重要的，许多AGE's都能与邻近(adjacent)蛋白交叉连接，特别是一些赋予组织和器官以结构的蛋白。继续讲动作：AGE's → adjacent proteins。

S5 Although　　让步转折，含有对比，抓对比：no yet satisfactorily: origin vs. agree: cross-linking → aging tissues。全句说，虽然还未能令人满意地描述这些蛋白之间的所有这些桥梁的起源，但许多研究者都同意，蛋白的广泛的交叉连接，很可能造成了老化组织特有的僵硬和弹性损失。

4段回顾：本段接着第3段继续讲连续动作，第1.2.3.4句都是如此，最后的第5句终于出现aging tissues。全段内容可整理为：A → g-derived structures → AGE's → cross-linking proteins → stiffening = aging tissues，抓住首尾：A → ... → aging。也要注意末句让步转折。

P5　S1　本句的link、effect均可还原为因果或相关关系；可简化为：non-e.g → cataracts, g → c (crystallin晶状体球蛋白)。在一项将这一过程与cataracts(白内障)联系起来的尝试中，研究者研究了g对纯化的c溶液的作用。本句给出新的研究内容：g → c。

S2 Glucose-free　　but前后对比，抓反义词：g-free: clear vs. with g: clusters, 没有g, 清澈；有了g, 成簇

或束。全句说，无g的溶液依然清澈，但有g的溶液却导致这些蛋白形成簇（clusters），这表明，这些分子已经交叉连接。

S3 The clusters 这些簇会衍射(diffract)光线，使得溶液模糊不清(opaque)。与上句后半句顺承，由此可推出：opaque = not clear。

S4 The researchers 本句also与第1-3句并列。研究者也发现，人类cataracts中的有色的（pigmented）交叉连接，也有棕色和亮光，这些都是AGE's的特征。重点是cataracts: cross links。

S5 These data 数据是证据，它们表明(suggest)的是，也就是证明的是理论、观点。全句说，这些数据表明，晶状体(lens c.)的non-e.g会造成cataract形成。把contribute动词还原为因果箭头，得到：non-e.g of lens → cataract。末句与本段首句呼应，都有因果暗示，S1 link = effect = S5 contribute to。

【结构图】

第1段给出知识背景；第2段提出真正主题non-e.g（非酶糖基化），并把与e.g对比，抓对比，haphazard vs. specific；第3段讲近期关于身体里的non-e.g，中间有连续动作，第4段继续第3段的连续动作，第3.4段机制抓首尾，得到CHO + NH2 → ... → aging。第5段讲g对眼睛里的c的作用，这是这个过程影响身体的一个例子，抓住其中第2.3句的对比，g-free: clear vs. g: cross-linked, opaque。看到这种文章不必恐慌，抓住各段首末句、连续动作的首尾环节(但不是中间所有步骤)、对比反义词，这样，多数考题都可以覆盖。

		Cue	*Function*	*Core*
P1 S1		As...age,	tw: i	**age**, cells less efficient
	S2	At the same time	j	stiffen
	S3	For example, and	j1, j2, j3	..., rigid, tighten
P2 S1		Few, single cause		few: diverse ← single cause
	S2	Nevertheless, also contribute to	kw'	a process → foods **the process → age-related**
	S3	That process is	kw	**non-e.g**
	S4	When,	a	**e.g: specific**
	S5	In contrast,	vs. b	**vs. non-e.g: haphazardly**
P3 S1		has been, although recently	kw	non-e.g: food **vs. recently: non-e.g, body**
	S2	begins when	u	CHO + NH2
	S3	combine, forming	→ v	→ S base
	S4	rearranges itself	→ w	→ A product
P4 S1		If, dehydrate, rearrange itself into	→ x	→ new g-derive structures
	S2	combine to form	→ y	→ AGE's
	S3	and...and	y'	
	S4	cross-link	→ z	→ cross-link proteins
	S5	Although, agree contribute to	→ cs	**→ (yet vs. agree) stiffening, aging**

P5 S1	link, studied effects	kw	**g → c; non-e.g → cataracts**
S2	, but cause	m1	**g-free: clear vs.** **g → clusters → cross-link**
S3	diffracted, making	→ m2	→ diffract light → **opaque**
S4	also discovered	n	cataracts, AGE's
S5	These data suggest contribute to	cs	**=> non-e.g** → **cataract**

【题目】

Q3 对比细节/多选

【题干与定位】问哪个不是（NOT）e.g的特征。在第2段，有non-e.g与e.g的对比，e.g的特点在于specific，而non-e.g则是haphazardly。

【选项】

A. 受该过程影响的蛋白不稳定。第2段第4句when从句只说e将g附着于蛋白上，没说使得蛋白不稳定。**正确答案。**

B. g附着会损害组织、使组织变硬。导致这种老年症状的是non-e.g，不是e.g。**正确答案。**

C. g被附着于蛋白，为了特定目标；specific purpose是e.g的特点。

Q4 细节/连续动作环节

【题干与定位】A产物的陈述，在第3段末尾、第4段前面都有，分别说的是，它是更稳定的、但依然可逆的物质；如果存在数月或数年，会脱水，再次变成g-derived structures。

【选项】

A. 在脱水环境中更丰富。如果脱水，它就变成别的物质了。

B. 通过e.g而创造。这明显是错的，因为第3.4段都在讲non-e.g。

C. 完全由g分子构成。它脱水后会变成g-derived 分子；而且entirely程度太强。

D. 来源于S基；定位第3段末尾两句可知，它是由S基所形成的物质。**正确。**

E. 来源于AGE's；定位第4段前两句可知，它可以变成AGE's，本选项说反了。

Q5 结构

【题干与定位】第3段与第4段一起，详细叙述non-e.g的过程。

【选项】

A. 否定前两段发现。没有contradict。

B. 提出前两段讨论的过程的一个特殊例子。不是例子，而是过程的描述。

C. 解释一个还没有解决的问题。不是problem。

D. 评估研究发现。第3段没有态度评估；evaluate是有态度的评价，与assess, review一样。

E. 开始详细描述前两段引入（introduce）的过程。**正确。**

Q6 连续动作列举/信息

【题干与定位】哪一点，对于决定non-e.g是否有可能发生在一个特定组织的蛋白中，最不重要。排除那些重要的决定因素和判断标准，剩下的就是LEAST important。该题的定位不在第1.2段的引入内容，而在第3.4.5段关于non-e.g的过程描述和研究分析中。

【选项】

A. 组织暴露在自由 g 的可能性。在第 5 段，g-free 的溶液和有 g 的溶液，一个 clear，一个 opaque。

B. 结构的颜色和光谱学性质。第 5 段第 4 句有提到。第 4 段第 3 句也有出现。

C. 蛋白在身体中持续的时间量。第 4 段首句有 months, years。

D. amino 群的数目。在第 3 段提到，CHO 与 NH2（amino group）彼此吸引，开始 non-e.g 过程，但 NH2 的数目本身不是这一个过程所必须考虑的。**正确答案。**

E. 组织所展示的弹性程度。这是 non-e.g 所造成的结果，可以帮助确定是否有该过程发生。

34.3 business courses

【文章分析】

Premise: a particular talent, to be a successful business manager

Premise: business course help solve management problems, but only for those people with managerial talent

Conclusion: such people should take business courses, subsequently use ideas if management problems arise

【题目】

Q7

【题干与定位】如果陈述为真，则在此基础上什么是对的。答案可以是从已有的陈述推出的结论，也可以是原有陈述的假设。前提说，商业课程只能帮助有天分的人解决问题；结论说，有天分的人应该参加这些课程、以便日后解决问题。重点词是 only；只有有天分的人才会从课程中受益，没有管理天分的人无法从中得益。但这并没有说，商业课程是有天分的人获得解决问题的观点的唯一途径。

【选项】

A. 得到商业课程的帮助、解决管理问题的那些人，也有管理天分。原文的前提说，只能（only）帮助有天分的人解决问题，这意味着，那些没有天分的人、上了商业课程也没用，那么，能上课以后解决问题的人，都应该有天分。**正确。**

B. 已经很娴熟地解决管理问题的人，不太可能从商业课程中受益。无法判断。

C. 多数成功用于解决管理问题的观点，都是在商业课程中学到的。商业课程中的观点可以解决问题，这不等于说，解决问题的观点多数都来自商业课程。没提到数量多少的比较。

D. 缺乏管理天分的人，更有可能上课。上课的可能性不是问题的重点。

E. 从未上课的那些人，当问题产生时，不能解决管理问题。有管理天分而不上课的话，也有可能解决问题。原推理只说，商业课程只能帮助特定的人解决问题，但没说它是这些人解决问题的唯一途径。

34.4 moral development

【文章分析】

P1 S1 小孩子对有害行为做出道德区分（discriminations）的年龄，是近期关于儿童道德发展研究的焦点；recent research 构成评述对象，tw = moral development of children，重点是 moral discrimination。

S2 Until recently   讲过去的研究情况。前半句说，儿童心理学家支持发育论先驱 P, support...P 可还原为 = P; hypothesis that，名词抽象、抓住修饰从句的内容，而从句内有 not A, but rather B，抓对比：intentions vs. magnitude，意思是，7 岁以下的小孩不会考虑人的意图，而只是基于负面后果的量来安排惩罚。

P2　S3 However 　　转折讲近期研究。该句说，K发现，6岁大的孩子不仅能区分偶然伤害与有意伤害，而且能判断有意的伤害为更不恰当的，无论所产生的损害量如何。与第2句构成对比，抓反义：P: 7 vs. K: 6。

S4 Both of 　　Both of these findings指第3句的not only...but also... 两项发现。注意earlier than P；2nd: moral autonomy > 1st。该句说，这些发现似乎都暗示，在早于P所宣称的年龄，儿童就进入道德发展的第二阶段，即道德自主（autonomy），这时他们接受社会规则，但相比于第一阶段的儿童，认为这些规则有更大的随意性(arbitrary)。

【结构图】

第1句主题，孩子的道德区分年龄，第2句之前的研究，主要是P的观点，7岁以下不会考虑意图，第3句给出近期研究，指出6岁就能区分偶然与有意的伤害行为，第4句继续说明该观点。结构：S1. S2. vs. S3. => S4.。

	Cue	*Function*	*Core*
P1 S1	has been the focus	tw	**age, moral discrimination**
S2	Until recently, supported, hypothesis, not..., but rather	kw1	**= P, under 7,** **not intentions,** magnitude
P2 S3	However, recent research	vs. kw2	**vs. K, 6, intentions**
S4	these findings indicate	kw2'	=> earlier age, 2nd stage, autonomy

【题目】

Q8 对比

【题干与定位】not have agreed考差异，定位第2. 3句however对比内容，P与K的差异主要在于年龄，P认为7岁以下不行，K认为6岁就可以作出道德区分。

【选项】

A. 借口的类型。无关。

B. 开始区分有意和无意伤害的年龄。**正确。**

C. 儿童在做坏事(perpetrating harm)时的意图。重点在于分清有意与偶然伤害的年龄，而不是意图本身。

D. 儿童惩罚有害行为的环境。无关。

E. 儿童为减轻(mitigate)对有害行为的惩罚所认可的辩护理由(justification)。两者的差异焦点不是理由，而是考虑特定理由的年龄。

Q9 观点

【题干与定位】K的发现支持关于6岁小孩的什么结论？结论在最后一句提到，在6岁时，儿童就进入moral autonomy阶段。

【选项】

A. 他们有能力作出autonomous moral judgments。**正确。**

B. 他们认为道德绝对论(absolutism)是他们的道德自主(autonomy)的威胁。这是奇怪的说法，没有威胁之类的措辞。

C. 公共义务，无关名词。

D. 比年龄较大的儿童更容易接受其同辈所作的道德判断。接受同辈的容易程度，没有提到。

E. 作出武断随意的(arbitrary)道德判断。末句是他们认为社会规则较为arbitrary，不是他们自己作出这样的判断。

34.5　climate models

【文章分析】

P1　S1 直到1980's晚期，没有理论家或大规模计算机气候模型，可以精确预测，云的系统是帮助还是伤害一个变暖的地球。首句给出主题词tw = cloud system，并给出否定性判断，无法预测云。

S2 Some studies　　一些研究指出，s云4%的增长，可以补偿大气CO_2翻倍的现象，防止可能造成灾难的全球温度增加。理科讲因果，防止温度增加，即是导致温度下降(t↓)。4% s → t↓。

S3 On the other hand　　另一方面，c云的增长，却会增加全球变暖。抓因果：c → t↑。与第2句对比：s: t↓ vs. c: t↑，一个导致t减少，一个导致t增加。

P2　S4 That clouds　　That 在第一个语法位置，这是主语从句的先行词，主语从句、单独分析。全句说，云代表气候模型最薄弱的要素，一项关于14个模型的研究可以说明这一点。动词illustrate提示举例或具体说明。主语中说云是气候模型中的weakest element，这与第1句的否定性判断相呼应。

S5 Comparing　　Comparing的分词修饰次要，主句有that宾语从句，单独分析其主干，得到：如果不包含云，这些模型相当一致。

S6 But when　　但一旦云被纳入，就会产生各种各样的预测。与第5句构成对比：not included: agreed vs. incorporated: wide range，不包含云，各个模型一致；包含云，模型差异很大，这说明，云是模型的命门。

【结构图】

第1句给出否定的判断，云的预测不够好，第2.3句给出对比证据，s云与c云对温度的影响相反，第4句通过研究的例子来说明云的研究尚属薄弱，第5.6句对比证据，不包含云，模型都一样，包含了云，千差万别。结构：S1. (S2. vs. S3.) S4. (S5. vs. S6.)。

	Cue	Function	Core
P1 S1	neither...nor...could accurately predict	kw	**could not predict clouds**
S2	Some studies suggest	a	**4% s → t↓**
S3	On the other hand,	vs. b	**vs. c → t↑**
P2 S4	That...was illustrated by	kw	**weakest element**
S5	agreed quite well if not	c1	**not included: agreed**
S6	But when, wide range	vs. c2	**vs. incorporated: wide range**

【题目】

Q10 结构/选择句子

【题干与定位】选出一个句子，它指出了14个模型无法一致的理由。首先定位到failed to agree，就在文章末句，a wide range of forecasts，它与第5句的agreed quite well对比，就是not agreed的意思。再找理由reason，就在该句的when从句，理科when从句有时相当于if, because，即为理由或原因。故答案是：But when clouds were incorporated...。

Exercise 35

35.1 universal ideas

【文章分析】

S1 对人类环境的敏感反应，解释了某些普遍观念为什么会持续存在；account for = explain，解释相当于因果关系。可简化为：sensitive response → universal ideas。

S2 Rabbi Meir   M这位2世纪的学者曾警告(admonish)他的弟子，不要看pitcher(水罐、瓶)，而要看它的内容，因为，他说，"许多新瓶（pitcher），装的是旧酒"。新瓶装旧酒是很著名的谚语。文科讲对比，not A but B提示对比；可简化为：M: contents vs. pitcher。本句有具体人物及其说法，应为证据，与第1句顺承，有等价词：old wine = universal ideas。所谓旧酒，就是持久存在的普遍观念。

S3 Creative ideas   创造性的观点不仅产生它们自己的生存工具，而且还允许新的形式替代老的形式；not only A but also B提示并列。鉴于文章不会改变主题，所以，本句的creative ideas应该等于首句的universal ideas。本句not only A，可认为指向第2句，instruments of survival = S2 new pitchers；本句重点在but also B，这是并列的新证据，重点在new forms。

S4 For example   举例。民主，源于古希腊，从那里发展到西欧和美洲。

S5 But it did not   但它并未维持古希腊的形式：它经历若干改革过程，今日在许多国家存在。

S6 Democratic   民主政府在形式上有别，因为民主在原则上是动态的（dynamic），因此要回应本地需求。本句and前后等价、because前后也等价，因为顺承关系、逻辑等价，故有differ = dynamic = local needs，有本地需求、有动态变化、有差别不同。本句的because原因解释，可认为是对第5句不同形式的理由说明。

【结构图】

第1句给出论点，敏感反应解释了普遍观念的持久存在，第2句讲一个人物的看法，内容不变，对应首句普遍观念的持续，第3句讲出另一方面，还有new forms，第4.5.6句以民主举例。全段结构：S1. (S2. + S3.［S4. S5. ← S6.］)。

	Cue	Function	Core
S1	It is...that accounts for	kw	**sensitive response → universal ideas persistence**
S2	M, not...but...	a	**M, contents vs. pitcher**
S3	not only...but also...	b	**+ new forms**
S4	For example,	b1	democracy
S5	But	b2	not retain form
S6	differ...because	b3	**differ ← dynamic, local needs**

【题目】

Q1 细节

【题干与定位】democracy是什么的例子？定位第4句，该例子是为了说明第4句，ideas有new forms，在外在形式上不是一成不变，而是随环境改变的压力而变化。

【选项】

A. 人类环境的例子？错。

B. 生存工具的例子？这是第 3 句 not only 的内容，但第 3 句的重点在 but 里的 new forms。

C. 创造性观念的一个属性的例子？不是属性的例子，而是观念的例子。干扰选项。

D. 一种创造性观念的例子，因为它有适应性而持续存在；adaptability = new forms = response。**正确**。

E. 一个改革过程的例子，其高潮（culminated）是现代政府的创造。民主在文中是创造性观念的例子，不是改革过程的例子；reforming process 不是例子所要说明的大证据的中心词。

Q2 细节

【题干与定位】new pitcher 等价于（equivalent of）作者关于 democracy 讨论中的哪个要素？定位第 2 句，new pitcher 装的是 old wine，由于 old wine = universal ideas，因此 new pitcher 对应的是观点所采取的形式 forms；再对应到关于民主的讨论的最后 3 句，有差异的就是形式，对应 new pitcher，不变的则是 democracy 的观念，对应 old wine。

【选项】

A. 古希腊。这不是一种形式，而是地名了！

B. 民主的观念，这是普遍观念之一，不是外在有别的形式。

C. 一种现代民主政府，这是民主的形式，可对应 new pitcher。**正确**。

D. 一个动态原则，动态原则是 democracy 的特点，不是外在形式本身。

E. 古希腊的民主形式，这是过去的形式，不是新形式，new pitcher。

35.2　Vostok ice core

【文章分析】

P1　S1 recent, now 提示这是新观点，通常不会被反对，而是会被评述。本句说，近期研究者有能力分析被捕获在冰川（glacier）中的空气样本，获此帮助，科学家现在对于过去 16 万年的大气组成和全球温度变化之间的关系，有了更为清楚的观念。理科讲因果，relationship 提示相关性，相关是因果的必要条件，在阅读中视为广义因果，抓因果：atmospheric composition–global temperature（这里相关性以 – 表示、有时也用冒号：）。首句给出主题，通过冰川里的空气分析，研究大气构成与全球温度的关系；并且给出正评价态度 clearer，作为总论点。

S2 In particular　　in particular 表示强调，为真正重点。本句说，确定冰川扩展和消退（变冷和变热）期间的大气组成，可以运用来自南极钻取的 2000 米的 V 冰核的数据。可简化为：V ice core => atmospheric composition。本句为第一句的具体化（specification）。

S3 The technique　　similar to 还原为相同 =，本句主干简化为：technique = marine sediments，这项技术与分析海洋沉积核中所使用的技术相似。后面的 where 从句中所，氧（o）的两个常见同位素（isotope），^{18}O 和 ^{16}O，精确反映过去的温度变化；reflect 动词还原为反向因果箭头，得到：^{18}O, ^{16}O ← t。

S4 Isotopic analysis　　对 V 核的 o 的同位素分析表明，在过去 16 万年中，平均全球温度波动（fluctuations）高达 10 摄氏度。本句讲分析的结果，顺承第 2.3 句。

1 段回顾：第 1 句给出主题，air in glaciers → relationship: atmospheric composition–temperature，第 2 句给出具体的内容：V 的冰核，第 3 句提出一个比较，= marine，该句 reflect 包含一个因果关系，o 的同位素与温度的关系。第 4 句给出分析的结果，温度波动有 10 度。全段叙述研究内容和结果，结构为：S1. S2. (S3. S4.)。鉴于理科讲因果，最重要的是relationship, reflect所提示的相关或因果关系：atmospheric–temperature，这是总论点；O–t，则是分论点。

P2　S1 fluctuate with等价于vary with, correlate with, 提示相关关系；抓因果：CO_2–t。前半句说，来自V核的数据也提示，二氧化碳的量随同一时期的温度而波动。冒号之后给出具体的相关内容，抓相关：CO_2↑: t↑; CO_2↓: t↓，两者同向变化，为正相关。本句also与上一段氧与温度的关系并列，提出二氧化碳与温度的关系。

S2 Although　　让步转折，含有对比，抓对比反义：deglaciation: closely follows vs. cooling: lag behind, 它说，在冰川退去（变暖）时CO_2含量的变化紧密跟随温度变化，但是，在变冷期间却明显滞后于温度。这是对第1句论点的深入说明。

S3 The correlation　　当然，CO_2与t之间的相关性，并没有确定，是大气组成的变化导致冷热趋势，还是相反。这里说了一个科学方法论常识：相关性不能确定因果性；A与B相关，不能确定，A导致B，或B导致A，有时还有第三方C导致A和B。本句的of course表示让步，对观点适用范围作出限制（qualification）；由于观点总有适用范围和解释范围，主动限制自己观点，其实有助于打消读者疑虑，增强读者对有效范围之内的论点和论据的信心，以退为进，是很好的论证方式。

2段回顾： 并列讲另一观点，二氧化碳与温度的关系，首句给出正相关，第2句说出变热和变冷时的时间同步与不同步的差别，第3句以让步语气提到，还没确定因果关系。结构：S1. (S2. S3.)。

P3　S1 CO_2与t之间的相关性，在整个V的记录中，是一致的、可预测的。这里，consistent, predictable是表语形容词，给出判断句。

S2 The absolute　　however转折说，绝对的温度变化，比基于CO_2自己吸收红外(infrared)辐射或辐射热的能力所预期的值，大5–14倍。实际值与预期值不同，这是理科模型或假说常见的反驳意见。这就需要新的要素。

S3 This reaction　　这种反应表明，除了(aside from)捕获热的气体(通常称为温室气体)的变化以外，某些正反馈也（also）放大了温度变化。通过第1.2句预测与实际的对比，引出本句的新因素：positive feedback → temperature change, 动词amplify还原为因果关系。这是第3个观点了，句内的also提示它与第1段的氧、第2段的CO_2，都是平行关系。

S4 Such feedbacks　　这些反馈，也许包含陆地和海洋上的冰、云、水蒸气，它们也能吸收辐射热。具体说明反馈效应的内容。

3段回顾： 第1.2句对比，说明CO_2还不足以解释温度的巨大变化，第3句提出新的因素，positive feedback, 第4句说明之。结构：S1. vs. S2. ← S3. (S4.)。注意本段的论点并不在首句，而是在第3句。

P4　S1 来自V核的其他数据表明，m(ethane)气体也与t和CO_2密切相关。把动词correlate with还原为冒号，得到：m: t, CO_2。后面会具体讲正相关还是负相关。本句other表示它与前面段落依然是并列关系。

S2 The methane　　for example提示举例；本句说，m的浓度(concentration)，在倒数第二个(penultimate)冰川期和随后的间冰期(interglacial period)之间翻倍。间冰期就是在两个冰川期之间，因此是温度高的时候，这句话提示了m与温度之间的正相关：m↑: t↑。

S3 Within the　　在现在的间冰期(即温度上升)，它在过去300年中比翻倍还多，而且还在快速上升。简化为：t↑: m↑。

S4 Although　　看到Although, 让步转折、含有对比，抓从句与主句的对比反义词：concentration: lower vs. cannot be ignored: absorbing heat: more effective, 在浓度上低，但在吸热上更有效；理解到这个地步

其实也就够了。前半句说，虽然 m 的浓度比 CO_2 的浓度低两个数量级（orders of magnitude，以 10、100 等为单位），但 m 不能被忽视，然后冒号引出理由，m 的辐射性质，使得它在吸收辐射热方面，按单个分子比较，比 CO_2 的效力高 20 倍。

S5 On the basis　基于气候学研究者创建的一个模拟模型，m 在最近一次冰川消退期间的变暖中，其重要性是 CO_2 的 25%。这里，important in 也提示因果关系，因此本句可简化为：m = 25% CO_2 → warming。

4 段回顾：第 1 句给出并列新观点，m 与 t、CO_2 的相关性。第 2 句举例说明 m 与 t 的正相关，第 3 句继续，第 4 句把 m 与 CO_2 作比较，第 5 句给出数据。全段结构：S1. (S2. S3. S4. S5)。

【结构图】

第 1 段首句给总论点，大气组成与温度相关，末尾两句给出第一组相关，氧的同位素与温度，第 2 段首句给出第二组，二氧化碳与温度，第 3 段给出第三个因素，positive feedback，第 4 段并列给出第四个因素，m。文章是标准的观点评述，总分结构展开，一共讲了 4 个分论点，比通常只有 2 个或 3 个分论点多了 1 个。

	Cue	*Function*	*Core*
P1 S1	recent, now clearer, relationship	tw, ts	**air in glaciers => atmospheric–t**
S2	In particular,	tw	V core
S3	similar to, reflect	kw1: i	= marine, **O–t**
S4	suggests	j	t↑

P2 S1	also, fluctuate with the higher, the higher the lower, the lower	kw2: a1 a2	**CO_2–t:** **CO_2↑ : t↑ ;** **CO_2↓ : t↓**
S2	Although	b	**deglaciation: follows** **vs. cooling: lag behind**
S3	correlation, of course, caused	c	correlation: not cause

P3 S1	predictable	aw+	CO_2–t: predictable
S2	however, greater than expected	aw-	> expected
S3	suggests that, also	kw3	**positive feedback → t↑**
S4	Such...involve	x1, 2, 3	

P4 S1	Other data, correlate with	kw4	**m: t, CO_2**
S2	for example	m1	t↑ : m↑
S3	more than double	m2	t↑ : m↑
S4	Although,	m3	concentration: lower, < CO_2 vs. absorbing heat: more effective
S5	model	m4	**m = 25% CO_2 → warming**

【题目】

Q3 段落细节/多选

【题干与定位】m在第4段提到，关于它的说法主要是，m与t、CO_2有相关性。题干问的是不对的说法（EXCEPT）。

【选项】

A.　m在吸收辐射热方面比CO_2更有效。这是第4段第4句的说法。

B.　CO_2的浓度越高，m的浓度越低。这两者之间不存在这种负相关。**正确答案。**

C.　过去10年的全球变暖，主要是与m浓度增加有关（associate with = correlate with）。没有谈到过去10年，不是原文说法。**正确答案。**

Q4 相关性

【题干与定位】CO_2与全球温度关系在第2段提到。第1句有正相关，第2.3句有让步转折，都是常见考点。

【选项】

A.　温度变化以后，CO_2水平会立即变化。第2句说在温度变冷时，会有lag behind，这就不是immediately。

B.　只与变冷时期的温度相关。only错!也与变暖时相关。

C.　不管全球温度如何变化，CO_2都维持高位。这肯定是错的，不然相关性就不存在了。

D.　CO_2水平比全球温度增加得更快。没有这种比较。

E.　在变冷期间，CO_2水平开始依然很高，然后下降。这就是第2句转折主句所说的变冷期间二氧化碳含量的迟滞效应。**正确。**

Q5 相关性

【选项】CO_2长期减少，会有什么效果?按照第2段首句，它与温度呈现相关性，可以推出温度会降低、地球会变冷。

A.　使m增加。它与m之间并不存在负相关。

B.　伴随冰川时代；glaciations = cooling。**正确。**

C.　鼓励形成更多的氧同位素。它与氧之间不存在这种相关。

D.　促进形成更多水。没有提到与水的关系。

E.　增加地球大气所吸收的红外辐射的量。应该会减少，而不是增加。

Q6 相关性

【题干与定位】m定位到第4段，第2句说间冰期即变暖期间，m增加，由此可以推出相关性的另一面，m减少，温度也会下降。

【选项】

A.　冰川融化更快。这是变暖，不是变冷。

B.　CO_2的浓度增加。原文中，m与CO_2随着t增加都在增加，这两者之间不是负相关关系。

C.　全球平均温度会降低。**正确。**

D.　CO_2吸收更多辐射热。很奇怪的关系。

E.　更多云会在大气中形成。没有提到m与clouds的关系。

结构对照：相关性、数量因果

理科讲因果，其论证经常采用数量因果或相关性论证：正相关，a → b (a↑: b↑ vs. a↓ b↓)，或负相关，a → b↓ .(a↑: b↓ . vs. a↓: b↑)。常见的写法是：when a increases / is abundant / is low, b increases / decreases / is higher; a is function of b; with a, b, however, without a, not b。请集中阅读这些段落，通过专项训练，学会抓出因果关系核心的小技巧。杰出技能是无数小技巧的积累。

Exe 1.3 Anaerobic glycolysis	energy: g: weight: size
Exe 15.1 honeybee	own eggs: fitness↑ vs. others' eggs: fitness↓
Exe 15.3 diabetes	healthy: g↑: small i: normo- vs. diabetic: large i: hyper-
Exe 16.1 Africanized bees	Europe: Vj kill bees vs. Brazil: Vj, without loss
Exe 16.5 crystallization	metal: rapid → crystalline vs. nonmetal: slow → amorphous
Exe 20.2 cholesterol	L receptors↓: L↑: c↑; L-receptors↑: VL'↓ vs. W: L receptors↓: VL'↑: L↑
Exe 24.6 fever	t↑: iron↓: bacterium↓; 42/t↑: ig↑ vs. 42: iron↑: ig↓
Exe 25.1 chemical constituents of life	oxygen↑: molecules↓ vs. oxygen↓: molecules↑
Exe 25.4 *Anabaena*	n↑: p↑ vs. n↓: h↑ / p↓
Exe 30.5 American lobster	oyster chips → half crusher vs. without, majority: cutter
Exe 31.2 gypsy moth caterpillars	o: t=p↑ → w/v↓ → c↑ vs. a: p↓: viral↑ → g. m = c↓
Exe 35.2 Vostok ice core	CO_2↑: t↑ vs. CO_2↓: t↓; t↑: m↑

35.3 ocean floor

【文章分析】

Premise: ocean floor is inaccessible without equipment of greater technological sophistication than currently

Conclusion: know less about the ocean floor than almost any other environment on Earth.

【题目】

Q7 逻辑支持

【题干与定位】支持，可以是举例、重复，如海底的某个因素导致它比几乎任何其他环境都难以研究；可以连接差异概念，前提与结论的差异概念是inaccessible without equipment for ocean floor与know more about almost any other environment，其他任何环境都比海底更容易探索，其所能利用的技术复杂度(sophistication)相对于其所探索的对象来说相对足够；也可以是否定它因。

【选项】

A. 许多山脉完全在海表之下，然而新的水下考察设备能对之做出三维图，就如陆地上的山脉一样精确。海表之下，不排除海底；本选项没有排除有技术装备可以到达海表之下(包括海底)，这不能支持技术不足导致海底更难研究。

B. 强的水流在海底环流，但对它们的一般运动模式的理解，不如陆地上的气流模式。水流很强，这会造成inaccessible(无法接近)，所以研究不够。这是举例支持。**正确**。

C. 与多数陆地环境不同，海底的温度条件，通常更为稳定和一致；这是利于研究的条件，而不是不利。不是支持，而是反对。

D. 很少有人看到海底的广阔(extended)区域的详细地图，即使这种地图在多数图书馆可以获得。没有人看地图，不是原文所说的技术复杂程度不足。无关。

E. 在海底生活的动物，必定能够承受(withstand)水压。与动物无关。

35.4 luxury goods

【文章分析】

S1 recently近期研究，通常作为评述对象，tw = the increase in demand for luxury goods and services；首句说，历史学家近期开始注意到18世纪英国所发生的、对奢侈商品和劳务需求的增长。

S2 To answer 为回答为什么消费者如此渴望买东西的问题，一些历史学家指出制造商在相对不受审查的出版物上做广告的能力。人物及其观点，提出第1个理论，kw1 = advertise。社科讲因果，抓因果：advertise → consumers buy = S1 demand increase。

S3 This, however 别人观点之后的however表示转折、否定；hardly sufficient提示负评价。

S4 McKendrick M选择V的炫耀消费(conspicuous consumption)模型，它由地位的竞争所刺激。第2个观点出现；favor等于support，可还原为=；于是，本句可简化为：M = V: conspicuous consumption → demand increase。社科讲因果，原因 = kw，这里的kw2 = conspicuous consumption。

S5 The "middling sort" 主句的bought goods and services等于现象demand increase，because从句在此表示原因，与前一句论点顺承，故有等价词：follow fashions = S4 competition of status = conspicuous competition。该句说，中等一类人群购买商品和劳务，是因为他们想要追随富人所设定的时尚。

S6 Again 我们又想问，这个解释是否充分。这种追问(wonder...sufficient)，就提示了负评价。

S7 Do not 这里的问句是修饰性问题(rhetorical questions)，不是真正要回答的问题，而只是作为负评价证据的问题。该句说，难道人们就不能把买东西作为一种自我满足的形式吗？而且，该问句还暗示了第3种可能：self-gratification = kw3；事实上，as之后常为关键词。

S8 If so 顺承证据。如果是这样，消费主义就可以被看做新的个人主义和物质主义概念产生的结果，而不必然是对炫耀竞争疯狂(frenzy)的结果。句内有A, but not B的对比，抓对比：individualism, materialism vs. conspicuous competition；这里，as之后为kw，a product of可还原为反向因果箭头，故得到：consumerism ← individualism。又按证据重现论点关键词，可抓该句与上一句的等价词：S7 self = S8 individualism。

【结构图】

第1句给出奢侈商品需求增长的现象，后文有多个词汇来对应这个现象，increase in demand for luxury goods and services = eager to buy = consumerism。第2句提出第1个解释，第3句反驳，第4. 5句提出第2个解释，第6句反驳，第7.8句提出第3个可能解释。结构：S1. ← S2. vs. S3. ← S4. (S5.) vs. S6. ← S7. S8.。短短一段，提出三个解释，结构相当紧凑。本段不是典型的论点+论据或总论点+分论点论证的形式，而是三个论点及其评价的紧凑组合。**科学文章，同一现象、不同原因**；本文现象为需求增长，不同原因依次是广告、炫耀、自我满足或个人主义。

	Cue	Function	Core
S1	recently begun to	tw	**demand for luxury ↑**
S2	To answer, some historians, pointed to	kw1	**buy ← advertise**
S3	however, hardly	aw-	**hardly sufficient**
S4	model	kw2	**M = V, conspicuous**
S5	because	x	(follow fashions)
S6	Again, we may wonder	aw-	**wonder sufficient**
S7	enjoy...as...	kw3	**self-gratification**
S8	If so, could be seen as	kw3'	**consumerism ← individualism**

【题目】

Q8 主题

【题干与定位】primarily concerned考主题，文章3个理论都在解释首句现象，奢侈品的需求增长。

【选项】

A. 对比两个论点(theses是thesis的复数)、提出一种折中(compromise)；第3个理论并非折中。

B. 质疑两个解释，提出一种可能的替代。**正确**。末句if so, would都提示这是possible。

C. 改写(paraphrase)两个历史学家著作，质疑其假设。忽略了第3个解释。

D. 考察两个理论，赞成一个而不是另一个。忽视了第3个解释；而且，没有赞成前面两个。

E. 提出若干问题，但暗示它们不能被回答。没说不能回答问题。

Q9 作用/in order to

【题干与定位】V的conspicuous consumption模型被用来做什么？模型或解释的目的，就是它的逻辑上一层，即解释这一段的主题或现象。论点的作用，就找主题。

【选项】

A. 调查需求的程度。不是程度问题，而是解释需求的原因。

B. 分类肯定是错的。

C. 解释18世纪消费者购买奢侈商品的动机；motivation = reason = why。**正确**。

D. 确立富人的品味被中产阶级所塑造的程度(extent)。至少不是程度问题。

E. 比较18世纪与20世纪的奢侈品消费主义。无关。

35.5 adrenaline

【文章分析】

S1 荷尔蒙(或译激素)a不直接作用于大脑，它如何对大脑功能有调节效果？首句提出问题，a → brain?。

S2 Recently 近来，我们检验一种可能性，该激素在大脑之外的行为之一，也许会造成影响。提示一种可能性，但本句并未明说。此外，本句是recently近期研究、we作者观点，全文应该只有该观点。

S3 Since one 由于a释放的一个后果是，血液g水平增加，我们检查了g对老鼠记忆力的影响。理科讲因果，抽象词还原为因果箭头，得到：a → g↑, g → memory?。

S4 We found 我们发现，在训练之后立即注射g，会提升第二天所测试的记忆力。动词enhance可还原为因果箭头，本句简化为：g↑ → memory↑。结合第3句，可知有三方关系：a → g → memory。

S5 Additional　　　block, disrupt这些否定性动词提示负相关，但not affect则表示无因果。全句可简化为：a.a
→ a receptors↓→ (a → memory)↓，但not affect g not stimulated by a(即non-a-g)。句内but前后提示对
比，抓对比：a.a: disrupt a-g vs. not affect not-a-g，对g刺激的a的效果有阻碍，但对无g刺激的a的效果无
影响。全句说，额外的证据则由否定性的发现来提供：a.a这种药物，阻碍边缘a的受体(receptors)，妨碍
(disrupted)a调节记忆的能力，但却不会影响没受a刺激的g所产生的记忆提升。

S6 These results　　　如果a影响记忆调节（modulation），是通过增加血液中g的水平，情况就应该是这样。本
句以此结果来证明三方的关系：a → g → memory。

【结构图】

第1句提出问题，第2句作者给出自己的近期研究，第3.4句给出第一项证据，a增加g，g增加记忆，第5句
给出反面的、否定性证据，药物a.a，阻断由g所产生的a，但对非g所增加的a，则没有影响，第6句给出结论，a
影响g，再影响记忆。

	Cue	*Function*	*Core*
S1	How can?	tw	**a → brain?**
S2	Recently, we tested	kw'	one of actions
S3	consequence, effect	a1	**a → g, g → memory?**
S4	We found, enhance	a2	**g → memory↑**
S5	Additional evidence: but did not affect	b	**a.a: disrupt a-g memory** **vs. not affect not-a-g memory**
S6	are as they should be if	cs = kw	**a → g → memory**

【题目】

Q10 细节

【题干与定位】作者说使用a.a的实验结果是negative findings，是因为a.a如何？定位到第5句。这句的but部
分说，非由a刺激产生的g所导致的记忆提升，不受影响，重点是不影响某些因素导致的记忆提升。这从反面
证明，a是通过产生g来提升记忆的。

【选项】

A.　a.a没法阻碍a对记忆的影响。它可以阻碍a对记忆的影响，只是无法阻碍非a产生的g对记忆提升的影响。
干扰选项。

B.　不会影响g对记忆的提升能力；该段but后半句说的是，不影响非a刺激产生的g对记忆的提升能力。**正确。**

C.　不会阻碍a增加g的能力。没有提到记忆问题。

D.　只会部分影响a提升记忆的能力。没有部分和全部的差别。

E.　阻碍a和g对记忆的效果。无关。

Exercise 36

36.1 protein crystals

【文章分析】

S1 1983年在太空实验室做的一项实验，首次尝试在太空的低重力环境下生长蛋白晶体（p.c: protein crystal）。主题词为p.c。

S2 That experiment 该实验依然被引用为证据来证明，在微重力下生长晶体，能增加晶体大小：一些作者报告说，他们长出的l蛋白晶体，比在实验上相同设备长出的晶体，大1000倍。前半句increase动词还原为因果：microgravity → crystal size↑。

S3 Unfortunately 不幸的是，这些作者没有指出，他们的晶体，并不比在地球实验室里使用其他更标准的技术长出的平均晶体大多少。本句负评价，no larger than average。

S4 No research 迄今没有研究产生出结果，可以辩护在太空中大规模产生晶体的巨大成本。继续负评价，成本太高，enormous costs。

S5 To get an 要对微重力晶体生长是否有用得到一个无偏见的观点，在空间中长的晶体，必须与在地球上用标准技术长出的最好晶体相比较。总结对此问题的看法。

【结构图】

第1句给出主题，一项太空实验，第2句给出一些学者的看法，第3.4句批评，第5句总结。结构：S1. S2 vs. S3. S4. S5。本文对一项研究进行批评。

	Cue	Function	Core
S1	experiment, first attempt	tw	**low-gravity, grow crystal**
S2	still cited as evidence	kw,	**microgravity → size↑**
	larger than	a	larger than the same on Earth
S3	Unfortunately, no larger	aw1-	**vs. no larger than average**
S4	No research yet	aw2-	**no justification costs**
S5	must be compared with	cs	**compared with standard**

【题目】

Q1 取非

【题干与定位】would...more impressive if...? impressive为正评价，题干以would虚拟语气 + impressive，说明实际情况不好，但题干要问如何也许更好，则可将原文负评价或其相关内容取非。本题的一般形式是：aw-: X，问would aw+，答not X。

【选项】

A. 结果可以复制。不能复制，并不是原文提到的缺点。

B. 该实验所使用的设备，在地球上产生的晶体，比在空间中的更大。这会令作者对该实验的评价更低。

C. 该实验中产生的晶体大小，超过在地球实验室中用标准技术生长的晶体大小。这就把第3句负评价的内容取非了。**正确。**

D. 成本超过标准实验室技术。成本高是作者批评的一点。未取非。

E. 地球实验室中的标准技术在空间实验室的实验中被修改。原文未涉及空间中的修改标准技术的问题。

Q2 对比细节

【题干与定位】对太空实验中生长晶体的设备，有两个判断，一个是，比地球上相同设备长的晶体要大，另一个是，不比地球上标准设备长的晶体更大。

【选项】

A. 该设备的制造更贵。第4句讲的是太空实验贵，不是设备本身贵。

B. 自1983年以来，该设备没被用于在空间中长晶体。没提到。

C. 该设备在地球上长出的晶体，比空间中长出的晶体要小。想到逻辑的另一面，空间中长的，要比地球上同样设备长的更大。这是第2句内容，**正确**。

D. 没有提到空间中使用其他设备；in space...other devices错；other谨慎对待，多次用它作错误选项。

E. 使用该设备的实验，做了适当控制。没说control的好坏问题。

36.2 methods course

【文章分析】

S1 有人设计了传统学术方法课程的一个实验版本，以让学生更意识到，传统学问(learning)对于任何现代批评家或理论家是有用的。其中，usefulness...for... 提示因果关系：traditional learning → modern critic or theorist，主题词是methods course，这是文章评述对象。

S2 To minimize 为最大程度减小传统课程的人为(artificial)方面，传统的程序、即安排取自整个历史时期的大量小问题，被放弃了，虽然这种程序有一个明显优势：至少在表面上让学生熟悉广泛的参考资料。让步though，含有对比，small problems, abandoned vs. advantage, familiarizing wide range。本句讲做法的否定方面，不要什么。

S3 Instead 前一句abandoned，为否定，本句instead，引出肯定内容，前后对比，抓反义词：S2 large number of small problems vs. S3 original work = authentic experience，传统做法是研究大范围文献，新做法是研究一个被忽视的人物G，做原创性的工作。本句讲做法的肯定方面，研究什么。不求大而全，而要小而精。

S4 Griffith's G的作品具有许多优势。(pedagogical: 教育的)

S5 The body 关于G的现存(extant)学术研究(scholarship)内容很少，一天就能读完。顺承上句，讲优势之一：tiny, read in a day。

S6 In addition 此外，因为G在18世纪很成功，她被排除在经典(canon)之外，在文学史中几乎消失，这也会有利于提出关于今日经典的论题。并列，讲优势之二，help raise issues。

【结构图】

文章评述一个实验性的方法课程，第1句给主题，第2句讲否定的方面，第3句讲肯定的方面，第4句给正评价，第5.6句并列正评价证据。结构：S1. (S2. vs. S3.) S4. (S5. S6.)。

	Cue	*Function*	*Core*
S1	experimental version	tw	**methods course**
S2	usual...abandoned, though advantage	a, ~a	**small problems abandoned** vs. advantage, wide range
S3	Instead,	b	**vs. neglected writer, G original = authentic**
S4	a number of advantages	aw+	**advantages**
S5	so...that	x	tiny, read in a day
S6	In addition, helped	y	helped, raise issues

【题目】

Q3 对比取非

【题干与定位】问实验性学术方法课程的劣势，但原文最后3句都在讲优势，定位何处?它与传统方法不同，传统方法的优势，就是新实验方法的劣势，定位到第2句though从句，传统方法有优势，熟悉广泛的参考资料，将之取非，就是新实验方法的劣势。

【选项】

A. 没有机会研究经典之外的女性作家。错。研究的恰好是被忽视的作家。

B. 学生的原创作品，不会被公认的学者所欣赏。没说学者对学生的态度。

C. 关于G的作品的学术研究较少。这是优势，不是劣势。

D. 多数学生都没有机会研究18世纪的文献。学生有机会读当时的文献，就是少而已。

E. 学生没有机会接触到某些信息来源，也许会在未来的研究中有用。这就是说他们的参考资料不够广泛；useful 提示广义正评价，学生没有足够多的有用材料，不好。**正确**。当然，future原文没提到，但这是常识，读文献是 为了希望将来有用。其他选项都不对，排除，只能选E。

Q4 对比取非

【题干与定位】作者对传统学术方法课程有什么看法? 传统课程，指向第2句。不要定位到第1句，要学生意识 到，它的usefulness for any modern critic or theorist；因为这指的是traditional learning，而不是关于它的课 程courses。传统课程，指向第2句usual procedure，它有取自整个历史时期的大量小问题，重点是entire range, large number，然后，在though让步中也说它的优势是superficially familiarizing...wide range。当然， 文章有传统与实验课程的对比，如问到A，则可以把与之对比的B的内容取非；把第3句instead的实验课程的 情况取非，就是传统方法的情况，得到：not authentic experience of literary scholarship。

【选项】

A. 不相干的、不重要的(irrelevant)，这个负评价很明显是错的。

B. 不重要的，因为焦点狭隘。还是负评价。错!

C. 不关注参考资料的正确性。没有提到正确与否的问题。

D. 太肤浅，不能确立关于作者的重要事实。有superficial，但说它不能说明作者的事实，这是不对的。

E. 太广泛，不能接近真正的学术活动；too...to...为否定，experience = approximate, genuine = authentic, scholarly activity = scholarship。**正确**。

36.3 domestic airlines

【文章分析】

Premise 1: not count delays due to mechanical causes

Premise 2: percentage of delayed for mechanical causes, the same for all domestic airlines

Conclusion: means that?

【题目】

Q5 完成推理

【题干与定位】要求填入的是结论。前提1说，不算机械原因导致的延误，前提2说，但机械原因导致延误的百分比，对去年所有国内航线(airlines, 也译为航空公司)都一样。既然机械延误占延误的百分比都一样，那说明，机械延误算与不算，对现有的排序没有影响。

【选项】

A. 把机械原因包含进来、计算航线准点的排序，这对去年的排序即使有、也只有很小的影响。也就是没有多大影响。**正确。**

B. 航线会更努力地减少延误，如果机械延误被包含进来。由于机械延误其实对排序无影响，所以，不能推出航线会更努力。

C. 排序不会给消费者精确的观念，以了解一个特定的航线相对于其他航线延误的情况。不是准确度的问题，而是有没有差异的问题。

D. 准点表现最好的航线，机械原因导致的延误也最多。无法推出表现最好的航线的情况。

E. 所有国内航线去年的准点表现都大致相同。根据原文只能说，机械延误对整体排序结果影响不大，但不能说所有航线的准点表现都相同。在第1句说过，准点表现排序，是按照每个航线不延误的航班占所有航班的百分比。机械延误占延误的百分比相同，还不能推出不延误的航班占所有航班的百分比相同。与人的情况来类比，机械错误占错误行为的百分比相同，只能推出非机械错误占错误行为的百分比相同，不能推出错误行为占所有行为的百分比如何，也不能推出非错误行为占所有行为的百分比如何。

36.4 cycads

【文章分析】

S1 function动词还原为因果关系，简化为：insects → c。主题词为c(ycads)，关系为昆虫给c授粉。

S2 Furthermore 而且，不在本土栖息地、因而也远离这些栖息地土生的昆虫的c，通常是不生育的。并列证据，讲因果关系的另一面，removed from, infertile均表示变量的否定或下降意义，所以，本句可简化为：native habitats↓ → insects↓ → c↓。

S3 Nevertheless 但是，对c的风播授粉的零散(anecdotal: 传闻的)报告，不能被忽视。对比给出另一种情况：wind pollination, 或w.p.不用insects授粉，而用风传粉。简化为：wind → c。

S4 The structure c的雄性cones的结构与风对花粉的分散行为一致，花粉云从某些较大的cones释放出来。细节证据。

S5 The male 举例证明。例如，Cc的雄性cone，放出(shed)大约100立方厘米的花粉，多数都有可能由风来散播。

S6 Furthermore 而且，多数雌性的cone的结构似乎与风的直接授粉不一致。并列证据。

S7 Only in the only暗示对比，主干说，只有在C属中，雌性的ovules才与空中的花粉接近；后面的since

从句次要，也有only来突出它，中间的rather than找对比反义词：loose vs. tight。本句简化为：only C ovules: accessible, loose vs. tight。

【结构图】

第1.2句给出一种授粉途径，昆虫授粉，第3句对比引出另一种方式，风播授粉，第4.5句讲一个证据，第6.7句讲另一个证据。注意，风播授粉的观点并没有推翻第1.2句的昆虫授粉，只是与之不同而已。结构：S1. S2. vs. S3. (S4. [S5.] S6. vs. S7.)。

		Cue	*Function*	*Core*
S1		can function	kw1: a	**insects → c**
S2		Furthermore, removed,	b	**native habitats↓ → insects↓ → c↓**
S3		Nevertheless, cannot be ignored	vs. kw2	**vs. wind → c**
S4		consistent with	x	cones–wind
S5		for example	x'	Cc
S6		Furthermore,	y1	**most: female ovules inconsistent**
S7		Only, since only rather than	vs. y2	**vs. C ovules: accessible loose vs. tight**

【题目】

Q6 细节/多选

【题干与定位】问cones的结构，对应后面四句的细节，male cones与风播一致，多数female cones与风播不一致，只除了C属的以外。

【选项】

A. cones的结构提供结论性的（conclusive）证据，支持（in favor of = support）c授粉的一种特殊的解释。这不是conclusive，第3句说了，风播授粉的报告是anecdotal，态度的程度没有那么强。

B. 雄性的cones的结构排除了一种可能的授粉机制，而多数雌性的cones在暗示这种机制。这里，rules out否定提示对比，但第4–7句说明雄性的cones适合风播，而雌性的cones不适合风播。

C. 雄性的cones的结构与某种授粉方式一致，但这种方式与多数雌性的cones的结构不一致。雄性与多数雌性不同，一个与风播consistent，一个inconsistent。**正确。**

Q7 取非

【题干与定位】would be more convincing虚拟语气+正评价，这意味着原文第2句提到的昆虫授粉在实际上还有不够令人信服的地方。可以定位第3句对比句，取非与之竞争的机制（风播），则昆虫授粉的机制会更加令人信服。也可以像做逻辑支持题那样，给它举例或找出中间推理环节。

【选项】

A. 只有少数类型的c物种可以被成功移植。与类型多少无关。

B. c有时可以被不同于风或昆虫的方式来授粉。提供它因、反对现有原因。没有支持虫播。

C. c被移植的地区的本土昆虫有时候靠c为食。食物链关系不属于正负评价的内容。

D. c通常被移植的地区的风，与c的本土栖息地的风相同。源地区与移入区的风相同。原文关于风播的叙述，一个条件是雄性的cones与风播一致，多数雌性的cones与直接的风播不一致，只有少数雌性的ovules

可接触花粉，这样进行间接的风播授粉。雄性处，风直接传粉；雌性处，风要间接作用。这对风的条件有要求，需要雄性所处环境中的风，与雌性所处环境中的风，有一定的差别。如果两地的风相同，则传授粉就无法完成。通过否定它因、来支持原有原因。**正确**。

E. 从一个地区到另一个地区的移植，通常也会涉及偶然的移除和引入昆虫。偶然的，表示这种关系不是确定相关的。这既不能支持、也不能反对。

36.5 skylight

【文章分析】

Premise: sunlight into half of the store; the rest of store uses only artificial light

Premise: the department on the sunlit side higher sales than the other departments

Conclusion: sunlight increase sales

本文第1句主语先给出论点，然后在第2.3.4句来证明，像正常阅读文章一样，构成总分的论证逻辑，而不是从命题到命题的普通推理。

【题目】

Q8 逻辑支持

【题干与定位】逻辑支持可以对结论或因果判断进行重复、举例，可以连接前提–结论的差异概念，也可以否定它因。前提说，on the sunlit side higher sales，结论说sunlight increase sales。这是用同时发生（有阳光的地方销售高)来推出因果关系(阳光增加了销售）。要支持，可以间接支持，说不是其他原因，也可以直接支持，肯定有阳光可以促进销售，或提供这种促进关系的中间环节（也就是所谓的支持就支持结论，给它找到证据、提供推理环节)。

【选项】

A. 在特别多云的日子，多数人造光被用于照亮太阳光下的那块地方。肯定不是支持，因为没有用阳光。也不是反对；因为末句说了开业两年，A选项说一时多云，不算什么。

B. 晚上，阳光下的那一部分的销售不高于其他部分。这就排除了其他原因。不是非阳光的原因导致该部分的销售高。**正确**。

C. 许多顾客会在有阳光的和没阳光的两个地方买东西。这既不支持、也不反对。

D. 除了阳光以外，还有若干建筑差异。提供它因、反对现有。这是逻辑反对，不是支持。

E. 这个商店的有阳光的部门，在其他店里通常有最高的销售收入。其他店的同一部门，不一定有阳光，这没有支持阳光促进销售的说法。

36.6 woman suffrage movement

【文章分析】

S1 主句说，历史学家低估女性选举运动的意义；underestimate提示负评价，首句态度＝作者观点，这是论点说明或评述文章。开始的分词influenced by提示原因，可还原为因果关系，因此，本句可简化为：20th feminists, family → social position → historians: underestimate suffrage，20世纪的女权主义者认为，家庭地位影响社会地位，受此影响，一些历史学家低估选举运动的意义。

S2　These　　句内less A than B对比，抓对比：19th suffragism < moral reform or domestic feminism。破折号之后的同位语及其in which从句说，后两个运动是争取家庭之内的更多权力和自主（autonomy）。

S3　True, by　　True A, but B，让步转折，含有对比，抓对比反义：broaden vs. historical disservice，诚然有扩展，但却对suffragism有历史的不公。本句是含有态度或评价的让步转折。

S4　Nineteenth-　　主句说，19世纪的女权主义者和反女权主义者都认为，选举主义者对于选举权（enfranchisement）的要求，是女性抗议中最激烈的因素；中心词为alike（文科讲相同），most radical（最高级程度）。从句in part because的内容与主句等价：not based on family / traditional = 主句 radical。

S5　When　　should情态词 = 作者观点。本句为总结。它说，在评价19世纪的女权主义这种社会力量时，当代历史学家应当考虑历史事件的实际参与者的观感（perceptions）。应当考虑当事人的观感，那说明这些历史学家对历史的事实和判断有误。

【结构图】

	Cue	Function	Core
S1	central factor, determining, underestimated	aw-	**family → social; underestimate suffrage**
S2	These historians contend less...than	x	**suffragism < moral reform / domestic**
S3	True, but disservice	+, -	**broaden vs. disservice**
S4	alike, in part because	i	**=: most radical**
S5	should consider	aw-/cs	**should consider**

【题目】

Q9 选择句子

【题干与定位】找出作者对于历史学家的研究的批判态度的限制说法（qualification）；限制是让步的作用，找到让步语气，就是第3句，答案就是：True, by emphasizing...。

Q10 信息/多选

【题干与定位】提供信息支持哪些关于历史学家的陈述，除了什么/EXCEPT？把有支持的找出来，剩下的都是不支持的。对信息题，无法定位单独某个句子，只能从选项找线索、带核心去排除，排除与之相反或无关的内容；当然，这里有EXCEPT，被排除的是正确答案。

【选项】

A.　他们太依赖实际参与者的观感。结合末句，这正好是这些历史学家没做的。**正确答案。**

B.　他们对suffragism的意义的评估，与19世纪的女权主义者有很大的差别。的确有差别，第4句说，19世纪的女权主义者认为这是most radical，而第1句则说历史学家受20世纪的女权主义者影响，低估其意义。

C.　他们把太多注意力放在19世纪的suffragism，不太注意在该世纪之后所涌现的更激烈的运动。第2句说，这些历史学家认为，19世纪的不如20世纪的激烈、不如后者重要。这是对意义的判断，不是研究者本身注意力程度的差异。因此不符合原文。**正确答案。**

自己没有多少东西，这才害怕失去，患得患失。但失去了，可以再找。找不回来，可以去做别的。你不是非得赖着这件事、这个人。你永远拥有自己，自己就是价值，不会失去。亏钱了，再赚。考砸了，再学。分手了，再找，找到更适合的。没有什么可以真的阻挡你经过持续的努力获得财富、知识和幸福。

Swiss Made (The Art of Falling Apart)

Works from the Hauser & Wirth Collection

Emmanuelle Antille

Christoph Büchel

Miriam Cahn

Urs Fischer

Peter Fischli / David Weiss

Sylvie Fleury

Lori Hersberger

Zilla Leutenegger

Andres Lutz / Anders Guggisberg

Mickry 3

Claudia / Julia Müller

Caro Niederer

Pipilotti Rist

Ugo Rondinone

Jean-Frédéric Schnyder

Roman Signer

Costa Vece

Hauser & Wirth Collection, Zwitserland

Cobra Museum voor Moderne Kunst Amstelveen

Waanders Uitgevers, Zwolle

1 **Urs Fischer** *Personal Titanic*, 1998

Inhoud / Contents

Voorwoord

Vanaf het begin van de jaren negentig is in Zwitserland een actieve en zelfbewuste groep kunstenaars naar voren getreden, die al spoedig internationale erkenning kreeg. Deze jonge generatie wordt door nieuwe en onconventionele kunstinstellingen ondersteund; zij scheppen voor hen de mogelijkheid tot exposeren en verzamelen hun werk. In Zürich ontstond op een bedrijfsterrein buiten de binnenstad, afgelegen van het traditionele kunstcentrum bij het Kunsthaus, een unieke en dynamische kunstscène met openbare expositieruimten en particuliere galeries.

Daarmee begon het zogenaamde Zwitserse 'Kunstwunder'. De jonge kunstenaars, in het ontluikend besef van hun gemeenschappelijke nationale oorsprong, representeren een nieuwe trend in de Zwitserse kunstontwikkeling. Sinds de tweede helft van de jaren negentig wedijverden organisatoren van grote tentoonstellingen met elkaar om de nieuwe tendensen in de Zwitserse kunst in kaart te brengen, waarbij een thema als 'nonchalance' de gezamenlijke herkomst benadrukte.

Bezien vanuit een hedendaags perspectief domineert bij velen de indruk dat de Zwitserse kunstwereld toen in de ban was van een modieuze hype, met een trendachtige opgewonden hyperactiviteit, die niet gespeend was van een zekere mate van overtrokkenheid.

Vandaag, een decennium later, is die opwinding afgekoeld en lijken continuïteit en concentratie belangrijker te zijn geworden. Het juiste moment is aangebroken om terug te kijken naar hetgeen kunstenaars in deze jaren boeide en wat zij in hun werk tot uiting hebben gebracht.

Allerminst is gepoogd in *Swiss Made* een overzicht te geven van de Zwitserse kunst, eerder is getracht een terugblik te werpen aan de hand van een uitgesproken subjectief perspectief die de basis vormt van een vooraanstaande Zwitserse particuliere verzameling van hedendaagse kunst: die van Hauser & Wirth.

De Hauser & Wirth Collectie is international georiënteerd, maar er is bij de samenstelling vanaf de vroege jaren negentig speciale aandacht besteed aan actuele en interessante ontwikkelingen in de kunst in Zwitserland. De tentoonstelling *Swiss Made* is een samenwerkingsproject tussen het Cobra Museum voor Moderne Kunst Amstelveen en de Hauser & Wirth Collectie, Zwitserland. Het Cobra Museum is daarbij in de allereerste plaats veel dank verschuldigd aan de verzamelaars Ursula Hauser en Manuela en Iwan Wirth, voor de genereuze wijze waarop zij hun kostbare werken beschikbaar hebben gesteld en het initiatief hebben ondersteund.

Michaela Unterdörfer, directeur van de verzameling, speelde een sleutelrol bij de realisering. Zonder haar enorme inzet, kennis en enthousiasme was de tentoonstelling niet mogelijk geweest. Ik ben haar en haar team bijzonder dankbaar.

Van de zijde van het Cobra Museum werd het project op voortreffelijke wijze begeleid door conservator Juliette Verhofstad. Voor iedereen van het museum was de realisatie een feest.

Tenslotte gaat mijn dank uit naar alle Zwitserse kunstenaars die in de tentoonstelling met werk vertegenwoordigd zijn. Zonder hen zou deze studie van *Swiss Made (The Art of Falling Apart)* uiteraard niet mogelijk zijn geweest.

John Vrieze
Directeur Cobra Museum voor Moderne Kunst
Amstelveen

In the early 1990s a group of active and self-confident artists emerged in Switzerland. This young generation, which soon gained international recognition, is supported by new and unconventional art institutions which collect their work and give them opportunities to exhibit it.

On an industrial estate outside the inner city of Zurich, far from the traditional art centre at the Kunsthaus, a unique and dynamic art scene evolved, with public exhibition spaces and private galleries. This was where the so-called Swiss `Kunstwunder' was born.

The young artists, with an awakening realization of their common national origins, represent a new trend in the development of Swiss art.

Since the second half of the 1990s organizers of large exhibitions have been competing with each other to chart the new tendencies in Swiss art, in which themes such as 'nonchalance' have emphasized the artists' common background.

Looking back today, many people have a strong impression that at the time the Swiss art world was captivated by a fashionable hype, characterized by trendy, agitated hyperactivity and not devoid of a certain degree of excessiveness.

Now, ten years later, the commotion has died down, and continuity and concentration seem to have become more important. This is the right moment to look back at what it was that stirred artists in those years and what they expressed in their work.

In *Swiss Made* no attempt has been made to provide an overview of Swiss art; the objective is to present a retrospective from the undeniably subjective viewpoint which forms the basis of an eminent Swiss private collection of contemporary art: that of Hauser & Wirth.

The Hauser & Wirth Collection is internationally oriented, but from the early 1990s onwards there was a special focus in the selection of works on interesting current developments in art in Switzerland.

The exhibition *Swiss Made* is a joint project of the Cobra Museum of Modern Art in Amstelveen and the Hauser & Wirth Collection, Switzerland.

In the first place, the Cobra Museum is very grateful to the collectors Ursula Hauser and Manuela and Iwan Wirth for the generous way in which they have made their valuable works available and supported the initiative. Michaela Unterdörfer, director of the collection, played a key role in the realization of the project. Without her immense labour, knowledge and enthusiasm the exhibition would not have been possible. I am very grateful to her and her team and also to the many galleries which provided us with information and established contact with the artists.

At the Cobra Museum the project was excellently supervised by curator Juliette Verhofstad. For everyone connected with the museum, the realization was a joy.

Finally I would like to thank all the Swiss artists whose work is included in the exhibition. Obviously, without them this study of *Swiss Made (The Art of Falling Apart)* would not have been possible.

John Vrieze
Director Cobra Museum of Modern Art
Amstelveen

Nieuws uit de vesting

Het nieuwe zelfbewustzijn van de Zwitserse kunst

Christoph Doswald

Het Zwitserse culturele leven heeft in de voorbije decembermaand aan den lijve ondervonden dat het ook met succesformules wel eens mis kan lopen. Het parlement van het alpenland voerde toen namelijk een openlijke strijd over de vermindering van de subsidies voor de cultuurstichting Pro Helvetia. Op dat moment was achter de coulissen al een lange en steeds heftiger wordende discussie gaande over een structurele hervorming van Pro Helvetia. De directe aanleiding voor de heuse cultuurstrijd was een installatie van de kunstenaar Thomas Hirschhorn in het Parijse Centre Culturel Suisse. Titel van het werk: *SwissSwiss Democracy*. Onderwerp van de parlementaire kritiek, die uiteindelijk zelfs een inkrimping van het bestedingsbudget van Pro Helvetia tot gevolg had, was dat in een theaterstuk, dat deel uitmaakte van de installatie, een acteur die een hond speelde symbolisch op een krantenfoto van een regeringslid urineerde.

Wanneer kunst binnen een maatschappij het thema wordt van openbare discussies en zelfs een zaak van politiek belang, zegt dat iets over haar plaats in die maatschappij. Het vertelt op zijn minst iets over de positie die kunst inneemt in de huidige, alomtegenwoordige aandachtseconomie. Wat dat betreft is er de afgelopen vijftien jaar in Zwitserland heel wat veranderd. Terwijl de auteur Paul Nizon in de jaren zeventig nog met recht steen en been klaagde in zijn 'Diskurs in der Enge' ('uiteenzetting in bekrompenheid')[1] en kritiek uitte op het provincialisme van de Zwitserse kunstproductie en -beschouwing, kan het huidige artistieke klimaat zonder meer internationaal meekomen. De keuze van *Swiss Made* als titel voor deze tentoonstelling illustreert dit nieuwe Zwitserse zelfbewustzijn. De Zwitserse moderne kunst is een thema, een economische factor, een succesverhaal. Het gaat echter om een nog vrij jong gevoel van eigen identiteit, dat vooral is

6

News from the fortress

The new self-confidence of Swiss art

Christoph Doswald

That even successful structures can sometimes fail was brought home to Swiss cultural circles this winter during Advent, when the Parliament of the Alpine Confederation was publicly split over the reduction in funding for the Swiss cultural foundation Pro Helvetia. The cultural dispute – preceded by a lengthy, increasingly heated debate on structural reforms in Pro Helvetia – was finally ignited by an installation by the artist Thomas Hirschhorn in the Centre Culturel Suisse in Paris. The title of the work: *SwissSwiss Democracy*. The basis of Parliament's objection, which ultimately led to a cutback in Pro Helvetia's budget, was that in a stage performance, which was itself part of the installation, an actor (portraying a dog) symbolically urinated on a newspaper picture showing a Federal Councillor.

When art becomes a topic of public debate, when it becomes a political issue, this tells us something about its standing. At least it tells us more or less where it fits in the currently prevalent economy of attention. And it has to be said that over the last fifteen years much has changed in this respect in Switzerland. Whereas Paul Nizon, writing in the 1970s, quite rightly lamented the 'debate within close confines'[1] and criticised the provinciality of Helvetic production and reflection, the present state of play can hold its own on the international stage. The very fact of choosing the words *Swiss Made* as part of an exhibition title reflects the new self-confidence in Swiss art today. Swiss contemporary art exists as such, it is a player in the art market, a success story. Yet this is a relatively recent self-image which has basically grown from the developments and work done over the last ten years. And a distinction has to be made between the internal and external factors that have seen Swiss art and 'Young Swiss Artists' taking off. In what follows we shall analyse

gebaseerd op de evolutie en het werk van het voorbije decennium. Zowel interne als externe factoren hebben de opkomst van de Zwitserse kunst, van de 'Young Swiss Artists', versneld. Hieronder volgt een analyse van de factoren die inherent zijn aan het Zwitserse kunstsysteem, welke deze evolutie in de hand hebben gewerkt.

Think Global, Act Local

Wanneer Zwitserse kunstenaars in het verleden internationaal succesvol waren, hadden ze dat te danken aan hun onthechting aan de 'Heimat' of op zijn minst aan hun beslissing om te emigreren naar het buitenland. Alberto Giacometti, Ferdinand Hodler, Meret Oppenheim, Jean Tinguely, Dieter Roth, Max Bill, Daniel Spoerri, René Buri en Robert Frank, om maar een paar namen te noemen, hadden de maatschappelijke bekrompenheid van de alpenrepubliek de rug toegekeerd om in het buitenland 'echte' kunstenaars te worden. Het falen van de monolithische cultuur, de zogenaamde Zwitserse bekendmakingsdemocratie met het notoire denken in compromissen, het ontbreken van een echte stedelijke cultuur en het daarbij horende publiek met een debat- en marktpotentieel – dit waren enkele van de redenen waarom de kunstenaars hun heil zochten in het buitenland. Maar ook het verstarde idee van de staat, die zwolg in het idealistische gedachtegoed van de democratische pioniers en de uitvinders van de neutraliteit. Andere kunstenaars, die weigerden te emigreren, zochten hun toevlucht in het 'innerlijk', een toverwoord uit de jaren zeventig.

De onlusten door de jeugd van Zürich, die er in 1980 met de slagzin 'Züri brännt' ('Zürich brandt') enigszins in slaagde om de fundamenten van de verzadigde Zwitserse maatschappij op losse schroeven te zetten en die in de tentoonstelling *Saus und Braus*[2] (door conservator Bice Curiger samengesteld) de weerslag van haar generatie vond, betekenen het begin van een verandering die vooral voor de kunstenaars zelf relevant was.

De eis – tijdens de straatgevechten op militante wijze kracht bijgezet – om niet alleen de gevestigde, maar ook alternatieve cultuur te ondersteunen, werd door de beleidsbepalers ingewilligd. In heel het land ontstonden 'cultuurcentra' – ruimten voor intellectuele en fysieke ontplooiing, die vaak uiterst zelfstandig werden bestuurd en geleid. Deze autonome ruimten (ateliers, oefenkelders, tentoonstellingsruimten, concert- en theaterpodia, enzovoort) zouden uiteindelijk de kiem vormen van wat vandaag wordt omschreven als het Zwitserse `Kunstwunder´ – het kunstwonder.

Door de talrijkere ontplooiingsmogelijkheden voor kunstenaars kregen ook galerieën en tentoonstellingsruimten een nieuwe impuls. Sinds het einde van de jaren tachtig ontstonden alleen in en rond Zürich al een dozijn galerieën[3] en tentoonstellingsruimten[4], die zich uitsluitend toelegden op het verspreiden en aan de man brengen van moderne kunst. Kunstenaars hoefden niet langer de wereld af te reizen, de wereld kwam naar Zwitserland. Het succes van de door de overheid gesubsidieerde alternatieve cultuur was zo groot, dat de critici ervan – nota bene afkomstig uit het 'eigen' kamp – vermoedens uitten van een geregisseerde verdringings- en integratiestrategie: 'De bureaucratische onderdrukking bij de rituelen van geldverwerving is het product van een mentaliteit, die tegencultuur maatschappelijk aanvaardbaar en bureaucratisch intelligent, berekenbaar heeft gemaakt.'[5] Dat schreef de filosoof Hans Ulrich Reck in 1991 in een essay over de boycot van de feestelijkheden ter gelegenheid van het zevenhonderd-jarig bestaan van het Zwitserse eedgenootschap, een actie die in die tijd door vele kunstenaars werd gesteund.

the inherent factors in the Swiss art system that have fostered these developments.

Think Global, Act Local

In the past, whenever Swiss artists achieved international success they had either turned their backs on their own native land or had at least settled in another country. Alberto Giacometti, Ferdinand Hodler, Meret Oppenheim, Jean Tinguely, Dieter Roth, Max Bill, Daniel Spoerri, René Buri, Robert Frank – to name but a few – all abandoned the confines of the social climate in the Alpine republic and went abroad in order to become 'real' artists. The absence of a monolithic culture, the review-based democracy with its notorious predilection for compromise, the absence of a truly urbane culture plus cultural scene with a potential for discourse and market possibilities drove artists to emigrate just as much as a rigidified notion of a state that was still basking in the reflected worthiness of the pioneers of democracy and inventors of neutrality. Other artists, who baulked at the idea of emigrating, sought refuge in 'inwardness', as it was popularly called in the 1970s.

At the latest by the time of the open rebellion by the younger generation in 1980 – with their chant of 'Züri brännt' ('Zurich's burning') – which shook the foundations of our saturated, Helvetic society, and which was reflected in the exhibition *Saus und Braus*[2] (curated by Bice Curiger), a paradigmatic change was under way, which was above all to affect those actively involved in the arts. The demand, which took on a militant tone in the street battles, that support should be given not only to established culture, but also to alternative art forms, found favour with the politicians. 'Cultural centres' appeared throughout the land – providing room for mental and physical manoeuvre – often run and administered with a very considerable degree of independence. These autonomous spaces (ateliers, basement rehearsal spaces, exhibition rooms, concert and theatre venues, etc.) contained the germ of what is now known as the Swiss 'Kunstwunder' – the art miracle.

The new freedom enjoyed by artists spilled over into galleries and exhibition spaces; since the late 1980s in and around Zurich alone a good dozen galleries[3] and exhibition spaces[4] have opened, all concentrating exclusively on the mediation and marketing of contemporary art. At a stroke it was no longer necessary for Swiss artists to travel the world; now the world came to Switzerland. The success of the state-subsidised alternative cultural scene was such that its critics – from the same camp, no less – began to suspect a carefully steered strategy of repression and integration: 'The siege mentality which has meant that oppositional culture has become socially acceptable and bureaucratically reasonable, predictable even, is reflected in the bureaucratic enslavement arising from the ritual soliciting of funds',[5] as the philosopher Hans Ulrich Reck remarked in 1991 in an essay on the boycott (supported by many working in the arts) of the 700th anniversary celebrations of the Swiss Confederation.

The nonchalance of the uninterrupted view

One obvious aspect of this remark is the fact that the fundamental critique of society and its values – as seen in the position taken by Miriam Cahn, an advocate of women's rights – was still regarded at that time as a breeding ground for a traditional, cultural avant-garde. But by the early 1990s this stance was already giving way to other criteria: professionalism, internationalism, information,

De nonchalance van het onbelemmerde uitzicht

Deze opmerking maakt duidelijk dat de fundamentele kritiek op de bestaande maatschappij en waarden – die zich ook manifesteert in de feministische houding van bijvoorbeeld Miriam Cahn – in die periode nog steeds werd beschouwd als voedingsbodem van een traditionele, culturele avant-garde. Die opvatting verloor in het begin van de jaren negentig echter terrein ten gunste van andere criteria: professionaliteit, internationale oriëntatie, informatie, directheid, snelheid, subjectiviteit. In deze opzichten had Zwitserland zeker een aantal voordelen, al was het maar door de relatieve welvaart en het politieke bestel van het land. Zwitserland beschikt over een uitstekende infrastructuur en de nodige productiemiddelen, is multicultureel en meertalig, er heerst een uitgesproken sterke arbeidsmoraal. Daarnaast kennen de Zwitserse (hoge) scholen voor artistieke vormgeving een sterk multidisciplinair gerichte opleiding voor kunstenaars.[6] Mede hierdoor was het land uitstekend voorbereid op de aankomende globalisering van de kunst, de markt voor kunst en de tentoonstellingsmogelijkheden.

Parallel hieraan voltrok zich in die periode in Zwitserland een fundamentele structurele verandering: het land wilde niet langer dienst doen als vestigingsplaats voor industrie en ontwikkelde zich tot een postindustriële maatschappij. Door deze evolutie kwam er een groot aantal terreinen vrij, hetgeen aanleiding gaf tot een openbaar debat over de toekomstige bestemming. Omdat kunst intussen een steeds belangrijkere plaats had ingenomen als 'chic' fenomeen enerzijds en als onderdeel van marketingstrategie anderzijds, werden de fabrieken, opslagplaatsen en magazijnen in het begin van de jaren negentig maar al te graag voor andere doeleinden ter beschikking gesteld.

Een mooi voorbeeld hiervan, dat tot over de landsgrenzen bekend is en op brede maatschappelijke steun kan rekenen, is het Löwenbräu-terrein in Zürich. De nieuwe, ruimtelijke manier van werken komt overduidelijk tot uiting in de groots opgezette videoprojecties en installaties van onder andere Urs Fischer, Christoph Büchel, Pipilotti Rist, Daniele Buetti, Mickry 3, Ugo Rondinone en Olaf Breuning. Het toeval wil dat op hetzelfde moment waarop de Zwitserse kunstenaars zich gingen bezighouden met het wegwerken van de grenzen tussen kleine ateliers, galerieën en tentoonstellingsruimten, internationaal ook de schilderkunst ter discussie stond. Achteraf bekeken was deze crisis in de schilderkunst de basis voor de doorbraak van de jonge Zwitserse kunst, die met atmosferische en lichtvoetige installaties, met figuratief-geënsceneerde fotografie en met een subtiel soort 'knutsel-esthetiek' de nieuwe tijdsgeest precies wist te vangen en zich veel sterker verbonden voelde met de nieuwe consumptie- en lifestylewereld en het postfeministische discours dan met een droge maatschappijmoraal. Dat deze nieuwe beeld- en kunsttaal bij een breder publiek in de smaak viel – ofwel omdat gebruik werd gemaakt van massamedia en openbare platforms[7], ofwel omdat ze in alledaagse contexten opdook[8] – was uiteraard een welkom neveneffect.

Een verdere indicatie voor de bredere maatschappelijke acceptatie is de media-aandacht die de moderne kunst in Zwitserland intussen krijgt. Terwijl het genre in de jaren tachtig in de Zwitserse media nog een marginaal bestaan leidde, gaat er tegenwoordig geen dag meer voorbij zonder dat er verslag wordt gedaan van kunst – evenwel steeds minder onder de noemer cultuur, maar steeds vaker als onderdeel van beschouwingen over maatschappij en economie. Het is goed mogelijk dat kunst door de

immediacy, speed, subjectivity. By virtue of its relevant affluence and its political infrastructure, Switzerland had certain advantages in these areas. Connections are good in Switzerland, it has the necessary means of production, it is multi-cultural and multi-lingual, it has an exceptionally highly developed work ethic, the Hochschule für Gestaltung (formerly the Schule für Gestaltung) trains artists on an interdisciplinary basis[6] – all these factors meant that it was perfectly prepared for the incipient globalisation of art, the art market and the exhibition business.

At the same time Switzerland also underwent fundamental structural change, as it left behind its industrial base and set about forming a post-industrial society. This development created voids and led to public debate on their future use. And because art by now played a greater role as a means to gentrify the people on one hand and as a factor in local marketing on the other hand, in the early 1990s factories, depots and repositories were gladly released to be used for other purposes. The Löwenbräu complex in Zurich became an internationally known example of just such a development and now enjoys a high level of social recognition. Space-hungry video projections and installations – by the likes of Urs Fischer, Christoph Büchel, Pipilotti Rist, Daniele Buetti, Mickry 3, Ugo Rondinone and Olaf Breuning – reflected the new spatial freedom artists had in their work. And at precisely that moment, when Swiss artists were engaged in expanding the narrow confines of existing studios, galleries and exhibition spaces, in the international discourse painting was under cross-examination. With hindsight, this crisis in painting proved to be a golden opportunity for young Swiss art which – with atmospheric, light-footed installations, figurative photographic scenarios and a subtle

bricolage aesthetic perfectly captured the new 'Zeitgeist' which had a much stronger allegiance to the new consumer society and lifestyle world and to post-feminist discourse than to a dry set of social morals. That this new visual – artistic – language reached a wider public because it used mass-media methods and platforms[7] or emerged in very everyday contexts,[8] was a welcome side effect.

Another sign of wider social acceptance is the level of media attention contemporary art currently enjoys in Switzerland. Having eked out a meagre existence in the shadows of the Helvetic media in the 1980s, now not a day goes by without a report on art – albeit decreasingly as a cultural issue, and increasingly in the context of discussions concerning society and the economy. It may well be that the public already exclusively sees art as part of the entertainment industry and therefore receives art in the light of the criteria that are applied to entertainment. Whatever the case, over the last fifteen years the market and the visibility of the Swiss art scene has increased to such an extent that by now wide swathes of the population are interested in the players in this business, in the monies that flow through it and in its network of interconnections. Consequently the real discourse takes place not in the mass media but in special-interest forums – such as the journal *Parkett*, which was first published exactly twenty years ago and which positioned itself as an international (bilingual) publication right from the outset.[9]

Parkett is an important stone in the Swiss mosaic of mediation and mediators; it occupies a unique position. Because of the compact geography of the country, galleries, state institutions for the promotion of the arts (such as Pro Helvetia), private foundations, collectors and exhibition makers are constantly exchanging ideas or

publieke opinie al volledig wordt beschouwd als een deel van de vermaakindustrie en dus ook met soortgelijke criteria wordt beoordeeld. De markt voor de Zwitserse kunst en de zichtbaarheid van het Zwitserse culturele leven zijn gedurende de afgelopen vijftien jaar in elk geval in zulke mate toegenomen, dat vandaag de dag een breed publiek interesse toont voor de betrokken kunstenaars, de geldstromen en de bijbehorende netwerken. En dus worden de eigenlijke discussies niet meer gevoerd in de massamedia, maar in de gespecialiseerde media, zoals in *Parkett*, een tijdschrift dat precies twintig jaar geleden voor het eerst werd uitgegeven en dat vanaf het begin als internationaal, dus tweetalig, werd gepositioneerd.[9]

Parkett is een belangrijke schakel tussen de Zwitserse producenten en consumenten van kunst, een schakel die zijn gelijke nog moet vinden. Door het kleine oppervlak van het land vindt er een continue wisselwerking en constructieve strijd plaats tussen galerieën, door de staat gesubsidieerde instituten (bijvoorbeeld Pro Helvetia), zelfstandige stichtingen, verzamelaars en organisatoren van tentoonstellingen. Hoewel de Zwitserse 'bekrompenheid' tot het begin van de jaren tachtig nog als een handicap werd beschouwd, vormt deze vandaag zonder enige twijfel een voordeel. Het voormalige 'vestingdenken' heeft plaats gemaakt voor de 'nonchalance'[10] van 'het onbelemmerde uitzicht op de Middellandse Zee'[11] – ook al heeft de *SwissSwiss Democracy* haar schepper Thomas Hirschhorn intussen de tanden laten zien.

Alleen het 'typisch Zwitserse' in de kunst, waarnaar al meerdere generaties van kunsthistorici onderzoek deden, blijft (gelukkig) ook nu nog een mysterie.

1 Paul Nizon, *Diskurs in der Enge*, Kandelaber Verlag, Bern 1970; Suhrkamp, Frankfurt / Main 1990.

2 Bice Curiger, *Saus und Braus Stadtkunst*, Städtische Galerie zum Strauhof, Zürich 1980. De tentoonstelling bestond uit een twintigtal presentaties van onder andere Urs Lüthi, het duo Fischli / Weiss met hun worstserie, Dieter 'Yello' Meier, Martin Disler en Klaudia Schifferle.

3 Bob van Orsouw, Marc Jancou, Peter Kilchmann, Mark Müller, Brandstetter & Wyss, ArsFutura, Hauser & Wirth, Mai 36, Walcheturm, Turske & Turske, etc.

4 Shedhalle, Kunsthaus Oerlikon, Kunsthalle Zürich, Kunsthalle Luzern, Kunsthalle St. Gallen, Kunsthalle Wil, Fotomuseum Winterthur, Migros Museum, etc.

5 Hans Ulrich Reck, *Eine Opposition und ihr Land*, in: Robert Fischer / Pidu P. Russek, *Kunst in der Schweiz*, Kiepenheuer & Witsch, p. 38.

6 In tegenstelling tot het academiemodel dat in heel Europa gangbaar is en waarbij een kunstenaarsopleiding bestaat uit de traditionele disciplines (tekenen, schilderen, beeldhouwen), gaan de Zwitserse scholen uit van het Bauhaus-principe en wordt getracht alle artistieke technieken in de opleiding te integreren. In het kader van de nivellering van de Europese hogescholen bevindt dit model zich momenteel echter nog in een testfase.

7 Pipilotti Rist toonde al aan het einde van de jaren tachtig één van haar video's op de Zwitserse televisie; *Lauf der Dinge* van Fischli / Weiss werd naar aanleiding van Documenta 9 in 1992 ook op Arte uitgezonden. Olaf Breuning maakte foto's in opdracht van *Magazin*, het belangrijkste Duitstalige Zwitserse weekblad.

8 Ugo Rondinone ontwierp de interieurs van een boetiek en een restaurant in Zürich. Sylvie Fleury ging werken voor Swarovski. Claudia en Julia Müller illustreerden een kookboek. Pipilotti Rist leidde als artistiek directeur de tentoonstelling Expo.02.

9 Eind 2004 vierde *Parkett* zijn 20-jarig jubileum met een catalogus en een tentoonstelling in het Kunsthaus Zürich.

10 Christoph Doswald, *Nonchalance*, Centre Pasqu'Art, Biel / Akademie der Künste, Berlijn, (1997/1998).

11 Bice Curiger, *Freie Sicht aufs Mittelmeer*, Kunsthaus Zürich / Schirn, Kunsthalle Frankfurt, 1998.

engaging in constructive competition. Whereas the 'confines' of life in Switzerland were seen as a handicap until the early 1980s, now they have become a local advantage. The previous fortress mentality has given way to the 'nonchalance'[10] of those who have an 'uninterrupted view of the Mediterranean'[11] – even if *SwissSwiss Democracy* has in the meantime bitten the hand of its maker Thomas Hirschhorn.

Only, despite the best efforts of generations of art historians, the 'Swissness' of Swiss art is (fortunately) still a mystery.

1 Paul Nizon, *Diskurs in der Enge*, Kandelaber Verlag, Bern 1970; Suhrkamp, Frankfurt / Main 1990.

2 Bice Curiger, *Saus und Braus Stadtkunst*, Städtische Galerie zum Strauhof, Zurich 1980. This exhibition presented around twenty positions, including Urs Lüthi, Fischli / Weiss with their sausage series, Dieter 'Yello' Meier, Martin Disler and Klaudia Schifferle.

3 Bob van Orsouw, Marc Jancou, Peter Kilchmann, Mark Müller, Brandstetter & Wyss, ArsFutura, Hauser & Wirth, Mai 36, Walcheturm, Turske & Turske, etc.

4 Shedhalle, Kunsthaus Oerlikon, Kunsthalle Zürich, Kunsthalle Luzern, Kunsthalle St. Gallen, Kunsthalle Wil, Fotomuseum Winterthur, Migros Museum, etc.

5 Hans Ulrich Reck, 'Eine Opposition und ihr Land', in: Robert Fischer / Pidu P. Russek, *Kunst in der Schweiz*, Kiepenheuer & Witsch, p. 38.

6 Unlike the academies elsewhere throughout Europe, which train their artists in traditional disciplines (drawing, painting, sculpture), the Swiss design schools use the Bauhaus method, which seeks to integrate all the various artistic techniques in its training programme. At present, however, this system is under examination in the light of the European drive towards greater compatibility in higher education and academic degrees.

7 One of Pipilotti Rist's videos was broadcast on Swiss television as early as the late 1980s; the *Lauf der Dinge* by Fischli / Weiss was transmitted by Arte in the context of Documenta 9 in 1992. Olaf Breuning worked as a photographer for *Magazin*, the most important German-language journal in Switzerland.

8 Ugo Rondinone designed the interiors for a boutique and a restaurant. Sylvie Fleury was engaged by Swarovski. Claudia and Julia Müller illustrated a cookery book. Pipilotti Rist was appointed artistic director of the national exhibition Expo.02.

9 At the end of 2004 *Parkett* celebrated its 20th anniversary with an exhibition and a catalogue in the Kunsthaus Zürich.

10 Christoph Doswald, *Nonchalance*, Centre Pasqu'Art, Biel / Akademie der Künste, Berlin, (1997/1998).

11 Bice Curiger, *Freie Sicht aufs Mittelmeer*, Kunsthaus Zürich / Schirn Kunsthalle Frankfurt, 1998.

La Suisse existe

Wie de grote verscheidenheid in de Zwitserse kunst of, in ruimere zin, de artistieke productie van willekeurig welke natie onder één noemer wil brengen, waagt zich aan een paradoxale onderneming. Elk oorspronkelijk kunstproduct is immers uniek, aangezien het voortvloeit uit de specifieke, subjectieve behandeling van iets nieuws door een individu. Aan de andere kant zou het te eenvoudig zijn om elke overweging over het 'typisch Zwitserse' in de kunst buiten beschouwing te laten. Uitsluitend omdat we vermoeden – en dat geldt voor om het even welk cliché – dat het vergeefse moeite is om dat wat, afgaand op onze intuïtie, aannemelijk lijkt sluitend te bewijzen. Een dergelijke poging zou zonder twijfel nog verder worden bemoeilijkt door de verfrissende diversiteit en heterogeniteit, die kenmerkend is voor de artistieke positie en de ontwerpen van de Zwitserse kunstenaars van de jaren negentig tot nu.

Wat *Swiss Made (The Art of Falling Apart)* betreft, zou een eerste mogelijk antwoord op de vraag naar wat 'typisch Zwitsers' is en – in tweede instantie – naar wat in het algemeen de kenmerken van de Zwitserse kunst zijn, gevonden kunnen worden in een erg merkwaardig fenomeen, dat onlangs in publicaties en op een fototentoonstelling werd uitgelicht: de valse chalets[1]. Op sommige plaatsen is de idylle van de prachtige Zwitserse berglandschappen immers puur bedrog. Een aantal van de chalets en schuren, die zo pittoresk tegen de berghellingen aanliggen, bestaat uit gecamoufleerde bunkers, pantsertorens, vestingpoorten en artilleriedepots. Om het verleden met de sluier der geheimhouding te bedekken, maar ook om de toeristen een perfecte idylle te kunnen voorspiegelen, werd gedurende tientallen jaren alles in het werk gesteld om deze voormalige militaire installaties om te bouwen tot de typische houten huizen die iedereen onmiddellijk met Zwitserland associeert. Alleen de aandachtige

La Suisse existe

Michaela Unterdörfer

Any attempt to find a common denominator for the multiplicity of art production in Switzerland today – or in any one nation for that matter – is a paradoxical undertaking, for all genuinely artistic work is by definition the outcome of the singular, subjective response of an individual to the new. Yet it would be simplistic to abandon any thoughts of what could be specifically 'Swiss' in art, purely because – as with any cliché – it is virtually impossible to prove what one intuitively feels is perfectly plausible. No doubt any such undertaking is made all the harder by the refreshing variety and heterogeneity that characterise the artistic positions and approaches adopted by Swiss artists from the 1990s to the present day.

In the context of *Swiss Made (The Art of Falling Apart)* our first step towards understanding the specificity of 'Swissness' (leading to the next step, concerned with identifying the hallmarks of Swiss art) may be taken with the help of a curious phenomenon – that of the fake chalet[1] – which has recently come to light in various publications and in a photography exhibition. The fact is that in certain areas where the Swiss mountains are particularly idyllic our eyes are being deceived. Some of the chalets and barns so picturesquely adorning the mountainsides are camouflaged infantry bunkers, tank towers, entrances to underground fortifications or artillery sites. In the interests of national security but also with a view to presenting an intact idyll to tourists and visitors, for decades considerable efforts have been made to disguise military installations as the wood-built houses that are regarded as so typically Swiss. Only the keenest gaze can identify the wooden façade cloaking the bunker and the wooden-framed windows fixed blindly onto a concrete wall. The fake chalets are fruits of the desire to preserve the mountain idyll; as such they reveal not only a curious readiness to give a helping hand to 'authenticity' but also – much

toeschouwer zal opmerken dat de rond de bunkers getimmerde planken en de blind op de betonmuren aangebrachte houten vensters niets anders dan camouflage zijn. Deze valse chalets komen voort uit het verlangen om de Zwitserse bergidylle in stand te houden. Zo getuigen ze niet alleen van een zonderlinge bereidheid om het authentieke een handje te helpen, maar ook – en dat is veel beklemmender – van een blijkbaar collectief gesloten pact om de onschuldige, onbevooroordeelde voorbijganger om de tuin te leiden. Deze bereidheid om de realiteit te vervormen is diepgeworteld en is toe te schrijven aan het kennelijk ondraaglijke contrast tussen hoe iets zou moeten zijn en hoe het in werkelijkheid is. In bredere zin impliceert dit dat zulke projecties het resultaat zijn van verdringing; er zit iets onnozels achter dat tegelijkertijd uiterst krachtig is – tegen schijnheilige projectie valt immers nauwelijks iets in te brengen. Deze is niet onschuldig, maar autoritair. De druk om je aan te passen is bijzonder groot en zeer beklemmend, hij grijpt je naar de keel en ontneemt je de mogelijkheid om iets anders te denken. Kunst heeft een neus voor zulke mechanismen. Kunst registreert de nauwelijks merkbare tegenstellingen en subtiele gevoeligheden in eigen land. Ze voelt de onderhuids aanwezige en verdrongen spanningen in een maatschappij aan. Bovendien heeft kunst het vermogen om hier op een heel eigen manier op te reageren. Voorbeelden van probate middelen en instrumenten voor deze kritische confrontatie zijn de directe aanval en provocatie, subversie en distantiëring, subtiele tot eerder vreemde humor, nog een aantal andere ironiserende strategieën en zelfs volledig onbewogen analyse – al is dat laatste maar schijn.

'The Art of Falling Apart', oorspronkelijk de titel van één van de werken van Urs Fischer, klinkt in combinatie met de herkomstaanduiding `Swiss Made´ vooral paradoxaal.

`Swiss Made´ wordt immers geassocieerd met bijzondere waarden en hoge kwaliteitsnormen, met zorg, precisie en duurzaamheid en staat met andere woorden lijnrecht tegenover het idee van het uit elkaar, aan diggelen vallen. Spreken over 'de kunst van het verval' impliceert dan ook een onverdraaglijk gebrek aan respect, het is pure provocatie. Daarom bestaat het centrale thema van deze tentoonstelling uit het conflict tussen wat vaststaat en bestendig is enerzijds en het aftastende en experimentele anderzijds; tussen verworvenheden en duurzaamheid tegenover vluchtigheid en het procesmatige. In het werk van de geselecteerde kunstenaars komen totale rust en orde op uiterst creatieve wijze in aanvaring met onoverzichtelijkheid en chaos, waarbij minutieus handwerk contrasteert met uit de losse pols vervaardigd werk. Daarbij putten de kunstenaars uit de banaliteit en naïviteit die zij in hun omgeving waarnemen. Het alledaagse, hoe triviaal ook, wordt aan een nauwkeurige analyse onderworpen en in zijn verpletterende schoonheid overdreven. Of er wordt gewezen op de ondoorgrondelijke kant van de alledaagse realiteit, die ook in elk van ons aanwezig is. Zelfs een stabiele, verzadigde maatschappij als de Zwitserse vormt geen neutraal toneel voor het tot stand komen van kunst. Integendeel, deze vormt juist een opmerkelijk krachtenveld en een wrijvingsvlak, al was het maar door de haast beangstigende observatie van de eigen deelname aan de kleinburgerlijke naïviteit van die maatschappij.

Swiss Made (The Art of Falling Apart) volgt de artistieke zoektocht naar het in Zwitserland heersende klimaat. Net als bij de eerdergenoemde valse chalets, vinden we in de artistieke projecten fake en schone schijn, met daarnaast (verleidelijke) beelden van het vertrouwde, het alledaagse en het gewone. Stuk voor stuk pogingen om het normale,

more disturbing – a collective decision to deceive the innocent, unprejudiced gaze of the passer-by. This readiness to delude has deep roots; it goes back to the evidently unbearable contradiction between the way something is supposed to be and the way it is in reality. In the wider context, behind this kind of projection there is repression; it conceals a love of convention which is at the same time immensely powerful, for there is very little to be done about such mock-innocent projection. It's not innocent, it's authoritarian. The pressure to assimilate is massive, it's oppressive, it takes our breath away and constrains our freedom to think differently. Art has sensors for these mechanisms. Art registers the finest discrepancies, subtle changes in the state of its own country; it is alert to the hidden phenomena fermenting under the surface of society. And art has the capacity to react in its own way. The proven means and methods of critical engagement are open attack and provocation, subversion and standing back, humour – subtle to surreal – and other ironising strategies, or simply taking stock – which may not be as indifferent as it sounds.

It may seem paradoxical to link the phrase 'Swiss Made', designating the country of origin, with the words 'The Art of Falling Apart', borrowed from the title of a work by Urs Fischer. The words 'Swiss Made' are associated with particular values and standards, with exactitude, precision and durability, and are diametrically opposed to the notion of falling or breaking apart. Any reference to the 'art of falling apart' smacks of an intolerable lack of respect and of blatant provocation. The epicentre of the exhibition is precisely this conflict between the secure and the stable on one hand and the explorative and the experimental on the other, between permanence and imperishability, transience and process. The works by the

selected artists demonstrate, with great creativity, this collision of perfect peace and order with apparent turmoil and chaos, precise craft skills with supposedly makeshift solutions. The artists are seen responding to and taking advantage of the banality of life around them, its sheer respectability. The everyday and the banal are subjected to detailed analysis, heightening its unbearable beauty yet further or exposing the chasms concealed within it – and within us, the viewers. Even a stable, saturated society like the one in Switzerland today is not simply a neutral backdrop against which art unfolds; on the contrary it is a unique force field and a source of friction, even to the extent of frighteningly bringing home to individuals their own participation in the bourgeois conventionalism of their own society.

Swiss Made (The Art of Falling Apart) is an artistic exploration of the circumstances and the state of mind that prevail in Switzerland today. Fakes, illusions and dummies, of the same kind deployed by the fake chalets we discussed at the outset here, also play a part in artistic projects, as do equally seductive images of private lives, the everyday and the ordinary. Attempts to maintain normality? Maybe, but at the same time, normality tips into the realms of the troublingly uncanny: dreams and nightmares appear cheek-by-jowl, shot through with those longings associated with a youth culture which the younger artists draw on in a whole variety of ways. In these works questions of identity and of the self play an important role – not only because of the powerful presence of and high regard for women artists in Switzerland today. Somewhat unexpectedly, there is a also sense of pleasurable sensuality which has inveigled its way into art unobserved. Whereas the realm of the female body was for many a long year occupied by men's projections, subject to taboos and

het gangbare in stand te houden? Tegelijkertijd vervalt dat normale telkens weer in iets benauwends, iets ongemakkelijks. Droom en nachtmerrie liggen vaak dicht bij elkaar en zijn tevens doorweven van een hunkering die past bij een jeugdcultuur. Vooral de jongere generatie kunstenaars verwerkt die hunkering op uiteenlopende manieren in haar werk. Daarbij spelen vragen over de eigen identiteit en persoonlijkheid een erg belangrijke rol – en niet alleen door het grote aantal vrouwelijke kunstenaars in Zwitserland of de grote belangstelling voor hun werk. Iets verrassend genotvols, iets zinnelijks heeft zijn intrede in de kunst gedaan. Lange tijd was het vrouwelijk lichaam niet meer dan het onderwerp van mannelijke projecties, een met taboes omgeven, sterk bevochten thema. Nu wordt het echter, in een van lust vervulde revolte, ontdekt als een zinnenprikkelend onderdeel van de eigen (vrouwelijke) identiteit. Meer dan eens werd al geconstateerd dat van de recente Zwitserse kunst een bijzondere ongedwongenheid uitgaat, die tot uiting komt in het werken met goedkoop of waardeloos materiaal, met afval, onbezorgd en zonder enige pretentie. Een ongedwongenheid die zich verder niet alleen op een speelse manier uit in het experimenteren met verschillende materialen en communicatiemiddelen, maar ook in de geslaagde combinaties die daaruit voortkomen. Nog een andere karakteristieke eigenschap van het werk van talrijke jonge Zwitserse kunstenaars is de keuze van ruimtelijke installaties. Videofragmenten, schilderkunst, beeldhouwwerken, film, meubels, muziek en publieke performances worden samengevoegd tot complexe, ondogmatische artistieke omgevingen.

En altijd en overal spelen humor en ironie een belangrijke rol. Al in de oudere Zwitserse kunst zijn bijzonder eigenzinnige, meerduidige en komische elementen zichtbaar, die zich niet zo zeer bedienen van luid verkondigde provocaties als wel van ondermijnende tegenstrijdigheden en absurditeit. De Zwitserse humor, die vaak dubbelzinnig en ambivalent is, weet zijn dadaïstische wortels vaak nauwelijks te verhullen, evenmin als de traditionele, subtiele en kritische benadering van Zwitserland als historisch toneel, als politiek landschap, als individuele 'Heimat'. Het is tenslotte niet meer dan een bijkomstigheid wat *Something Edwin* van Lutz / Guggisberg beoogt te zeggen. Is het een ietwat vreemde herinnering aan de eigen vlegeljaren, een ironisch en gezagsondermijnend model voor generatieconflicten of een grappig stuk speelgoed voor de allerjongste bezoekers? Misschien is het ook wel een 'valse chalet'. Dat is althans wat de schietgaten, munitie en camouflagekleuren doen vermoeden. Het zal op de tentoonstelling in elk geval vaker worden gebruikt – zo hopen wij althans – dan de exemplaren in de Zwitserse bergen.

1 *Falsche Chalets*, tentoonstelling in het Museum für Gestaltung in Zürich, 2004

the focus of bitter conflict, now in a hedonistic rebellion it is being discovered by certain (women) artists as the sensual domain of their own identity. Various observers have lately identified a special lightness in the work of younger Swiss artists. A lightness that manifests itself in the carefree, unconstrained 'playing' with what may appear cheap or worthless, with trash – in whimsical experimentation and in the effective combination of diverse materials and media. Added to which, many younger Swiss artists today choose spatial installations as the form for much of their work. Video installations, painting, sculpture, film, furniture, music and performance are combined in complex, non-dogmatic artistic environments.

In all these areas humour and irony have a significant presence. Already in the work of the older generation of Swiss artists there was a particularly idiosyncratic undercurrent of comedy which, avoiding the hullabaloo of open provocation, preferred to enter by the side door of subversive paradox and absurdity. Frequently ambiguous and ambivalent, the Dadaist roots of Swiss humour are still very evident as is the tradition of taking a subtly critical sideways look at Switzerland as a theatre of history, a political landscape, or as one's native land. So it becomes completely immaterial whether a work such as *Something Edwin* by Lutz / Guggisberg is an eccentric recollection of their own youth, an ironically subversive model of the generation conflict or a clever toy for the youngest visitors. Perhaps it's even a 'fake chalet'. The firing hole, the munitions and the camouflage paint all suggest that it is. We can only assume and hope this 'fake chalet' will be used more in this exhibition than those in the Swiss mountains.

1 *Falsche Chalets*, exhibition in the Museum für Gestaltung in Zurich, 2004

Bepaalde soorten humor zijn voor niet-ingewijden nauwelijks te begrijpen, omdat ze zinspelen op de afstand tussen twee schijnbaar onverenigbare werelden. Dit is bijvoorbeeld het geval wanneer een doodgewoon ritueel, dat elk jaar opnieuw plaatsvindt (neem als voorbeeld de nieuwjaarstoespraak van de Zwitserse minister-president) onverwachts in een andere context, op een andere plek en jaren later in een videoloop wordt geprojecteerd. Dankbaar – vol vertrouwen – zelfbewust: het zijn vaste formules om de eigen nationale kracht en identiteit formeel te bevestigen. In hun populistische aplomb verworden ze echter tot absurde herhalingen van holle frasen. Deze montere oproep aan de bevolking en aan haar vertrouwen in de toekomst wordt door een populaire politicus gedeclameerd en is doorspekt met beladen metaforen, zoals een dennenboompje, die als verbindend element van identificatie moeten dienen voor de gehele bevolking (afb. 2).

Het ene moment `Heimatgefühl´ en het aangekondigde planten van een boompje, dan weer beelden van zonsondergangen, bloemen en paddestoelen, de ongerepte schoonheid van de natuur. Beelden van een nauwelijks te beschrijven kleurenpracht die in de verduisterde ruimte en door het felle licht van de diaprojector nog intenser lijkt (afb. 3).

Daarnaast toont een film een jong poesje bij een kommetje melk, terloops opgemerkt, niet als analytische dierstudie (afb. 4). Bestaat er iets meer alledaags? Het niet spectaculaire is een geliefkoosd motief: een katje dat melk drinkt, de eigen familie, de idyllische Zwitserse bergen, de heel gewone, nauwelijks pittoresk te noemen buitenwijken van een grote stad. Alles is zo vreselijk onschuldig. Wat willen deze beelden van zulke onopvallende, banale zaken ons toch duidelijk maken? De doodgewone normaliteit van het leven? Of proberen ze juist uit alle macht een bedreigde normaliteit in stand te houden?

Terwijl sommigen zich grote zorgen maken om het behoud van alles wat normaal is, wordt dit door anderen flink in de war gestuurd. Hier hangt een tafel met elastiek aan het plafond, daar staat een uit het lood geraakt bed. De coördinaten van het dagelijkse leven zijn het noorden kwijt: van alledaagsheid geen spoor! De ingreep is minimaal, het gebeuren banaal. En dan een tafel die het plots begeeft en in haar val een zorgvuldig opgehoopte kegel zand onderuithaalt. De eenvoud van de gebruikte materialen en voorwerpen past verbazingwekkend goed bij de rest van het gebeuren, dat ondanks zijn banaliteit een onbeschrijfelijke aantrekkingskracht uitoefent. Het is de universele menselijke ervaring met de hachelijkheid van het leven als zodanig, die deze experimentele installatie in algemene zin verbeeldt (afb. 5, 6).

Beelden uit het dagelijkse leven worden door hun uiterlijke verschijningsvorm en eigenwijze toepassing op een uiterst subtiele manier van hun normale context vervreemd. Vergelijk het met het dag na dag nauwgezet observeren hoe de zon in de prachtige bergmeren ondergaat; steeds hetzelfde en toch elke keer anders. En zelfs een bos bloemen – bestaat er een nog vaker gebruikt motief in de schilderkunst? – neemt door schematische ontbinding en de schakering van gekleurde vierkante vlakken onvermijdelijk een nieuwe vorm aan (afb. 7, 8).

There are forms of humour that are scarcely accessible to the uninitiated, that point to the distance between two evidently irreconcilable worlds. Take, for instance, an utterly ordinary ritual played out year after year – such as the New Year's address to the nation by the President of the Swiss Confederation – which is suddenly replayed years later as a video loop in a different context and in a different place. Grateful, assured, confident: these are the watchwords of the official affirmation of national identity and strength – yet in the populist rhetoric they coalesce into an absurd reiteration of empty speech husks. The rallying cry to the population and to their trust in the future is sounded by a political representative who is close to the people and it is bolstered by highly symbolic metaphors like the little fir tree, which is supposed to stand as a unifying motif for the people to identify with (ill. 2).

Here the feeling of `Heimat´ and the imminent planting of a sapling, there images of sunsets, flowers and mushrooms, the unspoilt beauty of nature. Images with almost indescribably glowing colours, all the more intense in the darkened room and with the translucent light of the slide projection (ill. 3).

 At the same time a kitten by a saucer of milk – a chance observation, not an analytical animal study (ill. 4). Is there anything more ordinary? The non-spectacular is a preferred motif: a kitten lapping milk, one's own family, the idyll of the Swiss mountains, the very ordinary, hardly picturesque periphery of the city. It's all so terribly harmless. What is it that we're being shown here in these images of the unremarkable and the banal? The very ordinary normality of our lives? Or is it the vehement effort to maintain a normality that is under threat?

For while some are concerned to preserve normality, elsewhere it is completely derailed. A table is seen hanging from the ceiling on elastic rope; over there we see a destabilised bed. The coordinates of our everyday lives have been dislocated: no trace here of the ordinary! The intervention is minimal, the occurrence is banal. Now a table suddenly collapses to the ground, taking with it a carefully constructed cone of sand. The simplicity of the materials and objects is bafflingly suited to an event that exerts an indescribable fascination despite its seeming banality. It has to do with the basic human experience of the precariousness of life itself, which is pictured in general terms in these quasi-experiments (ill. 5, 6). Images from everyday life are constantly being alienated in the subtlest manner, affecting their outward appearance and the processes of their appropriation – as in the products of the concentrated, daily observation of the setting sun against the backdrop of majestic mountain lakes. Eternally the same yet different each time. And even a bunch of flowers – is there a more hackneyed motif in painting? – is given a new form by its schematic dissolution into appropriate colour squares (ill. 7, 8).

2 **Christoph Büchel** *La Suisse existe, CH,* 2000

3 **Peter Fischli / David Weiss,** *Ohne Titel (Blumen) / Untitled (Flowers),* 1998

4 **Peter Fischli / David Weiss,** *Büsi / Cat,* 2001

5 Roman Signer, *Tisch mit Gummiseilen / Table with Elastic Rope,* 1998

6 **Roman Signer,** *Bett / Bed,* 1997

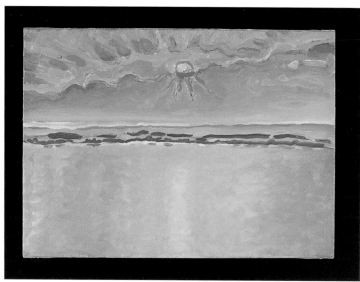

7 **Jean-Frédéric Schnyder** *Sonnenuntergänge am Zugersee, 1-163 /*
Sunsets at Zug Lake, 1-163, 1996-1997

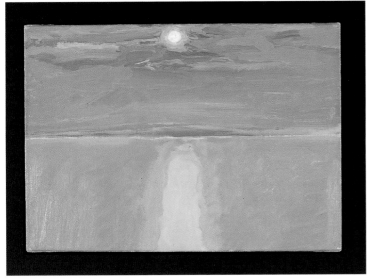

8　**Jean-Frédéric Schnyder** *3 Blumen / 3 Flowers*, 1995-1998

Het gewone, het alledaagse verandert vaak, verschuift en maakt plaats voor een onderhuids gevoel van ontsteltenis, beklemming en irritatie. Het ogenschijnlijk normale slaat om in iets onbehaaglijks, iets beklemmends. De overgang is vaak subtiel. Een verhaal begint heel gewoon, niets speciaals: familieleden verzamelen zich voor een familiefeest in een doorsnee eengezinswoning. Maar alleen al de vertrekken waarin de zwijgzame handeling zich voltrekt – welhaast intieme toevluchtsoorden – staan in schril contrast met het familiegebeuren: een slaapkamer, een meisjeskamer en de badkamer. Ook de doffe, donkere kleuren – grijs en zwart in de kleding, bruin in het meubilair – dragen overduidelijk bij aan de beklemmende sfeer van het geheel. De dubbelprojectie confronteert de toeschouwer met de bevreemdende rituelen van twee oudere vrouwen. Door hun lichamelijke nabijheid, erotische aanrakingen, strelingen, massage en de rituele wassing van elkaars handen, gaat er van het contact tussen hen beiden een vreemde geladenheid uit. Op een zolderkamer staat een meisje aan de deur te luisteren, ze kleedt zich uitdagend uit, alsof ze bekeken wordt door een man, die zo nu en dan verschijnt om zich in de schoot van het meisje te vleien. Het zonderlinge, stilzwijgende gebeuren strookt niet met de atmosfeer die de brave, met hout beklede omgeving oproept. Elk van deze raadselachtige ontmoetingen en aanrakingen, stuk voor stuk met een onverklaarbare zinnelijkheid en erotiek doorvlochten, wordt ontmaskerd als een niet nagekomen belofte, een onuitgesproken en onsamenhangende, maar onomwonden zinspeling op de broosheid van sociale conventies. Het gedrag van de personages blijft als een irritante, onbegrijpelijke droom door je hoofd spoken. Een gevoel van onbehagen dringt zich op, hoewel lang niet duidelijk is welk onuitgesproken taboe hier nu juist werd aangesneden (afb. 9).

De toeschouwer wordt overmand door gevoelens die nauwelijks te verwoorden zijn. Hij wordt een indringer in een andere wereld en slaagt er met moeite in haar bevreemdende aantrekkingskracht te weerstaan. Een ingewikkeld parcours stelt zijn behendigheid op de proef, leidt hem door reële – of toch fictieve? – en mentale ruimten; deze vertellen het verhaal van hun zonderlinge bewoner, die aan de rand van de maatschappij leeft. Sigarettenpeuken, een bord met etensresten, stapels tijdschriften, snuisterijen en andere prullaria uit lang vervlogen tijden. Alles wat het geleefde leven en de Zwitserse rommelparadijzen te bieden hebben, een absurd allegaartje – tot een oud tuinhuisje toe. Bedden, een strijkplank, een rek vol boeken, een aquarium – het zijn dan wel stuk voor stuk voorwerpen uit onze realiteit, maar ze lijken merkwaardig genoeg veranderd te zijn, onheilspellend. Het huis niet als toevluchtsoord voor een individu, maar als nachtmerrie voor een dolende ziel. En wij er middenin, op zoek naar een uitweg, want vroeg of laat wordt ook ons de terugtocht afgesneden (afb. 10). Van een bestaan aan de rand van de afgrond, van de duistere zoektocht naar de zin van het bestaan en van een kwellend zelfonderzoek getuigen ook de soldaten, de dieren, de vrouwen. Het zijn lugubere personages uit nachtmerries, ze maken je van streek. Ze komen uit de afgrond van de tijd het heden binnengedrongen, vreemde halfwezens, soms mens, dan weer dier, angstvallig verborgen of onherkenbaar vermomd. En toch: iets aan hen komt ons bekend voor, misschien hun blik, die ons volgt en waaruit de kwetsbaarheid van het individu spreekt (afb. 11).

Discomfiting rituals

The everyday and the ordinary are seen tipping into something else, shifting and making way for an under-current of disturbance, distress and discomfiture; the seemingly normal turns into something disquietingly fearful. The transition can be very subtle. A story starts off quite normally, ordinarily: the members of a family meet for a family celebration in a bourgeois villa. Yet the settings for this silent narrative – intimate places of retreat more than anything – are strangely at odds with the social occasion: a bedroom, a girl's room, the bathroom. The dull, subdued colours – grey and black clothes, brown furnishings – also have an eloquent air of oppression about them. The viewer sees a double projection of the peculiar rituals of two elderly women. Their encounter is strangely charged by physical closeness, by erotic touching, stroking, massaging, mutual hand-washing. In an attic room a girl is listening at the door; she undresses tantalisingly as though watched by a man, who then does appear little by little, and lays his head in the girl's lap. The odd, speechless events are out of tune with the respectable, wood-panelled normality of the surround-ings. Puzzling encounters and touches, charged with inexplicable, dizzying heat and eroticism, prove to be unfulfilled promises – unspoken, fragmented pointers that drastically expose the fragility of social convention. Like an unsettling, incomprehensible dream the behaviour of the figures remains in the viewer's mind. A feeling of unease wells up without our even really knowing which unspoken taboo has been tampered with here (ill. 9). The viewer is gripped by scarcely definable feelings. He, or she, is an interloper in another world, barely able to escape its alien fascination. A complex obstacle course tries viewers' agility, leading them through real – although fictive – and imagined spaces, which tell of an unusual occupant living on the margins of society. Cigarette ends,

the remains of a meal, mountains of newspapers, knick-knacks and other bits and pieces from times long past. The products of a lived life and Swiss secondhand shops, an absurd treasure trove – even including an old garden hut. Beds, an ironing board, a shelf laden with books, an aquarium – all things from our own reality, yet unaccountably altered and dismal. The house not as a place of refuge for an individual, but as the nightmare of a homeless soul. And we are caught up in it, looking for an escape route, finding that for us, too, there is a point of no return (ill. 10).

An existence at the edge of the abyss, the darkling search for meaning and tormented self-examination are also embodied in soldiers, animals, women – uncanny, unsettling nightmare figures that loom into the present from the depth of time, alien hybrid creatures, now human, now animal, anxiously shrouded or impenetrably masked. And yet: there is something familiar about them, perhaps the gaze that follows us, that tells of the vulnerability of the individual (ill. 11).

9 **Emmanuelle Antille** *Silent Protections,* 1999

10 Christoph Büchel *The House of Friction (Pumpwerk Heimat) /*
The House of Friction (Heimat Pumping Station), 2002

11 **Miriam Cahn** *Ohne Titel (Soldaten, Frauen und Tiere) / Untitled (Soldiers, Women and Animals)*, 1995

Het lijkt alsof werklui hun gereedschap achtergelaten hebben en weldra van hun lunchpauze zullen terugkeren om hun werk te hervatten. Volstrekt onjuist: elk voorwerp is een exacte kopie. Het kan niet alledaagser: een dood-gewone balpen, een asbak met peuken, een stuk schuim-mat – alles is echter gesneden uit polyurethaan. Wat een verspilde moeite! En dan alles nog dubbel, want van elk gebruiksvoorwerp liggen er twee. Twee identieke groepen, die op het eerste gezicht niets, maar bij nader inzien alles betekenen. Ergernis over het opnieuw aan-treffen van dezelfde voorwerpen, vluchtig terzijde gelegd, op een andere plaats – maar in identieke samenstelling. Het vluchtige is berekend, de verdubbeling strategisch. De fake katapulteert de artefacten naar het mysterieuze rijk van de absurditeit. De subtiele verschuivingen tegenover de realiteit zijn doortrokken van een fijnzinnige ironie. Het kunstobject is in scène gezet, het heeft de museale con-text als decor. Hier kan het kunstwerk volledig worden overzien, hier komt het pas volledig tot zijn recht (afb. 12). Ook in een aantal andere installaties draait het enkel en alleen om fake en schone schijn. Het zijn rekwisieten waar-van het doel raadselachtig is. De tafel is gedekt, maar zit net als de stoelen onder de verfspatten en het gips. Het servies is vastgekleefd, onbruikbaar. Dat geldt ook voor de leunstoel en het glazen rek. Vreemd genoeg wekken de armstoel en de koffer vol gereedschap een irreële indruk, net als de glazen, die keurig op een rijtje in het wandrek staan. Elk glas bestaat echter uit vele kleine stukjes, waardoor het lijkt alsof ze een voor een in elkaar geknutseld zijn. Alle objecten zijn wel degelijk in de ruimte aanwezig en lijken klaar voor gebruik, maar gaan als het ware onherkenbaar schuil onder een gedetailleerd wit patroonblad. Het gebruikte materiaal is goedkoop, eenvoudig te verwerken, gemakkelijk bewerkbaar: triplex, stijfselpap, gips of piepschuim. De schoonheidsfoutjes die

zich tijdens het vervaardigingsproces hebben voorgedaan, doen geen afbreuk aan het geheel. Het doel is de ensce-nering op zich, de indrukwekkende schijn, zonder al te veel tierelantijnen. En niemand maakt er een probleem van dat alle onderdelen, net als de wasmachine, uit licht piepschuim gesneden zijn en met houtlijm vastgekleefd (afb. 13, 14, 15).

En tot slot een ongewone kist: uit de met spijkerstof beklede binnenkant blijkt dat de kunstenaars teruggrijpen op de jaren zeventig als voedingsbodem en inspiratiebron. Eigenlijk kunnen de voorwerpen – hier zijn ze fysiek en reëel – bijna worden opgevat als een belediging van het verleden en een onschuldige, ondeugende knipoog naar de eigen kwajongenstijd. De kist als dwaze streek, zoals toen, verstopt in de kast, veilig voor elke vorm van auto-riteit, ja, zelfs in de verdediging, een slinkse tegenaanval met blaaspijp en munitie. In elk geval tot de verdachte in zijn schuilplaats ontdekt en vervolgens terechtgewezen wordt. Achter de kist gaat een diepzinnige redenering schuil; ze staat model voor de bedenkelijke, uiterst wispelturige relatie tussen provocatie en bestraffing, tussen macht en onmacht (afb. 16).

It looks as though workers have just left their tools lying there and will soon be back from their lunchbreak, ready for work again. Far from it: each of these objects is a carefully constructed fake. They couldn't be less significant: a simple ballpoint pen, an ash tray with cigarette ends, a piece of foam rubber – but each item is carved from polyurethane. What an absurd effort! In fact a double effort because there are two of each item. Two identical groups, which mean nothing at first sight and everything on closer examination. Bewilderment at finding the same casually discarded objects in another place – and in the very same arrangement. The casual look is calculated, the replication a strategy; the use of fakes catapults the artefacts into the mysterious realms of the absurd. The dislocation of reality is subtle and ingeniously ironic. The art object has been set up, the backdrop is the museological space; here – overlooked (as a work of art) – it can come properly into its own (ill. 12).

Other installations also use fakes, illusions and dummies. They are like the props for some puzzling purpose. The table is set, but – like the chairs – drenched in plaster and paint, the crockery is stuck to it, unusable. And the same goes for the armchair and the glass shelf. The chair and the case, with all sorts of utensils, look strangely irreal, as do the glasses, neatly arranged in the wall cupboard, although each is divided into numerous segments as though it had been constructed from these. Although all the objects are physically present in the space and apparently ready for use, they are covered as though by delicate white pattern pieces, without a recognisable materiality. The materials in these scenarios are cheap, easy to handle, unpretentious; plywood, glue, plaster and styrofoam. Their shaping can tolerate any cuts that don't quite work. The ultimate aim is the mise-en-scène, the apparent impression, such as the fairytale quality of the encounter

between a goose and a cat, and no-one objects that – like the washing machine – they are carved from lightweight styrofoam and stuck together with wood-glue (ill. 13, 14, 15).

And lastly a perplexing box: its jeans-lined inner life points to the 1970s as the cultural background of its makers. And the 'lumps' – physically present in this case – are a harmlessly wicked remembrance of their own misspent youths and a quasi-historical curse on that time. The box filled with nonsense, like back then, hidden in the cupboard and concealed from any authority figures, defiantly resisting with a sly attack using a blow-pipe and dried-pea munitions. At least until the suspect is discovered behind the firing slit and made to toe the line. The box, a subversive concept, serves as a model of a volatile, rapidly changing relationship between provocation and punishment, power and powerlessness (ill. 16).

Peter Fischli / David Weiss *Ohne Titel (Zwei identische Gruppen) / Untitled (Two identical groups), 1996*   46

13 **Urs Fischer** *The Art of Falling Apart*, 1998

Urs Fischer *Cappillon*, 2000

15 Urs Fischer *Napoleon, Misunderstood /*

Napoleon, Is There Something You Didn't Tell Me, 2001

16 **Andres Lutz / Anders Guggisberg** *Something Edwin, 1997*

Helden uit karton: afval, geknutsel en recycling

Je zou kunnen stellen dat er geen mooie schilderijen meer worden gemaakt. Net zo min als artefacten, die met de grootste zorg uit kostbaar materiaal vervaardigd worden om de tand des tijds te doorstaan. In plaats daarvan overal kartonnen dozen. De traditionele beeldhouwkunst moet wijken voor de afvalkunst. En zelfs het moderne medium video verspreidt verstoorde beelden: er lopen strepen over het scherm, we worden geconfronteerd met ongecontroleerde camerabewegingen, het beeld zwenkt en draait. En ook hier wordt gebruik gemaakt van alles wat voor het grijpen ligt: Hollywoodfilms, popsongs, illustratiemateriaal – veelal via massacommunicatie verspreid.

Kartonnen verpakkingen tonen demonstratief hun herkomst en vroegere gebruiksdoel. Ze worden hergebruikt, maar het zijn niets anders dan lege omhulsels van het verleden, die nog nauwelijks sporen of restanten van eerdere jaren bevatten. Nee, in plaats daarvan nemen ze een volstrekt nieuwe gedaante aan. Passie voor Formule 1 in de cockpit van een Ferrari op ware grootte. Wat is dit nu? Een goedkoop surrogaat, een vlucht in niets meer dan een grote illusie, spel en model of verscherpte zin voor de absurde realiteit van de wereld om ons heen (afb. 17)? Niet alleen de manier waarop het kunstproduct en de gebruikte materialen tot stand komen, maar ook de waardevermeerdering en de verkooptechnieken (bijvoorbeeld de supermarkt met in folie verpakte producten of boer Kunz met zijn tractor uit karton en papier-maché), zijn een regelrechte belediging van de traditionele opvatting over wat artistiek, waardevol en duurzaam is. De vechtrobot als buitenproportioneel stuk speelgoed – voordien uithangbord en blikvanger in een warenhuis. Nu staat hij hier in deze kunstzaal, machtig en strijdlustig, en toch wordt hij alleen met kleefband en staaldraad bijeengehouden (afb. 18, 19, 20, 21).

Maar recycling hoeft niet altijd grijsbruine kartonnen dozen of videoconserven te betekenen. In de zoektocht naar de normen waaraan schilderijen moeten voldoen, worden zelfs de bestaande kunstschatten uit het verleden geplunderd. Het lijkt bijna conventioneel, wanneer figuratieve taferelen in olieverf op kleine bordjes worden gekopieerd. Op het eerste gezicht althans. Maar als deze verschillende motieven worden samengebracht in een wijdvertakt referentiekader, dan is geen enkel beeld nog wat het leek. Schilderijen naar voorbeelden uit het familie-album krijgen de sepiatint van een schijnbaar ver verleden, terwijl de hun ontzegde kleurigheid juist prominent wordt toegepast op minimalistische kubussen, die op hun beurt functionele schappen blijken te zijn. De kunstenares zit de subtiele verschuivingen achterna, die het gevolg zijn van dit kopiëren, van het spel met verschillende media, van reproductie of het situeren van een werk in de omgeving van de kunstliefhebber als individu (afb. 22).

Totaal onverwacht blijken recycling, geknutsel en afval radicale methoden te zijn, die door de kunstenaars naar hun hand worden gezet. Daarmee hebben ze het gemunt op de bestaansredenen van de esthetische waarden, en dus ook op onze gangbare opvatting van kunst en haar al dan niet blijvende karakter in het bijzonder.

Cardboard heroes: trash, bricolage and recycling

One could be forgiven for imagining that the beautiful picture no longer exists. Nor the carefully wrought artefact, made for eternity from precious materials. Replaced by cardboard boxes wherever you look. Sculpture has been ousted by trash art. Even the medium for our own time – video – flaunts different forms of interference: lines overrun the image on the monitor, the camera is out of control, the picture jumps and wobbles. And here too, the makers resort to found materials: Hollywood movies, pop songs, documentaries, all already mass-distributed by the media.

Cardboard boxes ostentatiously announce their origins and previous use; they are recycled but scarcely serve any longer as the storage places for the past like the archival art of an earlier period. Instead they become part of newly invented forms. A passion for Formula 1 in the cockpit of a Ferrari. So what is this? A cheap substitute, a flight into the world of illusions, games and models, or does it demonstrate a heightened awareness of the absurd realities of our world (ill. 17)?

The production techniques and materials, but also the methods used to add value and to sell these items – such as the supermarket with its vacuum-packed products or farmer Kunz with his tractor made of cardboard and papier-mâché – are a blatant affront to the traditional criteria of artistry, value and permanence. The fighting robot as an over-sized toy – once an advertising gimmick used to catch customers' eyes in a department store – now stands in the art space, powerful and ready to attack, although he is only held together by sticky tape and cable clamps (ill. 18, 19, 20, 21).

But recycling need not only come in the guise of grey-brown cardboard boxes or video preserves. In the search for the conditions of image production even the outmoded fund of art-historical images is plundered.

It looks almost conventional when figurative paintings in oils are copied onto small panels. At least at first sight. But when the various originals are fed into a far-reaching system of references, no image is what it once was. Paintings after originals from family photo albums are cast in the sepia tones of a seemingly distant past, while the colours extracted from them make a striking appearance on minimalist cubes, which in turn prove to be functional shelves. The artist is tracking down the subtle changes that result from copying, transposition from one medium to another, reproduction or fitting a work into the environs of the private art lover (ill. 22).

In a wholly unexpected manner, recycling, bricolage and trash prove to be radical modes of appropriation used by the artists to focus on the existential circumstances of notions of aesthetic value and, in so doing, on our concept of the work of art and its uniqueness.

17 **Costa Vece** *Racecar & Race*, 1998

18 **Mickry 3** *Bauer Kunz / Farmer Kunz, 2004*

19 **Mickry 3** *Traktor / Tractor, 2004*

20 Mickry 3 *Traktor/Bauer Kunz / Tractor/Farmer Kunz,* 2004

21 **Mickry 3** *M3 Warrior 2002, 2002*

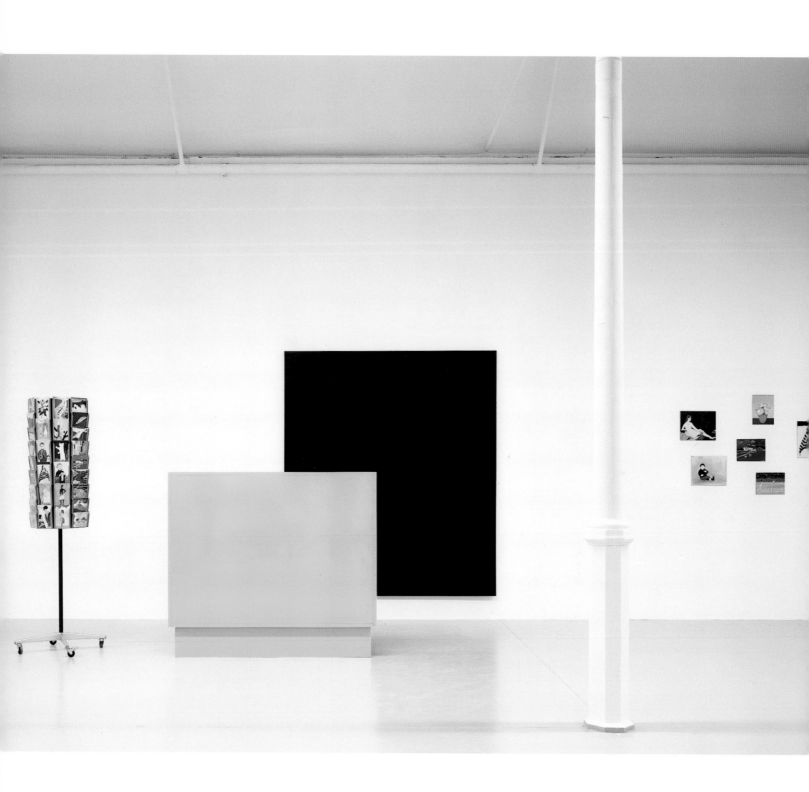

Detail installatie (vlnr) / Detail installation (fltr),
La grande Odalisque, 1991, Spielendes Kind / Playing Child, 1995, Restaurant de la Ferme-Modèle, 1991
Gelber Blumenstrauss / Yellow Flowers in Vase, 1995, Citizen-Cup, 1993, Die Badende / The Bather, 1991 63

Prille lente onder de douche

Rode en gele tulpen, zachtjes wiegend als in een liefdes-dans, een schreeuw van verlangen naar de lente – object van mannelijke begeerte en tegelijkertijd zinnebeeld van een nieuw ontluiken. Prille jeugd achter het douche-gordijn. Boven ons een stralend blauwe hemel en wij midden in een tulpenbed, dat door paden en kweek-bedden wordt omgeven. Ergens in ons achterhoofd nog een vage herinnering aan een bordje met 'Gazon niet betreden', maar wie laat zich daardoor tegenhouden? Nee, dan liever achternagezeten door een camera zonder enige schroom. Nieuwe, suggestieve beelden hebben hun intrede in de kunst gedaan. Ze heroveren de onschuld, het spel, de droom, de ruimte voor de zoektocht naar de eigen persoonlijkheid, voor de ontdekking van het eigen lichaam. De vreedzame revolutie van het genot heeft zich voltrokken – bijna onopgemerkt (afb. 23, 24).

Het was een moeizaam proces, waarvan heftige weerstand, pijnlijke verwijdering en innerlijke verscheurdheid de voor-boden waren. Sporen van deze evolutie schemeren nog door in de tekeningen en video-opnamen van de jongere generatie, bijvoorbeeld wanneer de hoofdrolspeelster in de film met haar evenbeeld geconfronteerd wordt en schuchter probeert om met zichzelf in contact te komen, tevergeefs. De eigen identiteit kan niet anders dan stap voor stap worden gevormd, door zichzelf steeds opnieuw in twijfel te trekken. Het resultaat is een niet bepaald heldhaftig beeld van de eigen persoon, dat bovendien voortdurend onderhevig is aan veranderingen. Het inner-lijke gevoelsleven uit zich in mediamieke weerspiegeling en kruisbestuiving – in de in gedachten verzonken autistische dans, in popsongs en dromerige visioenen (afb. 25, 26).

De zoektocht naar de eigen identiteit en de daarmee gepaard gaande intrede van de vrouwelijkheid in de kunst zijn niet gebonden aan een biologisch geslacht. Alle gren-zen zijn verdwenen. Opgegaan in ontelbare voorstellingen en facetten van het eigen ik, zoals een strandlandschap lijkt over te gaan in oneindige, oogverblindende witheid. Het is alsof we in trance zullen raken, op het ritme van zachte, verleidelijke klanken. Of dit nu droom is of werkelijkheid, is van ondergeschikt belang (afb. 27, 28).

Spring's awakening under the shower

Red and yellow tulips, softly falling as though in a dance of love, a yearning cry for springtime – object of male desire and incarnation of spring in one. The sap rising behind the shower curtain. Above us a brilliant blue sky as we find ourselves in the midst of tulip beds delineated by paths and borders. Somewhere way back in our memories a stern 'Keep off the grass', but who can stop themselves? Let's follow an utterly amoral camera. New, suggestive images have found their way into art. They reclaim innocence, games, dreams, room to discover one's own self, one's own body. A peaceable, pleasurable revolution has taken place – almost unnoticed (ill. 23, 24).

The way here was stony; the ground was prepared by belligerent resistance, by painfully pushing others aside, by inner fragmentation. An echo of this still lingers in the drawings and video works of the younger generation, witness the protagonist in the video encountering her own double, shyly but ultimately in vain trying to make contact with her own self. One's own identity has to be painstakingly constructed by excessive questioning, only to arrive at an unheroic, constantly changing image of a possible self. Inwardness is found in media-made reflections and combinations – in the contemplative, autistic dance to a pop song and in dreamlike visions (ill. 25, 26).

The search for one's own identity and the concurrent arrival of the feminine are not beholden to biological gender. The boundaries have been dissolved. Dissolving into countless images and facets of one's own ego, just like the beach scene seems to be dissolving in dazzling whiteness. It is as though we were in a trance, accompanied by soft, alluring sounds. Reality or dream – it hardly matters (ill. 27, 28).

23 **Pipilotti Rist** *Komm herein, Lenz! / Come in, Spring!* 1992   66

Pipilotti Rist *Elektrobranche (Pipilampi grün)*, 1993

25 **Zilla Leutenegger** *Blauäuglein / Blue-eye*, 1997

26 Zilla Leutenegger *Sooning, 1998*

27 Ugo Rondinone *Sleep,* 1999

28 Ugo Rondinone *No. 56 ELFTERMAERZNEUNZEHNHUNDERTVIERUNDNEUNZIG /*
MARCHELEVENNINETEENHUNDREDNINETYFOUR, 1994

Fonkelende wenswerelden

Wensen en verlangens, droom en ontwaken, schoonheid, jeugd, mode. De huidige tijdgeest werd al vaak genoeg zelfgenoegzaamheid verweten, maar daar trekt de jonge generatie van kunstenaars zich niets van aan. Hun kunstproducten getuigen van een onbedwingbare drang om 'ik' te zeggen, om hun eigen, zoekende persoonlijkheid een plaats te geven, met haar herinneringen, ervaringen en gevoelens, zelfs met haar gebrek aan toekomstperspectief. Zij mikken strategisch op verleiding. Ze zijn hun eigen helden, laten echter tegelijkertijd de mogelijkheid open om (genotvol) te falen. Hoe zal het zijn, hoe was het, hoe ver drijft ons verlangen ons? Droom, toekomst, verleden – niet het reële heden – vormen de weerspiegeling van deze vragen. De gemoedsgesteldheid van het moment, visuele en verbale codes van het eigen heden en de eigen socialisatie worden aan de toekomst toevertrouwd, als ware de tijd verstild: aantekeningen voor het nabije jaar 2000 (afb. 29).

Er ontstaan complexe ruimten voor herinneringen, wensen en verlangens, waarin fotografie, geluid, film en afbeeldingen een belangrijke rol spelen. Ook de schilderkunst heeft met haar traditionele conventies en kenmerken gebroken; breidt zich uit over spiegel, muur en vloer en wordt door verschillende schilder- en spraytechnieken een verrassende ruimtelijke ervaring. Het zijn spiegel-, licht- en glinsterruimten, gedecoreerd met lamellen, ingericht met zitkussens en strobalen, die zowel persoonlijke als collectieve herinneringen en ervaringen oproepen (afb. 30, 31). Met zulke momenten van persoonlijk verlangen en emotie, van jeugdige vereenzelviging met actiehelden, met de in de eigen feestschuur nagebootste glamour uit Hollywood, met popcultuur, consumptieve cultuur en straatcultuur – worden we elke dag opnieuw geconfronteerd. Het leven als één grote verleiding. Onder onze begerige blik draait een winkelwagentje op een blinkend podium verleidelijk rond zijn eigen as, als een kostbare diamant. Alsof de verwezenlijking van onze wensen binnen handbereik zou liggen. Maar nee, het is en blijft een fonkelende enscenering van een nimmer ingeloste belofte van geluk (afb. 32).

Wishes and desires, dreaming and waking, beauty, youth, fashion. Our age has often enough been reproached for its self-referential nature, but this is not really an issue in the eyes of younger artists. Their products bear witness to the irrepressible urge to say 'I', to find a space for one's own homeless self with all its memories, experiences and feelings, even with its lack of perspective. Seduction is their strategy. They are their own heroes, yet at the same time they leave room for the possibility of (pleasurable) failure. How will it be, how was it, where are our longings taking us? Dreams, the future, the past – not the real present – are the agents posing these questions. Momentary emotional states, visual and verbal codes drawn from one's own present and socialisation are left to the future, like preserved time: reminders to the not-so-distant year 2000 (ill. 29). Complex dreams in which photography, sound, film and drawing all play an important part mingle memories, desires and longings. And painting, having broken free of convention and traditional attributes, extends across mirrors, walls and floors, presenting itself to the viewer in a variety of paint and spray techniques as a hitherto unknown spatial phenomenon. Mirror-, light- and glitter-filled spaces, decorated with tinsel, furnished with cushions and bales of straw invoke individual and collective memories and experiences (ill. 30, 31).

These moments of private longing and emotion, youthful identification with action heroes, with Hollywood glamour re-enacted in one's own party basement, pop-, consumer- and street-culture are a recurring theme. Life as seduction. The shopping trolley placed high up on a glittering pedestal, like a precious diamond, rotates temptingly under our lascivious gaze. For all the world as though we need only reach out to fulfil all our wishes. But ultimately it will never be more than a glistening image of a never-to-be-redeemed promise of happiness (ill. 32).

Claudia / Julia Müller *Notizen an das Jahr 2000 / Notes for the year 2000, 1997*

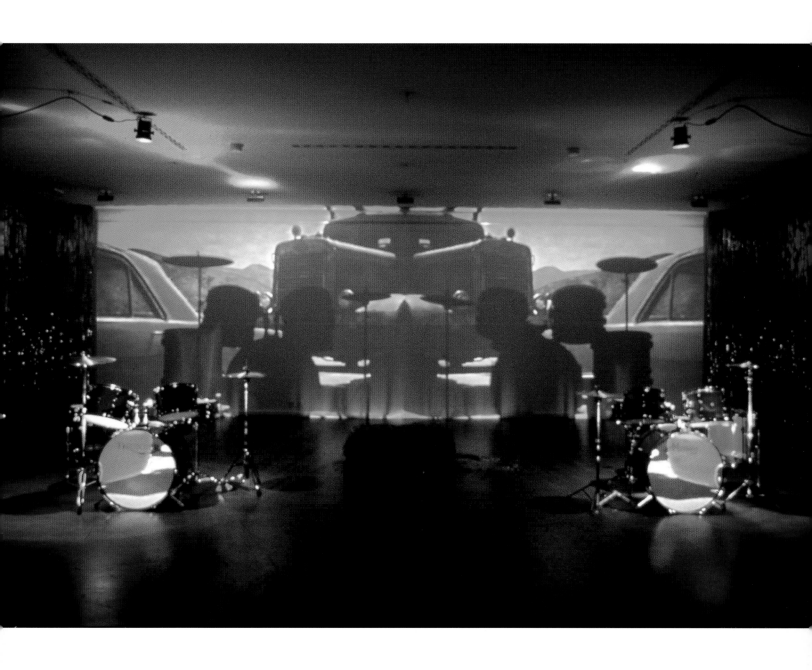

30 **Lori Hersberger** *Silver Room*, 1997

31 **Lori Hersberger** *Crazy Colour Corner, 2000*

Biografieën / Biographies

Juliette Verhofstad

Emmanuelle Antille
Geboren / Born 1972 in Lausanne
Woont en werkt / Lives and works in Lausanne

Emmanuelle Antille studeerde van 1997 tot 1998 aan de
Rijksacademie van Beeldende Kunsten in Amsterdam.
Zij participeerde aan diverse video- en filmfestivals. Haar
werk werd in een aantal internationale solotentoonstellin-
gen gepresenteerd. Het was te zien op de tentoonstelling
Change is good in Museum Fridericianum te Kassel (1999),
in het Contemporary Art Centre in Vilnius (2002), in
The Renaissance Society in Chicago (2003) en in het
Zwitserse paviljoen van de Biënnale van Venetië (2003).
Antille nam deel aan vele internationale groepstentoon-
stellingen in diverse landen binnen Europa, de Verenigde
Staten en Canada. In 1998 deed zij mee aan de expositie
Freie Sicht aufs Mittelmeer in het Kunsthaus Zürich en in
de Schirn Kunsthalle Frankfurt. Tevens participeerde zij
aan de Busan Biënnale in Zuid-Korea (2004).
/
Emmanuelle Antille studied at the Rijksacademie van
Beeldende Kunsten in Amsterdam from 1997 to 1998.
She participated in several video and film festivals. Her
work has been presented in a number of international solo
exhibitions. It was shown in the exhibition *Change is good*
in Museum Fridericianum in Kassel (1999), in the Contem-
porary Art Centre in Vilnius (2002), in The Renaissance
Society in Chicago (2003) and at the Swiss pavilion of the
Venice Biennale (2003).
Antille has taken part in many international group exhibi-
tions in various European countries, the United States
and Canada. In 1998 she participated in the exhibition
Freie Sicht aufs Mittelmeer in Kunsthaus Zürich and in the
Schirn Kunsthalle Frankfurt. She also took part in the
Busan Biennale in South Korea (2004).

Christoph Büchel

Geboren / Born 1966 in Basel
Woont en werkt / Lives and works in Basel

Het werk van Christoph Büchel was op diverse internatio-
nale solotentoonstellingen te zien, georganiseerd door
onder andere het Centre Culturel Suisse te Parijs (in samen-
werking met de kunstenaar Gianni Motti) en het Swiss
Institute in New York (*Private Territories*). Beide exposities
werden gehouden in 2004. In hetzelfde jaar vond zijn
expositie *Close Quarters* plaats in de Kunstverein Freiburg.
Ook werd zijn werk in groepsverband getoond in de
Verenigde Staten en binnen Europa, bijvoorbeeld in
Duitsland: *Manifesta 4* (Frankfurt, 2002) en in de Schirn
Kunsthalle Frankfurt in 2003 (*Auf eigene Gefahr / At your
own Risk*). Zijn kunst verscheen op diverse Biënnales: in
Venetië (7e Internationale Architectuur Biënnale, 2000), in
Tirana (2001) en in Sevilla (2004). In 2005 zal hij deelnemen
aan de Biënnale van Venetië.
/
Christoph Büchel's work has been shown at several interna-
tional solo exhibitions such as those organized by the
Centre Culturel Suisse in Paris (in collaboration with the
artist Gianni Motti) and the Swiss Institute in New York
(*Private Territories*). Both of these exhibitions took place in
2004. In the same year the exhibition *Close Quarters* was
held in the Kunstverein Freiburg.
His work has also been exhibited in the United States and
in Europe in group exhibitions, for example in Germany:
Manifesta 4 (Frankfurt, 2002) and *Auf eigene Gefahr /
At your own Risk* in the Schirn Kunsthalle Frankfurt (2003).
His art has appeared at several Biennales: in Venice
(7th International Architecture Biennale, 2000), in Tirana
(2001) and in Seville (2004). In 2005 he will take part in the
Venice Biennale.

Miriam Cahn

Geboren / Born 1949 in Basel
Woont en werkt / Lives and works in Basel and
Maloja (Graubünden)

Vele internationale galerieën en musea toonden het werk
van Miriam Cahn. Galerie Stampa in Bazel presenteerde
haar kunst al vanaf 1977 in solotentoonstellingen. Het
Museum für Moderne Kunst te Frankfurt hield in 1995 en
in 1998 een solo-expositie van haar werk. Haar kunst
maakte ook deel uit van een tentoonstelling in de
Akademie der Künste (Berlijn, 1998), in het Castello di
Rivara / Centro d´Arte Contemporanea (Rivara, Turijn
1999) en in de Fundación 'la Caixa' (Madrid, 2003).
Tevens deed Cahn mee aan diverse internationale groeps-
tentoonstellingen in Europa, Australië, Canada en China.
In 2004 nam zij deel aan de tentoonstelling *Non Lieu* in
het Fonds Régional d'Art Contemporain, Le Plateau te
Parijs. Zowel in deze stad, als in een aantal andere steden
gaf zij performances.
/
Many international galleries and museums have exhibited
the work of Miriam Cahn. Galerie Stampa in Basel has
presented her art as early as 1977 in solo exhibitions. The
Museum für Moderne Kunst in Frankfurt held solo exhibi-
tions of her work in 1995 and 1998. Her art was also
included in an exhibition in the Akademie der Künste
(Berlin, 1998), in the Castello di Rivara / Centro d´Arte
Contemporanea (Rivara, Turin, 1999) and in the Fundación
'la Caixa' (Madrid, 2003). Aside from solo exhibitions,
Cahn has taken part in various international group exhibi-
tions in Europe, Australia, Canada and China. In 2004 she
participated in the exhibition *Non Lieu* in the Fonds
Régional d'Art Contemporain, Le Plateau in Paris. In this
city and a number of others she has given performances.

Urs Fischer

Geboren / Born 1973 in Zurich
Woont en werkt / Lives and works in Berlin and
Los Angeles

Urs Fischer had een aantal belangrijke solotentoonstellingen. In 1996 en 1997 waren zijn werken voor het eerst te zien in Galerie Walcheturm. In 2000 werd *Without a Fist – Like a Bird* gehouden in het Institute of Contemporary Art (ICA) in Londen. In 2004 was zijn werk te zien in het Centre Pompidou te Parijs. In hetzelfde jaar was een grote solo-expositie *Kir Royal* te bezichtigen in het Kunsthaus Zürich. De overige internationale tentoonstellingen waaraan Fischer deelnam waren in groepsverband. In 2000 participeerde hij aan de European Biennale of Contemporary Art *Manifesta 3* in Ljubljana (Slovenië). Recentelijk deed hij mee aan de Biënnale van Venetië: *Dreams and Conflicts: The Viewers' Dictatorship'* (2003). In 2005 doet hij mee aan een groepstentoonstelling in het Museum of Contemporary Art in Chicago.
/
Urs Fischer has had a number of major solo exhibitions. In 1996 and 1997 his works could be seen for the first time at Galerie Walcheturm. In 2000 *Without a Fist – Like a Bird* was held in the Institute of Contemporary Art (ICA) in London. In 2004 his work was shown in the Centre Pompidou in Paris and in the same year a big solo exhibition titled *Kir Royal* was presented in the Kunsthaus Zürich. The other international exhibitions in which Fischer participated were group exhibitions. In 2000 he participated in the European Biennale of Contemporary Art *Manifesta 3* in Ljubljana (Slovenia). Recently he took part in the Venice Biennale: *Dreams and Conflicts: The Viewers' Dictatorship* (2003). In 2005 his work will be included in a group exhibition in the Museum of Contemporary Art in Chicago.

Peter Fischli / David Weiss

Peter Fischli
Geboren / Born 1952 in Zurich
David Weiss
Geboren / Born 1946 in Zurich
Wonen en werken / Live and work in Zurich

In 1979 begon de samenwerking tussen Fischli en Weiss. Zij maakten een aantal films, waaronder *Der Lauf der Dinge* (16mm, 30 min). Onlangs hadden zij een solotentoonstelling in Museum Boijmans Van Beuningen te Rotterdam (2003). Behalve deze expositie participeerden zij aan vele andere internationale solotentoonstellingen, zoals in het Centre Pompidou te Parijs (1992) en in het Zwitserse paviljoen van de Biënnale van Venetië (1995).
Fischli en Weiss namen tevens deel aan groepstentoonstellingen in Europa, de Verenigde Staten, Japan, Mexico, Brazilië en Australië. In 1998 maakte hun werk deel uit van de expositie *Freie Sicht aufs Mittelmeer* in het Kunsthaus Zürich en in de Schirn Kunsthalle Frankfurt. In 2003 namen zij deel aan de Biënnale van Venetië: *Ritardi e Rivoluzioni* en *Utopia Station*.
/
Fischli and Weiss began to work together in 1979. They made several films, such as *Der Lauf der Dinge* (16mm, 30 min). Recently they were given a solo exhibition in Museum Boijmans Van Beuningen in Rotterdam (2003). They have also taken part in many other international exhibitions, for example at the Centre Pompidou in Paris (1992) and at the Swiss pavilion of the Venice Biennale (1995). Fischli and Weiss have also taken part in group exhibitions in Europe and in the United States, Japan, Mexico, Brazil and Australia. In 1998 their work was included in the exhibition *Freie Sicht aufs Mittelmeer* in Kunsthaus Zürich and in the Schirn Kunsthalle Frankfurt. In 2003 they took part in the Venice Biennale: *Ritardi e Rivoluzioni* and *Utopia Station*.

Sylvie Fleury
Geboren / Born 1961 in Geneva
Woont en werkt / Lives and works in Geneva

Het werk van Sylvie Fleury werd in diverse solotentoonstellingen gepresenteerd. In 1998 werd het getoond op de 24e Biënnale van São Paolo met de titel *First Spaceship on Venus and Other Vehicles*. In Le Magasin, Centre National d' Art Contemporain in Grenoble, werd het geëxposeerd onder de naam: *Identity, Pain, Astral Projection* (2001).
Sylvie Fleury nam in diverse landen binnen Europa, in de Verenigde Staten, Canada, Korea, Japan en Australië deel aan vele internationale groepstentoonstellingen. In 1993 deed zij mee aan de Biënnale van Venetië. Ook nam zij deel aan de expositie *Freie Sicht aufs Mittelmeer* in het Kunsthaus Zürich en in de Schirn Kunsthalle Frankfurt (1998).
/
Sylvie Fleury's work has been presented in several solo exhibitions. In 1998 it was exhibited at the 24th São Paolo Biennale under the title *First Spaceship on Venus and Other Vehicles*. In Le Magasin, Centre National d' Art Contemporain in Grenoble, an exhibition of her work titled *Identity, Pain, Astral Projection* was held (2001). Sylvie Fleury has also taken part in many international group exhibitions in various European countries, and in the United States, Canada, Korea, Japan and Australia. In 1993 she took part in the Venice Biennale. Her work was also included in the exhibition *Freie Sicht aufs Mittelmeer* in Kunsthaus Zürich and in the Schirn Kunsthalle Frankfurt (1998).

Lori Hersberger
Geboren / Born 1964 in Basel
Woont en werkt / Lives and works in Zurich

Lori Hersberger ontving verschillende prijzen en onderscheidingen. Zijn solotentoonstellingen waren te zien in belangrijke galerieën en musea. Het Swiss Institute te New York toonde zijn werk twee keer: *Burnout* (2001) en *How can you Kill me? I'm Already Dead* (2002). Hersberger deed mee aan diverse internationale groepstentoonstellingen in Europa. In 1998 toonde hij zijn werk in de expositie *Freie Sicht aufs Mittelmeer* in het Kunsthaus Zürich en in de Schirn Kunsthalle Frankfurt. In 1999 maakte zijn werk deel uit van de Biënnale van Venetië.
/
Lori Hersberger has received several prizes and awards. Solo exhibitions of his work have been held in important galleries and museums. The Swiss Institute in New York has exhibited his work twice: in *Burnout* (2001) and *How can you Kill me? I'm Already Dead* (2002). Hersberger has taken part in various international group exhibitions in Europe. In 1998 he showed his work in the exhibition *Freie Sicht aufs Mittelmeer* in Kunsthaus Zürich and in the Schirn Kunsthalle Frankfurt. In 1999 his work was included in the Venice Biennale.

Zilla Leutenegger

Geboren / Born 1968 in Zurich
Woont en werkt / Lives and works in Zurich

Zilla Leutenegger gaf diverse performances en nam deel aan vele internationale filmfestivals en tentoonstellingen. Galerie Peter Kilchmann bijvoorbeeld organiseerde enkele solotentoonstellingen. Behalve galerieën lieten ook musea en andere kunstinstellingen haar werk op solo-exposities zien. Recentelijk stelde de Fundación 'la Caixa' in Barcelona de expositie *Nothing / Something happens* samen (2004).
Haar werk werd tevens op internationale groepstentoonstellingen getoond in diverse landen binnen Europa, in de Verenigde Staten, Taiwan, Brazilië en Zuid-Korea. In 2004 deed zij mee aan de expositie *Gegen den Strich* in de Kunsthalle Fridericianum in Kassel en aan de Gwangju Biënnale in Zuid-Korea.
/
Zilla Leutenegger has given several performances and took part in many international film festivals and exhibitions. Several solo exhibitions of Zilla Leutenegger's work have been presented for example by Galerie Peter Kilchmann. In addition to galleries, museums and other art institutions have also held solo exhibitions of her work. Recently the Fundación 'la Caixa' in Barcelona organized the exhibition *Nothing / Something happens* (2004).
Her work has also been included in international group exhibitions in various European countries, the United States, Taiwan, Brazil and South Korea. In 2004 she took part in the exhibition *Gegen den Strich* in Kunsthalle Fridericianum in Kassel and in the Gwangju Biënnale in South Korea.

Andres Lutz / Anders Guggisberg

Andres Lutz
Geboren / Born 1968 in Wettingen
Anders Guggisberg
Geboren / Born 1966 in Biel
Wonen en werken / Live and work in Zurich

Andres Lutz en Anders Guggisberg presenteerden hun werk in diverse solotentoonstellingen. Zij exposeerden in het Kleines Helmhaus te Zürich met de tentoonstelling *Ratschläge* (2000), in het Kunstmuseum Thun *Neupommer Zimmer* (2002) en in het Kunstmuseum St. Gallen *The Great Unknown* (2002). In 2004 lieten zij hun werk zien in de Kunsthalle Zürich, getiteld *Ich sah die Wahrheit*.
Ook namen zij aan internationale groepstentoonstellingen deel. In 1998 toonden zij hun werk in de expositie *Freie Sicht aufs Mittelmeer* in het Kunsthaus Zürich en in de Schirn Kunsthalle Frankfurt. Tevens participeerden zij aan *Sonsbeek 9* in Arnhem en *Mangistan* in het Centraal Museum te Utrecht (2001).
/
Andres Lutz en Anders Guggisberg have presented their work in several solo exhibitions. They exhibited in the Kleines Helmhaus in Zurich under the title *Ratschläge* (2000), in the Kunstmuseum Thun *Neupommer Zimmer* (2002) and in the Kunstmuseum St. Gallen *The Great Unknown* (2002). In 2004 an exhibition of their work titled *Ich sah die Wahrheit* was held in the Kunsthalle Zürich.
They have also taken part in international group exhibitions. In 1998 they showed their work in the exhibition *Freie Sicht aufs Mittelmeer* in Kunsthaus Zürich and in the Schirn Kunsthalle Frankfurt. They also participated in *Sonsbeek 9* in Arnhem and *Mangistan* in the Centraal Museum in Utrecht (2001).

Mickry 3

Nina von Meiss
Geboren / Born 1978 in Zurich
Christina Pfander
Geboren / Born 1980 in Rüeggisberg (Bern)
Dominique Vigne
Geboren / Born 1981 in Salouf (Graubünden)
Wonen en werken / Live and work in Zurich

Mickry 3 werd opgericht in 1998. De kunstenaars presenteerden hun werk in diverse solotentoonstellingen, zoals in de Kunstraum Walcheturm te Zürich: *M3 Supermarkt* (2001) en in het Museum für Angewandte Kunst in Wenen: *MAK-Wochen im M3 Supermarkt* (2003).
Mickry 3 nam tevens deel aan internationale groepstentoonstellingen in diverse landen binnen Europa en Egypte. Recentelijk was hun werk te zien in het Migros Museum für Gegenwartskunst in Zürich: *It's in our Hands* (2003) en in Centre Pasqu'Art in Biel: *I need you* (2004).
/
Mickry 3 was founded in 1998. The artists have presented their work in various solo exhibitions such as: *M3 Supermarkt* at Kunstraum Walcheturm in Zurich (2001) and *MAK-Wochen im M3 Supermarkt* at the Museum für Angewandte Kunst in Vienna (2003).
Mickry 3 has also taken part in international group exhibitions in various European countries and in Egypt. Recently their work was on display at the Migros Museum für Gegenwartskunst in Zurich: *It's in our Hands* (2003) and at Centre Pasqu'Art in Biel: *I need you* (2004).

Claudia / Julia Müller

Claudia Müller
Geboren / Born 1964 in Rümlingen (Basel)
Julia Müller
Geboren / Born 1965 in Rümlingen (Basel)
Wonen en werken / Live and work in Basel

In Zwitserland werden van het werk van de zusters Müller diverse solotentoonstellingen gehouden. Zo vonden in de Kunsthalle Basel exposities plaats in 1997 en in 2001. In Galerie Peter Kilchmann werden eveneens een aantal solo-exposities georganiseerd.
Niet alleen in eigen land, maar ook in het buitenland werd aandacht aan hun werk besteed. Zij deden mee aan de groepstentoonstelling *Freie Sicht aufs Mittelmeer* in het Kunsthaus Zürich en in de Schirn Kunsthalle Frankfurt (1998). Verder namen zij deel aan de groepstentoonstellingen: *Prophecies* in het Swiss Institute in New York (2000), *The Escape* op de Tirana Biënnale 1 (2001) en *Buenos Días Buenos Aires* in het Museo de Arte Moderno in Buenos Aires (2003).
/
In Switzerland several solo exhibitions of the Müller sisters' work have been held, for example in the Kunsthalle Basel in 1997 and in 2001. A number of solo exhibitions have also been held in Galerie Peter Kilchmann. Their work has attracted attention not only in Switzerland but also elsewhere. They took part in the group exhibition *Freie Sicht aufs Mittelmeer* in Kunsthaus Zürich and in the Schirn Kunsthalle Frankfurt (1998).
They have also taken part in the group exhibitions: *Prophecies* in the Swiss Institute in New York (2000), *The Escape* at the Tirana Biennale 1 (2001) and *Buenos Días Buenos Aires* in the Museo de Arte Moderno in Buenos Aires (2003).

Caro Niederer
Geboren / Born 1963 in Zurich
Woont en werkt / Lives and works in Zurich

Caro Niederer ontving in 1990 een Pro Helvetia Stipendium en verbleef einige tijd in een atelier te Cairo. Niederer exposeerde haar werk in diverse solotentoonstellingen, onder andere in de Ausstellungsraum Künstlerhaus Stuttgart (*Abbilder,* 1994), in de Kunstverein Friedrichshafen (*Öffentliche und Private Bilder,* 1995) en in het Kunstmuseum St. Gallen (2004). In 2005 krijgt zij een solopresentatie bij de Ikon Gallery in Birmingham en in 2006 in Haus Lange, Krefeld.
Niederer participeerde ook aan internationale groepstentoonstellingen in diverse landen binnen Europa en in de Verenigde Staten. Bij Galerie Brigitte Weiss deed zij veelvuldig mee aan zowel solo- als groepstentoonstellingen.
/
In 1990 Caro Niederer received a grant from Pro Helvetia and spent some time in a studio in Cairo. Niederer has exhibited her work at several solo exhibitions, including those in the Ausstellungsraum Künstlerhaus Stuttgart (*Abbilder,* 1994), the Kunstverein Friedrichshafen (*Öffentliche und Private Bilder,* 1995) and the Kunstmuseum St. Gallen (2004). In 2005 she will have a solo presentation at the Ikon Gallery in Birmingham and in 2006 at Haus Lange, Krefeld.
Niederer has also taken part in international group exhibitions in various European countries and in the United States. At Galerie Brigitte Weiss she has exhibited her work many times, both in solo and group exhibitions.

Pipilotti Rist
Geboren / Born 1962 in Grabs
Woont en werkt / Lives and works in Zurich

Pipilotti Rist deed aan vele internationale video- en filmfestivals mee. Belangrijke musea, kunstinstellingen en galeries organiseerden solotentoonstellingen. Terwijl in 1999 het Musée d'Art Moderne de la Ville de Paris haar werk liet zien, toonde in 2001 het Centraal Museum te Utrecht haar kunst op een speciale tentoonstelling: *Pipilotti Rist 54.* Haar favoriete nummer is 54. Recentelijk besteedde het San Francisco Museum of Modern Art (2004) aandacht aan haar werk. In 2005 zal het Contemporary Art Museum in Houston een solo-expositie organiseren. Rist deed ook mee aan belangrijke internationale groepsexposities, zoals bijvoorbeeld de 22e Biënnale van São Paulo (1994). In 2003 nam zij onder andere deel aan een groepstentoonstelling in het Stedelijk Museum te Amsterdam (*Loud & Clear*). In 2005 doet zij mee aan de Biënnale van Venetië.
/
Pipilotti Rist has taken part in many international video and film festivals. Important museums, art institutes and galleries have organized solo exhibitions. While in 1999 the Musée d'Art Moderne de la Ville de Paris exhibited her work, in 2001 the Centraal Museum in Utrecht showed her art at a special exhibition: *Pipilotti Rist 54.* Her favourite number is 54. Recently the San Francisco Museum of Modern Art devoted attention to her work (2004), and in 2005 the Contemporary Art Museum in Houston will be holding a solo exhibition. Rist also participated in important international group exhibitions, for example in the 22nd São Paulo Biennale (1994). In 2003 she took part in a group exhibition in the Stedelijk Museum in Amsterdam (*Loud & Clear*). In 2005 she will take part in the Venice Biennale.

Ugo Rondinone
Geboren / Born 1964 in Brunnen
Woont en werkt / Lives and works in New York

Menig internationaal museum en galerie toonde het werk
van Ugo Rondinone. Het Musée d'Art Moderne de la Ville
de Paris vervaardigde een solo-expositie in 1995. In Parijs
organiseerde het Centre Pompidou de tentoonstelling
Roundelay in 2003. In dat jaar vond eveneens de tentoon-
stelling *Our magic hour* plaats in het Museum of
Contemporary Art te Sydney.
Rondinone nam aan internationale groepstentoonstellingen
deel in diverse landen binnen Europa en in de Verenigde
Staten, Canada, Colombia, Brazilië en Japan. In 1999
deed hij mee aan de 6ᵉ Biënnale van Istanbul. In het
Grand Palais in Parijs vormde zijn werk onderdeel van de
expositie *la Grande Parade. Portrait de l'artiste en clown*
(2004). Deze groepstentoonstelling vond ook plaats in het
Musée des beaux-arts du Canada in Ottowa.
/
Many international museums and galleries have exhibited
the work of Ugo Rondinone. The Musée d'Art Moderne
de la Ville de Paris held a solo exhibition in 1995 and in
2003 the Centre Pompidou in Paris organized the exhibi-
tion *Roundelay*. In the same year another exhibition, *Our
magic hour*, was held at the Museum of Contemporary
Art in Sydney.
Rondinone has taken part in international group exhibi-
tions in various European countries and in the United
States, Canada, Colombia, Brazil and Japan. In 1999 he
took part in the 6ᵗʰ Istanbul Biennale. In the Grand Palais
in Paris his work was included in the exhibition *La Grande
Parade. Portrait de l'artiste en clown* (2004). This group
exhibition was also held in the Musée des beaux-arts du
Canada in Ottowa.

Jean-Frédéric Schnyder
Geboren / Born 1945 in Basel
Woont en werkt / Lives and works in Zug

In diverse steden werden internationale solotentoonstel-
lingen van het werk van Jean-Frédéric Schnyder gehou-
den. In Venetië werd het op de Biënnale geëxposeerd in
het Zwitserse paviljoen (*Wanderung*, 1993). In Frankfurt
organiseerde het Museum für Moderne Kunst een solo-
tentoonstelling (1993). De Kunsthalle Zürich stelde de
expositie *Jean-Frédéric Schnyder* samen (1998). Parijs was
de stad waar zijn werk in het Centre Culturel Suisse ver-
scheen (*Sans titre*, 2004).
Vanaf 1966 nam Schnyder in diverse landen binnen
Europa deel aan internationale groepstentoonstellingen.
Hij participeerde twee keer aan de Documenta in Kassel.
In 1998 deed hij mee aan de expositie *Freie Sicht aufs
Mittelmeer* in het Kunsthaus Zürich en in de Schirn
Kunsthalle Frankfurt.
/
International solo exhibitions of the work of Jean-Frédéric
Schnyder have been held in several cities. In Venice his
work was exhibited at the Biennale in the Swiss pavilion
(*Wanderung*, 1993). In Frankfurt the Museum für Moderne
Kunst organized a solo exhibition of his work in 1993. The
Kunsthalle Zürich organized the exhibition *Jean-Frédéric
Schnyder* (1998). Paris was the city where his work was
shown at the Centre Culturel Suisse (*Sans titre*, 2004).
Since 1966 Schnyder has taken part in international group
exhibitions in various European countries. He participated
twice in the Documenta in Kassel. In 1998 his work was
included in the exhibition *Freie Sicht aufs Mittelmeer* in
Kunsthaus Zürich and in the Schirn Kunsthalle Frankfurt.

Roman Signer

Geboren / Born 1938 in Appenzell
Woont en werkt / Lives and works in St. Gallen

In vele internationale musea en galerieën was het werk van
Roman Signer te zien, bijvoorbeeld in het Swiss Institute in
New York (1994), in het Zwitserse paviljoen op de Biënnale
van Venetië (1999), in het Bonnefantenmuseum: *Works
1971 – 2000* te Maastricht (2000) en in de Shiseido Gallery:
Roman Signer. Recent works in Tokio (2003). In 2005 zal
zijn werk in het OK Centrum für Gegenwartskunst in Linz
te bezichtigen zijn.
Al vanaf 1976 participeerde Signer aan vele internationale
groepstentoonstellingen in diverse landen binnen Europa
en in de Verenigde Staten. In dat jaar nam hij deel aan de
37e Biënnale van Venetië. Elf jaar later participeerde hij aan
de Documenta 8 in Kassel. In 2004 deed hij weer mee aan
een Biënnale, die van Busan in Zuid-Korea.
/
Roman Signer's work has been exhibited in many inter-
national museums and galleries, for example at the Swiss
Institute in New York (1994), the Swiss pavilion at the
Venice Biennale (1999), the Bonnefantenmuseum (*Works
1971 – 2000*) in Maastricht (2000) and in the Shiseido
Gallery (*Roman Signer. Recent works*) in Tokyo (2003).
In 2005 his work will be exhibited in the OK Centrum
für Gegenwartskunst in Linz.
As early as 1976 Signer participated in many international
group exhibitions in various European countries and in
the United States. In that year he took part in the 37th
Venice Biennale. Eleven years later he participated in the
Documenta 8 in Kassel. In 2004 he took part again in a
Biennale, the one of Busan in South Korea.

Costa Vece

Geboren / Born 1969 in Herisau
Woont en werkt / Lives and works in Zurich

Costa Vece ontving diverse prijzen en stipendia. Hij voer-
de performances op en vervaardigde talrijke video's waar-
van hij één, *Explosion* genaamd en samengesteld met
Patrick Huber, vertoonde op de Biënnale van Venetië
(1999). Zijn overige werken liet hij op solotentoonstellin-
gen zien. In het Migros Museum für Gegenwartskunst in
Zürich toonde hij zijn kunst met de titel *Look back in
anger* (2001). In de Schirn Kunsthalle Frankfurt exposeer-
de hij in 2004, de titel luidde: *La fin du monde.*
Vece deed mee aan vele internationale groepstentoon-
stellingen in diverse landen binnen Europa. In 1998 nam
hij deel aan de tentoonstelling *Freie Sicht aufs Mittelmeer*
in het Kunsthaus Zürich en in de Schirn Kunsthalle
Frankfurt. In 2001 maakte zijn werk deel uit van *Squatters*
(Museu Serralves, Porto en Witte de With, Rotterdam).
/
Costa Vece has received various prizes and grants. He has
also given performances and produced numerous videos,
one of which, called *Explosion* and made in conjunction
with Patrick Huber, was shown at the Venice Biennale
(1999). He has shown his other works in solo exhibitions.
In the Migros Museum für Gegenwartskunst in Zurich his
art was exhibited under the title *Look back in anger*
(2001). In 2004 he had an exhibition in the Schirn
Kunsthalle Frankfurt titled *La fin du monde.*
Vece has taken part in many international group exhibi-
tions in various European countries. In 1998 he took part
in the exhibition *Freie Sicht aufs Mittelmeer* in Kunsthaus
Zürich and in the Schirn Kunsthalle Frankfurt. In 2001 his
work was included in *Squatters* (Museu Serralves, Porto,
and Witte de With, Rotterdam)

Kunstwerken / Works of art

*in de tentoonstelling / in the exhibition

Emmanuelle Antille

Silent Protections *
1999
2 DVD, 2 projecties / projections,
16.08 min, ed. 1/3 + 1 a.p.
afb. / ill. 9

Christoph Büchel

La Suisse existe, CH *
2000
DVD, 7.10 min
afb. / ill. 2

*The House of Friction (Pumpwerk
Heimat) /*
*The House of Friction (Heimat
Pumping Station)*
Permanente installatie in de
watertoren, St. Gallen /
Permanent installation in the
water tower, St. Gallen
2002
Diverse materialen /
Various materials
Watertoren / Water Tower:
19.30 m x Ø 7.80 m
afb. / ill. 10

Miriam Cahn

*Ohne titel (Soldaten, Frauen
und Tiere) /*
*Untitled (Soldiers, Women
and Animals)* *
1995
9 etsen / 9 etchings, ed. 119/125
31.7 x 24.1 cm – 41.7 x 28.1 cm
afb. / ill. 11

Fremd / Strange *
2000
Olieverf op doek / Oil on canvas
66 x 60 cm

Kleines Stehtier /
Little Standing Animal *
2000
Olieverf op doek / Oil on canvas
66.2 x 39.5 cm

Höre! / Hear! *
2000
Olieverf op doek / Oil on canvas
34 x 23 cm

Urs Fischer

Ohne Titel (Tisch) / Untitled (Table) *
1997
Hout, lijm, beits, aardewerk, glazen,
araldiet, silicone /
Wood, glue, stain, crockery, glasses,
Araldit, silicone
Tafel / Table: 184 x 105 x 78 cm
Stoelen, elk / Chairs, each:
40 x 34 x 80 cm

The Art of Falling Apart *
1998
MDF, hout, dispersie, acrylaat,
houtlijm, watervaste stift, plaksel,
lijm, glas /
MDF, wood, dispersion, acrylic
binder, wood glue, permanent
marker, starch paste, glue, glass
195 x 182.5 x 25 cm,
56 x 136 x 130 cm,
77.7 x 118 x 178 cm
afb. / ill. 13

Personal Titanic *
1998
Oostindische inkt, potlood, stift,
acryl, plakband, ballpoint op papier,
plastic, glas, hout, vilt /
Indian ink, pencil, marker, acrylic,
tape, ballpoint on paper, plastic,
glass, wood, felt
174.5 x 233.5 x 7.5 cm
afb. / ill. 1

Ohne Titel (Kerze) /
Untitled (Candle) *
1999
Eterniet, kaarsenvet, lampenpit /
Cement board, candle-grease, wick
Basis / Base: 100 x 100 cm
Pedestal: 125 x 20 x 20 cm

Cappillon *
2000
Hout, gips, piepschuim, dispersie /
Wood, plaster, styrofoam, dispersion
90 x 172 x 115 cm
afb. / ill. 14

Napoleon, Misunderstood *
Napoleon, Is There Something You
Didn't Tell Me *
2001
Twee componenten polyurethaan,
stearine, olieverf, pruikenhaar,
contactlijm, pigment /
Two-part polyurethane, stearin, oil
paint, wig hair, super glue, pigment
Elk object / Each object:
31 x 27 x 23 cm
Elke sokkel / Each pedestal:
116 x 26 x 26 cm
afb. / ill. 15

Peter Fischli / David Weiss

Ohne Titel
(Zwei identische Gruppen) /
Untitled (Two identical groups) *
1996
42 delen: polyurethaan, acryl /
42 parts: polyurethane, acrylic
Afmetingen installatie: variabel /
Installation measurements: variable
afb. / ill. 12

Projektion 1 (Pilze) /
Projection 1 (Mushrooms) *
1997
162 kleurendia's, 2 projectoren,
fade-in fade-out projector /
162 colourslides, 2 projectors, fade-
in fade-out projector, ed. 3 + 1 a.p.

Ohne Titel (Blumen) /
Untitled (Flowers) *
1998
10 inktjet kleurenprints /
10 coloured inkjet prints, ed. 9
Elk / Each: 74 x 107 cm
afb. / ill. 3

Büsi / Cat *
2001
DVD, ed. 89/150
afb. / ill. 4

Sylvie Fleury

Serie ELA 75/K no. 4 (Be Late) *
2000
Vergulde winkelwagen (24 karaat en
bladgoud), acrylglas, draaiplateau
(spiegel, aluminium) /
Gilded shopping cart (24 carat and
gold leaf), perspex, turning pedestal
(mirror, aluminium)
Winkelwagen / Shopping cart:
83 cm x 55 cm x 96 cm
Draaiplateau / Turning pedestal:
Ø 100 cm
afb. / ill. 32

Lori Hersberger

Silver Room
Installatie / Installation
(Kleines Helmhaus, Zurich)
1997
Strobalen, versierselen, 2 spotjes,
2 drumstellen, 2 DVD's, 2 projecties
(Steven Spielberg *Duel*), 8 min /
Bales of straw, tinsel, 2 spots,
2 drumsets, 2 DVD, 2 projections
(Steven Spielberg *Duel*), 8 min
Afmetingen installatie /
Installation measurements:
10 x 10 m
afb. / ill. 30

History *
1998
acryl op doek / acrylic paint on
canvas
61 x 76 cm

Crazy Colour Corner
Installatie / Installation
(Art Unlimited, ART'31 Basel)
2000
Piepschuim, acryl, fluorescerende
verf op doek en wand /
Styrofoam, fluorescent paint on
canvas and wall
Afmetingen installatie: variabel /
installation measurements: variable
afb. / ill. 31

Time was an Idiot *
2000
Acryl, fluorescerende verf op doek /
acrylic, fluorescent paint on canvas
238 x 380 cm

Zilla Leutenegger

Zilla Nina Catherina *
1996
DVD, 10 min, ed. 3/10

The Way You Make Me Feel *
1997
DVD, 3.30 min, ed. 1/10

Blauäuglein / Blue-eye *
1997
DVD, 4.15 min, ed. 1/10
afb. / ill. 25

Sooning *
1998
DVD, 7 min, ed. 1/10
afb. / ill. 26

Andres Lutz / Anders Guggisberg

Something Edwin *
1997
Houten kist, jeans, 12 in zilver
bespoten objecten, blaaspijp,
erwten, 3D-fotografie, lamp, kruk /
Wooden box, jeans, 12 objects silver
sprayed , blow-pipe, peas,
3D-photography, lamp, stool
Kist / Wooden box: 136 x 97 x 76 cm
afb. / ill. 16

Mickry 3

M3 Warrior 2002
2002
Karton, verf, plakband / Cardboard,
paint, tape
220 x 130 x 200 cm
afb. / ill. 21

Bauer Kunz / Farmer Kunz *
2004
Karton, papier-maché / Cardboard,
papier-mâché
90 x 70 x 25 cm
afb. / ill. 18

Traktor / Tractor *
2004
Karton, papier-maché / Cardboard,
papier-mâché
146 x 290 x 40 cm
afb. / ill. 19

*Traktor/Bauer Kunz / Tractor/Farmer
Kunz* *
2004
Karton, papier-maché / Cardboard,
papier-mâché
111 x 227 x 37 cm
afb. / ill. 20

Claudia / Julia Müller

*Notizen an das Jahr 2000 /
Notes for the year 2000* *
1997
26 ballpoint tekeningen, zitkussen,
bureaulamp / 26 ballpoint drawings,
seating, desk lamp
Afmetingen installatie: variabel /
Installation measurements: variable
afb. / ill. 29

Caro Niederer

*Installatie met werken uit /
Installation with works from
1991 - 2001*
Afmetingen installatie: variabel /
Installation measurements: variable
afb. / ill. 22

Die Badende / The Bather *
1991
Olieverf op doek op schilderkarton /
Oil on canvas on painters' cardboard
30 x 24 cm
afb. / ill. 22

La grande Odalisque *
1991
Olieverf op doek op schilderkarton /
Oil on canvas on painters' cardboard
24 x 30 cm
afb. / ill. 22

Restaurant de la Ferme-Modèle *
1991
Olieverf op doek op schilderkarton /
Oil on canvas on painters' cardboard
18 x 24 cm
afb. / ill. 22

Postkartenständer / Postcard holder *
1992
Kaartenhouder met 1100
kunstkaarten (30 verschillende
onderwerpen) /
Postcardholder with 1100 art
postcards (30 different subjects)
170 x Ø 41 cm
afb. / ill. 22

Citizen-Cup *
1993
Olieverf op doek op schilderkarton /
Oil on canvas on painters' cardboard
18 x 24 cm
afb. / ill. 22

Spielendes Kind / Playing Child *
1995
Olieverf op doek op schilderkarton /
Oil on canvas on painters' cardboard
23.8 x 29.9 cm
afb. / ill. 22

Gelber Blumenstrauss /
*Yellow Flowers in Vase ***
1995
Olieverf op doek op schilderkarton /
Oil on canvas on painters' cardboard
24 x 18 cm
afb. / ill. 22

Interieur – Rheinfall /
*Interior – Rheinfall ***
1995
Cibachrome, ed. 1/3
120 x 180 cm

*Blumenstrauss / Flowers in Vase ***
1995
Olieverf op doek op schilderkarton /
Oil on canvas on painters' cardboard
30 x 24 cm

Hintergrund (dunkelblau) /
*Back-ground (dark blue) ***
1999
Olieverf op doek / Oil on canvas
200 x 180 cm
afb. / ill. 22

Regal, Pullovers, Titel /
*Shelves, Pullovers, Title ***
2001
Schappen, wol / Shelves, wool
120 x 140 x 38 cm
afb. / ill. 22

Pipilotti Rist

Komm herein, Lenz! /
Come in, Spring!
Installatie / Installation
1992
DVD, projectie, rood water, siliconen
coating / DVD, projection, red water,
silicone seal, ed. 3 + 1 a.p.
Afmetingen installatie: variable /
Installation measurements: variable
afb. / ill. 23

*Elektrobranche (Pipilampi grün) ***
1993
Lamphouder, lamp, kleerhanger,
badpak, bandje /
Lamp holder, lamp, cloths hanger,
swimming costume, ribbon
76 x Ø 38 cm
afb. / ill. 24

Ugo Rondinone

No. 56 ELFTERMAERZNEUNZEHN-
HUNDERTVIERUNDNEUNZIG /
MARCHELEVENNINETEEN-
*HUNDREDNINETYFOUR ***
1994
Oostindische inkt op papier /
Indian ink on paper
200 x 242 cm
afb. / ill. 28

No. 58
VIERZEHNTERMAINEUNZEHN-
HUNDERTVIERUNDNEUNZIG /
MAYFOURTEENNINETEEN-
*HUNDREDNINETYFOUR ***
1994
Oostindische inkt op papier /
Indian ink on paper
200 x 242 cm

*Sleep ***
1999
165 ingelijste C-prints /
165 framed C-prints
Afmetingen installatie: variabel /
Installation measurements: variable
afb. / ill. 27

Jean-Frédéric Schnyder

Sonnenuntergänge am Zugersee,
1-163 / Sunsets at Zug Lake,
1-163

*No. 4, 13 March 1996 ***
*No. 14, 3 April 1996 ***
*No. 45, 5 June 1996 ***
*No. 53, 15 June 1996 ***
*No. 69, 14 July 1996 ***
*No. 70, 15 July 1996 ***
*No. 71, 16 July 1996 ***
*No. 72, 17 July 1996 ***
*No. 73, 18 July 1996 ***
*No. 74, 19 July 1996 ***
*No. 75, 20 July 1996 ***
*No. 76, 21 July 1996 ***
*No. 77, 22 July 1996 ***
*No. 78, 23 July 1996 ***
*No. 80, 25 July 1996 ***
*No. 81, 26 July 1996 ***
*No. 82, 29 July 1996 ***
*No. 83, 30 July 1996 ***
*No. 84, 31 July 1996 ***
*No. 88, 14 August 1996 ***
*No. 101, 5 September 1996 ***
*No. 108, 15 September 1996 ***
*No. 110, 17 September 1996 ***
*No. 114, 28 September 1996 ***

1996-1997
Olieverf op doek / Oil on canvas
Elk / Each: 21 x 30 cm
afb. / ill. 7

3 Blumen / 3 Flowers

*Type B, No. 1333/98 ***
*Type B, No. 1346/98 ***
*Type B, No. 1347/98 ***
*Type AX, No. 1348/98 ***
*Type AX, No. 1351/98 ***
*Type AX, No. 1365/98 ***
*Type AX, No. 1375/98 ***
*Type B, No. 1377/98 ***

1995-1998
Olieverf op doek / Oil on canvas
Elk / Each: 42 x 30 cm
afb. / ill. 8

Roman Signer

*Bett / Bed ***
1997
Bed, matras, stofzuiger, PVC slang,
ballon / bed, mattress, vacuum
cleaner, PVC hose, balloon
80 x 197 x 101 cm
afb. / ill. 6

Tisch mit Gummiseilen /
*Table with Elastic Rope ***
1998
Tafel, elastiek / Table, elastic rope
Tafel / Table: 72.5 x 108 x 69 cm
afb. / ill. 5

Tisch mit Sandkegel /
*Table with Cone of Sand ***
1998
6 Cibachrome, ed. 9/10 + 5 e.a.
Elk / Each: 24 x 36.6 cm

*Schusslinie / Line of Fire ***
1999
2 Sokkels, 2 monitoren, hard-disc,
versterker, speakers /
2 wooden pedestals, 2 monitors,
hard-disc, amplifier, speakers
Sokkels, elk / Pedestals, each:
178 x 69 x 52 cm
Schietafstand / Firing distance:
14 m

Costa Vece

Racecar & Race
1998
DVD, karton, hout / DVD,
cardboard, wood
Auto / Car: 113 x 450 x 200 cm
Afmetingen installatie: variabel /
Installation measurements: variable
afb. / ill. 17

Colofon / Colophon

Deze uitgave verschijnt naar aanleiding van de tentoonstelling *Swiss Made (The Art of Falling Apart)* in het Cobra Museum voor Moderne Kunst Amstelveen / This catalogue was published in connection with the exhibition *Swiss Made (The Art of Falling Apart)* in the Cobra Museum of Modern Art Amstelveen, the Netherlands.
19 / 03 – 12 / 06 / 2005

Kunstwerken / Works of art
Hauser & Wirth Collection

Uitgave / Publication
Waanders Uitgevers, Zwolle
Informatie over Waanders Uitgevers is te vinden
op www.waanders.nl

Auteurs / Authors
Dr. Michaela Unterdörfer, Directeur / Director Hauser & Wirth Collection
Christoph Doswald, Conservator en kunstcriticus, woont en werkt in Berlijn en Zürich / Curator and art critic, lives and works in Berlin and Zurich
Drs. Juliette Verhofstad, Conservator / Curator Cobra Museum of Modern Art Amstelveen

Redactie / Editors
Lieke Fijen
Michaela Unterdörfer
Juliette Verhofstad

Fotografie / Photo credits
A. Burger
S. Rohner
Courtesy galleries and artists

Vertalingen / Translations
Fiona Elliott, Edinburgh
UvA Vertalers, Amsterdam

Druk / Printing
Waanders Drukkers, Zwolle

Ontwerp / Design
MV levievandermeer, Amsterdam

© 2005 Hauser & Wirth Collection, kunstenaars / artists, fotografen / photographers, auteurs / authors
© 2005 Cobra Museum voor Moderne Kunst Amstelveen
© 2005 Waanders Uitgevers, Zwolle

ISBN 90 400 90785
NUR 646, 640